国际国内安全管理规则相关文件

（国际分册）

（第2版）

钱　闵　管永义　主编

大連海事大学出版社

图书在版编目(CIP)数据

国际国内安全管理规则相关文件．国际分册 / 钱闵，管永义主编．—2 版．—大连：大连海事大学出版社，2010.4
ISBN 978-7-5632-2428-9

Ⅰ.①国…　Ⅱ.①钱…　②管…　Ⅲ.①海上运输—交通运输安全—安全规程—汇编—世界　Ⅳ.①U698.1

中国版本图书馆 CIP 数据核字(2010)第 067831 号

大连海事大学出版社出版
地址：大连市凌海路 1 号　邮编：116026　电话：0411-84728394　传真：-84727996
http://www.dmupress.com　E-mail：cbs@dmupress.com
大连华伟印刷有限公司印装　大连海事大学出版社发行
2002 年 12 月第 1 版　2010 年 4 月第 2 版　2010 年 4 月第 1 次印刷
幅面尺寸：185 mm×260 mm　印张：42.25
字数：1055 千　印数：1～3000 册
责任编辑：史洪源　版式设计：海　韵
封面设计：王　艳　责任校对：高　炯
ISBN 978-7-5632-2428-9　定价：150.00 元

《国际国内安全管理规则相关文件》

编委名单

编者的话

国际安全管理规则已在我国实施了近15年了,《国际国内安全管理规则相关文件》在ISM规则的实践中起到了较好的参考和指导作用。为了更好地配合国际和国内安全管理规则中所提及的"公司的安全管理体系保证:符合强制性规定和规则;充分考虑国际海事组织、主管机关、船舶检验机构和行业组织所建议的规则、指南和标准"的要求,保证公司在建立和运行安全管理体系时能够得到这些相关文件,我们在原版的基础上,又收集了新的内容,修订和调整一些内容和格局,删除了不适宜和作废的内容,使《国际国内安全管理规则相关文件》(第2版)更加贴近"提供相关强制性规定和建议性规则、标准的配套书籍",更具有参考价值和应用价值。

《国际国内安全管理规则相关文件》(第2版)仍分为国际分册、国内分册、标准分册。国际分册收集了与安全管理体系运行和操作有直接联系的国际海事组织大会决议和海安会、环保会决议及通函、导则;国内分册收集了国家及主管机关颁布的与水上安全和防污染管理、船舶和船公司管理有关的法规和规章;标准分册收集了国内发布的船舶安全管理与操作方面的国家标准和部颁标准。所汇集的内容希望能够达到为船公司建立和运行安全管理体系提供配套材料,为安全管理体系审核和海事监督提供帮助。

在本书编撰过程中,得到了部海事局领导的大力支持和帮助,在此深表谢意。

编　者

2010年1月

目 录

一、船长的权力

关于船长在海上安全和海上环境保护方面的决定 …………………………………… (1)
关于滚装船船长的决策支持系统的建议书 ……………………………………………… (2)
经修订的要求存放在船上的证书和文件清单 …………………………………………… (5)

二、人员和资源

配员的疲劳因素和安全 ……………………………………………………………………… (11)
关于客船上被指定在紧急情况下帮助乘客的人员最低培训要求建议书 ……………… (14)
安全配员原则 ………………………………………………………………………………… (17)
安全配员原则(第 A. 890(21)号决议)修正案 …………………………………………… (25)
防止和制止从事国际海上运输船舶走私毒品、精神治疗物质和产物母体
化学品指南 ………………………………………………………………………………… (28)
提供船员遗弃经济担保指南 ………………………………………………………………… (69)
船员人身损伤或死亡合同索赔的船东责任指南 …………………………………………… (73)
本组织关于人的因素的看法、原则和目标 ………………………………………………… (77)

三、船上的操作方案

(一)关于普通货船

关于成组货物和其他实物在非分格式集装箱船舶上的安全积载和系固 ………………… (79)
审议货运单元和车辆在船舶上的安全积载和系固问题时应考虑的因素 ………………… (81)
关于滚装船舶在运输道路车辆时系固布置的导则 ………………………………………… (84)
货物积载和系固安全实用规则 ……………………………………………………………… (88)
货物堆装和系固安全操作规则(CSS 规则)修正案 ………………………………………… (123)
1991 年木材甲板货运输船的安全实用规则 ………………………………………………… (130)
散货船安全装卸实用规则 …………………………………………………………………… (161)
近海供应船载运货物和人员安全实用规则(供应船规则) ………………………………… (182)
装载和稳性手册范本 ………………………………………………………………………… (191)

(二)关于航行

航行精度标准 ………………………………………………………………………………… (206)
关于在船上配备和展示操纵资料的建议案 ………………………………………………… (210)

避免假遇险警戒指南 …………………………………………………………………（221）
滚装渡船的航行指南和资料方案 ………………………………………………（227）
航次计划指南 ………………………………………………………………………（229）
船载自动识别系统（AIS）操作指南……………………………………………（233）
船载自动识别系统（AIS）操作指南修正案……………………………………（245）
与航行有关的事件记录指南 ………………………………………………………（247）
海上 VHF 频道的正确使用…………………………………………………………（249）
综合桥楼系统（IBS）操作使用导则……………………………………………（253）
船舶参与气象航线划定服务 ………………………………………………………（257）
海上安全拖航导则 …………………………………………………………………（260）
破损控制图导则 ……………………………………………………………………（270）

（三）关于散货船

为改进运输固体散装货物船舶的安全所采取的临时措施 ………………………（273）
加强固体散装货船安全的措施 ……………………………………………………（275）
专用海水压载舱防锈系统的选择、使用和保养指南………………………………（278）
船员和码头人员的散货船检查指南 ………………………………………………（284）
在普通散货船中的深舱或特别设计用于载运植物油的舱中运载植物油的
导则 ………………………………………………………………………………（299）

（四）关于客船、滚装客船/滚装船

滚装旅客渡船的安全 ………………………………………………………………（301）
定期检查客船弃船和消防演习 ……………………………………………………（302）
旅客安全须知 ………………………………………………………………………（303）
客船中的与客船有关的安全文化 …………………………………………………（304）
滚装客船壳板门的强度、系固和锁闭 ……………………………………………（305）
滚装客船的检验和检查 ……………………………………………………………（306）

（五）关于液货船

经修订的原油洗舱系统的设计、操作和控制的技术条件…………………………（307）
关于对经修订的原油洗舱系统的设计、操作和控制规范的修正…………………（320）
关于对经修订的原油洗舱系统的设计、操作和控制规范的修正…………………（323）
经修订的清洁压载舱油船技术条件 ………………………………………………（325）
关于液货船紧急拖带要求的建议 …………………………………………………（345）
化学品船惰性气体系统规则 ………………………………………………………（349）
经修正的油船排油监控系统指南和规范…………………………………………（354）
经修正的油船油类排放控制系统导则和规范 ……………………………………（366）

（六）关于防止船舶污染海洋

经1978年议定书修改的1973年MARPOL公约附则Ⅱ规定的程序和布置的标准 …… (378)
控制和管理船舶压载水使有害水生物和病原体的转移降至最小限度指南 …… (431)
压载水置换导则(G6) …… (465)
关于压载水管理和制订压载水管理计划的导则(G4) …… (470)
经修订的在船舶机器处所内处理油类废弃物系统指南，包括综合舱底水处理系统(IBTS)的指导性说明 …… (480)

（七）关于消防救生

经改进的船舶便携式灭火器指南 …… (489)
船上防火控制图的图像符号 …… (496)
快速救助艇指南 …… (506)
救生艇筏操作规程 …… (510)
关于与SOLAS公约第Ⅱ-/20和41-2条要求的防火控制图和小册子一起提供的资料指南 …… (514)
救生设备及装置的相关符号 …… (516)

四、应急准备

关于液货船紧急拖带要求的建议 …… (527)
船上紧急情况应急计划综合系统构成指南 …… (531)
关于进入船上封闭处所的建议书 …… (549)
防止海上偷运或运输移民不安全做法 …… (558)
关于寻求成功解决偷渡者事件责任分配指南 …… (559)
为需要帮助的船舶提供避难处所指南 …… (566)
审议海上获救人员的救护程序和安全措施 …… (575)
海上援助服务(MAS) …… (577)
索马里海岸附近水域中的海盗行为和持械抢劫船舶 …… (582)
海上获救人员的救护指南 …… (587)
救生艇事故 …… (595)

五、事故报告

船舶事故和突发事件调查规则 …… (597)
包括涉及危险品、有害物质和/或海洋污染物事故报告指南在内的船舶报告制度和船舶报告要求的一般原则 …… (611)
船舶事故和事件调查规则 …… (621)
关于海事索赔的船东责任指南 …… (646)

对观察到的 ISM 规则重大不合格项的处理程序 ……………………………（648）

六、船舶和设备维护

专用海水压载舱防锈系统的选择、使用和保养指南 ………………………（650）
引航员登离装置 ……………………………………………………………（656）
救生艇、降落装置和承载释放装置定期检修和维护指南 ………………（661）
船员每月检查船上救生服和抗暴露服指南 ………………………………（667）

一、船长的权力

第 A.443(Ⅺ)号决议
(1979 年 11 月 15 日通过)

关于船长在海上安全和海上环境保护方面的决定

大会,

回顾政府间海事协商组织公约第十六条第八款关于大会职权的规定,

希望保证船舶在任何时候均能符合有效的公约所规定的海上安全和海上环境保护的标准和程序,

注意到许多有关违反公约规定的情况报告,

考虑到海上安全和海上环境保护是船长在任何情况下所必须关心的头等要事,对船长的经济和其他方面的压力在任何时候都不应干扰船长在这方面必须作出的决定,

还考虑到船长对海上安全和海上环境保护方面的决定不应受到船东、租船人或其他有关人员指示的不适当影响,

为保障船长正当履行其有关海上安全和海上环境保护方面的职责,请各国政府采取必要步骤确保:

(a)船长根据专业判断在这方面作出的必要决定不受船东、租船人或任何其他人员的约束,

(b)船长尤应受到国内法律、共同协议或雇用合同中适当规定的保护,包括享有上诉的权利,使其不致因正当执行其专业决定而遭到船东、租船人或其他任何人不公正的解雇或其他不公正的待遇。

第 A.796(19)号决议
(1995 年 11 月 13 日通过)

关于滚装客船船长的决策支持系统的建议书

大会,

忆及国际海事组织公约有关会议在海上安全规则和指南方面的职责的第 15(j)条,

还忆及关于滚装客船安全的第 A.596(15)号决议,

注意到关于滚装客船的船长、高级船员、普通船员和其他人员的额外培训和资格要求的培训公约第Ⅴ/2 条,

还注意到第 A.741(18)号决议:国际船舶安全营运和防污管理规则(国际安全管理(安管)规则),

考虑到上述文件未对在驾驶台监视感应器信号或供滚装客船船长在紧急情况下使用的决策支持系统的格式和组织作出规定,

审议了海上安全委员会第六十五届会议上作出的建议,

1 **通过**本决议附件中所载的关于滚装客船船长决策支持系统的建议书;

2 **请**各政府尽早对所有客船实施该建议;

3 **要求**海上安全委员会视情考虑根据该建议的规定制定《1974 年国际海上人命安全公约》的各修正案;

4 **还请**各政府向本组织提交有关以计算机为基础的决策支持系统的制定和使用情况的资料。

附　件

关于滚装客船船长决策支持系统的建议书

1　背景

1.1　当今现代高技术客船在紧急情况下的决策基础，是由形势监测的某种潜在能力和一些供在紧急情况（如碰撞、搁浅、翻船/下沉或失火等）下使用的手册构成。

1.2　监测能力是有限的，驾驶台上非标准化数字仪表显示是难于探测到重要趋势的。

1.3　当今驾驶台上的决策人在紧急情况下必须查阅和获取多个应急程序和应急计划提供的资料，而这些资料视紧急情况的类别而有不同格式。目前对资料的获取往往耗时甚多，驾驶台资料显示的分布有时是不合理的从而增加了紧急情况时的混淆。

2　综述

为了改进在紧急情况下迅速作出决策的能力，建议在船上采用以下功能；

.1　综合监测系统；和

.2　应急管理的决策支持系统。

对这两种系统的每一者的要求在下文中做了规定。

3　综合监测系统

3.1　建议在驾驶台上配备设有图像界面的计算机监测系统。

3.2　该系统应能提供感应信号的时间系列和警报级别。如探测到重要趋势或警报级别被超过时，该系统应以声响警报向船长/值班高级船员报警，并应提供所述感应信号的视观指示。时机问题是至关重要的，监测系统及早发出警报在多数紧急情况下将大大减少各种后果。

3.3　在适用时，应监视下列感应信号：

.1　吃水、纵倾和横倾（为便利趋势探测，应得到低通过滤信号）；

.2　主甲板下所有舱室内的液位/水位指示器；

.3　在主甲板上所有舱室内进水时可能积水的位置（如船首门与内跳板门间的处所，有分舱的滚装货物处所的各角落等）上的水位指示；

.4　所有水密和防火门的状况；

.5　船首门和任何其他壳板门的状况；

.6　壳板门锁闭装置的状况；

.7　船首门锁闭装置的应力水平；

.8　所有舱室内的温度和烟浓度；

.9　应急管理的所有控制装置（泵、阀门、门、通风器和节气阀）的状况；

.10　水深。

3.4　船首门锁闭装置状况警报方式应与指示器每分钟转速仪（或类似的海上指示器）组合在一起，如果船舶在海上时锁闭装置未锁上，便向船长发出警报。

4　应急管理的决策支持系统

4.1　在驾驶台上应配备经协调的应急管理决策支持系统。

4.2　该系统至少应以易于使用的、文件形式的应急计划为基础。① 在(但不限于)下列主要级别的船上紧急情况下应指明船上紧急情况:

.1　失火;

.2　船舶损坏;

.3　污染;

.4　威胁船舶及其旅客和船员安全的行为;

.5　人员事故;

.6　货物事故;

.7　对他船的紧急援助。

4.3　应急程序也应对处理任何综合情况提供决策支持。

4.4　应急程序手册应有共同格式,易于使用。该程序应涉及所有可能的紧急情况。应要求破损控制程序使用为航行稳性计算的实际装载条件。

4.5　主管机关应接受计算机决策支持系统的使用;该系统将包括加强台上纸张形式的手册、程序、核查清单中的所有资料并能提供在各种情况下应采取的建议行动的清单。

① 参见 ISM 规则第 8 章和船上应急计划综合系统结构指南(定于 1996 年完成)。

MSC/Circ. 946
(FAL/Circ. 90　MEPC/Circ. 368)

经修订的要求存放在船上的证书和文件清单

要求存放在船上的证书和文件

（注：存放在船上的所有证书必须是原件）

1 所有船舶应保存下列证书	参照公约
国际吨位证书(1969) 每艘船舶均应签发按照国际吨位公约确定的总吨位和净吨位的国际吨位证书(1969)。	吨位公约第7条
国际载重线证书(1966) 按照国际载重线公约的规定，经过检验并勘绘了载重线标志，应给每艘船舶签发符合1966年国际载重线公约规定的国际载重线证书。	LL公约第16条； 1988LL议定书第18条
国际载重线免除证书 根据并符合国际载重线公约第6条或1988LL议定书的规定，准予对任何船舶给予免除，应签发国际载重线免除证书。	LL公约第6条； 1988LL议定书第18条
完整稳性手册 所有客船和所有船长24 m及以上的船舶，应在完工后做倾斜试验，并确定它们的稳性要素。应向船长提供一本稳性手册，其中包括使之能够用迅速而简单的程序，在船上的各种装载条件下得到正确的指导资料。对于散货船的散货船手册所要求的资料，可放在稳性手册里。	1974SOLAS第Ⅱ-1/22，25-8条和1988LL议定书第10条
最低安全配员文件 本公约第Ⅰ章所适用的每艘船舶，均应配备相应的安全配员文件或由主管机关签发的作为最低安全配员证据的等效文件。	1974 SOLAS(1989年修正案)第Ⅴ/13(b)条
船长、高级船员或普通船员等级证书 主管机关应对那些满足业务、年龄、健康、培训等各方面要求并满意的人员，按照1978年海员培训、发证和值班标准公约附则STCW规则的规定，经考试并合格后，签发给船长、高级船员或普通船员等级证书。证书格式由STCW规则A-Ⅰ/2节中给出。保存在船上的这些证书必须是正本。	STCW 1978(1995修正案)第Ⅵ条，第Ⅰ/2条；STCW规则第A-Ⅰ/2节
国际防止油类污染证书 对航行于MARPOL 73/78其他缔约国管辖范围内的港口或离岸装卸站的150总吨及以上的任何油船以及400总吨及以上的任何其他船舶，经按照MARPOL 73/78附则Ⅰ第4条的规定检验之后应给其签发国际防止油类污染证书。按照适用情况，该证书应附有油船以外船舶构造和设备记录(格式A)或油船构造和设备记录(格式B)。	MARPOL 73/78，附则Ⅰ第5条

续表

1 所有船舶应保存下列证书	参照公约
油类记录簿 每艘150总吨及以上的油船以及每艘400总吨及以上除油船外的其他船舶，应备有油类记录簿第Ⅰ部分（机器处所作业）。每艘150总吨及以上的油船，还应备有油类记录簿第Ⅱ部分（货物/压载作业）。	MARPOL 73/78，附则Ⅰ第20条
船上防油污应急计划 每艘150总吨及以上的油船和每艘400总吨及以上非油船，应在其船上备有经主管机关批准的船上防油污应急计划。	MARPOL 73/78附则Ⅰ第26条
垃圾管理计划 每艘400总吨及以上和确认载客15人及以上的船舶应配有供船员遵守的垃圾管理计划。	MARPOL 73/78，附则Ⅴ第9条
垃圾记录簿 航行于公约其他缔约国管辖的港口或近岸装卸站的每艘400总吨及以上的船舶和每艘确认乘载15人及以上的船舶，以及用于勘探、海底开采的固定或移动式平台应配有垃圾记录簿。	MARPOL73/78，附则Ⅴ第9条
货物系固手册 货物单元，包括集装箱，在整个航行中应按主管机关认可的货物系固手册装载、堆码和系固。要求装运除了固体和液体散装货以外的所有货物的各类船舶应配备货物系固手册，手册所达到的标准应至少等效于本组织的导则。	SOLAS 1974，第Ⅵ/5，Ⅶ/6条；MSC/Circ. 745
符合证明 每一个适合ISM规则要求的船公司应持有符合证明，该证明的副本应存放在船上。	SOLAS 1974，第Ⅸ/4条；ISM规则，第13条
安全管理证书 主管机关或主管机关认可的组织应给每艘船舶签发安全管理证书。主管机关认可的组织在签发证书之前应确认该船舶的公司和船上按照经认可的安全管理体系运作。	SOLAS1974，第Ⅸ/4条；ISM规则，第13条
2 除上述1所列证书外，客船还应存有	**参照公约**
客船安全证书 经检查和检验并符合SOLAS第Ⅱ-1章、第Ⅱ-2章、第Ⅲ章和第Ⅳ章要求以及其他有关要求之后，应对每艘客船签发客船安全证书。 应永久地附有客船安全证书的设备记录（表格P）	经GMDSS修正案修改过的1974年SOLAS第Ⅰ/12条；1988 SOLAS议定书第Ⅰ/12条
免除证书 根据并符合1974 SOLAS的规定对船舶的某项规定准予免除后，除上列证书之外，还应给船舶签发免除证书。	1974 SOLAS第Ⅰ/12条；1988 SOLAS议定书第Ⅰ/12条

续表

2 除上述 1 所列证书外,客船还应存有	参照公约
特种业务客船 根据 1971 年特种业务客船协议的规定,签发的特种业务客船格式的安全证书。 根据 1973 年特种业务客船处所要求议定书的规定,签发的特种业务客船处所证书。	STP 协议第 6 条 SSTP 73 第 5 条
搜救合作计划 符合公约第Ⅰ章固定航线营运的客船,船上应配有在应急状态下能与合适的搜救部门合作的计划。	1974 SOLAS(1995 年缔约国大会修正案)第Ⅴ/15(C)条
操作限制清单 适用公约第Ⅰ章的客船,在船上应保存在设计或建造阶段由主管机关施加的或确定的船舶在操作上所有受到限制项目的清单,包括对公约条款的任何免除、操作区域的限制、气象限制、海况限制、允许装载的限制、纵倾和速度以及其他方面的限制。	1974 SOLAS(1995 年缔约国大会修正案)第Ⅴ/23 条
船长决策的支持系统 所有客船在驾驶台应配有应急管理决策的支持系统。	1974 SOLAS 第Ⅲ/24 -4 条
3 除上述 1 所列证书外,货船还应存有	**参照公约**
货船构造安全证书 对 500 总吨及以上的货船,经检验,符合 1974SOLAS 第Ⅰ/10 条所述关于货船检验的要求,除了关于灭火设备和防火控制图等要求外,符合第Ⅱ -2 章和第Ⅱ -2 章所适用的要求,应给其签发货船构造安全证书。 证书和设备记录格式在 1974 SOLAS,GMDSS 修正案中。	经 GMDSS 修正案修正的 1974 SOLAS 第Ⅰ/12 条 1988 SOLAS 议定书第Ⅰ/12 条
货船设备安全证书 对 500 总吨及以上的货船,经检验,符合 1974SOLAS 第Ⅱ -1 章、第Ⅱ -2 章和第Ⅲ章的有关要求以及任何其他有关要求,应给其签发 1 份货船设备安全证书。应永久地附有 1 份货船设备安全证书的设备记录(格式 E)。	经 GMDSS 修正案修正的 1974 SOLAS 第Ⅰ/12 条 1988 SOLAS 议定书第Ⅰ/12 条
货船无线电安全证书 300 总吨及以上的货船上所安装的无线电设备,包括用于救生设备上的无线电装置,经检验符合 1974 SOLAS 第Ⅲ章和第Ⅳ章以及任何其他有关要求,应给其签发 1 份货船无线电安全证书。应永久地附有 1 份货船无线电安全证书的设备记录(格式 R)。	经 GMDSS 修正案修正的 1974 SOLAS 第Ⅰ/12 条 1988 SOLAS 议定书第Ⅰ/12 条
免除证书 根据并符合 1974 SOLAS 的规定,同意对船舶某项规定准予免除后,除签发上列证书之外,还应给船舶签发免除证书。	1974 SOLAS 第Ⅰ/12 条 1988 SOLAS 议定书第Ⅰ/12 条
载运危险货物船舶的特别要求证明 符合该条约有关构造和设备要求的船舶,应提供适当证明文件。	1974 SOLAS 第Ⅱ -2/54 条 3 款

续表

3 除上述 1 所列证书外，货船还应存有	参照公约
危险货物载货单或装载图 每一艘装运危险货物的船舶，均应具有特别清单或舱单，按照第Ⅶ/2 条规定的分类，列出或载明船上的危险货物及其位置。标明所有危险货物的类别并表明其在船上位置的详细装载图，可用来代替上述特别清单或舱单。在离港前，应将这些文件的复印件交给港口当局指定人员或组织供其使用。	1974 SOLAS 第Ⅶ5(5)条 MARPOL 73/78 附则Ⅲ第 4 条
谷物装运的核准文件 对每艘按照国际散装谷物安全装运规则装载的船舶，主管机关或其授权的组织或代表主管机关的另一缔约国政府，应给其签发核准文件。该文件应随同或包括在所提供的谷物装载手册之内，以使船长能满足该规则的稳性要求。	1974 SOLAS 第Ⅵ/19 条，国际散装谷物安全装运规则第 3 节
关于油污损害民事赔偿责任的保险或其他财务保证的证明文件 对于每艘载运 2 000 t 以上散装油类的船舶，均应给其签发证明其保险或其他财务保证有效的证书。该证书应在确定该船已符合 CLC 公约第Ⅶ条第 1 款的要求之后，由该船登记国的有关当局签发或证明。	69 CLC 第Ⅶ条
加强检验报告文件(夹) 符合 A.744(18)决议附录 A 和 B 第 6.2 和 6.3 条规定的检验报告和支持性文件，A.744(18)决议为散货船和油船检验期间加强检验计划的导则。	MARPOL 73/78 附则Ⅰ第 13G 条 1974 SOLAS 第Ⅺ/2 条
对上一次压载航行排油监控系统的记录 按 73/78 MARPOL 公约附则Ⅰ第 15 条第(4)，(5)，(6)和(7)款的规定，每一艘 150 总吨及以上的油船应配备由主管机关认可的排油监控系统。该系统应装一个记录器，以提供每海里排放升数和总排放量或含油量和排放率的连续记录。这种记录应能鉴别时间和日期，并至少保存 3 年。	73/78 MARPOL 附则Ⅰ第 15 条第(3)(a)
散货船手册 为使船长防止船舶结构应力过高，载运固体散货船应配有 SOLAS 公约第Ⅵ/7.2 要求的手册。 作为该手册的替代，所要求的信息和资料可包含载完整稳性手册中。	1974 SOLAS(1996 修正案)第Ⅵ/7.2 条；BLU 规则
4 除上述 1 和 3 所列证书外，如适当，任何散装运输有毒液体化学品物质的船舶，还应持有下述文件	**参照公约**
国际防止散装运输有毒液体物质污染证书(NLS 证书) 任何航行于 MARPOL 73/78 其他缔约国管辖范围内港口或装卸站的散装运输有毒液体物质的船舶，经按照 MARPOL 73/78 附则Ⅱ第 10 条的规定检验之后，应给其签发 1 份国际防止散装运输有毒液体物质污染证书(NLS 证书)。关于化学品船舶，分别根据 BCH 规则和 IBC 规则的规定所签发的散装运输危险化学品适装证书和国际散装运输危险化学品适装证书，应与 NLS 证书具有同等的效力和得到同样的承认。	MARPOL 73/78 附则Ⅱ第 12 条和第 12a 条

续表

4 除上述 1 和 3 所列证书外，如适当，任何散装运输有毒液体化学品物质的船舶，还应持有下述文件	参照公约
货物记录簿 MARPOL 73/78 附则Ⅱ所适用的每艘船舶，均应各有 1 份符合该附则附录Ⅳ规定格式的货物记录簿，不论其是作为船舶正式航海日志的组成部分，还是另外形式均可。	MARPOL 73/78 附则Ⅱ第 9 条
程序及布置手册 配有载运散装有毒液体物质证书的船舶，在船上应配备由主管机关批准的程序及布置手册。	MEPC18(22)决议；73/78 MARPOL 附则Ⅱ第 5,5A 和 8 条
有毒液体物质船上防污应急计划 150 总吨及以上载运有毒液体物质的船舶，应在船上配备主管机关批准的有毒液体物质船上防污应急计划。 该要求应在不迟于 2003 年 1 月 1 日适用所有这样的船。	73/78 MARPOL 附则Ⅱ第 16 条
5 除上述 1 和 3 所列证书外，如适用，任何化学品船还应持有下述文件	**参照公约**
散装运输危险化学品适装证书 经初次检验或定期检验之后，符合 BCH 规则的有关要求的国际航行的化学品船舶，应签发散装运输危险化学品适装证书，该证书应为 BCH 规则附录中所述的标准格式。 注：按照 MARPOL 73/78 附则Ⅱ的规定，对于 1986 年 7 月 1 日以前建造的化学品船舶，该规则是强制性的。	BCH 规则第 1.6 节；MSC 18.（58）修订的 BCH 规则第 1.6 节
国际散装运输危险化学品适装证书 经初次检验或定期检验之后，符合 IBC 规则的有关要求的国际航行的化学品船舶，应签发国际散装运输危险化学品适装证书，该证书应为 IBC 规则附录中所述的标准格式。 注：按照 1974 SOLAS 第Ⅶ章和 MARPOL 73/78 附则Ⅱ两者的规定，对于 1986 年 7 月 1 日及以后建造的化学品船舶，该规则是强制性的。	IBC 规则第 1.5 节 MSC 18.（58）和 MEPC 40.(29)修订的 IBH 规则第 1.5 节
6 除上述 1 和 3 所列证书外，如适用，任何液化气体船舶还应持有下述文件	**参照公约**
散装运输液化气体适装证书 对于经初次检验或定期检验并符合气体运输船舶规则有关要求的气体船舶，应签发散装运输液化气体适装证书，该证书应为 GC 规则附录中所述的标准格式。	GC 规则第 1.6 节
国际散装运输液化气体适装证书 对于经初次检验或定期检验并符合国际气体运输船舶规则有关要求的气体船舶，应签发国际散装运输液化气体适装证书，该证书应为 IGC 规则附录中所述的标准格式。 注：按照 1974 SOLAS 第Ⅶ章的规定，对于 1986 年 7 月 1 日及以后建造的液化气体运输船舶，该规则是强制性的。	ICC 规则第 1.5 节

续表(完)

7 除上述 1 和 3 所列证书外,如适用,高速船须持有	参照公约
高速船安全证书 经初次检验或换证检验完成后,对全部符合高速船规则(HSC)要求的高速船,应签发高速船安全证书。	SOLAS 1974 第 Ⅹ/3 条 HSC 规则第 1.8 条
高速船营运许可证书 对符合 HSC 规则的 1.2.2 ~ 1.2.7 和 1.8 要求的高速船,应签发高速船营运许可证书。	HSC 规则第 1.9 条
8 除上述 1 和 3 所列证书外,如适用,载运 INF 货物的船舶须持有	**参照公约**
国际核乏货物适装证书 除满足 SOLAS 适用条款外,载运核乏货物的船舶应满足国际船舶装运密封辐射性核燃料、钚和强放射性废料规则(INF 规则),检验后应签发国际核乏货物适装证书。	1974 SOLAS 1999 修正案第 16 条;INF 规则(决议)MSC. 88(71)第 1.3 条
9 非强制性证书和文件	**参照公约**
特殊用途船舶安全证书 经按照特殊用途船舶安全规则第 1.6 条的规定检验之后,可对特殊用途船舶签发证书。该证书的有效期限,应决定于 1974 SOLAS 中关于货船的有关规定。如果将证书签发给一艘小于 500 总吨的特殊用途船舶,则该证书上应注明按 1.2 规定可接受的放宽范围。	经 MSC/Circ. 739 修正的 A. 534(13)决议; 1974 SOLAS 第Ⅰ/12 条; 1988 SOLAS 议定书第Ⅰ/12 条
近海供应船的附加证书 当近海供应船装运所规定的货物时,应持有适装证书。该证书应按照有限数量的散装危险和有毒液体物质运输和装卸指南的规定予以签发。如果某一近海供应船仅装运有毒液体物质时,则可对其签发适当批注的国际防止散装运输有毒液体物质污染证书,以代替上述适装证书。	A. 673(16)决议,MARPOL 73/78 附则Ⅱ第 13(4)条
潜水系统安全证书 经检验或检查之后,对符合潜水系统安全规则要求的潜水系统,应由主管机关或其正式授权的任何个人或组织签发证书。无论由谁签发,主管机关均应对该证书承担全部责任。	A. 536(13)决议第 1.6 节
动力支承船舶构造和设备证书 对动力支承船舶在按照动力支承船舶安全规则第 1.5.1(a)条的规定进行检验后,应给其签发构造和设备证书,并准其投入营运。	A. 373(Ⅹ)决议第 1.6 节
海上移动式钻井平台安全证书 对海上移动式钻井平台在按照 1979 海上移动式钻井平台构造和设备规则的规定进行检验后,或对 1991 年 5 月 1 日及以后建造的平台,经按照 1989 海上移动式钻井平台构造和设备规则进行检验后,应签发海上移动式钻井平台安全证书。	A. 414(Ⅺ)决议第 1.6 节; 经 MSC. 48(63)决议修正的 A. 649(16)决议第 1.6 节
噪声检验报告 对每艘船舶,应按照关于船上噪声等级规则的规定,作出噪声检验报告。	A. 468(Ⅻ)决议第 4.3 节

二、人员和资源

第 A.772(18)号决议
(1993 年 11 月 4 日通过)

配员的疲劳因素和安全

大会,

回顾到国际海事组织关于制定海上安全及防止和控制船舶污染的规则和指南的大会职责的第 15(j)条,

还回顾到 1990 年 9 月在日内瓦的国际海事组织/国际劳工组织培训联合委员会第八次会议审议了船舶配员和安全的疲劳因素并列举和评估了导致疲劳的船上生活因素,

考虑到经修正的《1974 年国际海上人命安全公约》规则第Ⅴ/13 条要求各缔约国政府从海上人命安全的角度考虑,采取措施,以保证所有船舶的配员充足有效,

注意到《1978 年海员培训、发证和值班标准国际公约》规则第Ⅱ/1 条和第Ⅲ/1 条规定值班制度应能使值班效率不受疲劳的影响,

还注意到 1978 年海员培训和发证国际会议要求所有政府确保船员在上岗前得到充分的休息,

进一步注意到第 A.680(18)号决议要求所有政府鼓励负责船舶作业的人员采取必要措施,按照某些指南制定、实施并评估安全和防止污染的管理措施,包括内容为每一艘船舶应根据有关国际和国内要求配备合格、身体健康并有一定经验海员的指南,

认识到国际上虽未有统一的关于疲劳的技术定义,与船舶作业有关的各方在作出关于船舶作业的决定时,应注意导致疲劳的因素,包括但不限于附件中所列的因素,

注意到第 A.481(Ⅻ)号决议建议各主管机关在每艘船舶制定最低安全配员要求时,应遵守某些指南并应牢记应有足够数量的合格人员应付工作量大的情况,同时应考虑海员在船上工作的小时数及休息时间,

审议了海上安全委员会第六十届会议的建议案,

1 **通过了**本决议附件中的"配员的疲劳因素";

2 **要求**各政府鼓励负责船舶作业的人员在作出营运方面的决定时考虑这些因素;

3 **要求**海上安全委员会定期审查本决议并根据所取得的经验考虑修正的必要性。

附 件

配员的疲劳因素和安全

1　**前言**

1.1　此文件的目的是提供疲劳的一般概念，列举船舶作业方面可能导致疲劳的因素，并对这些因素进行粗略的分类，以标明这些因素可能涉及的方面。

1.2　目标是增加的对疲劳复杂性的认识并鼓励与船舶作业有关的各方在作出作业方面的决定时考虑这些因素。

2　**疲劳的一般概念**

2.1　疲劳会降低人的工作水平，使身体和头脑的反应迟钝，并削弱作出合理判断的能力。

2.2　导致疲劳可以是诸如时间过长的脑力或体力活动及不适当的休息因素、不利的环境因素、生理因素以及压力或其他心理因素。

3　**疲劳因素分类**

3.1　就海员而言，公认的并有资料证明的疲劳原因包括休息不当、工作负担太重、噪声及人际关系。导致上述问题的有关因素很多，而且各有不一。由于作业环境不一样，作为疲劳原因的上述因素的使用也是不同的。一些因素比另一些因素更可控制。此类因素可分类如下：

3.1.1　岸上及船上管理及主管机关的责任：

—工作和休息时间的安排；

—配员水平；

—工作分配；

—岸－船－岸的支持和通信；

—工作程序的标准化；

—航次计划；

—值班方法；

—管理策略；

—港内作业；

—娱乐设施；

—行政工作。

3.1.2　船舶方面的具体因素：

—自动化程度；

—设备的可靠性；

—运行特点；

—震动、热及噪声程度；

—工作和居住环境的质量；

—货物特点/要求；

—船舶设计。

3.1.3 船员方面的具体因素：

—培训的全面性；

—经验；

—船员组成；

—内聚力；

—船员能力和素质。

3.1.4 外部环境因素：

—天气；

—港口条件；

—冰况；

—船舶交通密度。

4 一般性讨论

4.1 岸上和船上管理及主管机关的责任

4.1.1 在安排船上工作和休息时间、配员水平、值班方法及工作分配方面防止疲劳，很大程度上可通过合理的岸上管理和船上管理技巧解决。另外，普遍认为在接受、执行和实施国际公约所规定的上述方面的立法上，主管机关同样可发挥重要的作用。指南和条文应考虑工作和休息时间之间的关系，以保证适当休息。审议工作应包括审查航次时间、港口停留时间、每个船员工作时间长度，责任期限及值班方法。

4.1.2 就管理而言，重要的是要提供清楚和简明的书面政策指南，以保证船员熟悉船舶作业程序、货物特性，航次时间长度、目的地、内部和外部通信方法以及熟悉船舶的程序。

4.1.3 就管理而言，还应认识到上船的船员在上岗前需要适当休息。

4.2 船舶方面的具体因素

4.2.1 在设计和改建船舶时，应考虑与所列因素有关的现有要求，建议书、标准及出版物。此外，在设计船舶时，应允许采用人类工程学方法，以防止此类因素造成的疲劳。

4.3 船员方面的具体因素

4.3.1 全面培训对于预防疲劳是很重要的。船员适于上岗，包括身体合格、适当的工作经验、资格和素质，在此方面也是重要的。

4.3.2 在管理方面，重要的是还应认识到在同一艘船上雇用各国船员的潜在问题。这种做法会产生语言障碍，产生社交、文化及宗教方面的孤立感，所有这些可能会导致安全问题。

4.3.3 在管理方面，还应特别注意人际关系、孤单、失去社交活动机会以及由于配员少而增加工作量的问题。

4.3.4 厌烦会导致疲劳，因此有必要向海员提供适当的刺激。

4.4 外部环境因素

4.4.1 所列的外部环境因素也应引起注意，因为这些因素也会导致疲劳。

第 A. 865(20)号决议
(1997 年 11 月 26 日通过)

关于客船上被指定在紧急情况下帮助乘客的人员最低培训要求建议书

大会,

忆及国际海事组织公约有关大会在海上安全的规则和指南方面的职责的 第15(j)条,

考虑到 1974 年国际海上人命安全公约(安全公约)第Ⅲ章修正案第Ⅲ/10.2 条,该条要求船上应有足够数量的经培训人员用于集合和帮助未经培训的人员,

确信在载运大量乘客的客船上和从事短途国际航行的渡船的紧急情况下被指定特殊任务的人员的培训是必不可少的,

注意到 1978 年船员培训、发证和值班标准国际公约(培训公约)1995 年修正案第Ⅴ/2 和Ⅴ/3 条含有滚装客船和除滚装客船上之外的客船的船长、高级船员、普通船员和其他人员的培训和资格的规定,

还注意到经修正的 1978 年培训公约第Ⅵ/1 和Ⅵ/2 条规定了对所有船员的精通基本安全培训和指导的强制性最低要求和颁发救生艇筏、救助艇和快速救助艇熟练证书的强制性最低要求,

忆及经 1995 年修正的 1978 年培训公约第Ⅵ/3 条,该条规定了被指定监管消防作业的船员的高级消防培训的强制性最低要求,

还忆及经修正的 1978 年培训公约第Ⅵ/4 条,该条规定了被指定负责船上医疗的船员的有关医疗的强制性最低要求,

审议了海上安全委员会在其第六十七届会议上提出的建议案,

1 **通过**载于本决议附件的关于客船上被指定在紧急情况下帮助乘客的人员最低培训要求建议书;

2 **促请**各国政府实施该建议书;

3 **废除**第 A.770(18)号决议。

附　件

关于客船上被指定在紧急情况下帮助乘客的人员最低培训要求建议书

1　总则

1.1　在集合部署表中被指定在紧急情况下帮助乘客的人员应接受使他们能适当地履行其职责的额外培训。经培训人员的数量应当总是足以帮助在任何时候可能在船上的乘客的总数。经培训人员的数量应列入船舶安全配员文件。

1.2　此种培训在岸上培训课程中提供时,在履行1.1中所述职责前,应补充船上培训。培训应使主管机关满意。主管机关应制定一些措施,确保船员通过定期进修培训、演习或有关工作经验,保持不间断的熟练程度。

1.3　被指定人员应接受帮助老年或残疾人员和其他需要特殊帮助的人员的特殊培训。

1.4　计及下列标准,交流技能应足以在紧急情况期间帮助乘客:

.1　适合特定航线上所载乘客的主要国籍的一种或多种语言;

.2　无论乘客和船员是否操用一种共同语言,使用基础英语词汇讲解基本须知的能力能提供与需要帮助的乘客进行交流的手段的可能性;

.3　当口头交流不可行时,在紧急情况下,通过使用某些其他交流手段(例如:通过示范或手势语,或提醒注意须知、集合站、救生装置或撤离路线的位置);

.4　以乘客的一种或数种本国语言提供完整的安全须知的程度;和

.5　可在紧急情况下或演习期间用以广播紧急通知,向乘客传达重要指南和便利船员帮助乘客而使用的语言。

1.5　培训应包括但不一定局限于下列项目。

2　理论

2.1　了解救生设备和防火控制图。熟悉集合部署表和应变须知,包括:

.1　乘客集合的通用警报和程序,和

.2　责任区域,重点是“本区段”。

2.2　船舶总体布局,侧重于集合站和登艇站的位置、出入口和脱险路线。

2.3　帮助性技术,包括如何指导和运送老年或残疾人员和其他需要帮助的人员。

2.4　与1.1中职责有关的应急设备的位置和使用,重点是“本区段”及其脱险路线。

2.5　可能在船上的旨在帮助老年或残疾人员或其他需要特殊帮助的人员的任何特别设备的位置和使用。

2.6　在紧急情况下可能被指定使用的任何电梯的位置和操作。

2.7　可能被指定用于帮助老年或残疾人员和需要特殊帮助的人员的任何特别集合站或弃船站的位置。

2.8　成人和儿童救生衣的位置。

2.9　撤离时要拿到救生筏上的其他用品(例如毯子)的位置。

2.10　基本急救和伤亡人员运输。

2.11　通信:

.1　内部通信系统的使用;

.2　发出警报;

.3　提请乘客注意;和

.4　报告和通知。

2.12　撤离:

.1　乘客名单或计数的使用;

.2　警报信号;

.3　集合;保持秩序和避免惊慌程序的重要性;

.4　应急出口;

.5　用于撤离的设备;

.6　走廊、梯道和通道中的乘客控制;

.7　保持脱险路线中无障碍物;

.8　在通往集合站和登乘站途中的援助;

.9　残疾人员和需要特殊帮助的人员撤离中可供使用的方法;

.10　限制电梯使用;

.11　搜查居住处所;和

.12　确保乘客着装合适和救生衣穿着正确。

2.13　火灾情况

.1　探火和初步遏制;

.2　发出警报;

.3　烟吸入的危险;和

.4　呼吸保护。

2.14　弃船情况:

.1　正确使用个人逃生设备,例如救生衣、浸水服、救生圈、灯光和烟雾信号等;和

.2　对特殊情况提供帮助的必要性。

3　实践

3.1　通过在船上反复组织有指导的巡游的方法来熟悉情况。

3.2　反复参加消防演习和救生艇演习,包括运输模拟的伤亡人员和对模拟老年或残疾人员提供帮助。

3.3　反复练习设备的使用,例如救生衣和适当的防护服装的穿着。

3.4　反复练习使用内部通信系统。

3.5　反复练习撤离,包括对老年或残疾人员和需要特殊帮助的人员提供指导和帮助。

3.6　反复练习可能提供用于帮助老年或残疾人员或需要特殊帮助的人员的任何特别设备的使用和协调处理。

第 A.890(21)号决议
(1999 年 11 月 25 日通过)

安全配员原则

大会,

忆及国际海事组织公约关于大会在海上安全和防止和控制船舶造成海洋污染的规则和指南方面的职责的第 15(j)条,

还忆及该公约第 28(a)条要求海上安全委员会特别要从安全的角度考虑海上航行船舶的配员问题,

注意到安全配员与船上合格并且有经验的海员的数量紧密相关,这些船员对于船舶、船员、乘客、货物和财产的安全,保护海洋环境是必需的,

认识到有关 IMO 和 ILO,ITU,WHO 的规则提出的关于海上安全和海洋环境保护的要求的重要性,

忆及 SOLAS 第Ⅴ/13 条关于签发适当的配员文件(或等效)作为最低安全配员的证据,

意识到船员遵守这些要求的能力依赖于其持续的效率,这种效率与下列条件有关:船员的培训、工作和休息时间、职业安全、健康和卫生以及正常的食物供给,

相信将国际认可的广泛原则作为一个框架以便主管机关决定船舶的安全配员,可实质上提高海上安全和海洋环境保护,

审议了海上安全委员会在其第七十一届会议上作出的建议,

1 **采纳**安全配员原则、安全配员原则的应用导则和本决议在附件 1,2,3 中制定的安全配员文件的格式样本和应用指南;

2 **建议**各国政府,在决定悬挂其国旗的船舶的最低安全配员等级时,参考附件 1 中列出的原则并考虑本决议附件 2 中的导则;

3 **敦促**各国政府确保签发给这些船舶的最低安全配员文件中最少应包括本决议附件 3 列出的信息;

4 **进一步**敦促各国政府,在根据生效的国际公约对访问其港口的外国籍船舶进行港口国监督时,将符合此文件作为船舶已经安全配员的证据;

5 **要求**海上安全委员会对此决议继续进行审查;

6 **撤销**决议 A.481(Ⅻ)。

附 件 1

安全配员原则

1 在确定船舶最低安全配员时,应遵守如下原则:

.1 能力包括:

.1.1 根据经修正的1978 STCW公约第Ⅷ/2条的要求,保持安全航行值班、轮机值班和无线电值班,并要保持对船舶总的监护;

.1.2 使船舶安全地锚泊和起锚;

.1.3 当船舶在海上处于静止或接近静止的状态时,管理安全职能;

.1.4 必要时,进行防止损害海洋环境的操作;

.1.5 保持所有可到达之处所的安全布置和清洁,以降低火灾危险;

.1.6 为船上提供医疗保障;

.1.7 在航行中确保货物的运输安全;

.1.8 必要时,检查并保持船舶的结构完整性;和

.2 有能力去操作:

.2.1 所有的水密关闭装置,保持其有效状态并部署适任的破损控制队伍;

.2.2 船上所有的消防、应急设备和救生设施,对这些设备进行需要在海上完成的维修保养,紧急情况时集中并撤离船上所有人员;和

.2.3 主推进装置和辅助机械,保持其处于安全状态以克服航程中可能出现的危险。

2 在应用这些原则时,各主管机关应对关于如下几个方面的现有有效的IMO,ILO,ITU和WHO的规定给予适当考虑:

.1 值班;

.2 工作或休息时间;

.3 安全管理;

.4 海员发证;

.5 海员培训;

.6 职业健康和卫生;和

.7 船员居住处所。

3 如适用,也应考虑如下船上职能:

.1 对所有人员的正在进行中的培训要求,包括消防和应急设备、救生设施和水密关闭装置的操作和使用;

.2 特殊类型船舶的特别培训要求;

.3 适当的食物和饮用水的供给;

.4 履行应急职责和责任的需要;和

.5 为新海员提供培训的需要,以使其获得所需的培训和经验。

附　件　2

安全配员原则的应用指南

1　简介

1.1　在应用本决议附件 1 所列的安全配员原则时,应使用这些指南,以保证经修正的 1978 STCW 公约第Ⅲ条适用船舶的安全营运并防止其可能带来的污染。

1.2　为特别适应科技发展、特种船舶及特殊航线,主管机关保留或采纳的规定可以与这里推荐的规定有所不同。但是,在任何时刻,主管机关应确保其配员安排能够达到本指南要求的同等安全水平。

2　工作或休息时间

2.1　每个公司有义务确保船长、高级船员和水手的工作时间不超过履行其职责和船舶安全所要求的安全工作时间;对于船上配备的人员,船长负有同样的责任。配员的水平应该能够确保进行休息所需的时间和地点对于获得高质量的休息是适当的。关于职责适任的进一步指导参阅 STCW 规则的 B－Ⅷ/1 节。

2.2　在船上应保持对每个海员的实际工作时间的记录,以便证实其是否遵守了适用的已生效的国际规则所要求的最低休息时间。

3　最低安全配员水平的确定

3.1　确定船舶的最低安全配员水平的目的在于确保其配员包括船舶安全操作和保护海洋环境所需的人员的级别/职务、人数。

3.2　船舶的最低安全配员水平应考虑所有相关因素而决定,包括:

.1　船舶种类和尺度;

.2　主推进装置和辅机的数量、尺度和种类;

.3　船舶的结构和设备;

.4　维修保养方法的采用;

.5　运输的货物;

.6　抵达港口的频率,从事的航线的长度和性质;

.7　航行区域、水域和船舶涉及的操作;

.8　船上进行的培训活动的程度;

.9　适用的工作时间限制和/或休息时间要求。

3.3　船舶最低安全配员水平的决定应基于 STCW 规则指出的各个责任等级职责的履行,包括:

.1　航行,包括如下任务、职责和责任:

.1.1　计划航线并进行安全航行;

.1.2　根据 STCW 规则的要求保持安全航行值班;

.1.3　在所有情况下操纵船舶;和

.1.4　船舶安全地锚泊和离泊、起锚;

.2　货物操作和存放,包括如下任务、职责和责任:

.2.1　计划、监视并保证所运输货物的安全装卸、存放、系固、航程中的看护。

.3　船舶的操作和船上人员的看护，包括如下任务、职责和责任：

.3.1　保持船上所有人员的安全和救生、消防及其他安全系统的操作状况；

.3.2　操作并维护所有水密关闭装置；

.3.3　必要时，进行操作以集中并撤离船上所有人员；

.3.4　必要时，进行操作以确保海洋环境的保护；

.3.5　在船上提供医疗保障；和

.3.6　从事船舶安全营运所需的行政管理任务。

.4　轮机管理，包括如下任务、职责和责任：

.4.1　操作并监视船舶主推进装置和辅机，并评估这些机器的状况；

.4.2　根据STCW规则的要求保持安全轮机值班；

.4.3　管理并进行燃油和压载操作；和

.4.4　保持船舶机器设备、系统及其服务的安全；

.5　电气、电子和控制系统的管理，包括如下任务、职责和责任：

.5.1　操作船舶的电气和电子系统；和

.5.2　保持船舶电气和电子系统的安全；

.6　无线电通信，包括如下任务、职责和责任：

.6.1　使用船舶无线电设备发射和接收信息；

.6.2　根据经修正的ITU无线电规则和1974 SOLAS公约的要求，保持安全无线电值班；

.6.3　紧急情况时提供无线电服务。

.7　维修保养，包括如下任务、职责和责任：

.7.1　根据使用的维修保养方法，对船舶及其机器、设备和系统进行维修保养工作；

3.4　除3.2和3.3所述因素和职能外，决定最低安全配员水平还应考虑：

.1　当船舶处于非航行状态时，其安全职能的管理；

.2　除尺度有限的船舶外，提供合格的甲板部高级船员，通过采用三班值班制，以使船长不必参加正常值班；

.3　除主机功率有限或具备无人机舱的船舶外，提供合格的轮机部高级船员，通过采用三班值班制，以使轮机长不必参加正常值班；

.4　保持船上适用的职业健康和卫生标准；和

.5　按要求向船上所有人员提供适当的食物和饮用水，

3.5　决定船舶的最低安全配员水平时还应考虑：

.1　考虑到分配给海员的船上工作时间和休息时间，要求船上合格人员和其他人员的数量能够满足高峰工作负担的状况和条件；和

.2　船长和船上人员协调船舶安全营运和保护海洋环境所需各种活动的能力。

4　公司责任

4.1　主管机关可以要求负责船舶营运的公司根据主管机关指定的格式，就船舶的最低安全配员水平准备建议并递交主管机关。

4.2　公司在为船舶最低安全配员水平准备建议时，应该应用本决议中的原则、建议和指南，并提交要求：

.1 对船舶安全营运、保护海洋环境及应对紧急情况所需的船舶配员的任务、职责和责任作出评估；

.2 对船舶安全营运、保护海洋环境及应对紧急情况所需的船舶配员的数目、级别/职务作出评估；

.3 基于对船舶安全营运、保护海洋环境及应对紧急情况所需的船舶配员的数目、级别/职务作出评估，准备最低安全配员的建议并递交主管机关；

.4 保证最低安全配员水平在任何时间、任何方面都是完备的，包括满足高峰工作负担的状况、条件和要求，并符合本决议中的原则、建议和指南；和

.5 在航行区域、船舶结构、机器、设备或船舶的操作和维修发生改变，并可能影响安全配员水平时，准备新的最低安全配员水平的建议并递交主管机关。

5 主管机关批准

5.1 对于公司向主管机关递交的船舶最低安全配员水平的建议，主管机关应评估其是否：

.1 船舶配员的建议包括履行船舶安全营运、保护海洋环境及应对紧急情况所需任务、职责和责任的人员的数目、级别/职务；

.2 船长、高级船员和船舶的工作时间不超过履行其职责和船舶安全所要求的安全工作时间，其工作和休息时间是否遵守了适用的国内规定。

5.2 经过对公司初次建议的评估，如果主管机关未批准公司建议的配员方案，应要求公司对船舶最低安全配员水平进行修正。

5.3 只有当主管机关认为船舶配员建议符合本决议的原则、建议和指南，并对于船舶安全营运和海洋环境保护所有方面来说都是完备的情况下，才能批准公司对船舶最低安全配员水平的建议并向船舶签发相应的最低安全配员文件。

5.4 当航行区域、船舶结构、机器、设备或船舶的操作和维修发生改变，并可能影响安全配员水平时，如公司未能递交新的最低安全配员水平的建议，主管机关可撤回船舶的最低安全配员文件。

5.5 对于持续未能遵守休息时间规定的船舶，主管机关应检查其最低安全配员文件并在必要时，予以撤销。

附 件 3

最低安全配员文件内容和样本格式的指南

1 主管机关签发的最低安全配员文件中应明确如下信息：

.1 明确记载船舶名称、船籍港、识别数字或字母(识别码)、IMO 编号、总吨、主机功率、种类和航行区域及是否为无人机舱。

.2 用一个表格记载船舶所需人员的数目和级别/职务及任何特殊限制条件或其他注释。

.3 主管机关的正式声明：根据附件 1 和附件 2 所列的原则和指南，当文件中所指船舶出海时，如果船上人员不少于文件列出的数目、级别/职务时(并考虑其中任何特殊条件的限制)，即可认为船舶已经安全配员。

.4 考虑到每艘船舶的特点及从事航线的性质，关于文件有效性限制的声明；和

.5 文件的签发日期和过期日期，签名及主管机关的印章。

2 建议最低安全配员文件采用与本附件附录模板一致的格式。如果使用的语言不是英语，应包括英文译文。

附　录

最低安全配员文件的模板格式

最低安全配员文件

（官方印章）　　　　　　　　　　　　　　　　　　　　　　　　（国家）

根据经修正的1974年国际海上人命安全公约
第Ⅴ/13(b)条的规定签发
由:政府主管机关

____
（国家名称）

____
（主管机关）

船舶概况①
船舶名称……………………………………
识别数字或字母……………………………………
IMO编号……………………………………
船籍港……………………………………
总吨:
　国家吨位……………………………………
　1969国际吨位……………………………………
主机功率(kW)……………………………………
船舶种类……………………………………

是否为无人机舱　　　　　　是/否

航行区域②

本文件中所指船舶出海时,如果船上人员不少于以下表中列出的数目、级别/职务时,即可

① 船舶概况也可横向摆放。
② 当航行区域不是无限航区时,本文件应包括航行区域的清楚说明或地图。

认为船舶已经安全配员。

级别/职务	证书(STCW 规定)	人数

特殊要求或条件(如有):

签发地:__________时间:__________年__________月__________日

有效期(如有)至:______________________________

(主管机关印章)

代表主管机关的签名

第 A.955(23)号决议
(2003 年 12 月 5 日通过)

安全配员原则(第 A.890(21)号决议)修正案

大会,

忆及国际海事组织公约第 15(j)条关于大会在海上安全、防止和控制船舶造成海洋污染规则和指南方面的职能,

还忆及 A.890(21)决议通过的安全配员原则,为签发相应的安全配员证明或等效文件提供作为符合经修正的 1974 年国际海上人命安全公约(SOLAS)第Ⅴ①条规定的最低安全配员的证据,

注意到安全配员是有经验的合格海员的数量所起的作用,其数量应满足船舶、船员、乘客、货物和财产的安全和保安以及海上环境保护的需要,

认识到 IMO 相关文件要求的重要性以及由 ILO、ITU 和 WHO 通过的关于海上安全、保安和海上环境保护要求的重要性,

考虑到 SOLAS 第Ⅺ-2 章和国际船舶和港口设施保安(ISPS)规则关于船舶和港口设施保安的规定,

相信供各国主管机关用以确定船舶安全配员的一般原则框架在国际上得到广泛接受将大大加强海上安全、保安和海上环境保护,

审议了海上安全委员会在其 77 届会议上提出的建议案:

1 通过关于安全配员原则的 A.890(21)决议附件 1 和 2 的修正案,其文本载于本决议的附件;

2 建议各国政府在为悬挂其国旗的船舶制定最低安全配员标准的同时,考虑本附件中的修正案;

3 要求海上安全委员会保持对本决议的审议。

---

① A.890(21)决议于 1999 年 11 月 25 日通过。当时,第Ⅴ/13 条属于 1974 年 SOLAS 公约中的相关规则。到 2000 年 12 月 5 日,海上安全委员会在 MSC.99(73)决议中通过了 1974 年 SOLAS 公约修正案,该修正案替代了当时的第Ⅴ章,并于 2002 年 7 月 1 日生效。因此,该相关规则即为现在的第Ⅴ/14 条。

附　件

安全配员原则(第 A.890(21)号决议)修正案

附　件　1

安全配员原则

1　在第 1 段中,删除.1.7 末尾的“和”,并在现有.1.8 后插入新的.1.9 如下:

“.1.9 根据经认可的船舶保安计划进行操作;和”

附　件　2

安全配员原则应用指南

2　现有 1.1 替代如下:

“1.1　本指南应用于本决议附件 1 中规定的安全配员原则,以确保经修正的 1978 年 STCW 公约第Ⅲ条适用的船舶安全营运以及防止其造成污染,同时确保经修正的 1974 年 SOLAS 公约第Ⅺ-2 章适用的船舶保安。”

3　现有 3.1 替代如下:

“3.1　确定船舶最低安全配员标准的目的,是为了确保其定员中具有船舶安全和保安以及海上环境保护所要求的各种级别/职能的人员并达到所需要的数量。”

4　删除 3.2.8 末尾的“和”。

5　删除 3.2.9 末尾的句号,同时插入“;和”。

6　在 3.2 中,在.9 后新增.10 如下:

“.10 经认可的船舶保安计划的规定。”

7　现有 3.3.3 中的.6 替代如下:

“.6 承担船舶安全营运和保安所要求的管理工作;”

8　现有 3.5 中的.2 替代如下:

“.2 船长和船舶定员协调船舶安全营运和船舶保安,以及海上环境保护所必需的各项活动的能力。”

9　现有 4.2 中的.1 至.3 替代如下:

“.1　对船舶安全营运、保安、海上环境保护以及处理紧急情况所要求的船舶定员各项任务、责任和职责进行评估;

.2　对船舶安全营运、保安、海上环境保护以及处理紧急情况所要求的船舶定员数量、级别/职能进行评估;

.3　编写并向主管机关提交最低安全配员标准方案,其依据是对船舶安全营运、保安、海上环境保护以及处理紧急情况所要求的船舶定员数量、级别/职能所作的评估。通过说明提出的船舶定员将如何处理紧急情况来证实该方案是可取的,其中包括必要时如何疏散乘客;”

10　现有5.1中的.1替代如下:

“.1　提出的船舶定员包括为船舶安全营运、保安、海上环境保护以及处理紧急情况所要求履行的任务、责任和职责所需的人员数量、级别/职能;和”

11　现有5.3替代如下:

“5.3　主管机关应仅对船舶最低安全配员标准的方案进行认可,并在完全确信该船舶定员方案系按照本决议中所含原则、建议和指南制定,且各方面均适合船舶安全营运和保安以及海上环境保护的前提下,签发相应的最低安全配员证明。”

第 A.872(20)号决议
(1997 年 11 月 27 日通过)

防止和制止从事国际海上运输船舶走私毒品、精神治疗物质和产物母体化学品指南

大会,

审议了经修正的 1965 年便利国际海上运输公约并特别是其第Ⅲ条的综合目的,

忆及便利委员会意识到非法贩毒的危害在其 1987 年第十七次会议上批准了关于防止从事国际运输船舶走私毒品,船东、船员和其他与船舶经营有密切关系者使用的指南”的第 FAL. 5/Circ. 1/Rev. 1 号通函,

进一步忆及它在其第十九次例行会议上促请便利委员会加速其关于修改上述指南的工作,该指南还应包括反对产物母体材料非法贩卖的措施,

认识到 1988 年联合国反对麻醉品和精神治疗物质非法贩卖公约所鼓励采取的政府间行动,

关注非法贩毒和产物母体材料运输严重影响合法的海上运输,

满意地注意到由有关会员国政府和国际组织制定的旨在防止和制止本决议中所针对的非法行动的指南的编写情况,

感谢地确认航运公会通过其出版物《贩毒和毒品滥用——船东和船长防止、探测和识别指南》作出的宝贵贡献,本决议附件的相当部分是以其为基础编写的,

1 **通过**防止和制止从事国际海上运输船舶走私毒品、精神治疗物质和产物母体化学品指南,载于本决议附件中;

2 **促请**会员国政府毫不迟延地实施所附指南并使港务长、船运公司、船东、船舶经营人、船长和所有其他有关各方注意到该指南;

3 **要求**便利委员会对该指南不断保持审议并根据所取得的经验视情进行更新;

4 **废除**第 FAL. 5/Circ. 1/Rev. 1 号通函。

附　件

防止和制止从事国际海上运输船舶走私毒品、精神治疗物质和产物母体化学品指南

目录

前言
第 1 章　防止非法贩毒
1　海关程序
1.1　海关官员的行动
1.2　关于船员的信息
1.3　航运公司的行动
1.4　货物保安
1.5　航运公司负责业务时港口或码头的保安
1.6　综合性保安
1.7　人员保安
1.8　一般事项
2　非法装船的可能性
2.1　毒品公开或隐蔽进入并隐藏船内
2.2　毒品间接进入并隐藏船内
2.3　阴谋在船内塞入和隐藏毒品
2.4　在船外隐藏毒品
3　经营公司在船舶保安中的职责
3.1　船员教育和培训
3.2　地方当局和经营公司之间的联络
3.3　了解非法贩卖危险
3.4　审查船舶保安
3.5　可用于船舶保安的人员
3.6　特别注意集装箱货物
4　船舶形体保安措施和程序
4.1　岸上设施保安
4.2　船上保安
4.2.1　进入船舶和身份证控制
4.2.2　船舶在港时的预防措施
4.2.3　非船员进入船舶
4.3　船内通用预防措施
4.4　防止船外隐藏的措施
4.4.1　照明

4.4.2　船上值班
4.4.3　水线下搜查
4.5　人员控制
4.6　贩毒中船上人员介入形式
4.6.1　个人
4.6.2　有组织的阴谋
5　隐藏毒品的探测
5.1　船上搜查
5.2　船上搜查计划
5.3　船上搜查类型
5.3.1　反应性搜查
5.3.2　快速搜查
5.3.3　预防性搜查
5.4　搜查方法
5.4.1　实物搜查
5.4.2　X 光系统
5.4.3　离子扫描
5.4.4　用犬
5.4.5　补充考虑
6　船上毒品隐藏和能说明问题的迹象
6.1　在船上
6.2　船上隐藏的地方
6.3　船上可疑情况
6.4　建议船长和高级船员进行的检查
6.5　行为方式的观察
6.6　海上可疑情况
6.7　岸上可疑情况
7　发现毒品时的行动
7.1　一般指南
7.2　人身安全考虑
7.3　特殊指南
8　船上允许的医疗物品
8.1　船上使用的医疗物品
8.2　用做贸易的医疗物品
第 2 章　产物母体和化学产品的运输控制
1　麻醉品和精神治疗物质非法制造中使用的产物母体和必要化学品
2　麻醉品制造中使用的产物母体或必要化学品的运输预防措施
3　对生产、销售和供应必要化学品或产物母体的国家的建议
附件 1　麻醉品和精神治疗物质制造中经常使用的必要化学品和产物母体清单(根据 1988 年

12 月 19 日于维也纳签署的联合国反对麻醉品和精神治疗物质非法贩卖公约)

附件 2　实施和便利之间的平衡

附件 3　世界扣押情况

附件 4　世界趋势(根据联合国国际麻醉品管制局 1992 年报告)

附件 5　处罚法规

附件 6　毒品和毒瘾

附件 7　词汇表

附件 8　报告毒品事件的港口联络点一览表

前　言

1　本指南载有可能对船东、船员和与船舶经营密切相关的其他人提供指南的一般建议。它们是旨在帮助航运公司、船长和高级船员反对非法贩毒和识别船员中某些吸毒征兆的标准。根据下列指南,船东可能希望审查通过或改进旨在在其船上防止违反海关规定特别是走私精神治疗物质和毒品制造所必需的化学产品的程序的可能性。此种程序必然因船舶服务航线的不同而各异。

2　国际海事组织同意对旨在更有效地反对非法贩毒的国际努力作出贡献。便利委员会在其 1987 年 9 月第十七次会议上准备了防止从事国际运输船舶走私毒品指南,并经理事会在其于 1987 年 11 月召开的第十四次特别会议批准。下列指南取代 1987 年 2 月 5 日的第 FAL. 5/Circ. 1 号文件中发布的临时指南。

3　在某些情况下,船长和船员疏于关注或应有的勤勉可能会使船舶容易受到秘密弄上船的麻醉品、精神治疗物质和产物母体的干扰。

4　由于从生产国到消费国的大量航运活动提供的机会,毒贩又试图进入最有利可图的非法市场,通过海上进行的贩毒比例很高。一旦发运的毒品货物进入了一个地区,毒贩及其代理人利用政府便利人员和货物过往边境的愿望之便,在该地区内运送这些毒品将几乎没有什么困难。

5　当考虑商业运输工具上涉及的非法毒品交易时,应记住三个要素:

(ⅰ)当走私量大时,毒品的高昂价值吸引着国际上主要犯罪组织和恐怖集团。在发现任何大宗毒品时,不应忽视暴力事件包括武力袭击的可能性,因此,始终应采取预防措施。

(ⅱ)职业毒贩很少亲自携毒,而通常寻找同谋做此事。商船船员时常成为急于将其毒品从生产国弄到消费国的目标。船员通常不充分了解所涉及的危险,包括判处长期监禁,在有些国家乃至死刑。

(ⅲ)经营人没有任何经营人可以相当肯定的在其船上没有非法物质的"安全"航线。供应国至消费国间的直接航行被明确地认为是一种危险并受到海关当局的特别注意。但是,越来越多的毒品正通过使用毒贩认为招致目的地国家拦截危险性小的非毒品生产国的港口绕道和迂回的路线运送。

6　航运在两个方面易受贩毒的影响。首先,船上隐藏的毒品构成的威胁意味着海关当局的执法努力可能使得船舶特别是货船离港受到长期延误。其次,船员卷入吸毒的可能性威胁船舶的安全。

第1章　防止非法贩毒

1　海关手续

1.1　海关官员的行动

海关官员对往返外国的所有船舶的抵离需要履行一定的职责，并通常寻求与船舶的高级船员和普通船员建立友好合作关系。他们受到将船舶看成船员之家的教育，并明白船员希望其工作不受干扰，船上生活不受超出必需的妨碍。

海关对于任何船员对消除贩毒可能提供的任何合作和信息都表示感激。对所提供的信息将给予最严格的保密并将毫不迟延地予以调查。

经法律授权一些海关业务可以在其管辖范围内查看任何船舶并在那里逗留，检查和调查任何部位，并且不管是否有钥匙，可以打开任何关闭的地方或集装箱。此种手续视不同国家的立法而不同。

海关官员对船舶可能采取的行动涉及的问题包括下列各项：

海关官员可以登船吗？

多数国家立法规定，当船舶在港口范围内或领水范围内时，任何海关官员或其他经正式授权的人员可以在任何时间登船。此种人员应携带适当的正式身份证并可能被要求出示。

海关官员可以搜查船舶吗？

多数国家立法允许海关官员搜查船舶的任何部位。依据法律，为进行必要搜查计，他们还允许在船上逗留。可能在船舶的某些区域（惰性货物处所、敏感电子设备，等），他们需要咨询、船员帮助、进行搜查的特别着装或设备。登船时，应将此种区域告知海关官员。

在船上发现非法毒品时，海关官员可以扣押船舶吗？

根据某些国家立法，一些用于运载可以扣押的货物的船舶，可以根据海关立法予以扣押。对于负责官员例如船长、驾驶员和轮机员、船舶经理或船东以其行为卷入或由于未能采取合理的预防措施避免其监督下的任何船员卷入从事非法贩毒的船舶，可以施行惩罚。

必须在船上为海关官员提供住处吗？

法律通常允许海关当局派驻官员到位于某一港口或领水范围内的任何船上，始终假定具体情况不会对船员、海关或调查官员的人身安全构成威胁。

必须提供通往船舶的适当舷梯吗？

多数立法为海关官员提供进出船舶的安全设备。如果海关官员的要求在这种情况下是合理的，必须立即满足这些要求。

搜查船舶时，海关官员有什么权力？

法律通常准许海关官员自由进入船舶及其货物的每个部分。此外，他可以：

.1　装载前对任何货物作出标记或使之具有标记；

.2　对船上或任何地方或任何集装箱中所装的任何货物上锁、密封、作出标记或加以固定；

.3　如果拒给钥匙或因其他原因找不到钥匙，弄开锁着的任何地方或集装箱。

海关官员通常有权：

.1　有合理依据怀疑船舶载有非法货物时搜查或拦截船舶；

.2 逮捕任何罪犯并可施行惩罚或罚款,以及命令逮捕,除非国家法规中另有规定。

搜查船舶时,如海关当局发现非法物质,负责的高级船员可能被认为应负责任。

当海关当局采取法律程序时,船长和其他负责方可能被认为负有刑事责任,视国家法律确定。

1.2 关于船员的信息

海关官员可视下列人员为"负责的船舶高级船员":

.1 船长;

.2 驾驶员,包括无证书者;

.3 轮机员,包括无证书者;

.4 制冷工程师;

.5 客船上的事务长和持证的客运主任。

可能要求船舶的船长满足海关就可能能够得到的有关一个或多个单个船员的重要信息的任何合理要求。尽管可能有刑事责任,船长所提供的合作和信息的价值可能成为减轻对船舶的责任的因素。

船舶抵达时,如可行,应通知海关官员有一个或多个船员在该港加入该船的事实。

除特殊情况外,应在船舶抵达前向海关官员提供有关货物和船员的任何信息。

海关官员的权力广泛,但是他们决不应滥用。在世界任何地方,对于此种官员缺乏廉正的事例,均应报告给国家当局和船旗国。

多数海关当局将应要求告知船东和船长高危险性港口。海关当局应指定报告与毒品有关事件的港口的具体联系点。

1.3 航运公司的行动

凡可行时,航运公司应准备好帮助海关培训适于对该公司经营的船舶类型进行搜查的方法。

应在船上保存船舶(内部或外部)的详图,包括任何近期结构性修理、重大改型或改装的图纸以备海关当局提出要求时使用。

航运公司应通常允许海关当局使用船舶及其货物的商业信息,特别是改变目的港、收货人等。

航运公司应在使用集装箱路线、货物和信息系统方面帮助培训海关官员或向海关当局提供适当的使用此种系统的机会。

1.4 货物保安

航运公司应要求海关当局帮助向其负责保安、货物装卸和文件的职员提供信息和专家咨询,以便培训他们在情况可疑例如重量不符、灭失、付款不一致、货包虚构、航线、文件异常或任何其他的不一致时,能识别和报告案件。

当有在港口卸载的所有集装箱号码清单时,航运公司的负责官员应允许海关使用该清单。

集装箱卸下后,航运公司应将集装箱完整性看似受损的任何情况通知海关。

航运公司应检查其核查已编号的封条和抗损货物盖罩的程序,以便防止擅自接近。

1.5 航运公司负责业务的港口或码头的保安

(a)他应控制私人车辆接近货物库房和装载业务。

(b)他应备有正式受权接近货物库房和港口业务的所有车辆和人员清单,并能让海关使用该清单。

(c)他应限制将所有车辆停放在离繁忙装载区域远的指定区域。

(d)所有获准在一个时间里接近货物库房或装载业务的任何车辆均必须被发给注明日期的通行证且其停放应限于指定区域。应记录通行证号码并应在海关在提出要求时能交其使用。

(e)当航运公司有电子保安系统如覆盖货物存放或装载区域的闭路电视,如果海关要求,此系统须对他们开放。

(f)只准许出示正确身份证件的经授权人员和车辆进入货物和装载区域。

1.6 综合性保安

航运公司应在其停靠港口定期审查控制和保安措施,并采取措施消除所发现的任何缺陷,或者当适当时,将其报告给有关港口当局。审查应特别集中于旨在限制经授权人员进入船舶、业务和货物的措施。

航运公司应在雇员发现船上或船外有可疑包件或不正当的货物时,通知海关。在通知海关的同时,应对可疑包件保持监视。

航运公司应随时对船舶和装载业务发出报警信号,附以对在经确认的贩毒或吸毒事件中的雇员进行的内部惩罚的说明,概要提及世界各地主管当局对涉毒罪施加的严厉处罚。

航运公司应向海关提供在各个港口为其船舶提供服务的装卸公司的信息,并确认提供船舶服务的公司。

航运公司在雇用在其船上工作的新雇员时,应尽可能地采取所有必要预防措施核查他们有无人犯有贩毒罪或有吸毒史。

1.7 人员保安

航运公司应只允许经授权和正式确定的雇员处理关于货物或船舶的经营性信息。

航运公司应使适当的海关当局参与其鉴别这一问题的人员教育:正常商业惯例的例外现象可能表明涉毒犯罪的可能性。

航运公司的适当人员应接受识别某个雇员很可能犯有涉毒罪的迹象和在嫌疑发生时需采取的措施的培训。

1.8 一般事项

航运公司应对海关表现出法律兴趣的所有事项(货物清单、客位预订、货运路线、雇员信息等)提供明确确定和容易接触的当地联络点。

航运公司应将这些事项的内容通知与船舶或货物经营有关的所有岸上和船上雇员或代理,并指示他们执行时需符合公司的政策。

航运公司应鼓励与海关当局经常和公开交换信息(见附件2)。

航运公司和海关以及其他涉及商业业务的机构应定期讨论共同感兴趣的当地和全国的事项。

航运公司应寻求海关提供有关适当协助和教育材料方面的建议,以便每一方:

(a)能帮助他们评估其易被用做非法贩毒工具的弱点;

(b)制定减少其弱点的具体计划;和

(c)实施这些计划。

航运公司应竭力教育其岸上和船上人员有关吸毒的危险和鉴别非法物质的方法。

2 非法装船的可能性

防止非法毒品隐藏到船上的必要保安程度明显地依危险的程度和性质确定。承运人需要评估威胁性并鉴别其易受影响。

需要加以考虑的因素包括：

—船舶停靠的港口和航行的路线；

—货物来源和路线；

—在岸上设施上实行的控制的程度；

—对于进入船舶实行的控制的程度；和

—易受毒贩压力的弱点。

现今的毒贩使用多种多样的路线，经常数次中转货物直至其来源国被混淆为止。很少港口现在能被认为是不被用来试图将毒品和其他非法物质放置到船上的安全处所，尽管生产国的港口仍然是船舶处于最危险境地的地方。

船舶易被用做毒品运输的渠道：

—在小轿车、货车和拖车等中；

—通过船舶的来访者；

—在放置于行李推车中的行李中；

—在船舶物料中；

—通过合同方的人员（例如修理或清洁班组）；

—作为船员物品；

—隐藏在船舶机器或船壳上面或里面；

—在货物中或货物容器或包装结构物中。

在这些情况下，毒贩可能得到清白的人们的非故意帮助。因此，商船上的贩毒可通过下列方式进行：

2.1 毒品公开或隐蔽进入并隐藏船内

毒贩可能登船隐藏包件，并在包件未被发现前离船。

2.2 毒品间接进入并隐藏船内

毒贩可能利用在船上隐藏和走私其非法包件的一些方便方式（例如置于货物、其包装或容器、旅客或船员的一些行李中，新鲜供应品盒中，或机器备件箱中）。此种活动通常将探测到的所有危险转嫁给清白的第三方。

2.3 阴谋在船内塞入和隐藏毒品

这将涉及一个或多个船员或岸上职员。

2.4 在船外隐藏毒品

较大的毒品运输可由能到达船壳的潜水人员从另一艘船或从水下进行，将包件系于船壳或主要管口、推进器托架或舵的属具上。此种企图需要可观的知识和技能，并只能由更加老练的毒贩进行。这种非法运输方式更有可能在毒品生产区域亦即最大危险区域出现。

3 经营公司在船舶保安中的职责

船舶和船上人员保安的全面责任在于经营公司和公司的代表——船长。任何组织都难以在每一情况下提供绝对的保安，因为必须牢记诸如继续经营的必要性和此种保安的成本之类的商业因素。在这种情况下，保安措施必然成为愿望和可行之间的折中。但是，保安措施应与在任何特定位置中的非法贩毒的危险程度和性质直接相关。船舶在停靠的港内的危险需由公司和船长双方定期审查，视情调整保安措施。

良好的保安包括随时准备承认危险的存在可能还涉及雇员，以及对付此种危险的可能必要的安排。

经营人应考虑：

3.1 船员教育和培训

尽管保安是全体船员的责任，但如果良好的保安原则和卷入贩毒或吸毒的危险得到解释，他们可能会更具有保安意识和警惕。连续和全面的培训和教育方案可以支持维护船舶保安的措施。

船舶的高级船员应具有下列充分知识：

(1)船舶保安计划和有关应急程序；

(2)船舶的布局；

(3)危险、威胁和易受影响的弱点的评定；

(4)港口和船舶运作；

以及，如有需要，进行下列培训：

(1)进行保安检查的方法；

(2)规避保安措施的技术；

(3)操作保安技术辅助设备(如使用)；

(4)对可能犯有违法行为的人的特征和行为方式的识别；

(5)非法物质的探测和识别；

(6)人员及其行李的物理搜查方法。

3.2 地方当局和经营公司之间的联络

由于与当地海关、警察和经常停靠港口的港口当局的良好联络将提供当地“情报”、接触和指南，以及在威胁评估方面提供帮助，因而很有必要。

3.3 了解非法贩毒危险

世界不同港口的非法贩毒威胁情况各异。因此，经营公司需要考虑与每一停靠港相关的威胁并根据能得到的最好信息加以评估。还应让经营公司在每一港口的岸上职员了解这一危险和他们可能帮助解决这个问题的方法。

3.4 审查船舶保安

根据运输船舶对于对其营运的威胁的评估，应对其现行保安进行审查，因为此举可能揭示在哪些方面需要补充措施。应与船舶经营的贸易的两端的海关和港口当局讨论此种评估。

3.5 可用于船舶保安的人员

无论是否直接受雇于承担保安职责，岸上和船上的公司人员对于保安系统的良好运作都是至关重要的。

无论计划进行什么类型的活动，毒贩通常都要对潜在的走私机会进行预先调查。无防范的船舶或货场比起有明显防范的船舶或货场被视为目标的可能性要大，并且毒贩会被可视性保安吓住。船员明显具有警惕的船舶比起船员的保安程序既不广泛又不认真执行的船舶被选做毒品的无辜通道的可能性要小。因此，在任何时候都确保保安预防措施有效是非常重要的。

对潜在毒贩的最大制止力量是岸上和船上职员对威胁的明确了解。

3.6 特别当心集装箱货物

鼓励经营公司与海关当局合作分享在建立“集装箱危险档案”中可能有价值的信息。诸如收货人公司、货主、来源、市场历史、付款方式、停靠港口等标准的系统分析在建立此种档案中可能是有价值的。

记住：

如能制止毒品上船，则不会非故意地对其进行运输。因此，关键问题在于对进入船舶货物加以管制。

4 船舶形体保安措施和程序

4.1 岸上设施保安

保安措施和程序减少是任何设施易受影响的弱点。国家或港口当局觉察到的威胁程度将对采用的保安措施和程序的数量和类型具有重大影响。有无有效的岸边保安措施是决定船上保安程度的主要因素之一。

设立岸上限制区域有助于控制和沟通进入船舶和货物的渠道，使承运人提供与岸上设施的操作要求相同程度的保安能改进保安工作和增加效率。控制进入储存和装卸区域的能力直接影响承运人防止使用船舶运输毒品的能力。通过与港口当局进行有效联系承运人具有影响船舶保安的机会。

凡可能时，港口应提供实物障碍防止擅自进入货物装卸和储存区域。为船舶保安计，应考虑岸上设施的下列措施和程序：

.1 在入口处、货区、栅栏沿线、停车和工作区域有充分的照明，以阻止任何人介入货物；

.2 有充分的栅栏，以使难以擅自进入货物；

.3 有效控制进入泊位和货区以及有效的身份检查；

.4 能与主管当局进行联系的保安巡逻；

.5 检查空集装箱结构变更的程序；

.6 检查海关封条以确定其完整性是否受到损害的程序；

.7 封住空集装箱的程序；

.8 记录封条号码和报告破损封条的程序；

.9 控制对封条的发放；

.10 堆码集装箱以减少擅自进入其中的程序；

.11 集装箱装箱作业的充分控制；

.12 记录进入和离开设施的卡车的抵离时间和登记车号以及司机姓名的程序；

.13 货物收集员的身份检查；

.14 文件足够性和准确性检查；

.15 货物过磅和与文件对照的程序。

4.2 船上保安

船长在船舶保安事项中的传统权力依然是最高的。当被授权时，应实施补充措施对付增加的危险。经适当培训的船员本身便是制止破坏保安的强有力力量。第一道防线是保持船舶的完整性。如果船员或其他公司雇员卷入贩毒，这就可能受到严重损害。

4.2.1 进入船舶和身份证控制

旨在将毒品包件隐藏于船上的毒贩的主要任务是通过渗透得到进入船舶的机会。因此，凡当危险性证明采用旨在预防的保安措施有理由时，便应这样做。在每一情况下，阻止和预防擅自进入的最好方法便是船员对情况了解和进入船舶进行控制。

船体是容易定义的明显边界。保护这一边界对于试图擅自进入的人员形成一种物质的和心理的制止因素。它延缓侵扰，使得船员和保安人员能够进行侦探，必要时并能拘捕侵扰者。它还为人员和车辆提供指定的和容易辨认的上船地点。

4.2.2 船舶在港时的预防措施

如适当，并且，为了充分防止毒品走私上船，每艘船上的船员应记住下列建议：

.1 船舶停靠港口时，所有通向船舱或储藏室的不使用的门、舱和设备均应在保安人员的监督下锁闭；

.2 晚上，船内和沿船体应保持充分照明，船上应有足够的保安人员和充分的通信设备；

.3 应保持适当的保安工作和充分的通信设备；

.4 类似地，为防止小艇(筏)来装卸非法物质，船舶的朝海区域应充分防范，可考虑使用照明、雷达、夜视设备等；

.5 不得允许未受正式文件和其运输所要求的密封适当保护的小包裹、大包件或包装货物或邮件上船；

.6 由于经常有将毒品、组分或产物母体包在货网中以便在未经探测时将其带上船的现象，故当需要时，为检查计，在将货网放入船舱前可能要先将其拦截并在主甲板上打开。

4.2.3 非船员进入船舶

鼓励船东和船长制定和实施有关进入船舶的程序。

如准许非船员上船，应遵循下列预防措施：

.1 可准许进入特定部门，但不得允许进入限制区域、机舱、货舱、储藏室等处；

.2 可能对带上或带下船舶的任何包袋加以检查；

.3 如岸上人员在船上进行维护、装货、卸货、码垛或拆垛等工作，船长应确保对进入限制和未经准许区域进行控制；

.4 在港时，对船舶入口楼梯或舷梯进行入船管制。

4.3 船内通用预防措施

还可考虑在船上设立限制区域(例如驾驶台、机舱、报房等)。在港时对不用的储藏室、客舱和内部出入点上锁是明显的预防措施。船上万能钥匙的使用、数量和分配应由船长控制。万一由于钥匙误用或丢失而危及保安，纠正行动应事先安排好。为保护船体形成的自然边界，可考虑下列措施：

.1 船舶出入点应保持在最少数量，理想的是单个控制的舷梯、跳板或升降口。当规则要求第二个应急梯时，应考虑将其保持在卷起或离开水面的状态。

.2 如果危险性证明有理由在出入点配备人员值班时，应该这样。在某些情况下，可能需要两名船员或补充保安职员值班。应向他们充分介绍其职责和在发生事情时和紧急状况下需采取的行动。他们需备有闪光灯、召集用辅助设备和通信设备，以同值班高级船员保持联系。应为每个出入点提供以无线电、直线设施或其他可靠设备进行的谨慎通信设备，供保安或操作人员在需要帮助时与船舶保安官员进行联系之用。

.3 舷梯值班人员需持有一份船员、岸上官员和预期的来访者名单表。在某些港口设置警报器和设备作为岗哨和巡逻队的补充可能是适宜的。如要有效果,迅速和适当对警报作出反应是重要的。

.4 应对带到船上的包件、备件和物料进行仔细检查。如果对每一件都进行搜查不现实,则应进行任意、频繁和彻底搜查。送到岸上修理、检查或充填的物件,例如灭火器、气瓶等,回船时应予仔细检查。

在高危险区域,可能要在上船时对来访者进行搜查和拍照,在船上时派人陪同,或者甚至禁止其进入船舶。

正式职责需要其上船的岸上设备的雇员、卖主、被指派的法律执行官员和其他人员应按要求自报身份并醒目地标示适当的身份证件。应不准拒绝在船舶出入点出示保安证件者进入并向适当的岸上当局报告。如有必要,应要求负责官员确认其身份。对陌生人应提出质疑。

意外的来访者只准逐个上船,并应从船舶的另一舷对其进行察看。

敏感或很少使用的舱室和无人机舱应保持锁闭,尤其是在高危险港口,值班员应随时进行检查以察看不正当行为的迹象。还应考虑到这些舱室门上的识别标牌被弄掉的情况。

应提醒船员对特殊地方的意外物体或包件加以警惕。他们不得接受陌生人的包件,而应了解,毒品可能装在外表合法的包件内。

为防止这一点,可用彩色胶纸粘住业经搜查的盒子以便于识别,或用丙纶包装带将其自动捆扎。

应对船舶附近的艇(筏)保持监视,并且,如可能,在夜晚应保持灯光照射。

在海上,如对寻求注意的某一船舶的编号或意图有任何怀疑,应不给予任何答复。此外,当情况证明这样做有理由并且安全允许时,该船应加快速度和/或熄灭航行灯而增加甲板灯。应试图识别行迹奇怪的任何船舶或对其加以拍照,并应以最快的可能方式立即通知岸上部门。在更加容易采用偷偷摸摸方式的狭窄水域和黑夜,应该特别加以当心。

4.4 防止船外隐藏的措施

4.4.1 照明

当在港、锚泊或航行之中时,可在黑夜和能见度有限时对船舶甲板和舷外加以照明,不过应注意不要妨碍所规定的航行灯和安全航行。

在黑夜或能见度有限时,应将灯光布置成能连续照明特定区域。在有些情况下,仅在回应报警时使用此种照明系统可能更为可取。

可使用泛光灯补充主要照明系统,并且既可是移动式的又可是固定式的。如有探照灯,可用以照射向船舶靠近的可疑的人、船舶或艇(筏)。

4.4.2 船上值班

应从甲板上保持充分的瞭望,以察看气泡(潜水者)、浮动废物(可掩藏游水者)或小船。对靠近的小船应予询问,并且,如果不能识别,应防止靠近船舷。

4.4.3 水线下搜查

如果认为水线以下的船体外部可能附有某种装置,可进行确定该装置位置的搜查,尽管不将其拆除。需由合格的清理潜水员进行这项工作,并应通过地方当局寻求帮助。

4.5 人员控制

旅客、船员和在船上具有合法任务的公司其他雇员如决定逃避进出控制措施,显然拥有更多的机会。在评定船舶用于毒品运输的难防性时,其介入非法活动的潜在性必不可轻视。因此,如果征兆证实了这一点,则应采取所有正当和合法的预防措施检查雇员,特别是未来的新职员背景和诚实性。应要求原雇主提供参考情况。应对原雇用的或频繁工作变动加以解释。

在评定雇员屈从与毒品有关的压力的可能性时,应考虑下列各点:

.1 管理部门是否有反毒承诺和职员是否了解承诺?

.2 是否有毒品认识和教育方案,职工合作是否得到鼓励?

.3 有权进入船舶或货物的所有雇员是否均有身份卡?

.4 如发现可疑包件,所有雇员是否均了解怎么处理和告诉谁?

.5 如果对货物、顾客或同事有怀疑,所有雇员是否均了解怎么处理?

.6 是否有任何雇员表现出毒品介入的迹象,例如外表、行为或特征改变、频繁要求快速更换工作或希望分配到某一特定船上、交运的货物上或工作站去工作?

4.6 贩毒中船上人员介入形式

雇员、船员或旅客可能会以个人身份或作为有组织阴谋的一部分介入贩毒。

4.6.1 个人

经验表明,高级船员和管理人员极少介入此类活动。由于在装船和卸船时很难保证船员能接近货物,旅客则更是如此,单个携毒者进行的贩毒便通常使用有关船员的个人或工作区域。但是,要作出努力将东西隐藏在如其被发现亦不会立即引起对该人的注意的区域。

4.6.2 有组织的阴谋

此种阴谋有时涉及几个或所有船员,包括船舶的高级船员和岸上的管理人员。其他的阴谋可能涉及装卸工或集装箱包装工。若从内部了解到船舶班期、航线、船上日程、货物信息系统和海关程序,则由于有时间准备隐藏地方和对毒品进行隐藏,因而可以涉及大量毒品,并且隐藏技术可以高度先进。有组织的阴谋可能需要的其他隐藏地方是燃油柜、机舱机器、导线管或管道。

5 隐藏毒品的探测

5.1 船上搜查

为帮助确保获得最大效果,应不时地对搜查方案加以演练以便建立船员的信心并提醒他们良好的保安工作大家有责。在高险区域或者一旦收到特定信息,可在离开每个港口后进行搜查。在此种区域,船员应做好搜查更多的人和东西的准备。

船舶运输非法物质时特别容易招致问题。就毒品、产物母体和在其制造中使用的化学品而言,应记住两个主要因素:

.1 毒品、产物母体和在某制造中使用的化学品的高价值和国际有组织犯罪的卷入意味着大笔金钱处于危险之中,并带有包括暴力危险在内的后续压力;和

.2 一些船员可能是吸毒上瘾者。

说明:

所有精神治疗物质都很危险,有些可通过皮肤吸收。在处理可疑物质时,应一直使用手套和面罩。永远不要以裸露的皮肤碰擦、接触或处理物质。不要吸入蒸气或粉末。不要在有关物质附近吸烟。不要对其进行测试。不要对其进行品尝、食用或饮用。

当发现大量精神治疗物质、其制造中使用的化学品或产物母体时,每个人都应记住突然性暴力包括武装攻击的可能性。在所有时间内均应采取预防措施。

5.2 船上搜查计划

为确保在尽可能最短的时间里完成一次彻底和有效的搜查,事先应制定搜查计划。此事通常应由管理人员会同船长办理,并可根据经验进行审查和修订。

搜查计划应是全面的,并详细说明搜查者应走的路线和包件可能隐藏的所有地方。

计划应制定成系统的方式,以包括各种选择方法并确保无重复或疏漏。这样可使负责此事的人员集中精力进行实际搜查而无须担心有何遗漏。

在进行搜查之前,应计及船舶的布局,以确保:

—船舶被分成可管理的区域;

—船舶各个区域均涉及;

—船舶各个区域均可进入。

该布局应表明:

—甲板数量;

—货舱数量和位置;

—液舱和空隔处所的数量和位置;

—机舱大小和布置;

—船员居住区和公共处所的数量和大小;

—通风系统的可进入性。

需在船上指定一个指挥点,搜查队的报告被送往那里分析和核查。

应进行以下列物品装备搜查队的准备工作:

—手电筒和电池;

—螺丝刀、扳手和撬杠;

—镜子和探头;

—手套、安全帽、工作服和防滑鞋;

—用于搜集证据的塑料袋和信封;

—记录活动和发现物的表格。

一套检查卡将是有用的。将发给每个搜查人员一套,详述应走的路线和搜查的区域。这些卡片可以颜色标示不同的责任区域,例如蓝色为甲板区域,红色为机舱区域。在单个搜查任务完成时,将卡片送回中心指挥点。当所有卡片均被送回时,搜查遂认为业已完成。

当船长决定对船舶进行搜查时,他应先向其部门负责人进行简要布置,再由部门负责人向其搜查队长进行简要布置。然后由队长组织其搜查队并按搜查计划搜查所分配的处所,以确保无遗漏之处。

5.3 船上搜查类型

5.3.1 反应性搜查

这种搜查将在对特定征兆或对表明包件已被放置于船上的信息作出反应时进行。它也可以用做征兆增加时的预防措施。反应性搜查应遵循下列原则。

如果船员介入毒品走私活动并在其工作或个人区域隐藏了包件,不得允许其搜查其自己的区域。

搜查应按具体计划或安排进行并须认真加以指挥。

应对一个搜查“高处”一个搜查“低处”的双人搜查组给予特别考虑。如果发现可疑物品,双人组中的一人可以留在原处值守，而另一人则报告发现物。

搜查人应能辨认可疑包件。

应有标示或记录“无毒”区域的系统。

搜查人员应与搜查指挥人员保持接触，可能通过超高频/甚高频无线电话进行。

搜查人员应记住，走私者可能试图将包件藏于不引人注意的地方，例如机舱工具箱中。

船舶机舱是隐藏精神治疗物质、毒品组分或产物母体的常见之处。通常，轴隧和滑油与沉淀柜是可疑的地方，启动空气瓶也一样，即使用空了，其压力表仍可设定为表现出有压力。可从主甲板上的轴隧应急出口围壁开口或舵机房进入机舱。必须再次强调，当船舶停靠港口时，此种门应保持关闭，仅在必要或应急情况方予开启。然而，必须注意保持逃生路线的畅通。

搜查指挥人员应对搜查小组的所有报告进行记录，以确保对所有处所都进行了检查并且船长一直掌握最新搜查状况。

发现一个包件不应作为搜查的结束，因为常有藏匿多于一个的可能性。

5.3.2 快速搜查

类似于上述搜查计划，也可以制定用于卸货/下船后和装货/上船前等的快速搜查或“快速察看”未锁或较敏感和较易进入的区域的计划。

在此情况下：

.1 应检查所有原先锁闭的门以确保其仍保持锁闭；

.2 应彻底搜查所有未锁的处所、升降机和垃圾桶。

在完成快速搜查时，船长可决定是否需要进行包括搜查锁闭处所的全面搜查。

5.3.3 预防性搜查

预防性搜查旨在防止走私者试图偷带包件上船，并在此种包件被藏匿之前找到它们。可能会有需要搜查所有船上参观者的时候。

需要设立和控制人员和货物进入限制或封存区域（例如船舶）的一个或多个点。应在这些点上进行检查或搜查以确保通过点的每种东西都干净。一旦通过此点，隔离便很重要，并且不得与未经检查的人员接触。当然，受搜查的人员/货物的百分比将视征兆情况确定。

旅客及其手提行李可在岸上一个或多个搜查点进行检查，或在船上进行检查。由于各港情况不同，最后意见应由当地管理部门确定。

任何人员或车辆均不得由封存区域“退回”或在指挥搜查的人员不知道的情况下离开船舶。

如果限制或封存区域有人或物进入，则应对该区域进行搜查。

此种搜查的频率将取决于征兆情况。

5.4 搜查方法

所选择的搜查方法将视各种情况和征兆确定。只要进行得当，实物搜查仍旧是最后的和最可靠的方法。

5.4.1 实物搜查

可能会对船上旅客和参观者进行实物搜查。由于人数众多，此种检查最好在单独小间中进行，因为这样可以尽量减少尴尬和增加效果。使用单独小间还可防止搜查方法被人看见。旅客不应被给予选择特定搜查者的机会；为防止搜查者被周围的大量人员分散注意力，应使用屏障。

监督员应观察参观或旅客,以注意可疑的行为和指导人们前往有空的搜查员那儿。

为了适当有效,对包裹、袋子和行李的实物搜查应包括检查假底、假盖、假侧面和假夹层。黏胶的气味或以浓烈的气味遮蔽某些毒品的气味经常是内衬可能被挪开而后又被放回原位的迹象。应特别注意包裹的任何修改或修理、外部有油迹或小洞。搜查时应对所装的东西进行评估,并且如果看起来重量不均衡或不成比例而又无明显理由时,则可能有正当依据进一步检查是否装有假的夹层。

应特别注意携带上船的新旧电气和电子设备。应向旅客询问设备的来源以及是否有不是他们自己保存的时候。可能会因有修改痕迹、重量过分或内部物件松动之类的异常特征而对设备进行检查。

箱包中可能用于隐藏毒品的其他容器也必须进行检查。通常,这项检查可以目力进行。

5.4.2　X 光系统

检查体积大的行李和个人随身携带物品的最通常方法是使用 X 光设备。现代设备能产生良好的轮廓形象和穿透力,但在确定毒品时,X 光检查不如实物搜查效果好,尽管可以暴露货物、包件或容器中的假夹层或空截面。

在相对短的时间特别是在检查高峰期间里操作员的效率大大降低,并且操作员仅应最多进行 20 min 的 X 光图像扫描,然后进行其他工作。图像必须显示至少 5 min,以便能够进行适当的检查。

5.4.3　离子扫描

这是最近在保安应用中用于探测隐藏爆炸物和非法毒品的一种高度先进的技术。该系统使用离子移动频谱(离子移频)。

它在商业上被称为"离子扫描 400 型",是可携式,反应迅速(5 ~ 10 s)和高度敏感(微微克和毫微克降低),能在真空中操作,几乎无须进行试样准备,并可用于固体、液体和气体。离子扫描已由美国海岸警卫队和法国、加拿大以及联合王国主管当局用于探测毒品。

5.4.4　用犬

经过特别培训的犬在轿车、包箱和货物搜查中很有效。犬也可用于搜查船舶,但要取得成果需熟悉航海环境。

5.4.5　补充考虑

除对人和伴随的包裹进行的搜查外,还可能有需要搜查上船的其他物品的情况。

.1　货车和拖车

在上船前搜查货物拖车是困难和费钱的,但是有可能需要采取此种措施的时候。在高危险区域,对文件进行仔细检查和对司机进行屏探,加上对好的信息作出反应,有助于解决问题。关于此事,应与海关主管机关协商。作为最后手段,可将拖车"卸空"并使用上述各种方法包括毒品犬进行实物搜查。

.2　其他货物

当征兆程度证明有理由时,可能需对运送到船舶的货物进行任意检查。但是,对货物特别是对集装箱进行屏探出现许多问题。避免损坏甚至非集装箱化的货物都将以木质货箱和其他包装形式加以保护,而有些货物例如装盛化学品的小盒和小口大瓶的性质,则可能使检查成为不可能。

.3　船用物料

运送到船舶的所有船用物料提供了一个毒品渠道。船舶必须仔细检查其物料,并在征兆程度有此要求时屏探每一物品。意外的包裹需予警惕。

.4 为船舶和港口运送杂项物品

走私者很可能利用看起来单纯的车辆和人员给船上的联络人运送诸如面包、牛奶、花或新鲜蔬菜之类的日用物品。良好的通行控制、人员鉴别和任意搜查将有助于处理这一危险。

6 船上毒品隐藏和能说明问题的迹象

6.1 在船上

在船上,毒品可暗藏于船舶本身的结构内或很少使用的舱室、处所和机器中,隐藏于居住区域,或者,如果船员参与其事,保存在其身上或个人物品中。货物提供了许多隐藏机会,特别是如是涉及成组货物或集装箱化货物时。

6.2 船上隐藏的地方

船上有许多地方可以隐藏毒品。发现隐藏过毒品的一些更常见地方包括:

.1 任何人不大可能进入的地方或很少进行搜查的地方,无论是由于尊敬(例如船长室,其休息室的沙发)、不便(例如推进器轴隧)或危险(例如配电板背面和惰性货物处所内);靠近烟囱标志的烟气可能会掩盖诸如大麻制品特殊气味的地方;旅客舱室;

.2 物料间(面粉桶、电冰箱、鱼肉食品冷藏箱、蔬菜袋或罐头食品里);

.3 存放的供应品(衣柜);

.4 油漆库(油漆间);

.5 船员舱内(例如散热片或厕所设备后面或里面,画片或壁脚板后面、舷窗嵌板内、客舱内、天花板和墙壁嵌板内、衣柜基底和衣架的活动夹层内、小柜和抽屉底下、固定铺位和床垫及其他客舱家具的下面);

.6 禁止未经授权人员进入的地方;

.7 润滑油柜或货舱内;甲板升降梯沟槽、地板、墙壁和天花板嵌板内,通风管和轴隧或甲板电缆导管内或机舱机器内,电脑室、控制板、储槽、舭部和烟囱井内;

.8 带有活动底板的货箱或容器;双层底油桶、圆筒和油漆桶;

.9 物品似乎不能不在原位的地方(例如药物储藏间、救生艇储物处);灭火器、软管及其存放处所内;

.10 新近的结构改装处;货物集装箱内或其结构的凹陷处;

.11 客舱和甲板升降梯的活动地板和/或天花板内;

.12 油舱或水舱内(可能安装假校准表)。

6.3 船上可疑情况

下述是应视为可疑情况的例子并须进一步调查:

.1 船舶在港时,所发现的在异常地方的陌生人;

.2 携带包裹并寻求上船途径的陌生人;

.3 岸上工班或合同人的职工无人监督地进行明显无必要的工作或无充分理由的工时外的工作;

.4 意料之外的工作,特别是改装的结构调整(例如隔绝的处所);

.5 所发现的无理由在奇怪的地方的船员(例如烹调与服务员在货舱或机舱),航行时在异常的地方闲逛或表现出不适当兴趣的船员或在高级船员进行检查时表现出不安的船员；

.6 所发现的在旅客区或公共区域外的旅客；

.7 意外事件(例如发现据认为应是装满的压载舱空了)或物品不在原位(例如面粉袋在油漆间)；

.8 包装物、槽罐或容器被打开的迹象；

.9 弄乱的积载、隔绝的处所、不知去向的管道；

.10 丢失的钥匙；

.11 无论时间多短的莫名其妙的断电或机械故障；

.12 焊接的舱柜顶部、上了底漆的仪表、未系固的艇盖、未锁闭的“安全地方”等处被弄动的迹象。

6.4 建议船长和高级船员进行的检查

.1 了解你的船员的通常习惯并研究任何心神不安或偏离常规的现象,例如在船上异常的地方进行日常工作或任何未表现特性的行为；

.2 在港时,在所有时间里保持适当的舷梯口值班和禁止擅自进入；

.3 进行不同性质、地点和时间长度的例行检查并作出记录；

.4 船舶在港时,询问在船上异常地方的所有奇怪人员；

.5 考虑发现东西不在原位的可能意义;例如发现据认为是装满的压载舱空了,或面粉袋放在油漆间；

.6 检查所有弄乱的积载、隔绝的处所、不知去向的管道；

.7 寻找船舶设备例如焊接的罐柜顶部、未系固的艇盖、不工作的设备被弄动的迹象；

.8 如可能,对岸上工班安排监督；

.9 锁闭例如通向不经常使用的货物处所的所有处所和进入处并控制对钥匙的取用。

6.5 行为方式的观察

应仔细观察船员或旅客的行为方式。下列各项可能值得注意:

.1 紧张或可疑的行为；

.2 异乎寻常的大量钱款；

.3 异乎寻常的大量就地采购；

.4 昂贵的衣着；

.5 含有姓名、日期或地点和提及钱款、重量或其他单位的清单；

.6 上岸或回船时异乎寻常的着装(例如过大或不合时宜的服装、身上显眼的凸鼓)；

.7 对船舶的特殊区域、交运的货物或集装箱具有异常的兴趣；

.8 持有与工作无关的异常工具；

.9 持有毒品用具。

6.6 海上可疑情况

船员在履行其正常职责时,除了了解对其本身的船舶的威胁外,还可了解可能值得通过船长向海关当局报告的异常活动。例如:

.1 东西从海上的船舶转来和转给海上的船舶；

.2 东西从靠近海岸的船舶上转来；

.3　异常地方的位置浮标；

.4　在船舶与海岸之间进行信号联络；

.5　充气物高速离岸移动（特别是在晚上）；

.6　在港口的异常潜水活动；

.7　船艇在岸线偏远区域锚泊或卸物。

6.7　岸上可疑情况

航运公司应了解贩毒的威胁，并考虑到是否：

.1　预订货物的人是熟悉的；

.2　托运人/收货人是老顾客还是初次顾客；

.3　有关的物品与顾客的业务一致；

.4　托运人/收货人的地址不完全、拼错、模糊或不适当；

.5　难以接触到"通知方"；

.6　预订是在最后时刻进行的；

.7　费用是预付的并是现金；

.8　试图隐瞒运费付款人的姓名和地址；

.9　装运的货物来自出名的毒品源或转运国；

.10　计及货物、商品的原产地和路线、货物的始发国和目的地以及价值，交运的货物似乎是正常的；

.11　文件中货物描述适当；

.12　尺寸/重量比率与商品相当。

所有职员均应了解任何异常情况构成的威胁和产生的警觉。应将任何此类情况，连同船舶和货物的细节，报告给当地海关办公室。

应要求货物处置职员注意：

—集装箱上破了的封条；

—集装箱里的夹层底板（与门框不同高）或夹层顶板（转角滑轮之上的顶部或内部顶板高度的变化）；

—集装箱或拖车框架中的封闭孔洞；

—集装箱或底盘车框架中的钻孔痕迹；

—墙壁、地板或天花板结构中新油漆或新焊接或者改动的痕迹，它们可指示出旨在隐藏毒品或其他违禁品的结构变更。

应特别注意冷藏箱，其绝缘层和绝缘材料及机器可提供补充的走私机会。

7　发现毒品时的行动

7.1　一般指南

凡当在船舶、货物或房舍中发现毒品时，如无具体的公司常用指南，船长应寻求须采取的措施方面的指示。如在航行途中发现毒品，应在进入其领水前以无线电通知下一个停靠港的主管当局①。应尽快通知海关当局。

---

① 适当的联络地址见附录8。

7.2 人身安全考虑

当发现可疑包件或物品时，应遵循下述各点以确保人身安全：

.1 不要刺破或打开用报纸、箔片、碳素纸或聚乙烯袋包裹并用胶纸带封住的无人认领的可疑包件；

.2 未带皮肤保护器和面具，不要触摸、搬动或接触该物品；

.3 不要吸入粉末、烟气或蒸气；

.4 不要匆忙采取行动；

.5 不要在该物品附近吸烟或将其暴露于热处或火焰上；

.6 在任何情况下均不得品尝、食用或饮用该可疑物品；

.7 任何时候都应尽快洗手和刷衣，以防任何污染；

.8 在局限或围蔽处所确保充分通风和照明；

.9 如果将该物品挪至安全的地方，需用塑料薄膜、薄片或袋子将其包裹并尽快将其挪至安全保险处；

.10 记录对你所做事情表现出异常兴趣的任何人。

7.3 特殊指南

在采取任何行动之前，找另一个人证明可疑包件的位置。如有可能，拍摄发现时的包件照片，即找出见证（避免“毒贩助手”）。尽可能少地抓住一点点地方，记住包件上可能会有指纹痕迹。如有必要，采取处置预防措施，将物品挪至有锁有钥匙的安全地方。如有必要，加以看护。如在航行途中，将发现的任何情况记入航海日志。尽可能详细记录：日期、时间、位置、大致数量、探测人员、证明人姓名，等等。

.1 不要透露发现物，并将信息局限于需要知道的人员的范围内。

.2 在进入其领水前，通知下一个停靠港的主管当局，未这样做，可能会导致被控贩毒。

.3 在警察或海关官员未加以询问前，不得允许船员下船。

.4 保护在该处所的任何包装物和所发现的任何物品。

.5 考虑搜查类似位置和处所。

.6 在事件之后尽快书写报告。记入所发生的每一事项。绘制该处所和区域的草图常常证明是有益的。指出为什么检查特定位置或货物或包件是如何被发现的也是很有用的。报告应由任何一个或几个目击者签字。在航行中，发现者、证明的高级船员和船长或部门负责人均应签署报告，写明日期和时间。如发现物在货物里面，则应收集有关的货物文件以供海关当局随后检查。

.7 抵达时，船长应通知适当的海关官员。

8 船上允许的医疗物品

8.1 船上使用的医疗物品

现今多数船舶在航行期间都携带治疗疾病的医疗物品和救生艇“应急”医疗储备品。在领水内的船舶受适当的国家立法规定的管辖并须遵循任何有关登记药品储存和供应规定。这些是国际协议的一般共同规则。

任何船舶的船长均负责药品的安全储存和船舶医药柜的保安。医药柜应保持锁闭。在海上航行时，应对保存在救生艇中的医疗储备品经常进行检查，并且当船舶在港口时，应将其挪至医药柜中加以保护。如果作出等效安排，保护措施必须充分。

船舶抵达港口时,应连同船舶报告向海关当局提供所有控制药品(例如吗啡)的带有数量的清单。只要携带数量合理,一般无须要求许可证。

诸如旅游班轮之类的船舶可以配有可能委以这些责任的随船医生,但船长仍应对任何违反规则的行为负法律责任。

8.2 用做贸易的医疗物品

进口或出口药品,不论数量,均需有效的许可证,尽管可以实行一些细小的灵活性。许可证将载明物品、许可证有效期、使用港口和有关装运的任何特殊条件。由于许可证的任何变动都将构成违法,如需更改,应与当地海关联系。

第2章 产物母体和化学产品的运输控制

1 麻醉品和精神治疗物质非法制造中使用的产物母体和必要化学品

毒品生产者在加工麻醉物的过程中,除需要添加原植物材料外,还需添加大量化学品,以使发生转化。有些毒品,称为合成毒品,完全是以化学品为基础。其他毒品或精神治疗物质的制造需要两种化学品:反应成最后产品(毒品或精神治疗物质)部分分子的产物母体和帮助获得产品的必要化学品(例如溶剂)。根据1988年联合国反对麻醉品和精神治疗物质非法贩卖公约,其中许多被列为控制物质(见附件1)。

2 麻醉品制造中使用的产物母体或必要化学品的运输预防措施

这些产品至毒品生产区域的运输自然会使海关官员产生兴趣,他们可能对交运货物进行更仔细的调查,如果在船上发现未列入舱单或处于异常状况的物质,应通知下一个停靠港的海关当局:

.1 载运麻醉品或精神治疗物质制造中使用的必要化学品或产物母体的船舶的船长和船员,应对它们的储存库房、舱柜采取保安措施,包括进行察看以查核包件的数量和状况。

.2 在航行期间,任何载运麻醉品或精神治疗物质制造中使用的必要化学品或产物母体的船舶,必须通知最近港口的海事主管当局,说明它载运着此类物质,指出类型、数量、目的地、路线和日程。

3 对生产、销售和供应必要化学品或产物母体的国家的建议

记及制造麻醉品和精神治疗物质需要这些化学品,要求生产此类物质的国家,通过诸如下述措施,作出特别努力,控制其销售和供应:

.1 对产物母体设立政府管制,以便确切了解这些物质的销售目的地和方法;

.2 指定这些物质的特定装卸港口;

.3 及时提交载运产物母体的船舶从装货港到目的港的报告,包括船舶类别、航线和日程、物质种类、数量和中途停靠港;

.4 鼓励载运产物母体的船舶至少提前24 h通知其目的港和中途停靠港,以便每一国家可采取必要的管制措施。

记及在与毒品贩卖相当无关的种类繁多的产品中毒品和精神治疗物质制造中使用的必要化学品至关重要,据认为,这样一种措施是重要的:每个政府均应强调其认为适当的管制,以确保那些物质的具体数量和质量达到其最后法定目的。

如属你的权力范围之内,不要不给予协助。

附　件　1

麻醉品和精神治疗物质制造中常用的必要化学品和产物母体清单

（根据1988年12月19日于维也纳签署的联合国反对麻醉品和精神治疗物质非法交易公约）

表1

N-乙酰-邻氨基苯甲酸
麻黄碱
麦角新碱
麦角胺
异黄樟脑
麦角酸
3,4-亚甲二氧基苯-2-丙酮
1-苯基-2丙酮
胡椒醛
假黄麻碱
黄樟脑
凡本表中所列盐类物质存在于此种盐类。

表2

乙(酸)酐
丙酮
邻氨基苯甲酸
乙醚
盐酸①
甲基·乙基酮
苯乙酸
哌啶
高锰酸钾
硫酸①甲苯

① 盐酸和硫酸盐不包括在表2中。

附 件 2

实施和便利之间的平衡

除了禁止走私的企图，海关当局还有责任便利货物进出其国家的运输。这两项要求具有潜在的冲突。

必须承认，对海关官员来说，海上运输为毒品的大量携运提供着最大的潜在性。由于集装箱使用的不断增加，海关官员对货物进行检查更加困难，结果，隐藏毒品的可能性则增加。如不能安排可观的资源和不能对无害货物有所延误，海关当局甚至不可能对哪怕是小商船的所有货物和结构进行实物搜查。

由于大多数国际贸易是完全合法和未受走私企图玷污的，海关当局应该能够更加有效地探测可疑货物、船舶、人员和组织。

为共同确定承运人和海关当局就“便利”和“实施”两个冲突目标可以提供相互帮助的方法，国际航运公会和海关合作理事会签订了一个谅解备忘录。

作为这一承诺的结果，制定了载有海关当局和国家级及地方级航运公司之间合作框架的指南。

指南的主要目标如下：

—促进承运人了解该问题。

—增加贸易和海关之间的合作。

—便利合法贸易。

—鼓励检查贸易保安标准。

—鼓励进出控制措施。

—允许海关使用信息。

这些做法旨在增加在商船运输中毒品没收的次数，并帮助调查和随后起诉嫌疑罪犯。

新的关贸总协定（关税和贸易总协定）和设立区域性自由贸易区的最新进展的总目标在于促进消除国家间的贸易障碍。但是，毒品和其他非法产品的威胁确保将在进入港继续实施法律措施。无害货物必然受此控制。国际贸易和海关主管机构之间的伙伴关系可在恢复法律实施和便利的平衡方面长期存在。

附　件　3

世界扣押情况

海关合作理事会(海关理事会)保持有各国海关当局报告的毒品扣押数据。

1993 年记录的海洛因扣押总数为13 091 kg,大大高于 1992 年 9 609 kg 的数据。鸦片扣押比 1992 年的数据上升 28%,达 4 408 kg。可卡因的扣押虽然比 1992 年总数略有下降,但却是 1986 年数据的 4 倍,为 94 861 kg。

1993 年扣押的大麻(草本大麻)和大麻麻醉剂(大麻脂)的数量比所谓的“硬”毒品约有较大的增长,总数分别为 210 686 kg 和 445 774 kg。尽管大麻的数据比起 1986 年扣押的 1.116 万千克大为下降,据认为下降部分地是由于负责机构更大地专注于禁止麻醉毒品。

海关理事会还按运输方式提供了数据。1991 年的数据(最近可得到的)如下:

1991 年扣押情况—按运输方式　　kg

	陆运	海运	空运	邮政	未报告方式	总计
海洛因	1 867.0	692.7	2 187.1	63.6	1 043.8	5 854.2
鸦片	930.5	133.9	115.8	533.5	785.9	2 499.6
可卡因	31 038.1	53 689.8	18 677.3	766.3	10 847.7	115 019.2
大麻	74 785.9	52 380.3	22 708.2	1 513.9	21 932.4	173 320.7
大麻麻醉剂	112 467.0	220 540.0	3 604.2	3 401.1	235 043.4	575 155.7
总计	221 088.5	327 436.7	47 392.6	6 278.4	269 653.2	871 849.4
%	25.4	37.6	5.4	0.7	30.9	100

这就是说,1991 年,海关当局从海上运输中扣押的非法毒品据报告为 327 t 之多,而据一般认为,在更最近的几年里,数据还在增加。

附 件 4

世界趋势

（根据联合国国际麻醉品管制局1992年报告）

非洲

消费：大麻制品是使用最广的毒品。埃及是大麻脂的最大消费者，从黎巴嫩走私入境。

根据记录，印度和欧洲一些国家制造的可卡因和兴奋剂的消费已有增加。

转运：在西非港口押了大量旨在转运到世界其他地区的海洛因和大麻制品。

尼日利亚、摩洛哥和突尼斯是南美洲可卡因运往欧洲方向的转运国。

生产：罂粟是在埃及、肯尼亚和苏丹种植的。在许多西非国家、卢旺达、南非、苏丹和赞比亚也有大量种植。摩洛哥仍然是大麻脂的一个主要来源地。

东亚和东南亚

消费：大麻制品是本地区使用最广泛的毒品。中国台湾生产的脱氧麻黄碱在中国香港、日本、菲律宾、韩国和美国有重要市场。马来西亚和新加坡嗜用的主要非法物质是海洛因。

转运：大麻制品例如鸦片、吗啡、海洛因、脱氧麻黄碱和化学产物母体在整个地区生产和运输。曼谷、新加坡和印度尼西亚、马来西亚与菲律宾的港口是运往欧洲、澳大利亚和北美的主要转运点。鸦片是通过缅甸、越南和柬埔寨运输的。

生产：该地区是非法海洛因的主要供应地。鸦片大量在老挝、缅甸生产，在泰国稍少一些。大麻制品则从老挝、菲律宾和泰国走私到澳大利亚、中国台湾、日本、韩国、美国和欧洲。中国台湾是脱氧麻黄碱的主要来源地。

大洋洲

消费：大麻制品仍然是用于消费的最便利可得的毒品，尽管有大量高度纯净的可卡因和海洛因供应。

苯异丙胺尤其是从菲律宾走私进入。

转运：澳大利亚和南太平洋岛国之间的地区被海上毒贩用于转运非法交运物。

生产：大麻是在澳大利亚和新西兰种植的，尽管有一些也是走私进入的。大麻也在巴布亚新几内亚非法种植供应澳大利亚和其他市场。

南亚

消费：据报告，在印度东北，海洛因在静脉中的滥用有增加，结果，艾滋病病毒感染的程度亦增加，据报告，在印度的一些城镇，50%的海洛因嗜用者呈艾滋病病毒阳性。

转运：孟加拉国不断增加地被用做非法毒品的一个转运国。

生产：印度最偏远地区有有限的罂粟非法种植。该地区多数海洛因运输的日的地是欧洲。印度是安眠酮的主要来源地，多数运往非洲。一定数量的大麻及其衍生物是从斯里兰卡非法出口的。

远东和中东

消费：大麻及其脂的嗜用很普遍，但主要问题是海洛因和鸦片。真假兴奋剂是由欧洲特别是由保加利亚并且最近也由前南斯拉夫进口。速可眠胶囊片是由非洲的朝圣者走私到沙特阿拉伯。

转运:从阿富汗运至并通过伊朗、巴基斯坦和中亚的新贩毒路线开始出现。非法毒品进入该地区转往土耳其这个海洛因从东南亚运往欧洲途经的主要中转国。吗啡运到土耳其东南,再在那里转制成海洛因。海洛因交易是由以伊斯坦布尔为基地的犯罪集团组织的,它在欧洲海洛因运输和销售中起主要作用。黎巴嫩正在成为主要来自巴西的可卡因的推销中心。

生产:该地区是大麻、大麻脂、鸦片、吗啡和海洛因的一个重要产地。阿富汗一年生产大约900 t鸦片并有报道说仍在增加。阿富汗的非法海洛因制造也有增加,尽管大量鸦片在该地区其他国家继续加工。伊朗在1980年禁止了罂粟的种植。在黎巴嫩有将古柯酱转制成可卡因的秘密药厂。巴基斯坦西北是大量吗啡和每年70多吨非法海洛因的源地。

欧洲

消费:摩洛哥大麻是欧洲嗜用的主要毒品,尽管较小的数量是通过巴尔干运到或由西南亚海运而来的。在有些国家,更集中地注重于海洛因和可卡因。有几个国家报告,通过南欧和西非及北非运来的海洛因、大麻和南美可卡因的扣押量增加了。

转运:海洛因主要通过伊朗、土耳其和保加利亚从西南亚和近中东抵达欧洲市场。自从前南斯拉夫战争爆发,开辟了通过保加利亚、罗马尼亚、匈牙利和前捷克斯洛伐克共和国的通道。阿尔巴尼亚、塞浦路斯和希腊是海洛因的重要中转国。葡萄牙和西班牙仍旧是南美可卡因和北美大麻进入的重要中心和主要的欧洲点。独联体国家被用做自阿富汗或巴基斯坦大麻脂发运的货物的转运点。

生产:在南欧发现了可卡因药厂。荷兰和波兰是麦角酸酰二乙胺和苯异丙胺的主要源地。有证据表明,合法制造的帕吗琳正被转移到非法渠道并走私到非洲。大麻在欧洲独联体国家有种植并在哈萨克斯坦和吉尔吉斯斯坦有野生。有迹象显示,在荷兰正在大量进行玻璃房中种植大麻的活动,其消费的大麻的高至50%的数量可能是“国产的”。

北美洲

消费:美国和加拿大均有迹象表明大麻的嗜用总量下降了。但是,与三年前相比,目前硬核海洛因和可卡因更多了。加利福尼亚非法制造的麦角酸酰二乙胺被走私到加拿大。该地区仍旧是毒品销售的主要市场。

转运:相当数量的可卡因继续由南美通过墨西哥运进。

生产:墨西哥是大麻的主要产地,并且某种程度上也是罂粟的主要产地,而大麻、海洛因和安眠酮片被走私进入(美利坚)合众国。

南美洲及加勒比

消费:阿根廷、巴西和智利嗜用的主要毒品是大麻,也有一些可卡因和精神治疗物质的嗜用。在委内瑞拉,毒品的嗜用看来在增加。

转运:南美中部和北部港口和加勒比国家港口在向欧洲和北美交运可卡因中起着主要的和日益增加的作用。在巴西,古柯叶的加工和可卡因的交易正在增加。加勒比岛国特别是巴哈马、古巴和牙买加的水域常被飞机或船舶用做投放非法可卡因货物,随后由快速艇筏运往美国南部。

生产:执法的努力减少了古柯丛的种植,毁坏了药厂并扣押了大量可卡因。但是,该地区的所有国家均被用于转制或储藏非法毒品,仅有一小部毒品被扣押。在哥伦比亚,非法的罂粟种植在扩大。秘鲁是古柯叶的最大生产国。大麻和古柯丛的种植以及可卡因的制造在委内瑞拉靠近哥伦比亚的边境扩展。伯利兹和哥斯达黎加是大麻的生产地和转运港。萨尔瓦多是可卡因的转运国。

附　件　5

处罚法规

哥伦比亚

哥伦比亚麻醉品法令第30/1986号授权扣押所发现的任何携运麻醉品的船舶。如果船舶报告船上携有任何毒品,可减轻处罚。

中国香港

1982年通过一项法律,大意是,如果在18个月内两次或两次以上在大于250总吨的任何船舶上发现有过量的非法毒品,可将其拘捕和扣押。

伊朗

证明犯有私藏30 g以上海洛因或5 kg以上鸦片的毒贩面临死罪。

沙特阿拉伯

证明有罪的毒贩面临长期监禁或死刑。

新加坡

规定有严厉的监禁处罚,并且在某些情况下可能定死罪。

泰国

卷入贩毒者可能被定死罪。另一种则是特别长期的监禁。

美国

1986年反嗜毒法对被发现向美国运输毒品的船舶可能的处罚大大地增加了。采用了每盎司海洛因和可卡因罚1 000美元和每盎司大麻及其衍生物罚500美元的规定。

附 件 6

毒品和毒瘾

嗜毒

世界卫生组织(卫生组织)将毒品定义为“当纳入活的生物时,可改变其一种或多种功能的任何物质”。在此定义范围内的物质种类繁多,其中一些既可随便获得,又为社会所接受。

举一些例子:

—社会接受并可随便获得的物质:咖啡因,烟草(尽管越来越少地为社会接受)、酒(在多数国家)。

—社会不接受但可随便获得的物质:

胶、甲基化酒精、汽油、溶剂、清洗液。

—社会接受并可随便获得的药物:

阿斯匹林、扑热息痛、维他命片。

—社会接受但受控制的药物:

巴比妥类药物、安定、待捷盼(利眠宁),以及其他许多处方药物。

—社会不接受并受控制的药物或物质:

大麻、麦角酸酰二乙胺、可卡因、吗啡、海洛因、苯异丙胺、鸦片。

每一类中的许多物质都带有一些毒瘾,但是最后一类所带的远为最多。尽管后一类物质中的一些物质在严格控制的医疗监督下可以使用,但在短期内累积的毒瘾仍然可能出现。当这些毒品被嗜用(即在不加控制的情况下使用)时,可以很快产生毒瘾。

毒瘾可以多种形式出现:

有形瘾

卫生组织将此瘾定义为“当体内的毒品量在明显地减少时其本身表现出有形混乱的状态。该混乱形成由肉体和精神症状和体征组成的戒毒或节制过程中的综合征症状,其表现特征因毒品类型不同而各异。”

就有形瘾而言,身体显现出渴望毒品的迹象。当停止吸毒时,出现戒毒过程征候,并且一些征候是以过量出汗、不断要求饮液、抓挠、肌肉抽搐、烦躁、腹泻、肌肉痉挛的形式有形可见的,在极端情况下,出现昏迷和死亡。在出现有形瘾时,为了达到同等的醉或“麻醉”的程度,身体逐渐需要更大剂量的毒品。这种增加被越快地注意到,据说身体的耐药性就越高。

心理瘾

“这是一种由毒品促进满足感和重复消费毒品的冲动感以便诱发快乐或避免不舒服的状态”(卫生组织,1974年)。

在这种情况下,尽管可能没有有形瘾,头脑中会产生一种对毒品的依赖。戒毒过程征候不像有形瘾那么明显,但仍可出现烦躁、阵怒、想继续服用一剂毒品的呆视、失去理性的行为、受害感,等等。

环境瘾

当成瘾者变得习惯于某种特定生活方式时,此瘾可能出现在社交聚会或聚会的地方——

不仅仅是鸦片或大麻使用者们——助长了环境瘾并为成瘾者和“推销者”提供了机会。如果毒品在特定的地方流通，则成瘾者有长久的毒源，而“推销者”有持久的市场。

世界上许多地区艾滋病毒的发生率的不断增加，给减少嗜毒以新的推动力，因为扩大感染的一个主要渠道是使用吸毒者用过的被污染的皮下注射针头。

吸毒者无社会界限或阶层之分。各行各业和各社会层次均可发现吸毒者。吸毒成瘾者的有形特征依毒品种类和自上一次吸毒以来所隔的时间确定。

吸毒者通常形成一种对其习惯加以撒谎和保密的能力。船员们大概不能发现其同事中的吸毒者。

在封闭的团体例如船员中所存在的，可能会有很强的群体忠诚联结力，它可能导致不愿意相信同事中的不好情况。嗜毒者和毒贩了解此种情况，如果发生嫌疑时，将会利用这一点。

毒品特征及鉴别

毒品的影响依据各人吸毒量、周围环境和其他人的反应而各不相同。但有一定的行为倾向可用做鉴别毒品使用情况的有用指南。

往往需要有老练雄辩的分析来确定所发现的任何物质的确切性质。无论如何，下述指南可能有助于临时性鉴别。

大麻

原产地

大麻属麻类植物（大麻 sativa），是一种在世界大多数热带和温带地区特别是中东、北美西南、东南亚和墨西哥野生的灌木。尽管其主要“商业”转移一般源自西印度群岛、非洲、土耳其、印度次大陆和泰国，实际上可在世界任何地方种植。

最重要的活性组分集中在植物顶部的脂中。大麻麻醉剂或“大麻剂”是从植物中刮出的脂并压缩成块。

尽管历史上草本大麻一直是在温暖气候地区户外种植的，但情况已经变得清楚，现在在气温控制的情况下，在较凉气候中的室内，种植者们正生产出高质量的大麻来。以此种方法种植的植物，大麻的活性组分（四氢大麻醇或大麻醇）特别丰富，并且此种植物的产品具有可能产生其别名“臭鼬”的特别强烈的气味。

大麻是最普通的非法毒品。它可以三种方式出现：

草本（大麻叶和花）

这是以绿色、黄色或棕色草本材料出现的，视其样品等级确定，质地粗糙或精细，外表类似干燥的刺荨麻或干草。秆、茎和梗以及白色小籽可显现出来。该物质闻起来带有香辣湿泥土和腐烂野生植物的气味。吸用时，有一种明显的热辣篝火味。在非通风环境中，气味将持续难散。

脂

它呈淡棕至暗棕色或黑色（偶尔带淡黄或淡绿色），尽管偶尔也以粉末或制成形状的方式出现，但通常是以平板或小块多见。其质地略带稠黏。如其制成平板或模型块，通常为重 0.5 或 1 kg，尺寸分别为 130 mm × 100 mm × 25 mm（5 in × 4 in × 1 in）或260 mm × 200 mm × 25 mm（10 in × 8 in × 1 in）。

平板通常以聚乙烯或亚麻制品包裹。该物质可以制成各种形状，例如鞋底、珠子、雕刻的头形，等等。

油

它呈暗绿至黑色，偶尔也有金黄色的，为黏性油液，并具有与草本大麻类似的气味，但更为强烈。它通常以玻璃或金属容器装运，5 L 或 1 加仑一桶，尽管有时可能更小些。大麻油溶解聚乙烯或塑料。

气味

一般而言，各种形式的大麻均带有一种湿泥土和烂植物的香辣气味。长时外露时可能会使人感到恶心。气味随样品的年数而变，但是油比脂更明显，而脂比草本类型的气味更浓。在吸用过的地方，衣服和周围环境中的毒味经久难散。

用法

草本和脂的形式的大麻通常可以吸用，但也可以吃或嚼。其油的形式可通过皮肤吸收或涂在香烟上。

相关用具

成瘾者使用通常数层的长香烟纸，小陶器碗、木烟筒或任何大孔径的物品例如动物角、树根或水管，或粗制薄纸板管或过滤器——均旨在使烟温变凉。商业卷烟周围"涂抹"一线大麻油者亦有见。

特殊安全说明

大麻油能通过皮肤吸收并产生强烈的幻觉。

毒瘾程度

心理瘾：相当强

环境瘾：相当强

有形瘾：无

身体耐药量：无至轻微

影响和征兆

最常见的作用是话多、狂乐、松懒，以及更喜欢声音和颜色。该物质可诱发懒散和放任不拘的行为并使上瘾者明显地显得反应缓慢。将明显地不能专心去听理性的争论、眼睛瞳孔将扩大，并且，当遇到冲突时，用毒者将表现出敌对情绪。

使用更高的剂量可能会产生感觉变形，并且，当用毒的人焦虑或抑郁时，可发现其感觉加剧。对于患有精神病的人，加大用量可能会加速暂时的精神紊乱。

流行的谣传

虚构— 大麻是催欲剂。

事实

该毒品减少精子总数和繁殖力。

虚构

大麻无害。

事实

该毒品储存于大脑并降低智力等级。它还致癌。

发运数量

通常为 25 kg 至 5 000 kg。多数大麻及其衍生物的发运货物见于远洋船舶上。

鸦片制剂和鸦片类活性肽

原产地

鸦片制剂是由罂粟衍生的毒品。鸦片是罂粟的干“乳液”并含有吗啡和可卡因。由吗啡不难制成海洛因,它在纯净状况下是一种白色粉末,浓烈程度两倍于吗啡。鸦片制剂具有医药作用,可作为止痛药、止咳药和止泻药。

非法鸦片及其衍生物吗啡和海洛因的供应主要来源于东南亚的缅甸、泰国和老挝的所谓“金三角”地区和西南亚的阿富汗、巴基斯坦和伊朗的“卡布尔三角”或“金新月形”地带的罂粟田。在从东地中海直至东南亚的其他地区,有数量较小的生产。根据以往的调查,最可能的始发港是曼谷、新加坡、槟城、巴生港、孟买、加尔各答、卡拉奇和哥打基纳巴卢,但是,生产地区内的多数其他港口均被毒贩使用。

吗啡和海洛因均是采用化学方法由鸦片衍生而成的。鸦片转制成吗啡是通过相对简单的化学加工方法通常在罂粟田附近的临时药厂进行的。大约 10 kg 鸦片制成:1 kg 吗啡,而 3 kg 吗啡制成:1 kg 海洛因(即 30 kg 鸦片制成:1 kg 海洛因)。海洛因是通常用以叙述含有二乙酰吗啡碱或其盐的制剂的一个名称。

它是由吗啡碱完全乙酰化衍生而来的一种半合成品。

鸦片制剂可以多种形式出现:

生鸦片

生鸦片开始是一种混浊的、暗棕色或几乎黑色的黏性物,变硬至甘草的坚硬度,然后,随着时间而变成一种坚硬的棕/黑色略带黏性类似封蜡的团块,视其年数确定。

通常应注意确保其不干透,因为如其变硬变脆,则损失很大的价值。生鸦片不能抽吸,只有当转成制作好的鸦片后才能抽吸。生鸦片不大可能有识别标志。可能会用玻璃纸或聚乙烯将其包裹,外面再包防水纸,以防生鸦片干透。亦发现在听头内装有聚乙烯或防水纸,或以麻袋或帆布包裹的。

生鸦片有一种甜甜的带油性的强烈气味,伴有干草的气息。相隔一定距离时,它并不难闻,但当靠近或在不通风的限制处所,则是令人恶心和呕吐的。它的包装方法旨在减少被探测出气味的可能性。

制作好的鸦片

这是通过使用各种榨水、过滤和蒸发方法处理生鸦片而制作的以便得到一种适于吸抽的产品。它通常为黑色、易碎的团块或削下物,并可能有一种类似生鸦片的轻微的恶心气味。

鸦片渣

这是一种抽吸后在烟筒里的残留物。由于不完全燃烧和挥发,它能保留鸦片的一些特性并含有相当数量的吗啡,它外表呈烧焦状,并且其鸦片气味在抽吸后的空气中经久难散。

药用鸦片

药用或粉末状鸦片是经中温干燥并碾碎成细粉末状的鸦片。它具有鸦片特征的气味,尽管这可由诸如樟脑的添加剂掩盖。该制品可用于不同的药物中,如其吗啡含量大于 0.1%,则其应分类为药用鸦片。

吗啡

吗啡是采用化学方法由鸦片衍生而成。它在纯净状况下是由白色去氧麻黄碱粉组成的。它通常掺有杂物,其颜色可由白色、浅黄色、淡棕色至深咖啡色不等。它亦见于医疗注射形式,为用安瓿所装的无色液体。丸剂和安瓿均可商业制作。在这种状况下,它可能有轻微的氨或烂鱼气味。

二乙酰吗啡(海洛因)

二乙酰吗啡是吗啡的进一步馏出物。一般而言,外表类似擦脸粉,可能稍微粗一点,呈浅黄至淡棕色。它通常为无味,但可能会有轻微的醋似的气味。该物质可商业制成丸剂、胶囊或安瓿的形式,成瘾者对它比对吗啡更喜欢,因为它所给的"快感"来得更快并更强。

合成物:例如哌吠啶

这些药物通常以丸剂或安瓿形式出现。丸剂无味,通常为白色,但也可能有不同颜色。

半合成物:例如二氢吗啡酮

这些药物通常以无味丸剂或安瓿出现。

可卡因

这种药物通常见于白色片剂或丸剂。

用法

鸦片及其衍生物是用以抽吸、吸入或通过皮肤(皮下)注射或直接注射到血液(静脉)中。

相关用具

这可能包括烟筒、瓷碗、棒子、小的花生油灯、碎布、烧焦的银箔、火柴盒盖、皮下注射针头、眼药滴管等。在许多国家,私藏鸦片用具本身就是一种犯罪。

说明:

—鉴别丸剂和胶囊可通过参照厂方的图表进行。诸如丸剂或片剂直径、颜 色、形状和表面的任何标记或刻痕的信息通常可以事先通过无线电广播和 要求提供临时鉴别方法取得。

—通常允许船舶在船长或船上医生的管制下,供应少量除生鸦片和制作好的 鸦片之外的各种形式的鸦片。

特别安全说明

麻醉品烟气在40 ℃左右产生。如发现鸦片或其衍生物,应储藏于凉处。烟气或蒸气不得吸入。

毒瘾程度

心理瘾:强

环境瘾:强

有形瘾:强

身体耐药量:高

影响和征候

适度纯鸦片制剂产生一系列普通的温和物理影响(止痛除外)。和镇静药一样,它们抑制神经系统活动,包括诸如咳嗽、呼吸和心跳率的反映功能。它们也扩张血管,产生暖热感和抑制肠胃活动,导致便秘。

服药之后,服用者的眼睛会立即收缩。随后瞳孔将扩大,药将诱发成瘾者困倦、麻木状态,瞳孔扩大、便秘和对刺激反应缓慢。征候类似流感或疟疾,但如戒毒,延续时间较之为长。长久而言,丧失食欲和处于通常的冷漠将导致成瘾者变得消瘦和因卫生不良而健康不良。

成瘾者的静脉上将会有针痕。

成瘾者一般每天使用大致 0.25 g。

流行的谣传

虚构

黑市中的鸦片制剂的高纯度是有保障的。

事实

街市上的纯度通常为 5% ~10%。糖、砖粉、咖啡咽、胶泥、奶粉、尿、玻璃粉等是所谓“纯白面”(海洛因)中已知的掺杂物。

虚构

它容易治疗。

事实

研究表明,经治疗的成瘾者,10% 的人能戒 6 个月以上,但只有 2% 或 3% 的人能戒 2 年以上。

虚构

这东西真的不危险。

事实

海洛因或吗啡的成瘾者的平均预计寿命大约为 6 ~8 年。有些人可以活得更长一些。许多人在 4 ~5 年内死亡。使用感染的针头或注射器,可传染艾滋病。

发运数量

通常为 5 ~75 kg。

可卡因

原产地

可卡因是由安第斯山古柯灌木叶衍生而成的,并具有类似苯异丙胺的强烈刺激特性。它主要产于南美北半部,特别是哥伦比亚和委内瑞拉;在这些地方,可卡因利润是对经济的主要影响。生产者面临的主要问题是将其运到消费地区。

它以三种形态运输:古柯叶、古柯浆和可卡因。

古柯叶

其外形为椭圆形叶子,淡绿棕色至红色,外表类似月桂叶,通常为干燥的。它无气味。

古柯浆

这是一种外观为白色至灰白色或浅黄色、油灰似的物质。它具有强烈的气味,很像亚麻子油。

可卡因

它外观为松软白色晶莹的粉末,似雪一般闪光发亮,尽管偶尔以无色溶液运输。它无气味。

“强效可卡因”

“强效可卡因”在 20 世纪 80 年代早期以“因”毒出现,起初是在合众国。其使用现扩展到其他国家。它是以混合可卡因氢氯化物与小苏打或氨和/或苯异丙胺粉末而生产的。然后将水加入,以形成浆,加热并晾干。干后,将“强效可卡因”弄碎成小块。

作为纯可卡因的一种掺假物,“强效可卡因”由于比纯净形态的可卡因体积更大,不大可能大量运输。

用法

该物质可被吸入、注射或涂入牙龈、生殖器或肛门。有充足供应(和钱财)的定期使用者每天可能消费 1 ~ 2 g。"强效可卡因"也可通过加热的玻璃管抽吸。

相关用具

用具包括皮下注射器、针头、眼药滴管、鼻烟勺、剃刀片、镜子、高级小瓶或圆形药盒、秸秆等。"抽吸"设备可以是上嵌室石饰为点缀的古董或昂贵金属烟管。不那么有钱的成瘾者使用塑料勺、秸秆、空圆珠笔芯等。

毒瘾程度

心理瘾:强

环境瘾:强

有形瘾:无至轻微

身体耐药量:轻微

影响和征候

与苯异丙胺一样,可卡因产生伴有兴奋、减缓饥饿、对疼痛和疲劳不在乎以及体力和脑力感觉充沛的心理激奋。使用者将表现出极小的瞳孔,以及高度兴奋和行为不稳定。他们将话多健谈,并可能会有心率和呼吸加快。在短时期内重复使用可导致不安、焦虑、妄想症和或许幻觉症的极端状况。

当鼻吸时,物理效应在 15 ~ 30 min 后达到高峰,然后减少。后遗症将包括疲劳和抑郁。这意味着可能要每 20 min 左右重复一剂以保持效应。戒毒过程的征候包括抑郁、渴望再服一剂和受害感。

嗜毒的物理迹象包括充血斑痕、牙龈等脓肿、流鼻涕、鼻塞和流泪。

"强效可卡因"的征候为迅速达到延续大约 30 min 的"快感",随后即为极度的抑郁。使用者可变得精神错乱、狂热、有狂想倾向和神志非常迷乱。物理效应为大脑失常、丧失知觉和损害肺部。

流行的谣传

虚构

它不像海洛因那样会产生有形瘾。

事实

属实。但它会产生精神瘾,并会损害鼻子的细胞膜,还会损害分隔鼻子内壁的结构,成瘾者可能很容易用药过量,并且药的纯度因来源不同可由通常的 30% 至大约 90% 不等。

虚构

它不造成任何真正的损害。

事实

艾滋病已普遍地由污染的针头或注射器传染。艾滋病尚无治愈先例。

发运数量

通常为 5 ~ 75 kg。

幻觉剂

麦角酸酰二乙胺(麦酰胺)

麦酰胺是一种合成白色粉末,它可做成粗制片药或粗制的形状。它也见于邮票大小的浸渍纸，常带有神秘的图案或卡通特征的薄片或微型图画。其纯净状态为灰白色或无色溶液。

三甲氧苯乙胺

它见于常以白色线状真菌类植物呈现的黑色或棕色未张开的蘑菇，或黑色的磨碎粉末。

二甲-4-羟色胺/二甲-4-羟色磷酸

它见于淡粉色或黄色液体和丸剂或片剂形式。

DMT

它见于黑色小颗粒或磨得很细的黑色/棕色粉末。

蟾毒色胺

蟾毒色胺无色，并常见于片形或液体形态。

合成剂

这些物品见于粉末、粗制丸剂或片剂形式，或无色液体。

气味

所有形式均为无味。

用法

它可以口服、鼻吸、注射、抽吸(偶尔)、触摸，或涂入牙龈、生殖器或肛门的方式进行使用。

相关用具

它可包括包装用银箔或照相纸(麦酰胺在日光下变质)。可能也有透明胶囊。通常涉及小数量(如通过皮肤吸收，10 mg 可致毒)。幻觉剂在运输时将仔细包装。

特别安全说明

微量将至毒(麦酰胺为 10 mg，其他类型为 6 ~ 60 mg)。有些形式易于通过皮肤吸收。因此，当处置时，必须特别当心。

毒瘾程度

心理瘾：强

环境瘾：相当强

有形瘾：无

身体耐药量：无至轻微

影响和征候

因药而异。会有高度失去理性的行为。使用者可能不注意外界的刺激，可能会蜷缩、健谈或相信有超人的能力(例如飞翔、漂流、力气大)。使用者可能会带有明显的精神分裂症患者的胡作非为和精神错乱病患者的行为异常。他们可能有时神志清醒，而一会儿又“药效幻觉重现”。

流行的谣传

虚构

好的“幻觉”将你带入与上帝、宇宙、自然等接触的境界。

事实

更经常的是，“幻觉”有害，并在人格上打上烙印。

发运数量

在海运货物中，通常未发现商业运量。

兴奋剂

在主要的兴奋剂中有苯异丙胺盐和硫酸盐、苯甲吗琳、chlorpghenamine、fencamfamine、亚甲二氧基苯异丙胺(MDA)、帕吗琳、phendımetrazine、phentennine、pıpradol 和 prolintane。

种类

合法制造的苯异丙胺产品包括硫酸盐或磷酸盐形式的药物。在不同国家里,它们以片剂、囊剂、糖浆剂或酏剂的形式销售。除 pipradol 见于白色结晶体之外,其余各种纯净形态均为白色粉末。它们有数以千计的商标。它们通常为丸剂或片剂或为胶囊,但有时也为安瓿形式以用于注射。

所有这些都是兴奋剂,但 fencamfamine 已被解除控制至可由处方形式得到。可通过查阅厂方图表鉴别单个丸剂和囊剂。诸如丸剂或片剂直径、颜色、形状和标记之类的信息可由船舶致电下一个停靠港)以得到暂时的验证。

非法制品的颜色由白色或灰白色粉末至黄色或棕色不等,视其种类和杂质与掺杂物的数量确定。它们通常是湿的,由于有残余的溶剂,带有一种特殊的难闻气味。它们见于小颗粒胶囊和片剂。

所发现的明显不符合正常情况的所有药物制剂均应被视为可疑。

气味

正常情况下均无味。纯净形式的苯异丙胺可能有轻微的氨或“鱼腥”气味。

用法

丸剂通常口服,作为粉末时,鼻吸、抽吸或溶解于水并用于注射。它们常常与酒并用。在成瘾者中,一天 200 片的剂量是常见的。

相关用具

通常不需要,除非拆除包装物。偶尔需用皮下注射器和针头。

毒瘾程度

心理瘾:强

环境瘾:相当强

有形瘾:无

身体耐药量:高

影响和征候

苯异丙胺会像身体中的自然刺激因素似的使使用者激奋和激动。呼吸和心率加速,使用者将表现出瞳孔扩大和食欲减弱。使用者感到更有精力、信心,更加兴奋和高兴,并将表现出不规则的行为和特别的好交际。

高剂量可产生神志失常、惊恐、幻觉和受残害的感觉;从长远看,这种感觉可发展成精神错乱状态,需要几个月才能恢复。高剂量例行的使用者还有损害血管或心力衰竭的危险。

随着身体中的能量储存的耗尽,占支配地位的知觉可能变得焦虑、烦躁、不安和饥饿。

流行的谣传

虚构

它们完全无害。它们只会令你激奋,

事实

已有肾脏衰竭事件的报告,并且已知这些物质影响其他内脏。

虚构

它们各自不同。

事实

每一种类均有数以千计的商标。成瘾者往往咬定,“紫心片”管用,而“桃形片”不管用。两者含有相同的药物,相同的数量,只是颜色和外观不同而已。

发运数量

在海运货物中,通常未发现商业运量。

镇静药物

镇静药以与酒精相同的方式抑制神经系统,产生相同的效果。它们分成两种形式:巴比妥类药物和安眠酮类药物。

其纯净形式均为白色粉末。当该物质见于丸剂、片剂和囊剂时,有数以千计的商标。

所发现的明显不符合正常情况的所有药物制剂均应被视为可疑。

气味

正常情况下所有形式均无味。

丸剂通常口服,有时与酒共用。此药偶尔可用于注射。

相关用具

通常不需要,除非拆除包装物。偶尔需用皮下注射器和针头。

说明

从处方上可以得到的镇静药有许多其他形式。尽管上述各种形式是加以控制的,同样可以嗜用无数种其他镇静药(例如安定,以利眠宁的形式销售,等等)。

毒瘾程度

心理瘾:强

环境瘾:相当强

有形瘾:相当强

身体耐药量:相当强

影响和征候

使用者将表现出瞳孔扩大、外表困倦和说话含糊。可能会有特别不可预料的情绪反应和精神错乱。大剂量可能产生失去知觉、呼吸逐渐衰竭并死亡。

流行的谣传

虚构

不是一种危险的药,容易掌握,比硬毒品便宜。

事实

容易过量。当存在处方控制时,每一非法片剂可为“白”市价格的许多倍。

附　件　7

词汇表

商务运输者是指为了酬金、租金或其他利益从事运输人员、货物或邮件的任何人员，或任何公众、私人或其他实体。

没收，适当时包括罚款是指根据法院或其他主管当局的命令永久剥夺财产。

"冻结"或**"扣押"**是指根据或主管当局发布的命令暂时禁止财产的转交、转换、处置或移动。

转运国是指非法麻醉品、精神治疗物质和其他物质通过其领土进行运输的国家。它既非其原产地，亦非其最终目的地。

附　件　8

报告毒品事件的港口联络点一览表

东欧和中欧——波兰

联络位置——华沙

负责官员——M. Lubik 先生

Polish Central Board of Customs

P1. Powstancow W-wy,1

PL 00950 Warsaw

tel:48 22 621 4041

fax:48 22 471 552

加勒比——波多黎各

联络位置——圣胡安

负责官员——J-C Garric 先生

WCO/CCLEC J. I. O.

US Coast Guard Base

PO Box 2029

San Juan,Puerto Rico

tel:1 809 729 7695

fax:1 809 729 7699

南美——智利

联络位置——瓦尔帕莱索

负责官员——F. Gonzalez 先生

Direccion nacional de aduallas

Plaza Sotomayor,60

Valparaiso

tel:56 32 253 682

fax:56 32 233 163

北非——摩洛哥

联络位置——卡萨布兰卡

负责官员——S. Zniber 先生

Dirction generale des douanes et impots indirects

1 Place Mohammed V

Casablance

tel:212 2 273 855

fax:212 2 272017

西非——塞内加尔

联络位置——达卡尔

负责官员——Y. Cisse 先生

Avenue Carde Angle Rue Ndiaye

B. P. 4033

tel:221 221185

fax:221 21184or225569

中非——喀麦隆

联络位置——杜阿拉

负责官员——Mr. J. Drouet 先生

Direction nationale des douanes

B. P. 4049

Douala

tel:232 431 701

fax:232 431 701

东非和南非——肯尼亚

联络位置——内罗毕

负责官员——J. K. Nzuva 先生

Assistant Commissioner

Investigations Branch

Kenya customs & Excise Department

PO Box 72 736

Nairobi

tel:254 2 710525

fax:254 2 715744

中东——沙特阿拉伯

联络位置——利雅得

负责官员——A. Al-Orf 先生

Customs Department

PO Box 22 631

Riyadh

tel:966 1 478 7889

tax:966 1 478 5887

亚洲/太平洋——中国香港

联络位置——中国香港

负责官员——Wing Yiu MAN 先生

Investigations Division

Hong Kong Customs & Excise Department

Rumsey Street, Multi-storey Car Park Bldg

Hong Kong

tel:852 2852 1449

fax:852 254 44731

第 A.930(22)号决议
（2001 年 11 月 29 日通过）

提供船员遗弃经济担保指南

国际海事组织大会和国际劳工局理事会，

注意到国际海事组织(IMO)行动计划中的人的因素的重要性，而此种因素是推行质量航行和国际劳工组织(ILO)的促进良好工作条件的核心任务的中枢，

忆及"ILO 工作基本原则和权利宣言"及其"后续行动"以及适用于海事雇用的有关国际劳工标准，

又忆及适用于所有工人的工资被普遍接受的国际人权原则，

还忆及《1982 年联合国海洋法公约》第 94 条要求船旗国对悬挂其国旗的船舶的管理、技术和社会事宜行使有效管辖和控制，

考虑到《1963 年维也纳领事关系公约》第 5 条的规定，特别是有关国家向其国民和其船舶及船员提供领事保护和帮助的规定，

又考虑到《1993 年国际船舶请求权和抵押权公约》和《1999 年国际扣船公约》，

注意到适用于海事雇用的有关国际劳工标准，特别是(经修订的)《1987 年 ILO 船员遣返公约》(No. 166)，

又注意到国际劳工局理事会在其第 252 次会议上(1992 年 3 月)通过的"保护工资和窘困船员决议"，

认识到遗弃船员是个严重问题，涉及人和社会层面，

还考虑到，鉴于航运业的全球性，船员需要特别的保护，对船东如没有有效经济担保则船员在被遗弃时可能得不到适当赔偿或迅速遣返一事感到关切，

注意到指南是对消除不合格船的营运和强化船员的社会保护之目标的可贵贡献，

又认识到本决议不要求在国家立法已经达到或超过指南的规定时采用额外机制；确认确保遣返、被遗弃期间的生计维持和支付赔偿应是船员的合同和/或法定权利的组成部分，不应受到船东不履行或不能履行其义务的影响，

还认识到在船东不履行其义务时可要求船旗国以及在某种情况下，船员的国籍国或港口国作出干预，

确信指南的采用是确保提供船员遗弃经济担保的适当临时措施，

1 通过本决议附件中所载的"提供船员遗弃经济担保指南"；

2 要求各会员政府提请船东和船员及其各自的组织注意到本决议和指南；

3 敦促各会员政府在履行其船旗国义务时：

.1 确保船东遵守本指南；

.2 确保在悬挂其国旗的船上被雇或聘请的船员在被遗弃时得到某种经济担保制度的保护；

.3 作为紧急事项，使在悬挂其国旗的船上被雇用或聘请的船员在被遗弃时的生计维持和遣返安排就位；

4 **还敦促**各会员政府，当船员在其管辖区域内被遗弃时，向船旗国和船员的国籍国通报该事件并为此种局面的迅速解决提供相互的合作和帮助，

5 **请**各会员政府认识到，按照有关国际劳工标准，当船东不履行其国际义务和经济担保制度或船旗国未遣返被遗弃的船员时，港口国或船员的国籍国可进行遣返而不影响对费用的索赔；

6 **建议**各会员政府：

.1 提请其移民当局注意到由经济担保制度为被遗弃船员作出保险的好处；

.2 考虑到没有经济担保制度不应损害被遗弃船员的移民地位；

7 **呼吁**各会员政府，在不损害适用国际文件的通知要求的情况下，向 IMO 秘书长或 ILO 总干事通报负责处理遗弃案件或指南范围内的其他事项的国家联络点，以便广为散发该信息，

8 **请**各会员政府和视情享有 IMO 或 ILO 咨询或观察员地位的非政府组织记录被遗弃船员事件，并在有此要求时向 IMO 或 ILO 提供资料，

9 **要求** IMO 大会和 ILO 理事会不断检查遗弃问题并定期评定该问题的程度，

10 **请** IMO 大会和 ILO 理事会考虑处理指南范围内问题的更长期的可持续解决办法的其他适当行动，

11 **要求** IMO 大会和 ILO 理事会不断检查指南并作必要修正，和

12 **请**各会员政府注意：指南将于 2002 年 1 月 1 日生效。

附 件

提供船员遗弃经济担保指南

1 序言

1.1 指南的目的是帮助各国在制定其国家要求时确定与船员遗弃经济担保相关的最关键问题。

1.2 指南建议了应由船东实施的措施，确保为被遗弃的船员提供适当的经济担保制度。指南规定了该经济担保制度的主要特点和保险范围并载有对经济担保制度进行认证的各项建议。

1.3 指南也适用于从事国际航行的渔船。

2 定义

2.1 除另有明文规定者外，就本指南而言：

.1 船东系指船舶的所有人或其他任何承担船东的船舶营运责任并在承担此种责任时同意接受所有附带职责和责任的组织或个人，如管理人、代理人或光船租赁人；

.2 船员系指以任何职务在海船上被雇用或聘请的任何人员；和

.3 遗弃的特点是切断船东和船员间的关系。在船东不履行对船员的以下基本义务时即发生遗弃，及时的遣返和支付未支付的报酬，提供基本生活必需品，包括适当的食品、住处和医疗。在船长失去船舶营运的任何经济手段时，即已发生遗弃。

3 适当范围

3.1 敦促船东使所有海船均遵守本指南。

3.2 除国家另有规定者外，指南不适用于任何军舰、海军辅助船或由国家拥有和营运、其时仅用于政府的非商业服务的其他船舶。

4 船东责任

4.1 船东应安排符合指南的经济担保制度。

4.2 船东应在船上展示责任处理指南规定的各项索赔的人员或实体的联络细节。

《1996 年船员招聘和安置公约》(No. 179) 第1(c)条和经修正的《SOLAS 1974》第 IX/1.2 条。

5 经济担保制度的范围

5.1 经济担保制度应保证：

.1 不应由船员支付的船员遣返；

.2 从遗弃时开始至抵达遣返地时为止的船员生活费；

.3 向船员支付所有未支付的报酬和按合同有权得到的款项；和

.4 向船员支付遗弃引起的遗弃期间的船员的其他费用。

5.2 在船东不履行其责任时，经济担保制度应保证以适当和快速的方式遣返船员，通常是通过空运，包括提供从离开船舶至抵达遣返地期间的食品和住处、医疗、个人物品的通行和运输以及任何其他合理费用。

5.3 遗弃期间的生活费应包括：适当的食品、衣服、住处、医疗和其他生活必需品。

5.4　向船员支付所有未支付的报酬应包括积欠工资和雇用合同和/或国家法律规定的其他有权获得的款项。

5.5　对遗弃期间产生的任何其他合理的船员费用，船员应有权从经济担保制度索赔此种费用。

6　经济担保制度的形式

6.1　经济担保制度可采用，除其他者外，社会担保方案、保险、国家基金形式或其他经济担保形式；

6.2　除5.1款的规定外，经济担保制度还应提供下列者：

.1　船员直接利用经济担保制度的权利；

.2　对指南中所列的各遗弃情况的足够保险范围；和

.3　经济担保对无论国籍的所有船员的适用性。

7　证书

7.1　船东应确保其从事国际航行的海船在船上持有证书证明确有船员遗弃经济担保制度。它应张贴在船员登记处的明显位置。

7.2　如需有多种证书以包括船上的所有船员，则所有证书均应张贴。

7.3　证书至少应包括：

.1　船名

.2　船舶登记港

.3　船舶呼号

.4　船舶的IMO编号

.5　经济担保提供者的名称

.6　经济担保提供者的营业地

.7　船东名称

.8　经济担保的有效期限

.9　经济担保符合指南建议标准的认证。

7.4　在有此要求时应向移民当局提供证书副本，以告知船员有为其生计、遗返和未付报酬的支付作出保险的经济担保制度。

第 A.931(22)号决议
(2001 年 11 月 29 日通过)

船员人身损伤或死亡合同索赔的船东责任指南

国际海事组织大会和国际劳工组织理事会,

注意到国际海事组织(IMO)行动计划中的人的因素的重要性,该因素是推行质量航行和国际劳工组织(ILO)的促进良好工作条件的核心任务的中枢,

忆及"ILOI 作基本原则和权利宣言"及其"后续行动"以及适用于海事雇用的有关国际劳工标准,

还忆及适用于所有工人的、被普遍接受的国际人权原则,

注意到经修正的《1997 年海事索赔责任限制公约》、《1993 年国际船舶优先权和抵押权公约》和《1999 年国际扣船公约》,

又注意到在大量案件中,在处理涉及人和社会层面的船员人身损伤或死亡索赔方面有严重问题,

认识到有必要对船员人身损伤或死亡的合同索赔的船东责任推荐最低国际标准,

考虑到船东在履行其提供安全和良好工作条件的责任时,应有支付死亡或人身损伤赔偿的有效安排,

又考虑到鉴于航运业的全球性,船员需要特别保护,

还考虑到应在不损害船员或其直系亲属的任何其他权利的前提下作出充分和迅速的赔偿,对船东如果没有有效的保险或其他形式的有效经济担保则船员很可能得不到充分和迅速赔偿一事感到关切,

注意到指南是对消除不合格船舶的营运和强化船员的社会保护之目标的可贵贡献,

又认识到本决议不要求在国家立法已经达到或超过指南的规定时采用额外机制,

考虑到有关"海事索赔船东责任指南"的 IMO 大会第 A.898(21)号决议未直接处理船员人身损伤或死亡合同索赔,而是与确保船东具有对海事索赔的有效保险或其他形式的有效经济担保一事有关,

确信指南的采用是确保支付船员人身损伤和死亡赔偿的适当临时措施,

1　通过本决议附件中所载的"船员人身损伤或死亡合同索赔的船东责任指南";

2　要求各会员政府提请船东和船员及其各自的组织注意到本决议和指南;

3　请各会员政府确保船东遵守指南;

4　请 IMO 大会和 ILO 理事会考虑指南范围内问题的更长期的可持续解决办法的其他适当行动;

5　要求 IMO 大会和 ILO 理事会不断检查指南并作必要修正;和

6　请各会员政府注意:本指南将于 2002 年 1 月 1 日生效。

附　件

船员人身损伤或死亡合同索赔的船东责任指南

1　序言

1.1　指南的目的是帮助各国在制定其国家要求时确定与向船员支付人身损伤或死亡合同索赔相关的最关键问题。

1.2　指南建议了应由船东实施的措施,确保有有效的保险或其他经济担保来提供此种索赔的充分和迅速支付。

1.3　指南也适用于渔船。

2　定义

2.1　除另有明文规定者外,就本指南而言,

.1　船东系指船舶所有人或其他任何承担船东的船舶营运责任并在承担此种责任时同意接受所有附带职责和责任的组织或个人,如管理人、代理人或光船租赁人;

.2　船员系指以任何职务在海船上被雇用或聘请的任何人员;

《1996 年船员招聘和安置公约》(No. 179) 第 1(c)条和经修正的《1974 年 SOLAS 公约》第 IX/1.2 条。

.3　人身损伤系指船员雇用引起的或相关的船员身体或精神状况的任何疾病或损害;

.4　索赔系指其金额在船员雇用条款中作出规定的人员损伤或死亡赔偿的合同索赔;

.5　保险系指用以支付向船东提出的、符合本指南功能标准的索赔的有效保险或其他形式的经济担保;

.6　保险商系指为船东提供保险的任何人员或实体。

3　适用范围

3.1　敦促船东使所有海船遵守本指南。

3.2　除国家另有规定者外,本指南不适合任何军舰、海军辅助船或由国家拥有和经营、其实仅用于政府非商业服务的其他船舶。

4　船东责任

4.1　船东在履行其保证安全和良好工作条件的责任时应有支付死亡或人员损伤赔偿的有效安排。船东应为其船舶安排符合指南的有效保险。

4.2　在引起索赔时,船东应采取迅速支付措施。船东还应确保全额支付所有有效的合同索赔。其代表或其保险商的代表不应施加任何压力来作出少于合同金额的支付或与本指南有任何冲突的支付。

4.3　当人身损伤的性质使船东难以全额支付索赔时,应向船员作出临时支付以避免不适当的困境。

4.4　船东应在船上展示负责处理指南规定的索赔的人员或实体的联络细节。

5 索赔支付

5.1 虽有国家法律的规定，但建议合同索赔支付的各当事方使用本附件附录中所载的“标准收讫和解除表格”。

6 保险

6.1 索赔保险的基金标准应包括，除其他者外：

.1 应全额和及时支付雇用合同规定的合同赔偿且不损害下文(2)；

.2 船员接收支付一事不应损害其他法定权利，但此种支付可因同一事故的违约行为造成的任何损害而被抵消；

.3 船东应确保提供注明保险期限的证书；

.4 如果保险要被撤销，则船员应收到预先通知；如保险未被更新，则船员应得到立即通知；和

.5 保险应保证支付证书有效期间发生的所有索赔。

7 证书

7.1 船东应确保其船舶在船上持有保险商颁发的证书。它应张贴在船员住处的明显位置。

7.2 在有多个保险商提供索赔保险时，需备有每一保险商的证书。

7.3 证书至少应包括：

.1 船名；

.2 船舶登记港；

.3 船舶呼号；

.4 船舶的 IMO 编号；

.5 经济担保提供者的名称；

.6 经济担保提供者的营业地；

.7 船东名称；

.8 经济担保的有效期限；

.9 经济担保符合指南建议标准的认证。

附　录

标准合同索赔收讫和解除表格

船舶：

事故……………………………………………………………………

船员/法定继承人和/或家属：

船东……………………………………………………………………

本人[船员]、[船员]的合法继承人和/或家属兹确认收到为履行支付本人/船员的雇用合同条款规定的人身损伤和/或死亡合同赔偿的船东义务而支付的金额[货币和数额]，并解除船东上述条款中规定的义务。

该支付系在未承认对任何索赔的责任的前提下作出，对该支付的接受不损害本人/船员的合法继承人和/或家属依法寻求从上述事故中可获得的或由其引起的疏忽、违约或任何合法赔偿的索赔。

日期：

船员/合法继承人和/或家属：

签字：

确认：

船东/船东代表：签字……………………………

保险商/保险商代表：签字……………………………

第 A. 947(23)号决议
(2003 年 11 月 27 日通过)

本组织关于人的因素的看法、原则和目标

大会,

进一步忆及关于船舶安全和防污作业要求的控制程序和指南的第 A. 742(18)号决议确认人的因素和安全之间的密切关系;

记及关于配员和安全方面的疲劳因素的第 A. 772(18)号决议,该决议旨在增加对疲劳的复杂性的认识并鼓励与船舶作业有关的各方在作出作业方面的决定时考虑这些因素;

确认在船舶安全作业中对与人有关的活动增加重视的必要性和为大大减少海上事故而取得和维持安全、保安和环保的高标准的必要性;

还确认由于人的因素在防止海上事故中的明显作用,人的因素问题在本组织的工作方案中已被授予高优先性;

审议了海上安全委员会第七十七次会议和海上环境保护委员会第四十九次会议的建议案;

1　通过《本组织关于人的因素的看法、原则和目标》,载于本决议附件中;

2　请各国政府使其出席本组织会议的代表注意本决议以便于采取适当的行动,并鼓励负责船舶作业和设计的人员在作出设计和作业方面的决定时考虑有关的原则;

3　要求海上安全委员会和海上环境保护委员会在考虑到所附《关于人的因素的看法、原则和目标》的情况下审议有关海上人命安全、保安和海上环境保护的新的或经修改的文件或程序的提案;

4　还要求海上安全委员会和海上环境保护委员会对所附的看法、原则和目标保持审查并视情采取行动;

5　废除第 A. 850(20)号决议。

附　件

本组织关于人的因素的看法、原则和目标

看法

通过处理人的因素问题改进工作表现，以大大提高海上安全、保安和海上环境质量。

原则

(a)人的因素是影响海上安全、保安和海上环境保护的一个复杂的多元性问题。它涉及船员、岸上管理部门、管制机构、经认可的组织、船厂、立法机构和其他有关各方的人员的活动的整个范围；为有效地处理人的因素问题，所有各方均需合作。

(b)本组织在制定规则时，应以寻求和重视从事海上工作的人员的意见对船员表示尊重。

(c)海上事故发生后的有效补救行动要求对涉及事故起因的人的因素的良好理解。这需要通过对事故的促成因素和事件的因果链进行彻底调查和系统分析才能得到。

(d)在制定规则的过程中，应该认识到必须作出充分保障，以确保通过这些规则的执行，单个的人员或组织的失误将不会造成事故发生。

(e)直接针对船员的规则和规定应简单、明了和全面。

(f)船员的持久力，定义为在安全范围内保持表现的能力，随许多复杂和相互作用的可变因素包括个人能力、管理政策、文化因素、经验、训练、工作技能和工作环境的变化而变化。

(g)通过有效通信而进行的信息传播对于良好的管理和营运决策是至关重要的。

(h)审议人的因素事项应旨在尽量减少人员和组织的失误的可能性。

目标

(a)所有委员会和分委会在制定规则和指南中均备有适当地在审议人的因素问题时使用的结构性方法。

(b)从人的因素的角度对有选择的现有 IMO 文件进行全面审查。

(c)通过人的因素的原则促进和交流海上安全文化、保安意识和增进对海上环境的了解。

(d)根据人的因素的原则提供鼓励制定非规章性解决办法及其评价工作的框架。

(e)在适当的地方设置鉴别和传播有关人的因素的海事利益研究、调查和其他有关信息包括海上和非海上事故调查研究的结果的系统。

(f)提供船员教育材料，以便增加其对人的因素问题对安全的船舶营运的影响的认识和了解，帮助他们做正确的事情。

(g)提供理解相互关联的人的因素要素、综合操作目标、人员持久力事宜、组织政策和做法以及环境因素的非常复杂的系统的框架，以便利用全面和系统的方式鉴别和管理风险因素。

三、船上的操作方案

(一)关于普通货船

第 A.489(Ⅻ)号决议

(1981 年 11 月 19 日通过)

关于成组货物和其他实物在非分格式集装箱船舶上的安全积载和系固

大会,

回顾到政府间海事协商组织公约第十六条第 9 款的规定,

认识到有必要改进成组货物和其他实物在非分格式集装箱船舶上的安全积载和系固的标准,

还认识到应特别注意货物的成组积载和在运载工具上的积载,

相信如果所有待运的成组货物、运载工具和其他实物都备有使用可移动式系固器械的装置,将会大大有助于普遍应用改进了的标准,

考虑到在国际性的基础上可最好地达到普遍改进标准的目的,

1 **通过**关于成组货物和其他实物在非分格式集装箱船舶上的安全积载和系固的准则,其文本见本决议的附件;

2 **建议**各国政府根据附件中的准则,颁发关于成组货物和其他实物在非分格式集装箱船舶上安全积载和系固的准则,特别应要求那些有资格悬挂他们的国旗的船舶携带附在后面的准则所规定的货物系固手册。

附　件

关于成组货物和其他实物在非分格式集装箱船舶上安全积载和系固的准则

1　成组货物和其他实物在这里是指车载货物、集装箱、平板货、托盘货、可移动罐柜、包装成组货物、运载工具等,以及那些属于船舶但不是固定在船舶上的装货设备的部件。

2　这些准则适用于系固那些装载于非分格式集装箱船舶和专门为运载集装箱而设计和装配的船舶的露天或有篷甲板上的成组货物或其他实物。该准则的适用范围在任何时候均应由船长决定。

3　国际海运危险货物规则以及海大288(Ⅶ)号决议关于在不是专门为载运集装箱而设计和装配的船舶甲板上的集装箱的积载和系固的有关规定应予遵守。

4　应遵守托运人专门就某批成组货物的装卸和积载所提出的意见或原则。

5　如可行,成组货物和其他实物应备有安全使用可移动式系固器械的装置,这些装置应有足够强度,以承受船舶航行时可能产生的各种力。

6　应安全装载成组货物和其他实物,并予以必要的系固,以防翻倒和滑动。应充分注意到成组货物和其他实物可能遇到的各种力和过载情况。

7　船舶应备有固定式货物系固装置和移动式货物系固装置,并应提供有关船上各种系固设备的技术性能和实际使用的资料。

8　各主管机关应查明,所有适用本准则的船舶都配备有适合各该船舶特点及其预期业务特点的货物系固手册,该手册尤其应提供船舶的主要尺寸、静水性能和船舶在航行区域可能遇到的天气和海况以及货物的组成等情况。

9　如果有理由怀疑任何成组货物的包装或积载不能令人满意,或运载工具严重失修,或成组货物本身在船上不能安全装载和系固,因而可能会危害船舶或船员的安全,则不应接受此种成组货物或运载工具的运输。

10　货物系固手册所载资料应酌情包括下述项目:

.1　固定系固装置及其位置的细节(眼板、带环螺栓、支脚等);

.2　移动式系固装置的位置及其存放;

.3　移动式系固装置的细节,包括所提供的装置的目录及其强度;

.4　船舶载各种成组货物、运载工具和其他实物时正确使用移动式系固装置的范例;

.5　列出在船上各个位置可能发生的横向、纵向和垂直过载的变化。

第 A.533(13)号决议
(1983 年 11 月 17 日通过)

审议货运单元和车辆在船舶上的安全积载和系固问题时应考虑的因素

大会，

回顾到国际海事组织公约第 16 条第 10 款关于大会在海上安全规则方面职责的规定，

进一步回顾到大会在第十二届会议上通过的关于货运单元和其他组件在除分格式集装箱船之外的其他船上的安全积载和系固的第 A.489Ⅻ号决议，

考虑到国际海事组织/国际劳工组织关于货运集装箱培训的指南，

认识到远洋船上运送的货物单元和车辆的数量越来越多，

进一步认识到，在大多数情况下，货物是在托运人处或在内陆终端装载和系固于货运单元和车辆之上的，并且在海运之前是经公路或铁路运达港口的，在货运单元和车辆上的货物并不总是为了安全地进行海上运输而适当地积载或系固的，

意识到，在大多数情况下，为了进行公路和铁路运输而适当地装载并系固于货运单元或车辆上的货物，也将能承受在海运过程中受到的外力，

认识到，在用于海运的货运单元和车辆上需装设令人满意的将货物系固于船舶之上的制牢装置和将货物系固于货运单元和车辆之内的装置，以处于货物的安全积载和系固，并且，船舶上需设置足够的紧固点，

相信，如果运输链中的各个环节在考虑这个问题时，均知道并考虑到应加以注意的因素，这对经改进的标准和系固装置的普遍应用最为有利，

还相信，如果在国际范围内实行，将能取得最佳效果，

审议了海上安全委员会在其第四十八届会议上提出的建议，

1　**敦请**各国政府，考虑到本决议附件中列出的因素，向其国内运输链中负责将用于(并包括)海上运输的货物单元和车辆运送的各个不同环节提出建议；

2　**要求**秘书长提请各成员国政府和负责公路、铁路和海上运输安全的国际组织注意这些因素，使其在货运单元和车辆的设计和建造中得到考虑，并在装运货运单元和车辆的船舶的设计和建造中得到考虑。

附件

审议货运单元[①]和车辆在船舶上的安全积载和系固问题时应考虑的因素

应考虑的因素特别与货运单元(包括车辆)的安全运输有关。其目的是向有关各方指明在为这种运输设计和经营船舶或提交货运单元或车辆时需要加以审议的主要因素和特点。另外,我们希望这些因素将有利于并促进对这些问题及对进行这种营运的船舶的船长的要求的更好理解。

1 有关各方

1.1 这些因素主要是为下列各方提供资料和指南,据认为,这些方面均以某种形式与船舶的设计或营运有关,或与包括车辆在内的货运单元的设计、提供或装载有关。有关各方为:

.1 造船厂;

.2 船舶所有人;

.3 船厂;

.4 港口当局;

.5 托运人;

.6 运输代理人;

.7 路运承运人;

.8 货物装卸人;

.9 货运单元和车辆的制造人;

.10 保险人;

.11 铁路营运人;及

.12 内陆总站集装箱装箱人。

2 一般因素

2.1 确保下列各点是至关重要的:

.1 拟在海上运输中运载货物用的货运单元,包括车辆,应结构完好,并设有足够数目的具有足够强度的系固点,使其能令人满意地被系固于船舶之上,另外,车辆应具有有效的刹车系统;及

.2 货运单元和车辆应设有足够数目的系固点,使货物能被适当系固于货运单元和车辆之上,以承受在海运中可能出现的外力,特别是横向的外力。

3 船舶所有人和船舶建造人应考虑的因素

3.1 船舶应设有足够数目的具有足够强度的系固点、足够数目的具有足够强度的货物系固索具和一本货物系固手册。在考虑系固点的数目和强度、货物系固索具的数目和如何编写货物

---

① 货运单元在本文中是指有轮或有履带的货物、集装箱、平板挂车、可移式罐柜、车辆及船舶的非固定于船上的移动式货物装卸设备。

系固手册时，应考虑下列各种因素：

.1 航程时间；

.2 航程的地理区域；

.3 可预见的海况；

.4 船舶的大小、设计及特点；

.5 恶劣气候条件下的动态外力；

.6 所运载的货运单元和车辆的类型；

.7 货运单元和车辆的预计积载形式；及

.8 货运单元和车辆的重量。

3.2 货物系固手册中应提供有关系固货物用具的特性及其正确使用方法的资料。

3.3 船舶的非固定于船上的移动式货物装卸设备，应设有足够数目的系固点。

4 船长应考虑的因素

4.1 船长在考虑到上述3.1中所列的因素和接受要运输的货运单元或车辆时，应对下列各项感到满意：

.1 拟用来积载货运单元（包括车辆）的所有甲板尽实际可能地无油，无脂；

.2 货运单元（包括车辆），特别是其系固情况，处于外表良好，适于海运的状态；

.3 船上备有足够数目的备用货物系固用具，并处于完好适用状态；

.4 货运单元（包括车辆），均适当地积载并系固于船舶之上；及

.5 实际可行时，货物均适当地装载并系固于货运单元和车辆之上。

4.2 此外，应对装货区域进行定期巡查，以确保货物、货运单元和车辆在整个航程中均处于安全的系固状态。

5 托运人、运输代理人、路运承运人和货物装卸人（及适当时，港口当局）应考虑的因素

5.1 托运人或与将货运单元（包括车辆）提交海运有关的任何其他各方，应懂得，托运物会受到巨大的外力（特别是横向外力），在不利气候条件下尤其如此。因此，至关重要的是，他们应随时考虑到这一事实，并确保：

.1 货运单元（包括车辆）均适于拟进行的海上运输；

.2 货运单元（包括车辆）均设有足够数目的系固点，以将货运单元（包括车辆）系固于船舶上，并将货物系固于货运单元或车辆上；

.3 货运单元或车辆内的货物应适当地积载和系固，以承受在海运中可能出现的外力；及

.4 总的说来，货运单元或车辆应有清晰的标志及文件，注明其毛重及在海运过程中必须注意的事项。

第 A.581(14)号决议
(1985 年 11 月 20 日通过)

关于滚装船舶在运输道路车辆时系固布置的导则

大会,

回顾到国际海事组织公约第十五条第 10 款关于大会对海上安全的规则和导则所担负的职能,

还回顾到关于货物单元和其他实物在非分格式集装箱船舶上安全积载和系固的第 A.489(Ⅻ)号决议以及 1985 年 1 月 8 日 MSC/Circ. 385 号通函要求有关规定补充进配备于船上的货物系固手册,

铭记关于在审议船上货运单元和车辆的安全积载及系固问题时应考虑的因素的第 A.533(13)号决议,

考虑到经修订的国际海事组织/国际劳工组织关于货运集装箱和车辆货物包装的导则,

认识到以滚装船舶载运道路车辆的海上运输方式正在增加,

还认识到相当一部分严重事故的发生是由于船上和车上未有足够的系固布置,

进一步认识到本组织有必要制定关于滚装船舶和车辆系固布置的导则,

意识到设计符合要求的船舶以及配备适当的道路车辆再加上足够强度的绑绳将能承受航程中的外力,

进一步意识到某些保护装置的要求,特别是那些位于道路车辆甚低位置的装置会妨碍滚装船上道路车辆的适当系固因此应采取合适措施以满足两方面的要求,

相信执行本导则将促进滚装船舶运输道路车辆的安全而且可以在国际范围内实行,

经审议海上安全委员会第五十一届会议的建议案,

1　通过了本决议附件中的关于滚装船舶在运输道路车辆时系固布置的导则;

2　促请会员国政府尽早对新滚装船舶和新车辆执行本导则,对于由滚装船运输的现有车辆应尽实际可能执行本导则;

3　请秘书长将本导则通过会员国政府和有关负责船舶及道路车辆安全设计和结构的国际组织以便采取适当的行动。

附　件

关于滚装船舶在运输道路车辆时系固布置的导则

前言

根据滚装船舶在运输道路车辆中的经验，建议采纳关于此类船舶在运输道路车辆时系固布置的导则。船舶所有人和造船厂在设计和建造适用本导则的滚装船舶时应特别考虑第4和第6条。有可能要滚装船舶运输的道路车辆的制造商、所有人和经营人应特别考虑第5和第7条。

1　范围

1.1　关于滚装船舶在运输道路车辆时系固布置的导则特别概括了船舶和车辆的系固布置以及所使用的系固方法。

2　适用

2.1　本导则适用于经常载运道路车辆并且在无遮蔽水域从事远程或短程国际航行的滚装船舶。它们包括：

.1　由3.2.1和3.2.5规定的车辆和货物核准最大总重量介于3.5～40 t的道路车辆；和

.2　由3.2.4规定的连接式道路拖车其最大总重量不超过45 t并能被滚装船舶装运。

2.2　本导则不适用于公共汽车。

2.3　对于具有道路车辆一般参数以外特性的道路车辆（特别是在正常重心高度超过时），应特别考虑系固点的位置和数目。

3　定义

3.1　滚装船舶是指具有一层或多层封闭或开敞甲板的船舶，一般根本不分舱且贯穿船舶全长并且能在水平方向装卸货物[包装或散装货，装于道路车辆里面或上面的货物（包括道路罐车），拖车、集装箱、托盘货、可拆或可移动罐柜或装于相类似货物运输单元里面或上面的货物或其他容器]。

3.2　本导则中**术语道路车辆**①包括：

.1　**商业用车辆**是指根据其设计和作用主要运输货物的机动车辆，而且还可以牵引拖车。

.2　**半拖车**是指按设计同半拖车牵引车辆连接在一起的拖车并且构成牵引车辆总重量的重要部分。

.3　**道路列车**是指机动车辆和用牵引杆连接的一辆或多辆独立拖车的组合（就第5条而言，组成道路列车的每辆车应被视为单独的车辆）。

.4　**连接式道路列车**是指半拖车牵引车辆同半拖车的组合。

.5　**车辆组合**是指机动车辆连接一辆或多辆拖车（就第5条而言，车辆组合的每辆车应视为单独的车辆）。

4　船舶甲板上的系固点

---

①　参阅国际标准化组织（ISO）标准 NQ.3833（正在修订中）。

4.1　船舶应按照第 A.489(Ⅻ)号决议附件第10条所列的推荐资料携带货物系固手册。

4.2　凡船舶甲板欲装载3.2规定的道路车辆应备有系固点。如果对每辆道路车辆或道路车辆组合的每辆车至少已具有下列系固点布置则应由船舶所有人酌定系固点的具体布置：

.1　纵向系固点之间的距离一般不超过2.5 m，但是船首和船尾部系固点之间的距离可能需要比船中部系固点之间距离要小些。

.2　系固点横向距离应小于2.8 m且不大于3 m，但是船首和船尾部位系固点之间的距离可能需要比船中部系固点之间的距离要小些。

.3　每个系固点长期不变形的最小强度应为120 kN。如果设计的系固点服务于一根以上的绑绳(Y绑绳)，则相应强度不小于Y×120 kN。

4.3　对于仅偶然装运道路车辆的滚装船舶，系固点的间距和强度应特别考虑道路车辆必需的安全积载和系固。

5　道路车辆上的系固点

5.1　道路车辆上系固点的设计应能使道路车辆系固于船上而且穿孔应仅能穿过一根绑绳。系固点和穿孔应允许绑绳能通过不同方向被系固于船舶甲板上①。

5.2　应根据5.3的规定在道路车辆两侧安装不少于两个或不多于六个同样数目的系固点。

5.3　除遵循下面注1、注2、注3外，系固点最小数目和最小强度应符合下表。

车辆总毛重(GVM)(t)	道路车辆每侧系固点最小数目	所装系固点长期不变形最小强度
3.5≤GVM≤20	2	$\frac{GVM\times10\times1.2}{n^{*}}$
20＜GVM≤30	3	
30＜GVM≤40	4	

*　n为道路车辆每侧系固点的总数目。

注1：对道路列车该表适用于所组成的每一车辆。例如，分别适用于机动车辆和每辆拖车。

注2：该表不包括半拖车牵引车辆。故应要求在车辆前首安装系固点，其强度应能足够防止车辆前首的横向运动。前首牵引装置可以代替该两个系固点。

注3：如果半拖车牵引车辆以外的牵引装置用于系固车辆，则不能更换或代替上述车辆每侧系固点的最少数目和强度。

5.4　车辆上每个系固点应涂上清楚易见的颜色。

5.5　车辆上系固点的布置应能保证用绑绳有效地限制车辆的运动。

5.6　系固点应能将作用力从绑绳转移到道路车辆底盘并且绝不应该安装在保险杆或车轴上除非系固点是专门建造而且作用力可直接转移至底盘。

5.7　系固点应位于容易和安全捆扎绑绳的地方，特别应位于车上安装侧护装置的位置。

5.8　每个系固点的穿孔内沿自由通道不应小于80 mm，但是穿孔的形状不需要是圆形的。

5.9　对5.3表中的规定不适合的车辆可以考虑等效或更优越的系固安排。

6　绑绳

6.1　绑绳应包括链条或其他任何器具并由强度和延伸特性至少同那些钢链条等效的材料制成。绑绳的永久不变形强度应不小于120 kN。

6.2　绑绳的设计和捆扎应有一个安全入口，如绑绳松动应重新绷紧。如可行和需要，应在航

---

①　如果一个系固点有一个以上穿孔，每个穿孔应有5.3表中系固点强度。

程中定期检查绑绳并且在需要时加以绷紧。

6.3 应该用钩子或其他装置将绑绳捆扎在系固点，其设计应使钩子等保证在航程中一旦绑绳松动仍不会脱离系固点穿孔。

6.4 车辆上任何一个系固点穿孔应该仅用一根绑绳捆扎。

6.5 绑绳仅应该扎捆在用于该目的的系固点上。

6.6 车辆系固点上绑绳的捆扎应使绑绳同水平面和垂直平面的角度最好介于30°~60°。

6.7 根据船舶的特点和预期计划航次的天气状况，船长应决定每个航次所用系固点和绑绳的数目。

6.8 当对道路车辆符合5.3表中的规定有疑问时，根据车辆的明显状况、预期计划航次的天气状况和海况以及其他情况，船长可以酌定将车辆装船。

7 积载

7.1 根据航行区域、显著的天气状况和船舶主要特征来积载道路车辆并通过限制车辆悬浮装置的自由运动使底盘尽可能保持静态。例如可以将车辆牢牢地系固在甲板上以压缩弹簧，还可以在系固车辆前将底盘升高或将压缩空气悬浮系统中的空气压力减少来保持底盘的静态。

7.2 考虑到7.1所述的情状及压缩空气悬浮系统可能会漏气，因此如果航程超过24 h应排放每辆装有此类系统车辆的空气压力。如果实际可行，对从事短航程的车辆也应排放空气压力。如果不将空气压力排放掉则应将车辆顶起以防止由于航行中该系统漏气造成绑绳的松弛。

7.3 车辆使用起重器时底盘的起重点处应予以加固而且起重点的位置应清楚标明。

7.4 在系固时要特别考虑易于遭受附加外力的道路车辆的积载位置，当车辆横向积载时应特别考虑如此积载可能产生的作用力。

7.5 车轮应加以固定以便在逆境中提供附加安全保证。

7.6 柴油机车辆在航行中应脱离传动装置。

7.7 凡车辆原设计要运输的货物可能会对其稳性有不利影响，如车辆载运悬挂着的肉类货物，应在设计中包括一种抵消悬浮系统的办法。

7.8 应根据下列要求进行积载：

.1 每辆车辆或车辆组合的车辆应使用停车制动器并且要锁住。

.2 半拖车按其设计在海上运输过程中不应该由卸货支脚支撑除非卸货支脚是专门为此而设计并已明确标明。不连接的半拖车应该由一个安放在十分靠近牵引板部位的支架或类似的装置支撑因而半拖车接轮同中枢销的连接不会受到限制。半拖车设计者应考虑间距和所需的加固问题并且所选择的部位应清楚标明。

第 A.714(17)号决议
(1991 年 11 月 6 日通过)

货物积载和系固安全实用规则

大会，

忆及国际海事组织公约关于大会在海上安全规则和指南方面的职责的第 15(j)条，

又忆及关于成组货物和其他实物在非分格式集装箱船的安全积载和系固的第 A.489(Ⅻ)号决议和海上安全委员会 1985 年 1 月的载有将列入随船携带的货物系固手册中的规定的第 MSC/Circ.385 号通函，

还忆及关于在船上安全积载和系固货物装置和车辆时应考虑的因素的第 A.533(13)号决议，

考虑到关于货运集装箱和车辆中装填货物的经修订的国际海事组织/国际劳工组织指南，

又考虑到关于滚装船运输公路车辆的系固装置指南的第 A.581(14)号决议，

注意到由于船上系固装置不当和车中和集装箱中货物的积载和系固不良，已经发生了许多次严重事故，因此只有在设计周到和装备适当的船上对货物适当积载和系固，才能防止今后不再发生类似事故，

认识到有必要对经验证会对船舶安全构成特定危险的货物积载和系固以及滚装船舶上运输的公路车辆的积载和系固进行改进，

又认识到制定包括公路车辆和货运集装箱中装填有货物的船上实物积载和系固安全综合实用规则，可以实现这种改进，

相信这种安全实用规则的应用将增进海上安全，

审议了海上安全委员会在其第五十八届会议上提出的建议：

1　通过本决议附件中所载的货物积载和系固安全实用规则；
2　敦促成员国政府尽早贯彻本规则；
3　要求海上安全委员会随时审议本规则，并作出必要修改；
4　废除第 A.288(Ⅷ)号决议。

附　件

货物积载和系固安全实用规则

目　录

前言
一般原则
第 1 章　总则
第 2 章　货物安全积载和系固原则
第 3 章　标准化积载和系固系统
第 4 章　半标准化积载和系固
第 5 章　非标准化积载和系固
第 6 章　恶劣气候时可采取的行动
第 7 章　货物移动时可采取的行动
附件 1　非为运输集装箱而专门设计和装备的船舶的甲板上的集装箱的安全积载和系固
附件 2　移动式罐柜的安全积载和系固
附件 3　移动式容器的安全积载和系固
附件 4　轮载(滚动)货物的安全积载和系固
附件 5　机车、变压器等重件货的安全积载和系固
附件 6　成卷钢板的安全积载和系固
附件 7　重金属制品的安全积载和系固
附件 8　锚链的安全积载和系固
附件 9　散装金属废料的安全积载和系固
附件 10　挠性中间散装容器的安全积载和系固
附件 11　甲板下积载原木的一般指南
附件 12　成组货物的安全积载和系固

前言

货物的适当积载和系固对于海上人命安全是最为重要的。货物的不适当积载和系固已经造成了许多严重的船舶事故以及人员伤亡,不仅在海上,而且在装卸货期间也有发生。

为了处理这个问题和船上若干种货物的不适当积载和系固而造成的危险,国际海事组织以大会决议或以海上安全委员会通过的通函形式颁布了一些指南,这些指南列举如下①:

—第 A.489(Ⅻ)号决议:成组货物和其他实物在非分格式集装箱船舶上的安全积载和系固,

—第 MSC/Circ.385 号通函:将列入随船携带的货物系固手册中的规定,

—第 A.533(13)号决议:在考虑货运单元和车辆在船舶上的安全积载和系固问题时应计

① 有关决议、通函和指南将作为附录编入大会决议和规则的合编出版物内。

及的因素,

—第 A.581(14)号决议:滚装船运输道路车辆系固装置指南,

—海事组织/劳工组织货运集装箱和车辆的货物装填指南,

—第 MSC/Circ.487 号通函:与进入围蔽处所有关的危险。

纵向、垂向和主要是横向的摆动的综合效应造成了作用于海上船舶的加速度。大部分的系固问题是这些加速度所造成的各种力带来的。

这些力造成的危害应由采取确保船上货物的适当积载和系固和降低船舶摆动的幅度和频率两方面的措施加以解决。

本规则的目的是为以下列方式促进货物的安全积载和系固提供一个国际标准:

—提请船舶所有人和经营人注意确保船舶适合其预定用途;

—对确保船舶装备适合货物系固装置提出建议;

—提供关于适当货物积载和系固的一般建议以减少船舶和人员风险;

—对在积载和系固上会造成困难和危险的那些货物提出具体建议;

—对在恶劣海况下可采取的行动提出建议;和

—对货物移动的影响可采取的补救行动提出建议。

在提供这些建议时,应注意船长负责航次的安全指导、船舶、其船员和其货物的安全。

一般原则

所有货物的积载和系固均不应对船舶和船上人员造成风险。

货物的安全积载和系固决定于适当的计划、实施和监督。

担任货物积载和系固任务的人员应有适当资格和经验。

计划和监督货物积载和系固的人员应对应用货物系固手册(如提供的话)和该手册的内容有良好的实践知识。

在任何情况下,货物的不当积载和系固将对其他货物的系固和对船舶自身造成潜在的危险。

对货物积载和系固的措施所做的决定应根据从经验预计在预定航次中可能出现的最恶劣气候条件。

船长所做的船舶操纵的决定,特别是在坏天气条件下,应考虑到货物类型、积载位置和系固装置。

第1章 总 则

1.1 适用范围

本规则适用于船舶运输的货物(除固体和液体散装货及甲板上装载木材外),特别是实践已证明在积载和系固上会造成困难的那些货物。

1.2 所用名词的定义

就本规则而言:

货运单元:

—是指车辆、集装箱、平板、货盘、移动式罐柜,包装单元或任何其他实物等,以及在大会第 A.489(Ⅻ)号决议中规定的属于船舶但并非固定于船舶的装货设备或其任何部分。

中间散装容器：

—是指一种刚性、半刚性或挠性轻便式散装容器，其装载容量不大于3 m^3 (3 000 L)，设计用于机械装卸并测试能满意地承受装卸和运输应力。

移动式罐柜：

—是指永久系固在船上的罐柜其容量大于450 L，外壳装有稳定构件和运输气体、液体或固体所必需的辅助设备和结构性设备。

公路罐车：

—是指带有车轮、装有一个或多个罐柜的车辆，在公路和海上运输中用于运输气体、液体或固体，其罐柜在装货、运输和卸货的所有正常作业期间均刚性和永久地连接在车辆上，在船舶上既不充填也不排放。

公路车辆：

—是指大会第A.581(14)号决议中规定的商业用车辆、半拖车、公路列车、铰接式公路列车或车辆组合体。

滚装挂车：

—是指其后部有一个或多个轮轴，前端有一支架的低架货车，由特殊拖车在港口对其进行拖带或推带，出入于它在船上的积载处所。

滚装船：

—是指有一层或数层封闭或露天甲板的船舶，该甲板通常不以任何方式分隔，往往贯穿船舶的整个长度。其装载的货物一般是横向装卸的。

成组货物：

—是指符合下述情况之一的成组包装货物：

(1)放置或堆装在货盘之类的装货板上并捆扎、热装冷缩包扎或其他合适方法系固；或

(2)放置在箱形托盘之类保护性外包装内；或

(3)作为一吊货被永久地系固在一起。

1.3 力

1.3.1 为防止货物移动而必须由适当积载和系固装置吸收的力，通常由作用于船舶轴线的下列分力组成：

—纵向分力；

—横向分力；和

—垂向分力。

注：就积载和系固货物而言，纵向和横向的力是主要的。

1.3.2 单纯的横向力或横向、纵向和垂向力的合力，通常随积载物高度和离船舶在航行时的摆动中心的横向距离增加而增加。最强烈的力位于最前部、最后部和船舶每一侧的最高积载位置。

1.3.3 横向力的增加与船舶稳心高度有直接关系。不适当的稳心高度可由下述情况造成：

—船舶设计不当；

—货物配置不当；和

—燃油和压载水的分布不当。

1.3.4 货物的配置应使船舶稳心高度超出所要求的最低值，在可行时，应在可接受的上限内，

以减少作用到货物的力。

1.3.5 除上述提到的力外，还有甲板上装运的货物可能受到风和连续海浪影响而产生的力。

1.3.6 不适当的船舶操纵(航向或航速)可能造成作用于船货的不利的力。

1.3.7 力的大小可使用货物系固手册(如提供的话)中的有关计算方法进行估计。

1.3.8 虽然使用抗横摇装置可改善船舶在风浪中的特性，但是这种装置的作用在计划货物积载和系固时不应考虑进去。

1.4 货物的特性

1.4.1 有些货物在航行中会变形或自压实，造成其系固设施变松。

1.4.2 低摩擦系数的货物，如在装载时没有适当增加摩擦力的设施，如垫板、软板、橡胶垫等，就难于系固，除非紧紧地从船舶一边装到另一边。

1.5 估计货物移动风险的标准

1.5.1 在估计货物移动风险时，应考虑下述因素：

—货物的尺寸和物理性质；

—货物在船上的位置和积载；

—船舶适于运输特定的货物；

—系固装置是否适合特定货物；

—预计的季节性气候和海况；

—在预定航次期间预计的船舶特性；

—船舶稳性；

—航次的地理区域；和

—航次时间。

1.5.2 在选择适当的积载和系固方法和在检查被系固设备抵消的力时，应考虑到这些标准。

1.5.3 考虑到上述标准，船长只有在确信货物能被安全运输时，才应在其船上接受货物。

1.6 货物系固手册

1.6.1 按照本规则和第 A.489(Ⅻ)决议(附录)规定承运成组货物和其他实物的船舶：应携带第 MSC/Circ.385 号通函中详细规定的货物系固手册。

1.6.2 在船舶的货物系固手册中详述的货物系固装置，如配备的话，应根据船上货物可能受到的作用力，此种作用力应按照主管机关接受的方法或为经主管机关接受的、由船级社核准的方法计算。

1.7 设备

船舶的货物系固设备应：

—有足够的数量；

—适合其预定目的，并考虑到货物系固手册(如提供该手册的话)的建议；

—有合适的强度；

—易于使用；和

—得到很好的维修。

1.8 特别货物运输装置

船舶所有人和船舶经营人，在必要时，当考虑运输有异常特性的货物时，如该货物可能要求对其在船上的位置(根据船舶结构强度)、其积载和系固和在预定航次期间预计的气候情况给予特别注意，则应使用有关的专门知识。

1.9 货物资料

1.9.1 在接受待运货物前，船舶所有人或船舶经营人应得到关于货物的所有必要资料并确保：

—所装运的不同货物是彼此相容的或得到适当隔离的；

—货物适合于该船；

—该船适合装运该货物；和

—在预定航次期间的所有预计情况下，货物能在船上安全积载、系固和运输。

1.9.2 应向船长提供所装货物的适当资料，以便为装卸和运输，对积载作出正确计划。

第2章 货物安全积载和系固原则

2.1 货物的适运性

装在集装箱、公路车辆、船载驳船、火车车厢和其他货物运输装置里的货物，其在这些装置中的装填和系固，应能在整个航次中防止对船舶、对船上人员和对海洋环境造成损害或危险。

2.2 货物配载

2.2.1 为防止货物滑动、翻倒、倾斜和倒塌等，船长对货物积载和系固计划和监督给予巨大关注是极其重要的。

2.2.2 货物的配载应能确保在整个航次中船舶稳性保持在可接受的限制内，以尽可能减少出现过度加速度的危险。

2.2.3 货物的配载应对船舶结构不会造成不利影响。

2.3 货物系固装置

2.3.1 注意在货物系固装置间力的分布应尽可能平均，如果做不到，则这些装置应相应加固。

2.3.2 如果由于系固装置的复杂结构或其他情况，负责的人不能根据经验和良好的船艺知识来评定该装置的适当性，则应使用可接受的计算方法对装置加以验证。

2.4 磨损后的剩余强度

货物系固装置和设备应有足够的剩余强度，可经受使用寿命期间的正常磨损。

2.5 摩擦力

如果货物和船舶甲板或结构或货物运输装置间的摩擦力不足以避免滑动的危险，则应使用软板或垫板之类的适合的材料增加摩擦力。

2.6 船上监督

2.6.1 防止货物不当积载和系固的主要方法是监督装货作业和检查积载。

2.6.2 凡可能时，应在整个航行期间对货物处所进行定期检查，以确保货物、车辆和货物运输装置保持安全系固状态。

2.7 进入围蔽处所

任何围蔽处所的空气，由于缺氧可能不足以维持人的生命或可能含有易燃或有毒气体，船长应确保进入任何围蔽处所的安全。

2.8 船长应考虑的一般要素

在评估了货物移动的风险后，船长应根据1.5中标准，在任何货物、货物运输单元或车辆装船前确保：

.1　甲板积载区域应尽可能清洁、干燥并没有油脂；

.2　货物、货物运输装置或车辆应处于适合运输的状态，并能有效地系固；

.3　船上备有所有必需的货物系固设备并处于良好工作状态；和

.4　在货物运输装置和车辆之中或之上的货物应尽可能被适当积载并系固在装置或车辆上。

2.9　货物积载和系固声明书

2.9.1　如有理由怀疑装有危险货物的集装箱或车辆不符合国际危规总前言第12或17节（视情确定）的规定；或如没有集装箱证书/车辆装车声明书，则不应接受装运该运输装置。

2.9.2　当适当和可行时，公路车辆应各有货物积载和系固声明书，说明公路车辆上的货物已根据海事组织/劳工组织货运集装箱或车辆中装货指南为预定的海上航次做了适当的积载和系固。下边提供此种声明书的范例。国际危规建议的装车声明书也可接受用于此目的。

范　例

货物积载和系固声明书

车辆号码..

装货地点..

装货日期..

货物名称..

上述车辆中的货物已根据国际海事组织/国际劳工组织货运集装箱或车辆中装货指南为海上运输做了适当积载和系固，特此声明。

签字人姓名..

职务..

地点................................　日期................................

代表装货人的签字..

备注：..

....

....

第3章　标准化积载和系固系统

3.1　建议

拟以标准化积载和系固系统（如集装箱、火车车厢、船载驳船等）装运货物的船舶应做到：

.1　其设计和装备应使有关的标准化货物在预定航次的一切预计状况下在船上得到安全积载和系固；

.2　其设计和装备应得到主管机关接受或由主管机关接受的一家船级社的批准；和

.3　备有供船长使用的有关船舶为其设计或改装的货物的安全积载和系固装置的适当

资料。

第4章　半标准化积载和系固

4.1　系固装置

4.1.1　欲装载公路车辆、在滚装船上装载系统化货物的轮式挂车和机动车辆等具体货物的船舶应备有系固点；其间距应小到适合于船舶的预定作业，并符合指南中有关供滚装船上运输公路车辆的系固装置的第4章。

4.1.2　供海上运输的公路车辆，应具备在第A.581(14)号决议附件第5章详细说明的安全积载和系固装置。

4.1.3　运输系统化货物的轮式挂车应备有安全积载和系固车辆及其货物的装置，应对积载高度、积载的紧密度和货物高重心的影响给予特别考虑。

4.2　车辆的积载和系固

4.2.1　车辆，包括未备有适当系固装置的轮式挂车，应按本规则第5章的要求积载和系固。

4.2.2　不符合第A.581(14)号决议附件要求的滚装船或不备有在海上运输中提供等效安全程度的等效积载和系固装置的滚装船，应按本规则第5章处理。

4.2.3　车辆应按第A.581(14)号决议附件第6章和第7章积载和系固。对于运输系统化货物的轮式挂车、公路罐车和轮式活动罐柜的积载和系固，应根据罐柜的高重心和自由液面效应，给予特别考虑。

4.3　接受供滚装船海运的公路车辆

4.3.1　除非船长确信公路车辆显然适合预定的航行，并至少配有第A.581(14)号决议附件第5章规定的系固点，否则船长不应在其船上运输该公路车辆。

4.3.2　在例外情况下，如对能否或是否需要执行4.3.1的建议有怀疑时，船长在考虑到车辆状况和预定航次的预计特点后，可接受车辆装运。

第5章　非标准化积载和系固

5.1　建议

5.1.1　本章及附件对本规则第3章和第4章未做规定的货物积载系固提供了一般性建议，是对已证明难于在船上积载和系固的货物提供了具体建议。

5.1.2　在5.3中提供的货物清单不应认为是详尽无遗的，因为可能有另一些货物，其积载和系固不适当会造成危害。

5.2　等效积载和系固

附件中提供的指导对所述货物的固有问题的防备措施作出了规定。积载和系固的替代办法可以提供同样程度的安全性。选用的任何替代办法所提供的安全程度必须至少相当于与本规则前言中列举的决议、通函和指南。

5.3　证明为潜在危险的货物

这些货物包括：

.1　在不是特别为运输集装箱而设计或装备的船舶甲板上积载的集装箱(附件1)；

.2　移动式罐柜(罐柜集装箱)(附件2);
.3　移动式容器(附件3);
.4　轮载(滚动)的特别货物(附件4);
.5　机车、变压器等重型货物(附件5);
.6　成卷薄板(附件6);
.7　重金属制品(附件7);
.8　锚链(附件8);
.9　散装金属废料(附件9);
.10　挠性中间散装容器(附件10);
.11　甲板下装载的原木(附件11);和
.12　成组运输的货物(附件12)。

第6章　恶劣气候时可采取的行动

6.1　通则

本章的目的不是僭取船长职责,而是对如何避免恶劣气候状况造成的过分加速度所引起的应力提出建议。

6.2　过分的加速度

避免过分的加速度的措施为:
.1　改变航向或船速或两者一起改变;
.2　滞航;
.3　尽早避开不利气候和海况区域;
.4　根据实际稳性情况,及时加压载或卸压载,以改善船舶特性(也见7.2)。

6.3　航次计划

船长在可能及可行时要仔细计划船舶航次,避开恶劣气候和海况是降低过分的加速度的一种办法。船长应不断查阅可得到的最新气象资料。

第7章　货物移位时可采取的行动

7.1　可考虑采取下达行动:

.1　改变航向以降低加速度;
.2　减速以降低加速度和震动;
.3　监视船舶的完整性;
.4　重新积载或重新系固货物,并在可能时增加摩擦力;和
.5　改变航向,以寻找避风锚地或较好气候和海况。

7.2　液舱的加压载或卸压载作业只有在船舶有适当稳性时才能考虑。

附 件 1

非为运输集装箱而专门设计和装备的船舶的甲板上的集装箱的安全积载和系固

1 积载

1.1 装在这类船舶甲板或舱口盖上的集装箱最好沿船首尾方向积载。

1.2 集装箱不应超出船舷。当集装箱伸出舱口盖或甲板结构物外时应提供适当的支架。

1.3 集装箱的积载和系固应能允许从事船舶必要作业的人员安全走近。

1.4 集装箱在任何时候都不应使承载它们的甲板或舱口盖受到过度应力。

1.5 底层集装箱,当不是放在堆码装置上时,应积载在有足够厚度的木材上,其布置应能使堆积的负荷均匀地转移到积载区域的结构物上。

1.6 在堆置集装箱时,在集装箱间应视情使用锁紧装置、圆锥体或相似的堆垛器材。

1.7 当在甲板或舱盖上积载集装箱时,应考虑到系固点的位置和强度。

2 系固

2.1 所有集装箱应有效地系固,使之不会滑动和翻倒。承载集装箱的舱口盖应适当地系固在船上。

2.2 集装箱应使用图 1 推荐的三种方法之一或与此等效的方法系固。

2.3 绑绳最好由钢丝绳或链条或具有等效强度和伸长特性的材料构成。

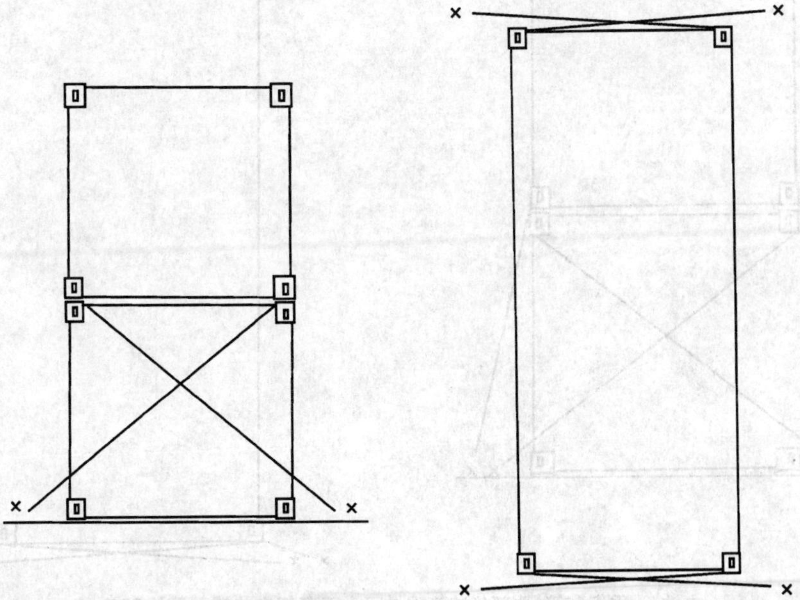

办法 A:中等重量集装箱:顶部集装箱重量不大于底部集装箱重量的 70%

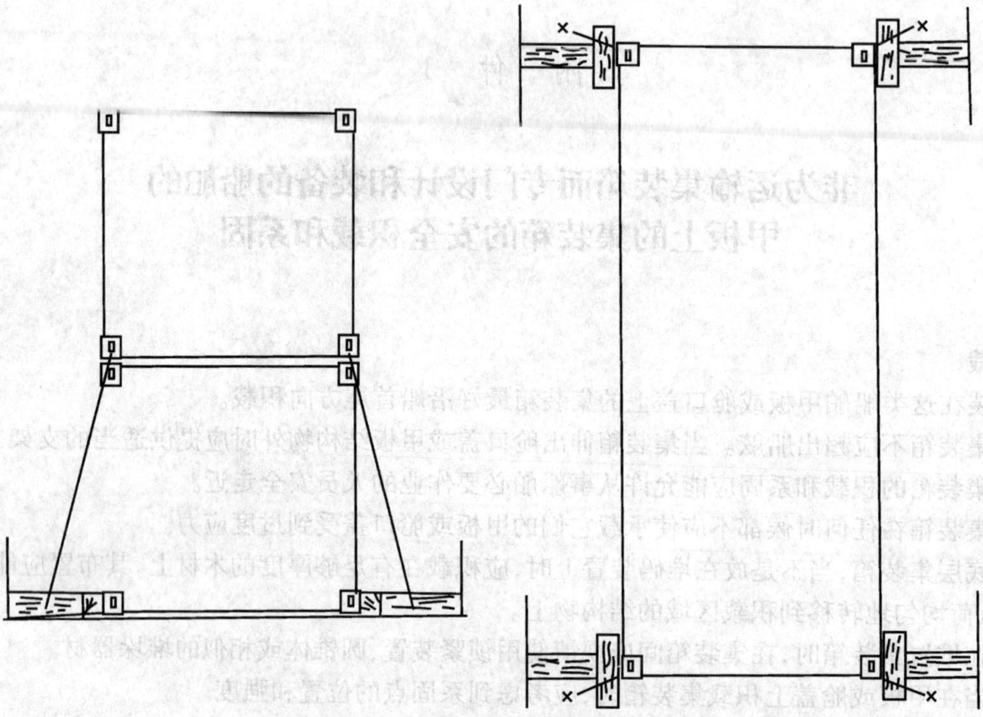

办法 B:中等重量集装箱:顶部集装箱重量可大于底部集装箱重量的 70%

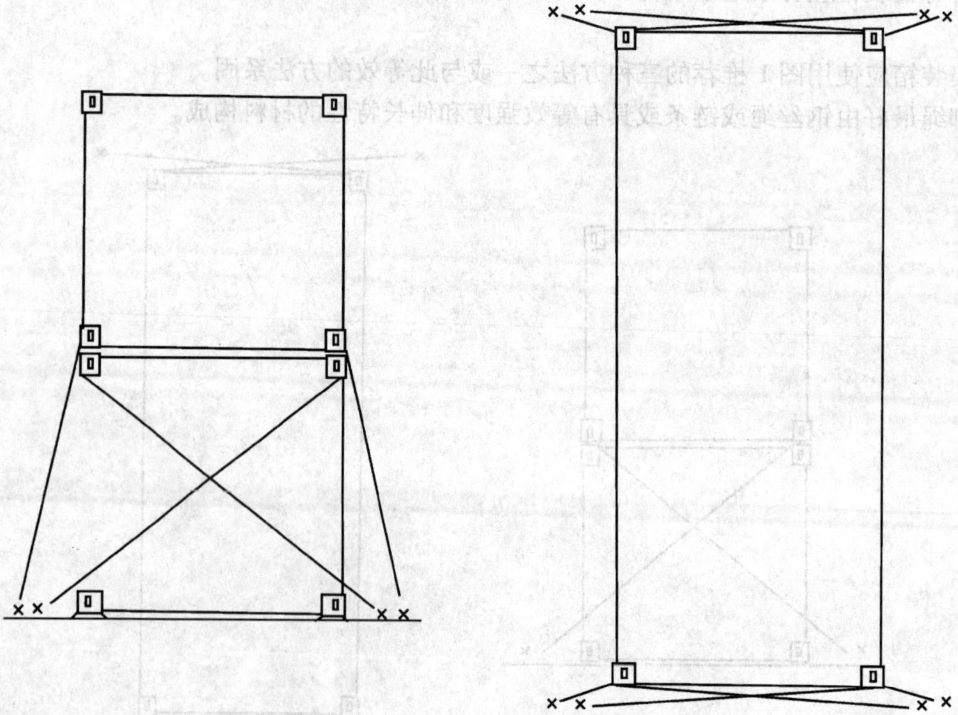

办法 C:重集装箱:顶部集装箱重量可大于底部集装箱重量的 70%

图 1　集装箱非标准化系固的推荐办法

2.4　木横支架的长度不应超过 2 m。

2.5　钢丝夹应有适量油脂，并使拉紧钢丝绳的终端明显受到压力（图 2）。

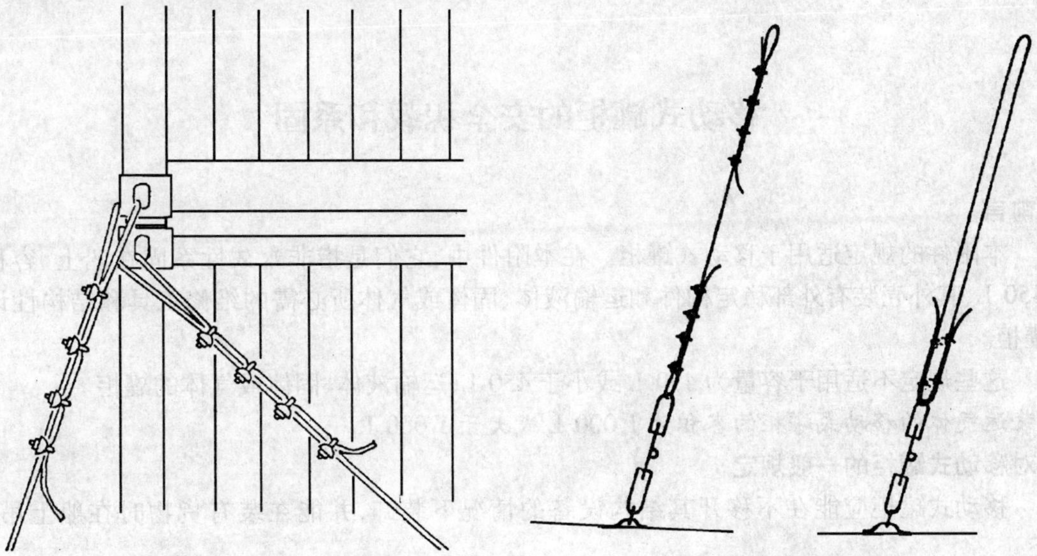

(a) 钢丝绑绳在角配件上的绑扎　　(b) 钢丝绑绳的替代结构

图 2

2.6　绑绳在可能时应受到均匀的拉力。

附　件　2

移动式罐柜的安全积载和系固

1　前言

1.1　本附件的规定适用于移动式罐柜。在本附件中，它们是指非永久性系固在船上、容积大于450 L、其外壳装有外部稳定构件和运输液体、固体或气体所必需的维修工具和结构性设备的罐柜。

1.2　这些规定不适用于容量为450 L或小于450 L、运输液体、固体或气体的罐柜。

注：装运气体的移动式罐柜的容积为1 000 L或大于1 000 L。

2　对移动式罐柜的一般规定

2.1　移动式罐柜应能在不移开其结构设备的情况下装卸，并能在装有货物时在船上吊上、吊下。

2.2　经修正的1972年国际安全集装箱公约的适用要求，符合该公约集装箱定义的任何罐柜式集装箱均应满足。此外，国际危规总前言第13节的规定，在罐柜用于运输危险货物时，也应以满足。

2.3　未装满的移动式罐柜，由于罐柜内的晃动会产生不能接受的液压力，不应用于船运。

2.4　运输危险货物的移动式罐柜，应按照国际危规规定，由主管当局批准或由该当局授权的机构提供证书。

3　移动式罐柜的装置

3.1　移动式罐柜的外部稳定构件可由垫木或支架构成。此外，该罐柜可系固在有架式底部的集装箱上，或者，罐柜可固定在国际标准化组织或非国际标准化组织框架尺寸的框架内。

3.2　移动式罐柜的装置应包括船上的提升和系固配件。

注：所有上述移动式罐柜可在多用途船上装运，但需要对船上的绑扎和系固给予特别注意。

4　货物资料

4.1　至少应向船长提供下述资料：

.1　如是非危险货物：移动式罐柜的尺寸和货品；如是危险货物，按照国际危规要求的资料；

.2　移动式罐柜的毛重；和

.3　移动式罐柜是否长期系固在有架式底座的集装箱上，或系固在框架里，是否有系固点。

5　积载

5.1　在决定移动式罐柜应装在甲板上还是甲板下时，应考虑船舶加速度的典型分布。

5.2　罐柜应沿船首尾方向在甲板上或甲板下积载。

5.3　积载的罐柜不应超出船舷。

5.4　罐柜的积载应能使从事船舶必要作业的人员安全走近。

5.5　任何时候罐柜都不应超过甲板或舱盖的应力;舱盖应系固在船上以防止整个舱盖翻倒。

6　防滑动和翻倒的系固

6.1　非标准化移动式罐柜

6.1.1　在非标准化移动式罐柜上和船上的系固装置应安装得能承受可能引起的滑动和翻倒的横向力和纵向力。防滑动的系索角度不应大于25°,防翻倾的系索的角度不低于45°~60°(图1)。

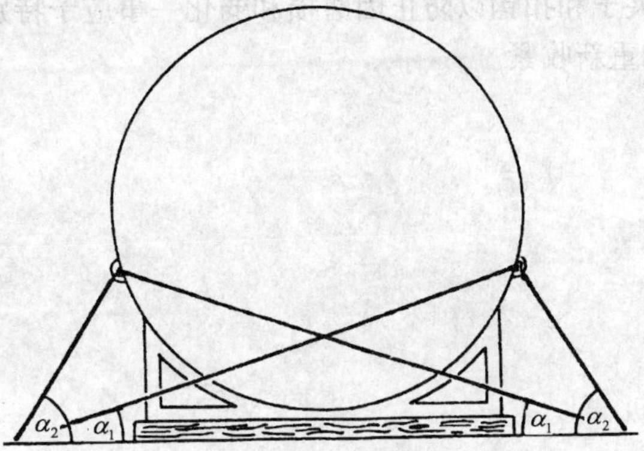

图1　以有利的绑绳角度系固移动式罐柜

α_1 – 防滑动的有利角度　α_2 – 防翻倒的有利角度

6.1.2　必要时,在甲板表面和移动式罐柜底部结构间应使用木材以增加摩擦力。这不适用于木制装置上的罐柜或有相似的高摩擦系数的底部材料的罐柜。

6.1.3　如允许在甲板下积载,积载应能使移动式罐柜直接落在其位置和基座上。

6.1.4　罐柜上的系固点应有适当强度并作出明显标志。

注:为公路和火车运输设计的系固可能不适合于海上运输。

6.1.5　缚在无系固点的罐柜上的系索应绕罐柜一周,系索两端应系固在罐柜的同一边(图2)。

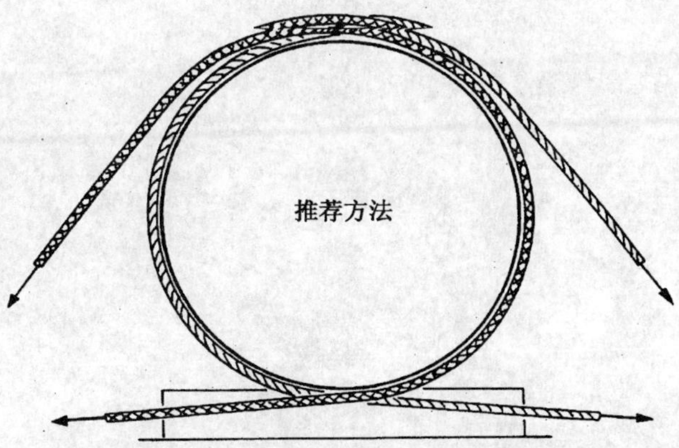

图2　没有系固点的移动式罐柜的系固

6.1.6　应将足够的系固装置布置成每一装置均分担负荷并有足够的安全系数。

6.1.7　当罐柜装在甲板或舱口部件上时和当布置和安装系固装置时,应考虑甲板或舱口部件的结构强度。

6.1.8 移动式罐柜的系固应使罐柜或附件上的负荷不超出其设计负荷。

6.2 标准化移动式罐柜(罐柜集装箱)

6.2.1 符合国际化组织框架尺寸的标准化移动式罐柜应按照船舶装备的索具系统加以系固，并考虑到罐柜在甲板以上的高度和罐柜中的罐亏。

7 系固装置的保持

7.1 系固装置的完整性应在整个航次中得到保持。

7.2 对需要拉紧系索、夹子和扣钩以防止因磨损和弱化一事应予特别注意。

7.3 应定期检查系索和重新收紧。

附 件 3

移动式容器的安全积载和系固[①]

1 前言

1.1 在本指南中,移动式容器是指不是移动式罐柜的容器,它们不是永久地系固在船上,容量为1 000 L或小于1 000 L,在长度、宽度、高度和形状上有不同的尺寸,用于运输气体或液体。

2 移动式容器可分为以下几种

.1 没有系固点、容量不超过150 L的不同尺寸的圆筒;

.2 除符合2.1的圆筒外的容量不小于100 L并不大于1 000 L的不同尺寸的容器,不论是否装有足够强度的提升装置;和

.3 符合2.1中的圆筒的组件,称为"框架",圆筒由歧管在框架内互相连接并用金属配件牢固连接在一起;框架装有足够强度的系固和装卸装置(即圆筒状容器装备有滚动箍而容器系固在垫木上)。

3 货物资料

3.1 至少应向船长提供下述资料:

.1 容器和货物的尺寸(如是非危险货物);如是危险货物,则按照国际危规所要求的资料;

.2 容器毛重;和

.3 容器是否装有足够强度的提升装置。

4 积载

4.1 在决定容器装在甲板上或甲板下时,应考虑到船舶加速度的典型分布。

4.2 容器最好在甲板上或甲板下纵向积载。

4.3 容器应予衬垫以防止其直接放在钢甲板上。除作为一个装置安装在框架内以外,在积载容器时,如必要,应用塞子止动。装运液化气的容器应直立积载。

4.4 容器在直立积载时,应以方形积载,用合适和坚固木材制作的木框或木箱围住。木箱或木框应在下边垫起以便在钢甲板上有一空隙。木箱或木框中的容器应予以围紧,以免移动。箱或框应牢固地塞紧和绑牢以避免任何方向的移动。

5 防止滑动和移动的系固

5.1 圆筒

圆筒应在横向垫木上纵向积载。如可行,货堆使用横向放置的两根或更多的钢丝绳系固,钢丝绳在装货前放上,绕货堆一周,系在相对各边的系固点上。使用合适的收紧装置收紧钢丝绳以使货堆密实。在装货期间,为防止圆筒滚动,可能必须使用楔子。

① 本附件中使用的"容器"一词是包括容器和圆筒两者。

5.2 集装箱中的圆筒

在可行时，圆筒应直立积载，阀在顶部，防护盖盖紧。圆筒应使用钢带装置或导向集装箱底的绑扎点的等效装置给予适当系固，以至能经受预期航次的严酷条件。当集装箱不能在封闭集装箱中直立装载时，它们应装在开顶或格架式底盘的集装箱内。

5.3 容器

装在甲板上或甲板下的容器应按下述方法系固：

.1 应按图1所示放置系索；

.2 可能时，容器上的提升装置应用于绑住它们；和

.3 系索应定期检查和重新收紧。

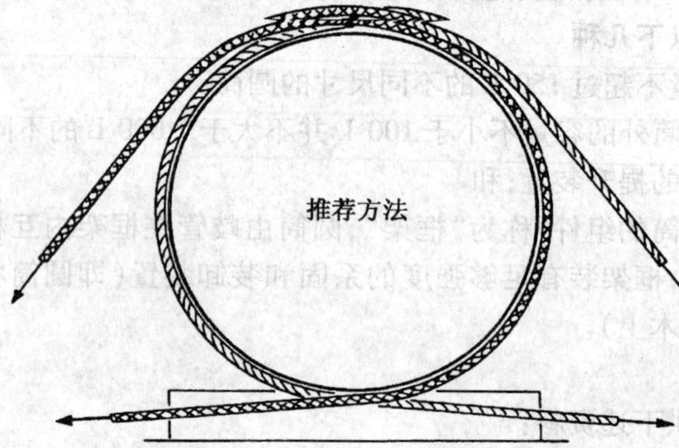

图1 没有系固点的容器的系固

附 件 4

轮载(滚动)货物的安全积载和系固

1 前言

在本指南中,轮载货物为所有装有轮子或履带的货物,包括用于积载和运输其他货物的轮子和履带,拖车和公路列车除外(由本规则第4章管辖),但包括公共汽车、带有或不带履带的军用车辆、拖拉机、运输设备和轮式拖车等。

2 一般建议

2.1 积载轮载货物的货物处所应是干燥、清洁而没有油脂的。

2.2 轮载货物应备有合适的明显的标志的系固点或可用于绑扎的足够强度的其他等效装置。

2.3 没有系固点的轮载货物应具备可使用系索并明显标志的地方。

2.4 没有增加摩擦力的下层表面的橡胶轮子或履带的轮载货物始终应在垫木或其他增加摩擦力的材料上积载,如软板、橡胶垫等。

2.5 当在积载位置上时,应使用轮载装置刹车(如有的话)。

2.6 船上系固轮载货物的系索的材料,其强度和拉伸特性应至少等同于钢链或钢绳。

2.7 可能时,作为货物组成部分装运的轮载货物,应紧靠船舷积载或装在备有足够强度的足够的系固点的位置上,或在整个货物处所中塞紧装载。

2.8 为了防止没有合适系固点的轮载货物的任何横向移动,在可行时,这些货物应紧靠船舷并相互紧靠装载,或由其他合适的成组货物如已满载集装箱等挡住。

2.9 为了防止轮载货物移动,可行时,最好把这些货物做纵向而不是横向积载。如果轮载货物不可避免地只能横向积载,则足够强度的额外系固可能是必需的。

2.10 轮载货物的轮子应塞牢止动。

2.11 装在轮载装置上的货物应适当地系固在积载平台上或在备有合适工具时,系固到其边上。装在轮载装置上的任何活动的外部件,如吊杆、臂状物或转塔,应在位置上适当锁牢或系固。

附　件　5

机车、变压器等重件货的安全积载和系固

1　货物资料

应向船长提供任何要求装船重货的足够资料，以便他能适当地计划其积载和系固；该资料应至少包括下述内容：

.1　毛重；

.2　如可能，带有图纸中图片说明的主要尺寸；

.3　重心位置；

.4　基座面积和特定基座的防护措施（如适用）；

.5　提升点和吊货位置；和

.6　系固点（如有的话），包括其强度的详情。

2　积载位置

2.1　当考虑重件货积载位置时，应计入船舶加速度的典型分布：

.1　在船中段和露天甲板以下发生的向下加速度；和

.2　端部和露天甲板以上发生的向上加速度。

2.2　当重件在甲板上积载时，如可能应考虑到具体航次的“风雨舷”。

2.3　重件最好纵向积载。

3　重量分布

重件的重量分布应避免对船舶结构的不合适应力，特别在甲板或舱盖上运输重件时，应使用具有适当强度的木材或钢梁将重件的重量转移到船舶结构上。

4　防滑动和翻倒的系固

4.1　在可能时，在积载表面和装置底部之间应使用木材以增加摩擦力。这不适用于装在木支架上或橡胶胎上或有高摩擦系数的相似底部材料上的重件。

4.2　系固装置的布置应能经受可能造成滑动或翻倒的横向力和纵向力。

4.3　防滑动的最佳绑扎角度为25°，而防翻倒的最佳绑扎角度一般认为在45°～60°之间（图1）。

4.4　如重件是在加了润滑油的滑板上或以降低摩擦力的其他方法拖到位置上，防滑动的系索数量应相应增加。

4.5　如由于当时情况，仅能用大角度绑扎，则必须用木支柱、焊接配件或其他适当方法防止滑动。任何焊接应按可接受的热加工程序进行。

5　甲板上抗恶劣海况的系固

虽然人们认识到在甲板上对货物进行恶劣海况的系固是困难的，但是应作出一切努力保证这些货物和其支撑能经受这种冲击，并考虑使用特别的系固方法。

6 伸出舷外的重件货

伸出舷外的重件货另应加用在纵向和垂向上起作用的系索系固。

7 系索在重件货上的系缚

7.1 如系索要系缚在货物的系固点上，则这些系固点应有适当强度和明显标志。应考虑到设计用于公路或火车运输的系固点可能不适合在船上系固货物。

7.2 系索在没有系固点的货物上系缚时，应围绕货物或其刚性部分一周，系索两端应系固在装置的同一边（图2）。

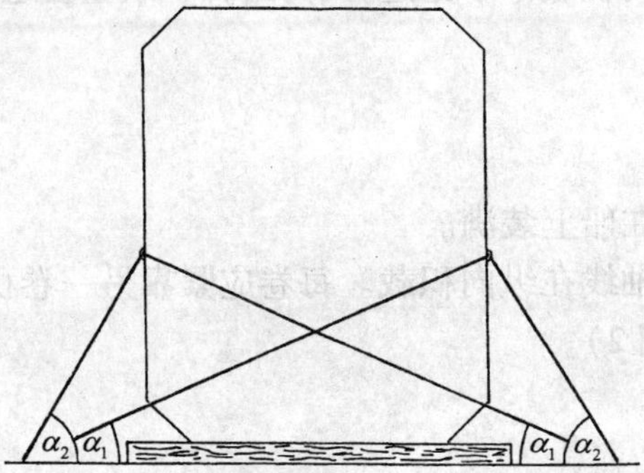

图1 防滑动和翻倒系固重件的原理

α_1－防滑动的有利绑扎角度 α_2－防翻倒的有利绑扎角度

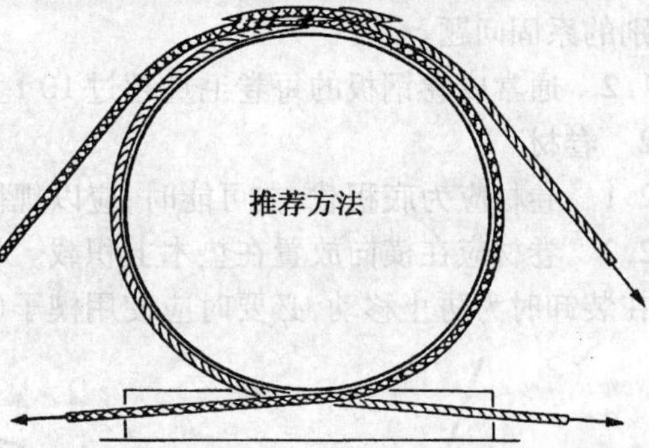

图2 没有合适系固点的重件系固原理

8 系固装置的构造和应用

8.1 系固装置应安装得使每一部件有相等强度。

8.2 应正确使用连接部件和张紧装置。

8.3 对于正确使用钢丝绳、夹具和夹子给予特别注意。夹子的鞍形部分应用于活荷载部分而U形螺栓应用于静荷载或收短端部分。

8.4 系固装置的安排应使每一装置按其强度承受负荷。

8.5 将不同强度和伸长特性的装置混合在一起的系固布置应予避免。

9 系固布置的保持

9.1 应在整个航次保持系固布置的完整性。

9.2 应特别注意需要收紧系索、夹具和夹子和防止因摩擦而弱化。

9.3 在夹子和松紧螺套的螺纹加润滑脂可增加夹持能力和防锈。

10 系固计算

10.1 在必要时，重件货的系固布置由适当的计算核实。

附　件　6

成卷钢板的安全积载和系固

1　**总则**

1.1　本附件仅论述在圆面上积载的成卷钢板。垂向积载不予论述,因为这种积载不会造成特别的系固问题。

1.2　通常成卷钢板的每卷毛重超过 10 t。

2　**卷材**

2.1　卷材应为底积载,在可能时,应以规律的层次在船上装满。

2.2　卷材应在横向放置在垫木上积载。卷材应使轴线在纵向积载。每卷应紧靠另一卷积载。在装卸时为防止移动,必要时应使用楔子(图 1 和图 2)。

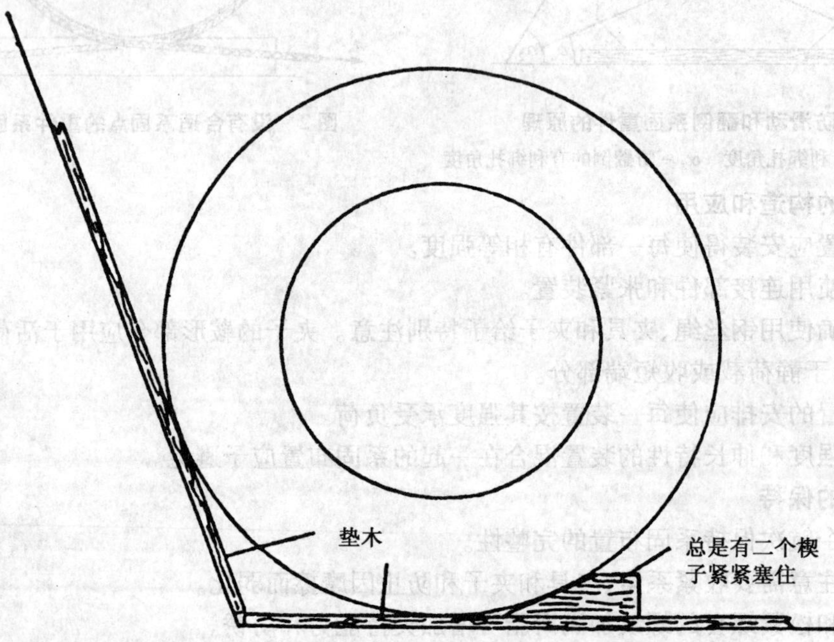

图 1　用垫木垫住和用楔子塞住卷材的原理

2.3　每排最后一卷通常应放在邻近的两卷上边。这卷的质量将固定住该排的其他卷材。

2.4　如果有必要在第一层上装第二层,那么第二层的卷材应装在第一层的卷材之间(图 2)。

2.5　在最高一层中卷材间的任何空当应加以适当系固(图 3)。

3　**系索**

3.1　目的是通过将它们绑在一起使之在舱里形成一个大的不可移动的卷材组。一般来说,最高一层最后三排的带钢卷材应予绑扎。由于它们的易损特性,为防止纵向移动在无外包装卷材的顶层不应使用成组绑扎,顶层最后一排应用垫木和钢丝绳系固,并应从一侧到另一侧拉紧和使用附加钢丝绳拉到舱壁。当卷材装满整个底下处所共有良好支撑时,除用于固定卷材外,不需要系索(图4,5和6)。

3.2　系索可以是使用钢丝绳或任何等效方法的常规类型。

3.3　常规系索应由有足够拉力强度的钢丝绳构成。第一层应用楔子塞紧。在航行中应能重新收紧系索。

3.4　钢丝系索应有防止利刃损坏的保护。

3.5　如只有少量卷材,或仅有一个卷材,它们应适当地系固在船上,可以把它们放在支架里,用楔子塞牢或给予支撑和绑扎,以防横向和纵向移动。

3.6　集装箱、火车车厢和公路车辆中装载的卷材应装在支架里或特别制作的底座上,并应以适当的系固防止移动。

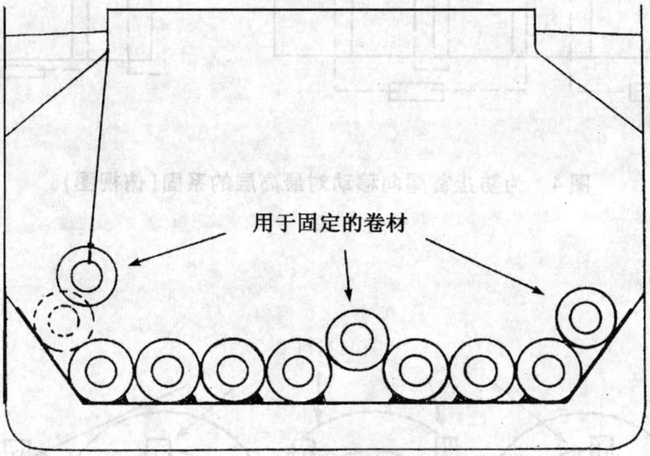

图2　插入用于固定的卷材

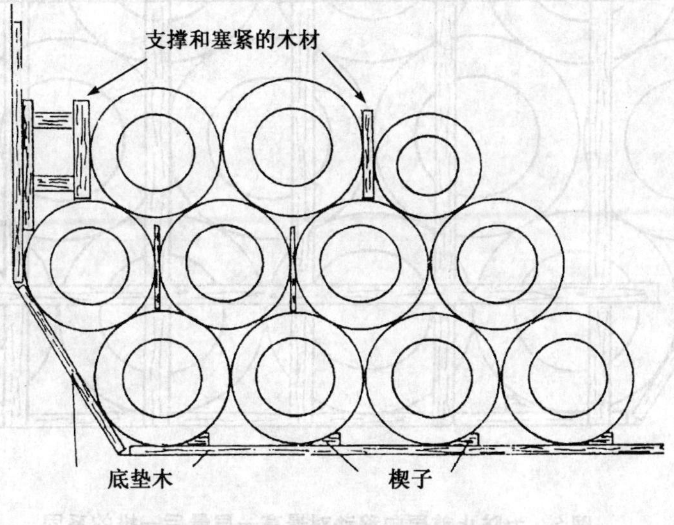

图3　卷材间空隙中的支撑和塞紧

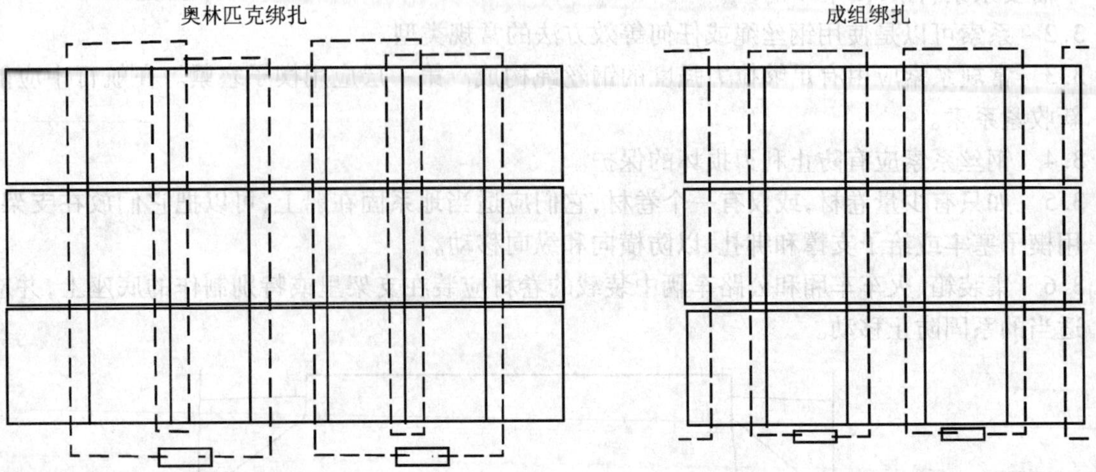

图 4　为防止首尾向移动对最高层的系固(俯视图)

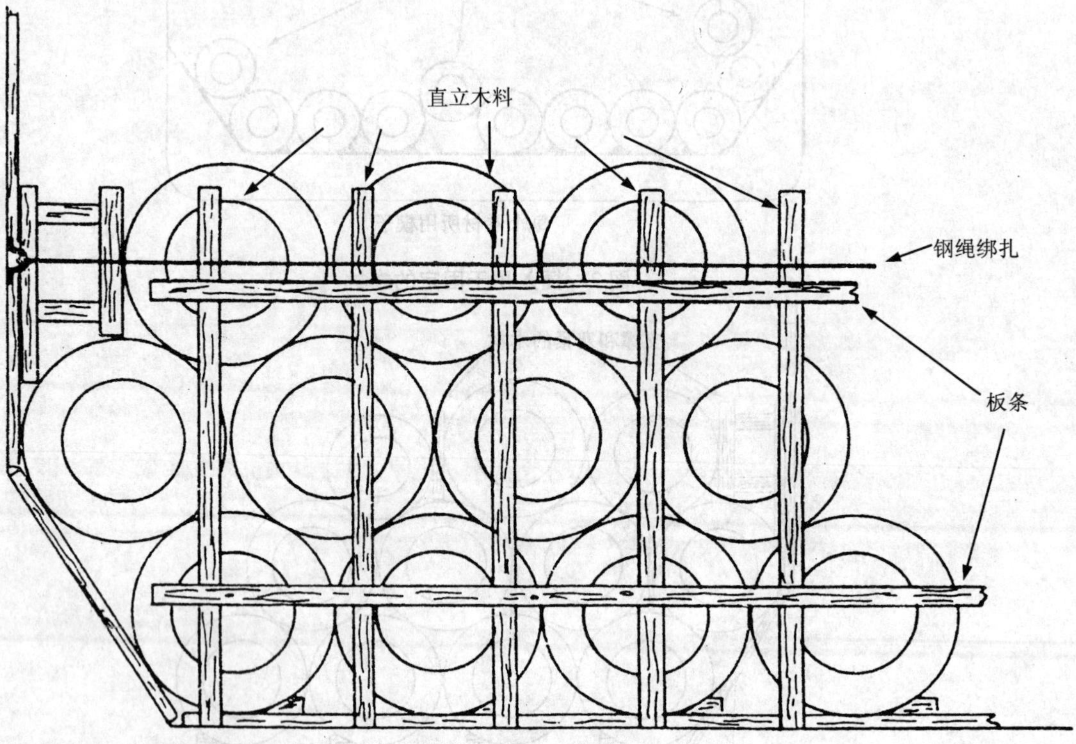

图 5　为防止首尾向移动对最高一层最后一排的系固

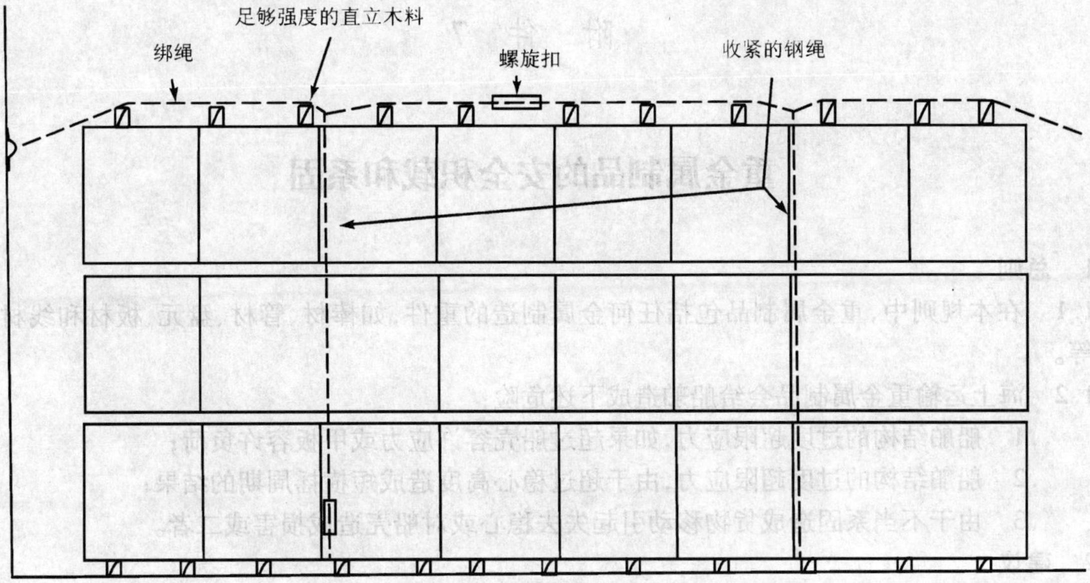

图6　为防止首尾向移动对最高一层最后一排的系固(俯视图)

附 件 7

重金属制品的安全积载和系固

1 **总则**

1.1 在本规则中,重金属制品包括任何金属制造的重件,如棒材、管材、盘元、板材和线材卷等。

1.2 海上运输重金属制品会给船舶造成下述危险:

.1 船舶结构的过度超限应力,如果超过船壳容许应力或甲板容许负荷;

.2 船舶结构的过度超限应力,由于超过稳心高度造成短横摇周期的结果;

.3 由于不当系固造成货物移动引起失去稳心或对船壳造成损害或二者。

2 **建议**

2.1 积载重金属制品的货物处所应是干净、干燥和没有油脂的。

2.2 货物应避免以不当船壳应力方式配载。

2.3 不应超过允许的甲板和舱顶负荷。

2.4 在积载和系固重金属制品时,应采取下述措施:

.1 货物应从船舶一侧向另一侧密实积载,在货物间不要留出空当,如必要在货物间使用木块;

.2 在可能和可行时,货物应装平;

.3 货物表面应予系固;和

.4 支柱应由牢固、无裂纹的木头制成,其尺寸应足以经受加速力。船舶的每根肋骨应用一个横支柱,但间隔不应小于1 m。

2.5 对于薄板和小包件,已证明纵向和横向交替积载是令人满意的,应在不同层次间使用足够的干垫木或其他材料增加摩擦力。

2.6 管材、铁轨、型钢和钢坯等应纵向积载以避免货物移动对船舶造成损害。

2.7 货物,特别是最高一层的货物,可用下述方式系固:

.1 在其上部装有其他货物;或

.2 用钢丝绳绑扎、塞牢或类似方法。

2.8 当重金属制品不是从船的一侧装到另一侧时,对适当地系固这种积载要给予特别的注意。

2.9 在系固货物表面时,每根系索应是相互独立的,对货物表面施加垂向压力,并应使货物任何部分均得到系固。

3 **线材卷**

3.1 线材卷应放平积载,以使每卷靠在邻近一卷上。逐层积载的卷材应使每一卷材叠放在下边的卷材上。

3.2　线材卷应紧紧地积载在一起并应使用牢固的系固装置。在卷材间空当不能避免时或在货物处所边上或端部有空当时,货堆应有适当系固。
3.3　当系固像桶一样多层侧置积载的线材卷时,要记住除非顶层被系固住,不然放在货堆中的卷材会因为船舶的运动被下边的卷材挤出货堆。

附 件 8

锚链的安全积载和系固

1　总则

1.1　船舶和近海结构物的锚链通常是成捆或连续长度装载的。

1.2　只要在装载前、装载中和装载后采取一定安全措施，锚链可成捆地直接放在积载处而不需做进一步处理；或沿着船舶整个或部分货物处所纵向积载。

1.3　如果船舶文件中提供的货物积载图没有具体要求，货物在底层舱和甲板间的配载应使得到的稳性值将能保证适当的稳性。

2　建议

2.1　积载锚链的货物处所应是清洁和无油脂的。

2.2　锚链仅应装在永久覆盖有木质舱底铺板或覆盖有足够的垫木层或其他增加摩擦力的材料的表面上。锚链决不应直接在金属表面上积载。

3　成捆锚链的积载和系固

3.1　成捆锚链可直接被吊到积载处，而不需做进一步处理。吊索应留在锚链上，另用钢丝绕在锚链捆上系扎。

3.2　不需用垫木等增加摩擦力的材料来隔开锚链层，因为锚链捆会相互夹持。锚链捆的最高一层应用合适的系索系在船舶两舷。锚链捆可用吊索独立或成组系扎。

4　纵向积载的锚链的积载和系固

4.1　在可能和可行时，每层锚链的积载应在接近船舷处开始或结束。应注意堆货的密实。

4.2　不需用垫木等增加摩擦力的材料来隔开锚链层，因为锚链各层会相互夹持。

4.3　根据预计的气候和海况、航次长度和性质及装在锚链顶上的货物的性质，每一货堆的顶层应由适当强度的系索系固，系索在货堆上的间距要适当，以便固定住整个货堆。

附　件　9

散装金属废料的安全积载和系固

1　前言

1.1　本附件论述因其大小、形状和质量难以紧密积载的金属废料的积载，不适用于像金属钻屑、刨屑或车床切屑等金属废料。此种废料的运输在固体散装货物安全作业规则中有规定。

1.2　运输金属废料的危险包括：

.1　货堆移动，它会造成横倾；

.2　个别重件移动，它会击穿水线下船侧外板而造成严重浸水；

.3　液舱顶或甲板间超负荷；和

.4　过大的稳心高度造成的激烈横摇。

2　建议

2.1　在装货前，货舱壁护条的下层板条应用牢固垫木保护以减少损失和防止重的和锐利的废物接触船侧板。只有木板保护的空气管、声呐管和污水和压载水管应做类似保护。

2.2　在装货时，应注意保证第一批装入的货物不能从可能损坏液舱顶部的高度上掉下。

2.3　如轻的和重的废料装在同一货物处所，应先装重废料。废料决不在金属车床切屑或类似形式的废金属顶上积载。

2.4　废料应密实和均匀积载，没有空当或没有松散的废料的无支撑面。

2.5　重件废物如果移动能造成船侧板或端舱壁损坏，因此应在上面压载或用适当的系索系固，因废料的性质使用撑挡可能无效。

2.6　应注意避免在液舱顶上和甲板上超负荷。

附　件　10

挠性中间散装容器的安全积载和系固

1　前言

1.1　在本指南中，挠性中间散装容器是指容积不大于 3 m^3（3 000 L），用于运输固体的挠性移动式包装，设计用于机械装卸，经测试能满意地承受运输和运输应力，可为单用途或多用途设计。

2　货物资料

至少应向船长提供下述资料：

.1　挠性中间散装容器的总数量和要装的是何种货物；

.2　挠性中间散装容器的尺寸；

.3　挠性中间散装容器的总质量；

.4　是单用途或多用途设计；和

.5　吊具种类（使用单钩或多钩）。

3　建议

3.1　运输挠性中间散装容器的理想船舶是大舱口船，因为可将该种容器直接放到积载位置上而不需移动。

3.2　在可行时，货物处所应是矩形的并且没有障碍物。

3.3　积载处所应是干净、干燥的，并没有油和钉子。

3.4　当该种容器在深舱翼部积载时，应有供适合改装的叉车使用的方便通道和足够的活动空间。

3.5　当该种容器仅在舱口积载时，货物处所的翼侧和前后端应装有其他合适货物或用东西挡住，以便此种容器得到适当支撑。

4　积载

4.1　当装该种容器时，应记住船舶加速度的典型分布。

4.2　将船舶宽度除以该种容器宽度便得出横向积载该种容器的数目和余下的空当。如有空当，则该种容器应从两侧向中心积载，使任何空当均在舱口的中央。

4.3　该种容器应互相尽可能靠紧积载，任何空当均应塞牢。

4.4　以后各层这种容器应以相同方法积载，使其完全覆盖住下边的该种容器。如这层余有空当，也应在舱口中央部位予以塞牢。

4.5　当在舱口位置有足够空间在下面几层之上积载另一层时，应确定舱口围板能否作为围壁。如不能够，应采取措施防止该种容器移动到舷侧敞露部位，否则该种容器应在舱口围板间装满积载。在这两种情况下，任何空当均应在中央部位并予塞牢。

4.6　为防止该种容器向任何一侧移动和防止在恶劣气候下船舶倾斜，在上述两种情况下，塞牢该种容器是必要的（图 1）。

5 系固

5.1 在甲板间或底舱仅有一个部分用来装挠性中间散装容器的情况下,应采取措施防止其移动。这些措施应包括用足够的格子板或胶合板顶住这种容器和使用钢丝绳从一侧到另一侧固住挠性中间散装容器货物。

5.2 用于系固的钢丝绳和胶合板应定期检查,特别在恶劣气候前和后,如必要时,要重新收紧。

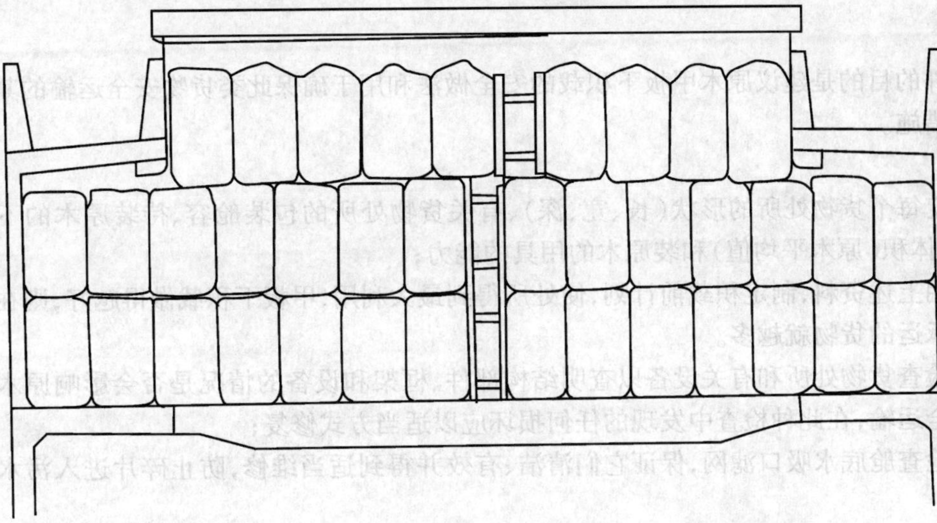

图1 在积载区域中心塞满空当的挠性中间散装容器的积载

附 件 11

甲板下积载原木的一般指南

1 前言

本附件的目的是建议原木甲板下积载的安全做法和用于确保此类货物安全运输的其他操作性安全措施。

2 装货前

.1 确定每个货物处所的形状(长、宽、深)、有关货物处所的包装舱容、待装原木的不同长度、体积(原木平均值)和装原木的用具的能力;

.2 使用上述资料,制定积载前计划,使处所得到最大利用,甲板下积载做得越好,则在甲板上承运的货物就越多。

.3 应检查货物处所和有关设备以查明结构部件、框架和设备的情况是否会影响原木货的安全运输,在此种检查中发现的任何损坏应以适当方式修复;

.4 应检查舱底水吸口滤网,保证它们清洁、有效并得到适当维修,防止碎片进入污水管系统;

.5 污水井应没有树皮和木屑之类的外来物质;

.6 污水泵系统的能力应予查清,得到适当保养和操作的系统对船舶安全是至关重要的,具有足够功率和提速时移动式排水泵是防止污水管系堵塞的额外的措施;

.7 设计用于保护内壳的部件,如货舱舷侧护条、管道防护装置等,应在其位置上;和

.8 船长应保证任何高位压载排泄阀的开启和关闭均适当地记入航海日志;如果这种高位压载舱对方便装载是必要的,根据《1966年国际载重线公约》第21(1)条关于要求在重力舷外排水管系内装有螺旋阀的规定,船长应保证这种泵阀得到适当监视,以防止水意外地重新进入这些舱内,使这些舱通海可导致明显的不可解释的倾斜、甲板货的移动和潜在的倾覆。

3 装载作业期间

.1 每吊原木均应在船舶附近处吊到船上,以减少被吊货物的任何潜在摆动;

.2 应考虑到船舶损坏的可能性和在货物处所中工作人员的安全,原木在降放到处所时不应摆动,如必要,应使用舱口围板,将原木轻轻靠在围板内侧上放下,或在降下前,落在上边,以便消除原木的任何摇摆;

.3 原木应密实积载,以便消除尽可能多的空当;积载在甲板下的原木数量和垂直重心将决定可以在甲板上安全积载货物的数量,根据这一原则,最重的原木应首先放入货物处所内;

.4 一般而言,原木应纵向密实积载,较长者应放在处所的前、后部区域,如果纵向长度间有空当,应沿处所宽度垫进横向积载的原木,根据原木长度的许可情况,尽量填满空隙;

.5 如果处所中的原木仅能以一根长度纵向积载,任何在前或后部余下空当应沿处所宽度

以横向积载的原木填入,根据原木长度的许可情况,尽量填满;

.6 横向空当应在装货过程中逐层垫入;

.7 原木的粗端应首尾交替放置,以达到较平的积载,但内底舷弧过大者除外;

.8 应尽最大可能避免原木成金字塔形。如所有的宽度大于舱口的宽度,将纵向装入的原木滑入处所的左、右舷端部,可避免金字塔形,将原木滑入处所左、右舷端部的做法应从装货的早期开始(在内层底上的高度达到2 m后),并应在装货过程中继续;

.9 可能有必要使用活动滑车以把重原木运到舱口范围外甲板下区域,滑车、滑车组和其他活动滑车应装在带环螺栓或眼板之类为此目的提供的、经适当加固的固定物上,但如果遵照这一程序,应注意避免用具超负荷;

.10 在整个装货期间,船上人员应仔细观察,以保证不发生结构性损坏,任何影响船舶适航性的损坏均应予以修复;

.11 当原木高度达到前或后横向舱口围板下约1 m处时,应减少每吊原木的尺寸,以便于在余下区域积载;和

.12 在舱口围板区域的原木应尽量密实积载至最大容量。

4 **在装货后**

应对船舶进行彻底检查,以确定其结构情况,应对污水进行测深,核实船舶的水密完整性。

5 **在航行中**

.1 航行时应对船舶的倾斜角和摇摆周期进行定期检查;

.2 如提供楔子、纱头、锤子和活动泵,则应存放在易于得到处;和

.3 船长或负责驾驶员应以下述方式保证进入围蔽货物处所的安全:

.3.1 保证以自然或机械方式对处所进行彻底通风;

.3.2 在有适当仪器时,检查处所不同高度上的空气有无缺氧情况;

.3.3 如怀疑处所通风不足,则要求进入该处所的人带上独立的呼吸装置或在进入前先进行测试。

附　件　12

成组货物的安全积载和系固

1　前言

就本附件而言，成组货物是指一些包装货物：

.1　在货盘等承货板上放置或堆载并用扎带、收紧包装或其他适当方式系固；或

.2　放置在货箱之类保护性外包装里；或

.3　作为一吊货永久地系固在一起。

注：移动式罐柜或容器、中间散装容器或货运集装箱等单件的大包装货物不包括在本附件的建议内。

2　货物资料

至少应向船长提供下述资料：

.1　成组货物的总件数和待装货物；

.2　所用的包扎类型；

.3　以米计的成组货物尺码；和

.4　以千克计的成组货物毛重。

3　建议

3.1　将要积载成组货物的船舶货物处所应是干净、干燥和没有油脂的。

3.2　包括液舱顶部在内的甲板应全部是平的。

3.3　货物处所最好在水平和垂直方向上都是矩形的。前货舱或甲板间的其他形状货物处所应使用适当的木料将其形状在横向和纵向上均改成矩形（图1）。

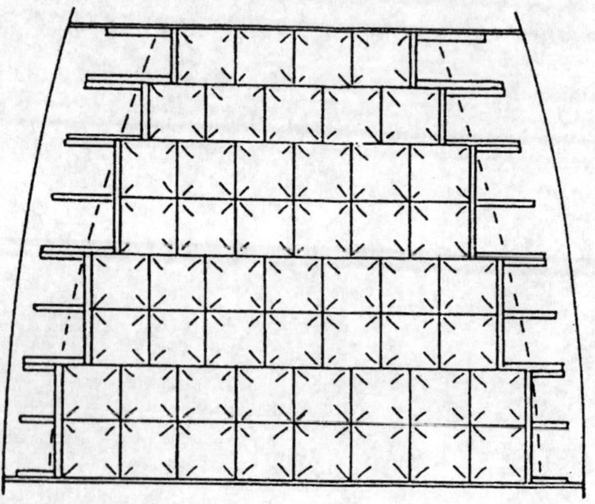

图1　锥形积载区域内成组货物的积载和塞牢（俯视图）

4 积载

4.1 成组货物的积载应做到,如必要,能从货堆的所有面上进行系固。

4.2 积载成组货物时,在货物与船舷之间不应有任何空档,以防止成组货物倾斜。

4.3 当成组货物需要重叠积载时,应注意货盘强度和成组货物的形状和状况。

4.4 当使用机械装卸时,应采取预防措施,避免成组货物受损。

5 系固

应确保成组积载在成组货物间不留空档。

6 横向积载时的系固

6.1 当成组货物在底舱或甲板中间靠着舱壁从一侧装到另一侧时,应靠着成组货物货堆垂直安置格子板或胶合板。应用钢丝系索从一侧拉到另一侧,以固定住格子板或胶合板使之能紧贴货堆。

6.2 此外,为进一步收紧货堆,钢丝系索可以不同间隔从舱壁绕过货堆连接到横向放置的钢丝系索上。

7 在货物处所一侧的积载,两边不靠

当成组货物积载于货物处所的前部或后部,有可能在向两个方向上移动时,应在货堆无系固面垂直安置格子板或胶合板。将钢丝绳从一侧绕过货堆至另一侧固定在舱壁上。在钢丝绳可能损坏成组货物处(特别是在货堆角上),应安置格子板和胶合板使角隅处不会损坏。

8 三边不靠的积载

当成组货物沿船舷积载而可能在三面移动时,应在成组货物堆装面上垂直安置格子板和胶合板,特别要注意货堆的角隅,防止钢丝系索损坏成组货物。应在不同高度上使用钢丝系索,收紧边上装有格子板或胶合板的货堆(图2)。

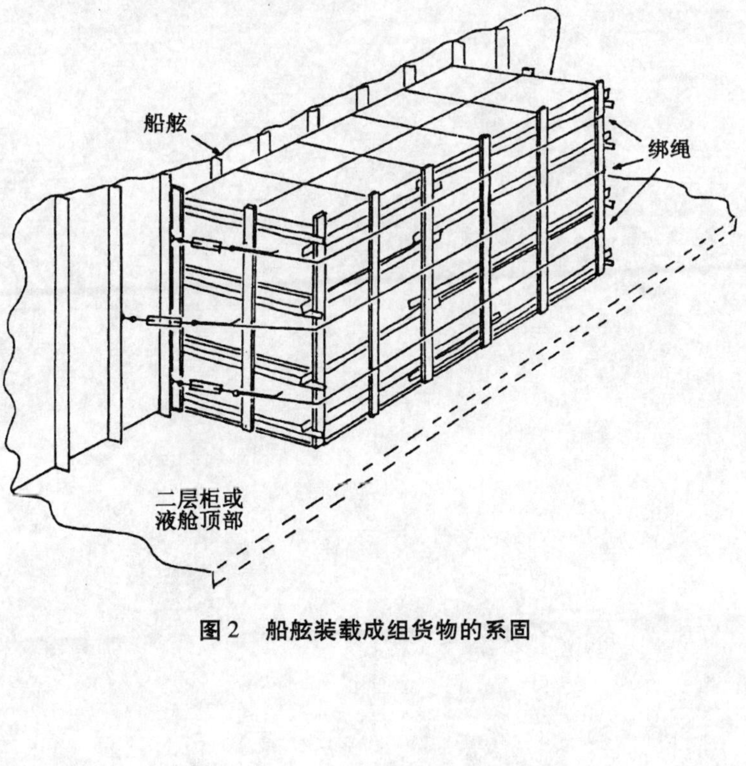

图2 船舷装载成组货物的系固

9 通则

9.1 可使用铝质撑柱或足够强度的板条代替格子板或胶合板。

9.2 在航行中,应定期检查钢丝系索,如必要,松动的系索应予重新收紧,特别是在恶劣气候后,应检查钢丝系索的状况,如必要应予重新收紧。

海安会通函 MSC/Circ.1026
(2002年5月27日)

货物堆装和系固安全操作规则
(CSS规则)修正案

1　海上安全委员会在其75届会议(2002年5月15日至24日)上,批准了货物堆装和系固安全操作规则(CSS规则)修正案,见附件。

2　请各成员国政府促使船东、船舶经营人、船长和船员以及所有其他有关方面注意本修正案。

附　件

货物堆装与系固安全操作规则
（CSS 规则）修正案

附　则　13

对非标准货物系固装置有效性的评估方法

1　适用范围

1　第 1 段中，在第 2 句之后新增如下文字：

“所有适用附件中所述方法使用的绑扎装置必须系固在固定的系固点或货物单元上标明的强力支撑结构上或建议的适当位置，或环绕在该单元上，两端系固在同一侧，如本规则附则 5 中图 2 所示。当采用将绑绳从货物单元的顶部越过的方式进行系固时，由于此时没有确定的系固方向而仅通过预张紧增加摩擦力，因此不能计入按本附则进行系固装置的评估。”

4　系固设备的强度

2　在 4.2 中，第一小段的第 2 句由如下文字替代：

“用于系固目的安全工作负荷（*SWL*）可代替 *MSL*，条件是其等于或超过 *MSL* 定义的强度。”

3　在表 1（经 MSC. Circ. 812 通函修正）有关纤维网状绑扎件一行中，“70% 破断强度”改为“50% 破断强度”。

5　安全系数

4　现有 5 由下列文字替代，并重新编号为 6：

“当采用平衡计算方法评定系固装置的强度时，安全系数的使用是考虑到各装置之间的受力不均匀，或由于这些装置的装配不当或其他原因导致的强度降低。该安全系数在由 *MSL* 得出计算强度（*CS*）的公式中使用，并显示在相应的使用方法中。

$$CS = MSL/\text{安全系数}$$

尽管引入了该安全系数，仍应注意使用相似材料和长度的系固设备，以使绑扎设备的弹性特性一致。”

6　经验方法

现有 6 重新编号为 5。现有 6.1、6.2 和 6.3 相应重新编号为 5.1、5.2 和 5.3。

7　改进的计算方法

6　在表 3 之后新增加如下文字：

“对未直接列入表中的长度/航速组合，可用下列公式求得修正系数，其中 v——航速，kn；L——垂直间长，m：

$$修正系 = (0.345 \cdot v/L^{1/2}) + (58.62 \cdot L - 1\,034.5)/L^2$$

该公式不适用于长度小于 50 m 或大于 300 m 的船舶。”

7 在现有 7.2 之后，新增下列文字和表：

“摩擦力有助于防止滑动。应使用下列摩擦系数(μ)。

表5 摩擦系数

接触的材料	摩擦系数(μ)
潮显或干燥的木材—木材	0.4
钢—木材，或钢—橡胶	0.3
干燥的钢—钢	0.1
潮湿的钢—钢	0.0

8 7.2.1 中，自(μ = 0.3 钢—木材或钢—橡胶)至(μ = 0.0 钢—钢，潮湿)的文字删去，在 f 定义中的“表5”由“表6”替代；在 CS 的定义后增加一个公式如下：

$$CS = MSL/1.5$$

9 现有表5 重新编号为表6。

10 在重新编号的表6 后面，新增如下文字：

“为确定某一系固装置的力，作为使用表6 的替代方法，可以使用 7.3 所述的方法，以考虑到横向和纵向绑绳的分力。”

11 7.2.3 中，在 CS 定义之后新增一个公式：

“$CS = MSL/1.5$”

12 新增 7.2.4 如下：

“7.2.4 计算举例

使用本方法的计算举例见附录1。”

13 新增 7.3 如下：

“7.3 力系的平衡—替代方法

在 7.2.1 和 7.2.3 中介绍的力的平衡通常提供确定系固装置合理性的足够精度。但是，本替代方法给出了水平系固角度的更为精确的考虑。

系固装置实际上通常不具有纯粹的纵向或横向，但在水平面上有一个角度 β。该水平系固角 β 在本附件中被定义为与横向之间的夹角。角度 β 应在 0°至 90°之间取值。

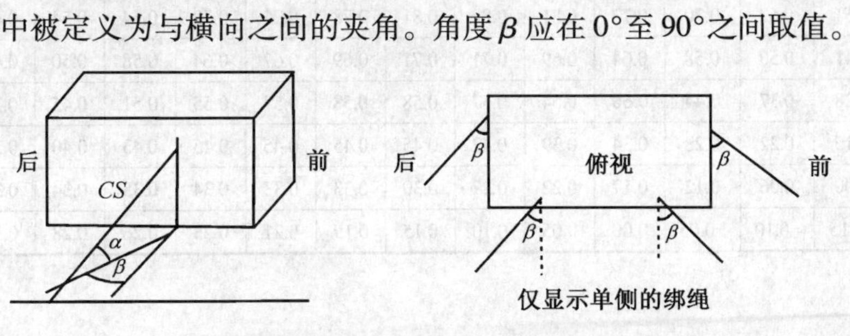

图3 垂直和水平系固角 α 和 β 的定义

具有角度 β 的系固装置在纵向和横向同时起到系固作用，可以用计算强度 CS 分别乘以 fx

或 fy 的适当值来表示。从表 7 中可查得 fx 和 fy 的值。

表 7 由 5 组数据组成，每组分别对应摩擦系数 $\mu=0.4,0.3,0.2,0.1$ 和 0。每组数据由垂直角 α 和水平角 β 求得。fx 值可从表的右侧进入并根据 β 值读出；fy 值可从表的左侧进入并根据 β 值读出。在读数时采用最靠近的 α 和 β 值。不要求但可采用插值法。

平衡计算根据以下公式进行：

横向滑动：$Fy \leqslant \mu \cdot m \cdot g + fy_1 \cdot CS_1 + \cdots + fy_n \cdot CS_n$

纵向滑动：$Fx \leqslant (m \cdot g - fz) + fx_1 \cdot CS_1 + \cdots + fx_n \cdot CS_n$

横向翻转：$Fy \cdot a \leqslant b \cdot m \cdot g + 0.9(CS_1 \cdot c_1 + CS_2 \cdot c_2 + \cdots + CS_n \cdot c_n)$

表 7　作为 α、β 和 μ 函数的 fx 值和 fy 值

表 7.1　$\mu=0.4$

从 β	α(°)														从 β
查 fy	-30°	-20°	-10°	0°	10°	20°	30°	40°	45°	50°	60°	70°	80°	90°	查 fx
0°	0.67	0.80	0.92	1.00	1.05	1.08	1.07	1.02	0.99	0.95	0.85	0.72	0.57	0.40	90°
10°	0.65	0.79	0.90	0.98	1.04	1.06	1.05	1.01	0.98	0.94	0.84	0.71	0.56	0.40	80°
20°	0.61	0.75	0.86	0.94	0.99	1.02	1.01	0.98	0.95	0.91	0.82	0.70	0.56	0.40	70°
30°	0.55	0.68	0.78	0.87	0.92	0.95	0.95	0.92	0.90	0.86	0.78	0.67	0.54	0.40	60°
40°	0.46	0.58	0.68	0.77	0.82	0.86	0.86	0.84	0.82	0.80	0.73	0.64	0.53	0.40	50°
50°	0.36	0.47	0.56	0.64	0.70	0.74	0.76	0.75	0.74	0.72	0.67	0.60	0.51	0.40	40°
60°	0.23	0.33	0.42	0.50	0.56	0.61	0.63	0.64	0.64	0.63	0.60	0.55	0.48	0.40	30°
70°	0.10	0.18	0.27	0.34	0.41	0.46	0.50	0.52	0.52	0.53	0.52	0.49	0.45	0.40	20°
80°	-0.05	0.03	0.10	0.17	0.24	0.30	0.35	0.39	0.41	0.42	0.43	0.44	0.42	0.40	10°
90°	-0.20	-0.14	-0.07	0.00	0.07	0.14	0.20	0.26	0.28	0.31	0.35	0.38	0.39	0.40	0°

表 7.2　$\mu=0.3$

从 β	α(°)														从 β
查 fy	-30°	-20°	-10°	0°	10°	20°	30°	40°	45°	50°	60°	70°	80°	90°	查 fx
0°	0.72	0.84	0.93	1.00	1.04	1.04	1.02	0.96	0.92	0.87	0.76	0.62	0.47	0.30	90°
10°	0.70	0.82	0.92	0.98	1.02	1.03	1.00	0.95	0.91	0.86	0.75	0.62	0.47	0.30	80°
20°	0.66	0.78	0.87	0.94	0.98	0.99	0.96	0.91	0.88	0.83	0.73	0.60	0.46	0.30	70°
30°	0.60	0.71	0.80	0.87	0.90	0.92	0.90	0.86	0.82	0.79	0.69	0.58	0.45	0.30	60°
40°	0.51	0.62	0.70	0.77	0.81	0.82	0.81	0.78	0.75	0.72	0.64	0.54	0.43	0.30	50°
50°	0.41	0.50	0.58	0.64	0.69	0.71	0.71	0.69	0.67	0.64	0.58	0.50	0.41	0.30	40°
60°	0.28	0.37	0.44	0.60	0.54	0.57	0.58	0.58	0.57	0.55	0.51	0.45	0.38	0.30	30°
70°	0.15	0.22	0.28	0.34	0.39	0.42	0.45	0.45	0.45	0.45	0.43	0.40	0.35	0.30	20°
80°	0.00	0.06	0.12	0.17	0.22	0.27	0.30	0.33	0.33	0.34	0.35	0.34	0.33	0.30	10°
90°	-0.15	-0.10	-0.05	0.00	0.05	0.10	0.15	0.19	0.21	0.23	0.26	0.28	0.30	0.30	0°

表 7.3 $\mu=0.2$

从β查fy	α(°) -30°	-20°	-10°	0°	10°	20°	30°	40°	45°	50°	60°	70°	80°	90°	从β查fy
0°	0.77	0.87	0.95	1.00	1.02	1.01	0.97	0.89	0.85	0.80	0.67	0.53	0.37	0.20	90°
10°	0.75	0.86	0.94	0.98	1.00	0.99	0.95	0.88	0.84	0.79	0.67	0.52	0.37	0.20	80°
20°	0.71	0.81	0.89	0.94	0.96	0.95	0.91	0.85	0.81	0.76	0.64	0.51	0.36	0.20	70°
30°	0.65	0.75	0.82	0.87	0.89	0.88	0.85	0.79	0.75	0.71	0.61	0.48	0.35	0.20	60°
40°	0.56	0.65	0.72	0.77	0.79	0.79	0.76	0.72	0.68	0.65	0.56	0.45	0.33	0.20	50°
50°	0.46	0.54	0.60	0.64	0.67	0.67	0.66	0.62	0.60	0.57	0.49	0.41	0.31	0.20	40°
60°	0.33	0.40	0.46	0.50	0.53	0.54	0.53	0.51	0.49	0.47	0.42	0.36	0.28	0.20	30°
70°	0.20	0.25	0.30	0.34	0.37	0.39	0.40	0.39	0.38	0.37	0.34	0.30	0.26	0.20	20°
80°	0.05	0.09	0.14	0.17	0.21	0.23	0.25	0.26	0.26	0.26	0.26	0.25	0.23	0.20	10°
90°	-0.10	-0.07	-0.03	0.00	0.03	0.07	0.10	0.13	0.14	0.15	0.17	0.19	0.20	0.20	0°

表 7.4 $\mu=0.2$

从β查fy	α(°) -30°	-20°	-10°	0°	10°	20°	30°	40°	45°	50°	60°	70°	80°	90°	从β查fy
0°	0.82	0.87	0.95	1.00	1.02	0.97	0.92	0.83	0.78	0.72	0.59	0.44	0.27	0.10	90°
10°	0.80	0.86	0.94	0.98	1.00	0.96	0.90	0.82	0.77	0.71	0.58	0.43	0.27	0.10	80°
20°	0.76	0.81	0.89	0.94	0.96	0.92	0.86	0.78	0.74	0.68	0.56	0.42	0.26	0.10	70°
30°	0.70	0.75	0.82	0.87	0.89	0.85	0.80	0.73	0.68	0.63	0.52	0.39	0.25	0.10	60°
40°	0.61	0.65	0.72	0.77	0.79	0.75	0.71	0.65	0.61	0.57	0.47	0.36	0.23	0.10	50°
50°	0.51	0.54	0.60	0.64	0.67	0.64	0.61	0.56	0.53	0.49	0.41	0.31	0.21	0.10	40°
60°	0.38	0.40	0.46	0.50	0.53	0.50	0.48	0.45	0.42	0.40	0.34	0.26	0.19	0.10	30°
70°	0.25	0.25	0.30	0.34	0.37	0.36	0.35	0.33	0.31	0.30	0.26	0.21	0.16	0.10	20°
80°	0.10	0.09	0.14	0.17	0.21	0.20	0.20	0.20	0.19	0.19	0.17	0.15	0.13	0.10	10°
90°	-0.05	-0.03	-0.02	0.00	0.03	0.03	0.05	0.06	0.07	0.08	0.09	0.09	0.10	0.10	0°

表 7.5 $\mu=0.2$

从β查fy	α(°) -30°	-20°	-10°	0°	10°	20°	30°	40°	45°	50°	60°	70°	80°	90°	从β查fy
0°	0.87	0.94	0.98	1.00	0.98	0.94	0.87	0.77	0.71	0.64	0.50	0.34	0.17	0.00	90°
10°	0.85	0.93	0.97	0.98	0.97	0.93	0.85	0.75	0.70	0.63	0.49	0.34	0.17	0.00	80°
20°	0.81	0.88	0.93	0.94	0.93	0.88	0.81	0.72	0.66	0.60	0.47	0.32	0.16	0.00	70°
30°	0.75	0.81	0.85	0.87	0.85	0.81	0.75	0.66	0.61	0.56	0.43	0.30	0.15	0.00	60°
40°	0.66	0.72	0.75	0.77	0.75	0.72	0.66	0.59	0.54	0.49	0.38	0.26	0.13	0.00	50°
50°	0.56	0.60	0.63	0.64	0.63	0.60	0.56	0.49	0.45	0.41	0.32	0.22	0.11	0.00	40°
60°	0.43	0.47	0.49	0.50	0.49	0.47	0.43	0.38	0.35	0.32	0.25	0.17	0.09	0.00	30°
70°	0.30	0.32	0.34	0.34	0.34	0.32	0.30	0.26	0.24	0.22	0.17	0.12	0.06	0.00	20°
80°	0.15	0.16	0.17	0.17	0.17	0.16	0.15	0.13	0.12	0.11	0.09	0.06	0.03	0.00	10°
90°	0.00	0.00	0.00	0.00	0.00	0.00	0.00	0.00	0.00	0.00	0.00	0.00	0.00	0.00	0°

注：$fx=\cos\alpha\cdot\sin\beta+\mu\cdot\sin\alpha$ $fy=\cos\alpha\cdot\cos\beta+\mu\sin\alpha$

注意：

垂直角 α 小于45°且水平角 β 大于45°的系固装置不应用于上述公式中的对于横向翻转的平衡。

公式中使用的所有符号除 fy 和 fx（从表7中查得）外，与7.2中的定义相同。CS 的定义如下：

$$CS = MSL/1.35$$

本方法的计算示例见附录1。

14　标题“改进的计算方法：计算示例”下现有文字连同该标题一起从第7节中删除，并加入经下列15和16修订后作为新的附录1。

15　在新的附录1中，文字“高级计算方法：计算示例”由如下替代：

“计算示例1

（参见7.2，“力系和力矩的平衡”）”

16　在新的附录1中，计算示例1之后新增计算示例2如下：

“计算示例2

（参见7.3，“力系的平衡 — 替代方法”）

有一货物单元质量为68 t，堆放在木材上（$\mu = 0.3$），位于中间甲板0.7L处，船长 $L = 160$ m，船宽 $B = 24$ m，航速 $v = 18$ kn，初稳性高度 $GM = 1.5$ m。货物单元的尺度为：高 = 2.4 m，宽 = 1.8 m。外力为：$Fx = 112$ kN，$Fy = 312$ kN，$Fz = 346$ kN。

俯视图表明全部系固装置是由8根绑绳组成：

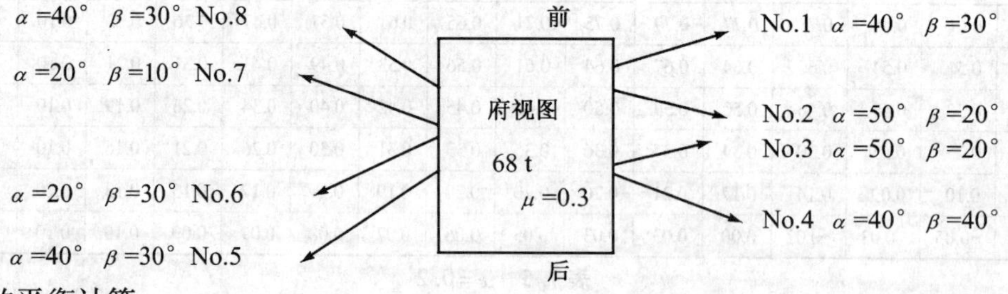

力的平衡计算：

No.	*MSL* (kN)	*CS* (kN)	α	β	*fy*	*CS*×*fy*	*fx*	*Cs*×*fx*
1	108	80	40° 右舷	30° 前	0.86	68.8 右舷	0.58	46.4 前
2	90	67	50° 右舷	20° 后	0.83	55.6 右舷	0.45	30.2 后
3	90	67	50° 右舷	20° 前	0.83	55.6 右舷	0.45	30.2 前
4	108	80	40° 右舷	40° 后	0.78	62.4 右舷	0.69	55.2 后
5	108	80	40° 左舷	30° 后	0.86	68.8 左舷	0.58	46.4 后
6	90	67	20° 左舷	30° 后	0.99	66.3 左舷	0.57	38.2 后
7	90	67	20° 左舷	10° 前	1.03	69.0 左舷	0.27	18.1 前
8	108	80	40° 左舷	30° 前	0.86	68.8 左舷	0.58	46.4 前

横向力的平衡（右舷布置）No.1，2，3和4：

312 Ⅱ③ $< 0.3 \times 68 \times 9.81 + 68.8 + 55.6 + 62.4$

$312 < 443$　　满足

横向力的平衡(左舷布置)No. 5,6,7 和 8:

$312 < 0.3 \times 68 \times 9.81 + 68.8 + 66.3 + 69.0 + 68.8$

$312 < 473$　　满足

纵向力的平衡(船首布置)No. 1,3,7 和 8:

$112 < 0.3(68 \times 9.81 - 346) + 46.4 + 30.2 + 18.1 + 46.4$

$112 < 237$　　满足

纵向力的平衡(船尾布置)No. 2,4,5 和 6:

$112 < 0.3 \times 68 \times 9.81 - 346) + 30.2 + 55.2 + 46.4 + 38.2$

$112 < 266$　　满足

横向翻转:

除非提供了专门资料,该货物单元的垂直重心可以假定在高度的一半处,横向重心在宽度的一半处。

并且,如绑绳的连接如草图所示,替代取 c,从翻转轴至系固力 CS 的力臂长度,则保守的假定为:该长度等于货物单元的宽度。

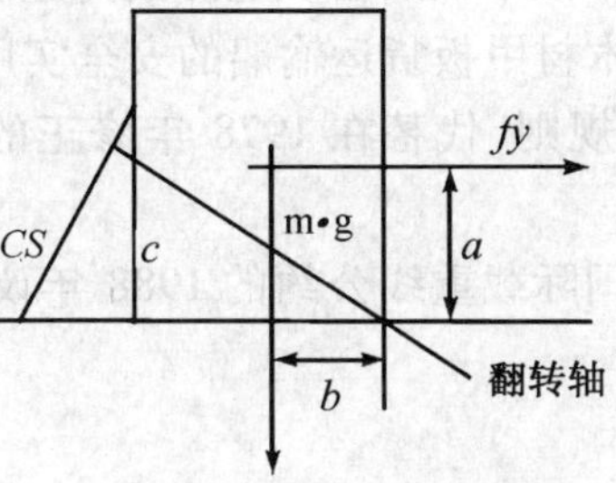

$fy \times a \leqslant b \times m \times g + 0.9 \times (CS_1 \times c_1 + CS_2 \times c_2 + CS_3 \times c_3 + CS_4 \times c_4)$

$312 \times 2.4/2 < 1.8/2 \times 68 \times 9.81 + 0.9 \times 1.8 \times (80 + 67 + 67 + 80)$

$374 < 600 + 476$

$374 < 1\,076$　满足"

17　标题"对非标准货物系固装置有效性的评估方法的说明和解释"下的现有文字连同该标题一起从第 7 节中删除,并加入作为新的附录 2。

第 A.715(17)号决议
(1991 年 11 月 6 日通过)

1991 年木材甲板货运输船的安全实用规则

大会，

忆及国际海事组织公约关于大会在海上安全规则和指南方面的职责的第 15(j)条，

又忆及在第 A.287(Ⅷ)号决议中，大会通过了木材甲板货运输船的安全实用规则，该规则其后又于 1978 年由海上安全委员会在其第三十九届会议上修正，

认识到有必要根据已获得的经验改进该规则中的规定，

审议了海上安全委员会在其第五十八届会议上提出的建议，

1 **通过**本决议附件所载 1991 年木材甲板货运输船的安全实用规则；

2 **建议**各国政府应用本 1991 年规则，代替在 1978 年修正的、附于第 A.287(Ⅷ)号决议的规则；

3 **请**海上安全委员会在 1966 年国际载重线公约的 1988 年议定书生效后审议该规则的附录 D；

4 **废除**第 A.287(Ⅷ)号决议。

附　件

1991 年木材甲板货运输船的安全实用规则

目　录

前言
第 1 章　总则
第 2 章　稳性
第 3 章　积载
第 4 章　系固
第 5 章　人员保护和安全设施
第 6 章　航行中应采取的措施
附录 A　对积载做法的建议
附录 B　甲板下原木积载的一般指南
附录 C　经修正的运输甲板货的船长不足 100 m 的客船和货船完整稳性的建议书
　附录 1　稳性曲线的计算
　附录 2　核定装载标准条件
　附录 3　关于用横摇周期试验近似测定船舶的稳性的致主管机关的备忘录(船长不足 70 m 的船舶使用)
　附录 3 的附件　供船长使用的横摇周期试验近似确定船舶稳性指南的建议格式
附录 D　1966 年国际载重线公约第 44 条条文

前　言

木材甲板货运输船的安全实用规则先于 1972 年由本组织颁发,其后又于 1978 年修正。

由于木材甲板货物移位和灭失事故不断出现,使用更大和更先进的船舶运输木材甲板货,新技术的采用以及在这一特殊的海事活动中需要有更全面的安全建议,因此有必要修订和更新以前的文件。

虽然本规则主要是为安全运输木材甲板货物提供建议,但是附录 B 的建议也适用于甲板下的原木积载。

第 1 章　总　则

1.1　目的

本规则的目的是对为保证以木材甲板货为主要货物时的安全运输而采取的积载、系固和其他营运安全措施提出建议。

1.2　运用范围

本规则适用于所有长 24 m 或大于24 m的从事木材甲板货物运输的船舶。标有并使用木材载重线的船舶还应符合载重线公约中适用条款的要求(见附录D)。

1.3 **定义**

除非另有明文规定,下列定义适用于本规则。

1.3.1 主管机关,是指船舶有权悬挂其国旗的国家的政府。

1.3.2 四角木材,是指经“板切”的原木,即纵向锯成有两个相对的和相互平行的平面的粗木材,有时还有第三个锯平面。

1.3.3 吊索保护系统,是指由适当固定点,被保护人所穿的安全吊带和吊索制动装置组成的系统。吊索制动装置与固定点和安全吊带相连后,既能允许人员的正常的活动,又能在有任何力作用于该系统时立即锁定。

1.3.4 组织,是指国际海事组织(海事组织)。

1.3.5 木材,是指锯成的木料或木材、四角木材、原木、木杆、纸浆原材,以及所有其他散装或包装的木材。本术语不包括木纸浆或类似货物。

1.3.6 木材甲板货物,是指在干舷或上层建筑甲板无遮盖部分运送的木材货。本术语不包括木纸浆或类似的货物。

1.3.7 木材载重线,是指对在建造方面符合国际载重线公约中的某些条件的船舶勘定的、当货物符合本规则积载和系固条件时使用的特殊载重线。

1.3.8 露天甲板,是指暴露于风雨和大海的最上层全通甲板。

第2章 稳 性

2.1 船上应配备完整的、计及木材甲板货的稳性资料。这种资料应使船长能迅速简便地从中获得不同运营条件下船舶稳性的准确指导。已经证明,完整的横摇周期表或图非常有助于确定实际稳性状况。

2.2 在任何时候,包括在装卸木材甲板货的过程中,船舶的稳性都应为正的,并达到主管机关认可的标准。计算稳性时应考虑:

.1 下列原因造成的木材甲板货的重量增加:

.1.1 干的或风干的木材的吸水;和

.1.2 积冰,如果适用;

.2 消耗品的变化;

.3 液货舱中液体的自由液面效应;及

.4 木材甲板货中特别是原木积载间隙中积存的水的重量。

2.3 船长应该:

.1 在出现横倾而又无令人满意的解释、继续装货不谨慎时,停止所有装货作业;

.2 在出海之前确保:

.2.1 船舶处于直立状态;

.2.2 船舶具有足够的稳心高度;及

.2.3 船舶符合规定的稳性标准。

2.4 运输木材甲板货的船舶在营运时应尽可能有安全的稳性余量,其稳心高度应符合安全规定,但这种稳心高度不允许低于最低推荐值。

2.5 然而,应避免过量的初稳性,它在波涛汹涌的海上会导致急速猛烈的运动,使货物承受滑动和挤压力,造成系索的高应力。营运经验表明,稳心高度最好不超过宽度的3%,以防止横摇时出现的过度加速现象,但有关的稳性标准应得到满足。① 本建议可能并不适用于所有船舶,船长应考虑从船舶稳性手册中获得的稳性资料。

第3章 积 载

3.1 概述

3.1.1 将木材甲板货装在露天甲板的任何区域之前:

.1 舱盖和该区域以下处所的其他开口都应牢固关闭和封舱;

.2 应有效地保护空气管和通风器,并应检查止回阀和类似装置,以确定其防水有效性;

.3 该区域上的积冰和积雪应清除;和

.4 通常最好在所有甲板系索,立柱等就位后再在该特定区域装货。如果在装货港要求对系固设备进行装货前检查,这样做则是必需的。

3.1.2 木材甲板货的积载应做到:

.1 船员住舱、引航员登船通道、机器处所以及船舶的必要运转所经常使用的所有其他区域的通道,在任何时间都安全畅通;

.2 如果合适,通往3.1.1所述区域的开口能适当关闭和紧固,以防进水;

.3 安全设备、阀门遥控装置和测深管易于接近;和

.4 货物堆装密实,不会对船舶的航行和必要运转造成任何妨碍。

3.1.3 装货时,木材甲板货上应没有任何积冰或积雪。

3.1.4 装货完成时和开船前,应对船舶进行彻底检查。为确保没有出现造成进水的结构损害,还应进行测深。

3.2 木材甲板货的高度和范围

3.2.1 依据3.2.2的规定,在冬天位于季节性冬季区内的船舶,其木材甲板货在露天甲板以上的高度不应超过船舶最大宽度的1/3。

3.2.2 应限制木材甲板货的高度,以便:

.1 保证足够的视域;

.2 在航行的全过程均保持安全的稳性余量;

.3 任何船首向型面不对迎头浪形成突肩;

.4 木材甲板货的重量不超过露天甲板和舱盖的设计最大允许负荷。

3.2.3 在标有和使用木材载重线的船上,木材甲板货的积载应:

.1 分布在上层建筑之间的井形甲板的整个可用长度上并尽可能靠近端舱壁;

.2 在尾端没有限制性上层建筑时,至少延伸到最后舱口的尾端;

.3 横向上,在为护栏、舷墙柱、立柱、引航员登船通道等障碍物留出余量后,尽可能接

① 参见经有关甲板货运输船的第.206(Ⅶ)号决议修正的船长不足100 m的客船和货船完整稳性建议书(第A.167(ES.Ⅳ)号决议)(见附录C)。

近船舷,但由此在船舷产生的积载间隙不应超过4%船宽的平均值;和

.4 至少延伸至除后升高甲板以外的上层建筑的标准高度。

3.2.4 安全运输任何木材甲板货的基本原则,是在甲板装货的全过程都有紧密积载。只有在装货过程中船上人员不断检查,才能做到这一点。

3.2.5 附录A提供了积载做法的一般建议,经证明,它对各种木材甲板货均有效。

第4章 系 固

4.1 概述

4.1.1 每一系索都应从木材甲板货上绕过并用扣环扣在适合其预期用途并有效固定在甲板边板或其他加固点上的眼板中,其安置方式应尽可能地保证其在整个高度上与木材甲板货接触。

4.1.2 所有系索和系固部件均应:

.1 具有不低于133 kN的抗断强度;

.2 在受到初始应力后,其在抗断强度为80%时,伸长不超过5%;和

.3 经受不小于其40%原始抗断强度的验证载荷后,无永久变形。

4.1.3 每一系索都应配备张紧装置或系统,其放置应使其在需要时能安全、有效地工作,该张紧装置或系统所产生的载荷不应小于:

.1 水平部分27 kN;和

.2 垂直部分16 kN。

4.1.4 在张紧和初步系固后,张紧装置或系统的螺杆的剩余螺纹长度应不少于1/2或剩余张紧能力不少于1/2,以供今后使用。

4.1.5 每一系索都应配有能调整系索长度的装置或设备。

4.1.6 系索的间距应使在贯通甲板货物堆垛的每一长度各端的两根系索尽可能靠近木材甲板货的端头。

4.1.7 如果使用钢丝绳夹作为钢丝系索的接头,应符合下列条件,以防止强度大幅度降低:

.1 所用的绳夹的数量和尺寸应与钢丝绳的直径成比例,数量不能少于4个,其间距不小于15 cm;

.2 夹子的鞍座部分应装在动载段,"U"形螺栓应装在静载或缩短端段;

.3 绳夹应先上紧至明显卡进钢丝绳中,然后,待系索受力后,再上紧。

4.1.8 给夹具、夹子、卸扣和松紧螺套的螺纹润滑,提高它们的夹持能力和防止腐蚀。

4.2 立柱

4.2.1 在木材甲板货的性质、高度或特点需要时安装立柱。

4.2.2 安装立柱时,它们应:

.1 根据甲板货的宽度,用钢或其他有足够强度的合适材料制成;

.2 间隔不超过3 m;

.3 用角铁、金属插座或同样有效的装置固定在甲板上;和

.4 如有必要,用金属支架进一步固定在加固点上,如舷墙、舱口围板。

4.3 散装或包装锯材

4.3.1 木材甲板货应在其整个长度上用独立系索系固。

4.3.2 在符合4.3.3规定的前提下,上述系索的最大间距应根据系索附近木材甲板货的最大高度确定:

.1 高度4 m或不足4 m:间距应为3 m;

.2 高度大于4 m:间距应为1.5 m。

4.3.3 装在货垛舷外上缘的包装货,每包至少要用两根系索系固。

4.3.4 当木材甲板货的舷外堆装长度不足3.6 m时,系索间距应做必要减少或采取其他适当措施来适应木材的长度。

4.3.5 应沿货垛的舷外上缘使用适当设计的和由适当材料制成的圆角件来承受应力和方便穿索。

4.4 原木,木杆、四角木材或类似货物

4.4.1 木材甲板货应在其整个长度有独立系索系固,系索间距不超过3 m。

4.4.2 如果木材甲板货积载在舱口和更高位置上口,则除用4.1.1推荐的系索系固外,还应用下列系索做进一步系固:

.1 横向系索(拱背形系索)系统,在接近垛顶处和其他与垛高相适应的高度上连接每一对左舷和右舷立柱;及

.2 系紧货堆的系索系统,用双股连续钢丝绳(摆绳)从货物一侧绕到另一侧,由一系列扣绳滑轮或其他合适装置连续扣住后,用底索固定。

4.4.3 4.4.2.2中提到的双股连续钢丝绳应拉到绞车或其他拉紧装置上,以便于进一步收紧。

4.4.4 4.3.5中的建议应适用于四角木材甲板货。

4.5 测试、检查和发证

4.5.1 应根据国家条例或国际公认的标准机构的有关标准对所有用于系固木材甲板货的系索和部件进行测试、标记和发证。有关证书的副本应在船上保存。

4.5.2 测试后不得进行任何能掩饰缺陷或降低机械性能或强度的处理。

4.5.3 应对系索和部件进行目视检查,检查间隔时间不得超过12个月。

4.5.4 在木材甲板货装船前,应对船上所有的系固点,包括立柱(如果安装)上的系固点,进行目视检查。任何损坏都应得到令人满意的修复。

4.6 系固平面图

木材甲板货运输船上应携带和保存符合本规则建议的一份或数份系固平面图。

第5章 人员保护和安全设施

5.1 为保护从事装货、系固或卸货的船员和工人,应提供合适的保护服装和设备,例如带钉靴或带钉套鞋和安全帽。

5.2 在航行期间,如果在船舶甲板上或甲板下没有方便的船员通道供从居住舱室安全通人在船舶的必要操作中所用的所有处所,则应在甲板货的每侧设置垂直间距不超过330 mm、在货物之上的高度至少为1 m的栏索或栏杆。此外,还应在尽可能靠近船舶中心线处设置用张紧

装置拉紧的救生索,救生索最好是钢丝绳。所有栏杆或救生索的支柱的间距要保证不出现过度下垂。在货物不平处,应在货上设置一宽度不小于600 mm的安全行走面,并将其有效地固定在救生索之下或邻近处。

5.3　货堆中的所有开口,例如在桅室、绞车等处的开口,都应安装围栏或关闭装置。

5.4　如果没有安装立柱或者允许采用对5.2规定的替代办法,则应安装构造坚固、有平坦行走面的通道,通道有两行间隔1 m左右、在行走面以上的高度不小于1 m的纵向栏杆或栏索,每行最少有3排栏索或栏杆。这种栏索或栏杆应用间隔不超过3 m的刚性支柱支承,栏索应用张紧装置拉紧。

5.5　作为5.2,5.3和5.4的替代办法,可在木材甲板货上安装救生索,最好使用钢丝绳,使装备有吊索保护系统的船员能钩挂在它上面,在木材甲板货上工作。救生索应该:

.1　高出木材甲板货大约2 m,尽可能靠近船的中心线;

.2　用张紧装置拉紧到在承受坠落船员时不下坠或下塌。

5.6　应提供从货物顶部到甲板的配有栏索或扶手的合适构造的梯子、台阶或坡道,作为适当的通道,对梯状堆置的货物也应配有栏索或扶手。

5.7　本章中提到的人员安全设备应保存在易拿到处。

第6章　航行中应采取的措施

6.1　系索的张紧

6.1.1　航行开始时认真检查和张紧所有的系索是至关重要的,因为船的振动和运行会使货物沉降和紧缩。航行期间应定期进一步检查系索,必要时将其张紧。

6.1.2　对系索的所有检查和调整都应在船舶的航海日志中记录。

6.2　航行计划和船舶操纵

6.2.1　船长应编制航行计划,避开潜在的恶劣气候和海况。为此目的,应参阅气象报告、气象传真或向气象定线机构查询。

6.2.2　在恶劣气候和海况不可避开的情况下,船长应意识到有必要及早减速和(或)改变航线,以便最大限度地减小货物、结构和系索的受力。在恶劣气候下,如果鲁莽驾船,系索就起不到其应有的系固作用。什么都取代不了高超的船艺。

6.3　航行中的横倾

如果出现并非由于正常使用消耗品(水和燃料)造成的横倾,这种横倾可能是以下3种原因之一或可能是3种原因共同造成的。

货物位移

6.3.1　甲板货的大幅度位移显然会马上发现。然而,甲板货可能会产生难以察觉的位移,或者可能会出现甲板下货物的位移。立即进行检查应能确定货物是否已经位移,如果检查证实货物已经位移,船长根据具体情况可有若干补救措施。

6.3.2　然而,以加压载和转移压载或燃料来减少和校正货物位移造成的横倾的办法应慎用,因为如果货物随后向另一侧位移,这样做就很可能造成更大的横倾。

6.3.3　由于货物位移多发生在不利气候条件下,派人去放松或拉紧移动货物或已位移货物上的系索所带来的危险可能比保留悬吊货物的危险性更大。只有经过仔细考虑后才能将移动的或已位移的木材甲板货向海中抛弃。抛弃的做法不大可能改变局面,因为整个货堆可能不会一下子都落入海中。如果弃货时推进器仍在转动,就有可能使推进器受到严重损害。

进水

6.3.4 应通过对整船进行测深迅速确定进水的可能性。如果发现来路不明的水,应启动所有可用的水泵来控制局面。其后的行动显然取决于这种进水能否用水泵控制。

负稳性横倾角

6.3.5 如果在发现横倾之前船的横摇一直格外慢,船舶徐缓地恢复至直立位置,说明该船的稳心高度很小或没有。因此,这种横倾的原因是船向一侧横倾后,没有复原力臂将其恢复到直立位置。这种状况的纠正或者是在船的下部加载(向双层底舱注入压载水),或者是在船的上部卸载(甲板货)。在这两个选样中,加压载水通常是较可取的;如果有经分隔的双层底空处所,较低一侧的舱应先加载,使稳心高度立即增加,然后再向较高一侧的舱加载。但是,利用压载和卸载纠正横倾时应特别谨慎,因为这样做可能会造成另一侧的更大的横倾。

6.4 通知

如果全部或部分木材甲板货被投弃入海,或意外落海灭失,船长应注意国际海上人命安全公约第Ⅴ章,其中要求船长尽一切方法将对航行有直接危险的信息通告附近的船舶,并在他所能进行联系的第一个海岸点将直接危险的信息通告主管当局。按规定,该信息应包括危险的种类(本例中为木材甲板货),危险的最后所见位置,以及最后看见危险的时间和日期(协调世界时)。

附 录 A

对积载做法的建议

1 概述

1.1 已经证明,本附录中叙述的积载做法获得了令人满意的结果,但要考虑第1~6章中的建议。虽然由于具体情况可能需要采用不同于本指南的做法,但1.2中阐明的基本原则却应得到遵守。

1.2 如前所述,安全运输木材甲板货的基本原则,是使货垛尽可能密实和紧凑,其目的是:

.1 防止因货垛松动造成系索松弛;

.2 使货垛内产生约束力;和

.3 最大限度地降低货垛的渗透性。

1.3 系索通过提高摩擦力防止甲板货移位,摩擦力是由于在可能移动的方向对货垛施加预应力和反作用力而产生的。系索应符合下列标准:

.1 所有系索构件的强度都应至少等于本规则推荐的强度;和

.2 在整个航行期间应保持必要的拉力。

1.4 木材甲板货的移位主要是由于下列原因之一或共同造成的:

.1 系索因航行过程中货物压实而变松,系索系统的张紧装置不合适和/或系索强度不足;

.2 由于摩擦力不足,特别是在冰雪状况下,货物在舱盖上移动;

.3 因材料性能差造成的立柱强度不足和/或过度受力;

.4 船舶大幅度横摇或纵摇;

.5 汹涛海浪的冲击。

1.5 装货时,应非常小心地保持船舶直立状态,因为即使是微小的横倾也会使立柱承受相当大的载荷。航行中谨慎操纵船舶的必要性怎么估计也不会过高。鲁莽驾船能使最好的积载归于无效。

1.6 系索应符合本规则第4章的要求并可包括以下种类:

.1 拱背形系索通常用在第二层和第三层货上,并可在支柱之间用手拉紧。当上层货装在这些系索上后,其重量会进一步使其绷紧(见图1)。

.2 在系链外,加用的钢丝绳系索。每根索可从货垛一侧绕到另一侧并绕最上层货一圈。每一系索上装紧索螺套,以便在海上张紧系索(见图2)。

.3 以鞋带交叉方式张紧货垛的摆绳。这些摆绳从货堆上绕过,并穿过一系列扣绳滑轮,由基索固定就位,紧索螺套从基索顶部装入摆绳中,以便系索在海上保持绷紧状态(见图3和图4)。

.4 从货垛顶部绕过并固定到坚固眼板或其他在货物舷外端点的其他系固的系链。每一系索上装紧索螺套,以便在海上张紧系链(见图5)。

1.7 木材甲板货的系固系统示于图3,4,5,6和7。

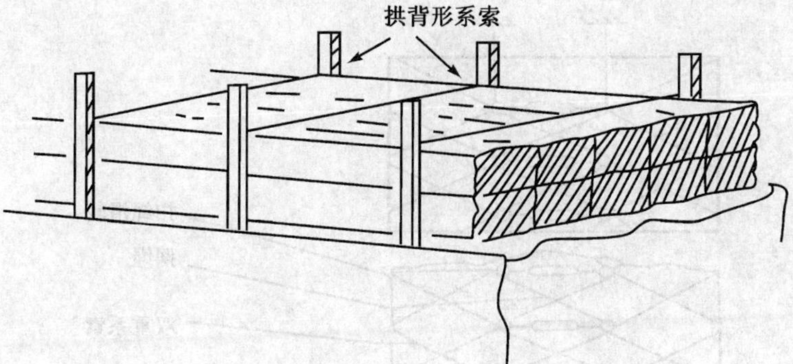
拱背形系索

图 1

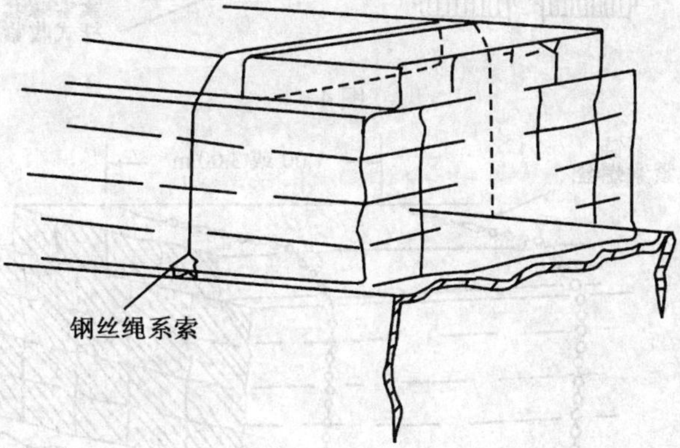
钢丝绳系索

图 2

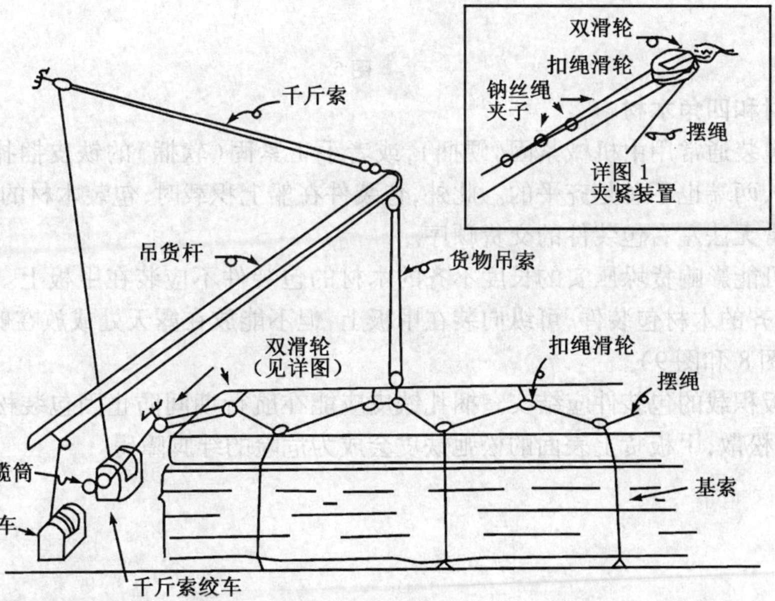
双滑轮
扣绳滑轮
钠丝绳
夹子
摆绳
详图 1
夹紧装置
千斤索
吊货杆
货物吊索
双滑轮
（见详图）
扣绳滑轮
摆绳
绞缆筒
货物绞车
千斤索绞车
基索

图 3

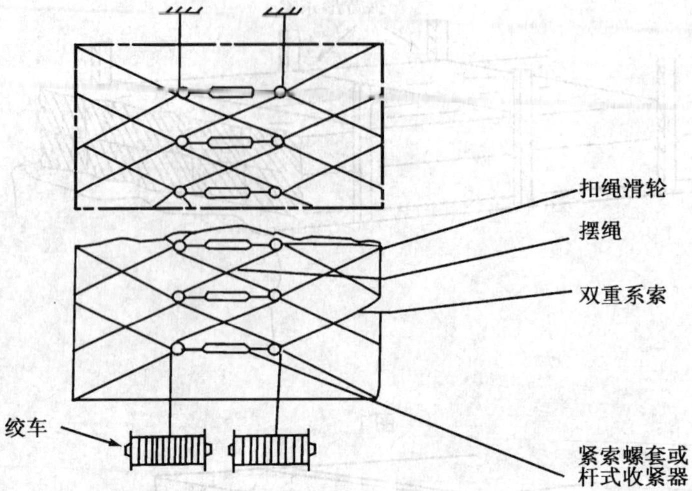

图 4

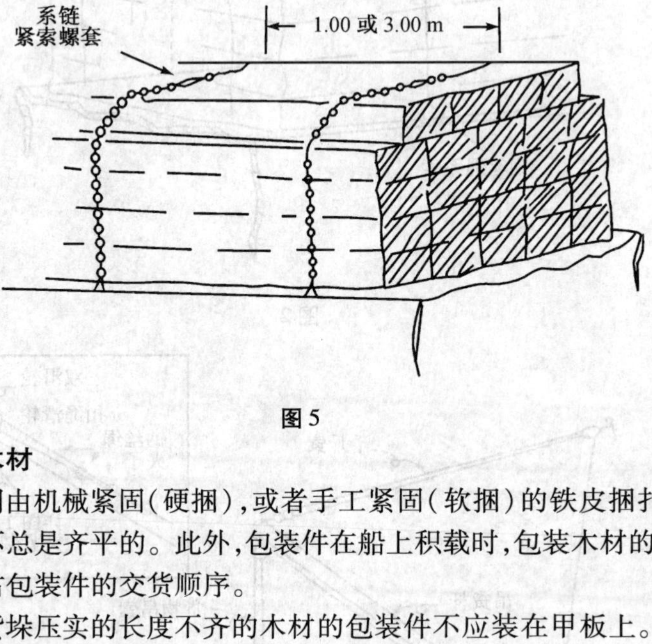

图 5

2　**包装木材和四角木材**

2.1　木材包装通常用由机械紧固(硬捆),或者手工紧固(软捆)的铁皮捆扎。包装件可能不是标准尺寸,两端也不总是齐平的。此外,包装件在船上积载时,包装木材的长度也不一致,再者,船长经常无法左右包装件的交货顺序。

2.2　含有可能影响货垛压实的长度不齐的木材的包装件不应装在甲板上。其他能够密实积载的长度不齐的木材包装件,可纵向装在甲板上,但不能放在露天处或放在舱口围板舷外侧的货堆中(见图 8 和图 9)。

2.3　供甲板积载的包装件应结实。捆扎铁皮应能在航行期间防止因包装松散而可能造成的整个货堆的松散,甲板货上表面的松弛铁皮会成为危险的绊脚障碍。

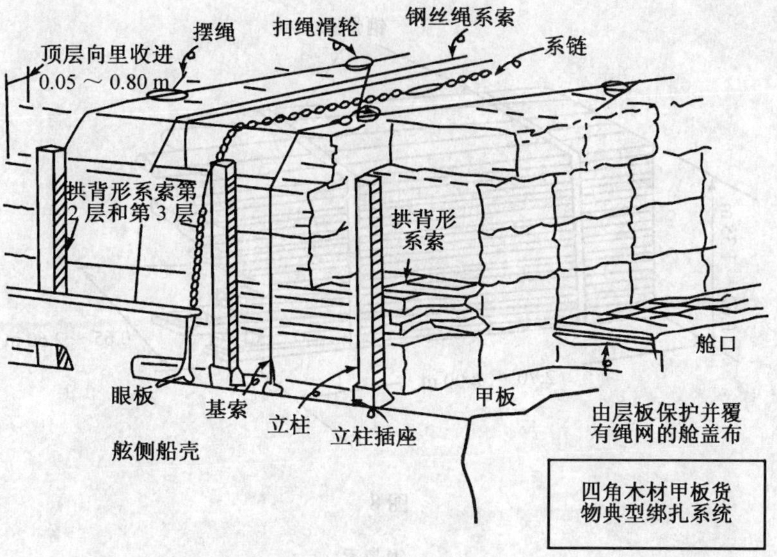

图 6

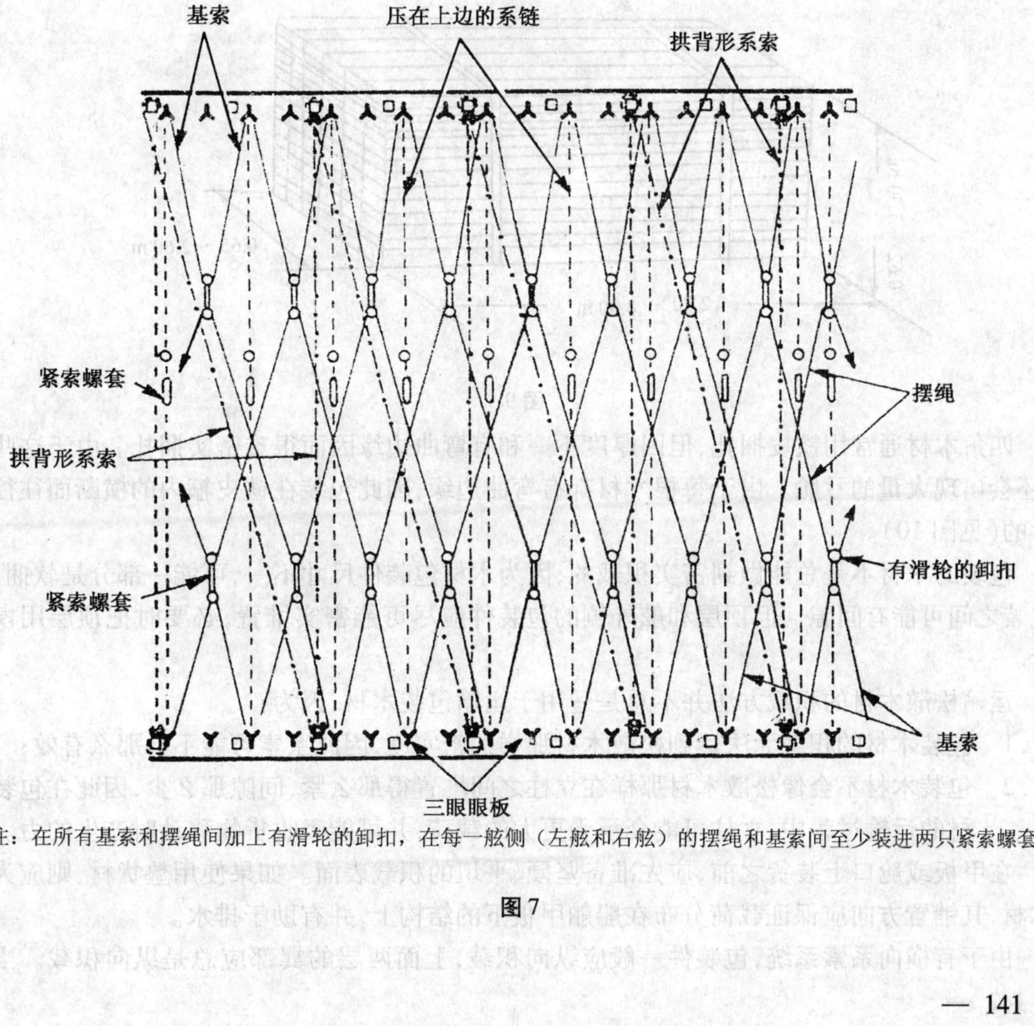

注：在所有基索和摆绳间加上有滑轮的卸扣，在每一舷侧（左舷和右舷）的摆绳和基索间至少装进两只紧索螺套。

图 7

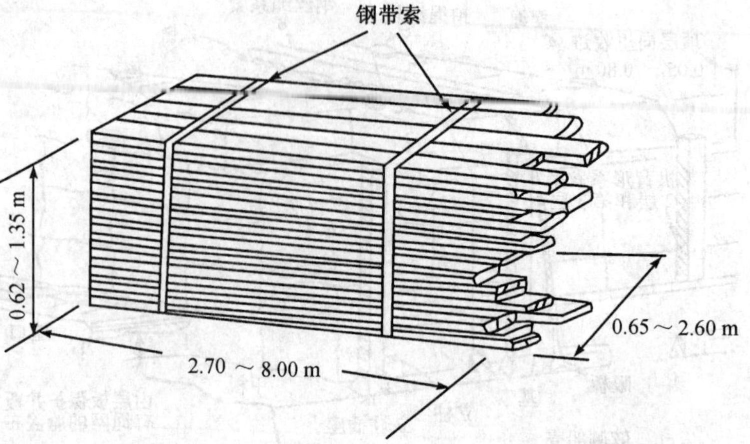

图 8

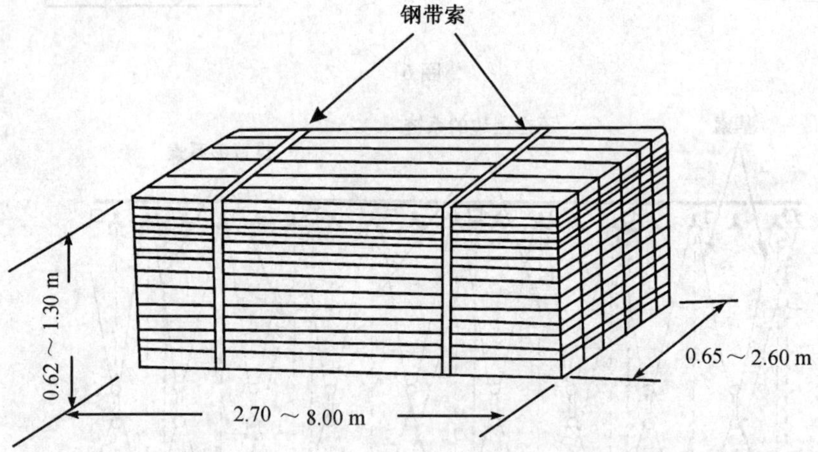

图 9

2.4　四角木材通常用铁皮捆扎，但因厚度不一和有弯曲边缘因而很难密实捆扎。由于这些因素，还会出现大量的亏舱。由于每根木材都有弯曲边缘，因此包装在铁皮箍内的横断面往往是圆形的（见图 10）。

2.5　包装的木材不是总能做到密实积载的，因为木材包装件尺寸不一，可能一部分是软捆，并且包装之间可能有间隙。但顶层和舷外侧的包装件应尽可能密实堆置，必要时把顶层用楔块塞紧。

2.6　运输松散木材的积载方法并不总是适用于运输包装木材，因为：

.1　包装木材的积载无法达到松散木材那样的密实度，因此系索可能不会那么有效；

.2　包装木材不会像松散木材那样在立柱之间堆置得那么紧，间隙那么少，因此在包装木材的运输过程中，立柱可能会承受更大的载荷，并可能吸收货物移动时产生的力。

2.7　在甲板或舱口上装货之前，应先准备坚硬、平坦的积载表面。如果使用垫货材，则应为粗糙木材，其铺置方向应保证载荷分布在船舶甲板下的结构上，并有助于排水。

2.8　由于有横向系索系统，包装件一般应纵向积载，上面两层的翼部应总是纵向积载。当在

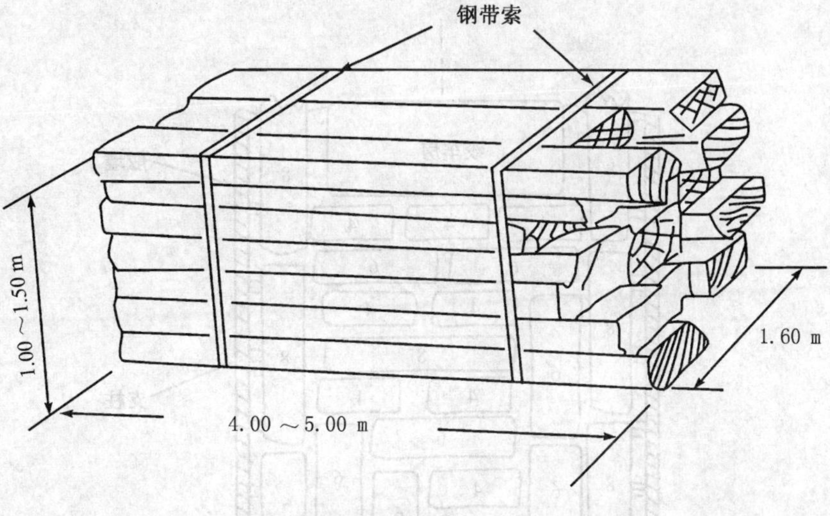

图 10

高于舱口位置上积载时,最好有一个或多个不相邻的货层横向积载,使货物内产生结合效应。另外,横向包装件应装在舱口以上,以便货物能够互锁。如果拟装载的包装件长度差异很大,其中最长者应纵向靠舷外侧积载,短的放在货堆内部,只有两端均齐平的包装件才能横向堆置(见图 11,12 和 13)。

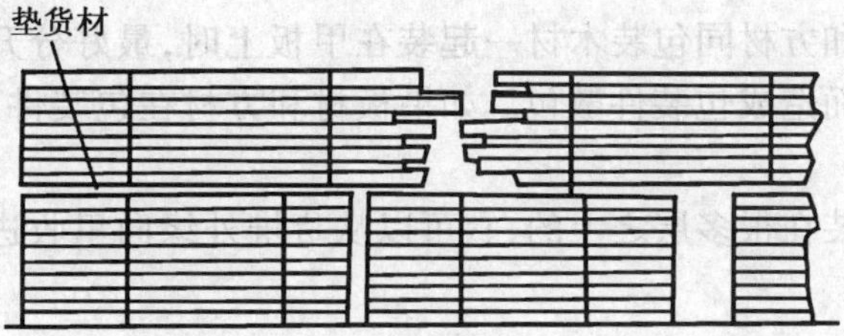

图 11

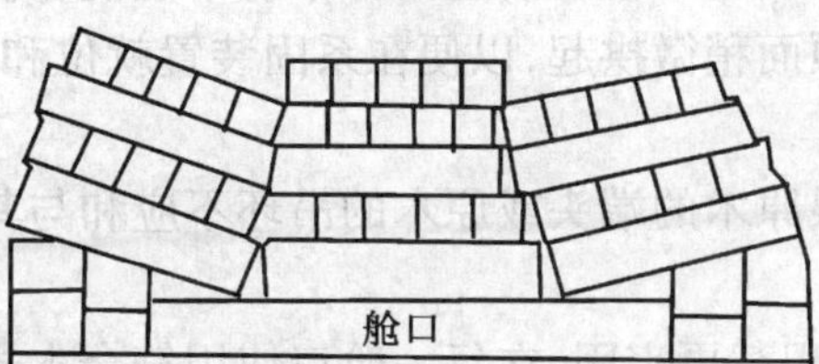

图 12

2.9　装船时,木材的积载要密实,其表面要尽可能平,在整个装货过程中,在每一工作层上都应有平坦、坚实的表面。如果使用粗糙的垫货材,它至少应该分布在 3 个相邻的包装件上,以使货堆内产生结合效应,尤其是在翼处。

2.10　如果包装件周围有可能造成货物在航行中移动的间隙,例如在舱口围板和甲板障碍物附近,这种间隙应用松散木材填充,有效地塞紧或有效地跨越。为此目的,应向船上供应楔塞材料。

2.11　在货堆舷外侧边缘的包装件的位置应使其不超出眼板和妨碍横向系索的垂直荷载。每

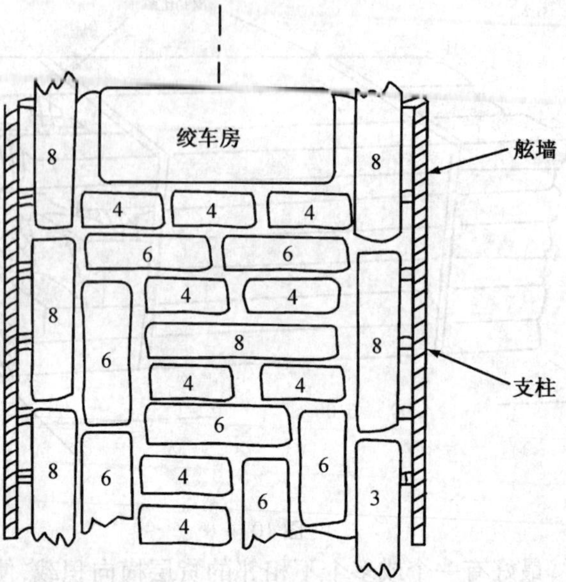

图 13

一甲板货堆的端头都应齐平,以便最大限度地减少外伸部分,抵抗冲上甲板的海浪的影响,并避免进水。

2.12　沉重的大型板材和方材同包装木材一起装在甲板上时,最好分开积载。重木材放在上层时,在海上易松动,从而造成包装件散包。如果板材和方材在包装件顶上积载,则应有效地限制其移动。

2.13　如果最后一层是装在很多层之上的,它可以从货堆外缘向里收进 0.5 ~ 0.8 m(半个包装件的宽度)。

3　原木

3.1　如果原木和包装木材一同装在甲板上,这两种木材不能混合。

3.2　原木一般应纵向积载,顶面稍微拱起,以便在系固装置就位和张紧后,每根原木的活动都受到足够的限制。

3.3　为了做到密实积载,每根原木的端头或原木的吊环不应和与其相邻的端头或吊环在同一横向平面上。

3.4　为了使原木在甲板上的积载更牢固,在每一舱口使用符合本规则第 4 章规定的连续钢索(拱背形钢索)。该索应按下列方式设置:

.1　在立柱高度约 3/4 处,拱背形钢索应从固定在立柱此高度处的眼板中穿过,然后横拉,同相应的左、右舷立柱连接。钢索布置时不要拉得太紧,当在其上再堆置其他原木时,系索就会变紧。

.2　如果舱盖的高度不到 2 m,可以按类似方式使用第二根拱背形钢索。第二根拱背索应安置在舱盖上方约 1 m 处。

.3　以此方式使用拱背索的目的是有助于在整个货堆中产生尽可能均匀的张力,从而在各立柱上产生向舷内的拉力。

4 纸浆原材和坑道支柱

4.1 如果这些木材能按下列方法积载，甲板货的密实性就能保证。

.1 在舱口线外甲板区，货物应横向积载，并通过在排水孔纵向设置货物使其向舷内倾斜。

.2 沿舱口线的货堆中间部分，当两侧货物达到舱口高度时，货物应纵向堆置。

.3 装货结束后，货物的表面应平坦，并稍微向中心拱起。

4.2 为了防止货物从系索下被冲走，建议按下列方式使用网或帆布：

.1 甲板货堆每一连续部分的端头如果在积载时没有与上层建筑舱壁齐平，可在其横向垂直面用网或帆布覆盖，网或帆布要拉紧并系固。

.2 在甲板货堆每一连续部分的前端和在船的腰部，应在货顶面设置网和帆布，网和帆布应拉紧和系固，覆盖货物的整个宽度，并向下拉过舷外侧垂直面至甲板高度上的系固点。

附　录　B

甲板下原木积载的一般指南

1　**本附录的目的**

是推荐甲板下原木积载的安全做法和其他旨在保证安全运输此类货物的安全操作措施。

2　**装货前**

.1　每一货物处所的外形(长、宽和深),各个货物处所的包装货容积,拟装原木的不同长度、体积(原木平均值),以及装原木所用的装货设备的能力都应确定;

.2　应根据以上资料制定出预积载图,以便现有空间能够得到最大限度的利用;甲板下装载越好,甲板上可安全运输的货物就越多;

.3　应检查货物处所和有关设备,以确定构件、构架和设备的状况是否会影响原木货的安全运输,此种检查中发现的任何损坏都应以合适方式修复;

.4　应检查舱底水吸入滤网,以保证滤网干净、有效和适当维护,防止杂物进入污水管系统;

.5　污水井应没有树皮、木片等异物;

.6　污水泵系统的能力应予确定,一个保养良好的操作系统是船舶安全的关键,配备有足够功率和扬程的移动式排水泵能进一步保证防止污水管线堵塞;

.7　舷侧护条、管道护板等保护内船体构件的装置应就位;

.8　船长应保证高压载水排放阀的开和关都在航海日志中作出适当记录;由于此种高压载水柜对于装货是不必要的,并考虑到1966年国际载重线公约第22.1条要求在重力式舷外排水管线中安装螺杆阀,船长应保证对排放阀做适当监测,以防止意外将水再放入这些柜中。让这些水柜打开使海水进入会导致明显的不可解释的横倾、甲板货移位和倾覆的危险。

3　**在装货作业中**

.1　每吊原木均应靠近船舶吊起,以便最大限度地减少吊装的原木可能出现的摇摆;

.2　应考虑对船舶造成损害的可能性和在货物处所工作的人的安全;原木降放入处所中时不应摆动,必要时应使用舱口围板来消除原木的摇摆,即在降放前先轻轻将货靠在围板内侧或放在其上;

.3　原木应密实积载,尽可能减少间隙。甲板下积载的原木的量和垂直重心将决定甲板上可安全积载的货物量。根据这个原则,最重的原木应先装在货物处所中;

.4　原木一般应纵向密实积载,较长的原木应朝向处所的前、后区,如果处所中前、后列长度间有空隙,应用横向积载的原木填充,在原木长度允许的情况下尽可能填满各处所宽度上的空隙;

.5　如果处所中的原木只能纵向堆置一列,前后的空隙应用横向堆置的原木填充,在原木长度允许的情况下尽可能填满处所宽度上的空隙;

.6　横向空隙应随着装货钩进展一层一层地填入:

.7　原木的粗端应前后交错,以使货堆更加平顺,但内底有过分舷弧者除外;

.8　应尽最大可能避免原木堆成极端金字塔形,如果处所的宽度大于舱口的宽度,把纵向装载的原木滑入处所左舷和右舷的尽头就可避免金字塔形积载，这种将原木滑入处所的左舷和右舷的尽头的做法应在装载过程的早期（达到内底以上约 2 m 的高度后）就开始，并在整个装载过程中不断进行；

.9 可能需要使用移动式滑轮将重原木放入舱口以外的甲板下区域，滑车、绞盘和其他移动式滑轮应固定到经加固的紧固装置上，例如专用于此目的的眼螺栓或眼板；然而，如果采用这个程序，应注意防止设备超负荷；

.10 在整个装货期间，船上人员应认真检查，以保证不出现结构损坏，任何影响船舶的适航性的损坏都应修复；

.11 当原木积载到比船首或船尾横向舱口围板低 1 m 左右高度时，每吊原木的尺寸应减少，以便于剩余区域的积载；和

.12 舱口围板区中的原木应尽可能密实积载，以达到最大装货能力。

4 **装货后**

应彻底检查船舶，以确定其结构状况。应通过舱底水测深来证实船舶的水密完整性。

5 **航行中**

.1 应定期在海上检查船舶的横倾角和横摇周期；

.2 如果配备楔子、纱头、锤和移动式泵，它们应存放在易拿到处；

.3 船长或负责的驾驶员应通过下列措施保证能安全地进入围闭的货物处所；

.3.1 保证该处所通过自然或机械方式得到了彻底通风；

.3.2 如果有合适的仪器，在该处所的不同高度检验大气中是否氧气不足和是否有有害气体；和

.3.3 进入前，如对通风或检验是否充分存在有任何怀疑，要求进入该处所的所有人员佩带自持式呼吸设备。

附　录　C

经修正的运输甲板货物的船长不足 100 m 的客船和货船完整稳性的建议书①

1　范围

1.1　下述规定是对船长不足 100 m 新建航海客船和货船(非渔船)的建议。

1.2　除营运经验证明不遵守这些衡准为合理者以外,建议主管机关对各种装载情况,采用第 5 条中规定的稳性衡准。

2　预防倾覆的一般规定

2.1　符合稳性衡准,并不保证由于不注意周围环境而不倾覆或解除船长的责任,船长因此应小心谨慎和掌握良好的航海技术,以注意季节、天气预报和航海区域,以及根据周围环境,对航速和航向采取妥当的行动。

2.2　应注意到,装在船上的货物要配载得符合衡准,如需要,应限制货物数量,以便采用压载。

2.3　开航前应注意到,货物和大件设备要妥当地堆垛或捆绑,以便航行中由于横摇和纵摇加速度影响所致的纵向和横向两种移动的可能性降至最小。

3　稳性曲线的计算

计算稳性复原力臂的方法和程序应遵照附录 1。计算的精确程度应经主管机关认可。

4　符合衡准情况的评定

4.1　为了总的评定是否符合衡准,应对船东根据船舶营运条件提出的主要装载情况,绘成稳性曲线。

4.2　如船东未提供有关这类装载情况的足够详尽的说明,应对附录 2 中所规定的标准情况作出计算。

4.3　在所有情况下,计算应以附录 2 中所做的假设为基础。

5　建议衡准

5.1　对客船和货船,建议用下列衡准:

.1　复原力臂曲线(GZ 曲线)下的面积,在倾角 $\theta = 30°$时,应不小于0.055 m · rad;倾角 $\theta = 40°$或进水角 θ_f②(如进水角小于40°)时,应不小于0.09 m · rad。此外,在倾角 30° ~40°之间或 30°和 θ_f(如 θ_f 小于 40°)之间时,复原力臂曲线(GZ 曲线)下的面积,应不小于 0.03 m · rad。

---

① 关于长 100 m 以下客船和货船的完整稳性的建议书文本是以第A.167(ES.Ⅳ)号决议通过的,由第A.206(Ⅷ)号决议对甲板货木材运输船做了修正。经修正的建议书在此已对重大改变做了更新。

② θ_f 是船体、上层建筑或甲板室中不能做风雨密关闭的开口进水时的倾角。应用此衡准时,不至于继续进水的小开口不必作为开敞的。

.2　在倾角等于或大于30°时，复原力臂 GZ 应至少为0.20 m。

.3　最大复原力臂应最好发生在倾角大于30°时，但不应发生在倾角小于25°时。

.4　初稳心高度 GM_0 应不小于0.15 m。

5.2　对于装载木材甲板货的船舶，为该货物纵向延伸于两个上层建筑①之间，横向延伸于经适当修正后的整个船宽之间（对圆弧形舷缘修正不超过船宽的4%）和（或）把支撑立柱予以紧固，使该立柱在大倾侧角时仍能安全顶住，则主管机关可应用下列衡准代替上述5.1。

.1　复原力臂曲线（GZ 曲线）下的面积，当倾侧达 $\theta = 40°$ 或进水角（如此进水角小于40°）时，应不小于0.08 m·rad。

.2　复原力臂 GZ 的最大值至少为0.25 m。

.3　航行中任何时候的稳心高度 GM_0，经对舱柜自由液面影响和视情对甲板货吸水和/或暴露表面结冰影响作出校正后，应为正值。此外，离港情况的稳心高度不得小于0.10 m。

5.3　对客船建议用下列附加要求：

.1　当按附录2的2.11的规定，旅客集中一舷时，倾角应不大于10°。

.2　用下列公式计算，船舶回转时倾角应不大于10°：

$$M_R = 0.02\frac{v_0^2}{L}\Delta\left(KG - \frac{d}{2}\right)$$

式中：M_R——倾侧力矩（m·t）；

v_0——营运航速（m/s）；

L——水线处船长（m）；

Δ——排水量（t）；

d——平均吃水（m）；

KG——重心在基线以上的高度（m）。

5.4　5.1，5.2和5.3所述衡准，规定了最小值，但没有建议最大值，应避免过大的数值，因为这样的数值会引起有害于船舶及其船员、设备和货物安全运输的加速力。

5.5　船上设置防摇装置时，应使主管机关确信，当该装置工作时上述衡准仍能保持。

5.6　有些效应，如受风面积大的船舶遇到横风、干舷结冰、水滞留在甲板上、摇摆特性、顺浪等，不利于稳性，主管机关应在其认为必要时计及这些因素。

5.7　在运输某些散装货时，必须注意对稳性可能产生的不利影响。同时，应注意遵守散装货物安全实用规则。散装谷类船舶，应符合5.1规定的衡准，并符合1960年国际海上人命安全公约第Ⅵ章的稳性要求。

6　倾斜试验

6.1　建造完工后，每艘船应做倾斜试验，在空船情况下，确定实际排水量和重心的位置。

6.2　稳性基本数据能从姊妹船的倾斜试验取得时，主管机关可允许个别船免做倾斜试验。

7　稳性资料

7.1　适用本建议的任何船舶，船长应取得能使其容易和可靠地评定其船舶在不同营运情况下的稳性的稳性资料。此种资料的副本应送交主管机关。

---

①　如船舶后端无可予限制的上层建筑，则木材甲板货至少延伸到最后舱口的后端。

7.2 稳性资料应包括：

.1 典型装载情况下的稳性特征。

.2 表格或曲线形式的资料，船长用它能评定其船舶的稳性，并确定非标准的各种装载情况下稳性是否足够。此资料应包括，特别是以吃水为函数的一张表格或一根曲线，它指出稳心符合上述5.1规定衡准所需要的初稳心高度 GM_0（或任何其他稳性参数）。

.3 船上装设防摇装置时，正确应用防摇装置的资料。

.4 此外，最好备有能使船长通过附录Ⅲ中复制的致主管机关备忘录的附件中说明的摇摆试验，确定初稳心高度 GM_0 的资料。

.5 关于根据自由液面液体对初稳心高度 GM_0 作出校正的说明。

.6 载运木材甲板货的船舶，当甲板货的渗透率与25%有较大差异时，主管机关可要求船长备有资料，列出甲板货所示装载状况的变化。

.7 对载运木材甲板货的船舶，应根据营运中可能遇到的最轻积载率，列出标明甲板货最大允许量的条件。

附 录 1

稳性曲线的计算

1 **总则**

1.1 水力和稳性曲线通常应根据设计纵倾做成。但如果由于营运纵倾或船舶的形状和布置使纵倾的变化对复原力臂产生可观的影响，此种纵倾变化应计入。

1.2 计算应计及甲板覆板上表面的容积。如系木船，尺寸应量至壳板的外侧。

2 **可计入的上层建筑、甲板室等**

2.1 符合《1966 年国际载重线公约》第 3 条(10)(b)条的封闭上层建筑可以计入。

2.2 类似上层建筑的第二层也可计入。

2.3 干舷甲板上的甲板室，如符合《1966 年国际载重线公约》第 3(10)(b)条规定的对封闭式上层建筑的条件，可以计入。

2.4 如甲板室符合上述要求，且没有通向上一甲板的额外出口，则不应计入；但是这些甲板室内部的任何甲板开口，即使无关闭装置，亦应视为是关闭的。

2.5 甲板室的门，如不符合《1966 年国际载重线公约》第 12 条的要求，则此种甲板室不应计入；但是甲板室内部的任何甲板开口，当其关闭装置符合《1966 年国际载重线公约》第 15,17 或 18 条的要求时，应视为关闭。

2.6 干舷甲板以上的甲板上的甲板室不应计入，但其内部的开口可视做关闭。

2.7 但不视做封闭的上层建筑和甲板室，在其开口进水的倾角前可计入稳性计算（在此倾角，稳性曲线应出现一个或数个梯级，在其后的计算中，进水处所应视为不存在）。

2.8 船舶由于任何开口浸水会沉没时，稳性曲线在相应的进水角处切断，船舶认为完全丧失稳性。

2.9 小开口，诸如钢缆、锚链、索具和锚穿过的孔，以及流水孔、污水和卫生水管口，如它们在倾角大于 30°时才进水，则不应视做开敞。如它们在倾角小于或等 30°时进水，这些开口，如主管机关认为是严重浸水源，应假设为开敞。

2.10 围蔽室可计入。货舱口，在考虑到其关闭装置的可靠性后，也可计入。

3 **舱柜中液体的影响**

3.1 在所有情况下，应按下述假定，根据舱柜中自由液面影响，对初稳心高度和稳性曲线作出校正：

.1 在确定各种倾角下液体对稳性的影响时所需考虑的舱柜，应包括单个舱柜或按营运情况能同时存在自由液面的各种液体（包括水压载）舱柜的组合。

.2 为了确定自由液面校正，假设为未装满的舱柜，在装载 50% 情况下倾侧 30°时产生最大自由液面力矩 $M_{f\cdot s}$ 者。

.3 每个舱柜的 $M_{f\cdot s}$ 值可用下式计算：

$$M_{f\cdot s}=Vb\gamma k\sqrt{\delta}$$

式中：$M_{f\cdot s}$——倾侧 30°时自由液面力矩（m·t）；

V——舱柜总体积（m^3）；

b——舱柜最大宽度（m）；

γ——舱柜中液体比重(t/m^3);

δ——$\frac{V}{blh}$=舱柜方形系数;

h——舱柜最大高度(m);

l——舱柜最大长度(m);

k——按 b/h 比由上表决定的无名数系数,中间值用(直线或曲线)插入法计算。

.4 k 在取对应于倾角30°时,数值在其符合下列条件的小舱柜的情况下,不必计入:

$$\frac{Vb\gamma k\sqrt{\delta}}{\Delta_{min}}<0.01\ \mathrm{m}$$

式中:Δ_{min}——船舶的最小排水量(t)。

.5 空舱柜中通常的剩余液体不计。

4 木材甲板货的影响

在船舶载运木材甲板货的情况下,如果假定这类货物所占容积具有25%的渗透率,则主管机关可以允许考虑甲板货的浮力。如果主管机关认为必须调查甲板货的不同渗透率和/或假定的有效高度,则可要求补充的稳性曲线。

计算自由液面修正的系数 k 值表

$k=\frac{\sin\theta}{12}(1+\frac{\tan^2\theta}{2})$, $\times b/h$ 式中:$\cot\theta\geqslant b/h$							$k=\frac{\cos\theta}{\delta}(1+\frac{\tan\theta}{b/h})-\frac{\cos\theta}{12(b/h)^2}(1++\frac{\cot^2\theta}{2})$ 式中:$\cot\theta\geqslant b/h$							
b/h	5	10	15	20	30	40	45	50	60	70	75	80	90	b/h
20	0.11	0.12	0.12	0.12	0.11	0.10	0.09	0.09	0.07	0.05	0.04	0.03	0.01	20
10	0.07	0.11	0.12	0.12	0.11	0.10	0.10	0.09	0.07	0.05	0.04	0.03	0.01	10
5	0.04	0.07	0.10	0.11	0.11	0.11	0.10	0.10	0.08	0.07	0.06	0.05	0.03	5
3	0.02	0.04	0.07	0.09	0.11	0.11	0.11	0.10	0.09	0.08	0.07	0.06	0.04	3
2	0.01	0.03	0.04	0.06	0.09	0.11	0.11	0.11	0.10	0.09	0.09	0.08	0.06	2
1.5	0.01	0.02	0.03	0.05	0.07	0.10	0.11	0.11	0.11	0.11	0.10	0.10	0.08	1.5
1	0.01	0.01	0.02	0.03	0.05	0.07	0.09	0.10	0.12	0.13	0.13	0.13	0.13	1
0.75	0.01	0.01	0.02	0.02	0.04	0.05	0.07	0.08	0.12	0.15	0.16	0.16	0.17	0.75
0.5	0.00	0.01	0.01	0.02	0.02	0.04	0.04	0.05	0.09	0.16	0.18	0.21	0.25	0.5
0.3	0.00	0.00	0.01	0.01	0.01	0.02	0.03	0.03	0.05	0.11	0.19	0.27	0.42	0.3
0.2	0.00	0.00	0.00	0.01	0.01	0.01	0.02	0.2	0.04	0.07	0.13	0.27	0.63	0.2
0.1	0.00	0.00	0.00	0.00	0.00	0.01	0.01	0.01	0.01	0.04	0.06	0.14	1.25	1.1

附　录　2

核定装载标准条件

1　装载情况

本建议4.2所述标准装载情况如下：

1.1　客船

.1　船舶满载离港，装有全部备品和燃料及全部旅客和他们的行李；

.2　船舶满载到港，载有全部旅客和他们的行李，但只装有10%备品和剩余燃料；

.3　船舶无货，但装有全部备品和燃料及全部旅客和他们的行李；

.4　船舶装载如.3，但只装有10%备品和剩余燃料。

1.2　货船

.1　船舶满载离港，所有货舱均匀装载货物，并装有全部备品和燃料；

.2　船舶满载到港，所有货舱均匀装载货物，并装有10%备品和剩余燃料；

.3　船舶压载离港，无货，但装有全部备品和燃料；

.4　船舶压载到港，无货，并装有10%备品和剩余燃料。

1.3　预定载运甲板货的货船

.1　船舶满载出港，各货舱均匀装载货物，甲板上有在延伸和重量上做出规定的货物，携有全部备品和燃料；

.2　船舶满载到港，各货舱均匀装载货物，甲板上有在延伸和重量上作出规定的货物，只有10%的备品和燃料。

2　计算装载情况的假设

2.1　对于本附录1.2.1，1.2.2，1.3.1和1.3.2所述满载情况，如一艘干货船有液货舱柜，则在这种装载情况下的有效载重量应根据以下两种假设来分布：即（ⅰ）液货舱柜均满载；（ⅱ）液货舱柜均空载。

2.2　本附录1.1.1和1.2.1所指情况，应假设船舶装载至分舱载重线或夏季载重线，或如预定载运木材甲板货，则装载至夏季木材载重线，水压载舱是空的。

2.3　如在任何装载情况下，水压载是必需的，则应根据水压载计算出附加曲线，并应说明其数量和位置。

2.4　除与船舶实际营运情况不一致者外，所有情况下货舱中的货物均假设为完全均匀。

2.5　在载甲板货的所有情况下，应假设实用的堆垛重量，包括货物高度，并加说明。

2.6　如载运木材甲板货，货物与压载的数量应相当于第5节所有稳性衡准的最坏营运情况。到港情况应假定甲板货的重量由于吸水而增加10%。

2.7　当载运木材甲板货并预料会发生结冰情况时，则应计入抵港情况下的额外重量。

2.8　应假设每一旅客的重量为75 kg，如能证明是正当的，该重量可予减小，但不小于60 kg。此外，行李重量和分布情况应由主管机关决定。

2.9　旅客的重心高度应假设等于：

.1　直立的旅客，在甲板水平以上1.0 m，如需要，可计入甲板梁拱和舷弧；

.2　坐着的旅客，在座位以上0.30 m。

2.10　当评定本建议 5.1.1 ~ 5.1.4 的衡准是否符合时，应假定旅客和行李位于通常安排给他们的处所中。

2.11　当分别评定本建议 5.3.1 和 5.3.2 的衡准是否符合时，应假定不带行李的旅客的分布，会产生实际上能产生的旅客倾侧力矩和/或初稳心高度的最劣组合，同时每平方米的人数不必大于 4 人。

附 录 3

关于用摇摆周期试验近似确定船舶稳性的致主管机关的备忘录（船长不足 70 m 的船舶适用）

1 认识到需要向小船船长提供确定初稳性的简化方式的说明书，曾对摇摆周期试验给予注意。对此事的研究，现已完成，结论是：当不可能提供经批准的装载情况或其他稳性资料时，可用摇摆周期试验作为近似决定小船初稳性的有效方法或作为稳性资料的补充。

2 对根据各种公式所做的一系列倾斜和摇摆试验的分析研究表明，用下列公式能得到最好的结果，它的优点是计算非常简单：

$$GM_0 = \left(\frac{fB}{T_r}\right)^2$$

式中：f——摇摆周期系数（计算用米制）；

B——船舶宽度（m）；

T_r——一个完整摇摆周期的时间（s）（即由左一右一左或相反往复一个摆动）。

3 系数 f 是最重要的，同时上述试验得到的数据，可以用来评定在已装货的船舶的整个船体内各种质量分布情况的影响。

4 对通常大小的沿海船（不包括油船），可用下列平均值：

.1 空船或压载船　　f—0.88

.2 满载船舶，其舱柜中的液体占船上总载重（货载、液体、备品等）为下列百分数时的 f 值：

总载重的 20%　　f—0.78

总载重的 10%　　f—0.75

总载重的 5%　　f—0.73

上述数值为平均值，一般来说，f 的观测数值是在上述数值的 ±0.05 范围内。

5 这些 f 值是在一系列有限制的试验基础上确定的，因此主管机关在应用到自己的船上时，应依照各种不同环境重新审定。

6 必须指出，质量离摇摆轴越远，摇摆系数将越大。因此可推断：

.1 空载船舶（即空船体）的摇摆系数比装货船舶高；

.2 一艘装有大量燃料和压载的船舶（这两种物品通常装在双重底，即远离摇摆轴）的摇摆系数比双重底内不装货的同样船舶的摇摆系数为高。

7 上述建议的摇摆系数是用在港船舶做试验来决定的，它们的日用油水处于正常的工作水平，因此，对受码头在附近、有限的水深和日用舱柜中自由液面等的影响被包括在内。

8 实验说明，GM 值越接近 0.20 m 和0.20 m 以下时，用摇摆试验方法所得结果就越不可靠。

9 由于下列理由，总的来说不建议使用海上摇摆试验的结果：

.1 没有敞水域试验的精确系数。

.2 观测的摇摆周期，不一定是自由摆动，而是在海浪作用下的强制摆动。

.3 通常，摆动是不规则的，或因规律摆动时间太短而无法精确测定。

.4 需要专门的记录设备。

10　有时应使用船舶摇摆周期来近似地判定船舶在海上的稳性。假如要这样做,应注意抛弃那些偏离其他多数测定值较远的读数,相当于海浪周期并和船舶似乎在移动的自然周期不同的强制摆动应不计,为了得到适用的结果,可能必须选择海浪作用最小的间隙,并且抛弃大量测数。

11　鉴于上述情况,应注意到采用在有海浪的水域做摇摆试验来决定稳性,只应作为一种极为近似的估计。

12　上述 2 中的公式可简化成:

$$GM_0 = \frac{f}{T_r^2}$$

主管机关应决定每艘船的 f 值。

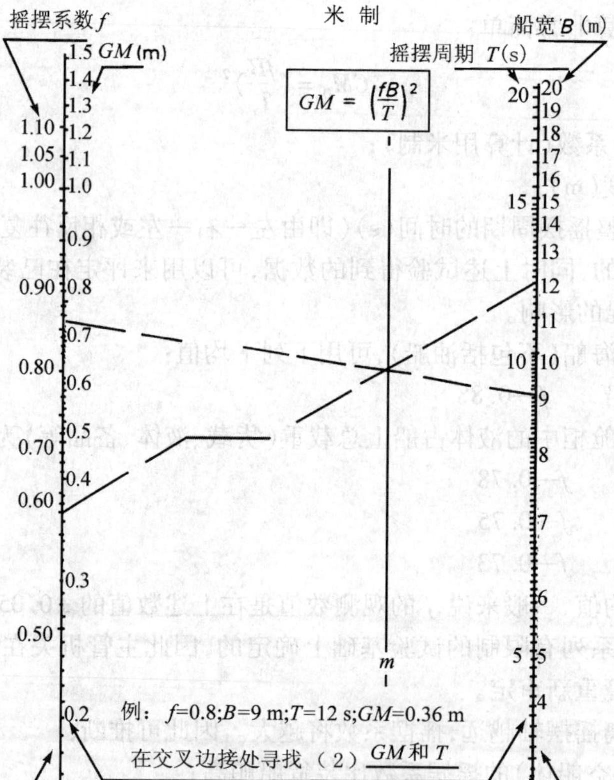

13　如将与吃水相应的许可摇摆周期提供给船长,以求得必需的适当的 f 值,便能简化确定稳性的工作。

14　按下述方法,使用所附的图解范例,也能更容易地以图示方式确定初稳性:

.1　在有关标尺上标出 B 和 f 值,并用直线(1)连接。此直线与垂直线 mm 交于 M 点。

.2　连接从 M 点和 T_r 标尺上与已知摇摆周期相应的点的第二根直线(2),与 GM_0 标尺交在所求值上。

15　附录 3 的附件列出了主管机关向船长发出指示的格式范例。每个主管机关应推荐使用 f 值。

附录3的附件

供船长使用的摇摆周期试验近似确定船舶稳性指南的建议格式

绪言

1 如下述指示得到恰当的贯彻,用此方法能比较迅速和准确地估算用以衡量船舶稳性的稳心高度。

2 此方法取决于稳心高度和船舶最大宽度处的摇摆周期间的函数。

试验程序

3 所求的摇摆周期,是船舶进行一个完整摆动所需的时间,为了保证最正确地求得此值,应遵守下述注意事项:

.1 试验应在风和潮水的影响极小的平水区对港内的船舶进行。

.2 从船舶摆向某一舷(例如左侧)的端点、即将向直立状态移动时开始,当船舶经直立点摆向另一舷(例如右侧)端点并回至原来起始点并即将开始下一摇摆时,为一个完整的摆动。

.3 用秒表记录至少约5个完整摆动的时间;计时应从某一摆动的端点开始,在摇摆完全停止后,这个操作应重复至少两遍。如可能,每次应对同样数目的完整摆动进行计时,以证明读数是一致的,即在读数在合理的限度内是一致的。知道了总摆动数的总时间,每一摆动的平均时间就能算出来。

.4 船舶能用以下方法来摇摆:在尽可能远离中线处有节奏地提起和放下重物;用绳拉桅杆;人们一致地横向跑动;或其他方法。但是,极为重要的是一旦强制摇摆开始,引起摇摆的方法必须马上停止,让船舶自由和自然地摇摆。如用放下或提起重物来引起摇摆,最好使用坞边起重机。如应用船上的吊杆,一旦摇摆形成,重物应马上放在甲板船中线处。

.5 摆动的计时和计数,应在判断船舶已是自由和自然地摇摆时才开始,仅在精确计取这些摆动所必需的范围内进行。

.6 缆绳应放松,解掉横缆,以避免在摇摆过程中发生任何接触。为了检查这一点,也为了了解可用于合理计数和计时的完整摆动的数目,在真正计时前应做摇摆试验的预试验。

.7 应注意保证龙骨下面和船舶两侧有合理的富余空间。

.8 会摇摆(如救生艇)或会移动的(如圆桶)的大尺寸重物,应绑牢防摆。

初稳性的确定

4 计算出一个完整摆动的周期(即 T 秒)后,可用下式计算稳心高度 GM_0:

$$GM_0 = \frac{F}{T^2}$$

式中:F 为……(其值由主管机关为每一特定船舶确定)。

5　算出的 GM_0 值应等于或大于极限值，极限值为……（其值由主管机关为每一特定船舶确定）。

6　相应于0.20 m或更小的 GM_0 值的长摇摆周期表示稳性低状况。但是在这种情况下，确定实际 GM_0 值的精确性下降。

7　如由于某种原因，这些摇摆试验是在深而平静的敞开水域进行，例如用舵来引起摇摆，则用这种方法和上述3的系数计算得出的 GM_0 应减去（由主管机关估定的值），以取得最终答案。

8　在搅动水域用摇摆试验决定稳性，应只能视为一个极为近似的估计。如进行各种试验，应注意抛弃那些偏离其他大多数测定值的读数，即相应于波浪周期和不同于船舶似在移动的自然周期的强制摆动，应从略不计。为了取得合适的结果，可能必须选择波浪作用最小的时间间隔，因此可能必须抛弃大量的观察数。

附　录　4

1966 年国际载重线公约①第 44 条条文

第 44 条　积载

通则

(1) 积载货物的露天甲板上的开口应予关闭和封舱。通风筒应予有效防护。

(2) 木材甲板货应至少布及全部可用长度,可用长度为上层建筑间一个井或几个井的总长度。如果在后端无限制性上层建筑,则木材应至少延伸到最后一个货舱口的后端。木材应尽可能紧密地堆装,至少达到上层建筑的标准高度。

(3) 冬季航行于冬季季节地带的货船上,甲板货物在露天甲板上的高度,不得超过该船最大宽度的 1/3。

(4) 木材甲板货应紧密地堆装、捆绑并系牢。在任何情况下,堆装的木材不致妨碍船舶航行及船上必要的工作。

立柱

(5) 因木材性质而需用的立柱,应视船宽具有足够强度;立柱的强度不必超过舷墙的强度,立柱的间距应适合所运木材的长度和特征,但不得超过 3 m(9.8 ft)。应配备坚固的角钢或分属插座或等效设施来固定立柱。

系索

(6) 木材甲板货应在其全长范围内,用独立的完整系索有效系固,其间距不大于 3 m(9.8 ft)。这些系索的眼板应有效地固定在舷侧厚板或甲板纵桁板上,间距不大于 3 m(9.8 ft)。从上层建筑端舱壁到第一个眼板的距离应不大于 2 m(6.6 ft)。在没有舱壁时,应在距木材甲板货的端部 0.6 m (23.5 in)和 1.5 m(4.9 ft)处配备眼板和系索。

(7) 系索应不小于 19 mm(3/4 ft)核桃链或等强度的软钢丝绳,装有滑钩和紧索螺套,并能在所有时候得到。钢丝绳应有一个短的长连接链以便调节系索长度。

(8) 如木材长度小于 3.6 m(11.8 ft),系索的间距应减少或采用其他适当措施以适应木材长度。

(9) 固定系索所要求的所有附件,均应具有与系索相应的强度。

稳性

(10) 应根据由于木材的吸水和结冰(如适用)而增加的重量,以及由于燃料和物料的消耗而减少的重量,在航行的所有阶段均应有一安全的稳性余量。

对船员的保护、出入机器处所等

(11) 除本附件第 25 条(5)的要求外,还应在货物甲板的每侧设置栏杆或安全索,其垂向间距不大于 330 mm(13 in),其在货物上的高度至少 1 m(39.5 in)。

---

① 在 1966 年国际载重线公约 1988 年议定书生效前,本条文仍然有效(见下注)。

操舵装置

(12) 操舵装置应妥加保护,避免被货物损坏,并尽可能便于到达。应备有可靠的设施,以便在主操舵装置失灵时能操纵船舶。

注:1966 年国际载重线公约 1988 年议定书一旦生效,即以下述取代第 44 条条文:

第44条　积装

通则

(1)堆装货物的露天甲板上的开口应关紧和封舱。通风筒和空气管应予有效防护。

(2) 木材甲板货应至少布及全部可用长度,可用长度为上层建筑同一个井或几个井的总长度,如果在后端无限制性上层建筑,则木材应至少伸延到最后一个货舱口的后端。木材甲板货应尽可能横向分布至船边,对栏杆、舷墙支撑、立柱、引航员进出通道等障碍,要适当留有余地,因而在船边形成的任何间隙应不超出船宽平均的 4%。木材应尽可能紧密地堆装,至少达到上层建筑(非任何后升高甲板)的标准高度。

(3) 冬季航行于冬季季节地带的船舶上,甲板货物在露天甲板上的高度,不得超过该船最大宽度的 1/3。

(4) 木材甲板货应紧密地堆装、捆绑并系牢。在任何情况下,堆装的木材不致妨碍船舶航行及船上必要的工作。

立柱

(5) 因木材性质而需用的立柱,应视船宽具有足够强度;立柱的强度不必超过舷墙的强度,立柱的间距应适合所运木材的长度和特征,但不得超过 3 m。应配备坚固的角钢或金属插座或等效设施来固定立柱。

系索

(6) 木材甲板货应在其全长范围内,根据所载木材的特征,用经主管机关批准的绑索系统有效地绑牢。①

稳性

(7) 为了在整个航行期间保持船舶稳性在安全限度之内,要考虑到由于木材的吸水和结冰(如适用)而增加的重量,以及由于燃料和物料的消耗页减少的重量。

---

① 议定书(生效)第Ⅴ条部分陈述如下:

“1　本议定书在下列两个条件都满足之日起经过12 个月之后生效:

(a)不少于 15 个国家,其商船总吨位合计不少于世界商船总吨位的 50%,按第 4 条规定已表达同意承担本议定书的义务,和

(b)1974 年国际海上人命安全公约 1988 年议定书生效条件已满足,但本议定书不早于 1992 年 2 月1 日前生效。”

第 A. 862(20) 号决议
(1997 年 11 月 27 日通过)

散货船安全装卸实用规则

大会,

忆及国际海事组织公约关于大会在海上安全的规则和指南方面的职责的第 15(j)条,

进一步忆及它以第 A. 713(17)和 A. 797(19)号决议通过了改进固体散货船安全的措施,

还忆及在通过第 A. 797(19)号决议时,它要求海上安全委员会高度优先地开展其有关固体散货船安全工作和尽快制定涵盖残存标准,设计和建造标准,管理和培训、操作标准,检验要求和船/岸界面方面的要求和建议,

注意到海上安全委员会在其第六十六届会议上以第 MSC. 47(66)号决议通过了 1974 年国际海上人命安全公约(安全公约)的修正案,以纳入处理散货装卸的第Ⅵ章经修正的第 7 条,

进一步注意到海上安全委员会在其第六十六届会议上核准了关于海事主管机关和港口之间进行联系的第 MSC/Circ. 743 号通函,据此请固体散货装卸码头所在地的各国政府采用符合该通函第 5 执行段的港口细则,

关注固体散货船的连续灭失,有时甚至没有踪迹,以及发生严重的人命损失,

记及若干事故的发生是对散货船装卸不当的结果,而制定安全装卸做法可防止今后发生此类事故,

认识到改进散货船安全装卸的必要性,

进一步认识到此种改进可通过制定散货船安全装卸实用综合规则而取得,

相信实施这样一种安全实用规则将会增进海上安全,

审议了海上安全委员会第六十六和六十八次会议上所提出的建议,

1 **通过**散货船安全装卸实用规则,载于本决议附件中;

2 **促请**各国政府尽早实施本规则并将任何未遵守之处通知海事组织;

3 **进一步促请**固体散货装卸码头所在地的各国政府采用大意如下的港口细则:

.1 要求码头经营人遵守有关的海事组织规则和关于船舶/港口合作的建议;

.2 要求码头经营人指定一位如第 A. 797(19)号决议附件第 1.6 节规定的“码头代表”;

.3 船长在船舶安全装卸的所有时间内负责,装卸详情应与码头经营人在所同意的装卸计划表格中予以确认;

.4 如果发生未遵守所同意的装卸计划或危及船舶安全的任何其他情况,船长有权停止装卸;和

.5 当载运此种货物的船舶的安全有危险时,港口当局有权停止装卸固体散货;

4 **要求**海上安全委员会对本规则保持审查并视情修正;

5 **撤销**第 MSC/Circ. 690 和 DSC/Circ. 3 号通函。

附　件

散货船安全装卸实用规则

目　录

引言
第1节　定义
第2节　船舶和码头的适合性
第3节　船舶到达前船舶和岸上之间的程序
第4节　货物装卸前船舶和码头之间的程序
第5节　货物装载和压载处理
第6节　货物卸载和压载处理
附录1　港口和码头信息手册的建议内容
附录2　装载或卸载计划表
附录3　船/岸安全检查表
附录4　填写船/岸安全检查表指南
附录5　货物信息表

引　言

1　为尽量减少散货船灭失,国际海事组织兹制定本散货船安全装卸实用规则。

2　本规则的目的在于帮助负责散货船安全装卸的人员履行其职责和促进散货船安全。

3　本规则主要涉及装卸除谷物之外固体散货的船舶的安全,并反映现有问题、最佳做法和立法要求。本规则未专门列入诸如安全公约、防污公约和载重线公约所涉及的那些更为广泛的安全和污染问题。

4　本规则中的各项建议为船东、船长、托运人、散货船经营人、租赁人和码头经营人提供固体散货安全处理、装卸指南。这些建议服从于码头和港口要求或国家规定。负责散货船装卸的人员也应了解此类规定和要求。

5　船长和装卸含有化学有害物质的固体散货的码头也应参照安全公约第Ⅱ-2和Ⅷ章及第MSC/Circ.675号通函(危险货物安全运输和港区有关活动的建议)。

6　单个码头和港口当局的要求应在码头和港口信息手册中公布。此类手册中通常所载信息的类型列于附录1。如可能,此类手册应在船舶到达港口或码头前或到达时发给船长。

7　建议每艘船舶、每个租赁人和散货装卸码头都能得到一份本规则,以便能随时获得有关操作程序的建议和确定各自的责任。

第1节　定义

就本规则而言,下列定义适用:

1.1　**空气气流**是指从水面至桅杆或天线最高点的垂直距离。

1.2 **兼用船(石油、散货、矿砂船或石油/矿砂船)**是指设计类似于常规散货船但装有管道、泵浦和惰性气体装置以便能在指定处所载运货油的船舶。

1.3 **输送机系统**是指从岸上料堆或接收点至船舶的整个货物传送系统。

1.4 **热加工**是指使用明火和明焰、电动工具或热铆、磨削、软焊、燃烧、切割、焊接或涉及热或产生火花的任何其他修理工作,其由于存在或接近可燃空气而可能导致危害。

1.5 **横倾指示灯**是指可从甲板上看见的以发亮表示船舶处于横倾的灯。

1.6 **船长**是船舶的船长或由船长指定的船舶的高级船员。

1.7 **倾倒量**是指作为装货计划表中的一个步骤,即从喷管在一个货舱开口定位时起至将其移往另一个货舱开口的时间止,通过一个货舱开口倾倒的货物量。

1.8 **码头代表**是指由船舶装卸处的码头或其他设施指定的负责该码头或设施为该特定船舶进行的作业的人员。

1.9 **(装货)平舱**是指使用装货喷管或流槽、移动式机械、设备或人工方法部分或全部弄平舱内货物。

1.10 **(卸货)平舱**是指使用机械设备(例如推平机)或其他方法铲平或扫起舱内少量货物,以将其置于方便卸下的位置。

1.11 **(船舶)平舱**是指为达到要求的船首尾吃水而增添、撤走或转移船中的重量。

第2节 船舶和码头的适合性

2.1 综述

2.1.1 被指定装货的所有船舶均应持有有效的法定证书,如有要求,包括载运散装固体危险货物船舶的合格证书①。建议船舶各种证书的有效期应在装载、航行和卸载期间,另加考虑靠泊、恶劣气候或两者兼有的原因引起的延误期间,足以保持有效。

2.1.2 船东、经理或经营人提出可让船舶装运特定货物或进行特定服务时,应确保该船舶:

.1 保持处于良好、适航状态;

.2 船上配有胜任的船员;

.3 船上至少有一名精通在装载港和卸载港均使用的语言的高级船员,或者有一名精通英语的高级船员;和

.4 没有可能妨碍该船舶安全航行或装卸的缺陷。

2.1.3 挑选用以运输固体散货的船舶,在计及其装卸码头的情况下,必须适合于其预定的目的。

2.1.4 租赁人和托运人在接受船舶装运特定货物或进行特定服务时,应确保该船舶:

.1 适合于进入预定的装卸设施;和

.2 没有会约束装卸作业安全的货物处理设备。

2.2 船舶

2.2.1 被指定用于散货装载的船舶应适合于预定的货物。合适的船舶应是:

.1 风雨密,并在所有方面均对通常的海上危险和预定的航行有效;

.2 备有以有关的船舶高级船员懂得的语言书写并使用标准词语和缩略语的经认可稳

---

① 适用于1984年9月1日或之后建造的船舶。

性和装载小册子，如果该语言既非英语又非法语或西班牙语，则应译成其中一种语言；

.3 备有能令人满意地装载、积载和卸下货物的足够尺寸的舱口；和

.4 备有装载手册和装载或卸载计划表中货舱识别号，这些号码应选择适当的位置、大小和颜色，以便装卸设备的操作者能清楚地看见。

2.2.2 建议需要进行应力计算的所有船舶，船上应备有经认可的装载仪以迅速计算此种应力。

2.2.3 所有推进和辅助机械均应处于良好的性能状况。与系泊和靠泊作业有关的甲板设备，包括锚、锚链、系泊缆、大索和缆车，均应能够操作并处于良好状况和状态。

2.2.4 所有舱口、舱口操纵系统均应处于良好的性能状况，并仅用于其预定的目的。

2.2.5 如装有横倾指示灯，应在装卸前对其进行测试并证明可用。

2.2.6 船舶本身的货物处理设备应有适当的证书和得到适当的保养，并且仅能在适当的合格船舶人员的综合监督下使用。

2.3 码头

2.3.1 码头经营人应确保仅接受能沿其装置安全靠泊的船舶，并计及诸如下列事项：

.1 泊位水深；

.2 船舶最大尺寸；

.3 系泊装置；

.4 护舷材；

.5 安全通道；和

.6 装卸作业的阻碍物。

2.3.2 码头设备应按有关国家规则和/或标准适当发证和维护，并仅由充分合格和如适当时持证的人员操纵。

2.3.2.1 如配有自动称量设备，应定期对其加以校准。

2.3.3 码头人员应进行与其责任相应的散货船安全装卸的各方面培训。

2.3.3.1 培训应以熟悉装卸和运输散货的通常危险和不适当的货物处理作业对船舶安全可能具有的不利影响为目的。

2.3.4 码头经营人应确保与装卸作业有关的人员得到充分休息，以消除疲劳。

第3节 船舶到达前船舶和岸上之间的程序

3.1 信息交换：综合情况

3.1.1 船舶得到有关码头的信息是重要的，以便能安排装卸。同样，码头也将需要有关船舶的信息，以便能做好装船的准备。重要的是，信息交换应尽早进行，以便进行准备工作。

3.1.2 在开始装载之前，船长和码头代表之间应就装载率和货物分送顺序达成协议，以便达成最终装载计划表。总之，该协议应以下述一个或多个选择为基础：

.1 对装载程序的限制或约束，如果船舶装载手册或平舱和稳性小册子或两者中均有此规定；

.2 如果.1中所述的约束不存在，并且船舶有业经认可的装载文件，装载计划表应按该文件准备，同时现场应有一份协议，以便在所有时间里装载均保持在船舶的经认

可应力限制内;和/或

.3　如果.1或.2均不符合,则应遵循保守的程序。

3.1.3　应提供可能延误靠泊装卸开始或可能延误船舶在完成装卸时开航的任何必要修理的细节。

3.1.4　船长应确保其收到托运人有关经修正的1974年安全公约第Ⅵ章所要求的货物性质的预计货物详情。[①] 如果要求诸如平舱或连续测量货物中含水情况等的补充详情,等等,船长应相应地通知码头。

3.2　船舶给码头的信息

3.2.1　为计划货物的恰当配置和可获得性,以便满足船舶的装载计划表,应给装货码头下列信息:

.1　尽早通知船舶预计到达港口时间(预计到港时)。这一通知应视情更新。

.2　在给予初次预计到港时通知的时候,船舶还应提供下述细节:

.2.1　船名、呼号、船舶的海事组织编号、船旗国和登记港;

.2.2　表明所要求的货物数量、货舱积载、装载顺序和每次倾倒时的装载量的装载计划表,只要船舶有足够的信息能够准备这样一个表;

.2.3　到达和拟议离开时的吃水;

.2.4　卸压载所需时间;

.2.5　船舶总长、梁和货物将装入或货物将取出的从最前货舱的前围板至最后货舱的后围板的装货区域的长度;

.2.6　从水线至将装载或将卸载的第一货舱的距离和从船舷至货舱开口的距离;

.2.7　船舶舷梯的位置;

.2.8　空气气流;

.2.9　船舶货物装卸设备详情和能力;

.2.10　系泊缆数量和类型;和

.2.11　码头所要求的与船舶有关的任何其他项目。

.3　与预计到达时类似的信息,卸载码头要求的卸载计划表和船舶细节。

3.2.2　处于部分装载状况的船舶到达装载或卸载码头时还应告知:

.1　靠泊排水量和吃水;

.2　前一个装载或卸载港;

.3　船上已有货物的性质和积载,并且,当船上装有散装危险货物时,物质名称、海事组织等级和联合国编号或散货编号。

.4　船上货物分布,指明船上将卸载和将保留者。

3.2.3　兼用船(油、散、矿船或油/矿船)应告知下列补充信息:

.1　上述三种货物的性质;

.2　最后的油货卸载的日期和地点;

.3　废油舱中所装之物以及是否完全惰性化和封闭住;和

---

① 参阅MSC/Circ.663号通函和载于附录5的货物申报单。

.4　上一次颁发包括管道和泵浦在内的气体证书的时间、地点和主管当局名称。①

3.2.4　船舶应尽快确认，拟装货的所有货舱都是干净的没有与待装货物结合可能造成危害的以前货物的残余物。

3.2.5　装载或卸载计划表和预计到达和离开时的吃水的信息应不断更新并在情况变化时传递给码头。

3.3　码头给船舶的信息

3.3.1　收到船舶关于其预计到达时的初次通知时，码头应尽快给船舶下列信息：

.1　将进行装载或卸载的泊位的名称和预计靠泊以及完成装载和卸载所需时间；

.2　装载或卸载设备的特性，包括码头的正常装载或卸载率和将使用的装载或卸载端头的数量；

.3　船长可能需要知道的泊位或突堤的特征，包括固定和移动式障碍物、护舷材、带缆桩和系泊装置；

.4　沿泊位边和进入或离开的水道的最小水深；

.5　泊位处的水的密度；

.6　水线和货舱盖或围板顶端（以与装载作业有关者为准）之间的最大距离和最大空气气流；

.7　舷梯和出入装置；

.8　船舶哪舷将靠着泊位；

.9　靠拢突堤时的最大允许速度和可得到的拖船及其类型以及带缆桩拉力；

.10　不同货物包件的装载顺序，以及，如不能按任何顺序或从任何货舱起货以适合船舶时，任何其他限制；

.11　待装货物在与船上货物或残余物接触放置时可能产生危害的任何特性；

.12　有关拟议的货物装卸作业或现有货物装卸计划表的变更的事先信息；

.13　码头装载或卸载设备是否是固定的，或其移动是否有何限制；

.14　所要求的系泊缆；

.15　对异常系泊装置的提示；

.16　对卸压载的任何限制；

.17　港口当局允许的最大航行吃水；和

.18　船长所要求的与码头有关的任何其他事项。

3.3.2　预计靠泊和离开所需的时间和在泊位时最小水深的信息应不断更新，并把收到连续的预计到达时间的通知传递给船长。

3.3.3　码头代表应确信已尽快将经修正的1974年安全公约第Ⅵ章要求的货物申报单中所载的信息告知船舶。

---

①　参阅《油船和码头国际安全指南》（《油船和码头安全指南》）关于兼用船的章节并特别是有关货物变换检查表的节次和散货排放的节次。

第4节　货物装卸前船舶和码头之间的程序

4.1　原则

4.1.1　船长在所有时间里均负责船舶的安全装卸，其详情应以装载或卸载计划表的方式向码头代表确认。此外，船长应：

.1　确保在装载或卸载开始前与码头代表协商确保完成附录3中的检查表；

.2　确保货物的装卸和压载水的排吸均处于负责的船舶高级船员监督下；

.3　确保在整个装载或卸载过程中货物和压载水的处置均受到监测，以保证船舶结构不遭受过重的应力；

.4　确保让码头代表了解其船舶卸压载和货物装载率之间的协调要求；

.5　确保压载水的排放管系以符合经同意的装载计划表和不造成码头或相邻船艇浸水的速率进行；

.6　在考虑到船员需有充分的避免疲劳的休息时间的情况下，在船上保持足够的高级船员和普通船员照管系泊缆的调整或任何正常或紧急的情况；

.7　确保装载或卸载计划表已传给码头代表并得到其同意；

.8　确保已让码头代表了解货物平舱要求；

.9　确保业已收到有关待装货物（附录5）的信息，以便能够达到安全积载和运输；

.10　当货物的性质在天气发生下雨之类的变化将造成危害时，确保具有船舶和岸上之间的有关协议，以便在此种变化时采取行动；和

.11　确保当船舶沿泊位停靠时，不在船上进行热加工，除非得到码头代表许可并符合港口主管机关的任何要求。

4.1.2　码头代表负责按照船舶装载或卸载计划表中所述货舱顺序和吨位进行的货物装载或卸载。此外，码头代表应：

.1　在装载或卸载开始前，与船长协商，完成附件3中的检查表；

.2　除非事先与船长协商并经其同意，否则不得偏离装载或卸载计划表；

.3　装载或卸载时，按照船长要求对货物进行平舱；

.4　记录装载或卸载的货物的重量和配置，并确保货舱中的重量不偏离计划表；

.5　向船长提供用于与码头人员或船舶代理接触的名单和程序，他们将负责装载或卸载作业并且船长将与他们接触；

.6　避免装载或卸载设备损坏船舶，并且如发生损坏，通知船长；

.7　确保当船舶沿泊位停靠时，不在船上或船舶附近进行热加工，除非得到船长许可并符合港口主管机关的任何要求；和

.8　确保船长和码头代表之间在装载或卸载作业的所有阶段和与装载或卸载作业有关的所有方面均有协议。

4.2　程序

4.2.1　下列各项被认为是有关货物装载的重要程序：

.1　装载开始前，船长和码头代表应在所留空白处签署装载计划表以示同意该计划表；

.2　为船舶平衡计，如有要求，船长应在经同意的装载计划表上说明待装货舱顺序、每次倾倒重量、每一货舱总重量和货物总量；

.3 码头代表在收到船舶初次装载计划表(见3.2.1)时,应告知船长船舶可望接受货物的额定装载率和完成每一倾倒所需要的估计时间;

.4 在装载过程中,如在达到平衡阶段前船舶完全排掉其压载水不可行,船长和码头代表应就可能需要暂停装载的时间和此种暂停的持续期达成一致;

.5 应制定装载计划表,以便确保所有压载水抽出率和装载率得到仔细考虑,以避免船体应力过大;

.6 达到离开时的吃水和纵倾所要求的货物量应计及在装载完成时卸净和卸空的码头输送机系统上的所有货物;在装载完成时,码头代表应告知船长其输送机系统上所载的额定吨位和清理输送机系统的任何要求;和

.7 船舶和码头之间的通信安排应能够对装载过程中的信息要求作出反应和迅速遵从船长或码头代表一旦发出的暂停装载命令,应考虑输送机系统上货物的处置和紧急停止时的反应时间。

4.2.2 下列各项被认为是有关货物卸载的重要程序:

.1 码头代表在提议或接受初次卸载计划表时,应告知船长额定卸载率和每一卸货阶段所需的预计时间;

.2 船长应告知货舱顺序和每一卸货阶段拟卸载的重量;

.3 当船舶打算增加或减少卸载端头数量时,码头代表应尽最大可能地给予船舶以提醒;和

.4 船舶和码头之间的通信安排应能够对卸载过程中的信息要求作出反应和迅速遵从船长一旦发出的暂停卸载命令。

4.3 实施

4.3.1 装载或卸载计划表应制作成如附录2所示的表格。经加工的例表也载于附录2中。假如其记载满足本规则要求的必要信息,也可使用不同的表格。为此目的所需的最少信息为样表粗线框中所载者。

4.3.2 装载或卸载计划表仅应在经修改的表已由双方准备好、接受和签字时方可更改。装载计划表应由船方和码头保存为期6个月的时间。

4.3.3 经同意的装载或卸载计划表及其任何随后的修正案应存放在港口国的适当主管当局。

第5节 货物装载和压载处理

5.1 综述

5.1.1 当同意货物装载计划表时,船长和码头代表应确认货物操作方法,以便确保船壳、液舱顶和相关结构上无过大的应力和确保信息交换,以避免由货物装卸设备对船舶造成任何结构损坏。

5.1.2 当货物重或个别抓斗负荷大时,码头代表应提醒船长船舶结构上可能会有高的局部冲击性负荷,特别是在允许高冲击式投放时,直至液货舱顶完全被货物覆盖为止。由于此种冲击具有造成结构损坏的潜在可能性,在每一货舱开始装载作业时应特别当心。

5.1.3 必须在所有时间里尤其是在船舶最后进行平舱期间,保持对货物装卸作业进行监测和在码头与船舶之间进行有效通信。

5.1.4 货物平舱的任何要求均应符合海事组织《固体散货安全实用规则》(《散货规则》)的程

序。

5.1.5　为了有效监测货物装载作业的进展，船长和码头代表非常有必要掌握易于得到的有关总装载量和每次倾倒量的信息。

5.1.6　装载完成时，船长和码头代表应以书面表示同意，船舶已按装载计划表包括任何经同意的变更进行了装载。

5.2　**船方的职责**

5.2.1　船长应将任何偏离卸压载计划表或任何可能影响货物装载的其他事项通知代表。

5.2.2　船舶应保持正浮，或者如果因作业原因需要横倾时，应将其保持于尽可能小的程度。

5.2.3　船长应确保对装载作业并且在装载的最后阶段对船舶保持密切监督。船长应在船舶必须开始进行最后平舱时通知码头代表，以便使输送机系统卸净。

5.3　**码头的职责**

5.3.1　码头代表应将对经同意的装载率所做的任何变更通知船长，并且在每次倾倒完成时，码头代表应将所装载的重量以及货物装载在继续按照经同意的货物计划表进行通知船长。

5.3.2　船舶应按货物分布而保持正浮，以免对船舶结构造成任何弯曲。

5.3.3　码头应使用维护良好并能提供所要求的正常装卸率范围内的额定数量1%之内的精确度的称量仪。码头应频繁地监测所装载货物的重量并通知船方，以便能将其与货物装载计划表和通过吃水标志进行的船舶计算加以比较。

第6节　货物卸载和压载处理

6.1　**综述**

6.1.1　当同意货物卸载计划表时，船长和码头代表须确认货物操作方法，以便确保船壳、液舱顶和相关结构上无过大的应力，包括减少和消除货物装卸设备对船舶造成任何结构损坏的措施。

6.1.2　必须在所有时间里保持监测和保持码头与船舶之间的有效通信。

6.1.3　卸载完成时，船长和码头代表应以书面表示同意，船舶已按经同意的卸载计划表进行卸载、货舱已按船长要求卸空和清洁，并应记录船舶经受的任何已探出的破损。

6.1.4　为了对货物卸载计划表的进展情况保持有效监测，船长和码头代表非常有必要掌握易于得到的有关总卸载量和每舱卸载量的信息。

6.1.5　当压载一个或多个船舱时，船长和码头经营人应考虑到从货舱中排放出可燃蒸气的可能性。在准许于该处所相邻或之上处进行任何热加工前，应采取适当预防措施①。

6.2　**船方的职责**

6.2.1　船长应将任何偏离压载计划表或任何可能影响货物卸载的其他事项通知码头代表。

6.2.2　船长在卸货开始和所有阶段中均应确保进行频繁检查，以便：

　.1　货物处所和其他封闭处所均通风良好，并且只有当按照本组织制定的指南②宣布进入这些处所是安全的之后，方能允许人员进入其中；

　.2　货物按经同意的卸载计划表从每一货舱卸下；

---

① 参阅《国际油船和码头安全指南》(《油码指南》)关于兼用船操作的章节。

② 参阅有关进入船上封闭处理处所的建议书的第A.864(20)号大会决议。

.3 压载作业按经同意的卸货计划表进行；

.4 船舶牢固地系泊，同时气候状况正处于被监测中并且已获得当地气象预报；

.5 定期察看船舶吃水，以监测卸载进展；

.6 如果卸载过程造成了损害、产生了危害局面或可能出现类似问题，立即提醒码头代表；

.7 船舶保持正浮，或者，如果因作业原因需要横倾时，将其保持于尽可能小的程度；和

.8 相同货舱中，左舷的卸载尽量与右舷一致，以避免扭曲船舶。

6.3 码头的责任

6.3.1 码头代表应遵守经同意的卸载计划表，并且如有必要修改此表时，应与船长协商。

6.3.2 船舶保持正浮，或者，如果因作业原因需要横倾时，将其保持于尽可能小的程度。

6.3.3 相同货船中，左舷的卸载尽量与右舷一致，以避免扭曲船舶。

6.3.4 除非经船长和码头代表之间事先协商同意，码头不得变更卸货率和程序。

6.3.5 当认为每一货舱卸载完毕时，港口代表应通知船长。

6.3.6 当使用卸载或清舱设备时，码头应尽一切努力避免损坏船舶。如发生损坏，应报告船长；如有必要，应进行修理。如损坏可能削弱结构能力或船体水密完整性或船舶的基本机器系统，则应通知主管机关或经其认可的组织和港口国适当主管当局，以便其可决定是否需要立即修理或者可予以推迟。无论修理或者推迟，在任一情况下采取的行动，均应使主管机关或经其认可的组织和港口国适当主管当局满意。如认为需要立即修理，在船舶离港之前，修理工作应使船长满意。

6.3.7 码头代表应监测气候状况并向船长提供任何当地不利气候状况的预报。

附　录　1

港口和码头信息手册的建议内容

1　建议码头经营人、港口当局或双方共同准备的信息手册应包括有关其现场具体要求的下列信息：

1.1　港口信息手册

.1　港口和码头位置

.2　港口主管机关详情

.3　无线电通信程序和频率

.4　到达信息要求

.5　港口卫生、移民、检疫和海关规则和程序

.6　有关海图和航海出版物

.7　引航要求

.8　拖带和拖船协助

.9　靠泊和锚泊设施

.10　港口应急程序

.11　重大气候特征

.12　淡水、供应品、燃料和润滑油的可获得性

.13　港口可接受船舶的最大尺寸

.14　航道中的最大许可吃水和最小水深

.15　港口的水的密度

.16　最大许可空气气流

.17　船舶在航道中的吃水和航行的纵倾要求

.18　潮汐和海流信息，因其对船舶运行具有影响

.19　压载水排放限制或条件

.20　装载和货物申报法定要求

.21　港口废物接收设备信息

1.2　码头信息手册

.1　码头接洽人员详情

.2　泊位和装载或卸载设备技术资料

.3　泊位水深

.4　泊位水的密度

.5　码头设施设计接受船舶的最小和最大尺寸，包括甲板障碍物之间的最小间隙

.6　系泊装置和系泊缆的照管

.7　装载或卸载率和设备间隙

.8　装载或卸载程序和通信

.9　通过称量仪和吃水测量确定货物重量

.10 接受兼用船条件
.11 进出船舶和泊位或突堤通道
.12 码头应急程序
.13 损坏和赔偿安排
.14 舷梯的搭陆位置
.15 码头废物接收设施信息

1.3 特冷气候信息

位于易受特冷气候影响的地区的港口和码头,应通知船长何处可取得船舶在此种情况下作业的信息。

附 录 2

装卸或卸载计划表

装卸货计划应按如下格式准备。本格式实例见附页，如果用不同格式，应包括下表画粗线的资料。

装卸货计划格式示例

装卸货计划 版本号	日期	船舶			航次
装卸货港口	货物	估计的货物积载因素	压载泵的排量	港口水密度	最大允许吃水	在泊位最大水上高度
驶向/来自港口	上次货物	装货设备/卸货设备数量	装货/卸货速度		最小允许吃水	最大航行/到港吃水

吨位：	11	10	9	8	7	6	5	4	3	2	1
等级：											

合计： 等级： 吨： 等级： 吨： 等级： 吨： 合计： 吨

注入序号	货物		压载操作	所需时间(小时)	备注	计算值				计算值			观察值		
						吃水		变形		水上高度	中部吃水	纵倾	吃水		
	货舱号	吨位				前	后	RM*	SF*				前	后	中
	合计														

未经事先允许不得违反本计划 当使用两部起货设备时注入号应为：1A、1B、2A、2B 等 缩写：PI：泵入 GI：吸入 f：满 PO：泵出 GO：吸出 MI：空舱 表格内所有空格应尽可能填上，表格外可选择性地填写	签名（码头）： 签名（船方）：	*弯矩（BM）或剪力（SF）以在港内和航行中最大允许值的百分比来表示。装卸货计划中的每一步骤必须保持在每舱船体剪力、弯矩和吨位的许可限度内。为了保持在限度内的适当数值，装卸货操作应可以暂停以允许压载或排压载。

装卸货计划格式示例

装卸货计划应按如下格式准备。本格式实例见附页 。如果用不同格式，应包括下表画粗线的资料。

装卸货计划 版本号 1	日期 96-03-24	船舶 BARABICAN				航次 044
装卸货港口 BOCAGRANDE	货物 IRONORRE	估计的货物积载因素	压载泵的排量 4 000	港口水密度 1.025	最大允许吃水 17.88	在泊位最大水上高度 N/A
驶向/来自港口 UAFAFO	上次货物 IRONORE & COAL	装货设备/卸货设备数量	装货/卸货速度 4 500		最小允许吃水 9.4.2	最大航行，到港吃水 17.88

吨位：

等级：

合计：　等级：FINES=44 706 吨：　等级：LUMP=98 294 吨：　等级：　吨：　合计：143 000 吨

注入序号	货物		压载操作	所需时间(小时)	备注	计算值					计算值		观察值		
						吃水		变形		水上高度			吃水		
	货舱号	吨位				前	后	RM*	SF*		中部吃水	纵倾	前	后	中
1	4	10 000	GO 1—3 UWT'S	2.22	FINES	9.99	10.77	73	44		10.38	0.77			
2	1	7 000	GO UPPER FORE PEAK PO 2 HOLD	1.56	FINES	10.14	10.48	66	53		10.31	0.34			
3	9	8 000	GO SUWT'S PO APT PACK	1.78	FINES	9.42	12.15	63	43		10.79	2.73			
4	4	6 900	PO LDB'S	1.53	FINES	10.12	12.50	80	45		11.31	2.38			
5	9	5 756	PO SDB'S	1.50	FINES	9.54	13.74	80	40		11.65	4.18			
6	1	5 050	PO LOWER PP GO 2 UWT'S	1.34	FINES	9.50	13.57	75	55		11.59	3.60			
7	7	10 000	GO 6 HOLD TO 50%	2.22	LUMP	8.04	14.58	−58	55		11.66	5.43			
8	5	10 000	PO 6 HOLD	2.22	LUMP	9.63	13.68	−67	49		11.63	4.00			
9	7	7 582	EDUCT 6 FORLD	1.64	LUMP	9.57	18.24	−64	47		12.41	5.67			
10	3	10 000	PO 2&3 DB'S	2.22	LUMP	10.41	14.45	−49	38		12.53	4.24			
11	8	10 000	GO 4 UWT 'S	2.22	LUMP	9.58	16.66	−50	45		13.12	7.08			
12	5	6 582	EDUCT AS REQUIRED	1.42	LUMP	10.28	16.24	58	57		13.26	5.04			
13	2	6 000	EDUCT AS REQUIRED	1.33	LUMP	9.90	17.88	53	38		13.70	7.08			
14	2	8 000	EDUCT AS REQUIRED	1.77	LUMP	12.57	16.68	−65	46		14.60	4.17			
15	6	9 000	EDUCT AS REQUIRED	2.00	LUMP	13.14	17.80	42	−21		15.47	4.66			
16	2	6 000	EDUCT BALLAST LINES	1.33	LUMP	15.04	16.08	33	−10		16.72	1.00			
17	6	7 382	SHUT DOWN BALLAST	1.44	LUMP	15.57	17.18	48	−30		16.74	2.29			
18	3	7 382		1.20	LUMP	16.25	17.54	44	−27		17.02	0.59			
					TRIM CARGOS										
19	8	1 000		0.22	LUMP	16.04	17.72	44	−30		17.33	0.74			
20	2	1 066		0.39	LUMP	17.51	17.58	46	−27		17.51	0.00			
			DRAUGHT SURVEY		SEAGOING ONDITION	17.51	17.51	62	−36		17.51	0.00			
合计															

未经事先允许不得违反本计划
当使用两部起货设备时注入号应为：1A、1B、2A、2B 等
缩写：PI：泵入 GI：吸入 f：满 PO：泵出 GO：吸出 MI：空舱
表格内所有空格应尽可能填上，表格外可选择性地填写

签名（码头）：

签名（船方）：

*弯矩（BM）或剪力（SF）以在港内和航行中最大允许值的百分比来表示。装卸货计划中的每一步骤必须保持在每舱船体剪力、弯矩和吨位的许可限度内。为了保持在限度内的适当数值，装卸货操作应可以暂停以允许压载或排压载。

装卸货计划格式示例

装卸货计划应按如下格式准备。本格式实例见附页。如果用不同格式，应包括下表画粗线的资料。

装卸货计划 版本号 1	日期 96-05-05	船舶 BARABICAN				航次 044
装卸货 港口 CHIBA	货物 IRONORRE	估计的货物积载因素	压载泵的排量 6 000	港口水密度 1.025	最大允许吃水 17.35	在泊位最大水上高度 60
驶向/来自 港口 DOCA GRANDE	上次 货物 IRONORE & COAL	装货设备/卸货设备数量 2	装货/卸货速度 1 250		最小允许吃水 7.59	最大航行/到港吃水 17

吨位：

等级：

合计： 等级 吨： 等级： 吨： 等级： 吨： 合计： 吨

注入序号	货物		压载操作	所需时间(小时)	备注	计算值				计算值			观察值		
						吃水		变形					吃水		
	货舱号	吨位				前	后	RM*	SF*	水上高度	中部吃水	纵倾	前	后	中
1A	2	15 470	GI 1 & 2 DB'S PI 2 UWT'S	13.2	LUMP 2 & 6 HOLDS MT	13.82	16.29	−72	48			2.47			
1B	6	16 512													
2A	5	10 000	GI 4 DB'S PI 4 UWT'S	8.0	LUMP	13.44	14.54	71	56			1.10			
2B	5	10 000													
3A	3	9 000	GI 3 DB'S	7.2	LUMP	12.19	13.68	77	78			1.49			
3B	7	9 000													
4A	5	6 582	GI 5 DB'S	5.5	LUMP 5 & 8 HOLDS MT	12.67	15.22	68	38			2.55			
4B	3	6 910													
5A	3	6 582	PI 6 HOLD TO OSM ULLAGE	6.7	LUMP 3 & 7 HOLDS MT	11.05	13.94	-91	59			2.89			
5B	7	8 582													
			DRAUGHT SURVEY & CHANGE GRADE TO FLNES												
6A	1	6 000	PI 1 & 5 UWT'S	4.8	PINES	9.75	14.01	83	42			4.26			
6B	9	6 000													
7A	4	8 750	GI & PI LOWER FORE PEAK	7.0	FISES	9.38	10.64	80	52			1.26			
7B	9	8 750													
8A	1	7 050	PI UPPER PORE PEAK & UWT'S	6.5	FISES	9.59	11.30	84	−82			3.71			
8B	4	7 144													

INSTRUCTIONS: 1. Please empty No.6 hold and leave as clean as possible. This mill then be used for ballast during stage 4.
2. Grab and bullozer hlades must not be allowed to atrike the ship's strature. Please instruct drives to take specinl care.
3. Please note there are bilg and eductor mates in the after conners of earh hold. Care required in these areas.
4. All damage to be reported. Holds to be surveyed on cargo completion.

				SEAGOING ONDITION	7.59	11.30	84	−82			3.31			
合计	142 614													

未经事先允许不得违反本计划
当使用两部起货设备时注入号应为：1A、1B、2A、2B 等
缩写：PI：泵入 GI：吸入 f：满 PO：泵出 GO：吸出 MI：空舱
表格内所有空格应尽可能填上，表格外可选择性地填写

签名（码头）：

签名（船方）：

*弯矩（BM）或剪力（SF）以在港内和航行中最大允许值的百分比来表示。装卸货计划中的每一步骤必须保持在每舱船体剪力、弯矩和吨位的许可限度内。为了保持在限度内的适当数值，装卸货操作应可以暂停以允许压载或排压载。

附 录 3

船/岸安全检查表

用于装载或卸载干散货船

日期……………………………………………………
港口…………………………………………码头/与岸平行码头……………………………………………
泊位现有水深……………………………最小空气气流①……………………………………………
船名……………………………………………………………
到达时吃水(读数/计算数)……………………………………空气气流…………………………………………
离开时计算的吃水……………………………………空气气流……………………………………………

船长和码头经理或他们的代表应联合完成此检查表。对需要考虑的各个事项的建议载于后附的指南。操作安全要求对所有问题都作出肯定回答和对所有方框都打"✓"。如不可能这样,应列出理由,并对船方和码头之间将采取的预防措施达成一致。如认为某一问题属于不适用,写上"N/A"(不适用),如适当,解释为什么。

	船舶	码头
1. 泊位水深和空气气流是否够完成货物作业使用?	□	□
2. 系泊装置是否足以应对潮汐、水流、气候、交通和并靠船艇的所有就地影响?	□	□
3. 在紧急情况下,船舶是否能够在任何时间离开泊位?	□	□
4. 在船舶和码头之间是否有安全通道? 由船舶/码头照管 (划掉不合适者)	□	□
5. 经同意的船舶/码头通信系统是否管用? 通信方法……………………………语言…………………………… 无线电频道/电话号码……………………………	□	□
6. 作业期间联络接头人是否得到肯定的确认? 船舶联络接头人…………………………… 岸上联络接头人…………………………… 位置……………………………………………	□	□
7. 船上是否有处理紧急情况的足够船员?码头上是否有处理紧急情况的足够职员?	□	□
8. 是否提出和同意过任何添加燃料作业的建议?	□	□

---

① "空气气流"一语应慎解:如果船舶在河流或河口中,它通常是指通过桥下的最大桅高,而在泊位时,通常是指装载机或卸载机下所具有或所需的高度。

9. 在靠泊时，是否对码头处或船舶提出和同意过任何拟议的修理？ □ □

10. 报告和记录货物损坏情况的程序是否得到同意？ □ □

11. 港口和码头规章副本包括安全和防污要求及应急服务细则是否向船舶提供？ □ □

12. 托运人是否按照安全公约第Ⅵ章要求向船长提供货物特性？ □ □

13. 可能需要通过的货舱和围蔽处所中的空气是否安全、经熏蒸的货物是否得到确认、监测空气的必要性是否获得船方和码头同意？ □ □

14. 是否向船方/码头传递各台装载机/卸载机的货物处理能力和任何运行限制？ □ □

装载机……………………

装载机……………………

装载机……………………

15. 货物装载或卸载计划表是否计算了所有阶段的装载/卸压载或卸载/压载？ □ □

副本提供给……………………

16. 装载或卸载计划表中是否明确确定将进行工作的货舱，表明工作顺序和将进行工作的货舱每次转移的货物的等级和吨数？ □ □

17. 是否讨论货舱中货物平舱的必要性并同意其方法和范围？ □ □

18. 如果压载方案与货物作业变得不协调，需要中止货物作业直至压载作业停止，船舶和码头双方是否都理解和接受？ □ □

19. 卸载时，是否向船方说明清理货舱中存留的残余货物的预定程序并获接受？ □ □

20. 调整装载船舶最后纵倾的程序是否确定并获同意？ □ □

码头输送机系统上保留的吨数……………………

21. 在货物装卸工作结束时，船舶准备起航需要的时间是否通知码头？ □ □

上述各项业经同意：

时间…………………… 日期……………………

代表船方…………………… 代表码头……………………

职衔…………………… 身份/职称……………………

附 录 4

填写船/岸安全检查表指南

船/岸安全检查表旨在改进船舶和码头间的工作关系,从而改进安全操作。当船舶的高级船员不理解码头人员的用意时,会发生误解和错误;而当码头人员不理解船舶能够和不能安全地做什么时,这种情况同样会发生。

1 泊位水深和空气气流①是否够完成货物作业使用?

水深应由船舶将占用的整个范围来确定,码头应了解作业期间船舶的最大空气气流和吃水。如果装载状况意味着离港时龙骨底下间隙小时,船长应予以咨询并确定建议的吃水是安全和适当的。

应向船舶提供有关泊位处水的密度和致污物的现有信息。

2 系泊装置是否足以应付潮汐、水流、气候、交通和并靠船艇的所有就地影响?

应充分考虑足够护舷装置的必要性。船舶系泊时应保持良好的系固状态。停靠在突码头或顺堤码头时,应以保持系泊缆拉紧的方式防止船舶漫游;应注意潮汐、水流或过往船舶和作业进程造成的船舶移动。

由于钢丝绳和纤维绳弹性不同,不得将它们用于同一方向。

3 在紧急情况下,船舶是否能够在任何时间离开泊位?

船舶通常应能够在事先通知时间短的情况下靠自己的动力移动,除非与码头代表和如适当时与港口当局达成不移动船舶的协议。

在紧急情况下,可能有若干因素阻止船舶在事先通知时间短时离开泊位。这包括潮汐低、过分纵倾或吃水、缺少拖船、不能夜航、主机停转等情况。船舶和码头双方均应了解是否存在任何此类因素,以便当必要时可采取预防措施。

考虑到可能涉及的危险,应同意任何紧急移泊作业采用的方法。如果需要紧急脱离缆绳,应达成其是因位置和方法的一致。

4 在船舶和码头之间是否有安全通道?

船舶和码头之间的通道装置必须安全和合法。它应由步桥或舷梯与适当系于其下面的安全网组成。由于通道设备可因变化的高度和吃水受到损坏,必须有人照看;负责照看的人员须经船舶和码头双方同意,并记录于检查表中。

步桥的位置应不处于被装载或卸载的货物通道之下。在黑暗时它应有良好照明。在船上靠近步桥或舷梯处应有可供使用的抛缆绳。

5 经同意的船舶/码头通信系统是否管用?

船上值班的负责高级船员和岸上负责人员之间应以最有效的方法保持通信。应在检查表中记录选择的通信系统和使用的语言以及必要的电话号码和/或无线电频道。

6 作业期间联络接头人是否得到肯定的确认?

---

① “空气气流”一词应填解:如果船舶在河流或河口中,它通常是指通过桥下的最大桅高,而在泊位时,通常是指装载机或卸载机下所具有或所需要的高度。

船上和码头上的监督人员相互间和与其各自的上级间必须保持有效通信。他们的姓名，以及如适当时,能与他接触的地方,应记录于检查表中。

目的应是防止发生有害情况,但如果此种情况确实发生,良好的通信和了解谁有适当的职权,在处理这种情况中是能够起帮助作用的。

7 船上是否有处理紧急情况的足够船员、码头上是否有处理紧急情况的足够职员?

不可能或者不需要详细说明所有情况,但重要的是,船上和在船舶整个逗留期间码头上应有足够数量的人员,以便处理紧急情况。

与货物作业有关的所有人员均应明确地懂得岸上或船上发生的紧急事件中使用的信号。

8 是否提出和同意过任何添加燃料作业的建议?

必须确定船上燃料负责人以及时间、供应方法(从岸上用软管、用燃料驳,等等)和船上燃料点的位置。燃料装载应与货物作业协调。码头应确认同意其程序。

9 在靠泊时,是否对码头和船舶提出和同意过任何拟议的修理?

无论在船上或码头进行涉及焊接、燃烧或使用明火的热加工,都可能需要热加工许可。在甲板上进行可能干扰货物作业的工作将需得到协调。

如是兼用船,将有必要持有经码头或港口当局认可的岸上化学师颁发的(包括管道和泵的)无可燃气体证书。

10 报告和记录货物作业损坏情况的程序是否得到同意?

在粗糙的交易中,作业损坏情况可望发生。为避免冲突,必须在货物作业开始前同意记录此类损坏情况的程序。钢构件的小损坏累积起来可对船舶强度造成重大损失,因此,为迅速修理计,注意到损坏情况是十分必要的。

11 港口和码头规章副本包括安全和防污要求及应急服务细则是否向船舶提供?

尽管通常将由船舶代理提供许多信息,仍应向到达船舶提交载有此信息的实情清单,并应包括管制排放压载水和洗舱物的任何当地规定。

12 托运人是否按照安全公约第Ⅵ章要求向船长提供货物特性?

托运人应向船长提交诸如货物等级、颗粒大小、待装数量、积载因数和货物水分含量等情况。海事组织散货规则对此给予了指南。

应将任何可能玷污待装货物或与其发生反应的任何物质通知船方,船方则应确保该货舱中无此类物质。

13 可能需要通过的货舱和围蔽处所中的空气是否安全、经熏蒸的货物是否得到确认、监测空气的必要性是否获得船方和码头的同意?

钢制构件的锈蚀或货物的性质可能会造成有害气体的产生。应对下列情况予以考虑:货舱中氧气耗尽;待卸载货物或装载上船前筒舱中(气体可能从此处与货物一起被扫除而未提醒船舶)的货物的熏蒸后果,以及无论有毒或可爆气体从相邻货舱或其他处所的逸漏。

14 是否向船方/码头传递各台装载机/卸载机的货物处理能力和任何运行限制?

双方应同意使用的装载机或卸载机的数量并知道其能力。每台装载机/卸载机的经同意最大传送率应在检查表中予以记录。

应指明装载或卸载设备的运行限制。当计划由于装载须将船舶由一个位置转移到另一个位置的泊位中的货物作业时,这是必不可少的信息,应不断检查机械是否有故障和原先货物的污染是否被清除。应频繁确定称量设备的精确度。

15　货物装载和压载计划表是否计算了所有阶段的装载/卸压载或卸载/压载？

如可能，船舶应在到达前准备好计划表。为使其做到这一点，码头应提供船舶为计划之目的而要求的任何信息。在需计算纵向强度的船上，计划表应考虑弯曲力矩和剪切力的任何允许最大值。

计划表应得到码头的同意，并应传递一份副本供码头职员使用。所有船上值班高级船员和码头监管人均应有权使用副本。未经船长同意，不得偏离计划表。

按照安全公约第Ⅵ/7条，需要向港口国适当主管当局提交计划表副本。计划表收件人应记录于检查表中。

16　装载或卸载计划表中是否明确确定将进行工作的货舱、表明工作顺序和将进行工作的货舱每次转移的货物的等级和吨数？

应在本规则附录2中所载的表格中提供必要信息。

17　是否讨论货舱中货物平舱的必要性并同意其方法和范围？

常用的方法是喷射平舱，并且这种方法通常可达到令人满意的结果。其他方法是使用铲料机、正向装载机、导向叶片、平舱机或者甚至手工平舱。平舱范围将视货物性质确定，并且必须符合散货规则。

18　如果压载方案与货物作业变得不协调，需要中止货物作业直至压载作业停止，船舶和码头是否都理解和接受？

如可能，所有各方都将选择不停止货物装载或卸载的办法。但是，如果货物或压载方案不协调，船长必须命令而码头必须接受停止货物装卸，以避免因疏忽造成船舶结构应力过度的可能性。

货物作业计划表将经常标示货物检查点，什么时候条件也将允许确认货物装卸和压载处理作业的一致。

如果船舶能安全地接受货物的速率小于码头的货物装卸能力，则可能需要在货物驳运方案中进行停顿或需要码头以小于最大能力的速率操作设备。

在可能出现异常寒冷天气的地区，应意识到压载水或压载管道冻结的潜在性。

19　卸载时，是否向船方说明清理货物中存留的残余货物的预定程序并获接受？

使用铲料机、正向装载机或气动/液压锤将货物弄松时应谨慎进行，因为错误的程序可使船舶钢质构件损坏或变形。事先商妥其必要性和拟采用的方法以及对操作人员的充分监督将避免后续的索赔或减弱船舶结构。

20　调整装载船舶最后纵倾的程序是否确定并获得同意？

装载开始时建议的调整船舶纵倾的吨数只能是临时的，并且不能对其过于强调。其意义在于确保该要求不被忽视或忽略。用以达到船舶最终平衡的实际数量和位置将视事先刚取得的吃水读数确定。由于输送机系统上的货物数量可能很大并且在发出“停装”命令时仍须装载，应将输送机系统上的吨数通知船舶。这个数据应记录于检查表中。

21　在货物装卸工作结束时，船舶准备起航需要的时间是否通知码头？

起航系固程序与以往任何时候一样重要并且不得马虎。完工时应逐次系固货舱，以便在货物装卸工作完成后仅有一个或两个保持关闭。

大型船舶使用的现代深水码头与开敞海面之间的通道可能很短。因此，系固需要的时间在昼与晚、夏与冬、好天或坏天之间可能不一样。

如需延长时间，必须早告码头。

附 录 5

货物信息表

（推荐格式）

说明：如待装货物需要1974年安全公约第Ⅶ章第5条、73/78年防污公约附录Ⅲ第4条以及危规总论第9节要求的申报单，则本表不适用。

<table>
<tr><td colspan="2">托运人</td><td>参考号</td></tr>
<tr><td colspan="2">收货人</td><td>承运人</td></tr>
<tr><td>运输工具名称/方式</td><td>出发港/地</td><td rowspan="2">说明或其他事项</td></tr>
<tr><td colspan="2">目的港/地</td></tr>
<tr><td colspan="2">货物的一般说明
（物质类型/颗粒大小）*

*就固体散货而言</td><td>总质量（kg/t）
□杂货
□货物单元
□散货</td></tr>
<tr><td colspan="3">散货规格*
积载因数
休止角
平舱程序
如是潜在有害物，化学特性+
*如适用
+例如，海事组织等级、联合国编号或散货编号和应急程序编号</td></tr>
<tr><td colspan="2">货物的有关特性</td><td>补充证书（一种或多种）
□湿度和可转移湿度限制证书
□耐风蚀证书
□免除证书
□其他（详述）
*如需要</td></tr>
<tr><td colspan="2">声明

本人谨声明，就我所知并相信，交运货物说明详尽和精确，所述试验结果和其他规格正确，可作为装载货物的代表物。</td><td>签字人姓名/身份、公司/组织

地点和日期

代表托运人签字</td></tr>
</table>

可使用电子数据处理（EDP）或电子数据交换（EDI）技术，作为纸品文件的辅助手段。

本表符合1974年安全公约第Ⅵ章第2条、散货规则和积载系固规则。

第 A.863(20)号决议
(1997 年 11 月 27 日通过)

近海供应船载运货物和人员安全实用规则(供应船规则)

大会,

忆及国际海事组织公约有关大会在海上安全规则和指南方面的职责的第 15(j)条,

还忆及有关船舶安全操作与防止污染国际管理规则(国际安全管理(安全)规则)的第 A.741(18)号决议,

进一步忆及 1974 年国际海上人命安全公约(安全公约)缔约国政府会议于 1994 年 5 月 24 日通过了安全公约的新第Ⅸ章(船舶安全操作管理),由此安管规则定于自 1998 年 7 月1 日起对某些级别的船舶成为强制性规则,

意识到近海供应船上的特殊作业可能会使船上的人员和货物处于额外的危险之中,

记及在货物和人员载运作业期间在近海供应船上发生的若干严重事故,

认识到近海供应船在近海装置界面时正确的操作和管理方法可以避免今后发生此类事故,

审议了海上安全委员会第六十六届会议制定的建议书,

1 **通过**载于本决议附件中近海供应船载运货物和人员安全实用规则(供应船规则);

2 **请**各国政府实施供应船规则;

3 **要求**海上安全委员会对供应船规则保持审查并视必要进行修正。

附　件

近海供应船载运货物和人员安全实用规则(供应船规则)

目录

前言
1　总则
2　港口作业
3　海上运输
4　近海装置上的作业
附录1　近海装置实例和类型
附录2　散装物质传送软管颜色标记
附录3　经营人和合同人的界面活动

前言

本安全实用规则的目的在于为经营人与合同人提供一个国际标准,以尽量避免或减少影响近海供应船在往返近海装置和在近海装置之间进行日常货物和人员装运时的损害。该规则不论及经营人/合同人关系中的合同问题或财务问题。

在实施海事组织国际安全管理(安管)规则1.4意义中的安全管理系统(安管系统)时应考虑本标准。

1　总则

1.1　定义

1.1.1　**合同人**是指国际安全管理(安管)规则1.1.2中所定义的对船舶经营负有责任的组织。

1.1.2　**经营人**①是指近海供应船承包方。

1.1.3　**近海供应船(供应船)**是指用于往返近海装置或在近海装置之间运送物料、材料、设备或人员的船舶。

1.1.4　**近海装置管理人(装置管理人)**是指负责近海装置上一切活动的人员。

1.1.5　**近海装置**是指立于或位于水中或沿岸或其他断断续续被水覆盖的陆地上的被使用、将被使用或已被使用的结构物(见附录1)。

1.1.6　**后勤协调员**是指驻在岸上或近海的,尤其是由经营人指定的为联络点并负有下列责任的一名或多名人员:

.1　对近海运输的货物做适当的准备;

① 当移动近海装置(移动装置)所有人/合同人承包了一艘近海供应船时,他即是其经营人。

.2 装载/卸载/回装计划;

.3 航行时间表;

.4 应急事项;以及

.5 视情确定的其他事宜,包括危险货物。

1.1.7 **货物装卸员**是指在近海装置处的供应船上装卸货物的船舶或近海装置的一个成员。

1.2 信息和文件

1.2.1 应给近海供应船提供承担预定航行所需的所有相关信息。在决定所提供的信息的相关性时,应对下述两者加以区别:

.1 定期承租或连续航次承租船舶;和

.2 单航次或短期承租船舶。

1.2.2 经营人和合同人应持有载有包括程序和说明的文件,最好是用以说明和实施安全管理体系(安管体系)述及如表1、表2相关条款者。

表1

经营人和合同人
具体的通信程序
事故和不符合及后续行动报告程序
考虑到天气和海况预测的船舶航行时间表
路线/路线变更说明
抵达/离开船舶—岸基程序
抵达/离开船舶—近海装置程序
附有核查表的详细装/卸/回装程序,包括与危险货物、重件货物及异常装载等有关者
责任和权利
应急程序
特殊操作
紧急操作

表2

经营人	合同人
在近海目的地的岸上基地进料	抵达"安全区域"中近海装置的船舶
在近海装置靠泊和锚泊的程序	货物程序
海上运输作业	散货程序
货物装卸	检查货物系固检查表
货物装卸设备	旅客运输
近海(垃圾)吊箱,工具箱	适航性和适货性检查表
可移动罐柜	检查稳性状况
与船舶利害相关的装置的布置和图	
天气/现场操作	
岸上/近海的海上控制	
最新现场信息	

1.2.3 除1.2.2中所述之处，建议还应涉及所有界面的活动，例如附录3中所列者。

1.3 通信

在所有的供应船作业中，所有有关负责人之间均应有有效的通信，当使用无线电通信时，应在整个作业过程中保持专用频道。

1.4 货物装卸和稳定性

1.4.1 通则

1.4.1.1 在海上运输和近海装置处的作业期间，在某些情况下（例如某种天况或海况、深载），敞尾供应船会遇到开敞货物甲板进水的麻烦。这可导致发生危险状况，特别是易漂浮或摩擦系数小的货物装在船舶开敞甲板上时。建议为这些船舶提供防止此类危险的须知。

1.4.1.2 为了安全和有效地进行货物操作，应配备足够的货物装卸员。

1.4.1.3 供应船船员应进行充分培训。

1.4.1.4 在甲板货物装卸作业期间，应避免在船舶甲板上进行其他活动。

1.4.1.5 货物甲板人员的"安全港"和逃生路线在任何时候均应适当标示和保持畅通。

1.4.2 预先计划

1.4.2.1 在制定装载计划时应先制定和考虑航线计划和航行时间表。离岸后，只有负责的后勤协调员与船长合作才能作出改变航线决定。因此，在卸货或回装前在近海装置管理人和大副之间建立联系，最好是由后勤协调员进行，是必不可少的。

1.4.2.2 应告知船长作业的预计延误。应避免在紧挨近海装置处等候过多的时间。

1.4.3 货物

1.4.3.1 在传送作业开始前，船长应确保与货物装载或卸载有关的各个部门和各个人员的协调，以确保所有有关者认识到其责任，并对要使用的设备、通信和安全程序达成一致。

1.4.3.2 在装载前，应向船长提供有关危险货物、非标准货物、重货物以及难以积载、系固或卸载的货物的详情。

1.4.3.3 船长不应接受任何装卸不安全、包装不完备、标志不适当或文件不合适的货物的装载。确保供应船装运的货物进行适当准备的责任在于有关的经营人、托运人和/或货主。

1.4.3.4 所有货物作业均应由负责的高级船员加以监督。

1.4.3.5 经营人应确保尽可能多的货物集装化以便更安全地积载和系固于甲板上。如使用的集装箱大小不同，在计划积载时应考虑安全系固的必要性。关于集装箱的结构要求，应参照在公海上处理的集装箱认可指南（MSC/Circ.613）。

1.4.4 货物的积载和系固

1.4.4.1 船长应确保为船舶的安全营运，船舶具有足够数量和种类的绑扎和系固材料。绑扎和系固材料应：

.1 适合其预定用途；

.2 具有足够的强度；

.3 易于使用；

.4 维护良好；和

.5 定期检查；

并应对检查作出记录。

1.4.5 散货[①]

1.4.5.1 用于传送散货的软管，应在软管的终端标明颜色以确定使用该软管传送的货物。在木规则附录2载有推荐的颜色规则。

1.4.5.2 在散货传送作业前，应制定下列程序：

.1 开始和停止程序；

.2 传送的货物的数量和类型；

.3 允许的传送速率和压力；和

.4 突然应急停止程序。

1.4.5.3 在传送散货时应有一个负责船员参加监督、指导和控制传送操作。

1.4.6 稳定性

应参考近海供应船的设计构造指南（海事组织决议第A.469（Ⅻ）号，经修正）。

1.4.7 人身保护设备

1.4.7.1 装卸作业时，每个船员和/或货物装卸员应配备适于作业工区和将做工作的醒目的人身保护设备（人保设备）。应能得到足够的备用设备。

1.4.7.2 船员和/或甲板上的货物装卸员应穿戴救生衣及有关的人保设备以保护头、脚和手。

1.4.7.3 可能要求的人保设备实例如下：

.1 工作救生衣；

.2 工作防寒服（特殊区域作业之用）；以及

.3 安全帽，防护鞋，安全镜。

2 港口作业

2.1 通信

2.1.1 在近海供应船出发前，后勤协调员应将有关航行时间表、舱单以及有关项目通知经营人和合同人（如装置管理人和船长）。

2.1.2 在近海供应船到港前，船长应将有关船舶估计到达时间、货物要求以及近海供应船的任何特殊情况通知港口。

2.2 货物

2.2.1 经营人应该确保集装箱内货物适当地进行了适于海上运输的积载和系固。船长有权进行随机检查。如果对任何集装箱的检查表明积载、绑扎或系固装置不充分，危险货物标签或标志不适当，或者如果他对集装箱的安全状况有怀疑，他应该拒绝海运该集装箱。

2.2.2 应该参照《货物积载和系固安全实用规则》、《积载和系固规则》（海事组织第A.714（17）号决议）和海事组织/劳工组织/联合国/欧经会《货物运输单元包装指南》（第MSC/Circ.787号通函）。

3 海上运输

3.1 通则

① 对于散装有毒液体物质，参阅海事组织第A.673（16）号决议《近海支持船舶散装有限数量有害有毒液体物质的运输和装卸指南》。

3.1.1　在海上运输中货物应适当地积载和系固。应该对系固布置做定期目测。

3.1.2　当船舶在海上时，封闭的集装箱通常不应打开，除非发生紧急情况（例如火灾或溢漏）。应采取一切必要的预防措施以防止对人身产生伤害。

3.2　**通信**

在海上运输期间，船长、装置管理人和后勤协调员应该互相通知有关时间和情况的改变。

4　近海装置上的作业

4.1　**通则**

4.1.1　在开始进行货物作业前，船长和装置管理人应对装/卸方案予以确认。

4.1.2　船长和装置管理人应立即互相通知任何限制在供应船和近海装置间进行货物作业的情况（如从起重机控制室观察甲板的能见度，炫目的照明或近海装置舷外排放）。

4.1.3　装置管理人应确保有一足够长度的吊绳连接在起重机滑轮和吊钩之间，从而使起重机滑轮对货物装卸员和船舶构成的危险降至最低。起重机滑轮的标示应在所有操作环境下均可见。

4.2　**系泊要求**

4.2.1　船长在考虑到如下所列因素的情况下决定是否和如何系泊并向装置管理人进行确认：

.1　风、浪和涌况；

.2　海流；

.3　船舶操纵性；

.4　近海装置锚泊区域和起重机的细节情况；

.5　货物详情（重量、位置、特性）；和

.6　锚在海床的效果。

4.2.2　船长或装置管理人可决定船舶什么时候保持系泊或离近海装置很近是不安全的。

4.2.3　只有当船长认为在现行条件下“迅速装运”货物是安全时，才允许这样做。

4.3　**通信**

4.3.1　在船舶抵达近海装置前，船长应先从装置管理人处获得船舶进入近海装置专属区的许可。

4.3.2　在近海装置上进行货物作业和人员转移期间，负责的高级船员、货物装卸员、起重机操作员和近海装置甲板工长之间应保持有效的联络。

4.3.3　船长应通知装置管理人和后勤协调员有关船舶离开时间及抵达下一位置的估计到达时间。

4.4　**信息和文件**

货物信息应在开始货物作业前传送给收货方。

4.5　**人员转移**

4.5.1　在进行人员转移时，一般的做法是使用人员吊筐或小艇。对人员安全应不得有丝毫懈怠，在进行人员转移的整个过程中应保持最高水平的控制和通信。

4.5.2　只有在得到装置管理人的同意和各有关负责方面对转移程序达成一致后才能进行人员转移，并应考虑实际和预报的天气状况、风速、海况和能见度。

4.5.3　装置管理人应确保人员吊筐和所有相关索具的设计和维护能达到10：1的安全载荷

系数。吊筐应每天检查和在使用前进行检查。

4.5.4　装置管理人应确保只有合格的起重机和起重机作业人员才能参与人员转移。在整个转移过程中，船舶甲板船员、起重机操作员和船舶驾驶室之间应建立和保持直接的通信联系。

4.5.5　被转移人员应穿戴救生衣、安全帽和安全靴。此外，应按要求穿着合适的保护和救生服。

4.6　货物装卸

为将对甲板船员和/或货物装卸员造成伤害的可能性减至最小，他们不应试图帮助起重机操作员把吊着的货物放置在甲板上。应将货物放下、卸下吊钩，如果需要，再用拖绞车或拖板移至积载位置。

附 录 1

近海装置实例和类型

为确定本规则的适用范围之目的,下表列举了是和不是近海装置的结构物和船舶的类型的实例:

近 海 装 置	非近海装置(或装置的辅助部分)
固定生产平台 浮动生产平台 浮动储存装置 移动近海钻井装置(移动钻井装置) 浮动旅馆 浮动生产、储存和作业装置(浮动产储装置)	重吊船舶 潜水辅助船舶 穿梭油船 油井服务船舶 多层式移动钻井装置 海底装置 挖泥船 与装置不相连的油井 勘测船舶 管道铺设驳船 与其所附主结构物相距 500 m 以上的管道 与干陆地或桥梁或道路永久相连接的结构物

附 录 2

散装物质传送软管颜色标记

为避免对将散装物质传送至船舶和近海装置上的连接点的软管发生误用,应使用颜色标记。为辨别计,软管终端和连接点应通过使用一种颜色带来标明该物质,并且,所有近海供应船和近海装置应采用下述颜色标记:

物 质	色 带
饮用水	蓝色
钻井用水	绿色
燃料	棕色
干散货	黄色:水泥 橙色:重晶石/膨润土
专用基油/油基泥浆	黑色
海水	任选
甲醇	任选

附　录　3

经营人和合同人的界面活动

1　本附录的目的是帮助经营人和合同人处理近海供应船运送货物和人员而产生的界面活动，最好通过一项安全管理系统或操作程序，视适当确定。

2　经营人和合同人应制定共同的程序和操作标准，并解决计划和指令两方面界面的冲突。这些方面的例子有：

.1　安全和环境保护政策

.2　定期演习；和

.3　代表经营人和合同人的各自人员的权利和责任，包括：

.3.1　船长和装置管理人相互向对方提出建议和在他们认为安全和环境事宜使之成为必要时中断作业的权利和责任；和

.3.2　合同人的指定人员（参阅国际安全管理规则的第4段）和经营人有适当权利的人员就有关安全和环境事宜彼此之间进行直接联络的责任。

3　经营人和合同人应向对方提供各自安全管理系统或操作程序的有关部分。

4　经营人和合同人应以改进安全和环境状况为目标，制定相互交流有关不一致性、事故和有害情况的发生的程序。关键人员包括起重机操作人员间的会晤可有助于这种交流。

MSC/ Circ. 920

(1999 年 6 月 15 日)

装载和稳性手册范本

1　海上安全委员会第七十一届会议(1999 年 5 月 19 日至 28 日)注意到需为主管机关和工业界提供采用统一的格式,认可的术语编写和符号编制装载和稳性手册的指南,以便船员正确使用该手册,通过了装载和稳性手册范本,见附件。

2　提请各成员国采用附件中的范本,并提请所有有关方面注意。

附　件

装载和稳性手册范本

目　录

第 1 节　标志和批准
第 2 节　给船长的指南
　2.1　引言
　2.2　术语、符号和单位
　2.3　手册的说明
　2.4　船舶的营运
　2.5　批准的典型装载状况
　2.6　对稳性、纵倾和纵向强度的控制
第 3 节　技术资料(第 1 类和第 2 类)①
　3.1　舱容图
　3.2　装货处所的资料
　3.3　液舱处所的资料
　3.4　静水力数据
　3.5　空船特征
　3.6　载重线特征
　3.7　稳性限制
　3.8　纵向强度标准
　3.9　其他营运限制
第 4 节　参考资料(第 3 类)①
　4.1　倾斜试验报告
　4.2　完整稳性衡准
　4.3　其他资料

第 1 节　标志和批准

1.1　本节应包含供主管机关能清楚地判定本手册对该船舶的适用性以及对手册的批准是适宜的资料。

1.2　本节所述资料应包括:

---

① 资料分类定义如下:

1　第 1A 类资料是指包括为获得船舶纵倾和稳性特性必须的所有基本数据在内的资料。

2　第 1B 类资料是指针对船舶营运情况,船东认为可供选择的必要和有用的资料。

3　第 2 类资料是指提供给船长的资料,使之采用适当的方法,确保在给定的营运和装载情况下,船舶的稳性特性处在主管机关所要求的限制值范围内;和

4　第 3 类资料是指支持资料,并非船上必备资料,可为用做验证第 1 类和第 2 类的资料,应主管机关要求配备的。

.1　船名和船舶类型/用途；
.2　建造厂名和船厂编号；
.3　建造/改建（安放龙骨或交船）日期；
.4　船级情况；
.5　船旗国、船籍港和船旗登记号；
.6　主尺度；
.7　其他资料，如认为必要；和
.8　IMO 登记号。

1.3　手册的页码标识应从第 1 页开始，总的页数应在本节标明。

1.4　由主管机关或以其名义的代表批准的手册，应在本节中加以说明，并将有关航行的区域或季节或其他相关事项的限制清楚地表明。另外，手册的批准应在证书的封面上标明。

第 2 节　给船长的指南

2.1　引言

2.1.1　引言应写明手册的基本用途，例如：

.1　提供给船长所有必要的资料，以便对船舶进行适当的装载和压载，以及如有必要对稳性、吃水和结构完整性进行控制；

.2　根据经修订的 1974 年 SOLAS 公约第Ⅱ－1/22 条，1966 年国际载重线公约第 10 条和 1993 年托雷莫利诺斯议定书第Ⅲ/10 条，满足船旗国主管机关关于用于批准方面的要求；和

.3　需强调的是，船长仍应根据季节、天气预报和航行区域采取谨慎操作和正确驾驶，并根据当时条件允许对速度和航线采取适当的行动。

2.1.2　如适用，手册中应对可供选择的资料作出说明，这些资料可能被船东视为与船舶营运相适应的有用材料，其准确性和正确性由船东负责。这类资料可视为第 1B 类资料。

2.2　术语、符号和单位

2.2.1　采用的术语、符号和单位应符合有关的 ISO 标准①，这对船员实际使用手册是极其重要的。具体情况应在本节中加以说明。

2.2.2　典型的装载和稳性手册中必要的术语、符号和单位列于表 1，如图 1，2 和 3 所示描述上述符号含义的简图，如认为适宜，应包括在手册中。

---

①　将于 2000 年修订的 ISO 7462 和 ISO 7463。

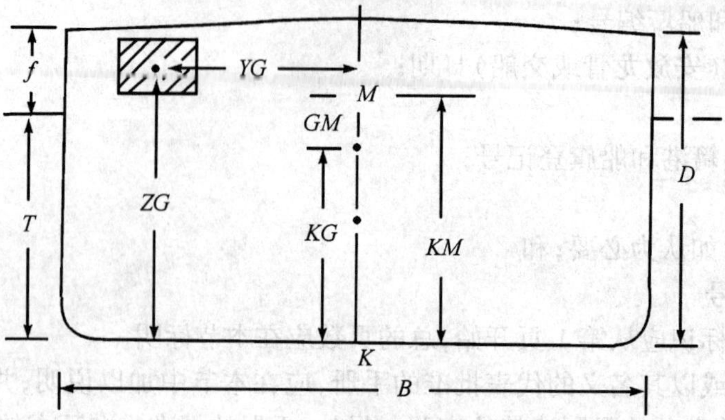

图 1

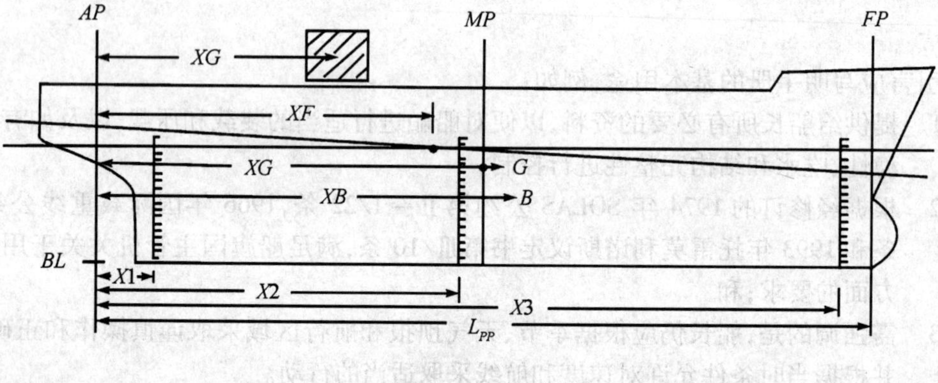

图 2

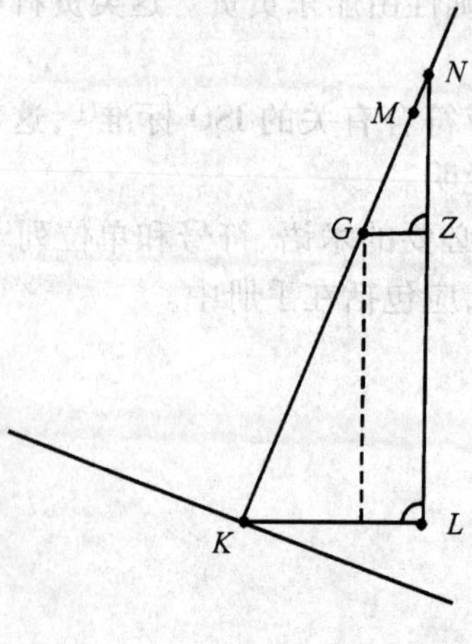

图 3

表1　术语、符号和单位

术　语	采用的符号	公制单位
尾垂线	*AP*	–
首垂线	*FP*	–
垂线间中点	*MP*	–
基线	*BL*	–
龙骨底	*BK*	–
横倾角	Φ	rad;(°)
船长(商船通常指垂线间长 L_{PP})	L	m
船宽	B	m
型深	D	m
干舷	f	m
龙骨吃水	T_{K}	m
龙骨尾吃水	T_{KA}	m
龙骨吃水,在船尾部水尺读取	T_{KAR}	m
龙骨吃水参考值	T_{KC}	m
龙骨首吃水	T_{KF}	m
龙骨吃水,在船首部水尺读取	T_{KFR}	m
龙骨平均吃水 $=0.5(T_{KA}+T_{KF})$	T_{KM}	m
龙骨吃水,在船中水尺读取	T_{KR}	m
船体变形 $=T_{KM}-T_{K}$	d	m
纵倾 $=T_{FK}-T_{KA}$	t	m
排水体积	L;*DISV*	m^3
排水量	Δ;*DISM*	kg;(t)
对应每厘米吃水变化的排水量	*TPC*	kg/cm;(t/cm)
水线面系数	C_{wp}	–
浮心在 x 轴上坐标	x_B;*XB*	m
漂心在 x 轴上坐标	x_F;*XF*	m
重心在 x 轴上坐标	x_G;*XG*	m
重心在 y 轴上坐标	y_G;*YG*	m
重心在 z 轴上坐标	*KG*	m
修正后重心在 z 轴上坐标 $=KG+\Delta KG$	KG_c	m
稳心在 z 轴上坐标	*KM*	m
稳性高度	*GM*	m
修正后的稳性高度 $=GM-\Delta KG$	GM_c	m
复原力臂	*GZ*	m
稳性横交曲线值	l_k;*LK*	m

表1 术语、符号和单位(完)

术语	采用的符号	公制单位
风倾力臂	$lv;l_V$	m
液体自由液面的横向惯性矩	$i_B;IB$	m^4
每厘米纵倾变化力矩	*MTC*	Nm/cm;(t·m/cm)
每米纵倾变化力矩	*MTM*	Nm/m;(t·m/m)
自横摇周期	T_Φ	s
横摇系数	C_Φ	–
风压值	p_v	N/m^2
船速	v	m/s;(kn)
尾部水尺标志在 x 轴上坐标	–	m
中部水尺标志在 x 轴上坐标	–	m
首部水尺标志在 x 轴上坐标	–	m
密度	公制符号:ρ	kg/m^3;(t/m^3)

2.3 手册的说明

2.3.1 如认为必要,这一部分应包含手册的说明,尤其是第3节的技术资料。说明应包括但不限于以下内容:

.1 参考图和纵倾标志;

.2 考虑纵倾情况的静水力数据的应用;

.3 考虑纵倾、甲板货高度或其他参数的稳性限制的应用;

.4 对考虑准确性和插值的表格或框图的使用提供一般性说明。

2.3.2 本部分所给出的说明应以适当的方式在专门的技术资料、表格或相关的出版物中重复出现。

2.4 船舶的营运

2.4.1 本部分应对空船的稳性、纵倾和由于设备的不对称分布导致的横倾力矩以及纵向应力参数予以说明。

2.4.2 如适用,对空船重量不对称,惯常以压载、消耗品或货物作为补偿的措施应予以说明。对采用固体散装货物作为补偿应提出警示。

2.4.3 消耗到不同的阶段,例如全部消耗品、部分消耗品和到港时最少消耗品状态,消耗品的分布以及装载状态对 *KG* 值的影响都应作出说明。

2.4.4 因航行过程中燃油的消耗导致 *KG* 值的增大,应对所采用压载作为补偿的情况作出说明。如适用,应采用适宜的表格或图表。

2.4.5 对典型的装载状态,如必要,对特殊的装载状态,由弯矩和剪力所产生的应力状态作出评论。对由于货物和/或压载的特殊分布,例如首尖舱或尾尖舱的消耗品装满时,可能造成的极端应力情况应提出警示。如适用,对不适当的扭转力矩也应给出类似的警示。

2.4.6 当甲板上装载如集装箱之类的重货,或舱内装载如滚装车辆之类的轻货时,对主要压载方式应作出说明。

2.4.7 如适用,升起的起重机吊杆、充满水的游泳池或其他重物对船舶稳性造成的影响,以及如适用减摇装置和/或横倾水舱的修正作用,都应给出具体资料。

2.4.8　有关装载及货物和压载分布的所有相关操作限制都应列出并作出说明,例如:

.1　载重线证书上的最大吃水;

.2　根据完整稳性衡准或破舱稳性衡准所要求的最大 KG_C 值;

.3　最大允许剪力和最大允许弯矩;

.4　根据 SOLAS 公约为标准对甲板堆装和纵倾的限制;

.5　耐波性所要求的最小首、尾吃水;

.6　最小船首高度所要求的首部最大吃水;

.7　堆放集装箱的最大堆放载荷;

.8　件杂货的单位面积最大载荷;和

.9　对散装货,每舱最大载荷。

如适用,应参考破损控制手册和货物系固手册。

2.4.9　应给出总的警示,凡不使用的液舱,如实际可能,应保持全空或全部充满,特别是当船舶稳性处于临界状态时。

2.4.10　对由于船舶永久倾角导致稳性变差,应提出一般警告。保持质量对称分布对于船舶始终处于正浮状态是必要的。

2.5　批准的典型装载状况

2.5.1　任何船舶至少应按通函 MSC/Circ.456 的要求对下述装载工况进行编制和计算:

.1　空船状态;

.2　坞内状态;

.3　经修订的完整稳性规则(A.749(18)决议)中 3.5.1,4.2.5 和4.5.7 规定的装载工况;和

.4　装载状态总结表。

2.5.2　应按照经修订的完整稳性规则中3.5.2,4.1.8 和 4.5.8 对装载状态的计算作出假定。如装载状态可能发生结冰情况,计算时应考虑结冰影响。

2.5.3　作为船长用做获得船舶载货能力实际情况的计算装载状态,建议出港状态满载约有50%消耗品,限制满舱的数量。如果甲板上载货超量,载货能力的余下部分可部分地用于较低位置的压载。随后消耗品为10%的到港状态也应提供。

2.5.4　如果由于货物的性质和其典型的积载方式,通常就装载而言,稳性可能成为限制作用的因素(例如集装箱船、滚装船、甲板上装载木材的船),在出港或到港或出、到港两者计算状态注明有关载重线和稳性要求的“限制条件”。

2.5.5　每一列出的装载状态应包括:

.1　船舶简图,以图解的形式,如需要,采用侧视图和俯视图表明包含在排水量中的载重量的主要项目。

.2　描述空船重量和载重量的所有组成部分,包括相对于所确定的参考平面其重心位置的表格。汇总时应显示排水量和其重心的位置,重心的位置应给出垂向和纵向坐标。对集装箱船和滚装船,建议包括横向坐标。表格中应包含根据经修订的完整稳性规则 3.3 未满舱按横倾 0°计算的自由液面力矩。

.3　表示随横倾角变化的复原力臂曲线图。复原力臂应根据经修订的完整稳性规则

3.3 进行自由液面修正。如适宜,应将风和/或其他横倾力臂曲线加绘在复原力臂曲线上。对手册中的每一个装载状态,绘图所采用的比例应统一。

.4 1份相应的装载状态总结表,至少应包含下述内容:

.4.1 排水量;

.4.2 相应的吃水(即漂心处的吃水);

.4.3 每一单位(米或厘米)纵倾变化力矩;

.4.4 浮心纵向位置;

.4.5 重心纵向位置;

.4.6 漂心纵向位置;

.4.7 垂线间的纵倾;

.4.8 首垂线处的吃水;

.4.9 尾垂线处的吃水;

.4.10 首尾垂线间中点的吃水;

.4.11 初稳性计算中自由液面力矩的总和;

.4.12 横稳心的垂向位置(对纵倾超过1%船长的纵倾状态);

.4.13 未经和经过自由液面修正的船舶重心的垂向位置;

.4.14 未经和经过自由液面修正的横稳心高度;和

.4.15 对所给定的限制值或取自3.6 的稳性参数值予以描述,并与所达到的相应数值加以比较。

.5 从浸入海水中($\rho = 1.025\ t/m^3$)、总的容积得到吃水和其他静水力数据。如船舶拟航行于密度较小的水域,经船旗国主管机关的批准,可采用合适的总浸水容积。

.6 所述吃水应设计到龙骨底板,对此应明确指出。

2.5.6 对每一个计算的装载状态都应作出注释或说明,以突出特殊装载状态下涉及以下内容的具体情况:

.1 营运限制(见2.4.8);

.2 由于燃油消耗、甲板货的海水浸泡或其他原因,造成由出港到港间的压载操作;

.3 对货物积载系数或每层集装箱的平均质量的限制;

.4 对船舶设备和其他重物的位置或游泳池的使用所做的限制;

.5 消耗品的数量和分布;

.6 (在初稳性高度较大时)为避免剧烈晃荡,未满压载舱的最小充满率;和

.7 其他重要方面。

2.6 对稳性、纵倾和纵向强度的控制

2.6.1 如适用,参考经认可的装载,应编制船上稳性计算程序,并为用户使用该计算机提供指导。

2.6.2 对船上没有配备经批准的装载和稳性计算机或计算机失灵时,可能要求对超出2.5条要求范围的装载状态进行控制,因此应提供手算稳性、吃水和纵倾的简单的指导。为此建议采用适当形式的表格。

2.6.3 如适用,本条应提供包括下述内容的表格:

.1 汇总消耗品和备品的质量和位置;

.2　汇总压载的质量和位置；

.3　汇总货物的质量和位置；

.4　汇总渔具的质量和位置；

.5　汇总结冰的质量和位置；

.6　汇总排水量和排水量重心位置以及估算吃水和纵倾；和

.7　绘制复原力臂曲线，如适用，以及风倾力臂曲线。

2.6.4　按2.6.3.3所述表格应与船舶特种类型或拟装货物种类相适应，即对下述情况的分布可提出不同的要求：

.1　件杂货；

.2　集装箱；

.3　滚装车辆；

.4　散装货物（固体或液体）；

.5　鱼类；和

.6　结冰。

对像集装箱或滚装车辆之类构成堆装形式的货物，可采用单独的表格用于计算货物重心的垂向和纵向位置。

2.6.5　按2.6.3.4，2.6.3.5所述的计算表格范本列于表2和表3：

表2　排水量、吃水和稳性估算表

行号	稳性和纵倾手算表						
0	名称	质量(t)	重心纵向位置 XG(m)	纵向力矩 (t·m)	重心垂心位置 ZG(m)	垂向力矩 (t·m)	自由液面力矩 $i_B \cdot \rho$(t·m)
1	空船	4 055.4	47.55	192 835.2	9.75	39 540.3	-
2	消耗品						
3	压载						
4	货物						
5	其他						
6	排水量						
7	船舶重心纵向位置 $XG = \sum$ 纵向力矩/排水量 = ______ m						
8	根据排水量，参考3.4.2中的静水力表得出船舶在海水中：						
9	T_{KC} = ______ m；MTM = ______ t·m/m；XB = ______ m；XF = ______ m						
10	$\text{Trim} = \dfrac{\text{排水量} \cdot (XG - XB)}{MTM}$ = ______ m						
11	尾垂线处吃水：$T_{KA} = T_{KC} - t \cdot XF/L_{PP}$ = ______ m						
12	首垂线处吃水：$T_{KF} = T_{KC} - t \cdot (XF - L_{PP})/L_{PP}$ = ______ m						
13	排水量重心高度 = $\sum$ 垂向力矩/排水量 = ______ m						
14	$KG_C = KG + \sum (i_B \cdot \rho)$/排水量 = ______ m						
15	根据 T_{KC} 和甲板上集装箱层数，从3.7.1所述的表中得到极限重心高度 KG_C，第14行中应不大于本行中的 KG_C 值 = ______ m						

注：在计算第10行至第12行时正负应遵守代数法则，纵倾以尾倾为正。

表3　复原力臂曲线的计算和绘制表

(如有必要可将 GZ 轴延长)

行号	Φ　　(°)	10	20	30	40	50	60	70	80
1	LK　m								
2	$KG_C \cdot \sin\Phi$ m								
3	GZ　m								
4	$KM = -M$;　$KG_C =$ ______ m;　$GM_c = KM - KG_C =$ ______ m								

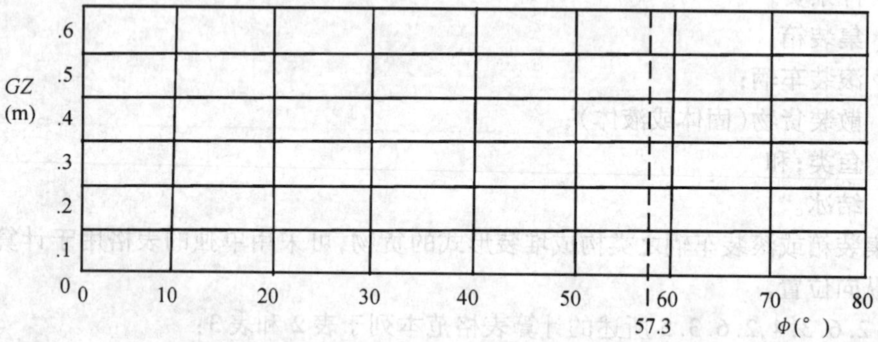

2.6.6　应提供一份计算的实例和说明性文字。还应注明,在计算装载状态时,至少有一个(或:对)燃油和淡水舱应按未满舱考虑。

2.6.7　如果船舶装有经批准的用于进行倾斜试验的设备,应对这种设备的操作手册给出参考注释,或如认为合适,本部分还应给出综合性指导。

如果,船东要求装载和稳性手册包括附加的技术资料,以帮助吃水检验或其他的稳性管理事项,则在本部分应提供相应的指导和计算实例。如合适,应考虑由本组织制定的船舶的稳性管理指导。

第3节　技术资料(第1类和第2类)

3.1　舱容图

3.1.1 本部分的内容应包含描述装货处所、液舱、储藏室、机器处所和船员/乘客起居处所布置的比例图。装货处所和液舱应根据用途、名称和/或编号以及包括在本手册中的其他资料作出适当标志。

3.1.2　另外,上述舱容图还应描述:

.1　参考平面和龙骨升高(如适用);

.2　肋骨、肋骨间距和编号;和

.3　船首、船中和船尾水尺标志的位置。

3.1.3　参考平面最好应确定在:

.1　纵向坐标为尾垂线处;

.2　横向坐标为中心线处;和

.3　垂向坐标为基线处。

3.1.4　另外,上述舱容图还应提供一份载重线标志图,标明:

.1　相对船舶甲板线的位置；

.2　夏季载重水线的吃水；

.3　夏季木材载重水线的吃水；

.4　相应的干舷；和

.5　载重量标尺。

3.2　装货处所的资料

3.2.1　本条应以适当的表格形式描述装货处所以下的资料：

.1　装货处所的名称和/或编号；

.2　装货处所首尾端的肋位号码；

.3　装满100%时的容积；和

.4　相对于参考平面体积中心的纵向、横向和垂向坐标。

3.2.2　另外，对件杂货船，应给定特殊甲板或内底单位面积允许装载货物重量，采用t/m^2单位。如适用，装货处所的容积对包装货物和颗粒状货物可分别给出。

3.2.3　对散货船，应给出特殊处所允许装载的货物总质量。

3.2.4　另外，对液货船应给出货舱装载率为98%时的体积和自由液面惯性矩。

3.2.5　对具备装载集装箱条件的船舶，应提供一份详细的装载图，采用接受的记数系统，列出集装箱假定重心的纵向、横向和垂向坐标。垂向坐标应考虑ISO标准箱高8 ft 6 in高度的50%作为重心的垂向坐标。如果船舶拟装载其他尺寸的集装箱，则应采用其他合适的高度。

假定的重心垂向坐标如有任何减小，均应指明。集装箱的最大堆码质量和最大堆码高度可包括在这类资料中。

3.2.6　对滚装船，堆装图应适当地分隔，以便标明堆装位置的纵向坐标，垂向坐标应确定在甲板以上2 m，除非由于商业上对货物的特殊要求而取不同的值。

3.3　液舱处所的资料

3.3.1　本条应以适当的表格形式列出拟装载燃油、储存、给水、生活用水、处理液和废液的液舱处所的资料：

.1　液舱名称和/或编号及标定容积；

.2　液舱前后位置的肋骨号；

.3　装满100%时的容积；

.4　液体的密度(ρ)；

.5　装满100%时货物的质量；

.6　容积中心的纵向、横向和垂向坐标；和

.7　自由液面力矩的最大值($i_B \cdot \rho$)。

3.3.2　本条也可包含下述内容的单个总结表：

.1　不管废液接收舱是空的还是满的，满的消耗液体舱中取一个（或一对）燃油和淡水舱的自由液面；

.2　消耗液体舱和废液接收舱大约一半时的容量；

.3　当废液接收舱满载时，消耗液体达到的最小容量；和

.4　对于装载大量的甲板货或稳性敏感的船舶所要求的典型的压载布局。

这些总结表应在本手册的相应装载状态中运用。

3.3.3　对深舱、边舱、尖舱和形状特殊的其他舱，装载量大于船舶夏季排水量的0.1%时，应提供单独的测深表用于描述舱室标志、容积、密度和：

.1　测深级差为0.1 m或更小的测深表；

.2　给定测深处的容积；

.3　容积中心的纵向、横向和垂向坐标；和

.4　自由液面力矩（$i_B \cdot \rho$）。

3.3.4　对宽度等于或大于0.6*B*的包括货舱在内的深舱，应另外提供单独的表格用于描述舱室标志、容积、密度和：

.1　测深级差为0.1 m或更小的测深表；

.2　给定测深处的容积；和

.3　间隔为10°，横倾角从10°到80°，给定容积的体积横倾力矩。

液体的体积横倾力矩应按经修订的完整稳性规则中3.3要求进行计算。

3.4　静水力数据

3.4.1　应提供船舶平浮或不计挠度的设计纵倾情况下的静水力数据，采用表格形式，距龙骨底板吃水值范围取自空船吃水至最大吃水的115%或至船舶型深，取较小者。

表列的间隔应不大于5 cm，并按下表所列小数点的位置将下一位数四舍五入。

3.4.2　表列数据应包括：

T_{KC} (m)	*DISV* (m³)	*DISM* (t)	*TPC* (t/cm)	*KM* (m)	*MTM* (t·m/m)	*XB* (m)	*XF* (m)
6.05	8 677.3	8 894.3	18.00	9.038	10 783	59.48	58.78

可采用*MTC*（每厘米纵倾力矩）代替*MTM*（见2.2条）。*KM*，*XB*和*XF*的参考平面位置应明确说明。

3.4.3　如果装载情况下船舶的营运显示有较大纵倾，即纵倾超过0.01*L*时，应另外提供在相应纵倾范围内的静水力数据。

对由于货物堆装的方式可能造成稳性处于临界状态的船舶，尤其应将稳心高*KM*值列出，如适用，应采用下述表示形式：

T_{KC} (m)	纵倾情况下的*KM*(m)值					
	t = −3 m	*t* = −2 m	*t* = −1 m	*t* = 0 m	*t* = 1 m	*t* = 2 m
8.20 m	9.523	9.422	9.332	9.256	9.127	9.162

3.4.4　应按3.4.1中所述的相同情况提供稳性横交曲线数据，横倾角从10°到80°，间隔10°。对某类船或特殊用途如计算谷物稳性，可要求采用较小的步长或特殊横倾角。

如果船舶的营运纵倾或船型和船舶布置使得纵倾的变化对复原力臂产生不可忽视的影响，手册中应包括另外表格表示适当的纵倾范围内的稳性横交曲线，表格后应附加文字说明在

稳性横交曲线数据计算中所计入的上层建筑和/或木材甲板货的情况。

T_{KC} (m)	LK 10° (m)	LK 20° (m)	LK 30° (m)	LK 40° (m)	LK 50° (m)	LK 60° (m)	LK 70° (m)	LK 80° (m)
6.60	1.578	3.207	4.773	6.067	7.03	7.560	7.748	7.650

3.5 空船特征

3.5.1 本条应列出从倾斜试验和空船检验中得到的数据：

.1 空船质量；

.2 相对相应的参考平面，空船重心的纵向、横向和垂向坐标；

.3 计算或测量的船体的误差，如适用；

.4 倾斜试验的地点和日期；

.5 负责批准上述结果的机构名称。

3.5.2 如果船舶的倾斜试验准予免除，应说明免除机构的名称和理由，以及参考船或从中作出推断所依据船舶的详细情况。

3.5.3 如果空船质量包括永久压载，应对该压载的材料、质量和对共同的参考平面的分布情况作出描述，也应用简图对压载的分布情况加以说明。

3.5.4 如果主管机关要求船舶进行横摇周期试验，应给出试验结果的详细情况。

3.6 载重线特征

3.6.1 本条应对勘划的载重线类型（即A型、B型等）作出文字说明，并对相应的载重线标志（冬季、夏季、热带等）中的下述数据用表格表示：

.1 距龙骨底部的吃水；

.2 干舷；

.3 海水中的排水量（ρ:1.025 t/m^3）；和

.4 载重量。

3.6.2 如果是在不为零的设计纵倾基础上核定干舷的，应加以说明。另外，从船首高度考虑如有必要应限定首垂线处的最大允许吃水，也应加以说明。

3.6.3 关于船舶在恶劣海况下操作所要求的首和尾的最小吃水应予以说明。此类资料可视为第1B类资料。

3.7 稳性限制

3.7.1 本条应包含一份船舶在给定的装载情况下稳性预估表，船长可由此判断是否满足规定的稳性衡准。资料最好应列出船舶重心高度 KG_C 的最大允许值的装载状态，即经过适当的自由液面修正后的参考龙骨吃水 T_{KC} 值。

如果船舶重心高度 KG_C 的最大允许值取决于具体参数，例如甲板货高度，甲板上集装箱的层数，纵倾或其他营运情况，应对某些 KG_C 限制值的适当组合以一个表或几个表形式绘出，尤其是如果认为纵倾不会影响 KG_C 限制值，应对此予以明确说明。

数据的范围应从最小的预定航行吃水的勘划的最小干舷处。给出以下表格范例：

T_{KC} (m)	任一营运纵倾情况下的极限重心度度 KG_C(m)值				
	甲板上无集装箱	甲板上层集装箱	甲板上二层集装箱	甲板上三层集装箱	甲板上四层集装箱
5.20	9.05	9.05	9.05	8.99	8.85

3.7.2　对可能结合营运后的倾斜试验进行稳性管理的船舶,不应将经自由液面修正后的稳心高度的最小值作为替代,视为是否满足稳性衡准的决定性参数。但是作为限制参数的 KG_C 最大值的提出将迫使使用者根据测量 GM_C 值计算出实际的 KG_C 值。万一有较大纵倾,使用者应采用纵倾情况下的 *KM* 值。

3.7.3　对船舶平浮或超出 3.7.1 定义的范围内的设计纵倾情况下,完整稳性规则。3.2.2.1.5 定义的向下进水角,相对于参考龙骨吃水值 T_{KC} 的情况应列成表格形式。极限开口的位置应根据同一参考平面的坐标确定。

3.7.4　应采用适当的表格和/或图表形式,以一组单独的资料提供相应的破损稳性衡准。表示的形式应尽实际可能地与完整稳性的表示形式相似。

3.8　纵向强度标准

3.8.1　这一部分应包括以适当的表格形式选择纵向位置,即肋骨或舱壁:

.1　肋骨号和纵向坐标;

.2　对港内作业和海上航行时正和负的剪力最大允许值;和

.3　对港内作业和海上航行时正和负的弯矩最大允许值。

肋位	X 轴坐标	剪力限制值(kN)			弯矩限制值(kN·m)		
		海上		港内	海上		港内
64	44.2 m	21 050	−20 750	±25 359	292 850	−240 400	±465 350

如果这些限制值由一些特殊参数如货物的均匀装载或隔舱装载、吃水或航行的其他情况决定,如需要应提供附加的表格。

3.8.2　本条可单独提供一份表格,用于根据船舶所有剖面的弯矩预估船舶的挠度。如有要求,这些数据就像初始倾斜试验和空船检验时那样,应反映出任何永久变形量。应给定港内和海上时最大允许变形值(中拱或中垂)。本款中所指资料可认为属于第 1B 类资料。

3.8.3　对由于结构和货物堆装方式容易造成船舶扭转变形,应在 3.8.1 中所述的表格中提供扭矩的最大允许值。

3.9　其他营运限制

3.9.1　本条应包含有关船舶装载和营运的资料和/或其他营运限制。内容可包括：

.1　按 SOLAS 公约要求对纵倾和/或甲板货物堆装限制；

.2　考虑对甲板货物特别是集装箱的系固对初稳性高度的限制(参考货物系固手册)；

.3　考虑破损控制对稳性和纵倾的要求(参考 MSC/Circ.919 通函破损控制图导则)；

.4　考虑船舶在恶劣海况下操纵对营运的限制(参考 MSC/Circ.707 通函为避免随浪和尾斜浪中的危急情况给船长的指南)；和

.5　与船舶结构强度相适应的最大允许吃水(结构吃水)。

3.9.2　如认为有益,可将本条所述的资料移到2.4条(船舶的营运)。

第4节　参考资料(第3类)

本条应包括对船舶营运并非必要,但被认为对供船长参考和/或对提供给主管机关批准所需要的一些资料。

4.1　倾斜试验报告

本条所述的倾斜试验报告应足够详细,以使主管机关满意。

4.2　完整稳性衡准

本条应包含船旗国主管机关指定的船舶完整稳性衡准的有关内容,该部分内容是3.7所指的稳性限制的基础。

4.3　其他资料

本条应包含主管机关或船东认为有用的其他参考资料。

(二)关于航行

第 A.529(13)号决议
(1983 年 11 月 17 日通过)

航行精度标准

大会，

忆及国际海事组织公约第十六条第十款关于大会在海上安全规则方面的职责的规定，

认识到为主管机关提供用于评价定位系统的航行精度标准指南的必要性，

审议了海上安全委员会在其第四十八届会议上提出的建议，

1 **通过**本决议附件中的航行精度标准，

2 **建议**各成员国政府在评价定位系统的性能时将此精度标准作为指南。

附　件

航行精度标准

1　引言

1.1　本附件的目的是向主管机关提供有关航行精度标准方面的指南，以评价定位系统，特别是无线电导航系统，包括卫星系统在内。这些标准不适用于例如近海勘探或由水文测量机构进行的特殊活动。

1.2　航海者需要能够随时确定其位置。这就需要精确地定位，如不能连续测定位置，就需要在定位之间估算位置的方法，还可以是推算船位法。

2　影响精度要求的因素

2.1　精度要求有赖于各种因素，其中包括：

.1　船速；

.2　与最近航行危险的距离。任何可能会构成或包含着对船舶造成风险或规定航行限制的公认的特点，海图上标出的特点或界线均被看成是航行危险。

表 1

航 程 分 段	精 度 等 级
海港入口等	依据当地情况
其他水域	与危险的距离的 4%，最大为 4 n mile

3　航程分段

3.1　各段可分为：

.1　港口入口及进入处及驾驶自由受限的水域；

.2　其他水域。

3.2　在第一分段中，一般依靠视觉观测，雷达、声呐测深仪等航行，或依靠专门的电子定位系统航行。精度要求视当地情况确定。两段之间的划分并无精确界线，可视当地情况确定。

4　精度标准的定义

4.1　下列表格列出了船速不超过 30 kn 时，估价定位系统的精度标准。

4.2　航海者从运用任何系统①所期望得到的精度，既有赖于被称为“定位系统”的该系统所给出的定位的精度，也有赖于上次系统定位后过去的时间。

4.3　因为定位的精度涉及固有误差及偶然误差，所以仅能用概率来表示。在表示系统定位的精度时，应使用 95% 的概率。

4.4　当假定使用一个符合第 A.424(Ⅺ)号决议的陀螺罗经及一个符合第 A.478(Ⅻ)号决议的计程及速度显示装置进行船位推算，未进行与上次系统定位有关的修正时，在使用者所预计的精度、系统定位精度及系统定位之间的最大间隔时间之间，存在着一种关系。表 2 说明了这种关系，并考虑到了在推测流速度、潮流及风的影响时一般可预计的误差。图 1 和图 2 也说明

① “系统”一词是指任何可定出船位的装置。

这种关系，并表明同一数据的不同百分比。

表 2

距危险的最小距离（n mile）	所要求的精度（n mile）	定位系统的精度（n mile）					
		0	0.1	0.25	0.5	1	2
		上次定位后允许的最长时间（min）					
10	0.4	12	12	9	–	–	–
20	0.8	28	28	27	22	–	–
30	1.2	48	48	47	44	27	–
40	1.6	72	72	71	68	56	–
50	2.0	100	100	99	97	87	0
60	2.4	132	132	131	129	120	73
70	2.8	168	168	167	165	157	118
80	3.2	208	208	207	206	198	162
90	3.6	252	252	251	250	242	210
100	4.0	300	300	300	298	291	260

此表使用举例：

预计距危险不小于 36 n mile 处航行的船舶，为达到航行要求，1.2 n mile 应为所求的精度，这个精度可用具有以下精度的系统来求得：

1 n mile，定位间隔时间不超过 27 min；

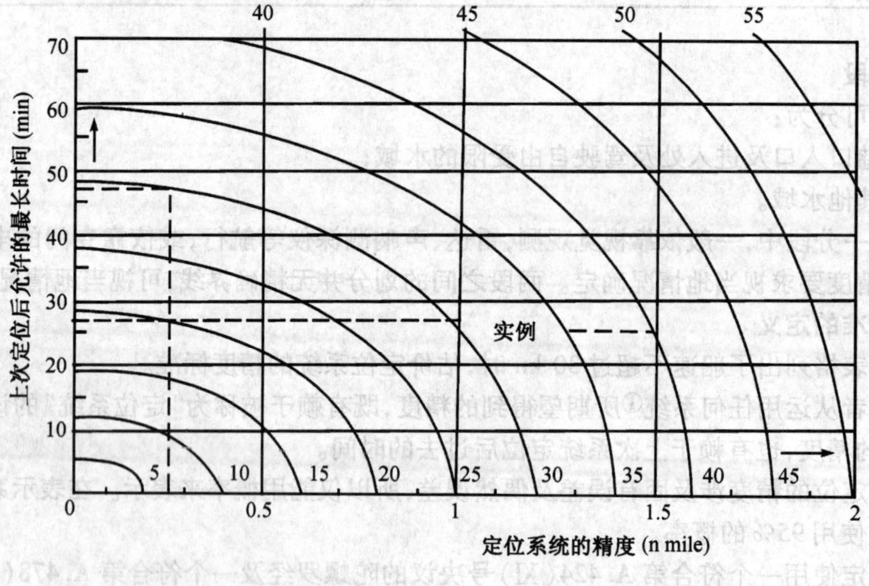

图 1

0.5 n mile，定位间隔时间不超过 44 min；

0.25 n mile，定位间隔时间不超过 47 min；或

0.1 n mile，定位间隔时间不超过 48 min。

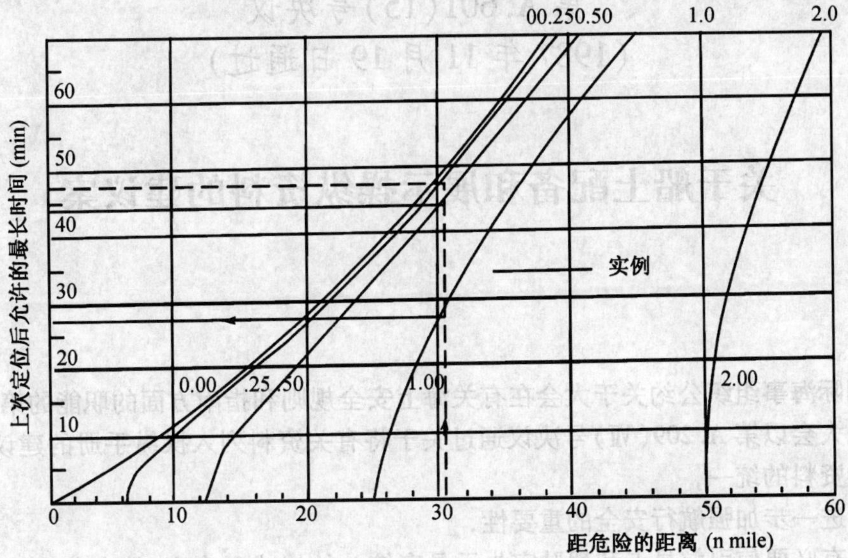
上次定位后允许的最长时间 (min)
00.250.50
1.0
2.0
60
50
40
30
20
10
实例
0.00
.25
.50
1.00
2.00
0
10
20
30
40
50
60
距危险的距离 (n mile)

图 2

第 A.601(15)号决议
(1987 年 11 月 19 日通过)

关于船上配备和展示操纵资料的建议案

大会，

忆及国际海事组织公约关于大会在有关海上安全规则和指南方面的职能的第 15(j)条，

还忆及大会以第 A.209(Ⅶ)号决议通过关于将有关资料列入操纵手册的建议案，从而保证船上此类资料的统一，

注意到进一步加强航行安全的重要性，

认识到有必要使引航员卡和驾驶室告示具有统一的格式和内容，并为向驾驶人员提供船舶操纵特性详细资料的操作手册确定一个范围，

审议了海上安全委员会第五十三届会议的建议案：

1 **通过**本决议附件中的关于在船上配备和展示操纵资料的建议案，该建议案取代第A.209(Ⅶ)号决议通过的建议案；

2 **请**所有有关国家政府采取步骤尽快使建议案生效；

3 **要求**海上安全委员会根据技术的新发展和在应用中获得的经验经常审阅该建议案以便加以完善。

附 件

关于船上配备和展示操纵资料的建议案

1 引言

1.1 根据第A.160(ES.Ⅳ)号决议通过的关于船舶操纵能力和停车距离资料的建议案及1978年海员培训、发证和值班标准国际公约规则Ⅱ/1第10段,建议各国主管机关要求船上配备并向航海人员展示有关操纵资料。

1.2 操纵资料应见于:

.1 引航员卡

.2 驾驶室告示

.3 操纵手册

2 应用范围

2.1 主管机关应建议,以附录中范本的格式,配备下列操纵资料:

2.1.1 对于经修正的1974年海上人命安全公约适用的所有新船,应配备引航员卡;

2.1.2 对于所有长度100 m及以上的新船以及所有新的化学品船和气体运输船不管其大小,应配备引航员卡、驾驶室告示及操纵手册。

2.2 主管机关应鼓励现有船舶及因特别尺寸或特性可能造成危害的船舶配备操纵资料。

2.3 在船舶经过可能会改变其操纵特性或极限尺寸的改装或改建之后应对操纵资料加以修正。

3 操纵资料

3.1 引航员卡(附件1)

引航员卡应由船长填写,其目的是为上船引航员提供资料。该资料应说明船舶目前状况,关于船舶的装载、推进和操纵设备以及其他有关设备。引航员卡的内容不需进行特别操纵试验即能使用。

3.2 驾驶室告示(附件2)

驾驶室告示应在驾驶室长期展示。它应包括船舶的一般资料及说明船舶操纵特性的详细资料,其大小应便于使用。由于环境、船体和装载条件的原因,船舶操纵性能可能与告示中的会有所不同。

3.3 操纵手册(附件3)

船上应备有操纵手册,其内容应包括船舶的操纵特性和其他有关资料的全面细节。操纵手册应包括驾驶室告示所列的资料以及其他可用的操纵资料。手册中的大多数操纵资料是可以估计的但有一些应通过试验获得。手册中的资料在船龄期间可以增补。

附 件 1

引航员卡

船名____ 日期______________________________________

呼号__________________ 载重吨_________________ t 建造年份_______________________________

吃水:船尾 _____ m/_____ ft _____ in 船首_____ m/_____ ft _____ in 排水量_____ t

船舶特征	
全长 ______ m	锚链:左舷______ 节 右舷______ 节,
型宽 ______ m	船尾______ 节
型深	球鼻船首 是/否 (1 节 =______ m/______ 英寻)

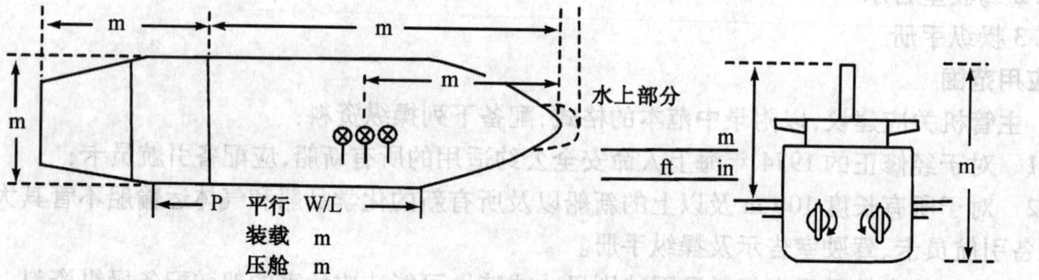

<table>
<tr><td colspan="4">主机类型 ______________ 最大功率 ______ kW(______马力)</td></tr>
<tr><td rowspan="2">操纵车令</td><td rowspan="2">r/min/螺距</td><td colspan="2">速度(kn)</td></tr>
<tr><td>装载</td><td>压载</td></tr>
<tr><td>全速前进</td><td></td><td></td><td></td></tr>
<tr><td>半速前进</td><td></td><td></td><td></td></tr>
<tr><td>慢速前进</td><td></td><td></td><td></td></tr>
<tr><td>微速前进</td><td></td><td></td><td></td></tr>
<tr><td>微速后退</td><td></td><td colspan="2" rowspan="4">后退时间限制 ______ min
全速前进到全速后退 ______ s
最大连接启动次数 ______
最高转速 ______ r/min
后退功率为前进的 ______ %</td></tr>
<tr><td>慢速后退</td><td></td></tr>
<tr><td>半速后退</td><td></td></tr>
<tr><td>全速后退</td><td></td></tr>
</table>

转向特性	
舵型 ______________________	最大角度 ______________________ (°)
左满舵到右满舵 ______________________ s	
舵角平衡效应 ______________________ (°)	
转向推进器:船首 ______ kW(______马力)	船尾______ kW(______马力)

船上检验情况

锚 ☐　　　　指示器

舵 ☐

汽笛 ☐　　　　r/min/螺距 ☐

雷达 ☐ 3 cm　☐ 10 cm　　　　转向率 ☐

自动雷达描绘仪 ☐　　　　罗盘系统 ☐

速度仪 ☐　多普勒 ☐　　　　固定陀螺误差　±______(°)

水速 ☐

地速 ☐　　　　甚高频 ☐

双轴 ☐　　　　电子定位系统 ☐

车钟 ☐　　　　类型____________

舵机 ☐

工作动力装置数量 ☐

其他资料

附 件 2

操舵室告示

船名 ________ 呼号 ________ 总吨 ________ 净吨 ________

最大排水 ________ t 及载重 ________ 吨及在夏季满载吃水时的方形系数 ________

取得操纵数据时的吃水

满载	压载
试验 / 估算	试验 / 估算
前 m	前 m
后 m	后 m

舵效特性

舵型 ________

最大舵角 ________°

在一个动力装置下，从满舵到满舵所需时间 ________ s

在两个动力装置下，从满舵到满舵所需时间 ________ s

推进器停止后，保持航向所需的最低速度 ________ kn

舵角平衡效应 ________°

锚链		
	链节数	最大起锚速度 节/min
左舷		
右舷		
船尾		
(1节= m/ 英寸)		

推进特性

主机类型 ________ kW(__HP) 推进器类型

车令	转速 / 螺距	速度 (kn) 满载	压载
海上全速前进			
全速前进			
中速前进			
慢速前进			
微速前进			
微速后退		临界转速 __ r/min 最低转速 __ r/min	
慢速后退		倒车时限 __ min 最低转速时的倒车时限 min	
中速后退		紧急全速前进至全速倒车	
全速后退		停止至全速倒车 __ s 倒车功率为前进的 __ % 最多连续启动次数 __	

助推器	kW(HP)	全速助推延时	零速时的回转率	变向全速助推的延时	无效速度界限
船首		s	(°)/min	min s	kn
船尾		s	(°)/min	min s	kn
联合		s	(°)/min	min s	kn

估算尾墩效应			侧倾效应	
龙骨下间隙	船速 (kn)	最大估算首墩 (m)	倾角 (°)	吃水增加 (m)
m			2	
			4	
			8	
m			12	
			16	

附 件 2（续）

最大舵角时的回转圈

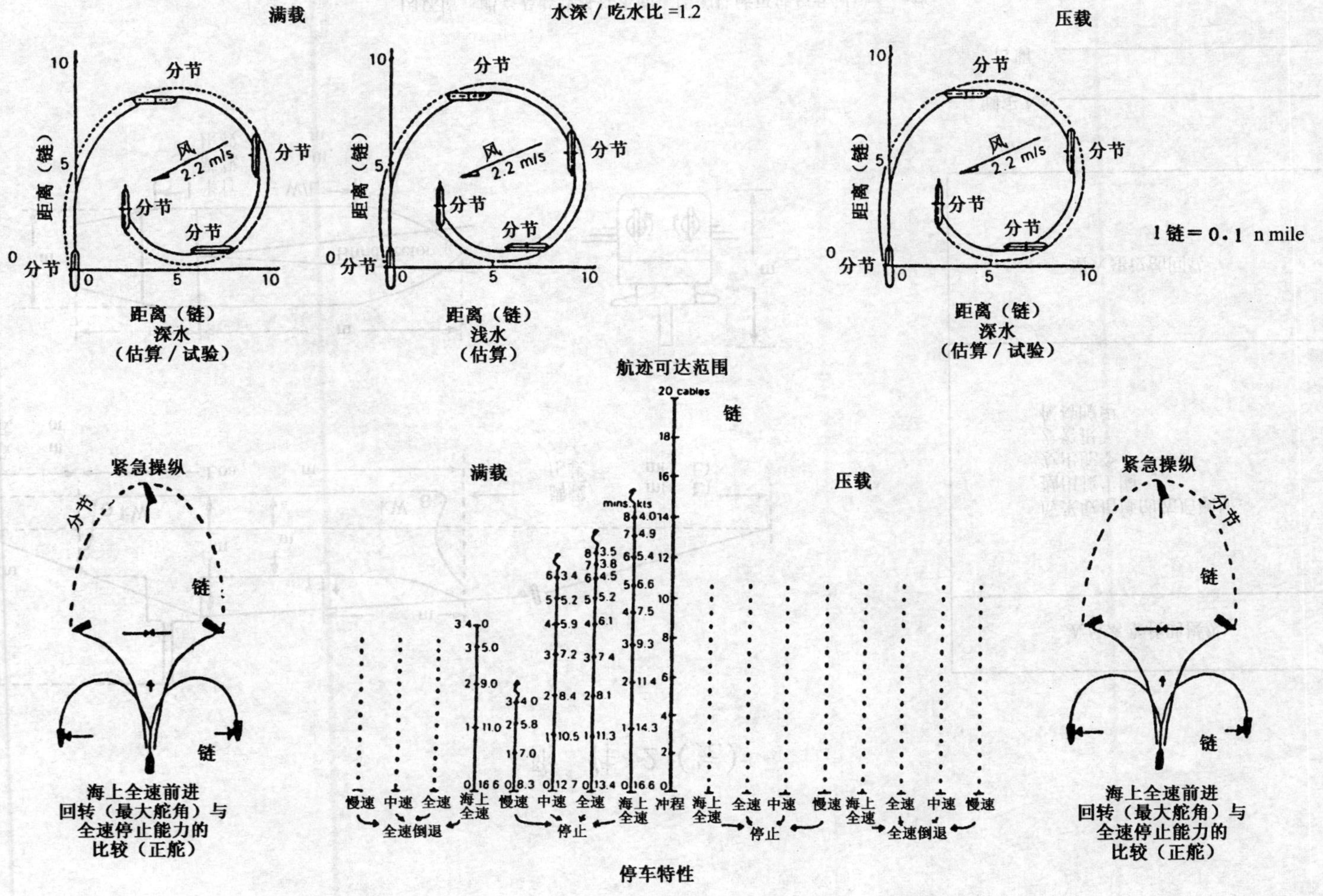

附 件 2（完）

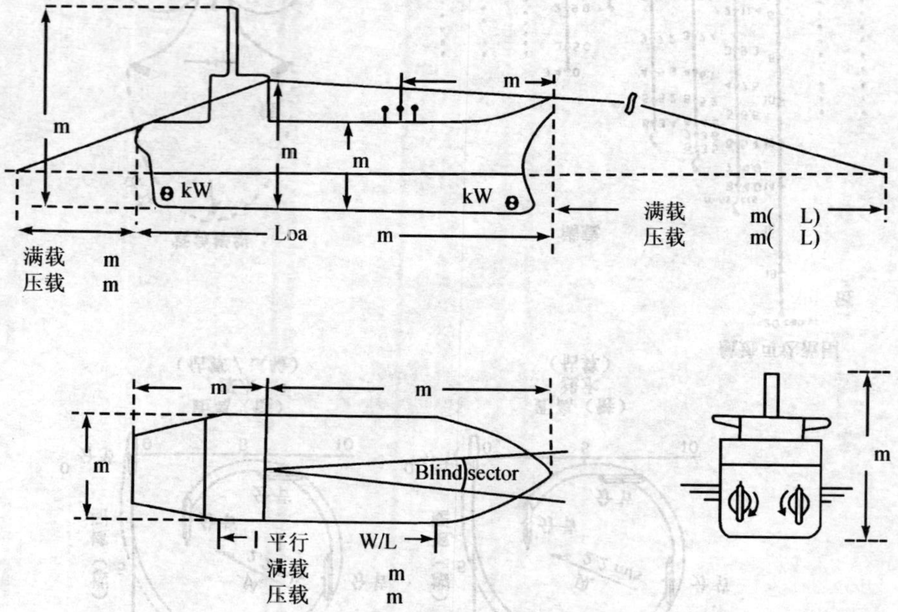

人员落水救助操纵
应采取措施的先后顺序： 抛出救生圈 发出舵令 发警报 保持瞭望
填入建议的回转

制定人 ____________

日期 ____________

因环境、船壳及装载条件不同，船舶性能可能与此记录不一致

附　件　3

建议编入操纵手册的资料

目录

1　综述
1.1　船舶资料
1.2　主机特性
2　深水中的操纵特性
2.1　改变航向性能
2.2　深水中的回转圈(试验或估算,在满载和压载状态下)
2.3　加速回转(试验和估算)
2.4　止荡试验(试验或估算)
2.5　人员落水及平行航向操纵
2.6　助推器的功能(试验或估算)
3　深水中停止和速度控制特性
3.1　停止能力
3.2　减速性能(估算)
3.3　加速性能(估算)
4　浅水中的操纵特性
4.1　浅水中的回转圈(估算)
4.2　尾墩现象(估算)
5　风中操纵特性
5.1　风力和力矩(估算)
5.2　保持航向的限度(估算)
5.3　在风影响下的漂移(估算)
6　低速时的操纵特性(试验或估算)
7　其他资料

1　综述

1.1　*船舶资料*

1.1.1　一般

船名,识别号码或字母,建造年份

1.1.2　总吨及其他资料

总吨,载重吨及排水吨(以夏季吃水为准)

1.1.3　主要尺寸及系数

总长度,垂线间长度,(型)宽,(型)深,夏季吃水,一般压载吃水,在夏季载重和一般压载状态

下的船体系数

龙骨以上船舶结构的最高点

1.1.4 主机

类型,装置数量及功率输出

1.1.5 推进器

类型,装置数量,直径,螺距,转动方向,推进器浸水深度

1.1.6 舵

类型,装置数量,舵总面积,舵面积比(满载和一般压载时)

1.1.7 船首和船尾助推器

类型,装置数量,能力及位置

1.1.8 船首和船尾剖面图

1.1.9 前、后盲区并说明其大小(满载和一般压载时)

1.1.10 其他船体资料

水上纵剖面和横剖面的投射面积(满载和一般压载时)

靠泊时平行中段的长度(满载和一般压载时)

1.2 主机特性

1.2.1 操纵速度表(试验或估算,在满载和压载状态下)

同车令相应的主机转速、船速和推力(船首部)

1.2.2 临界转速

1.2.3 在正常及紧急情况下,按3.1.2实现车钟位置改变的时间

1.2.4 倒车时限

1.2.5 最低工作转速(柴油机)及相应的船速

1.2.6 最多连续启动次数(柴油机)

2 深水中的操纵特性

2.1 改变航向性能

2.1.1 初始回转试验结果(试验或估算,在满载和压载状态下),试验条件,针对时间和船迹的船首向角图

2.1.2 改变航向试验结果(试验或估算,在满载和压载状态下)

航向改变距离曲线及必要的航向改变角的初始压舵点(在满载和压载两种状态下)

2.2 深水中的回转圈(试验或估算,在满载和压载状态下)

2.2.1 回转圈试验结果

试验条件、试验结果(回转纵距和横距)及海上全速前进时回转航迹

2.2.1.1 在满载和压载两种状态下的回转圈(应表明尾迹)

2.2.1.2 数据以右回转圈情况为准(除非左回转圈有明显的不同)

2.2.1.3 船舶初始速度应为海上全速前进速度

2.2.1.4 在90°,180°,270°和360°回转时的时间和速度应与船舶简图一起标明

2.2.1.5 试验中所用舵角应为最大舵角

2.3 加速回转(试验或估算)

应按2.2中相同方式提供满载和压载两种状态下的回转圈数据。船舶应在静止状态下,操纵

主机全速前进时开始加速，并使用最大舵角

2.4　止荡试验（试验或估算）

2.4.1　在满载或压载状态下，之字形和失步操纵试验的结果应以首向变化和舵角的图表标出

2.5　人员落水和平行航向操纵

2.5.1　人员落水操纵（试验）

应以图表标出在满载和压载两种状态下的左、右回转

2.5.2　平行航向操纵（估算）

以图表示用最大舵角横向移动至平行航向

2.6　助推器的功能（试验或估算）

2.6.1　应以图表的形式表示在满载或压载状态下，前进速度为零时，船首和船尾助推器分别使用和一起使用时的回转性能

2.6.2　应包括表明前进速度时回转性能影响的图表

2.6.3　应提供风对回转性能影响的资料

3　深水中停止和速度控制特性

3.1　停止能力

3.1.1　停止试验的结果（试验）

试验条件、船迹、转速、速度、迹延长、首延长及侧延长应进行两次以上的试验，包括从海上全速前进到全速后退的试验和全速前进到全速后退的试验

3.1.2　停止能力（估算）

应提供船舶在满载及压载两种状态下包括下列停止操纵方式的迹延长、首延长、侧延长、所需时间及迹延长减速因素（距离/减速1 kn）的资料和图表：

从海上全速前进到全速后退

从全速前进到全速后退

从半速前进到全速后退

从慢速前进到全速后退

从海上全速前进到停车

从全速前进到停车

从半速前进到停车

从慢速前进到停车

3.2　减速性能（估算）

3.2.1　减速能力（估算）

应提供船舶在满载及压载两种状态下，与下列车令有关的迹延长、所需时间及减速因素的资料和图表：

海上全速前进到“备车”

全速前进到半速前进

半速前进到慢速前进

慢速前进到微速前进

3.3　加速性能（估算）

3.3.1　应提供船舶从零速度到海上全速前进速度的迹延长和时间的资料和图表

4　浅水中的操纵特性

4.1　浅水中的回转圈(估算)

4.1.1　满载状态下的回转圈(应标出尾迹)

4.1.2　船舶初始速度应为半速

4.1.3　在90°,180°,270°和360°回转时的时间和速度应与船舶简图一起专门标明

4.1.4　舵角应为最大舵角,水深与吃水比率应为1.2

4.2　尾墩现象(估算)

4.2.1　应对浅水和水道的无限宽度画出曲线,标明在不同水深/吃水比时,最大尾墩与船速的关系

4.2.2　应对浅水和有限水域画出曲线,标明在不同堵塞因素影响下最大尾墩与船速的关系

5　风中操纵特性

5.1　风力和矩(估算)

5.1.1　应提供在满载和压载两种状态下,各种不同相对风速和风向作用于船舶的风力和矩的资料,以有助于靠泊

5.2　保持航向的限度(估算)

5.2.1　应提供在满载及压载两种状态下,表明风对船舶保持航向能力有影响的资料

5.3　在风影响下的漂移(估算)

5.3.1　应提供无主机动力时在风影响下漂移的资料

6　低速时的操纵特性(试验或估算)

6.1　应提供有关主机最低转速及相应船速的资料

6.2　关于船舶在停机后仍能前进的情况下,保持航向所需的最低速度的资料

7　其他资料

7.1　任何其他有关补充资料应载入手册内容之中,特别是有关驾驶台操纵控制装置的资料更应如此

第 A.814(19)号决议
(1995 年 11 月 23 日通过)

避免假遇险警戒指南

大会，

忆及国际海事组织公约有关大会在海上安全和防止和控制船舶造成海洋污染的规则和指南方面的职责的第 15(j)条，

鉴于会员国政府就遇险和安全系统的适当运行一事所报告的问题，特别是假遇险警戒正在成为搜寻和救助(搜救)业务的有效开展的主要障碍，

又忆及遇险和安全系统是在 1979 年国际海上搜寻和救助会议决议 6 的基础上制定的，按照该决议，遇险和安全系统应提供，除其他事项外，国际搜救计划的必要无线电要素，

注意到过多的假遇险警戒对救助协调中心(救协中心)造成了很大和不必要的负担，可能对海员对遇险和安全系统的信心有不利影响，对真正的遇险情况和海上人命安全也可能有潜在的严重影响，

意识到，如果在不久的将来不能实现将现有发生的假遇险警戒的数量大大减少，则各搜救组织的质量和效率可能会受到损害，

鉴于对就搜救业务提供人而言已成为显然的若干问题作出紧急宣传会有助于教育有关人员和组织并且最终将有助于减少假遇险警戒的数量，

还鉴于主管机关、厂家、教育者、使用人和通信和救助业务的提供者以及所有其他有关者需要减少假遇险警戒的方法和手段方面的指南，

审议了海上安全委员会在其第六十五届会议作出的建议，

1 **通过**本决议附件中所载的避免假遇险警戒指南；

2 **敦促**各政府提请所有有关者注意本指南。

附　件

避免假遇险警戒指南

1　**主管机关应：**

.1　向船舶所有人和海员通报假遇险信号数量增多的后果；

.2　采取措施使船舶能对所有遇险和安全系统设备作出适当登记并确保救协中心随时能得到此种登记资料；

.3　考虑制定和使用国家执行措施，以对有下列过失者进行起诉：

.3.1　意外地发射了假遇险警戒而未予以适当解除，或因滥用或疏忽而未对遇险警戒作出反应；

.3.2　一再发射假遇险警戒；和

.3.3　有意发射假遇险警戒；

.4　对假遇险警戒或对已转发的岸对船遇险警戒未作出反应一事使用国际电信联盟的违犯报告程序；

.5　确保所有有关的船上人员均了解遇险和安全系统设备的操作方式，避免假遇险警戒的重要性和防止发射此种假遇险警戒应采取的步骤和在发射假遇险警戒后应遵循的程序；

.6　将假遇险警戒的问题通知进行形式认可的当局，使其在形式认可的过程中注意到无线电设备的测试和警戒功能；

.7　敦促安装无线电设备的公司确保有关船舶人员熟知所装设备的操作；

.8　在特定型号的遇险和安全系统设备一再发射不需要的遇险警戒时调查其原因并向有关组织作出相应通知；

.9　确保检验员和检查员了解遇险和安全系统设备及其不会发射假遇险警戒的操作和测试方法；和

.10　要求遇险和安全系统的无线电操作员有适当证书。

2　**厂家、供应商和安装者应：**

.1　将遇险警戒设备设计成：

.1.1　不能意外发射遇险警戒；

.1.2　应急操作板与正常操作板分开，部分地装有机罩，操作板上的开关用颜色作出明确区别；和

.1.3　有操作板的标准布置和操作程序；

.2　将测试部件设计成对遇险和安全系统设备的测试不会造成发射假遇险警戒；

.3　确保任何遇险警戒启动均有视觉和/或声响指示并显示该设备正在发射遇险警戒直至手动中断启动；

.4　确保船上的卫星示位标的位置、装置（包括释放和启动装置）和操作程序将排除不需要的启动（将示位标设计成在其离开支架时必须浸没在水中才能自动启动，在手动操作

时,需要两个步骤的启动动作);

.5 提供清楚和准确的操作须知(保养须知和操作须知应是分开的,应使用英语和视为必要的任何其他语言等两种语言写成);

.6 确保在任何遇险和安全系统设备安装后均向船舶人员提供必要须知,特别是提请他们注意到操作程序(应对已提供此种须知一事作出记录);和

.7 确保供货和安装人员懂得遇险和安全系统的工作方式和发射假遇险警戒的后果;

3 **培训员和教员应:**

.1 确保海事教育中心了解假遇险警戒问题及其对搜救、遇险和安全系统等的影响;了解发射了假遇险警戒后应遵循的程序,并将上述事项列入其教学方案中;

.2 取得实际案例史并将其作为例子;

.3 强调必须避免假遇险警戒;和

.4 确保在遇险和安全系统设备上进行培训时不发生假遇险警戒的意外的发射。

4 **公司、船长和海员应视情:**

.1 确保负责发出遇险警戒的所有遇险和安全系统持证人员均受到过船上特定无线电设备的培训并有能力操作该设备;

.2 确保负责遇险事故期间的通信的人员向所有船员提供如何使用遇险和安全系统设备发出遇险警戒的讲授和资料;

.3 确保提供了应如何使用应急设备来提供遇险和安全系统功能的讲授作为每一"弃船演习"的组成部分;

.4 确保遇险和安全系统设备的测试是在负责遇险事故期间的通信的人员的监督下进行的;

.5 确保遇险和安全系统设备的测试或演习决不会引起假遇险警戒;

.6 确保由对紧急情况作出反应的搜救人员使用的卫星示位标的代码识别,在每天 24 h 中均可存取的资料库中得到正确登记或被自动提供给搜救当局(船长应查明示位标已在此种资料库中登记,以帮助搜救单位在遇险时对船舶作出识别并迅速取得能使其作出适当反应的其他资料);

.7 确保诸如船东、船名或船旗等与船舶有关的资料有任何改变时示位标、海事卫星组织数选呼叫的登记资料便得到立即更新并采取必要行动重新编制在有关遇险和安全系统设备中的该船新资料的方案;

.8 确保,就新船而言,在船舶设计和建造的最早阶段对示位标的安装位置作出考虑;

.9 确保按厂家的说明书使用合格人员对卫星示位标进行了仔细安装(有时因操作或安装不当,卫星示位标受到损坏或破裂;它们必须安装在船舶沉没时能浮离和自动启动的位置上;应注意确保它们不被擅自改动或被意外启动,如要改变代码或维修电池,则厂家的要求应得到严格遵守;有过示位标索被系在船上因此示位标不能浮离的事例,示位标索仅供逃生者在水中将示位标固定在救生艇筏或人员身上使用);

.10 确保在救援已马上可以得到时示位标不被启动(示位标旨在用于当船舶无法通过其他方式得到援助时呼救援助和向救助单位提供位置资料和引导信号);

.11 确保在遇险警戒被意外发射后船舶作出一切合理努力以任何方式与救协中心联系,以使用附录中的程序解除假遇险警戒;

.12 确保,如可能,在应急使用后取回示位标并使其停止工作;

.13 确保当示位标被损坏并需被弃置时,如果船舶被出售供拆除或因任何其他原因卫星示位标不再被使用,则应通过取下其电池并(如可能)交还厂家或将其毁坏的方式使卫星示位标不能使用。

注:如示位标被交还厂家,则在装运期间应包在锡纸中以防发射信号。

附　录

供船员和其他人员[①]使用的解除假遇险警戒须知

数选呼叫

1　**甚高频**

.1　立即关闭发射机[②]；

.2　开机并设定到16频道；和

.3　向“所有电台”广播，提供船舶的名称、呼号和数选呼叫编号并解除假遇险警戒。

例子

所有电台，所有电台，所有电台

本船船名、呼号、

数选呼叫编号，船位

解除我船于

日期、时间(世界标准时间)发出的遇险警戒，

=船长姓名、本船呼号、

数选呼叫编号、日期、时间(世界标准时间)

2　**中频**

.1　立即关机[③]；

.2　开机并调谐以进行2 182 kHz上的无线电话传输；和

.3　向“所有船舶”广告，提供船名、呼号和数选呼叫编号并解除假遇险警戒。

例子

所有电台，所有电台，所有电台

本船船名、呼号

数选呼叫编号、船位

解除我船于

日期、时间(世界标准时间)

发出的遇险警戒

=船长姓名、本船呼号、

数选呼叫编号、日期、时间(世界时)

3　**高频**

与中频一样，只是警戒必须在其被发射的所有频段上解除。因此，在2.2阶段，应视情将发射机相继调谐到4,6,8,12和16 MHz频段中的各无线电话遇险频率。

4　**海事卫星组织-C**

---

① 应按国际电联《无线电规则》第Ⅷ章在此种电文前发出适当信号。

② 该方法在传输期间发现假警戒时适用。

③ 该方法在传输期间发现假警戒时适用。

通过发出假遇险警戒的同一地面站频段发出遇险优先电文，通知适当救协中心解除警戒。

电文例子

船名，呼号，识别号

船位，

解除我船于日期、时间（世界标准时间）

发出的海事卫星组织-C 遇险警戒

船长

5 示位标

如因任何理由示位标被意外启动，则船舶应与最近的岸台或适当的海岸地面站或救协中心联络并解除遇险警戒。

6 综述

6.1 虽有上述规定，船舶可使用任何现有手段通知适当当局：假遇险警戒被发出，应予解除。

6.2 对报告并解除了假遇险警戒的任何船舶或船员通常不予起诉。但是鉴于假遇险警戒的严重后果和对其传输的严格禁令，在重犯时政府可予起诉。

第 A.795(19)号决议
(1995 年 11 月 23 日通过)

滚装渡船的航行指南和资料方案

大会，

忆及，国际海事组织公约有关大会在海上安全和防止和控制船舶造成污染的规则和指南方面的职责的第 15(j)条，

对近年来因客渡船翻船而造成严重死亡的巨大损失感到悲痛，

注意到海上安全委员会在第六十四届会议上决定成立一个专家组，优先地对滚装客船的安全作出彻底检查，

认识到人的因素在防止滚装客船事故方面所能发挥的重要作用，起支持作用的航行指南和资料方案将极大增加此种船舶的航行安全，

还认识到，当不仅船长、高级船员、普通船员和船上其他人员而且在航运公司、船厂和港口中工作的人员均遵守建造和营运方面的有关技术要求时，渡船交通安全将得到重大改善，

又认识到，当渡船营运人以及有关当局和组织以航行指南和资料来支持此种船舶而使其船长能安全进行航行时，渡船交通安全将得到重大改善，

审议了航行安全小组委员会第四十一次会议上作出的建议，

1 **通过**本决议附件中所载的滚装渡船操作航行指南和资料方案；

2 **建议**各政府鼓励渡船营运人在适当时使用此种方案，该方案应包括使用现有的政府和其他服务。

附　件

滚装渡船的航行指南和资料方案

1　岸上航行指南和资料方案应帮助滚装船船长在航行于使用此种方案 的特定航线上时进行安全航行。此种方案应在现有海上服务、船舶气象服务、冰情巡逻和航道服务的基础上,通过将不同服务综合在一起的方式开展。

2　航行指南和资料方案应连续监视特定渡船航线上当时的气象状况、航道、冰况、交通状况和其他航行危害,应将以此收集的资料定期提供给在这些航线上航行的滚装客船的船长。

3　在天气和/或冰况和航道状况恶劣时,滚装客船应得到航行资料和警告的帮助。船长指挥滚装客船的责任不变。在异常情况和紧急情况下,有关此种事件的资料应发送有关救助协调中心(救助中心)以便及时采取适当行动。

4　渡船营运人和当局(在涉及两个或更多国家时,则为多个当局)应与有关业务部门磋商,为不同的渡船航线制定联合计划。

5　滚装客船船长在驶离时应报告下列细节资料:

—船名和识别号或字符;

—驶离港和目的港;

—在可行时:航行计划;

—驶离时间和预计抵达时间;

—船上人员总数。

6　在航行时,滚装客船船长应遵守其船舶所航区域中制定的报告要求。

7　在海上时,除非有使人信服的理由不使用该方案,否则滚装客船船长应参加航行指南和资料方案。任何此种理由应在航行日志中作出记录。船长应考虑提供的资料、建议和警告。

第 A.893(21)号决议
(1999 年 11 月 25 日通过)

航次计划指南

大会，

忆及国际海事组织公约关于大会在有关海上安全的规则和指南方面的职责的 15 (j)条和与此相关的防止和控制船舶污染海洋的法律，

也忆及 STCW 规则 A – Ⅷ/2 节第 2 部分(航次计划)，

进一步忆及 STCW 和 SOLAS 国际公约有关航次计划的基本要求，它包含了那些与高级船员和船上人员、船上设备和安全管理体系的有关的问题，

认识到一个好的航次计划对海上人命安全、航行安全和海洋环境保护起着至关重要的作用，因此需要适时修改由 SN/Circ. 92 发布的 1978 年航次计划指南，

注意到海安会提请大会通过的 A. 790(19)决议“对船舶安全运输瓶装辐照核燃料、钚和高水平放射性废物规则(INF)的检查”，并且委员会讨论了对于装载 INF 规则所指定的物质和船舶不应限制其航次计划考虑的问题，而且所有航行于国际水域船舶都应采用，

请考虑在 45 次航行安全分委会会议上提出建议案：

1　**采纳**本决议附录中制定的航次计划指南；

2　**提请**各缔约国政府敦促所悬挂本国国旗船舶的船长、船东、船舶经营人、船公司、海上引航员、海员训练学校和与此相关的成员在采取行动和交流信息时注意到本附录的指南；

3　**要求**海安会保持对指南的检查和修订。

附　录

航次计划指南

1　目的

1.1　航次或航行计划的建立对海上人命安全、航行安全和效益以及保护海洋环境具有极其重要性,在计划的执行期间除了封闭水域的船舶和船舶的行进、位置连续监控以外。

1.2　对航次或航行计划的要求应应用于所有船舶。应考虑影响所有船舶航行安全的各个因素和影响大型船舶航行和船舶装运危险货物的附加因素。这些因素将需要采取考虑计划的准备并连续地监控该计划的执行。

1.3　航次或航行计划包括评价:与设想的航次或航行有关的所有的信息;从锚地到锚地的整个航次或航行的详细计划,包括在那些区域需要引航;计划的执行;在计划的履行中船舶行进的监控。这些航行/航次计划的组成部分在以下进行分析。

2　评价

2.1　应考虑所有与设想的航次或航行有关的信息,以下各项应考虑在编制航次或航行计划之内:

.1　船舶状况和条件、船舶的稳性、设备;任何一项操作限制;在海上航行和港口的吃水差;船舶的操纵数据,包括任何限制数据;

.2　任何货物的特性和对它的描述,在船上的系固和积载;

.3　保证胜任的并得到休息的人员当值航行或航次;

.4　要求最新的证书和证明文件与船舶、设备、人员、旅客或货物相一致;

.5　涉及本航次或航行所使用的准确的和最新的图表、恰当的标尺,包括永久的或临时的航海通告和现有的无线电航行警告;

.6　准确的和最新的航海指导、灯塔表和无线电航海表;和

.7　任何与航次相关的最新附加信息,包括:

.7.1　由主管机关出版的航路指南和航程计划图表;

.7.2　现行的海图和潮汐表;

.7.3　气象、水文和海洋数据,以及其他相关的技术资料;

.7.4　有用的气象导航服务(正如在世界气象组织的第9号出版物D卷中包括的内容);

.7.5　现有的船舶定线和报告系统,船舶交通服务、海上环境保护措施;

.7.6　本航次或航行通过的将遇到的交通册;

.7.7　如果必须使用引航,则有关引航和上船、下船的信息,包括船长和引航员之间的信息交流

.7.8　可用的港口信息,包括从属于岸基应急布置和应急设备的利用;

.7.9　任何涉及船舶的类型或他所载货物、船舶航行的特殊区域、所从事的航次或航行的类型的附加项目。

2.2　基于以上的情况,应进行涉及航次或航行的全面评估。这个评估结论应清楚地提供出指明所有危险区域,这些区域对航行安全是可能的,包括现有的定线和报告系统、船舶交通服务

系统和海上环境保护考虑的任何区域。

3 计划

3.1 基于完全可能的评估，应准备详细概括从锚地到锚地的整个航次或航行的航次或航行计划，包括引航服务的区域。

3.2 详细的航次或航行计划应包括以下因素：

.1 关于进入定线的引航或航次、航行的交通相关的图表：应指示出计划定线或交通的真方向，就像危险区域、现有的船舶定线和报告系统、船舶交通服务和海上环境保护考虑的任何区域一样；

.2 确保在预定的航次或航行期间的海上人命安全、航运安全和效益、海上环境保护的主要因素，但不仅限于这些因素：

.2.1 在预定定线和交通范围已预估的航行风险的安全航速、船舶的操纵的特性和涉及与可利用的水深有关的船舶吃水；

.2.2 进入定线时必要的航速变化，例如由于夜航而被限制的水域，潮汐限制，或者船型效应而引起吃水增加的允许量；

.2.3 在吃水受到限制的水域龙骨以下所要求的最小间隙；

.2.4 要求改变机械状态的位置；

.2.5 转向点，以计划的船速采取精确的船舶旋转和期望的潮汐潮流的效果；

.2.6 定船位的方法和频次，包括最初的和从属的选择，被限定定位区域的指示和获得最大可能性区域的指示；

.2.7 船舶定线和报告系统和船舶交通服务（VTS）应用；

.2.8 与海上环境保护相关的应考虑到的事情；和

.2.9 对于改变行动而可能发生的计划替代在进入到深水或进入到避难港口或安全锚地的任何应急情况下船舶必须放弃的原计划，依据明确的岸基应急反应布置和设备以及货物的性质和应急特性。

3.3 如可能，详细的航次或航行计划应清楚地标示和记录在图表上、航次计划记录本或计算机磁盘上。

3.4 每一个航次或航行计划，包括计划的详细描述，在航次或航行的交流期间，应由船长批准。

4 履行

4.1 对于正在完成的航次或航行计划，一旦离港时间和抵港估计时间被合理地确定本航次或航行就应按照这个计划履行，或因此而作出的任何调整。

4.2 在履行这个计划时，或考虑离港情况时，应对以下各事实作出描述：

.1 船舶航行设备的状况和可靠性；

.2 估计抵港时间的潮高和水流的临界点；

.3 气象条件（了解这一区域周期性的低能见度的影响）定线的天气信息；

.4 白天与夜间通过危险点，以及该点产生定位精度的影响；

.5 运输条件，特别是在航海焦点上。

4.3 对于船长所要考虑到天气和特殊环境是极其重要的，比如受限能见的雾区，以临界点的观测方法来测定位置是航次或航行计划的基本题目内容，介绍不可采取的危害营运安全的做法，在这样的天气本手册应忠告按照条件通过或类似方式通过。船长还应考虑航次或航行的特殊点可能需要利用甲板和轮机人员的辅助。

5 监控

5.1 该计划应在任何时间在驾驶室让航行值班的高级船员立即获得到。对于计划所进行的变动，应作出索引指南并清楚地作出标记和记录。

第 A.917(22)决议
(2001 年 11 月 29 日通过)

船载自动识别系统(AIS)操作指南

大会,

忆及国际海事组织公约第 15(j)条关于本大会在海上安全规则和指南方面职能的规定,

还忆及经修订的 1974 年 SOLAS 公约第 V/19 条规定要求所有从事国际航行 300 总吨及以上的船舶、从事非国际航行的 500 总吨及以上的货船以及无论尺度大小的客船,考虑本组织通过的建议案,按 SOLAS 公约第 V/19.2.4 条规定,均应安装船载自动识别系统(AIS),

审议了海安会在其 73 届和航行安全分委会在其 47 届会议上提出的建议案:

1 **通过**关于船载自动识别系统(AIS)操作指南,其文本列入本决议的附件中;

2 **请**各缔约国政府在实施 SOLAS 公约第 V/11、12 和 19 条时考虑本指南;

3 **还请**设定从安全方面考虑限于临时情况需要人工转换的区域频率的缔约国政府,通知本组织这些区域和指定的频率,以便本组织在 2002 年 4 月 1 日前通知各方;

4 **要求**海安会继续审议并适时修订本指南。

船载自动识别系统(AIS)操作指南

宗旨

1　制定本指南的目的在于促进船载自动识别系统(AIS)的安全和有效使用,尤其使航海者了解 AIS 的操作使用、局限性和潜在用途。因此,操作 AIS 时应考虑本导则。

2　在使用船载 AIS 以前,使用者应全面理解本导则的原则并熟悉设备的操作,包括所显示数据的正确含义。AIS 尤其是船载 AIS(包括其部件和连接设备)的描述包含在附则 1 中。

> **注　意**
>
> 并非所有船舶都配有 AIS
>
> 值班驾驶员(OOW)应时时意识到,其他船舶尤其游艇、渔船和军舰,以及一些岸基台站,包括船舶交通服务(VTS)中心,可能未配有 AIS。
>
> 值班驾驶员应时时意识到,强制要求装配在其他船舶上的 AIS,在某些情况下,依据船长的专业判断可能会被关闭。

3　国际上通过的船载 AIS 配备要求见 SOLAS 第 V/19 条。SOLAS 公约规定,从 2002 年 7 月 1 日至 2008 年 7 月 1 日将分阶段在某些船舶上配备 AIS。另外,特定类型船舶(如军舰、军用辅助船和政府拥有/运营的船舶)无须配备 AIS,而且,小船(如游艇、渔船)和某些其他船舶也免于装配 AIS。此外,配有 AIS 的船舶可能将该设备关闭。因此,使用者应时时提高警惕,来自 AIS 的信息可能无法给出其附近船舶交通的完整或正确的“图像”。因而,应注意本文中有关 AIS 内在局限性及其在避碰方面应用(见 39 至 43 段)的指南。

AIS 的目的

4　AIS 旨在提高海上人命安全、航行安全和效率以及保护海洋环境。SOLAS 第 V/19 条要求 AIS 可在船与船之间以及与岸基设备交换信息。因此,AIS 的目的是为了帮助识别船舶、协助进行目标跟踪、简化信息交换(如减少口头强制船舶报告)以及提供额外的信息以帮助了解情况。一般而言,不管在岸上监视站或在船上,通过 AIS 接收的信息将提高值班驾驶员可用信息的质量。AIS 可为来自航行系统(包括雷达)的信息提供有益的补充,并因此成为使用者加强对交通态势掌握的一种重要“工具”。

AIS 的描述

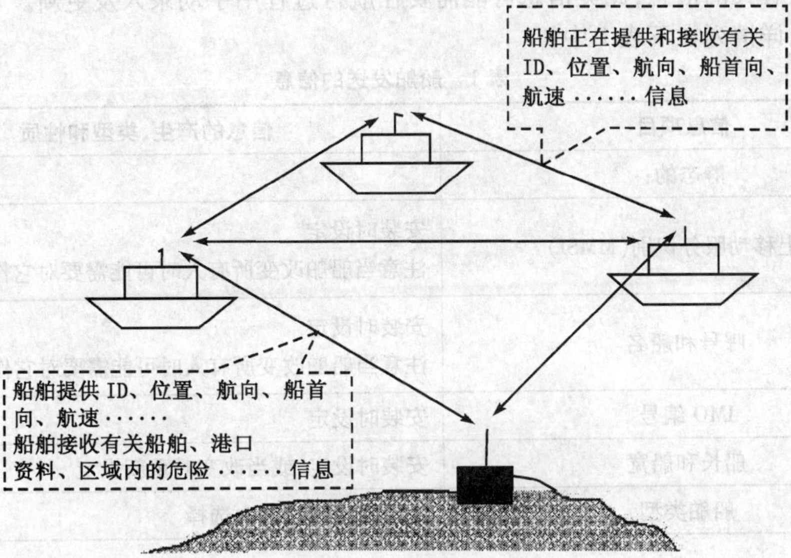

图 1　AIS 概观

5　船载 AIS

—连续向其他船舶和 VTS 站传送船舶自身数据；

—连续接收其他船舶和 VTS 站的数据；和

—显示数据。

6　如与适当的图形显示设备一起使用，船载 AIS 可根据目标船发送的位置信息计算出最近会遇点(CPA)和最短会遇时间(TCPA)，实现信息的快速、自动提供。

7　AIS 主要在两个专用的 VHF 频道上工作。在无法使用这些频道的地区，AIS 可借助来自岸基设备的信息自动切换到指定的其他频道上。如当地没有岸基 AIS 或 A1 海区 GMDSS 站，AIS 应进行手动切换。

8　实际上，系统的容量是不受限制的，可同时容纳大量的船舶。

9　如果地形不是太高，AIS 可在 VHF/FM 作用范围内探测到弯曲陆地周围和岛屿后面的船舶。在海上，其大小取决于天线的高度，典型值预计为 20 ~ 30 n mile。借助于中继站，船站与 VTS 站的覆盖范围可以更大。

10　船载 AIS 的信息可自动、连续地发送，并不需要值班驾驶员的干预或确认。AIS 岸站可通过询问某船舶本身或一指定海域的所有船舶，以获取某一特定船舶的最新信息。但是，岸站只能提高而不能降低船舶的报告率。

船舶发送的 AIS 信息

船舶数据内容

11　船舶发送的 AIS 信息有三种不同类型：

—固定或静态信息，此类信息在设备安装时被输入到 AIS 中，仅当船舶更改船名或经历了从某一船舶类型到另一船舶类型的重大改变时才需要更改；

—动态信息，除“航行状态”信息外，此类信息可自动通过连接 AIS 的船舶传感器得到更新；和

—与航次有关的信息，此类信息可能需要在航行过程中手动录入及更新。

12 上述信息详情列在下表1中：

表1 船舶发送的信息

信息项目	信息的产生、类型和性质
静态的：	
海上移动服务识别（MMSI）	安装时设定 注意当船舶改变所有人时可能需要对它作出修改
呼号和船名	安装时设定 注意当船舶改变所有人时可能需要对它作出修改
IMO 编号	安装时设定
船长和船宽	安装时设定，或当改变时重新设定
船舶类型	从预安装明细表中选择
定位天线的位置	安装时设定，或对于双向船舶或安装了多副定位天线的船舶，可能需要改变
动态的：	
具有精度指示和完整状态的船舶位置	通过连接到 AIS 的位置传感器自动更新。 精度指示大于或小于10 m。
以世界协调时（UTC）标记的定位时间	通过连接到 AIS 的位置传感器自动更新。
对地航向（COG）	通过连接到 AIS 的主位置传感器自动更新（如该传感器可计算 COG）。 此信息可能不予提供。
对地航速（SOG）	通过连接到 AIS 的位置传感器自动更新。 此信息可能不予提供。
船首向	通过连接到 AIS 的船首向传感器自动更新。
航行状态	如有必要，航行状态信息必须由值班驾驶员（OOW）手动录入和更改，如： – 在航（用机器推进） – 锚泊

表 1　船舶发送的信息(完)

动态的:	
航行状态	– 失控(NUC) – 操纵能力受限(RIATM) – 系泊 – 吃水受限 – 搁浅 – 从事捕鱼 – 在航(用帆推进) 实际上,由于所有这些内容均与避碰规则有关,故任何需要作出的改变均可在号灯和号型改变的同时进行。
旋回速率(ROT)	通过船舶的 ROT 传感器或陀螺罗经自动更新。 此信息可能不予提供。

与航次有关的:	
船舶吃水	在开航时,以最大吃水为该航次的吃水手动录入并根据需要予以修改。 (如:进港前排放压载水的结果)
危险货物(种类)	在确认危险货物是否装船后,在开航时手动录入,即: DG(危险货物) HS(有毒物质) MP(海洋污染物) 不要求显示货物的数量。
目的港和 ETA	应在开航时手动录入,并在必要时不断更新。
航线计划(转向点)	根据船长的判断在开航时手动录入,并在需要时予以更新。

与安全有关的短信息:	
	自由格式的短文本信息将以手动录入,并将呈送给一特定收信人或播送给所有船舶和岸站。

13　数据可按不同的更新速率自主地发送：

—动态信息依赖于航速和航向的改变（见表2），

—静态的和与航次有关的数据每 6 min发送一次，或按要求发送（AIS 可自动应答而无需使用者采取行动）。

表2　动态信息的报告速率

船舶类型	通常报告间隔
锚泊船	3 min
航速为0～14 kn 的船舶	12 s
航速为0～14 kn 且航向正在改变的船舶	4 s
航速为14～23 kn 的船舶	6 s
航速为14～23 kn 且航向正在改变的船舶	2 s
航速大于23 kn 的船舶	3 s
航速大于23 kn 且航向正在改变的船舶	2 s

与安全有关的短信息

14　与安全有关的短信息为固定或自由格式的文本信息，可发送给某一指定目标（MMSI）或在区域内的所有船舶，其内容应与航行安全有关，如发现冰山或浮标移位。信息应尽可能简短。该系统允许每条信息最多为 158 个字符，但越短的信息越容易发送。目前，考虑到各种可能性，并未对这些信息做进一步规定。

15　文本信息可能需要操作员的确认。

16　与安全有关的短信息仅仅是播发海上安全信息的一种辅助手段。尽管其重要性不应低估，但使用短信息并不免除全球海上遇险与安全系统（GMDSS）的任何要求。

17　操作员应确保显示并重视收到的有关安全信息，还应根据要求发送有关安全信息。

18　根据 SOLAS 第Ⅴ/31 条规定（危险信息）

"每艘船的船长如遇到危险的冰、危险的漂浮物或任何其他对航行的直接危险，或……时，均有责任自行采取一切措施将此信息通知附近各船舶和主管当局……"

19　这项工作通常通过 VHF 以话音通信来完成，但"采取一切措施"现在还意味着可附加使用 AIS 短信息，这种方式有助于减少理解上的困难，尤其当记录正确位置时。

保密性

20　当进行手动录入时，应考虑这些信息的保密性，尤其是国际协议、规则或标准规定要保护的航行信息。

AIS 的船上操作收发机（TRANSCEIVER UNIT）的操作

启动

21　当船舶在航或锚泊时，AIS 应始终处于工作状态。如船长认为 AIS 的持续工作可能会危及船舶安全或保安，可将 AIS 关闭。这种情况可能会出现在已知有海盗和武装劫匪出没的海域。这种性质的行动连同采取该行动的原因应一并记入船舶航海日志中。一旦危险消失，船长应立即重新启动 AIS。AIS 关闭时，静态数据和与航行有关的信息仍会被保存下来。打开

AIS 的电源即可将它重新启动。船舶自身的数据将在 2 min 的初始化时间后发送。在港内，AIS 的操作应符合港口的规定。

数据的人工输入

22 在开航时和在出现变化的任何时候，值班驾驶员应通过键盘之类的输入设备人工输入下列数据：

—船舶吃水；

—危险货物；

—目的港和 ETA；

—航线计划（转向点）；

—正确的航行状态；和

—与安全有关的短信息。

信息的检查

23 为确保船舶静态信息正确和最新，任何时候只要有需要，值班驾驶员都应检查这些数据。至少，每个航次或每个月检查一次，取时间较短者。这些数据仅当得到船长授权时方可更改。

24 值班驾驶员还应定期检查下列动态信息：

—根据 1984 年世界大地测量系统（WGS 84）所得到的船位；

—对地航速；和

—传感器信息。

25 启动后，系统自动进行内置完整性测试（BIIT）。AIS 出现故障时会发出警报，同时停止信息的发送。

26 在播发给其他船舶和岸站之前，BIIT 电路不会检查输入 AIS 的船舶传感器数据的质量或精度。因此，船舶在航行过程中应定期进行常规检查以保证所发送信息的准确性。在沿岸水域应增加检查的频率。

AIS 数据显示

27 AIS 的数据可在附则 1 所描述的最小显示或任何合适的显示设备上显示。

最小显示

28 专用的最小显示应至少能显示所选船舶的方位、距离和船名三行数据。船舶的其他数据可通过数据水平滚动的方式显示，但方位和距离不能滚动。AIS 将通过垂直滚动方式显示接收到的所有其他船舶数据。

图形显示

29 如 AIS 信息使用图形显示，建议显示下列目标类型：

休眠的目标：休眠目标仅表明在某一位置有一艘配有 AIS 的船舶。为避免信息过载，在被激活之前不会有额外的信息显示。

激活的目标：如果使用者想知道更多的某一船舶的运动信息，他只需要激活该目标（休眠的），显示器就会立即显示：

—矢量（对地航速和航向），

—船首向，和

—旋回速率指示（如有），以显示实际开始的航向变化。

选定的目标：如使用者想了解某一（激活的或休眠的）目标的详细信息，可选择该目标。然后，所接收到的数据及计算出的 CPA 和 TCPA 值将显示在字符窗口中。

特殊航行状态还将在字符数据组中显示，但不直接与目标在一起。

危险目标：　如果计算到某一（激活的或未激活的）AIS 目标超过预先设定的 CPA 和 TCPA 界限，它将被界定并显示为危险目标，同时发出报警。

丢失的目标：如果未能接收到在预先设定的距离范围内的 AIS 目标信号，在最后的位置将出现一个目标丢失符号并同时发出报警。

符号

30　使用者应熟悉在图形显示中规定使用的符号。

AIS 的内在局限性

31　值班驾驶员（OOW）应时时意识到，其他船舶特别是游船、渔船和军舰以及一些岸基台站，包括船舶交通服务（VTS）中心，可能未配有 AIS。

32　值班驾驶员应时时意识到，强制要求装配在其他船舶上的 AIS，在某些情况下，依据船长的专业判断可能会被关闭。

33　换言之，AIS 所给出的信息未必能完全反映周围船舶的情况。

34　使用者必须意识到，错误信息的发送对他船和本船都将意味着危险。使用者始终对所有输入系统的信息和由传感器添加的信息负责。

35　接收的 AIS 信息的准确性仅与发送的 AIS 信息的准确性同等优劣。

36　值班驾驶员应意识到，拙劣配置或校准的船舶传感器（船位、船速和船首向传感器）可能会导致不正确信息的发送。某一船舶的错误信息显示在另一船舶的驾驶台上很可能会导致危险的混淆。

37　如果未安装传感器或传感器（如陀螺仪）无法提供数据，AIS 会自动发送“无法提供”数据值。然而，内置完整性校验并不能验证 AIS 所处理的数据内容。

38　值班驾驶员不应假定从他船接收到的信息与可能在本船上提供的同样信息的质量和准确性一样。

AIS 在避碰中的应用

39　AIS 作为一种避碰设备的潜力已得到公认，在适当时候，AIS 可被推荐作为这样的设备。

40　尽管如此，AIS 信息可用于帮助作出避碰决定。当在船与船之间使用 AIS 以避免碰撞时，还应切记下列注意事项：

.1　AIS 是一个附加的航行信息来源它不能替代但可支持诸如雷达目标跟踪和 VTS 等航行系统；和

.2　在任何时候，AIS 的使用并不免除值班驾驶员遵守避碰规则的义务。

41　使用者不应依赖 AIS 作为唯一的信息系统，而应使用一切可利用的与安全有关的信息。

42　AIS 在船上的使用并无意对航行值班安排产生任何特别的影响，此项工作应继续按 STCW 公约的规定进行。

43　一旦某一船舶被探测到，AIS 可协助将其作为一个目标进行跟踪。通过监测目标所播发的信息，其行动也可被监视。例如，船舶船首向和航向的改变会即时显示，而且大量与雷达目标跟踪相关的常见问题，即杂波、船艇近距离通过时的目标互换以及频繁操纵引起的目标丢失等，均不会影响 AIS。AIS 还能够通过船名或呼号、船舶类型和航行状态协助识别目标。

附加的和可能的未来应用

AIS 在 VTS 运行中的作用

伪 AIS 信息

44　VTS 中心可通过 AIS 系统向配备 AIS 的船舶发送由 VTS 雷达跟踪的、未配备 AIS 的船舶的信息。由 VTS 播发的伪 AIS 目标均应标志清楚。使用经由第三方转发的信息时应始终特别注意，这些目标的准确性不如直接接收的目标信息，而且，信息的内容也不如直接接收的完整。

文本信息

45　VTS 中心还可以向某一船舶、所有船舶或在一确定范围或特定区域内的船舶发送短信息，如：

—(当地)航行警告；

—交通管理信息；和

—港口管理信息。

46　VTS 操作员可要求船上的操作人员以文本信息确认。

注意：VTS 应继续通过话音 VHF 进行通信。不应低估口头通信的重要性。对于 VTS 操作员来说，其重要性在于：

—评估船舶的通信能力；和

—在危急情况下有必要建立一条直接通信线路。

(D)GNSS 修正

47　VTS 中心可通过 AIS 发送(D)GNSS 修正信息。

强制的船舶报告制

48　AIS 预计将在船舶报告制中起重要作用。在船舶报告制中，沿岸主管机关所要求的信息典型地包括在 AIS 系统自动提供的与航行有关的静态和动态信息中。如果信息是通过通信卫星进行交换，通过 AIS 远程性能的应用可满足某些船舶报告制的要求。

AIS 在搜寻与救助中的应用

49　AIS 可在搜救工作中使用，尤其是在直升机和海面联合搜寻中使用。AIS 能够使遇险船只的位置直接显示在诸如雷达或 ECS/ECDIS 等设备的显示器上，这可便于搜救工作的开展。对于未配有 AIS 的遇险船舶，现场指挥官(OSC)可以设定一个假 AIS 目标。

助航设备

50　当 AIS 被安装在选定的固定和浮动的助航设备上，它能向船员提供如下信息：

—位置；

—状态；

—潮汐和水流数据；和

—天气和能见度条件。

AIS 在总体信息系统中的应用

51　AIS 将在总体国际海上信息系统中发挥作用，支持航行计划和航行监视。这将有助于主管机关监督其所关注区域内的所有船舶和跟踪危险货物。

参考文献

—IMO 关于船载自动识别系统(AIS)性能标准的建议(MSC.74(69),附则 3)。

—IMO SOLAS 公约第Ⅴ章[2002]。

—国际电信联盟(ITU)《无线电规则》附录 S 18,VHF 海上移动波段发射频率表。

—ITU 关于在海上移动波段上通过时分多址连接方式的通用船载自动识别系统(AIS)的技术特性的建议(ITU-R M.1371)。

—国际电工委员会(IEC)61993 标准第 2 部分:通用船载自动识别系统(AIS)的操作和性能要求、测试方法及要求的测试结果。

附则 1

AIS 的描述

构成

1　一般来说，船载 AIS 由以下几部分构成（见图 2）：

—天线；

—1 台 VHF 发射机；

—2 台多频道 VHF 接收机；

—1 台用于频道管理的 70 频道 VHF 接收机；

—1 个中央处理单元（CPU）；1 个电子定位系统、全球卫星导航系统（GNSS）接收机，以用于定时和位置备份；

—与航向、航速设备和其他船载传感器的接口；

—与雷达/自动雷达标绘仪（ARPA）、电子海图系统/电子海图显示和信息系统（ECS/ECDIS）以及综合导航系统（INS）的接口；

—BIIT（内置完整性测试）；以及

—最小显示器和键盘，以用于输入和查询数据。

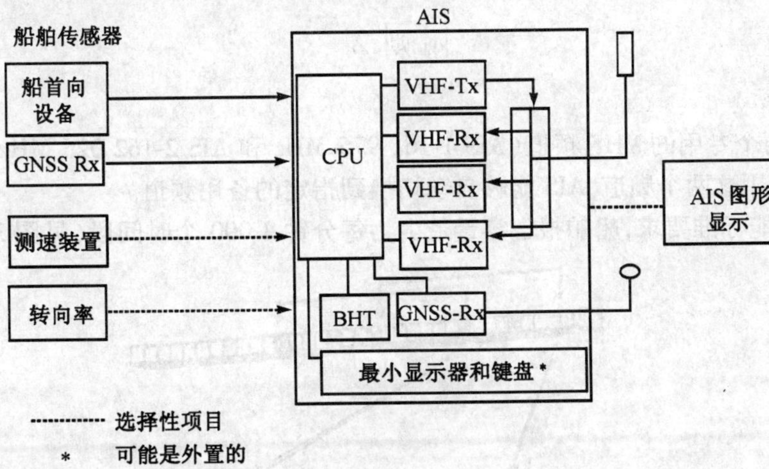

图 2　AIS 构成图

通过完整的最小显示器和键盘单元，AIS 可作为一个独立的系统运行。如可能做到，一个独立的图形显示器或将 AIS 数据显示与诸如 ECS/ECDIS 或雷达/ARPA 等其他设备的数据显示综合起来，将大大提高 AIS 的效能。

2　所有船载传感器必须符合 IMO 关于可用性、准确性、分辨力、完整性、更新率、故障报警、接口以及类型测定等方面的有关性能标准。

3　AIS 提供：

—连续或按适当的间隔运行的内置完整性测试（BIIT）；

—数据可用性监视；

—发送数据的误差检测机制；和

—接收数据的检错。

连接

4　AIS 连接到外部航行显示系统中。

5　AIS 可连接到一个附加的专用 AIS 显示器中(还可能与一个大的图形显示器连接),或者连接到现有的导航系统中,诸如雷达或电子海图,但在后一种情况下,AIS 只作为综合导航系统的一部分。

AIS 连接到外部便携式导航设备

6　引航员拥有自己的手提式导航设备已十分普遍,引航员可将其携带上船。这些设备应能连接到船载 AIS 设备并显示所接收到的目标。

7　AIS 连接到外部的长距离无线电通信设备。

8　AIS 为连接到外部的长距离无线电通信设备提供双路接口。最初并未设想 AIS 可直接连接到此类设备。

9　岸站应首先要求船舶进行长距离 AIS 信息传输。任何船岸之间的通信应总是点对点的,并不进行广播,而且,一旦通信建立,船舶可通过设定其 AIS 以自动应答随后从岸台发出的船舶报告要求。

10　提醒用户注意,SOLAS 公约第 V/11.10 条规定,参加 IMO 通过的船舶报告制对有关船舶应是免费的。

附则 2

技术说明

1　AIS 主要在两个专用的 VHF 频道(AIS 1-161 975 MHz 和 AIS 2-162 025 MHz)上工作。如果该区域无法使用这两个频道,AIS 能够自动切换到指定的备用频道。

2　根据 IMO 性能标准要求,船舶报告容量最少为每分钟 2 000 个时间段(见图 3)。通用 AIS

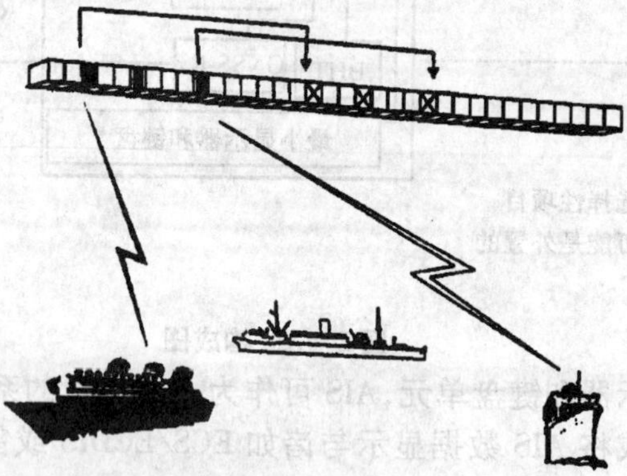

图 3　TDMA 原理图

的 ITU 技术标准提供的是每分钟4 500个时间段。播送模式以(S)TDMA(自组织的时分多址连接)原理为基础,该原理允许系统超载 400% ~500%,并仍能以船对船模式向 8 ~10 n mile 以内的船舶提供接近 100% 的通过量。在系统超载的情况下,只有距离很远的目标才会被放弃,以便给予作为船对船 AIS 操作主要对象的近距离目标以优先权。在实际操作中,系统的容量是不受限制的,可允许大量的船舶同时通信。

A. 956(23)决议
(2003 年 12 月 5 日通过)

船载自动识别系统(AIS)操作指南修正案

大会,

忆及国际海事组织公约第 15(j)条关于大会在海上安全规则和指南方面的职能,

还忆及经修正的《1974 年国际海上人命安全公约(SOLAS)》第 V/19 条规定,要求所有 300 总吨及以上的国际航行船舶、500 总吨及以上的非国际航行货船以及不论尺度大小的客船,均应配备 SOLAS 公约第 V/19.2.4 条规定的自动识别系统(AIS),并考虑到本组织通过的建议案,

进一步忆及 A. 917(22)决议通过的船载自动识别系统(AIS)操作指南,

审议了海上安全委员会在其 77 届会议上提出的建议案以及航行安全分委会在其 49 次会议上提出的建议案,

1 通过船载自动识别系统(AIS)操作指南修正案,其文本载于本决议附件;

2 提请有关国政府在实施 SOLAS 公约第 V/11、12 和 19 条时,考虑附件中的本指南修正案;

3 要求海上安全委员会继续审议并适时修正经修正的本指南。

附　件

船载自动识别系统(AIS)操作指南修正案

船上 AIS 操作

收发信机操作

接通

1　在 21 中,第 2 句中“船舶”后插入“或如即将发生保安事件”。

2　在 21 中,第 3 句由下列替代:

“除非将进一步危及安全或保安,如果船舶在强制性船舶报告系统中运行,船长应向主管当局报告该行动及其理由。”

A. 916(22)决议
(2001 年 11 月 29 日通过)

与航行有关的事件记录指南

大会,

忆及国际海事组织公约第 15(j)条关于本大会在海上安全规则和指南方面职能的规定,

还忆及经修正的 1974 年国际海上人命安全公约第 V/28 条的规定,要求从事国际航行的所有船舶在船上保存一份对航海安全有重大影响的航行活动和事件的记录,并且考虑到本组组织通过的建议案,其必须含有还原一份完整的航次记录的翔实资料,

审议了海上安全委员会在其 73 届会议和航行安全分委员会在其 47 届会议上提出的建议案,

1　通过与航行有关的事件记录指南,其文本附于本决议的附件中;

2　提请有关的缔约国政府在实施 SOLAS 公约第 V/28 条时考虑到该指南;

3　要求海上安全委员会继续对该指南进行审议和作相应的修正。

附 件

与航行有关的事件记录指南

经修正的 1974 年国际海上人命安全公约第 V/28 条,要求从事国际航行的所有船舶在船上保存一份对航行安全有重大影响的航行活动和事件的记录,并且考虑到本组织通过的建议案,其必须含有还原一份完整的航次记录的翔实资料。

本决议旨在为这些事件的记录提供指导。

1　有关航行资料的记录

除国家要求外,建议对下列适用的事件和项目也应予以记录:

.1　航行开始前

应确认和记录与船舶总体情况有关的所有数据的详细资料,诸如人员配备和食品配备、船上货物、船舶吃水,对控制装置、操舵装置及航行和无线电通信设备进行检查时的稳性/应力的核对结果。

.2　航行期间

应记录有关航行的详细情况,如操舵航向和航行距离、定位、天气和海况、航行计划的变化、引航员登/离船和进入所经过的区域和符合船舶航线划定或报告系统。

.3　关于特殊事件

应记录特殊事件的详细情况,如乘客中以及船员和乘客中的伤亡情况,船上设备和助航设备的故障,潜在的危险情况,接收的应急和遇险信息。

.4　船舶在锚地或港内

应记录船舶作业或管理事项以及有关船舶安全的详细情况。

2　记录方法

SOLAS 公约第 V/28 条要求,如未在船舶的航海日志中保存航行活动的记录,则应以另一种主管机关批准的保存。记录方法应是固定的,并可以手写、电子或机械方式进行记录。

3　不重复

一般而言,根据上述 1 的事件和项目在专用日志中予以记录的资料,无需在船舶的航海日志中重复。

4　记录的维护

为能还原一份完整的航次记录,应按下列要求予以保存:

.1　船舶的航海日志的每一页应打上页码,需修正的手写记录不应被擦去或消除,而应在划掉的不正确句子后予以重写。

.2　使用自动和固定记录装置的时间应与普通的时钟同步。

.3　电子或机械输入记录应使用防止其被删除、毁损或覆盖的方法予以保护。

.4　元论何种记录方法,船舶记录的保持应根据有关主管机关要求的时间而定,条件是固定期限不少于 1 年。

A. 954(23)决议
(2003 年 12 月 5 日通过)

海上 VHF 频道的正确使用

大会,

忆及国际海事组织公约第 15(j)条关于大会在海上安全规则和指南方面的职能,

认识到 VHF 无线电通信频道的正确使用有助于海上人命安全和航行效率,

还认识到 VHF 无线电通信频道的错用可能对基本通信造成严重干扰,并可能对海上安全造成潜在危险,

考虑到当由未经过正确使用培训的人员操作 VHF 设备时,VHF 无线电通信频道的错用风险率将会更高,

忆及无线电规则①要求每艘船舶的无线电话台业务应由持相关国政府签发或认可的证书的操作人员控制,

还忆及经 1997 年修正的 1978 年国际海员培训、发证和值班标准公约对于负责航行值班的船长、大副和驾驶人员的发证规定,要求其具备使用无线电话通信程序的知识和使用无线电话的能力,特别是遇险、紧急、安全和航行信息方面的通信能力,

审议了海上安全委员会在其 75 届会议上提出的建议案,

1　通过海上 VHF 频道使用指南,其文本附于本决议的附件;

2　请各国政府确保船上所有控制使用 VHF 设备的操作人员具备无线电话通信程序的知识和使用无线电话的能力,特别是遇险、紧急、安全和航行信息方面的通信能力;

3　还请各国政府提请有关各方注意所附的指南;

4　进一步提请各国政府采取适当行动确保 VHF 频道的正确使用;

5　授权海上安全委员会保持对本指南的审议,并适时进行修正;

6　废除 A. 474(Ⅻ)决议。

---

① 无线电规则系指随时都有效的最新国际电信公约附件或被视为附件的无线电规则。

附　件

海上 VHF 频道的正确使用

1　VHF 通信技术

1.1　准备

在发送前先考虑通信内容，如有必要可准备书面笔记，以避免不必要的中断并确保在繁忙的频道上不浪费任何宝贵的时间。

1.2　收听

在开始发送前先收听，确保频道尚未使用。这将避免不必要的干扰。

1.3　规定

应根据无线电规则正确使用 VHF 设备。特别应避免以下操作：

.1　当另一频道可供使用时，在 16 频道进行除遇险、紧急和简短安全通信以外的通信；

.2　在港口作业频道上进行与安全和航行无关的通信；

.3　非基本信息发送，如不必要的信号和通信；

.4　未进行正确识别而发送信息；

.5　在繁忙情况下占用某一特定频道；和

.6　使用粗鲁的语言。

1.4　重复

应避免重复使用单词和短语，除非接收站明确要求如此。

1.5　降低功率

如有可能，应使用符合通信要求的最低发送功率。

1.6　自动识别系统(AIS)

AIS 用于船对船通信以及船对岸设施通信的数据交换。AIS 的目的是帮助识别船舶；协助跟踪目标；简化信息交换（如减少口头报告）；以及提供附加信息有助于了解各方面的情况。AIS 可与 VHF 语音通信结合使用。AIS 应按照经 A.956(23)决议修正的 A.917(22)决议关于船载自动识别系统操作指南进行操作。

1.7　与海岸电台的通信

1.7.1　在港口操作业务专用 VHF 频道上发送的信息仅限于与船舶操作、移动和安全有关的信息，在应急情况下，还包括与人员安全有关的信息；因为将这些频道用于船对船通信可能对港口区域船舶的移动和安全的相关信息造成严重干扰。

1.7.2　应遵守海岸电台有关通信的指令。

1.7.3　应在海岸电台指定的频道上进行通信。如果要求改变频道，应在船舶确认收到后改变频道。

1.7.4　在从海岸电台收到停止发送信息的指示后，应立即停止通信，直到另行通知（海岸电台可能收到遇险或安全信息,其他信息则可能造成干扰)。

1.8　与其他船舶的通信

1.8.1　无线电规则指定 VHF 的 13 频道为驾驶台对驾驶台的通信频道。被呼叫的船舶可指示另一工作频道,以便此后发送信息。呼叫船舶应在确认收到后改变频道。

1.8.2　在所选频道上开始通信之前,应遵守 1.2 所述的收听程序。

1.9　遇险通信

1.9.1　遇险呼叫/信息对于其他所有通信信息有绝对的优先权。如果收到遇险信息,应立即停止发送其他所有信息,并进行守听值班。

1.9.2　任何遇险呼叫/信息应记录在船舶日志中,并传达给船长。

1.9.3　船舶在收到遇险信息时,如果在遇险船只附近,应立即确认收到。如果不在附近,应过一段时间再确认收到,使其他与遇险船舶更近的船舶先确认收到该信息。

1.10　呼叫

1.10.1　根据无线电规则,16 频道应仅限于遇险、紧急和简短安全通信,以及建立其他通信(随后在另一合适的工作频道上进行通信)的呼叫。

1.10.2　如有可能,应使用一个工作频率进行呼叫。

如果不能使用一个工作频率,VHF 的 16 频道可用于呼叫,条件是其未被遇险和紧急呼叫/信息占用。

1.10.3　如果无法与另一船舶或海岸电台建立联系,在重复呼叫前应等待一段时间。不要无故占用该频道,而应使用另一频道。

1.11　改变频道

如果某一频道上的通信情况不佳,先表明要改变频道,然后等待确认。

1.12　拼写

如果有必要进行拼写(如描述性的名字、呼叫信号、可能造成误解的单词),应使用国际信号规则、无线电规则和 IMO 标准海上通信术语(SMCP)中的拼写条目。

1.13　称呼

应慎重使用“我”和“你”。应指明他们所代表的含义。

例:

“海船,这里是港口雷达,港口雷达,你船有引航员吗?

港口雷达,这里是海船,我船有引航员。”

1.14　值班

每艘船舶在海上时应保持值班(经修正的 1974 年 SOLAS 公约第Ⅳ章有关值班的规则)。应在 VHF 的 DSC70 频道保持连续值班,如实际可行,应在 VHF 的 16 频道上保持连续守听值班。

2　VHF 通信程序

2.1　呼叫

当呼叫一个海岸电台或另一艘船舶时,呼叫一次该海岸电台名称(如在无线电通信繁忙情况下认为有必要可呼叫两次),然后是短语“这里是”加上两次船舶名称,并指明所使用的频道。

例：

“港口城市，这里是海星，海星，在14频道。”

2.2 信息交换

2.2.1 如果与一艘不知其名称但知道其船位的船舶通信，可使用其船位。在这种情况下，呼叫针对所有船舶。

例：

“你好，所有船舶，这里是帕斯托利亚，帕斯托利亚，船舶正靠近第四浮筒，我船正在通过：Belinda Bank Light。”

2.2.2 如果收到信息且只需确认收到即可，则回答“收到”。如果收到信息又需要确认收到正确信息，则回答“收到，理解”，如认为有必要，可重复信息。

例：

“信息：你船泊位将于08:30空位。

回答：收到，理解。泊位08:30空位。”

2.2.3 如适合，应发送以下信息：

“请使用/我船将使用IMO标准海上通信术语。”

如果使用IMO标准海上通信术语还存在语言困难，应使用国际信号规则。

在这种情况下，应在使用国际信号规则术语前先表明使用INTERCO。

例：

“请使用/我船将使用国际信号规则。”

2.2.4 如果信息包含指令或建议，应在回答中重复主要内容。

例：

“信息：建议你船从我船船尾通过。

回答：我船将从你船船尾通过。

2.2.5 如果没有正确收到信息，要求重复时说“请重复”。

2.2.6 如果收到信息但不理解其含义，请说“不理解信息”。

2.2.7 如果有必要改变频道，请说“改变到……频道”，并等待确认后再改变频道。

2.2.8 在交换信息时，船舶希望对方回答时说“完毕”（OVER）。

2.2.9 通信结束的标志是“结束”（OUT）。

3 **标准信息**

3.1 由于大多数船对岸通信为信息交换，因此建议使用标准信息以减少发送时间。

3.2 应尽可能使用IMO标准海上通信术语（SMCP）所列的通常使用的标准信息。

参考文献：

—经修正的1974年SOLAS公约第Ⅳ章关于无线电通信设备。

—无线电规则附录18，VHF海上移动波段发送频率表。

—经A.956(23)决议修正的A.917(22)决议关于船载自动识别系统操作指南。

—A.918(22)决议关于IMO标准海上通信术语（SMCP）。

海安会通函 MSC/Circ. 1061
(2003 年 1 月 6 日通过)

综合桥楼系统(IBS)操作使用导则

1　海上安全委员会在其 76 届会议(2002 年 12 月 2 日叁 13 日)上,通过了附件巾的《综合桥楼系统(IBS)操作使用导则》。制定本导则是要通过推行必要的程序确保针对传统航海技术之外的模式意识、状态意识和工作量管理来充分认识系统的各种功能,达到支持安全操作使用 IBS 的目的。

2　本导则旨在明确综合桥楼系统操作、培训和质量控制方面最低要求的依据。本导则适用于安装了综合桥楼系统(IBS)的船舶的操作。根据 MSC. 86(70)决议规定,IBS 包括了综合导航系统 INS(B)或(C)。

3　提请各成员国政府使有关各方注意到本导则。

附 件

综合桥楼系统(IBS)操作使用导则

引言

本导则通过推行必要的程序确保针对传统航海技术之外的模式意识、状态意识和工作量管理来充分认识系统的各种功能,达到支持安全操作使用 IBS 的目的。

目的是明确综合桥楼系统操作、培训和质量控制方面最低要求的依据。

1 范围

本导则适用于根据 MSC.64(67)决议附件一要求安装了综合桥楼系统(IBS)的船舶的操作根据 MSC.86(70)决议规定,IBS 包括了综合导航系统 INS(B)或(C)。

2 定义

就本导则而言,下列定义适用。

2.1 模式意识

模式意识基丁 IBS 的各种运行模式的用途和知识。采用各种不同的运行模式时应遵守根据公司自动化方针规定的驾驶程序。

2.2 状态意识

按照受过 INS 操作培训的船员必须对根据他/她的技能应可预料到的状态作出及时反应的要求。状态意识是船员对 INS 工作站提供的航行和技术信息的感知、对其含义的理解以及对其近期状况的推测。

2.3 故障分析

故障分析旨在证明系统具备故障—安全功能。对故障的影响及其结果的评估针对所安装部件进行。

3 驾驶程序

船舶驾驶程序应实现所安装的 IBS 的功能、能力和限制。文件应特别明确启用或不启用自动控制功能的条件。

注:如果自动控制系统支持所要求的精度,例如通过在控制船舵时计人船速,则只有在要求精确操纵时自动操舵才有用。

公司岸上工作人员应能监控、培训和评估公司的操作程序以及综合桥楼系统的操作使用。

3.1 船舶操纵手册(VOM)

船舶操纵手册应包括有关实现和使用自动和综合桥楼系统的公司方针。

船舶操纵手册把厂家的操纵手册浓缩和简化成了综合操纵手册,其中省略了详细的技术参数。

VOM 应阐明控制系统内子系统的组合和主次关系。应特别强调子系统对航行控制总体结果的影响。应清楚说明自动化模式和控制模式各自的利弊,并清楚表明不同模式对何种情况设计。

VOM应说明在系统报警时应采取的纠止措施。

应对操作限制及其原因进行透彻的解释。

VOM中应包括对检查表和具体项目之用途的描述。

公司应制定标准的传令术语并纳入VOM。

注：如果VOM包括了其他与IBS有关的项目，例如货物操作或其他船舶子系统，则应对由此产生的功能、能力和限制进行阐述。

3.2 正常程序

正常情况下的标准操纵程序应涵盖不同航行阶段的正常操纵，其中包括船舶操纵限制、操纵试验数据以及尾倾和锚泊等船舶数据。

应根据航行特点把航线划分为下列区域：

—海上航道；

—浅水水域、领航水域和止常航道；以及

—港口区域。

标准操纵程序应采取区域转移检查表进行记录。检查表项目可包括桥楼人员配备以及自动设备使用情况，包括子系统的选用及其操作模式。

如果设备本身没有清楚表明，则手动或自动首向、航迹和航速控制模式以及改变模式所要求采取的措施须以示图或检查流程图形式予以清楚表示。

3.3 应急和非正常程序

应急和非正常程序对于最佳工作量管理至关重要。

应急程序系指1995年11月29日SOLAS会议通过的《客船船长决策支持系统》（SOLAS/Conf.3/46，附件第14页24.4条）。下列程序中应考虑综合航行、控制和通信系统操作：

—断电：

—火灾；

—搁浅；

—碰撞；

—人员落水；

—威胁船舶安全及乘客和船员人身安全的非法行为；

—应急救助其他船舶。

（所列未穷尽）

所有应急程序的结构应合乎逻辑，例如在检查中列出每种应急控制模式以及相关概述。

非正常程序应集中于报警和止常操纵中一般不需要的项目。典型的情况是子系统出现故障要求确定启动的自动级别。

应急和非正常程序均应仔细考虑到系统的故障分析。

应协调各子系统的报警以涵盖整个综合桥楼系统（IBS）。应特别强调在报警情况下将系统转到较低自动级别、转为手动模式或转换传感器的操作程序。

注：根据标准操作程序制订的检查表格式应便于操作、简洁以及耐用。

3.4 航道计划

应在综合导航系统中编制航道计划。与航线有关的正常的程序应在航路点数据中编制。

程序应至少包括下列资料：

—航速和航迹限制；

—控制模式（例如船首向、航向、航迹和航速）；

—强制的无线电通信；以及

—检查表索引。

航线应以安全方式编制，应考虑航线制定系统、航道、航道标志、浅水域和相向交通。

航迹限制应足够大，以免在操作时发生不必要的警报。

制定航道计划时应遵守 A. 893(21)决议《航程计划指南》。

3.5 记录

驾驶程序应包括对标注、开始、结束、记录保存和 IBS 提供的航道计划给予明确指示。

记录应遵守 A. 916(22)决议《航行相关事件记录指南》。

4 实施新技术

经修改的 IBS 在成功进行功能测试之前不得投入日常运行。

所有新设备或新版本进行测试时，手动或应急控制转换程序应很明显。执行程序的最低要求是设备与命令一一对应。程序应形成文件。只有在新操作手册分发到位并学习之后才能运行新系统。

试验应以技术上最简单的模式在安全区域开始。在船员熟悉了操作模式并确信能保证操作安全时，才能增加技术难度。

驾驶员应注意选择安全的水域和模式进行试验。应定期开会制订计划确定技术试验时间段以及船舶操作手册（VOM）中规定的公司内部操作培训。

5 培训计划

公司应与有关厂方合作制订计划，对涉及 IBS 操作职责的所有驾驶员进行培训。

5.1 理论培训

制定一揽子理论培训计划时应考虑下列因素：

—船舶操纵特点；

—操作限制；

—推进和控制系统，操作和应急控制的手动和自动模式；

—通信系统；

—综合导航系统；以及

—正常、非正常和紧急情况下的导航和通信程序。

5.2 技能培训

制定一揽子技能培训计划时应考虑下列因素：

—正常、非正常和紧急情况下对船舶的操作；

—使用所有与操纵情况有关的自动化级别；

—故障模式的控制；以及

—遵守公司标准操作程序（SOP）。

海安会通函 MSC/Circ. 1063
(2002 年 12 月 19 日通过)

船舶参与气象航线划定服务

1　海上安全委员会在其 76 届会议(2002 年 12 月 2 日至 13 日)上,作为对英国的建议的回复批准了一份 MSC 通函,该通函旨在建立与航线计划要求(SOLAS 第Ⅴ/34 条)和载重线区域限定相符的气象航线划定服务最低标准。

2　目前,气象航线划定服务尚不规范并主要是一种商业服务。只有通过加强船长和气象航线划定服务提供商之间的联系,以及对所提供信息的不断检查才能改进气象航线划定服务和安全。

3　提请各成员国政府使船东、船舶经营者、船舶管理者、船舶承租人以及船长注意所附导则,并鼓励其把本导则纳入气象航线划定服务机构和客户签订的协议中。

4　本通函是对 MSC/Circ. 1017 通函的补充,该通函敦促船长参与世界气象组织(WMO)的自愿观察船舶(VOS)计划。

附　件

船舶参与气象航线划定服务

1　根据对1980年在日本冲绳群岛沿岸沉没的Derbyshire号油/散货/矿砂船的残骸检验所发现的新证据,英国政府重新启动了对该沉船的正式调查。

2　调查发现尽管事先得到了气象航线划定意见,但是Derbyshire船还是在ORCHID台风中沉没。法院裁定提供的信息不足以使船长有效避免台风引起的极其恶劣的天气。

3　不可否认,自1980年以来气象航线划定意见的质量得到了改进。现在国家气象局有了更为强大的计算机系统,所以气象航线划定服务所用信息的质量已好得多。但是向航海人员提供的气象航线划定服务基本还不规范,某些情况下只出于商业利益的目的,而没有直接从安全方面考虑。

4　经修订的SOLAS公约第V/34条明确了船舶航程需通过航程计划确定。该条2.3规定船长在制订航程计划时应优先考虑的因素之一是“所有已知的航行危险和不利的气象条件”。本条以及关于船东、承租人和经营者义务的34.3条确保了船长有权弃用与他/她的专业判断相矛盾的气象航线划定意见。有时在航程所涉及的商业利益的过大压力下,船长可能会选择错误的航线并可能因此带来极大的风险。

5　气象航线划定服务提供的意见是在远离船舶的地方制订的,而有些船东或承租人可能认为该意见比船长在当地所能得到的气象预报/警报更好。如果所提供的意见不能反映船舶所在位置的天气情况,则船长对这种意见的信任就会消失。如果气象航线划定服务机构与船长之间的相互交流(即船长的信息反馈以及根据反馈信息对原先意见的更新)不充分,则船长的信任感会进一步消失。

6　本通函的附录规定了气象航线划定服务所应遵循的标准,以确保该服务计及国际公认的措施①。

---

①　SOLAS公约第V/34条,A.893(21)决议《航程计划指南》,关于载重线区域的《1966年国际载重线公约》,MARPOL公约以及《国际安全管理规则》所述船长绝对权限。

附　录

提供气象航线划定服务的最低标准

为船长提供的气象航线划定服务应符合下列最低要求：

1　应向船长提供计划航线上的气象信息。应尽可能在船舶出航之前提供首次信息以使船长制订航程计划，如有必要并相应调整航道计划。

2　应向船长提供数据来源，并可能时提供数据的准确度以及气象变化的概率。

3　所提供信息应包括有义波高和(如可能)涌浪方向等海浪和涌浪数据。

4　气象航线划定意见应充分计入航速和船舶操纵特点。还应考虑船舶避开相对于船舶航速而言快速移动并构成威胁的天气系统的能力。

5　出航前，应明确地告知船长船舶与气象航线划定服务机构之间的通信频道。

6　气象航线划定意见应根据船位和设定航线上的气象条件定时发布。应根据气象条件的变化率决定发布的次数。

7　该服务应使船长能在发布间隔期内要求提供意见。

8　所使用的系统应为交互式的。船长应对气象航线划定服务提供的所有意见进行反馈，反馈内容应至少包括船位、航向和航速。反馈形式应鼓励船长告知船舶所在地的气象条件。还应鼓励船长根据其专业判断并考虑到船舶安全指出其优先航线。船长的反馈信息中应特别说明船舶的耐波性。

9　气象航线划定服务意见应考虑到：

.1　航行途中遇到的有关船舶航线划定系统；

.2　有充足的海上操船余地供船舶全程安全航行；

.3　所有已知的航行危险和不利的气象条件；

.4　船舶营运需符合国际载重线公约并由此受到限制；以及

.6　需对由于环境条件而可能影响船舶安全操作的项目进行基础保养。

海安会通函 MSC/Circ.884
(1998 年 12 月 21 日通过)

海上安全拖航导则

1 海上安全委员会在其第 70 届会议(1998 年 12 月 7 日至 11 日)上,审议了由船舶设计与设备(DE)分委会第 41 次会议(1998 年 3 月 9 日至 13 日)制定的用以加强航行安全和环境保护的"海上安全拖航导则",同意这一导则用于预定商业拖航作业的需要,而不适用于救捞或援救拖航业务。

2 回顾第 18 届大会通过的 A.765(18)决议"海上被拖船舶和其他浮体,包括装置、构筑物和平台的安全导则",利用该导则可使被拖物体(已同拖船断裂而漂浮,已搁浅或已失去控制)对航行的危险降到最低程度。本委员会认可的"海上安全拖航导则"附在附件中。

3 请各成员国政府实施所附导则,并请所有与海上拖航作业有关各方注意该导则。

附　件

海上安全拖航导则

1　目的
2　适用范围
3　定义
4　责任
5　拖船和被拖物体上的人员配备
6　计划
7　准备
8　检验
9　环境条件的设定
10　气象预报
11　对拖船的要求
12　拖曳设备
13　被拖物体
14　应急状态
附录 A:系柱拖力试验程序
附录 B:拖航日志

1　目的

本导则的目的在于:通过对海上拖航的组织、计划和实施以及相关设备的设计提供最低要求的建议,保证海上安全、防止对人员的伤害或丧失人命、避免对环境,特别是海上环境和财产的破坏。

2　适用范围

2.1　本导则适用于从一个国家到另一个国家国际海上拖航作业。然而,这一拖航导则亦可用于任何其他海上拖航作业。

2.2　本导则仅适用于不具有救助性质的商业拖航作业。然而,除拟承担这类拖航作业的拖船之外,还应优先注意最大限度地按照第 12 节的要求配备拖曳设备。

2.3　本导则属建议性质。

3　定义

系柱拖力(BP)——有文件证明的连续系柱拖力。

破断载荷(BL)——有文件证明的破断载荷。

海上拖航——在指定避风港口间或沿航线安全锚地间的航行距离超过 24 h 的拖航作业,其中考虑气象条件。

拖带船队——拖船（包括拖船设备）和被拖物体（包括拖曳设备、货物和货物系固设备）。

拖航——整个拖航作业过程。

拖曳设备——用来实施拖航的拖船和被拖物体上的所有设备。

拖航船长——负责拖航的船长。拖船船长可被指定为拖航船长。

拖船船长——单一拖船的船长。

1 和 10 年重现期——每 1 年和 10 年分别统计的可预计最恶劣环境条件，包括风、浪和流的最不利组合。

4 责任

4.1 应建立有组织的指挥系统，拖航起航前应明确职责和任务。

4.2 拖航作业应由适任的拖航船长负责，拖航船长通常是由拖船的船长，或当被拖物体由一条以上的拖船施拖时由主拖船的船长担任。

4.3 拖航船长负责拖航作业。在拖航准备中，如适合，拖航船长应考虑本导则。拖航船长亦应考虑拖航期间所适用的规则并确保其认为必需的同安全有关的所有措施业已实施。

4.4 本节的任何规定不应忽视或限制拖航船长或拖船船长依据海事法行使的权力。

5 拖船和被拖物体上的人员配备

5.1 拖船应按照船员培训发证和值班（STCW）规则配备人员，使拖船基于 24 h 都能作业。

5.2 人员配备除为着操作船舶外，还应足以能保证：

—采用新的拖航联结；以及

—如已安排，在紧急状态下，登上无人的被拖物体。

5.3 如被拖物体上配有人员，则被拖物体上的人员数应尽可能限制为仅是必要的船员。

5.4 当在紧急状态下，有计划要进行这类安全作业时，应对拖船与被拖物体间的人员和设备的安全运送的必要性给予考虑。所运送的人员应穿救生衣或救生服，携带适合的无线电通信设备和便携式灯。在选择救生服时，应考虑所在作业区域人体所必需的防止热量损失的程度。

6 计划

6.1 应预先对拖航的各个方面做出计划，其中应考虑 9.1 中提及的最坏环境条件的因素，包括潮汐、水流和水深，以及拖带船队尺度、受风面积、排水量以及吃水。还应考虑被拖物体上可能的货物和货物系固装置。非常规货物系固装置应进行强度计算。如可能和适用，应获得和使用定线气象预报，并应对拟采用的拖船系柱拖力给予仔细考虑，参见 9.4。拖航装置和程序应使之在拖航作业期间对人员的任何危险降低到最低限度。

6.2 拖船上应有一个应急计划，包括遇上坏的天气，特别是对船队将顶风漂泊还是避风作出安排。每个人员应熟知按照应急计划的规定在应急状态下各自的职责和任务。如被拖物体上配有人员，则被拖物体上也应存放这个应急计划。

6.3 在拖船上应有适用于常规拖航作业的操作或拖航手册，以及描述应采取任何特殊要求的附加手册。

7 准备

7.1 只有经拖航船长，以及如应要求或认为必要的任何理由需经另一适任人员，对拖带船队进行检查并满意后方可进行海上拖航。

7.2 除非环境条件正常且得到天气预报后，可将拖带船队拖至一个不遭受背岸风或其他航行危险的安全水域，否则不允许开始拖航作业。

7.3　一旦对拖带船队确定了拖航限制，应有程序规定防止拖带船队遇到超出限制条件的情况。这些程序可包括规定气象航线或安全遮蔽水域，或两者。

8　**检验**

若一些特殊的情况或因素增加了对拖带船队的危险性，或单靠海员和航海知识与经验不能评估危险性，则拖船船东、被拖物体业主或拖航船长/拖船船队长应提出申请要求由一适任组织或主管当局（视何者适合确定）按本导则进行检验。

9　**环境条件的设定**

9.1　被拖物体，包括货物和系固装置，应能经受得起所述季节和水域预计产生的最恶劣的环境条件①所引起的载荷。

9.2　一次拖航作业的期限是从拖航作业开始算起直至拖带船队到达其目的地并处于安全状态的时间。如航线上有供安全停泊被拖物体的区域，则拖航作业的期限可在这些区域之间算得。

9.3　对于长期的拖航作业需经过不同海况特性的水域，当选用货物系固装置和设备时，应考虑航线上最恶劣的海况以保证被拖物的水密完整性。

9.4　所涉及的连续系柱拖力应在下列环境条件（作用在同一方向）下足以保持拖带船队的稳定航向：

—风　　　　20 m/s

—有义波高　5 m

—流　　　　0.5 m/s

如可获得很可信的有关的气象预报和实际水域的经验资料，则其他标准亦可接受。

10　**气象预报**

10.1　如可能，应能对于整个拖航作业收到基于 24 h 的气象预报。

10.2　对于气象预报至少应包括如下资料：

—区域气象图；

—风速和风向；

—波高和周期；

—涌浪高和周期；

—未来 48 h 的天气趋势。

10.3　在一些高度危险情况下，或季节性的气象难以预测时，应考虑获得第二个气象预测方法。

10.4　拖航期间，应在拖船上至少每 24 h 收一次气象预报（在配有人员的被拖物体上亦应收到或被转播）。如对气象有特殊的限制，则应更频繁地收听气象预报，如预计气象有重大变化，则能需要直接与预报员联系。

---

①　如适宜，环境条件设定时应遵循下述原则：

拖航作业的期限	重现期：
<5 天	1 年；
>5 天	10 年。

11 **对拖船的要求**

11.1 拖船上应按其尺度存放相应的有效货船证书。

下述文件亦应提供：

—系柱拖力的文件证明；

—参照第12节要求配备的所有拖船设备的文件。

11.2 应有主推进机械最大连续额定功率下的连续系柱拖力的文件证明。试验应遵循附录A的试验程序或类似程序。

11.3 在选择长距离拖航作业的拖船时，应对以下几点给予特殊考虑：

—船舶的推进和操舵装置对预定的拖航作业是适合的；

—拖缆在恶劣海况下不应妨碍船舶的操纵性；以及

—能对拖带装置安全而有效地控制。

11.4 拖船应根据拖航作业的期限储备足够的燃油。如需在航行中添加燃油，则在拖航开始前应做出适当安排。

11.5 拖船应保存一本符合附录B要求的拖航日志，并应备有一本记录拖航所需的主推进机械和辅助机械的机舱记录簿，其至少应记录运转小时数和意外事件。

11.6 拖船应对所有重要设备包括通信和航行设备，主、辅机械和操舵、拖带装置具有一套文件化的维护保养体系。

11.7 尽管有上述要求，所有拖船不管其尺度大小，至少还应有：

.1 适合于船舶尺度和作业需要，并符合有关公认性能标准的船用雷达；

.2 足够的自身灭火能力；

.3 安装下述设备：

.3.1 能由船舶主驾驶台控制的探照灯；

.3.2 如尚未安装全球海上遇险安全系统（CMDSS），则配两台具有数字选择呼叫能力的VHF—FM无线电通信设备。

.3.3 照明刻盘型磁操舵罗经或照明磁感应罗经（有备用电力供应）并能在船舶主驾驶台读数；

.3.4 能在船舶主驾驶台读数的回声测深装置；和

.3.5 电子定位装置；以及

.4 在船上有如下设备：

.4.1 由有关当局出版且经及时修正的拟途经海区的海图，其大小应足以供所在航行区域都能使用；和

.4.2 经及时修正的任何其他有用的航海出版物和航行通告。

12 **拖曳设备**

12.1 拖曳设备应按下述建议案和认可标准进行设计。拖曳装置应适合于特定拖带船队并应有足够强度。

12.2 拖船应配备拖缆机

12.3 建议拖缆机的制动器应有一适合于所用最大拖缆的最小破断载荷（*MBL*）（用文件证明）的静态握持力。应对其即将拖带时拖缆机卷筒最外层的握持力予以计算。

12.4 拖缆机的设计和构件尺寸，包括支撑件在内，应能经受得住主拖钢缆的破断载荷且无永

久变形。

12.5　在紧急状态和所有作业形式下,应有可能释放拖缆机卷筒上的张力。拖缆末端与拖缆机卷筒的连接应该是有限的强度,使其在拖缆必须放完的情况下形成一个弱环。紧急释放后,拖缆机制动器应能立即恢复到正常状态。即使存黑暗的情况下也应有可能进行有序的紧急释放(紧急释放/使用制动器)。

12.6　建议在拖船上,只要可能,拖缆机应装有测量拖缆张力的设备。这台设备应至少记录平均张力和张力峰值,且此信息应能在驾驶台里显示。

12.7　应配有在卷筒上能有效地排缆的装置。

12.8　应配有拖缆护套或其他装置以防由于摩擦和磨耗损伤拖缆。船尾应没有在作业中可能损伤拖缆的锐利边缘或障碍物。在船上应储备足够数量的备用拖缆护套。

12.9　应根据已有标准确定出适合的拖缆长度。如还没有这样的标准,所需的主拖缆最小长度应按以下公式确定:

$$L——(BP/BL)\times 1\,800\ \mathrm{m}$$

式中:BL——经文件证明的拖缆破断载荷;

BP——连续系柱拖力。

12.10　所有的钢缆应有相同的捻向(即右手向、左手向等)。

12.11　主拖缆经文件证明的最小破断载荷一般应符合下表的规定:

系柱拖力(BP)(t)	<40	40~90	>90
MBL(t)	$3.0\times BP$	$(3.8—BP/50)BP$	$2.0\times BP$

12.12　拖船上应存有满足主拖缆所有要求的备用拖缆。

如拖缆机配有两个卷筒,则备用拖缆最好应存放在拖缆机卷筒上,并应即刻可用。

替换方案是应有一根备用拖缆,其存放和布置方式应保证能容易、快速和安全有效地转换到主拖缆卷筒上。

假使是两个被拖物体,为此两根拖缆(主拖缆和备用缆)需分别连接,则船上还应有另外一根备用拖缆,按上述要求存放在船上。

12.13　除连接到拖缆机卷筒上的钢缆外,所有钢缆端部应有坚固的缆眼,即加强套环或锌铜环。

12.14　所有连接零件,诸如卸扣、环等应具有至少能承受超过所用拖带装置最小经文件证明的破断载荷(MBL)50%的极限承载能力。

12.15　如使用纤维绳短索,则短索应处于良好状态且任何纤维短索的最小破断载荷应不小于:

—对于拖船,具有系柱拖力小于50 t者,2.0倍拖缆的MBL;

—对于拖船,具有系柱拖力大于100 t者,1.5倍拖缆的MBL;以及

—对于拖船,具有系柱拖力在50和100 t间者,在1.5和2.0倍拖缆的MBL之间线性插值。

纤维短索应为有缆眼结构,缆端部应有坚固的缆眼,且一般不应直接连接到拖缆龙须缆的顶点。

12.16 除非实际不可能，拖船应配有足够的备用设备，以形成完整的一套备用拖带装置。

12.17 在每次完成拖航作业后应对拖缆进行检查。检查结果应做记录并作为决定下一步检查计划的基础。检查结果亦应在拖航日志（附录 D）中记录。

12.18 在下列情况下拖带装置的任何零件不应再使用：

—由于磨耗、擦伤、腐蚀和断丝缆绳使横断面积减少超过 10% 或严重扭结、破断或导致绳结构变形的其他损坏；

—端环或诸如套环等其他拖缆末端受到损坏、变形或严重腐蚀。

12.19 如适当，应备有活络（gog）缆或替代装置以防止横向拉力，方便拖缆的回收。装置应能从安全位置上进行遥控。船上应有备用活络缆。

13 被拖物体

13.1 对每一被拖物体，不管其配有人员还是无人，均应进行评估，并提供确认其适合于被拖的资料，包括下述所有要求。

13.2 被拖物体在航行中预计到的所有装载和压载工况下应具有足够的完整稳性。如没有特殊理由，则应验证其满足任何适用的破舱稳性衡准。应证明其破舱稳性可达到被拖物体以前文件所载明的程度。

13.3 航行之前，通过对所有舱口、阀、空气管以及水可能进入到被拖物体及影响其稳性的其他开口的关闭装置的检查，水密和风雨密完整性应予以确认。还应确认船体范围任何水密门或其他关闭装置已安全关闭，各活动关闭板业已就位。

13.4 被拖物体应有适当的吃水和适合预定航行的纵倾，与 13.2 所确认的稳性条件相适应。

13.5 应以文件证明被拖物体在有关其货物装载、设计的环境条件及在航行中其他可预见到的载荷方面具有足够的结构完整性。如适用，应参考被拖物体的装载手册。

13.6 货物系固装置（参考 6.1）和对装在被拖物体上的货物、设备和存储品的风雨密保护应仔细检查以保证足以达到本航次的要求。如适用，应参考被拖物体的货物系固手册。

13.7 如适用，通常应使用龙须缆以连接主拖缆与被拖物体。在类似导缆孔的易磨损区域应采用防磨链。

13.8 所有连接件（如龙须缆的每一股）应以文件证明其破断载荷（*MBL*）超过拖带装置的破断载荷。

13.9 拖缆附件应设计成能承受来自任何可能方向的拖缆拉力，必需时，应使用导缆孔。拖带配件的设计应同时考虑正常和应急两种状态。

13.10 拖缆任何附件（肘板或缆桩及其底座）的极限强度应不小于所附连拖带装置的最小破断载荷的 1.3 倍。

13.11 导缆孔应设计成能适应防磨且其形状应能防止链环产生过渡的弯曲应力。

13.12 如计划在拖航中再次使用龙须缆，则应在被拖物体上安装龙须缆回收系统，其强度应足以能在拖缆断裂后被使用。

13.13 应备有应急拖带设备供龙须缆坏了或龙须缆不能回收的情况下使用。这台设备最好是安装在被拖物体的首部，并应包括一根备用龙须缆或带浮绳和浮标的拖航短缆，允许其被收回而没有任何重大危险。

13.14 被拖物体应显示航行灯、号型，如被拖物体上配有人员，还应配备经修正的 1972 年国际海上避碰规则所要求的声响信号。应适当考虑在航行中信号灯和声响信号的可靠性及其功能。如可行应配备双联装号灯系统。

13.15　登船设施应安装在被拖物体的两舷。

13.16　如适合,舵应固定在船中心线①位置,并采取措施防止推进器轴转动。

13.17　即使是短期拖航,只要被拖物体上配有人员,应配备救生衣和救生圈之类的救生设备。

对于长期拖航作业,预计被拖物上留有人员,则还应配备救生筏。如干舷超过4.5 m,除非由于被拖物体的设计或条件限制实际不可能,则应配有救生筏吊架。

当被拖物体上连续有人时,应配备留守船员并供给船员足够的食品和淡水、炊事和卫生设备、无线电设备,包括与拖船间的通信设备、遇险信号、救生和灭火装置。

13.18　除非由于被拖物体的条件设计或实际不可能,被拖物体上应配备在恶劣气象条件下适合固定被拖物体的锚泊设备,并备有与之相适应的锚链或钢缆,其布置应便于在应急状态下由被拖物体上的人员或登上被拖物体的人员抛锚。

13.19　为减小污染的危险,被拖物体上所装载的油量应限制在满足被拖物体和/或拖船安全以及其常规作业所要求的程度上,还有一个条件是不会由于从被拖物体上排出油而给环境带来危险。

14　应急状态

14.1　一旦由于拖航船队的断裂而漂浮或某些其他原因对航行、近海构筑物或海岸线构成直接危险时,拖船船长应按 SOLAS 公约第V/2条用他能处理的所有方式向附近船舶通报信息,并向能联系到的沿岸最近一个主管机关通报信息。

14.2　在所有情况下,如拖带船队断裂而漂浮,则应根据良好的航海技术,并考虑到季节气象条件和作业水域的情况作出对拖带船队的回收安排。

① 译者注:原文"the amidship position"可能有误。

附 录 A

系柱拖力试验程序

1 试验前应提交建议的试验计划。

2 连续系柱拖力(*BP*)试验过程中主机应在制造厂推荐的最大连续额定功率的最大扭矩状态下运转。试验过程中应对实际输出功率进行验证。

3 超负荷拖力试验过程中,主机应在制造厂推荐的最大额定功率下至少持续运转 30 min。超负荷试验可以免除。

4 试验所用推进器应是船舶在正常作业时所使用的推进器。

5 试验过程中,船舶在正常作业时由主机或推进器轴带动的所有辅助设备,例如泵、发电机和其他设备都应连接上。

6 由船尾到试验系柱间量得的拖缆长度应不小于 300 m。拖缆最小长度可为 2 倍船长。

7 试验水域在船舶周围半径 100 m 范围内的水深应不小于 20 m。如试验水域水深不能达到 20 m,则可接受最小水深等于船舶最大吃水的 2 倍。应注意到减小水深可能对试验结果产生不利影响。

8 试验应在船舶处于同全部压载和一半燃油装载相等的排水量状态下进行。

9 船舶应处在平浮状态或尾倾不超过 2% 船长的状态。

10 当船舶按上述 2 和 3 规定做试验时,应能够在一个固定航向上保持不少于 10 min。核证的连续系柱拖力值是 10 min 内的平均读数。

11 试验应在风速不超过 5 m/s 的状况下进行。

12 试验水域的流速在任何方向应不超过 0.5 m/s。

13 试验所使用的载荷测量仪应经适任机构认可,其精度控制在所测量载荷范围的 ±2% 以内,并能适合试验时所处的环境条件。

14 一个给出连续读数的仪器,还有一个记录系柱拖力的记录仪(作为时间的函数以图表示)都应连接到载荷测量仪上。如可能,这些仪表应安装在岸上并被监控。

15 载荷测量仪应安装在拖缆眼板与拖柱之间。

16 作为核证的船舶连续系柱拖力应是在不少于 10 min 的时间内保持不变,没有任何偏小倾向所记录的拖力。

17 当主机超负荷运转时,减少转速或减少运转主机数或运转推进器数,这些情况下所记录的系柱拖力数值之证明可以在证书上给出并加以说明。

18 试验期间在船舶与岸上监控载荷测量仪和记录仪的人员之间应设有 VHF 或电话联系的通信联络系统。

附　录　B

拖航日志

船舶________________ 日期/船长签署________

主拖缆(使用中)________ 破断载荷(M/T)________ 长度/直径________ 检验日期/年________

备用拖缆______________ 破断载荷(M/T)________ 长度/直径________ 检验日期/年________

主拖缆:润滑(L)维修(M)　日期________　检验报告编号等________

备用拖缆:润滑(L)维修(M)　日期________　检验报告编号等________

被拖物体______________ 连接拖缆:日期/小时数________ 位置__________

龙须缆长度(M)__________ 卸下拖缆:日期/小时数________ 位置__________

拖航资料(中午+半夜或一天两次)							
起拖	到达	钢缆使用的时间(总天数/小时数)	钢缆拉力(M/T)	钢缆长度(m)	环境状况	调整钢缆长度±(m)	备注
日期/年份	小时数	日期/年份	小时数	最大	平均	波浪(波高/波向/周期)	风(风力/风向)
页次/总页				备注			

MSC/Circ.919

(1999 年 6 月 15 日)

破损控制图导则

1 海上安全委员会在 1999 年 5 月 19 日至 28 日召开的第七十一届会议上,注意到破损控制图和破损控制手册旨在给船上高级船员提供有关船舶水密舱室以及维护舱室边界和保持分隔有效性装置的准确信息,以便在船舶破损的情况下,能给予合适的预防以避免通过开口进一步进水,并采取有效措施以便快速减轻,可能的话,使船舶损失的稳性得到恢复。

2 为给主管机关对客船和货船准备破损控制图时提供建议,以便能帮助船长在船舶破损引起的危急情况下采取行动,委员会通过了破损控制图导则,列于附件中。

3 敦请各成员国在适用 SOLAS 公约第Ⅱ-1/23,Ⅱ-1/23-1 和Ⅱ-1/25-8 条时,应用附录中的导则,提请有关各方注意上述导则,尤其是船舶建造者、船长、船东、船舶营运人和船公司。

附　件

破损控制图导则

1　适用范围

本导则旨在对适用 SOLAS 公约第Ⅱ－1/23，Ⅱ－1/23－1 和Ⅱ－1/25－8 条的客船和货船制定破损控制图提出建议。

2　通则

2.1　破损控制图和破损控制手册旨在为船上高级船员提供有关船舶水密舱室以及维护舱室边界和保持分隔有效性装置的准确信息，以便在船舶破损情况下，能给予合适的预防以避免通过开口进一步进水，并采取有效措施以快速减轻，可能的话，使船舶损失的稳性得到恢复。

2.2　破损控制图和破损控制手册应清楚和易于理解，它不应包括与破损控制没有直接关系的信息，并应提供以船上的工作语言写成的文本。如果制定破损控制图和破损控制手册时采用的不是 SOLAS 公约中规定的任何一种官方语言，应有一份翻译成其中一种官方语言的文本。

3　破损控制图

3.1　为清楚地显示控制图所要求的内容，破损控制图应有合适的比例，但应不小于1: 200。

3.2　为特殊需要建议采用相同大小的图表。破损控制图应包括船内轮廓，每层甲板俯视图，以及显示以下内容必要的区域横剖面图：

.1　船舶的水密分隔；

.2　横贯浸水装置，排放塞和纠正由于进水造成的横倾的机械装置的位置和布置，以及所有阀和遥控装置的位置，如有时；

.3　所有内部水密关闭装置的位置，包括滚装船上防撞舱壁延伸区域的内部船首斜坡或吊门和它们的控制装置，以及就地控制和遥控控制装置，开启/关闭指示器和报警装置的位置。根据 SOLAS 公约第Ⅱ－1/15 条的要求，在航行过程中不允许开启和允许开启的水密关闭装置都应清楚地指明；

.4　船舶外壳上的所有门，开启/关闭指示器，渗漏检测和监测装置的位置；

.5　舱壁甲板以上和最低露天甲板上局部分舱舱壁的所有风雨密关闭装置，以及控制装置和开启/关闭指示器的位置，如适用；

.6　所有舱底泵和压载水泵，以及它们的控制装置和相关的阀的位置；和

.7　已被主管机关接受的限制进一步进水的管系、导管和轴隧，如有。

4　破损控制手册

4.1　上面 3 所述的内容应在破损控制手册中重复列出。

4.2　破损控制手册应包括控制破损后果的一般指导，例如：

.1　立即关闭所有水密和风雨密关闭装置；

.2　确定船上人员的位置和安全性，对液舱和舱室进行测深以确定破损的范围，并对进水舱重复测量以确定进水速率；和

.3　就横倾和为减少横倾或纵倾采取液体转换操作的原因，以及因此产生的附加自由液面影响和为控制进水启动泵进行排放操作的后果，提出警戒性建议。

4.3　针对破损控制图中的信息，破损控制手册应包含更详细的内容，例如所有不高于露天甲板的测深仪、液舱通风管和溢流管的位置，泵的排量，管系分布图，横贯浸水装置的操作指南，根据破损控制部分从舱壁甲板以下的水密舱室通过和撤离所采取的方式，如要求，和对船舶管理部门和其他组织应遵守规定和协调提供援助提出警示。

4.4　如对船舶适用，应指出可能引起进一步进水的没有自动关闭装置的非水密开口的位置，以及对非结构性舱壁和门或其他使进入海水流速减慢的阻隔，造成至少暂时性不对称进水状态的可能性作出指导。

4.5　如果破损控制手册中包括分舱和破舱稳性的分析结果，应提供另外的指南，以确保参考这些信息的船上高级船员意识到，包括这些分析结果仅为评估船舶相关的残余稳性时提供帮助。

4.6　指南应采用与分舱和破舱稳性分析相同的衡准，并明确指出分舱和破舱稳性分析中假定的船舶装载的初始状态、破损的范围和位置、渗透率，可能与船舶的实际破损情况没有关系。

5　船上计算机的应用

破损控制图和破损控制手册应为打印格式。配有为该船专门设计的破舱稳性计算软件，并被经过适当培训的船上高级船员所熟悉的船上计算机的应用①，能提供一种在规划的手册中增补信息的快速方法以便有效地进行破损控制。

6　给船长的可视指南

指南应易懂、清楚和简明，例如破损后果图，应能给船长提供一种评估船舶破损后果的快速方法。

7　放置在船上的位置

7.1　对客船，破损控制图应永久陈列在驾驶室和船舶控制站或相应地点。

7.2　对货船，破损控制图应永久陈列在驾驶室或在驾驶室易于查阅。另外，破损控制图还应永久陈列在货物控制室或在货物控制室易于查阅。

---

① 参照船上计算机的使用和应用导则（MSC/Circ.891）。

（三）关于散货船

第 A. 713(17)号决议

（1991 年 11 月 6 日通过）

为改进运输固体散装货物船舶的安全所采取的临时措施

大会，

忆及国际海事组织公约关于大会在海上安全规则和指南方面的职责的第 15(j)条，

还忆及根据第 A. 434(Ⅺ)号决议，大会通过了固体散装货物安全实用规则（散装规则），以确保固体散装货物的安全运输，

注意到，根据第 MSC. 33(59)号决议，海上安全委员会在其第五十九届会议上通过了 1974 年安全公约的修正案，以便收入处理固体散装货物并提及散货规则的经修改的第Ⅵ章，

对于运输固体散装货物船舶连续发生的灭失，有时甚至失去踪迹和招致的惨重的人员死亡感到关切，

认识到货物的性质和压载操作能使运输固体散装货物的船舶结构受到更恶劣的弯力和切力形式和严重的损耗，

考虑到固体散货码头上的装船速度和方法以及卸货作业中使用的设备会促成结构的过度应力和损坏，

注意到某些密度高、具有移动习性的固体散装货物造成的危险，

认识到，出于安全目的，需要对船舶进行不断和有效的维修，

得悉海上安全委员会在其第五十九次会议上作出的决定，特别是关于优先进行有关航行数据记录装置的可行性研究的决定，

还注意到各国政府、船级社和其他私营企业部门在此方面进行的工作，

1　要求海上安全委员会优先进行有关运输固体散装货物船舶的安全的工作，尽快制定出此种船舶的设计，建造、操作、维修和检验要求，对各类货物的预防措施作出规定；

2　要求国际船级社协会尽快为运输固体散装货物的船舶制定检验和维修要求。将其提交海上安全委员会，纳入上述要求之中；

3　要求各国政府、船级社、船舶所有人、船长，在制定出上述要求之前，暂时根据本决议附件中所述要求，立即采取措施：

4　请各国政府彻底调查有权悬挂其国旗的运输固体散装货物的船舶发生的事故，将得出的结论和作出的建议提交本组织，以有助于通过适当的补救措施。

5　还要求目前尚未这样做的船级社，作为一项紧急工作，将有关所发现的结构问题和其他问题的任何资料提交本组织，这可能会有助于找到此种事故的根本原因；

6　还请在其领土中有固体散装货物装货码头或卸货码头的各国政府，将有关此种码头的货物装卸做法的任何研究作为资料告知本组织；

7　授权海上安全委员会将按上述第 1 段制定的要求发给各国政府、船级社和其他有关单位，建议他们执行；这些要求将取代本决议附件中的规定；

8　要求海上安全委员会对该事项作出不断检查，并在必要时，对附件中的措施作出修正或扩充。

附 件

为改进运输固体散装货物船舶的安全所采取的临时措施

1 各国政府、船级社和船舶所有人，应尽早对固体散货船处在过渡区域的经选择的货舱（包括前、后货舱）的舷侧肋骨的焊接作出仔细的检查，并且：

.1 确保对于准备运输固体散货的船舶，在检查和定期检查时，检验人员应极为仔细，并密切注意全面的结构完整性，特别是前货舱和压载舱以及保护层的状况和任何腐蚀的程度和影响；

.2 要求在每一特别船级检验和在第一次特别船级检验后的每一中期检验中，对每一货舱的肋骨结构做仔细检查，并对所有货舱内部检查，包括至少对每一货舱中肋骨结构的25%做仔细检查；

.3 如果第二次特别船级检验发现船体结构有严重退化，则要求在其后的年度船级检验中对船体做仔细检查；

.4 对现有的测量要求做重新评估，以便增加货舱肋骨的所需测量的数目；

.5 要求在每一特别船级检验和中期检验中，将船壳板相关肋骨和端部连接件的测量作为强制性要求；

.6 要求在船级检验中走近舷侧肋骨整个高度，以便做仔细检查；

.7 要求在操作和装货手册里列入港口装卸作业期间和转运条件下的许可切力和弯矩；

.8 要求只有在上述措施或同样有效的替代措施完成后，或者，对于使用连续船体检验系统者，如果各次检验均按期完成，才能推迟船体的年度船级检验。

2 各国政府、船舶所有人、船长和装货码头经营人应采取一切必要措施确保：

.1 货物装卸作业的方式不会使船舶结构受到过度应力或损坏；

.2 严格遵守固体散装货物安全实用规则的所有建议，特别是关于固体散装货物的含水限度和平舱的建议；

3 各国政府应实施1974年安全公约第Ⅰ/9条所规定的控制，对准备装载固体散装货物的船舶的结构完整性和适航性给予特别的注意。

4 准备运输固体散装货物的船舶的所有人应：

.1 考虑自愿在船上安装能在装卸和航行期间将船舶结构关键部分所受应力向船上人员不断作出指示的设备；

.2 尽早在船上安装经1988年修正的1974年安全公约第Ⅳ章中规定的全球海上遇险和安全系统所要求的若干设备，特别是卫星无线电应急示位标和必要设备，如：航警电传和海事卫星增强群呼安全网接收机等，以便接收海上安全信息。

5 准备运输固体散装货物的船舶的船舶所有人，应确保所有此种船舶参加自动互助船舶救助系统（互救系统）和适用于此种船舶今后航行区域的其他报告系统。

第 A.797(19)号决议
(1995 年 11 月 23 日通过)

加强固体散装货船安全的措施

大会,

忆及国际海事组织公约有关大会在海上安全规则和指南方面的职责的第 15(j)条。

还忆及它以第 A.713(17)号决议通过了增进固体散装货船的安全所应采取的临时措施,

又忆及在通过第 A.713 (17)号决议时,它认识到对下列情况的关切:货物性质和压载作业能使固体散装货船受到更严重形式的弯曲力和剪力;固体散货码头的装船速度和方法及卸货作业中使用的设备可能助长局部过应力和损坏;某些固体散货因密度高和移动性而能造成危险;对有关船舶需做持续和有效的保养,

对固体散装货船的不断灭失,而且有时灭失得无影无踪,对引起的严重死亡感到关切,

考虑到各政府、船级社和私营企业的其他部门在此方面所做的工作,

得悉海上安全委员会倡议了新的措施增加固体散装货船的安全并且在查明问题和提出短期和长期的解决办法;正在审议作为一种船型而言的固体散装货船的风险的所有有关问题,以便对安全的所有要素作出整体评定;对固体散货船的最近灭失进行了检查,特别是对于它们是否接受了强化检验的问题,

注意到国际船级社协会(船级社协会)在制定固体散装货船的检验和保养要求方面所做的工作。

1 **敦促**政府、船级社、船舶所有人、船舶营运人、船长和码头经营人,在上述要求被制定前,根据本决议附件中所述办法,立即采取措施;

2 **要求**海上安全委员会优先进行有关固体散装货船的工作,尽早制定有关抗沉标准、设计和建造标准、操作标准、检验要求,船/岸界面事项及管理和培训的要求和建议;

3 **请**各政府透彻调查有权悬挂其国旗的固体散装货船的事故,将得到的结论和作业的建议提交本组织,以便对采用适当补救措施一事提供帮助。

4 **还请**其境内有固体散货装卸码头的各政府向本组织通报有关此种码头的货物装卸做法的任何研究,以作为资料;

5 **又请**各政府采取适当措施,对所有有关人员进行避免无意过量装载的教育;

6 **授权**海上安全委员会向各政府、船级社和其他有关者分发按第 1 段制定的要求和建议,并建议他们加以实施;

7 **要求**海上安全委员会不断检查该事项,对附件中所载的措施作出必要修正和扩充。

附　件

加强固体散装货船安全的措施

1　港口国当局，不论是独立行动的还是参与地区合作的，均应采取 适当措施确保对于固体散装货船：

.1　码头经营人使用船/岸干散装货船装、卸安全检查单（MSC/Circ.690）；

.2　鼓励港口当局允许船员在港内进行修理和保养工作；

.3　要求装卸工人确保在进行货物作业时不损坏船舶结构物，在造成损坏时及时将其报告负责的船舶高级船员；

.4　港口当局和码头经营人意识到与装卸作业有关的具体关切领域以便对其作出调查和（如必要）更正；

.5　查明用于传送高密度货物的岸上货物计重设备不当的地点，检查改进此种设备的措施；

.6　码头经营人指定负责该码头或设备对特定船舶进行的作业的“码头代表”。指定的此种人员应懂得干散货贸易的作业事项并有权在安全受到影响时进行干预；

.7　向本组织确认干散货装卸码头符合海事组织有关船岸合作的规则和建议；和

.8　港口国监督检查官员采取了第 A.787(19)号决议中所载的针对固体散装 货船的措施。

2　船旗国主管机关应采取适当措施确保固体散装货船：

.1　在国际安全管理规则的发证工作中，将海上安全委员会为增进固体散装货船安全而推荐的装卸作业的证件作为重要事项列入；

.2　船长得到了船体桁系统在预定装船条件的有代表性的装卸情况下的强度的资料；和

.3　除非是在完成了通过本决议后的第一次年度检验之前进行了下列事项，否则不允许等于和大于 20 000 载重吨、船龄超过 10 年的单层壳体船运输高密度货物（ 如矿石）；

.3.1　在散装货船检验期间的强化检查方案（第 A.744(18)号决议）对五个年度定期检验所规定的范围里合格地完成了对所有货舱的检验，并且船上载有适当证 件；

.3.2　合格地完成了货舱有关的检验并且船上载有适当证件；此种检验应包括：

.3.2.1　所有货舱的内部检查包括细节检查，特别应注意液舱顶部、横向水密舱壁、底座结构、边板、肋骨和附件；

.3.2.2　对按检验记录选择的舷顶压载水舱作出内部检查；在发现严重锈时，应视需要将该检查扩至其他一些压载水舱；和

.3.2.3　厚度测量，旨在核实上述 2.3.2.1 和 2.3.2.2 中的检查结果。

3　船舶所有人应采取适当措施确保固体散装货船：

.1　此种船舶使用干散货船船/岸装卸安全检查单（MSC/Circ.690）；

.2　此种船舶使用气象定线业务取得气象和海况的准确和最新资料；

.3　实施规划的保养方案；

.4 在规划的保养方案中包括修复货物作业造成的船舱涂层的损坏；

.5 迅速检验和修理货物作业造成的船舱结构损坏；

.6 仅授权有适当资格的人员进行涉及焊接的修理；

.7 在可行时,在对船舱进行洗舱后用淡水漂洗,作为防锈措施；

.8 在装船前和卸船后对货舱进行"船东检验",在船上填写此种检验的适当 日志；和

.9 此种船舶配有数目适当、获得适当资格和得到适当培训的船员。

4 船级社应采取适当措施确保固体散装货船：

.1 与造船厂合作,继续进行研究和开发,对检验做法、船级规范和设计标准 保持适当的反馈机制；和

.2 检查在电脑化的船舶设计、建造和保养方案中应用共同原则的可行性。

第 A.798(19)号决议
(1995 年 11 月 23 日通过)

专用海水压载舱防锈系统的选择、使用和保养指南

大会，

忆及国际海事组织公约有关大会在海上安全规则和指南方面的职责的 第15(j)条，

还忆及在有关固体散装货船安全的第A.713(19)号决议中，规定 了为增进固体散货船安全而应采取的临时措施，

又忆及在有关散货船和油船检验期间的强化检查方案指南的第 A.713(19)号决议中规定了改进散货船和油船的安全和防污的详细检查要求，除其他者，还阐明了涂层状况和检验要求的相互依赖关系，

认识到得到正确使用和保养的散货船和油船专用海水压载舱中的防锈系统对增进船舶安全的重要性，因为此种液舱更易于锈蚀，

还认识到海上安全委员会在其第六十三届会议上核准了 1974 年国际海上人命安全公约(安全公约)的修正案草案，增加了供列入定于在 1998 年生效的该套提议的修正案中的、要求在新的散货船和油船专用海水压载舱中安装防锈系统的新的第Ⅱ -1/14 -1 条，

审议了海上安全委员会第六十三届会议上作出的建议，

1 **通过**本决议附件中所载的专用海水压载舱防锈系统的选择、使用和 保养指南；

2 **请**各政府尽早将该指南应用于新的散货船和油船而不要等待 1974 年 安全公约的有关修正案的生效。

附　　件

专用海水压载舱防锈系统的选择、使用和保养指南

1　综述

1.1　本指南旨在推荐选择、使用和保养专用海水压载舱防锈系统的一般标准 。它适用于新的油船和散货船。

1.2　本指南不是要取代任何具体涂层系统的技术事项。此种事项由产品和工作规范处理,而此种规范则由船舶所有人、厂家和船厂自行决定和负责。

1.3　所有人应选择和保持某种将确保对专用海水压载舱具有适当程度的防锈作用的系统 。

1.4　涂料厂家应提供产品质量和它能满足所有人要求的能力的证据。

1.5　船厂和/或其分包商应提供其在使用涂料方面的经验的明确证据。涂料标准、工作 规范、检查、保养和修理标准应由船厂和/或其分包商,所有人和厂家经与主管机关或主管机关认可的组织磋商,在船舶建造前议定。

2　定义

2.1　*阳极*是指直流电通过其进入电解质的电极。

2.2　*压载水舱*是指用于水压载的液舱,包括隔离压载水舱、双层底压载处所和首尖舱。

2.3　*阴极防腐法*是指通过安装供耗损用的阳极在电化海水腐蚀电池中与钢接触来保持钢表面不受锈蚀的一种方法。

2.4　*露点*是指空气中水分饱和的温度。

2.5　*干膜厚度*是指标称干膜厚度。

2.6　*硬涂料*是指在其固化过程中发生化学变化、通常用于新建造物的涂层或可用于保养目的的不变化的空气干燥涂料。硬涂料可以是无机的或有机的。

2.7　*低爆限*是指低爆炸限度。

2.8　*浅色*是指易与锈区别的涂料颜色。

2.9　*底涂层*是指船厂中使用的第一个涂层(有别于出厂涂层)。

2.10　*工厂底涂层*是指涂在钢板上的预制稀薄底涂层,往往在自动装置上适用。

2.11　*溶剂*是指能完全溶解某种特定黏合剂的挥发液体。

2.12　*稀释剂*是指不一定溶解黏合剂但能减少黏合液(媒液)黏度的挥发液体,如为减少油漆的黏度以便均匀喷涂。

2.13　TLV 是指阈限值。

3　涂料

3.1　综述

3.1.1　用于新建造物的涂料的寿命可受到几方面的影响,包括涂料的选择、使用和保养方案。

3.1.2　使用硬涂料是现代技术中最常见的做法。只有认真遵守厂家产品技术资料文件和工

作规范才能实现硬涂的有效性。

3.1.3 建议使用颜色有反差的多道涂层的多涂层处理。最后一道涂层最好是浅色，以方便营运期间的检查。

3.1.4 在设计阶段采取措施能改进涂料性能，如降低粗糙度、使用压延型材和确保结构构形能使带着工具的人易于通往并便于液舱的清洗、排泄和干燥。

3.1.5 当涂料由阴极防腐法加以补充时，该涂料必须与阴极防腐系统兼容。

3.2 涂料选择

3.2.1 有关各方应根据营运状况和规划的保养考虑涂料选择。

3.2.2 除其他者外，应考虑下列事项：

.1 液舱与加热表面的相对位置；

.2 加/减压装卸作业的频度；

.3 所需表面状况；

.4 所需表面洁度和干燥度；和

.5 补充性的阴极防腐法（如有）。

3.2.3 涂料厂家对其产品应备有成文的令人满意的性能记录和技术资料文件。厂家还应能够提供适当的技术帮助。

3.2.4 对于没有令人满意的性能记录的产品，涂料选择应由有关按经认可的标准进行的试验的适当资料作为证据，以证实它们适合于营运状况（如浸没试验，加速热盐喷洒试验和黏着试验）。

3.2.5 用于日光照射的甲板之下或用于构成加热货物处所边界的舱壁上的涂料，应能耐受不断的或重复的加热而不脆裂。

3.2.6 应充分考虑高固体含量的硬涂料的边缘覆盖特性可能较差。

3.3 表面准备

3.3.1 以适当方法进行的表面准备应符合涂料厂家的规范和建议。表面准备和上涂料的实际顺序取决于选择的标准。

3.3.2 钢表面的准备应使选择的涂料以所需干膜厚度达到均匀分布并除去锐边缘、磨平焊道、除去溅出焊料和任何其他表面沾染物达到适当黏结度。

3.3.3 清洗至接近白金属的工作或可在即将上工厂底层涂料前在来料（板材或 型材）上进行或可在造好液舱后但尚未上底层涂料前进行。

3.3.4 如在建好液舱后使用喷砂清洗技术，则进行喷砂清洗的状况应能防止冷凝。就此而言，在下列情况下不推荐喷砂清洗：

.1 相对湿度超过85%；或

.2 钢表面温度超过露点不足3℃；或

.3 存在钢表面是湿的或有水迹或在上底层涂料前发生冷凝的任何可能性。

3.3.5 在喷砂作业完成后应使用真空吸除、压缩空气和刷子彻底清除喷砂磨料和粉尘。喷砂磨料应是干燥的、没有灰尘、油、脂或氯化物，并应适合于达到厂家规定的洁度和分布标准。

3.4 表面准备的核查

应在表面准备结束后、上底层涂料前按厂家规范核查钢表面洁度和粗糙度分布。

3.5 上涂料

3.5.1 上涂料应是经周密规划的活动，应是造船厂建造计划的组成部分，应在有控制的状况下进行，以避免与船厂的其他作业发生冲突。

3.5.2 涂料，包括底层和中间层涂料，应上在准备好的表面上并按3.3和3.4的规定得到核查。

3.5.3 应按照厂家的建议，在有控制的湿度和表面温度状况下进行喷涂。如工作规范有此要求，应使用刷子或滚筒对焊接处、边缘和不易通入的地方上额外的条状涂层。

3.5.4 在工厂底层涂料有损坏处，可按厂家规范进行修补。

3.5.5 每一涂层应具有涂料规范规定的最大/最小厚度。可采用80/20的做法，即80%的所有厚度测量值应大于或等于标称干膜厚度，其余的20%低于80%的干膜厚度。

3.5.6 应注意避免厚度的过分增力。过分的厚度会引起严重后果，如溶剂和稀释剂被留存、膜开裂、气袋等。上涂料期间应核查湿涂料厚度。

3.5.7 在上下一道涂层前，每一涂层应按涂料厂家的建议得到适当固化。中间层涂料不得被污物、脂类、粉尘、盐、过喷涂等沾染。工作规范中应有厂家提供的干燥至再次喷涂的时间。

3.5.8 稀释剂应限于厂家建议的种类和数量。

3.6 通风

适当通风对于涂料的适当固化是必要的。应按涂料厂家的建议在整个上涂料过程中和上涂料完成后的一段时间里保持通风。

3.7 涂料试验

3.7.1 应避免破坏性试验。

3.7.2 干膜厚度试验，应使用适当的厚度计量表，不仅在上涂料工作结束时而且在上完每层涂料后进行。

3.8 检查

3.8.1 对表面准备和上涂料工作的检查，应由船舶所有人和船厂根据厂家的建议议定。应以议定格式报告所有上述检查的明确证据。此种报告应由包括主管机关或主管机关认可的组织在内的所有有关方面自行决定。

3.8.2 应予监督的活动，除其他者外，为：

.1 工作条件，如照明、通道、脚手架等；

.2 环境状况，如温度和湿度；

.3 除去锐利边缘；

.4 喷砂清洗/机械清洗；

.5 喷砂清洗后的清理；

.6 遮挡经喷涂的表面，使其不受喷砂作业影响；

.7 喷涂设备；

.8 每一涂料与温度和湿度相关的固化时间；

.9 每一涂层的厚度；

.10 特定稀释剂的使用和数量；

.11 涂料的连续性；

.12 涂料和磨料的贮藏；

.13 在上下一道涂料前对喷涂过的表面的清洗;
.14 被喷涂过的物品的装卸/贮藏/运输;和
.15 被损坏时:涂层修理。

3.8.3 标示出任何缺陷区域,如针眼、气泡、空穴等,并进行修理。再次核查此种修理,看有无任何未上涂料的区域。

3.9 安全措施

3.9.1 多数油漆类含有易燃溶剂,若干油漆类含有能损伤皮肤或在吞服或吸入时能损害健康的物质。应按有关安全规则采取措施减少健康风险及失火和爆炸风险,确保达到安全工作条件。

3.9.2 健康风险可包括:
.1 气体或蒸气,即干燥期间的溶剂挥发或加热被喷涂过的物品时形成的气体或蒸气,它们可能超过许可的暴露限度;
.2 油漆中的液体,即溶剂或黏合剂,它们如作为喷洒飞沫被吞入或吸入或与皮肤接触,则可能是有毒的;
.3 加热被喷涂过的物品(如火焰切割或焊接油漆过的钢材)时形成的烟气、粉末或粉尘,或在打磨作业时形成的粉末中出现的某种物质,或在喷雾中的此种物质。

3.9.3 应按主管机关的规则采取措施减少健康风险、失火和爆炸风险及其他安全风险。

4 阴极防腐法

4.1 使用供损耗用的阳极的阴极防腐法可与涂料一起使用,以防止或减少喷涂局部缺陷引起的点腐蚀。

4.2 应对阳极的尺寸、重量和分布作出设计,使其具有与工作期限相称的适当寿命,阳极的分布、类型、重量和尺寸应在有关文件中注明,供保养使用。

4.3 在确定了阳极的数目和尺寸后,应使其在整个结构上均匀分布,对可能积水的水平表面给予某些侧重。特别是,它们应被安装在很少完全干燥的液舱的底板附近。

4.4 液舱空着时,阴极防腐法是无效果的,在填注液舱后需要一些时间(一天或更长)才能起作用。

4.5 对下列事项应予考虑:
.1 液舱的尺寸和形状及要保护的区域;
.2 上了涂料和未上涂料的表面范围和位置;
.3 加/减压载作业的频度,包括液舱中装有货物的时间的百分比和充注程度;和
.4 水的电阻率温度等。

4.6 在老的阳极被完全消耗前应及早更换新阳极,更换期限应根据营运经验而定。

5 替代办法

可以使用替代防腐系统,但其防腐程度应与硬涂料所达到者相同。

6 保养

6.1 防腐系统的保养应列入船舶的总保养方案中。主管机关或主管机关认可的组织应按照散货船和油船检验期间的强化检查方案指南(第 A.744(18)号决议)核查在船舶寿命期内防腐系统的有效性。

6.2 维护防腐系统的最有效方法,是修理营运检查期间发现的任何缺陷(如局部锈蚀,加强

材边缘处的局部锐变等）。应按厂家规范对所有缺陷表面重新上涂料。

6.3　应使用与建造使用者兼容的某种硬涂料。所有人和从事重上涂料作业的厂家应对此种兼容性作出核查。

6.4　如果无法达到对使用原涂料所要求的条件，则可考虑使用对较低表面处理质量、湿度和温度条件更容忍的涂料，但其使用和保养应按厂家规范进行。

6.5　当涂料由阴极防蚀保护法加以补充时，保养方案应包括消耗阳极的更换和对阴极支架周围涂料的检查。

第 A.866(20)号决议
(1997 年 11 月 27 日通过)

船员和码头人员的散货船检查指南

大会,

忆及国际海事组织公约有关大会在海上安全规则和指南方面的职责的第 15(j)条,

还忆及第 A.797(19)号决议敦促船东、船舶营运人、船长和码头营运人立即采取其附件中规定的措施,包括船东实施有规划的保养方案、在装货前和卸货后对货船进行"船东检验"、在船上保存这些检验的日志等措施,并敦促码头人员注意到与装卸有关的具体关切区域,

还忆及第 A.744(18)号决议要求,如果有的话,船东应在船上保存有关船舶人员进行的结构损坏和涂层状况检验的文件,

对装载固体散货的船舶受到的结构损坏感到关切;此种损坏是大量散货船灭失,有时甚至无影无踪和严重人命死亡的原因之一,

审议了海上安全委员会在其六十六届会议上作出的建议,

1 **通过**本决议附件中所载的船员和码头人员的散货船检查指南;

2 **请**各政府使有权悬挂其国旗的船舶的船东、船舶营运人和船长以及有关的码头人员注意到本指南并敦促他们视情予以实施;

3 **要求**海上安全委员会对本指南不断作出检查并在必要时予以修正或扩充。

附　　件

船员和码头人员的散货船检查指南

1　目的

1.1　本文旨在向船员和码头人员提供散货船易锈蚀或损坏的主要区域方面的指南。

1.2　根据本指南,保养并在必要时将发现的缺陷状况以及进行的任何修理做出报告被视为是船东的责任。本文旨在向在进行检查方面缺乏经验的人员提供指南。为了促进有效履行职责并认识到船员和码头人员的通常责任,向其提供一个对主要关切区域作出说明的简单指南是可取的。

1.3　在此方面,应懂得船员和码头人员在船舶检查方面不一定是合格的。还应认识到此种检查决不能代替船旗国或为其行事的经认可的组织进行的检验。

2　前言

2.1　船旗国主管机关或经认可的组织负有按强化检验方案(强检方案)对散货船船体结构作出定期检验的责任。

2.2　但重要的是要认识到装卸作业可能会使散货船受到严重的结构损坏,此种损坏可能是在瞬间发生的,除非予以迅速修理,在严重情况下会危及船舶安全。在某一强检方案检验中未探测到的小裂口可能在下次强检方案检验前发展成严重缺陷。

2.3　鉴此,建议码头营运人和船员本人对货舱、舱口盖和压载水舱作出定期检查,探找损坏和缺陷,强检方案的文件应用作各船舶需予以特别注意的具体结构部件方面的指南。

2.4　从安全观点而言,由船员或码头经营人在所有的装货作业前和所有的卸货作业后进行检查是可取的,但要考虑到实际局限性。

2.5　为使船员或码头人员的此种检查发挥最大作用,应在船上保持此种检查的适当日志。就船员检查而言,建议为此使用有关强检方案的第 A.744(18)号决议中所载的"船东检查报告"格式并向船旗国主管机关或经认可的组织的验船师提供该报告。该报告也会有助于在船旗国同主管机关或经认可的组织的合作下制定安全公约规定的检验方案。

3　综述

3.1　散货船是为运输谷物、煤、矿石之类的干散货而设计和建造的货船,在两个肩部均有舷顶水柜,双层底在两个翼部均有漏斗的货舱结构,就干散货运输而言,是设计得最好结构。舷顶水柜的形状提供了足够稳性来防止危险的货物移位;舭漏斗有助于在卸货时方便地收集货物。

3.2　除轻散货外,煤和矿石是运载的主要货物。煤和轻散货装在每一货舱中。但矿石因其高比重通常是每隔一个货舱装运的。这样做既是为了避免过稳的船舶运动也是为了装货设备的方便。

3.3　在设计散货船时,应计及到反映了待运货物比重的装货方式和顺序及各种作业模式的加压载方式。这些设计考虑事项在提供给船舶高级船员的装货和操作手册中做了陈述；手册中还载有该船的基本装货方式、强度特性和局限性。

4 定义和术语

4.1 散货船：散货船是用于运载谷物、煤、矿石之类的干散货的货船，其货物处所在两肩均有舷侧水柜，在两个双层底翼底均有漏斗。以下是典型的船中截面图和总布置图（见图1）。

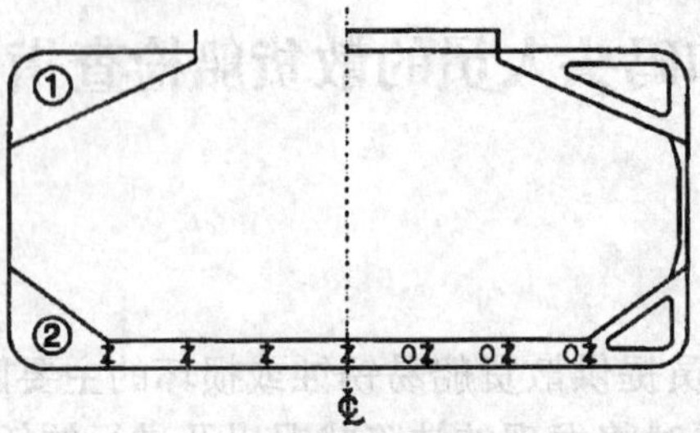

船中截面图

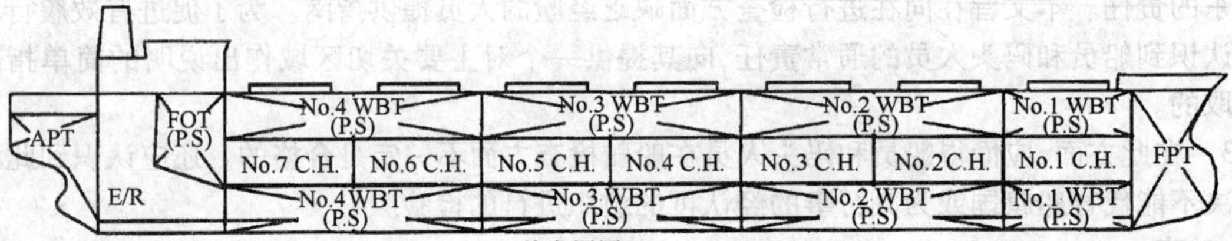

总布置图

图1 典型船中截面和总布置

4.2 舷顶水柜：如图1中所示处所(1)，货舱两肩处均有水柜。

4.3 舱底漏斗：常规散货船在货舱底的两翼均有漏斗结构。货舱的该部分称为"舭漏斗"。有漏斗的双层底水柜通常称为"舭漏斗水柜"。在图1中，该处所为(2)。

4.4 双层底内的桁和肋板：在双层底水柜中配备时，"桁"通常表示沿船舶纵向配置的、往往具有全深度的强肋骨。在中线上安装的桁称为"中央桁"。"肋板"是双层底中沿船舶横向配置的强构架。在货舱下的双层底中，肋板在水柜的全深度上通常是实心的。就此而言，实心者被称为"实心肋板"，以与其他肋板区别。

4.5 舷顶水柜内的横桁材：舷顶水柜中横向配置的强构架，亦称为"横环"。舷顶水柜横环支撑上甲板的部分称为"甲板横材"，连接在舷侧外板上的部分称为侧横材，连接在底部上的部分称（舷顶）底横材。

4.6 舭漏斗水柜内的横桁材：舭漏斗水柜内横向配置的强构架。横桁材被称为"舭漏斗横材"、"侧横材"和"底横材"，视其附连的船体构件确定。

4.7 各种构架：在典型的散货船上，构架设计为舷顶水柜和双层底水柜内的纵向系统和货舱侧板处的横向系统，沿船舶纵向安装的框架称为"纵材"。为对其作出具体识别，要加上其所附连的板材名称如"甲板纵材"、"侧纵材"、"底纵材"等。连接在货舱舷侧外板上的构架称为"舱内肋骨"、"侧肋骨"、"主肋骨"、"舷肋骨"等。

5 散货船按尺寸的分类

5.1 一般而言，散货船按尺寸分为3类。它们是：好望角型、巴拿马型和其他较小类型。在较小类型中，30 000～45 000载重吨、具有5个舱的船舶称为轻便散货船。巴拿马型散货船是船宽为 32.2 m 的散货船,是能通过巴拿马运河的最大船舶。此种船舶通常有 7 个货舱,50 000 ~60 000 载重吨。尺寸大于巴拿马型船舶的散货船称为好望角型散货船。好望角型散货船有 9 个或更多的货舱,超过 100 000 载重吨。

5.2　好望角和巴拿马型散货船通常从事运输供工厂使用的原料,如煤和矿石等。较小散货船和某些巴拿马型散货船通常从事谷物运输。木材和工业制品通常由轻便或更小散货船运输。

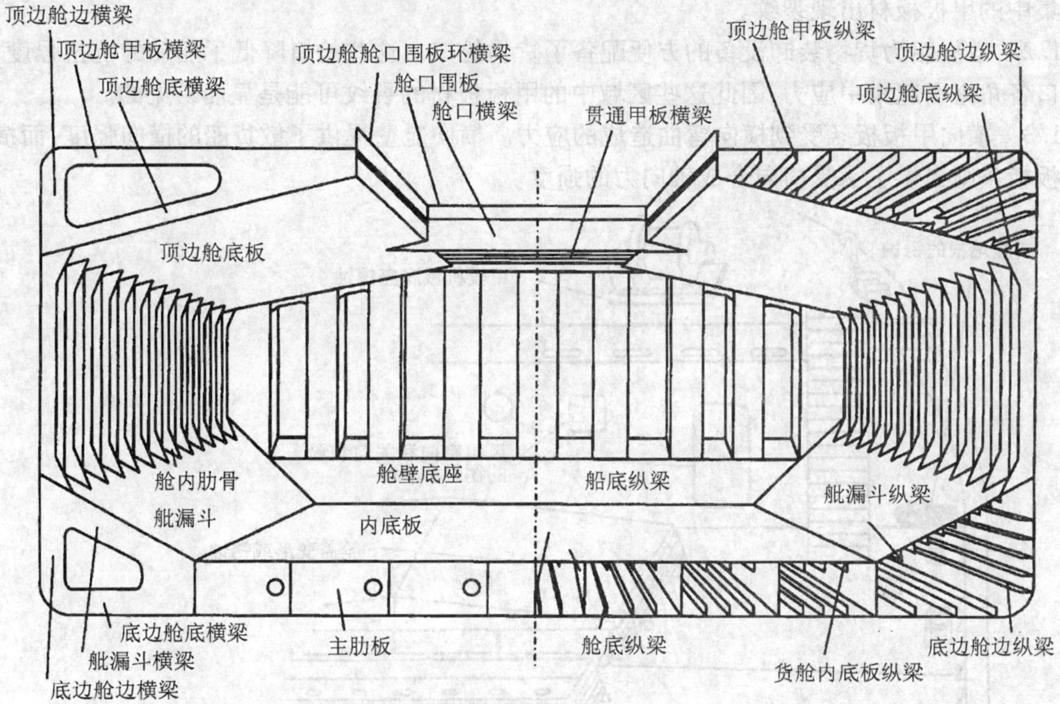

图 2　典型的货船(散货船)横截面

NS*(BC,SHC,2,4 E)
177.00×30.40×16.20×11.32
25 891 G/T，43 665 D/W

NS*(BC,SHC,2,4,6 E)
215.00×32.20×18.30×13.30
35 890 G/T，69 338 D/W

NS*(BC,SHC,2,4,6,8 E)
280.00×47.00×24.10×17.80
92 197 G/T，182 711 D/W

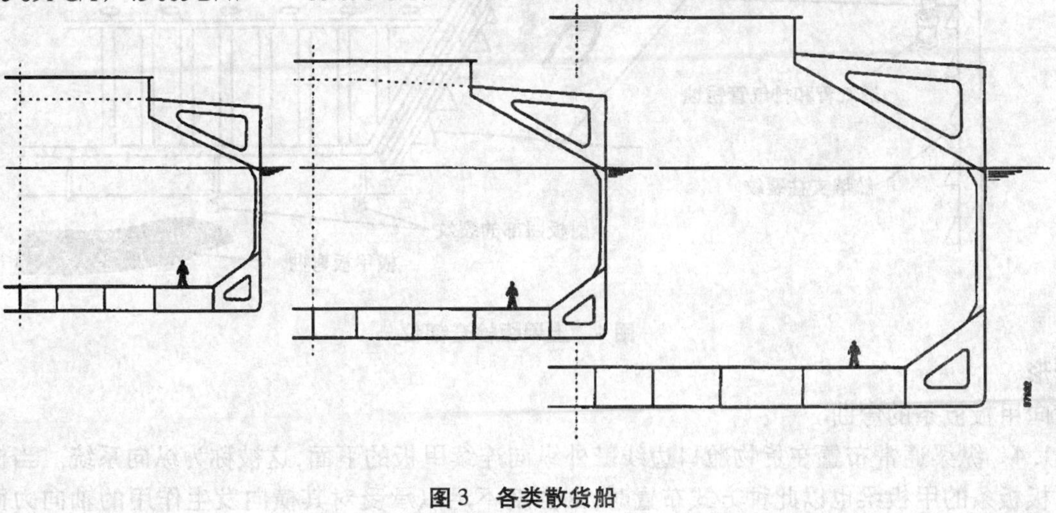

图 3　各类散货船

5.3　在运输小麦、玉米等食物资源和木材时，卸货港通常没有货物装卸设备，因此使用的散货船往往配有自己的货物装卸装置，但巴拿马型和好望角型散货船是没有装卸装置的。

6　结构特点和典型损坏

6.1　上甲板区域

6.1.1　散货船的纵向连续上甲板承受船体桁应力对上甲板造成一个轴向力从而可能使用应力集中的甲板板材出现裂纹。

6.1.2　散货船为货物装卸设备的方便配备了货物舱口。这些舱口降低了船舶的抗扭强度，在舱口各角落引起集中应力，因此这些区域中的甲板板材的裂纹可能是显而易见的。

6.1.3　横向甲板板条受到横向弯曲造成的应力。横向舱壁提供了散货船的横向强度，而横向甲板板条则提供了承受横向合成轴向力的强度。

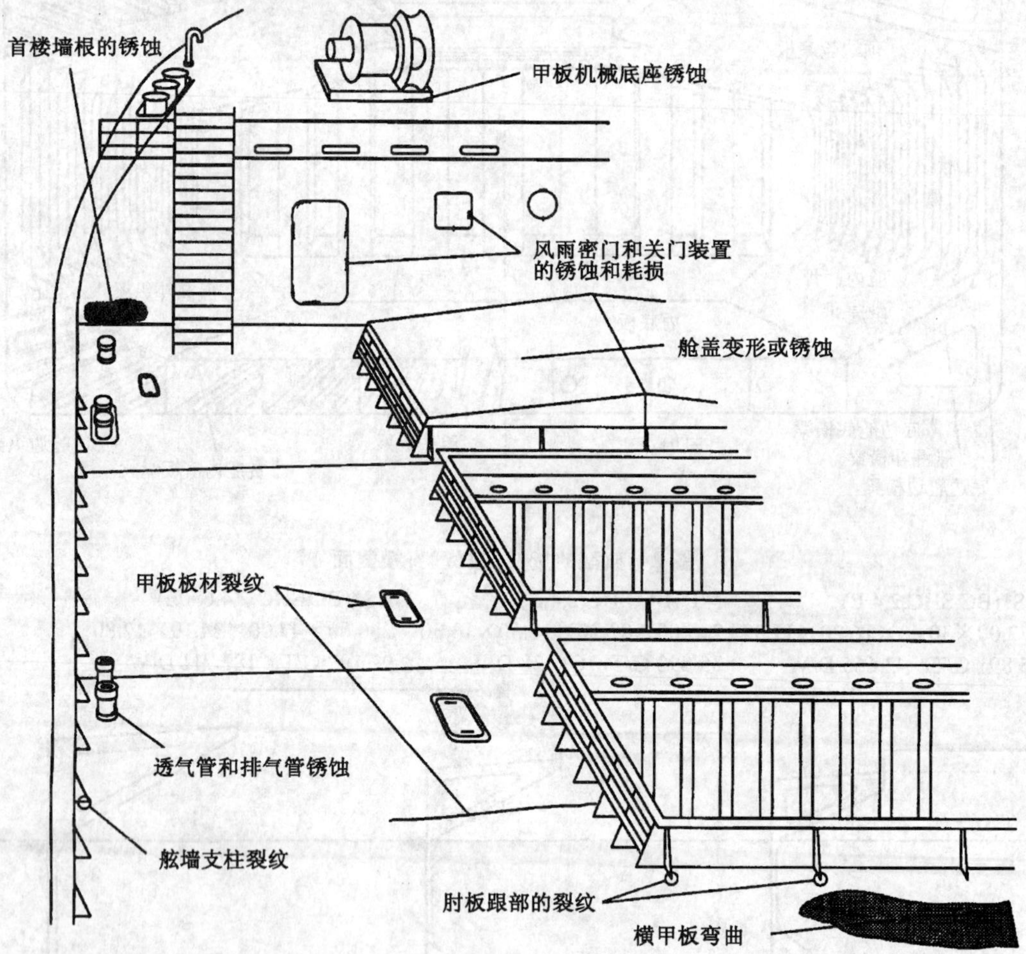

图4　上甲板检查部位

变形

横向甲板板条的弯曲

6.1.4　纵梁通常布置在货物舱口边线舷外纵向连续甲板的下面，这被称为纵向系统。当横向甲板板条的甲板梁也以此种方式布置时，因强度不足以承受对其横向发生作用的轴向力而可能产生横甲板板条的弯曲。对横向甲板构件而言,横向系统是较好的结构方法。应特别注意横向甲板板条布置在纵向系统中的船舶的主甲板的弯曲。

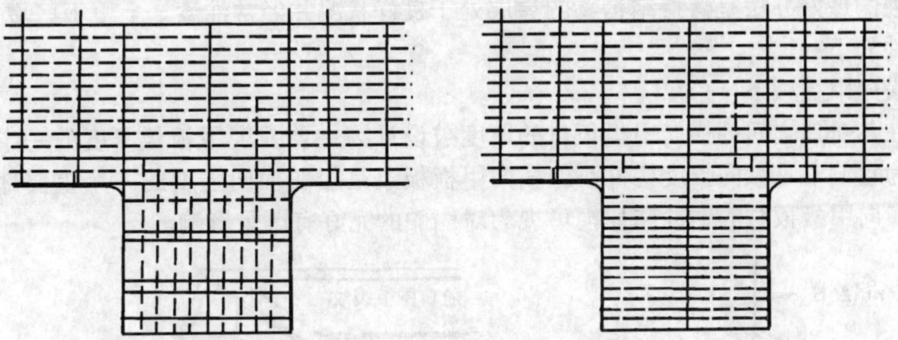

图5 横向甲板加强系统的比较

裂纹

6.1.5 上甲板的裂纹有不同形式。从货物舱口蔓延的裂纹通常视为对船舶安全有严重影响:

.1 舱口角

大的舱口开口降低了船体的抗扭强度,从而在其上甲板的角落处引起应力集中。在此方面,舱口角落处的上甲板板材是裂纹焦点之一。在检查时应特别注意到这些区域。

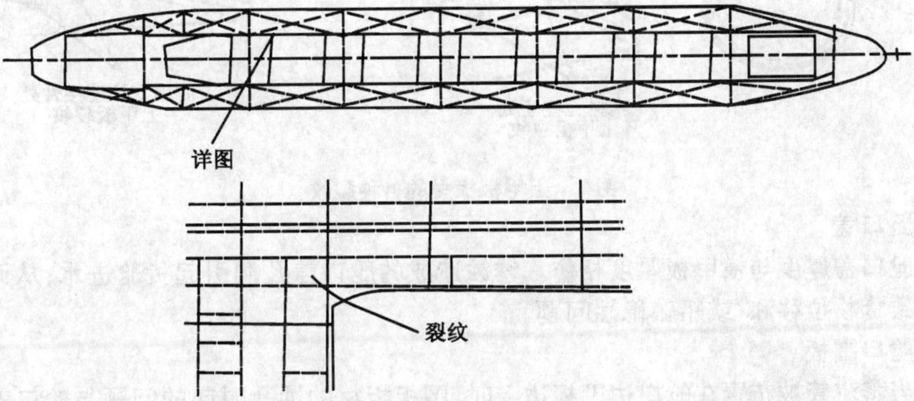

图6 舱口处的裂纹

.2 舱面属具处的上甲板板材

各种金属属具被焊接在上甲板板材上。这些装置在焊接的接缝处可能造成应力集中或有焊缝缺陷。应仔细检查在人孔、舱口边围板端肘板、舷墙支柱、起重机支柱底座和甲板室等附近处的甲板板材是否有裂纹。

.3 舱口围板

舱口围板承受船体桁应力。它们虽不是重要的纵向强度构件,但应对其进行仔细观察,确保这些裂纹不扩散。裂纹可能在焊缝的缺陷处和会引起应力集中的围板金属配件处开始。此种裂纹可能是大裂口的起端,因而被视为对船舶安全有严重影响。

甲板锈蚀

6.1.6 横向甲板板条、舱口围板、舱口盖之类的甲板上较薄钢结构物易被锈蚀并往往形成孔洞。防锈蚀的最好办法是保持结构物的涂层处于良好状况并经常油漆。上甲板区域中最易被锈蚀的部件如下：

.1 横向甲板板条

在各舱口之间的横向甲板板材的厚度被设计为主要强度甲板板厚度的一半，这是因为它们不是纵向强度构件。但横向甲板板条是船舶横向强度的一个重要部分，因此横向甲板板材的锈蚀和耗损可视为对船舶的完好有严重影响。

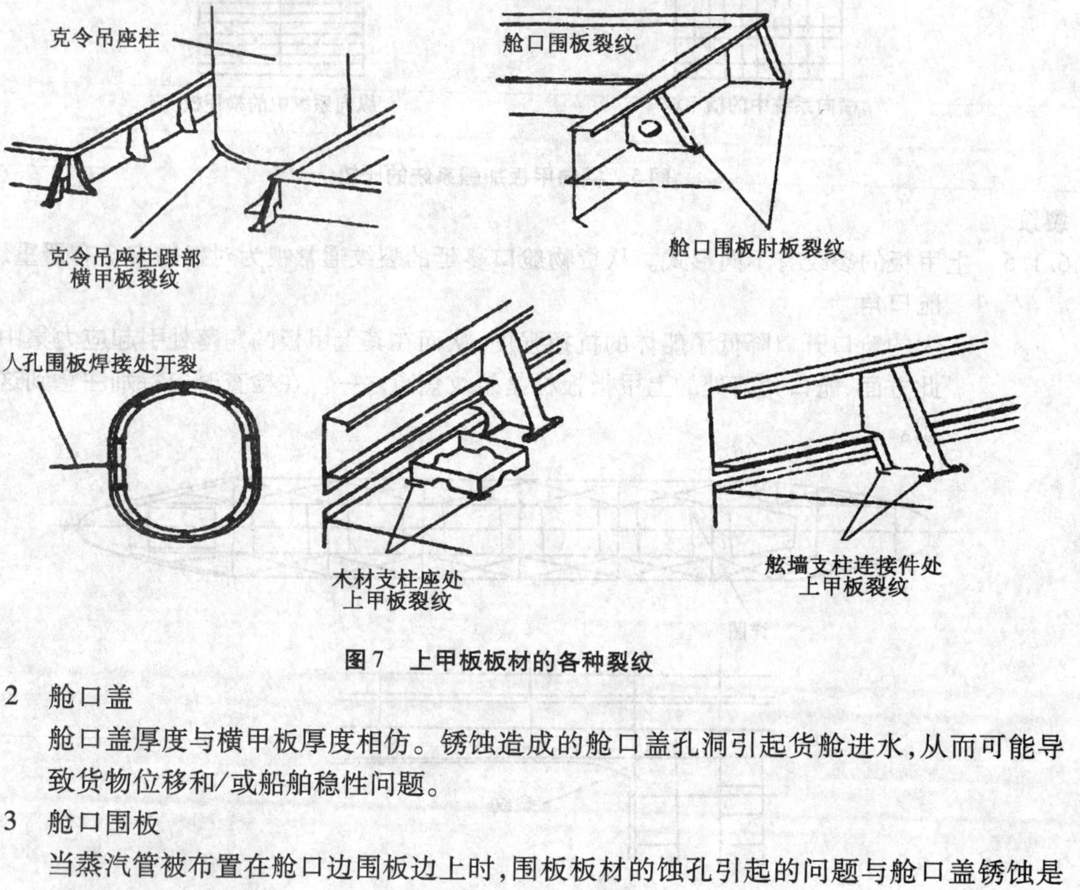

图7 上甲板板材的各种裂纹

.2 舱口盖

舱口盖厚度与横甲板厚度相仿。锈蚀造成的舱口盖孔洞引起货舱进水，从而可能导致货物位移和/或船舶稳性问题。

.3 舱口围板

当蒸汽管被布置在舱口边围板边上时，围板板材的蚀孔引起的问题与舱口盖锈蚀是相同的。

.4 风雨密门、小舱口和舱壁通风筒盖不仅盖子、门板和围板而且铰链、密封垫和夹具也要保持良好状况。

.5 甲板上的常设管道

来自水压载舱或燃油舱的透气和测深管和用于上甲板下的围蔽处所的通风管是易锈蚀的。如果这些管道出现孔洞，海水便直接进入液舱或货舱，从而可能造成燃油污染、货物损坏、货物位移和/或稳性问题。

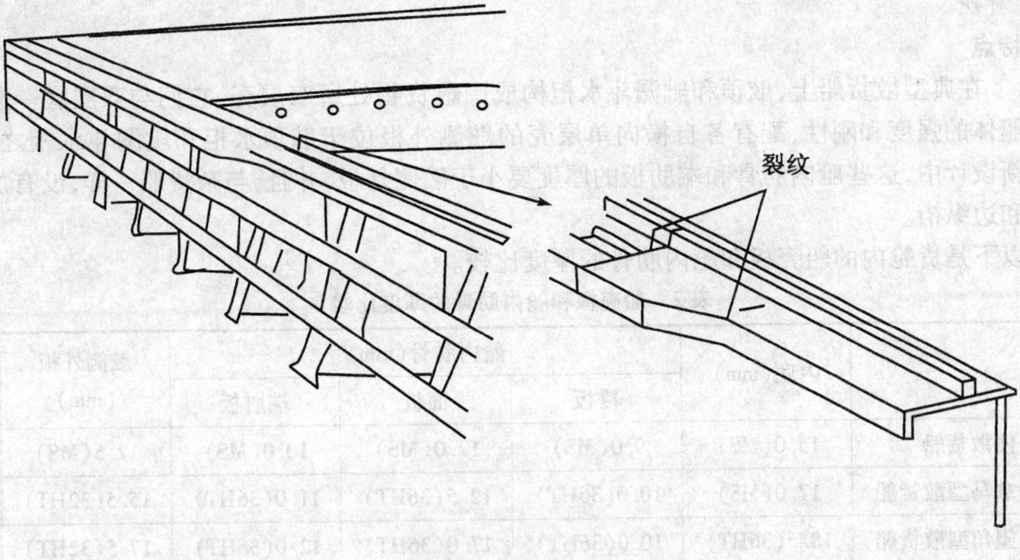

图 8　舱口围板裂纹

表 1　主甲板和横甲板厚度比较示例

	船长(m)	主甲板板材	横甲板板条
轻便型散货船	177.00	17.5 m(32H/T)	10.0 m(MS)
巴拿马型散货船	215.00	20.5 m(36H/T)	10.5 m(MS)
好望角型散货船	280.00	33.0 m(40H/T)	12.0 m(MS)

.6　首楼后墙

首楼处所中的污水可在舱壁与甲板相交处造成舱壁锈蚀。在平甲板散货船上，甲板部物料间后墙可有同样锈蚀。大型散货船通常没有首楼，其甲板部物料间在首尖舱处所的上甲板下方。在此种处所中留下的污水也可能造成分割甲板部物料与 1 号货舱的后端舱壁锈蚀。此种耗蚀可能引起进水、货物损坏、货物位移和/或稳性问题。

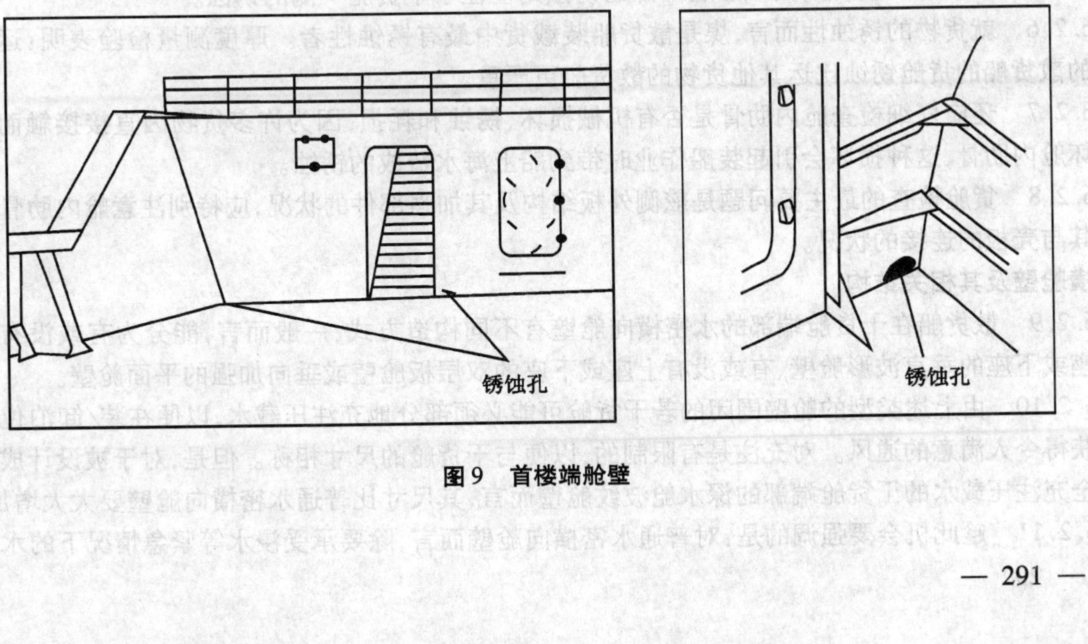

图 9　首楼端舱壁

6.2 货舱

结构特点

6.2.1 在典型散货船上，舷顶和舭漏斗水柜构成围蔽货物处所双层壳，它们与双层底一起提供了船体的强度和刚性，配有各自横向单层壳的舷侧外板位于舷顶水柜和舭漏斗水柜之间。在最新设计中，这些舱内肋骨和端肋板的厚度要小于舷侧外板，并且，与杂货船一样，没有加强肋骨和边纵桁。

以下是货舱内的船壳板和舱内肋骨的厚度比较。

表2 船壳板和舱内肋骨的厚度比较

	内底(mm)	舱内肋骨(mm)			舷侧外板(mm)
		覆板	面板	端肘板	
轻便散货船	15.0(MS)	9.0(MS)	12.0(MS)	10.0(MS)	12.5(MS)
巴拿马型散货船	17.0(MS)	10.0(36HT)	12.5(36HT)	11.0(36HT)	15.5(32HT)
好望角型散货船	18.5(36HT)	10.0(36HT)	17.0(36HT)	12.0(36HT)	17.5(32HT)

舱内肋骨的锈蚀和耗损

6.2.2 锈蚀通常发生于较薄的钢结构物并在较薄板材加剧发生。当较厚钢板失去其原厚度的一半时，较薄材可能已完全锈蚀。

6.2.3 在构成货舱结构物的各种构件中，舱内肋骨通常是最薄的结构物，特别是在肘板处。此外，舱内肋骨围板材的两个表面都是会受到锈蚀的，因此有更多的暴露表面面积。

6.2.4 这意味着舱内肋骨的加速锈蚀，因为它们是货舱构件中最薄者。如果锈蚀和耗损过度，则舱内肋骨的损坏会引起相邻肋骨承受额外负荷，从而可能导致整个舷侧外板结构的损坏。

6.2.5 横向舱壁也可能受到加速锈蚀，特别是在高度的中部和底部。在检查舱内肋骨和横向舱壁时应特别注意，因为这些构件可能外观状况良好而其实不然。内底和舷侧外板通常是朝向货舱的钢表面的锈蚀，而双层底内部的锈蚀则往往小于货舱一侧的锈蚀。

6.2.6 就货物的锈蚀性而言，煤是散货船装载货中最有锈蚀性者。厚度测量检验表明：运煤的散货船的货舱锈蚀比运其他货物的散货船更严重。

6.2.7 还应仔细检查舱内肋骨是否有机械损坏、锈蚀和耗损，因为许多货物因直接接触而损坏舱内肋骨，这种损坏会引起装船作业时带到船上海水造成的锈蚀。

6.2.8 货舱检查的最主要问题是舷侧外板结构及其加强部件的状况，应特别注意舱内肋骨及其与壳板的连接的状况。

横舱壁及其相关结构

6.2.9 散货船在干货舱端部的水密横向舱壁有不同构造方式；一般而言，能分为有或没有上座或下座的垂直波形舱壁、有或没有上座或下座的双层板舱壁或垂向加强的平面舱壁。

6.2.10 由上述类型的舱壁围闭的若干货舱可能必须部分地充注压载水，以便在装/卸泊位上获得令人满意的通风。对充注是有限制的，以便与干货舱的尺寸相称。但是，对于被设计成完全充注压载水的干货舱端部的深水舱波纹舱壁而言，其尺寸比普通水密横向舱壁要大大增加。

6.2.11 趁此机会要强调的是：对普通水密横向舱壁而言，除要承受浸水等紧急情况下的水压

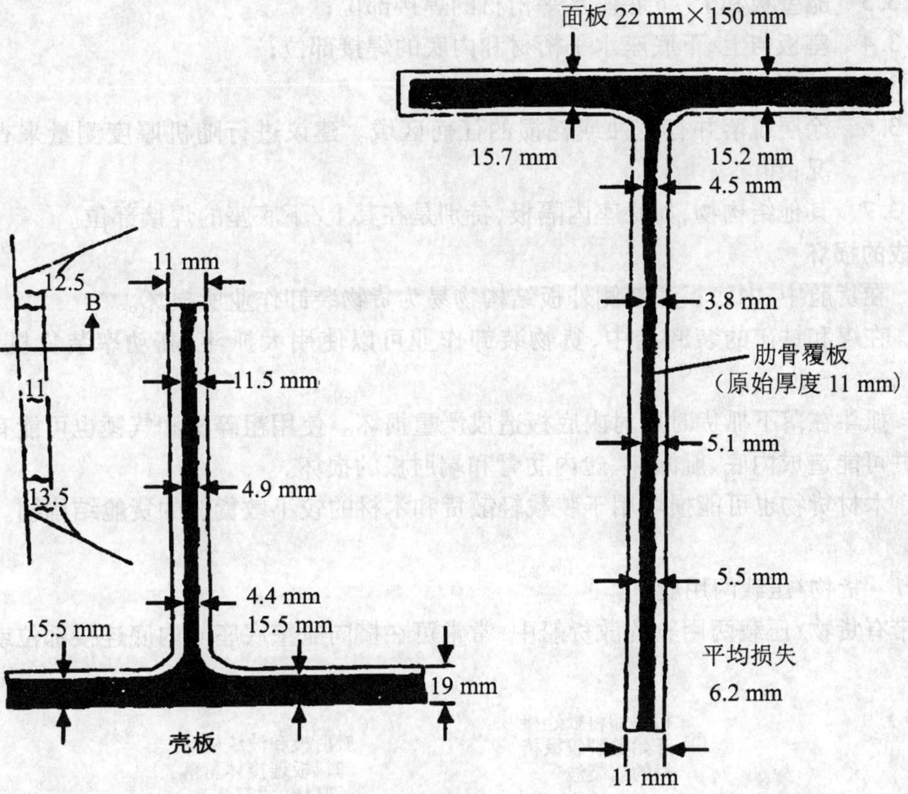

图 10　锈蚀的舱内肋骨示例

外，舱壁结构物还构成了完整船舶结构设计的主要强度结构元件。因此，确保这些结构物保持可接受的强度是至关重要的。

6.2.12　结构物有时看出去状况良好，但实际上已有过度锈蚀。因此，应提供适当的通入装置，以便进行近视检查和厚度评定。①

6.2.13　必须认识到在一舱浸水时，横向水密舱壁防止了持续浸水从而也防止了船舶沉没。

要观察的情况

6.2.14　下列者是可能发生的更为常见的损坏/缺陷的示例：

.1　波纹板和舱壁座边界处的裂口，特别是在水平桁材、顶件器板、甲板、内底等处。

.2　板材/波纹板的弯曲，它导致在紧急状况下舱壁因水压而断裂和毁坏。

.3　过度耗损/锈蚀，特别是在舱壁中部和底部，它们的表面状况可能是好的而其实不然。这是由货物和环境的锈蚀作用造成的，特别是在结构物未上涂料时。在此方面应特别注意下列区域：

.3.1　与外板相邻的舱壁板；

.3.2　构成在舷顶水柜和漏斗水柜之间的透气、充注和排放装置的组成部分的舱壁围井；

---

① 参看第 A.744(18)号决议附件 A 第 5.3 节、经修正的散货船和油船检验期间的强化检查方案指南和供油船和散货船的检查和保养使用的结构物通入装置指南（MSC/Circ.686）。

.3.3　舱壁板和上/下底座水平桁材的焊接部位；

.3.4　座板与上/下底座水平桁材和内底的焊接部位；

.3.5　舷顶水柜和漏斗水柜的焊接部位；

.3.6　涂层脱落并有锈蚀或耗损的任何区域。建议进行随机厚度测量来查明衰减情况；和

.3.7　其他结构物，如底座内隔板，特别是在其上/下底座的焊接部位。

货物造成的损坏

6.2.15　在货舱中，内底板和舷侧外板结构物易为货物装卸作业所损坏。

6.2.16　在煤和铁矿的装卸港中，货物装卸作业可以使用大抓斗、高功率装货机、粗碎机和气锤。

6.2.17　抓斗在落下抓货时可对内底板造成严重损坏。使用粗碎机和气锤也可能有害于货舱结构物并可能造成内底、舭漏斗、舱内肋骨和端肘板的损坏。

6.2.18　木材货物也可能损坏用于装载轻散货和木材的较小散货船的货舱结构物。

裂纹

6.2.19.1　货物/压载两用舱

在带有货物/压载两用舱的散货船中，常常可在横向舱壁底座与内底连接部位或附近发现裂纹。

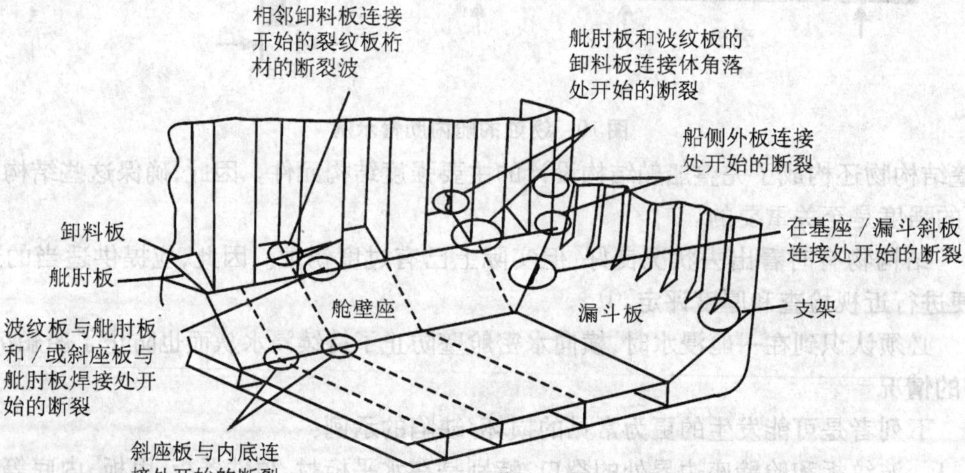

图11　横向舱壁结构连接处的典型断裂

所有的好望角型和巴拿马型散货船和某些轻便散货船具有货物/压载两用舱来保持必要的吃水。该种处所的舱壁边界被设计成符合深舱舱壁的要求。在这些舱中，常可在横向舱壁与内底的连接处发现裂纹。通过观察检查或注意到双层底舱的泄漏可以探查到这些裂纹。

6.2.19.2　其他

常发现1号货舱沿防撞舱壁的舷侧纵桁和或舷侧外板有裂纹。此种损坏被视为是由前尖构造至货舱结构间的不是连续性所造成的。

在好望角型和巴拿马型散货船之类的大型散货船上，折角线四周的舭漏斗板在沿舭漏斗横桁材处可能有裂纹，这被视为是不足的局部加强所造成的。

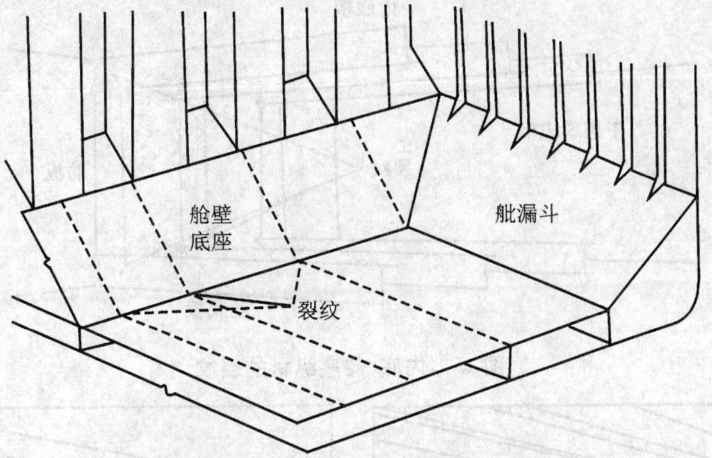

图 12　舱壁底座和内底连接部位的裂纹

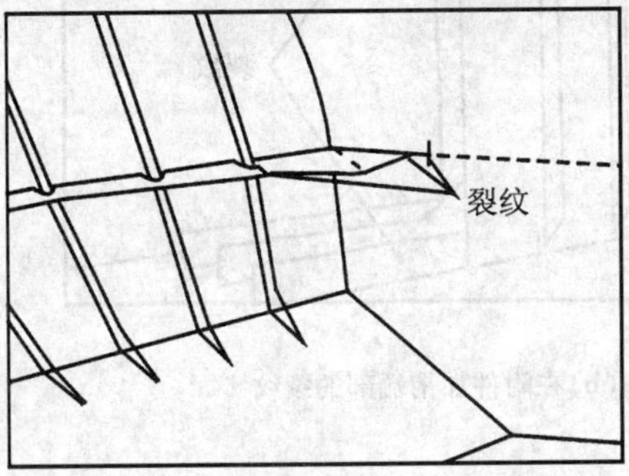

图 13　防撞舱壁四周的裂纹

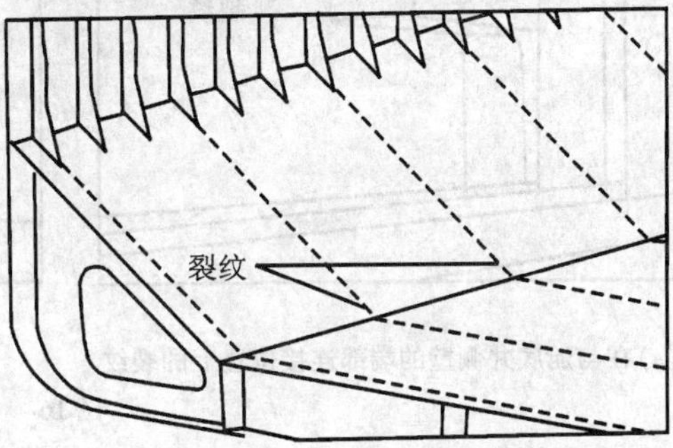

图 14　舭漏斗的裂纹

6.3　舷顶水柜

6.3.1　钢的锈蚀和耗损，特别是在舷顶水柜上部，应予仔细观察。

6.3.2　虽然新散货船的压载水舱具有好的防腐能力，但因来自上甲板的热量和交变的海水湿/干效应使保护涂层退化，其上部易锈蚀。

6.4　舭漏斗/双层底液舱

6.4.1　对这些液舱做检查时，应特别注意涂层的任何开裂、变形或退化。

舭漏斗和双层底液舱的裂纹

6.4.2　在纵材与横向构件的交接部位和下列其他部位可能发现裂纹：

.1　纵材与实肋板交接部位

在与实肋板或舭漏斗横材相交部位可能发现舷侧、船底和/或内底纵材有裂纹。在肋板或横材的纵材槽口的角落处也可能发现裂纹。

.2　结构中断区域处的纵材裂纹

由于在下述连接部位的结构中断造成的额外应力集中，在货舱舱壁下的双层底中配置的附加（局部）边桁的端部或在货舱舱底井的侧壁处，纵材可能有裂纹。

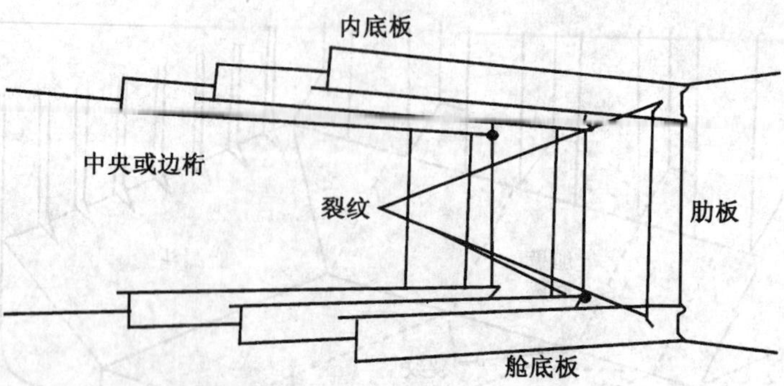

图 15　内底/船底纵材的裂纹

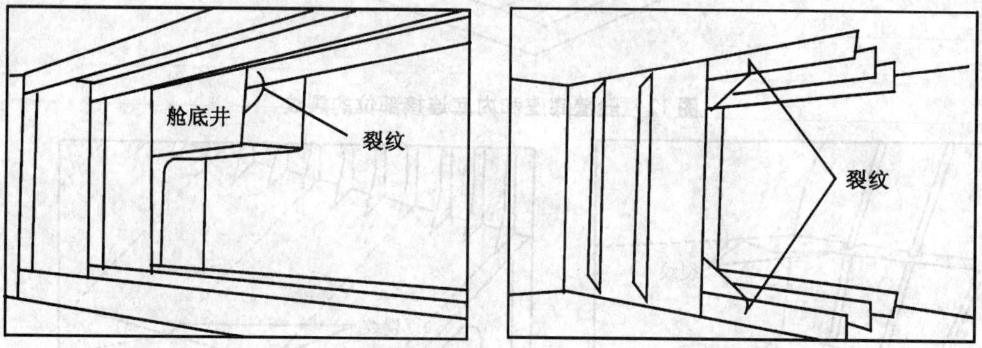

(a)在与舱底井侧壁的端部连接位置上的裂纹　　(b)在附件加桁端部的裂纹

图 16

.3　舭漏斗横材

在舭漏斗横桁材中可能看到起源于纵材槽口的裂纹;在漏斗下端的肘节角落能看到裂纹。

锈蚀

6.4.3　在检查压载水舱时必须仔细观察锈蚀,特别是对于船龄超过 10 年的较老散货船。一般而言,钢和保护涂层的良好状况在双层底中比在舷顶舱中要长得多。但即使是双层底舱也会因船舶连续加压载而在一定时候退化。

.1　热加速锈蚀

自 20 世纪 70 年代后期以来,出现了与燃油舱相邻的双层底压载水舱的严重锈蚀问题。在若干情况下,在距燃油舱边界较近的区域中,锈蚀更为严重。在这些船舶中装有燃油舱。

因燃油特性改变(主要是黏度增加)而采用燃油加热系统。出于经济原因,船舶营运人开始使用低级船用燃油,对此种燃油需加热以减少黏度。在此种趋势开始时,燃油舱所需的温度不足以加速邻近处所中的钢锈蚀。但近年来所用级别的船用燃油所需的舱内温度为 80℃或更高。此种温度能加速舱中的钢锈蚀,特别是在燃油舱附近。

.2　喇叭形吸口下区域

舱内喇叭形吸口下的船底板常常被锈蚀。对较老船舶进行坞修时,应将喇叭口卸

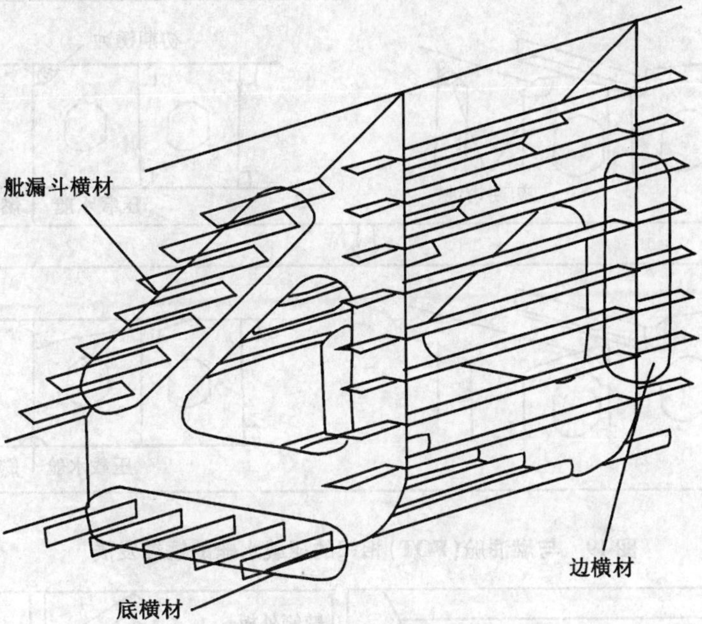

图 17　舭漏斗横材的核查部位

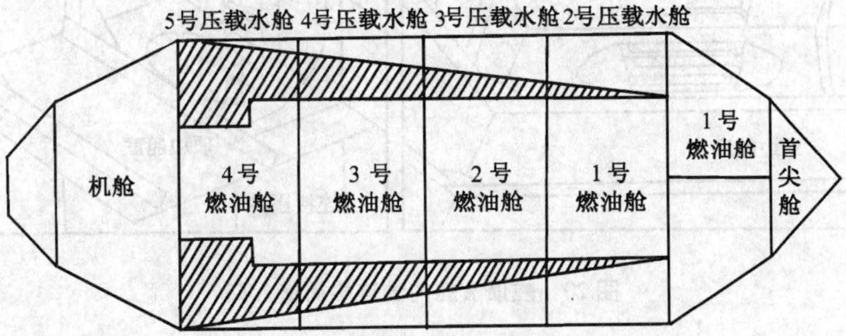

图 18　可能发现热作用引起的严重锈蚀的区域(影区)

下,检查喇叭口下方钢板的状况。

6.5　其他

测深管的底端

6.5.1　测深管在其底端有一垫板,用以防止舱底受测深标尺的测锤敲打。在检查期间应检查该垫板的耗损程度。

舷顶处和舭漏斗处所间的连接筒道

6.5.2　应仔细检查在舷顶处所和舭漏斗处所间配置的连接筒道,看其内部有无钢制品锈蚀和耗损的迹象。

6.5.3　在某些散货船上,舭漏斗水柜和舷顶水柜构成与筒形处所相连的一个整体舱。连接筒道的内表面是易腐的,应予仔细检查。

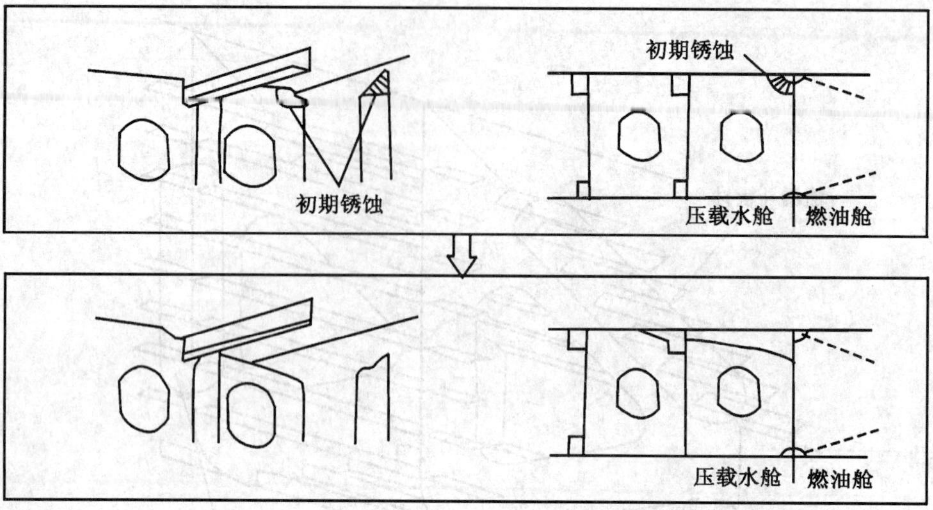

图 19　与燃油舱(FOT)相邻的压载水舱的锈蚀发展

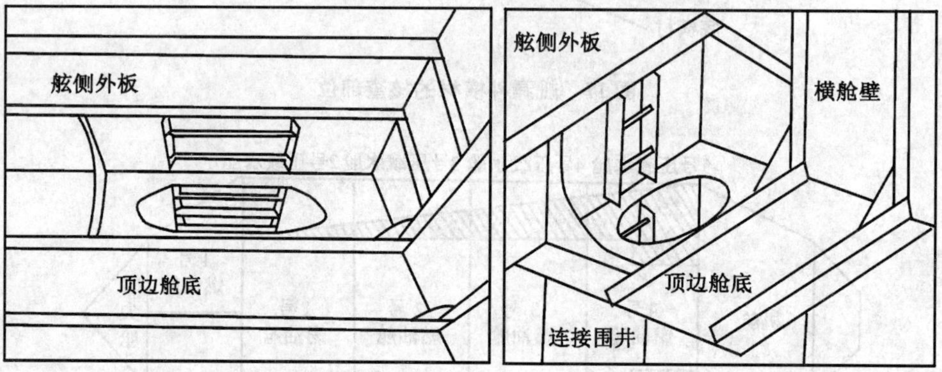

图 20　舷顶液舱内的连接筒道入口

MEPC.120(52)号决议

（2004年10月15日通过）

在普通散货船中的探舱或特别设计用于载运植物油的舱中运载植物油的导则

海上环境保护委员会，

忆及国际海事组织第38(a)条关于由国际防止和控制海上污染公约所赋予的海上环境保护委员会(本委员会)的职能，

也忆及经MEPC.118(52)决议通过的修正的1973年国际防止船舶造成污染公约1978年议定书(以下称"议定书")附则Ⅱ，

进而忆及MEPC.119(52)通过的"国际散装危险化学品船构造和设备规则"的修正案(IBC规则)，

考虑到海安会第72届会议审议并批准了该IBC规则的建议修正案，并将在海上人命安全公约(1974年SOLAS公约)条款下通过，

认识到当前在杂干散货船中的深舱中运载植物油的现行做法，

注意到在当前缺乏现有的NLS油船的明显情况下，维持该种现行的贸易运输模式连续性的需要，

相信需要适当的预防措施以按经修正的73/78防污公约附则Ⅱ要求的水平保护海上环境，

1　通过在杂干散货船中的深舱或特别设计用于载运植物油的舱中运载植物油的导则，其文本载于本决议的附件；

2　提请各缔约方注意，导则Ⅱ应于2007年1月1日生效。

在普通散货船中的探舱或特别设计用于载运植物油的独立液舱中运载植物油的导则

1　前言

1.1　制定本导则意在允许目前持证运输散装植物油的杂干散货船继续在特定航线上运载该类植物油。运用该导则的前提如下：

.1　该植物油系在2007年1月1日前颁发的NLS证书下的杂干散货船中的深舱或特别设计用于载运植物油的独立液舱中运载；

.2　允许运输的货品限于IBC规则中列出的仅有污染危害的未改性的植物油(主要是三酸甘油酯)；和

.3　该船舶满足73/78防污染公约附则Ⅱ下所有排放要求。

1.2　该导则的制定符合73/78防污公约附则Ⅱ第11.2条的要求,并认识到需要提供标准,以作为"国际散装危险化学品船构造和设备规则"的替代。

2　**在深舱中运输**

2.1　主管机关可对杂干散货船中的深舱中运载植物油放宽IBC规则中的运载要求,条件是能证明往返国家间的地理位置导致了在出口国和进口国之间运输植物油无法使用73/78防污染公约附则Ⅱ要求的NLS油船。该放宽应在证书上签注。该放宽应由该主管机关通知IMO。

2.2　每一艘该导则第二段范围内的普通干散货船,必须符合73/78防污染公约附则Ⅱ的排放要求和配备手册的要求,并须按照本附则第10.1条颁发证书。

2.3　在给予放宽之前,该主管机关应有装载国和卸装国政府双方的书面确认同意该放宽的函件。该确认应保留在船上。

3　**在独立液舱中运输**

3.1　主管机关可对杂干散货船中的专门设计用于载运该类植物油的独立液舱中运载植物油放宽IBC规则中的运载要求。该放宽应在证书上签注。该放宽应由该主管机关通知IMO。

3.2　用于该种放宽的结构要求和贸易条件:

.1　独立液舱必须位于壳板内至少760 mm;和

.2　该种植物油的运输应限于特别指定的贸易。

3.3　每一艘该导则第3段范围内的普通干散货船,必须符合73/78防污公约附则Ⅱ的排放要求和配备手册的要求,并须按照本附则第10.1条颁发证书。

3.4　在给予放宽之前,该主管机关应有装载国和卸装国政府双方的书面确认同意该放宽的函件。该确认应保留在船上。

（四）关于客船、滚装客船/滚装船

第 A.596(15)号决议

（1987 年 11 月 19 日通过）

滚装旅客渡船的安全

大会，

忆及国际海事组织公约关于大会在海上安全的规则和指南方面的职能的第 15(j)条，

注意到在联合王国注册的自由企业先驱号滚装旅客渡船于 1987 年 3 月 6 日在泽布拉赫港口外翻船造成至少 193 人死亡的悲惨的损失，

又注意到海上安全委员会在其第五十四届会议上重新调整了其工作计划，给予包括稳性和水密完整性在内的以提高滚装旅客渡船的安全性为宗旨的事宜以优先性，注意到联合王国政府已提供了国家调查庭报告中提议的各项措施的目录供该委员会参考，

还注意到联合王国政府提出了有关修改 1974 年国际海上人命安全公约第Ⅱ-1 章的提案（A15/12/4 附件 1）供海上安全委员会在其第五十五届会议上根据公约的第Ⅷ条加以审议和通过，

认识到绝大部分的海上事故是因人的错误和易犯错误性而造成的，确立改进的营运操作将能大大提高船舶的安全，

1 **决定**本组织给予旨在提高滚装旅客渡船的安全的工作以优先性；

2 **要求**海上安全委员会采取一切可能的行动来达到这一目的，包括尽早地对 1974 年安全公约有关滚装旅客渡船的修正条款进行审议和通过并促进这些修正条款的迅速生效；

3 **敦促**会员国政府在海上安全委员会通过 1974 年安全公约的这些修正条款以及在其生效以前鼓励船东自愿在船上安装这些修正条款所要求的设备；

4 **要求**海上安全委员会作为紧急事宜在一切有关方面制定关于船上和岸上管理程序的指南，更好地确保滚装旅客渡船的安全运行。

第 A. 690(17)号决议
(1991 年 11 月 6 日通过)

定期检查客船弃船和消防演习

大会，

忆及国际海事组织公约关于大会在海上安全的规则和指南方面职责的第 15(j)条，

注意到经修订的 1974 年国际海上人命安全公约第Ⅲ/18.3 条，其中规定了在客船上进行集合演习和操练，

还注意到对主管机关来说确保在客船上以有效方式进行集合演习和操练的必要性，

审议了海上安全委员会在其第五十九届会议上提出的建议，

1 **建议**成员国政府对客船船员的弃船和消防演习进行定期检查，以确保演习的圆满进行；

2 **还建议**对每艘客船进行的这种定期检查的间隔时间不超过 12 个月；

3 **废除**第 A. 125(Ⅴ)号决议。

第 A. 691(17)号决议
(1991 年 11 月 6 日通过)

旅客安全须知

大会，

忆及国际海事组织公约关于大会在海上安全的规则和指南方面的职责的第 15(j)条，

还忆及经 1983 年修正的 1974 年国际海上人命安全公约(安全公约)第Ⅲ/18.3.2 和第Ⅲ/18.3.3 条关于在不举行集合演习时应提请旅客注意该公约第Ⅲ/8.2 和第Ⅲ/8.4 条要求的应变须知的要求，

考虑到有必要向旅客提供应变须知，以使他们知道在紧急情况下应采取的必要行动，

审议了海上安全委员会在其第五十九届会议上提出的建议，

1 **建议**如客船在起航后未立即在航行开始时举行集合演习，则应用适当的语言，通过船舶广播系统或其他适当手段作出通知，提请旅客注意安全公约第Ⅲ/8.2 和第Ⅲ/8.4 条要求的应变须知；

2 **请**海上安全委员会拟订和通过关于简介应提供给旅客的有关在任何紧急情况下应采取的必要行动的安全须知的方法和该须知内容的指南，并将其分送各国政府；

3 **还请**各国政府在实施本决议时，考虑到海上安全委员会在上述第 2 段中所述指南里提出的建议。

第 A.792(19)号决议
(1995 年 11 月 23 日通过)

客船中的与客船有关的安全文化

大会，

忆及国际海事组织公约有关大会在海上安全规则方面的职责的第 15(j)条，

注意到由 1978 年船员培训、发证和值班标准国际公约当事国会议于 1995 年 7 月 6 日通过的修正案，

还注意到海上安全委员会第六十五届会议上制定的关于加强滚装客船所有方面的安全的提案，注意到构成 1974 年国际海上人命安全公约(安全公约)修正案的上述提案预计于 1996 年 11 月由该公约缔约国政府的一次会议予以审议通过。

认为，除非在职业上与客船的营运和管理有关的所有人员中确立起以安全为重的作风，否则并非所有被通过的提案均能实现其全部价值，

还认为，按经修正的 1978 年培训公约第Ⅳ/1 条所有船员应受到的精通和基本安全的培训和教学，在该公约的上述修正案生效后，将有助于在船员中确立起以安全为重的作风，

又认为采用国际安全管理规则(安管规则)也将同样有助于在航运公司的岸上人员中确立起以安全为重的作风，

但认识到上述文件未包括岸上活动，如与港口当局、造船和修船业和船舶补给业的职责和责任有关的活动，

审议了海上安全委员会第六十五届会议上的建议，

建议各政府和有关国际组织对从事在客船中和与客船有关的专业工作所有人员，不论其工作是否由本组织制定的文件作出规定，开展旨在确立在悬挂其国旗的客船中的与其有关的安全文化的工作。

第 A.793(19)号决议
(1995 年 11 月 23 日通过)

滚装客船壳板门的强度、系固和锁闭

大会,

忆及国际海事组织公约有关大会在海上安全规则和指南方面的职责的第 15(j)条,

注意到国际船级社协会(船级社协会)发布了有关船首门强度及系固和锁闭装置的船首门 S8 统一要求(在 1995 年作出修正),

还注意到该统一要求不仅将用于新的滚装客船,而且,通过关于应用 S8 统一要求的有关段落的 S16 统一要求,将逆时地应用于现有的滚装客船,

认为上述要求应适用于所有滚装客船,

审议了海上安全委员会第六十五届会议上作出的建议,

敦促船级社协会对通入汽车甲板的所有其他壳板门的类似统一要求作出紧急检查,以便向所有滚装船做必要应用,并将该检查的结果提交海上安全委员会第六十六届会议,

敦促各政府确保所有滚装客船,不论是否由作为船级社协会会员的船级社定级,均符合对船首门的船级社协会 S8 统一要求(在 1995 年作出修正)和可被海上安全委员会接受的适用于所有其他壳板门的统一要求。

第 A.794(19)号决议
(1995 年 11 月 23 日通过)

滚装客船的检验和检查

大会,

忆及国际海事组织公约有关大会在海上安全规则和指南方面的职责的第 15(j)条,

注意到一些滚装客船发生严重事故,其中一些事故造成了严重死亡,

还注意到并非所有的滚装客船安全事故都被报告给有关当局,

相信增加对此种船舶的检验次数和扩大检验范围将改善滚装客船的安全,

审议了海上安全委员会第六十五届会议上作出的建议,

1 **敦促**各主管机关除进行现行有关国际公约要求的换证和定期检验外,还对滚装客船进行或安排进行不定期的检查;

2 **建议**此种不定期检查特别应涉及操作性质的事项,如船员对安全程序、应急程序、保养、安全培训、工作做法、船员安全、驾驶台程序和与货物和车辆有关的作业的熟悉及其在这些方面的有效性;

3 **还敦促**各政府确保他们迅速得知壳板门和可以影响滚装客船完整性的相关壳板的任何损坏或永久变形以及此种门固定装置的任何故障;

4 **要求**海上安全委员会作为紧急事项,根据经认可组织的现有和正在制定的指南,制定滚装客船不定期检查的指南。

(五)关于液货船

第 A.446(Ⅺ)号决议
(1979 年 11 月 15 日通过)

经修订的原油洗舱系统的设计、操作和控制的技术条件

大会,

回顾到大会第 297 号决议(Ⅷ),据此设置了海上环境保护委员会并规定了该委员会的任务和职责,

并回顾到 1973 年国际防止船舶造成污染公约 1978 年议定书的附则Ⅰ第 13B 条 2 规定关于原油洗舱的要求以及 1978 年油船安全和防污染国际大会第 15 号决议关于原油洗舱系统设计、操作和控制技术条件,

又回顾到大会所通过的该条决议要求本组织对该技术条件做必要的审查和修正以反映该议定书生效时可能出现的最新技术和做法,

审议了海上环境保护委员会第十一次会议的建议案,

1 **通过:**

(a)原油洗舱系统设计、操作和控制的技术条件以取代 1978 年油船安全和防污染国际大会第 15 号决议关于原油洗舱系统的设计、操作和控制技术条件。修订的技术条件的文本已列为本决议附件;

(b)修正技术条件附录Ⅲ对修正技术条件某些条款的统一解释。

2 **敦促**各国政府能在 1973 年国际防止船舶造成污染公约 1978 年议定书生效前按照修正技术条件的规定,制定原油洗舱及其有关设备的要求和规定;

3 **另敦促**主管机关所制定的要求不要超过和高于修正技术条件的规定。

附　件

经修订的原油洗舱系统的设计、操作和控制的技术条件

目　　录

1　目的
2　适用范围
3　总则
3.1　定义
3.2　初次检验
4　设计标准
4.1　管系
4.2　洗舱机
4.3　泵
4.4　清除残油系统(扫舱系统)
4.5　压载管系
5　人员资格
6　操作
6.1　原油清洗的舱柜
6.2　货油管系的排泄及向岸上排放
6.3　出港压载舱的注水
6.4　海上原油洗舱
6.5　压载航行时的油污水排放
6.6　惰性气体的使用和管理
6.7　防止静电注意事项
6.8　油气散发
7　操作和设备手册
附录Ⅰ——对20 000载重吨及以上的新原油油船实施本技术条件时的变通项目一览表
附录Ⅱ——对原油洗舱总负责人员的培训
附录Ⅲ——对修正技术条件某些条款的统一解释

1　目的

本技术条件的目的在于为第2部分所述的用原油船所载的货油进行原油洗舱提供具体的设计标准、操作要求以及控制和实施程序。

2 适用范围

2.1 本技术条件适用于：

(a)符合1973年国际防止船舶造成污染公约1978年议定书(防污公约议定书)的附则Ⅰ第13条8款规定的40 000载重吨及以上的现有原油船；以及

(b)符合防污公约议定书附则Ⅰ第13条6款规定的20 000载重吨及以上的新原油船，变通要求见附录Ⅰ。

2.2 如果仅备有原油洗舱系统的船舶拟运载不适于原油洗舱的原油，那么，此种船舶必须符合防污公约的议定书附则Ⅰ第13条7款关于隔离压载舱的要求或第13条9款关于清洁压载舱的要求。

3 总则

3.1 定义

就本技术条件而言，

3.1.1 “到港压载”是指防污公约议定书附则Ⅰ第1条16款规定的清洁压载。

3.1.2 “出港压载”是指除到港压载外的压载。

3.2 初次检验

防污公约议定书附则Ⅰ第4条所指的初次检验须包括原油洗舱设备和装置的全部检验，还包括除4.2.11所列情况以外的、经原油清洗的油舱检查以及4.2.10，以保证洗舱系统的效率达到本技术条件的要求。

4 设计标准

4.1 管系

4.1.1 原油洗舱管系和所有原油供应管系的阀门，考虑到其承受的压力，须由钢质或其他等效材制成，有一定强度并加以适当的连接和支撑。

4.1.2 原油洗舱系统须有固定管系，与消防总管和任何与洗舱无关的系统分开。但是，船舶货油管系达到原油管系要求的部分，可与原油洗舱系统相连接。尽管有上述要求，在两用船的布置方面：

(a)载运原油以外的货油时，必要的话，允许撤掉某些设备，但是，装复后，该系统必须仍能达到原来的油封密合和试验要求；

(b)如果需要把洗舱机固定在货油舱盖板上，可使用软管连接原油舱洗舱系统和洗舱机。此种软管必须配有折边接头，软管按主管机关认可的要求制造和试验，并达到软管的工作要求。软管的长度不必超过能把洗舱机和邻近舱口围板的一点连接起来的距离。闲置时，此类软管应移放在预先做过适当准备并有防护措施的地方。还应在不超过2.5年的间隔时间内，由主管机关认可的单位进行压力试验。

4.1.3 须有预防洗舱供油管系超压的措施。任何防超压的减压装置应能向供应泵的真空侧排放。只要达到同等的安全程度并有环境保护措施，符合主管机关要求的替代方法也可接受。

4.1.4 进行水洗时如把消火栓阀安设在洗舱管道上，则所有此种阀须有一定强度并应配备无孔法兰以便在清洗管道内可能含有的原油时，能封闭此种接头。

另一种办法是用楔形盲板把消火栓阀同原油洗舱系统隔开。

4.1.5 压力设计和其他仪表的所有接头，如非封闭型，须在管道附近配置隔离阀。

4.1.6 原油洗舱系统的任何部分不得进入机舱。如果洗舱系统配置了水洗时使用的蒸汽加热器，此种加热器在原油洗舱时必须由双路关闭阀或以易于辨认的盲板隔开。

4.1.7 如果配置了油水清洗两用的输送管系，此种管系的设计应能在水洗开始以前，尽可能把原油排入操作和设备手册规定的处所。此种处所可为污油舱或其他货舱。

4.1.8 管系的直径能使操作和设备手册规定的所需最大数量的洗舱机在规定压力和排量下同时操作。管系的布置应使本规范所涉及的操作和设备手册中规定的所有洗舱机同时作业。

4.1.9 管系在船上安装以后，以1.5倍的工作压力进行试验。

4.1.10 原油洗舱的供油管系应固定在(牢牢附在)船舶结构的适当位置，并有允许其向其他地方自由移动的措施，以适应船舶热胀和变形。固定的方法既能避免供应管系不必要的移动，又能缓和液压冲击。固定装置一般安置在远离供油管系的原油进口处的尾端。如用洗舱机固定支管尾端，就有必要作出专门安排，以在由于任何原因移动机器时固定这些尾端。

4.2 洗舱机

4.2.1 原油洗舱机的安装应为永久型，其设计须能为主管机关所接受。

4.2.2 洗舱机的性能特点主要取决于喷嘴直径、工作压力、转动方式和定时。安装的每台洗舱机要有这样的特点，即其所覆盖的货油舱应在操作和设备手册规定的时间里得到有效的清洗。

4.2.3 每一货油舱都必须安装洗舱机。支撑办法须为主管机关所能接受。如果为了照顾到舱内隆起部分，洗舱机安装在甲板下面较深的地方，就需考虑机器及其供应管系的附加支撑。

4.2.4 每台机器可通过供应管道上的截止阀进行分隔。如果安装在甲板上的洗舱机出于任何原因被移走时，在移走期间，应采取措施切断通向机器的供油管道。同样，应以钢板或等效办法等措施关闭舱口。

4.2.5 如果洗舱机的动力装置不是与洗舱机一体时，应配备足够的动力装置，以保证在卸油期间，动力装置从原位移动不超过两次就能完成操作和设备手册所规定的洗舱项目。

4.2.6 洗舱机的数量和位置应为主管机关所接受。

4.2.7 机器的位置取决于4.2.2详述的特点以及货油舱内部的结构形式。

4.2.8 每一货油舱的机器数量和位置应达到如下要求：即水平和垂直部分应得到喷头的直接喷射清洗，或有效反射和飞溅清洗。在可以接受的喷头反射和飞溅清洗的程度时，特别要注意面向上方的平面清洗并须使用下述参数：

(a)对于舱底平面以及油舱纵材和其他大型构件的上部表面，其受甲板或舱底横材、纵桁、纵材或类似的主要大型构件因遮盖而得不到直接喷射清洗的总面积不得超过舱底、纵材上面和其他主要大型构件总面积的10%。

(b)对于油舱侧舷的垂直面，其受甲板或舱底横材、主纵桁、纵材或类似的主要大型构件遮盖而得不到直接喷射清洗的总面积不得超过油舱侧舷总面积的15%。

(c)对于现有原油油船，如果计算其所有货油舱面积，其平面不超过10%，垂直面不超过15%，主管机关对内部结构复杂的油舱允许超过上述(a)和(b)要求的百分比。

在某些设施中，有必要考虑配备多种形式的洗舱机，以使其覆盖面真正有效。

4.2.9 在设计阶段，应使用以下最低限度的程序，以确定获得直接喷射清洗的油舱表面面积。

(a)采用适当结构图，即在洗舱机各喷嘴及其喷射范围内的油舱部分之间画线。

(b)如果主管机关认为舱形复杂，在相应比例的模型舱里使用模拟洗舱机的喷嘴光点。

4.2.10 (a)为确定油舱的清洁度和验证洗舱机数量和位置的设计，在原油洗舱之后，以及在操作和设备手册中规定的用水洗之前,进入舱内进行直观检查。在放气进舱前,须检查的舱底可以水洗并进行扫舱,以便去掉一切原油残油。此种检查须保证油舱内确无油垢和油脚。如果采用冲洗程序,必须用一个类似的但尚未冲洗的油舱按照下述(b)的规定进行试验。

(b)为验证排放和扫舱的效力,须测量出港压载水面的浮油量。出港压载水面的浮油量和装此压载水舱舱容的比例不应超过0.000 85。此种试验须在与按上述(a)允许的交叉冲洗的油舱内进行。

(c)为验证洗舱系统的设计、设施和操作情况,在典型的压载航行后(在压载航行前,到港压载舱已用原油清洗,在压载航行中已按操作和设备手册所列项目以水进行过刷洗),到港压载须通过主管机关认可的油监测系统全部排入装油港。此种试验中排放的含油量不得超过15 ppm。

4.2.11 如果主管机关认为一些船舶在各方面相仿,那么,只需要对此类船舶中的一艘船舶实施4.2.10 的要求。此外,如果一艘船舶有几个各方面相仿的油舱,那么只需对其中一个油舱中实施4.2.10(a)的要求。

4.2.12 安装在甲板上的洗舱机的设计须考虑在货油舱外部有一设施可显示机器进行原油洗舱时的运转和角度。如果安装在甲板之上的机器不是程序控制和双喷嘴形式时,可以接受主管机关认可的替代措施,但验证程序必须相同。

4.2.13 如果需用潜式机器,则该机器不应由程序控制。为达到4.2.8 的要求,以下述方法之一种验证此种机器的运转应为完全可能。

(a)通过油舱外部的指示器。

(b)通过检查机器的声音特点。在此种情况下,每一洗舱周期结束时应验证机器的运转。如果在同一供油管系上安装两个以上的潜式机器,则需配置阀门,其布置应能对同一条供油管系上的每台机器的运转进行单独的验证。

(c)压载航行时,通过放掉舱内气体和用水检查机器运转的情况。在此种情况下,机器最多使用六次就得进行检查,但每次检查的时间间隔不得超过12 个月。每次验证应载入油类记录簿补编2 中。

验证方法应载入操作和设备手册。

4.3 泵

4.3.1 向洗舱机输送原油的泵可以是货油泵或专用泵。

4.3.2 泵的功率须达到对操作和设备手册所述的同时运转最大数量的洗舱机输送规定压力下所需的排量。除上述外,如果扫舱系统配有喷射器,此种泵应能向喷射器输送驱动液流,以达到4.2.2 的要求。

4.3.3 泵的功率应在其中任何一台泵不在作业时,仍能达到4.3.2 的要求。泵和管系布置应在任何一台泵不起作用时,仍能使原油洗舱系统有效工作。

4.3.4 载运一种及以上的货油时,原油洗舱不应受到影响。

4.3.5 在码头提供的背压低于原油洗舱所需的压力时,为使原油洗舱有效进行,须采取措施保持符合4.3.2 要求的压力。任何一台泵不起作用时仍应达到此种要求。原油洗舱所需的最低供应压力应载于操作和设备手册。如果不能达到此种最低压力,便不得进行原油洗舱。

4.4 *清除残油系统(扫舱系统)*

4.4.1 每一货油舱舱底原油扫舱系统的设计应为主管机关所接受。

4.4.2 扫舱系统的设计和功率应使所清洗的油舱舱底在洗舱完毕时不积聚油和油脚。

4.4.3 按照船舶操作和设备手册清洗油舱舱底时，扫舱系统应能以所有洗舱机同时作业时总排量的1.25倍的排量排油。

4.4.4 须配备4.4.8所述的诸如油位计、手测和扫舱系统的操作指示以检查每一货油舱舱底在原油洗舱后是否干燥。在货油舱的最后部位和其他三个合适的位置上，如无其他认可的手段，则须有进行手工测深工作的适当装置，以确定每一货油舱舱底是否干燥。就本条而言，如果只在货油舱内残油吸口附近留有少量的油，而其他部分并无积油，就可认为舱底“干燥”。

4.4.5 在卸油完毕，须有适当的设施，以排泄所有油泵和油管内的残油。必要时，可通过连接扫舱装置进行此项工作。油管和油泵的排泄物应既能排入货油舱又能排向岸上。对于排向岸上设施，须配置专用小口径管道以与船舶歧管阀门的外侧相连。对于新油船和没安装此种管道的现有油船，此种管道的截面积不得超过卸油总管的10%。现有油船已经安装此种管道时，在管道截面积不超过卸油总管的25%时即可接受。

4.4.6 货油舱扫舱手段可以用正排量泵、自吸式离心泵或喷射器、或主管机关同意的其他办法。如果一扫舱管道连接几个油舱，对在某一特定时间里不进行清扫的油舱须有隔离的设施。

4.4.7 载运一种以上级别的货油时，原油洗舱不应受到影响。

4.4.8 须装设对系统效力进行监控的设备，所有此类设备须在货油控制室或其他一些负责货油操作的高级船员容易进入的安全而方便的处所内有遥控器。如果配置了扫舱泵，监控设备即应视需要或者配备行程计数器或转速器。泵浦输入管及排放接头处应装设压力计。如果配置了喷射器，监控设备还应在驱动液流的进口和出口处配备压力计以及在吸口处配备压力/真空计。

4.4.9 油舱内部的结构应能把油排放到扫舱系统的吸口处以达到4.4.2和4.4.4的要求。应注意纵向和横向的排放合乎要求，并在进行3.2和4.2.10规定的检查时加以验证。

4.4.10 应遵守操作和设备手册关于原油洗舱的纵倾要求。一般来说，船尾纵倾仅在油舱卸油的最后阶段才显得很重要，此时应尽可能保持与操作须知相一致。但在任何情况下，不得小于3.2和4.2.10要求的在检查前进行原油洗舱时所做的记录。

4.5 压载管道

4.5.1 如果压载货油舱没有专用压载水系统，那么，用于压载的货油泵歧管和管道在布置上应能进行压载前的安全而有效的排油作业。

5 人员资格

5.1 从事油船原油洗舱的船上人员的培训应符合主管机关的要求。

5.2 如果船长、大副或负责货油管理的高级船员全面负责原油洗舱，必须：

(a)至少在油船上有一年的经历，其职责包括卸油及有关的原油洗舱，如果他的职责并未包括原油洗舱作业，他须完成符合本技术条件附录Ⅱ要求的培训项目并使主管机关满意；

(b)至少参加过两次原油洗舱，其中一次应在其负责卸油的那艘船上进行，如果在一艘各方面与其负责卸油的船舶类似的船上进行，则也可被接受；以及

(c)完全了解操作和设备手册的内容。

5.3 如果指定的其他人员将负起操作和设备手册规定的某一职责，他们在油船上应至少有六个月的经历，而在其工作期间应从事过卸油操作。此外，在他们将要负责此项工作的那艘船上，接受过原油洗舱作业的指导。他们还应完全了解操作和设备手册的内容。本技术条件附

录Ⅱ应作为此种指导内容的准则。

6 操作

6.1 原油清洗的舱柜

在压载航行前和卸油后，应按照操作和设备手册所规定的程序对多数油舱进行原油清洗，以保证做到：

(a)作为最低要求，对多数油舱进行过原油清洗，以达到防污公约议定书附则Ⅰ第13条1,2和3关于压载航行各阶段的吃水和纵倾要求；以及

(b)注意船舶的运输方式和预测的气象条件，从而避免将增加的压载注入尚未进行原油清洗的油舱内。

除以上(a)所述油舱外，其余油舱中约在1/4的油舱须轮换进行原油清洗，以加强油脚管理。这些其余油舱可以包括以上(b)所述的油舱。然而，就油脚管理而言，原油洗舱应在四个月内进行一次。原油洗舱不要在最后卸油港和装油港之间进行，也不要在压载航行时进行原油洗舱。压载水不要注入没有进行过原油清洗的舱内。注入经过原油清洗但没有以水刷洗油舱内的水应视为压载水。

6.2 货油管的排泄和向岸上排放

卸油结束后，所有货油总管和扫舱管道须进行排泄和清除残油。排泄和清除残油须通过4.4.5规定的特别口径管系排放到岸上。此外，所有货油舱都需在离开最后卸油港前进行扫舱。

6.3 出港压载舱的注水

在结束出港压载舱的原油洗舱后，需注意尽可能对全部出港压载舱进行扫舱。如果出港压载水是通过货油的管系和泵浦注入的，这些管和泵必须在压载前采用第4.4.5条规定的方法进行排泄和清除残油。

6.4 海上原油洗舱

所有原油洗舱必须在船舶离开最后卸油港前完成。如果船舶在几个卸油港之间的海上进行原油洗舱，所清洗的油舱应保持空舱，以便在抵达下一卸油港后并开始下一次压载航行前进行检查。此种检查可在空舱时对舱底进行多次的测深检查。在出港前，须对出港压载舱进行压载，以便检查压载水表层。对于后者，检查方法可以参考4.2.10(b)所述的准则。

6.5 压载航行时的油污水排放

在压载航行时，排放出港压载水和任何其他污水须符合防污公约议定书附则Ⅰ第9条规则的要求。

6.6 惰性气体的使用和管理

在本技术条件所适用的船上，只有在防污公约议定书附则Ⅰ第13条乙3要求的惰性气体系统能正常工作的情况下，才能进行原油洗舱。在进行原油洗舱前，每一油舱的氧气量须在离甲板1 m处和空当区的中点进行测定。任何一处的测定结果不得超过8%(按容积计)。如果油舱内全部或部分是止荡舱壁，应在该油舱每一档里的类似平面处进行上述测量。在原油洗舱过程中，须连续监测输送的惰性气体的含氧量。如果在原油洗舱过程中：

(a)输送的惰性气体含氧量超过容积的8%；或

(b)油舱内的气压不再为正值时；

即必须中止清洗直到恢复正常状态后继续进行。

6.7 防止静电注意事项

为避免原油洗舱过程中由于清洗原油中有水而产生过多静电，任何用做清洗原油的油舱残存物在使用前必须首先至少排放1 m。前一次压载航行中用做污油舱的任何油舱，如要用做清洗原油的油舱，舱内污油必须排放干净并注入不含水的原油。

6.8 油气散发

在本技术条件适用的船上，如果实际情况需要，须在注入出港压载水时，备有措施避免油气散发。防止碳烃油气散发到空气中的方法是：

(a)只要能足以提供最小出港吃水，即使用固定压载舱；或

(b)通过同时压载和卸货油，控制空油舱的油气。

只要达到同等程度的环境保护，也可接受符合主管机关要求的替代措施。

7 操作和设备手册

操作和设备手册必须符合主管机关的要求并须包括下列内容和操作说明：

(a)原油洗舱系统的设计、操作和控制的修正技术条件的全文。

(b)原油洗舱系统的线路图标有原油洗舱系统的泵浦、管系和洗舱机的各自位置。

(c)原油洗舱系统的说明和检查原油洗舱时设备是否正常运转的程序，包括需要监测的系统设备参数，例如管道压力、含氧量、机器转速、周期等，包括这些参数的既定值。还应包括按照4.2.10进行试验的结果以及试验时所测得的所有参数值。

(d)本规范第6部分的要求细节以及达到这些要求的建议和说明，例如：

ⅰ 原油洗舱的建议办法和程序，以适应所有可以预料的控制卸油的情况以及在结束清洗和排泄每一油舱时取得最大的纵倾。

ⅱ 符合6.8要求防止船上油气散发的程序。

ⅲ 油舱排泄的方法，包括4.4.10要求最佳纵倾状态的资料。

ⅳ 排泄货油泵、货油管、原油洗舱管、扫舱管和可能需要排泄的处所的方法，以及结束卸油时通过小卸油管最后卸油于岸上的方法。

ⅴ 各种装载情况下的特种清洗程序，载明：

(1)按照3.1要求清洗的油舱；

(2)清洗每一油舱(单级或多级)的方法；

(3)需同时作业的洗舱机数量；

(4)原油清洗和必要的水刷洗的持续时间；

(5)水刷洗所用的水量至少相等于按照3.2和4.2.10的要求进行检查前的水刷洗水量；和

(6)选择的清洗油舱的先后次序。

ⅵ 出港压载前使用货油管和货油泵(如为适当时)，进行排泄和扫舱工作的程序。

ⅶ 在排放出港压载水前以及注入和最后排放到港压载水前的水洗管道程序。

ⅷ 须在每舱清洗周期结束时，用听音办法核实舱底洗舱机的作业程序。在进行此种验证是否必要时，应停下所有其他机器。

ⅸ 保证在海上排放出港压载水，用水清洗管道和进行污油舱的沉淀分离，符合防污公约议定书附则Ⅰ第9条规定的程序细节。

(e)原油洗舱系统漏油的危险性、防止漏油的注意事项以及出现漏油时采取的行动。每

次排放前如何对原油洗舱系统的漏油进行操作试验的指南。

(f)4.1.6 要求的防止油通过蒸汽加热器进入机舱的方法。

(g)每次卸油和原油洗舱所需的人员。此种人员包括：

ⅰ 符合5.2要求的人员，此种人员全面负责原油洗舱的全部作业过程。

ⅱ 符合5.2要求的一些人员，这些人员进行实际操作。

ⅲ 清洗油舱时，甲板上至少有一人值班查看设备是否漏油和发生故障；测量油舱在清洗前的氧气量和检查油舱气压；需要时测量舱底深度，以及在必要时提升液面浮标和更换驱动装置。

(h)甲板值班人员和货油控制位置之间有效的通信工具，以便以原油洗舱系统发生漏油或故障时尽快地停止清洗。

(i)典型的压载程序。

(j)供船员每次卸油使用的原油洗舱前的检查表，包括检查和校正所有仪表。

(k)除法定检验外，所建议的检查和维修原油洗舱设备的间隔时间，应参阅设备制造商提供的技术手册。

(l)不适于原油洗舱的原油及其产地的清单。

附录Ⅰ　对20 000载重吨及以上的新原油油船实施本技术条件时的变通项目一览表

段落	变通
4.2.5	不适用。
4.2.10	其中(c)段不适用。
6.1　改成：	6.1　原油清洗的舱柜 6.1.1　压载航行前： (a)为了控制油脚，约1/4的货油舱须按照操作和设备手册规定的程序轮流进行原油洗舱。但是，如仅仅为了这一目的，每四个月进行一次原油洗舱即可。 (b)如果认为防污公约议定书附则Ⅰ第13条3款所述的情况和规定的压载航行期间需要在一个或几个货油舱里加压载，这些可能要增加压载舱须按操作和设备手册所规定的程序进行原油洗舱。 6.1.2　压载水不得放入未经原油洗舱的货油舱。放入经过原油洗舱但未以水刷洗的油舱的压载水被视为脏压载水。 6.1.3　原油洗舱不要在卸油港和装油港之间进行，即不要在压载航行时进行。
6.3　改成：	6.3　额外压载货油舱的注水 可能要装压载水的货油舱结束原油洗舱后，注意尽可能彻底扫舱。如果此种压载是通过货油管和货油泵注入的，这些管和泵必须使用第4.4.5条的方法加以排泄并清除残油。
6.4	最后两句不适用。
6.5 改成：	6.5　压载航行时的油污水排放 压载航行时，排放货油舱内增加的压载水或任何其他水须符合防污公约议定书附则Ⅰ第9条的要求。
6.8	不适用。
7.4	不适用。

附录Ⅱ　对原油洗舱总负责人员的培训

前言

任何所需的培训应是进行有关原理和把这些原理应用于船舶操作的有监督的教育，此种教育在岸上机构或有合适的培训设施和教员的船上进行。

在编写主管机关认可的培训大纲时，须考虑油船原油洗舱系统的设计、操作和控制的修正技术条件。

此种训练包括下列内容，但不一定限制在此范围之内：

(a)介绍原油洗舱的原理，包括：

ⅰ　作为原油洗舱液体的原油特性及其同水洗的差别；

ⅱ　油舱顶部清洗；

ⅲ　油舱底部清洗；

ⅳ　纵倾要求；

ⅴ　从卸油管路抽出洗舱油的方法；

ⅵ　保持所需的清洗液体的压力；

ⅶ 两个卸油港间的海上洗舱；

ⅷ 循环洗舱；

ⅸ 出港压载舱、到港压载和专用货油舱洗舱的相对次序和要求。

(b)设备和设计

ⅰ 洗舱机的位置；

ⅱ 洗舱机(甲板式和潜入式)形式、特性、结构特点、工作参数；

ⅲ 驱动装置；

ⅳ 洗舱液的输送和分布系统；

ⅴ 扫舱系统；

ⅵ 油舱测深方法；

ⅶ 惰性气体要求。

(c)原油洗舱的一般程序

ⅰ 对于普通管系船舶/自由流通船舶/部分自由流通船舶；

ⅱ 单/多种货油；

ⅲ 最佳洗舱程序，以尽可能减少过多的停泊时间；

ⅳ 对各种船舶和各种管系结构的出港压载；

ⅴ 卸油港间的海上洗舱程序。

(d)相关程序

ⅰ 尽量减少船上残油的方法：货油舱的扫舱、排泄和清除货油管道的残油、货油向岸上的最后排放；

ⅱ 到港压载舱的水刷洗；

ⅲ 到港压载水的注入和最后排放；

ⅳ 离港压载水的排放；

ⅴ 污油舱残油的集结和分离；

ⅵ 防污染公约议定书附则Ⅰ第9条的要求；

ⅶ 避免压载作业时港内排气。

(e)安全

ⅰ 惰性气体操作程序；

ⅱ 保持和监测惰性气体的质量和压力；

ⅲ 惰性气体不正常情况下停止洗舱/卸油；

ⅳ 发生静电和避免发生静电的注意事项；

ⅴ 管路完整性；

ⅵ 避免压力剧变；

ⅶ 溢油。

(f)检查项目

ⅰ 进港前；

ⅱ 开始原油洗舱前；

ⅲ 原油洗舱后；

ⅳ 航行后。

(g)规定的执行程序

ⅰ 操作和设备手册；

ⅱ 油类记录簿；

ⅲ 油舱测深；

ⅳ 出港压载水表层浮油的测量。

(h)设备的保养

ⅰ 按照制造商的使用说明保养设备；

ⅱ 附加保养项目。

主管机关须保证培训单位对于符合要求的那些主要负责原油洗舱的高级船员颁发相应证书。

附录Ⅲ 对修正技术条件某些条款的统一解释

4.1.1 本款规定管道和阀门用其他类似材料制成。鉴于船级社允许最大工作油压为 10 kg/cm^2的灰铸铁作为油管材料，符合国家认可标准的灰铸铁可以作为原油洗舱系统供油系统的材料。

4.1.3 允许用其他办法达到本款要求。其中一种替代办法就是在该系统仅使用离心泵，而且此种泵的设计压力不会超过管道的设计压力时，应在泵壳里安装一个感温装置以便在过热情况下停止泵的工作。

4.1.6 在新油船上，所述的蒸汽加热器须安装在机器处所外边。但是，在蒸汽加热器业已安装在机器处所之内的现有油船，如果机器处所已同原油洗舱系统隔开，即不再需要隔热。

4.2.8 在实施本款规定方面，污油舱被视为货油舱。

4.2.9 计算阴影准则

(a)阴影图（按照第 4.2.9 条要求绘制）必须在图纸上显示，其比例必须至少为：

ⅰ 对于 10 000 载重吨以下的油船1：1 000；

ⅱ 对于 10 000 载重吨以上的油船1：2 000。

(b)图纸至少有每舱或被认为是类似的几个舱的平面图，侧视图和端视图。

(c)应有足够的船舶的详细图纸并注意包括所有主要的大型船舶构件。

(d)“主要的大型船舶构件”一词用来解释加强船舶强度的油舱构件，诸如强肋骨和纵桁，钢板加强材一类的小部件不在此例。一般来说，下列部件以及表示货油舱结构部件的图可说明此种解释。

包括：ⅰ 强肋骨　不考虑：ⅰ纵骨

ⅱ 纵桁　ⅱ肘板

ⅲ 纵材　ⅲ加强材

ⅳ 腹板　ⅳ梯子

ⅴ 主肘板　ⅴ管路

ⅵ 横材

ⅶ 强肋骨的撑杆（但经检查，验证此种撑杆的存在不影响油舱清洁度时除外。然而，在初步估定时，凡遇少于二个撑杆、每个撑杆的深度小于油舱总深度的1/15 时，可以不加考虑。）

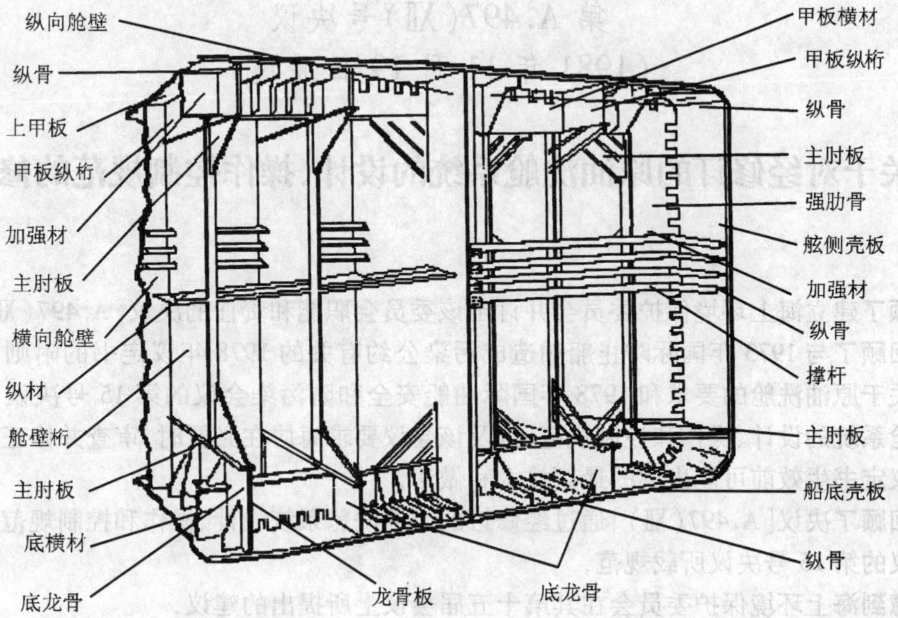

油船结构图

(f)如何得到第4.2.8条要求的百分比计算必须或者附在上述图纸之上或者单另列出。计算应分项列出,这样就可以每项表示特定的阴影图。

(g)如果喷射范围内有一曲线表面,既无必要提供精确的几何投影来确定合成阴影,也就可以接受合理的估算。

(h)为确定边舱的底部面积,把由舱底纵向肋骨的顶部和两个舱壁中间的船壳板内侧量得的舱的宽度视为平面距离。

(i)止荡舱壁可视为舱边。但此种舱壁必须假设为没有开口。

4.2.10 "水刷洗"是指原油洗舱后清洗油舱的水洗过程,并不意味着可解释为限制此过程中所需的水量。

4.2.11 (c)本段所述的"油监测系统"是指任何认可的系统,实验室的试验以包括验证排放液体的含油量不超过所规定的含油量。如果进行实验室试验,大会393(X届)号决议的标准应作为准则。如果油船进行这样一种运输,即在一国港口卸货油而在另一国港口装货油,这样就会在验证方面造成一个特别问题。有以下两种方法可确定油船的能力:

i 要求油船在卸油港进行原油洗舱的全部作业,必要时,可带检查人员出海观察油船的水洗以及处理出港压载和排放到港压载;

ii 船旗国主管机关和港口国之间进行协调,以得到所需的证书。不管如何进行试验,应根据不同情况分别对待的原则作出最后结论,并要考虑油船的工作状况以及是否能找到检验人员的问题。

第 A.497(Ⅻ)号决议
(1981 年 11 月 19 日通过)

关于对经修订的原油洗舱系统的设计、操作控制规范的修正

大会,

回顾了建立海上环境保护委员会并订出该委员会职能和责任的决议[A.497(Ⅻ)],

并回顾了与 1973 年国际防止船舶造成污染公约有关的 1978 年议定书的附则Ⅰ第 13 条第 2 款关于原油洗舱的要求和 1978 年国际油船安全和防污染会议的第 15 号决议,其中载有原油洗舱系统的设计、操作和控制规范,以及该会议要求海协在必要时,审查并修正这一规范,以体现议定书生效前可能出现的最新技术和做法,

又回顾了决议[A.497(Ⅻ)]通过经修订的原油洗舱系统设计、操作和控制规范,从而代替上述会议的第 15 号决议所载规范,

考虑到海上环境保护委员会在其第十五届会议上所提出的建议,

1 **通过**

(a)对经修订的(附在决议[A.497(Ⅻ)]中)原油洗舱系统设计、操作和控制规范的修正和补充。全文见本决议附件 1。

(b)对经修订的规范中某些条款的统一解释的修正和补充(决议[A.497(Ⅻ)]附件的附录Ⅲ)。全文见本决议附件 2。

2 **请**各国政府实施本决议修正的规范。

附 件 1

对经修订的原油洗舱系统设计、操作和控制规范的修正

1 第4.2.10(a):删去“原油残渣”一词并插入“留在舱底的原油液楔块”。

2 第4.4.8段:删去“负责货油和操作的驾驶员”一词并插入“负责货油和原油洗舱操作的驾驶员”。

3 附录Ⅰ:删去“7.4 这段不适用”一语,并插入:

“7(d)符合这些规范第6节要求的细节,适当时,连同符合这些要求的建议和指示,如;

i 建议的原油洗舱方法和计划,以适应卸货时要预见的一切限制条件,并为每舱冲洗排液完毕时,取得最大吃水差。

ii 排空舱的方法,包括第4.4.10段所要求的最佳吃水差条件的资料。

iii 排空货油泵、货油管系、原油洗舱管系及扫舱管系及扫舱管系的方法,和排物存积处所,以及在排卸完成时,用小排放管系最后排到岸上的方法。

iv 按不同的装载条件确定典型的洗舱程序:

(1)按第6.1段冲洗的舱;

(2)一次或分几个阶段清洗各舱的方法;

(3)可同时使用的洗舱机的数量;

(4)原油洗舱和适当时用冲刷的时间限度。

v 在每舱清洗环节趋于结束时,用可靠方式检查装于舱底的正在工作的机器的程序。在进行这种检查时,如有必要,可关闭所有其他机器。

附 件 2

对经修订的规范中某些条款的统一解释的修正的补充

（见决议[A.446(Ⅺ)]附件之附录Ⅲ）

1 增加下述一段：

"4.2.4 本段要求每一台机器可通过供应管系上的截止阀加以隔离。当一个以上浸没式机器连接在同一供应管系上时，在供应管系上只装一个隔离截止阀即可，但浸没式机器的转动应按经修订的原油洗舱系统设计、操作和控制规范中4.2.13(a)或(c)的规定进行检验。"

2 在4.2.9(d)的"不考虑"一栏下面增加：

"Ⅵ 波形舱壁上的波纹；

Ⅶ 面板"。

3 在4.2.10(c)下的现有条款后增加下列一段：

"本段所述'全部排往装货港'一语应理解为全部到港压载水，但原油洗舱操作和设备手册第15节规定的须在船上部分除外。"

4 增加下列一段：

"4.4.3 在清洗舱底时，冲洗能力至少应为根据4.4.3的规定同时使用所有洗舱机全部通过量的1.25倍。这并不意味着，在清洗舱底时一个舱里所有机器必须同时工作，但舱底清洗，可按操作和设备手册中规定的具体程序分步骤进行。在清洗舱底的任何阶段，冲洗能力至少应为正在同时工作的所有机器的通过量的1.25倍。"

5 增加下列一段：

"4.4.5 每舱有单独货油泵、每泵有单独管系的原油油船，当洗舱后留在舱中的残油和支管通往舱中的管系中的油的总量少于货油舱容积的0.00085倍时，可免予执行关于专用小径管系的要求。当一个深井货油泵带有一个残油排放系统时，也应适用上述考虑。"

6 增加下列一段：

"5.2(b)本段要求全面负责原油洗舱操作的驾驶员，必须在其负责卸货船上参加过原油洗舱操作。但对新船、第一次改装原油的船，对该船东来说是新船，或改变了船籍而不能得到具体经验的船舶，主管机关可作为一个备选方案接受：

ⅰ 由该公司指派一位具有原油洗舱经验的基本上是在岸上工作的高级官员（不在船舶定员之内）到现场指导船上人员；或

ⅱ 有至少参加过4次原油洗舱活动的高级船员（如船长、大副或主管货物的驾驶员）在船上。

船上应备有用船舶驾驶员所能理解的文字写成的操作和设备手册。"

第 A.897(21)号决议
(1999 年 11 月 25 日通过)

关于对经修订的原油洗舱系统的设计、操作控制规范的修正

以下述 4.2.10 替代被 A.497(Ⅻ)号决议修正的 A.446(Ⅺ)号决议附件中的 4.2.10。

4.2.10 为了确认原油洗舱系统和扫舱系统的有效性,原油洗舱操作应得到证实使主管机关认为满意。

.1 对于符合 MARPOL 规则 13F(3)的船舶,原油洗舱操作应使用认可的原油洗舱设备并按照特别认可的操作和设备手册进行。对于拟定进行原油洗舱的一组油舱的最后一个舱,主管机关应:

(1)确认在底部洗舱期间扫舱系统的监测装置和油位(由纵倾状态或其他情形)监测正在工作。

(2)监督适合于洗舱机械所处于的工作压力、循环次数和机械性能的操作环境。

在洗舱将近结束和最后的排放阶段,由于实际上在每一个油舱的前部、中部或后部围堵了一些油液而形成了船舶的纵倾并要求将这些纵倾情况记录在原油洗舱手册中。如果认为必要,主管机关可以要求按照本段.2(1)项描述的方法进行检验。

.2 对于除 MARPOL 规则 13F(3)要求以外的船舶,应设置确定为用做具有一定容量的压载舱的货油舱,除本段.1 项的要求外,还应遵守以下要求:

(1)为了保证基本上清除油舱内的附着物和沉积物,主管机关可要求在原油洗舱后而且在按照操作和设备手册规定的水洗之前,进入舱内进行直观检查。如果油舱没有进行除气,不能保证检验人员的安全入舱,则不能进行内部检验,而且要接受本段(2)项的扫舱试验。在这种情况下,应检查货油舱舱底,该舱应是在入舱除气之前用水冲刷(水洗)过的已清除所有残留在舱底的原油液体残余物的货油舱。如果采用水洗程序,则需采用一个类似的未经水洗的货油舱按下述(2)的规定进行试验。

(2)为了验证扫舱和排放布置的有效性,应测定出港压载水上面浮油量,出港压载水上面浮油的容积量与该舱的舱容之比率不得超过 0.000 85。该项试验须在原油洗舱和类似于所有相关的按照上述(1)进行的检验扫舱后的货油舱进行,该舱是未经过水洗或不允许按照上述(1)的要求进行交叉水洗的货油舱。

(3)为了验证原油洗舱系统的设计、安装和操作,在典型的压载航次的抵港压载水(在压载航行前,抵港压载水舱已经过原油洗舱并已按照操作和设备手册规定的程序进行了水洗舱)应通过经主管机关认可的油类排放监测和控制系统(ODMCS)全部排放到装货港。经该系统测定的油含量不得超过 15 ppm。尽管如此,测取压载水样在岸上实验室进行分析的结果也是可接受的。

.3 在原油洗舱系统检验期间,检查官对油舱的内部目测检查不应被认为是强制性要求。当主管机关考虑到由其他 COW 检验要求表明的原油洗舱(COW)系统可能存有缺陷时,则主管机关可以要求对有影响到的货油舱的内部进行检测。内部检测可以采用多种方法进行,例如摄像检验或其他经主管机关接受的新技术。

第 A.495(Ⅻ)号决议
(1981 年 11 月 19 日通过)

经修订的清洁压载舱油船技术条件

大会,

回顾到据以建立海上环境保护委员会并确定其职能和责任的海大 297 决议(Ⅷ届),

注意到经 1978 年议定书修订的 1973 年国际防止船舶造成污染公约(73/78 防污公约)附则Ⅰ中关于清洁压载舱要求的第 13 条甲和载有清洁压载舱油船技术条件的 1978 年油船安全和防止污染国际会议的第 14 号决议,

还注意到会议在上述决议中曾要求海协在必要时对该技术条件进行复审和修订,

认识到该技术条件不仅要为船员正确操作该系统提供指导,而且还要为在港时登船进行检查的检验人员提供有关该系统的情况和操作程序,

审议了海上环境保护委员会在其第十四届会议上提出的建议案,

1　**通过**

(a)载于本决议附件 1 中的经修订的清洁压载舱油船技术条件,以取代 1978 年油船安全和防止污染国际会议第 14 号决议中所载的清洁压载舱油船技术条件;

(b)对经修订的技术条件中某些条款的统一解释,见该技术条件的附录 2;

(c)清洁压载舱操作手册的标准版式,见本决议附件 2;

2　**敦促**各国政府,在 73/78 防污公约生效前及时根据经修订的技术条件制定有关清洁压载舱布置方面的要求;

3　**并希望**各主管机关制定的这种要求,不要高于经修订的技术条件的规定;

4　**请**各国政府:

(a)对 73/78 防污公约第 13A 所要求的清洁压载舱操作手册,采用标准的版式;

(b)确保在该手册所用文字既非英文又非法文时,其中应附有这两种文之一的译本。

附　件　1

经修订的清洁压载舱油船技术条件

1　**目的**

1.1　本技术条件的目的是为下述第2节中所述采用清洁压载舱办法营运的油船(CBT油船)提供具体的衡准、操作要求和监督与实施的程序。

2　**适用范围**

2.1　根据经1978年议定书修订的1973年国际防止船舶造成污染公约(73/78防污公约),本技术条件:

.1　按照73/78防污公约附则Ⅰ第13条第9款第(1)项的规定,在该公约生效之日后2年内,适用于载重量为70 000 t以上的现有原油油船;

.2　按照73/78防污公约附则Ⅰ第13条第9款(2)项的规定,在该公约生效之日后4年内,适用于载重量为40 000 t及以上,但不足70 000 t的现有原油油船;以及

.3　按照73/78防污公约附则Ⅰ第13条第10款的规定,适用于载重量为40 000 t及40 000 t以上的现有成品油船。

2.2　这些船舶,如符合本技术条件,则应在国际防止油污证书上予以载明。

3　**初次检验**

3.1　73/78防污公约附则Ⅰ第4条中所述的初次检验,应包括查核下述两项是否适当:

.1　压载舱的选择和泵与管系的布置;以及

.2　CBT操作手册,即详细的操作程序,包括检查单。

3.2　国际防止油污证书上应载明哪些舱指定作为清洁压载舱,并应说明已向船长提供了关于认可的操作程序的资料(CBT操作手册)。

4　**船上布置**

4.1　清洁压载舱

4.1.1　清洁压载舱应具有足够的容量,以使该油船符合73/78防污公约附则Ⅰ第13条第2款的要求。

4.1.2　清洁压载舱的选择,必须使主管机关对在压载和满载情况下的船体应力认为满意。

4.1.3　从防止由于意外事故造成污染的观点来看,应以边舱装载清洁压载水(CBT压载水)。但如具体情况表明,以中间舱装载,在船体应力、舱容或管系布置方面具有显著的优越性时,主管机关也可准予使用中间舱。

4.1.4　这些舱的选择应使所需使用的货油管系和泵为最少。

4.2　泵与管系

4.2.1　传送CBT压载水的管系,其冲洗水应能排入污油水舱,同时其布置应能使该管系在冲洗时不致有含油水进入清洁压载舱。

4.2.2　不晚于1983年7月1日，每一清洁压载舱的管系至少须设有两道该舱与供货油舱使用的管系隔断的阀门。

4.2.3　清洁压载舱须尽可能少地与货油泵相连接。

4.2.4　CBT压载水的排放入海，应经由主管机关认可的油分计予以监测。同时，清洁压载舱使用的各泵的排放管路上应设有足够数量的取样点，以便能对排放的压载水中的含油量进行监督。

5　操作程序

5.1　输送CBT压载水的泵与管系，在装载、排放或转驳清洁压载水之前，应用水进行冲洗。

5.2　冲洗用的水应从海底阀箱或清洁压载舱抽取，通过清洁压载舱的泵与管系，然后排入污油水舱。

5.3　如果CBT压载水管系的各管段，安排为必须用清洁压载舱的水来冲洗，那么，在任何时候，这些舱内备存的冲洗水量至少应为所需冲洗管系容积的10倍，或足以达到冲洗时在涡流开始让空气进入管系前使管路内完全充水的水位，两者之中取其大者。对于留存本船所要求的清洁压载水的替代办法，应使主管机关认为满意。

5.4　在装载、排放或转驳清洁压载水后，4.2.2中所述的阀门应予关闭，管系应予排干。

5.5　所有CBT压载水在向舷外排放时，均应由油分计进行监测。

5.6　除非压载系统和货油系统之间有两道阀门予以有效隔断，或者货油舱是使用单独的泵，否则，不得在装货的同时排放清洁压载水或在卸货的同时装载清洁压载水。

5.7　决不应让压载水自由落入业已漏进油气的压载舱内。清洁压载舱操作手册中应规定，这些舱必须在清除油气以后才能进行压载，或者使用别的舱来代替，以避免在含有爆炸性油气的舱内由于水的飞溅和自由落入而造成的危险。

6　清洁压载舱操作手册

6.1　73/78防污公约附则Ⅰ第13条甲第4款第(1)项中所规定的清洁压载舱操作手册，应包含下列内容：

.1　经修订的清洁压载舱油船技术条件的全文；

.2　清洁压载舱系统图；

.3　对与清洁压载舱相关联的各系统的说明，包括指明何者为清洁压载舱，何者为污油水舱，污油水舱可为指定的一货油舱；

.4　清洁压载舱操作程序，其中载有在下述情况下阀门操作、管系清洗以及装卸清洁压载水的具体操作程序：

.4.1　抵达装货港之前以及在装货港；

.4.2　在装货港开航以后；

.4.3　抵达最后卸货港之前；

.4.4　在最后卸货港；

.4.5　在最后卸货港开航以后。

在本技术条件的附录1中，载有清洁压载舱操作程序，这些程序一般适用于按CBT营运的所有油船；

.5　对清洁压载舱装载和排放压载水的检查单；

.6　对装载额外压载水的要求；

.7　符合 73/78 防污公约附则 I 第 9 条规定的程序；

.8　预防油污的附加措施。

7　**文件**

7.1　国际防止油污证书和 CBT 操作手册应始终存放在油船上。

附录 1　清洁压载舱操作程序

1　**抵达装货港之前**

1.1　对指定用于装清洁压载水的泵和管路应清洗干净，以便能在装货港排放清洁压载水。

1.2　通过与清洁压载系统相连接的污油水舱和货油舱的阀门应予关闭。

1.3　应检查全部的 CBT 压载水，以确保其未受油污染。

1.4　排放清洁压载水，但应留存足够的水量，以供安全停泊和必要时冲洗管路之用。

1.5　如果预计在装货港不再排放压载水，则所有通向清洁压载舱的阀门应予关闭，清洁压载水的管路应予排干。

2　**在装货港**

2.1　在油船安全停泊后，可在下述期间排放压载水：

.1　在装货之前；以及

.2　在装货期间，与装货同时进行或暂停装货均可，但在货油系统与清洁压载水系统之间须有两道阀门予以有效隔断，或者货油舱使用单独的泵。

2.2　直到排完足够数量的清洁压载水，为清洁压载舱服务的泵及管系必须保持清洁。

2.3　在压载水排放完毕时，所有通向清洁压载舱的阀门均应关闭，清洁压载水管路应予排干，以供装货使用。

2.4　油船装货时，应考虑到与清洁压载操作程序相适应的卸货顺序的要求，特别是吃水差与应力的水平，如果该货是要卸在两个或两个以上港口的话。

2.5　污油水舱只应装载在必须进行任何压载作业之前早就卸去的货物。如果需要在载货的航程中冲洗管路，则在污油水舱中应留有足够的余量，以容纳必要的冲洗水。

2.6　在装货完毕时，所有通向货油舱的阀门均应关闭。

3　**在装货港开航以后**

3.1　如有清洁压载水要排出舷外，则应将为清洁压载舱服务的泵和管路进行冲洗并排至污油水舱。

3.2　在将清洁压载水泵出舷外之前，通向污油水舱的阀门应予关闭。

3.3　在排放压载水以后，通向清洁压载舱的阀门应予关闭。

3.4　在载货航程中，须定期检查清洁压载舱内有无油气，如有时，则应对该舱进行通风，直至能够安全进入，同时应检查舱壁和管路是否漏气。

4　**抵达最后卸货港之前**

4.1　清洁压载舱可通过清洁的泵与管路装上足以符合港口吃水要求的压载水。

4.2　所需数量的冲洗管路用水，可经由舱面管路或清洁的货油管路装入清洁压载舱。

5　**在最后卸货港**

5.1　卸货和压载的顺序必须适合于清洁压载舱的操作要求。

5.2　在下述情况下可装载清洁压载水：

.1 在卸货之前;

.2 在卸货期间,与卸货同时进行或暂停卸货均可,但在货油系统与清洁压载水系统之间须有两道阀门予以有效隔断,或者货油舱使用单独的泵;

.3 在货油全部卸完以后。

5.3 当装载清洁压载水时,为清洁压载舱服务的泵及管系应予冲洗。

5.4 在压载完毕时,所有通向清洁压载舱的阀门均应关闭。

6 在最后卸货港开航以后

6.1 可用清洁的泵及管路为清洁压载舱装足压载水。

6.2 污油水舱中的污油水应按"装于上部"的程序进行处理。

6.3 对 CBT 压载水的表面应定期察看有无油迹,如有污染,则应仔细查找原因。

6.4 在油舱清洗完毕后,应对用于清洁压载水的泵及管路进行冲洗。

7 泵及管路的冲洗

7.1 决不应让冲洗管路的水流进清洁压载舱。

7.2 用于冲洗管路的水,可从海水中和从清洁压载舱中抽取,而这要根据油船管系的结构来决定。

7.3 如从清洁压载舱抽水进行冲洗,则先应彻底排干管路中的油。通常冲洗应从离泵最远的舱开始。在管路注满水并有吸力之后,应停止泵并将阀门关闭一段时间,让油脱离管壁。然后再以中速继续进行泵,并对泵在输出端的排水量加以节制。

7.4 首先应从各清洁压载舱抽水清洗支管。

附录2 对经修订的技术条件中某些条款的统一解释

经修订的技术条件4.1.4:可利用扫舱系统来进行清洁压载舱的作业,但在进行这作业之前,该系统必须经过冲洗。

经修订的技术条件5.1:如使用独立于货油系统的压载管路时,该管路不必冲洗。在载货航程中,如泵与管系不用于装卸清洁压载水时,这些管路不必冲洗。

经修订的技术条件5.3:如果有一台海水泵和一条舱面管路都是与货油系统完全隔开的话,则可使用该泵与管路来为清洁压载舱充注清洁压载水或充注用于冲洗管路的水。在未设有固定洗舱系统的船上,这种泵和管路可能是属于货油舱海水清洗系统的。

附　件　2

清洁压载舱操作手册的标准版式

1　本标准版式由手册序言的标准文本、索引和根据油船类型确定的第 8 或第 9 节正文组成。

2　本标准版式的附录 1 载有关于手册第 4 至第 8 节的操作程序和检查单的一般准则。对于这些准则,船东在制定以及主管机关在批准某一具体油船的手册样本时,应予考虑。

3　本标准版式的附录 2 载有采用清洁压载舱办法运营的油船的手册样本。

序言的标准文本

序言

1　本手册是根据经 1978 年议定书修订的 1973 年国际防止船舶造成污染公约附则 Ⅰ 第 13 条甲的要求编写的。

2　本手册的目的是为了满足对按照经修订的清洁压载舱油船技术条件[A. 495 号决议(Ⅻ届)]采用清洁压载舱办法营运的油船的要求,为 CBT 油船提供标准的操作指南。

3　本手册的第 1 部分载有该技术条件所要求的全部资料和操作须知。本手册的第 2 部分则载有主管机关所要求的附加资料和操作须知。

4　本手册已由主管机关批准。未经主管机关事先同意,不得对其中任何部分进行更改或修订。

注:如果在该技术条件所规定的资料和操作须知外,主管机关还有附加的要求,则应载于本手册的第 2 部分中。但如主管机关不要求这种附加资料的操作须知,则本手册只包含第 1 部分,同时第 3 节应改为:“本手册载有该技术条件要求的全部资料和操作须知。”

清洁压载舱操作手册

（章 节 索 引）

第 1 部分

1　技术条件文本
2　清洁压载舱系统图
3　对与清洁压载舱相关联的各系统的说明
4　清洁压载舱操作程序
5　清洁压载舱装载和排放压载水检查表
6　装载额外压载水
7　符合 1973 年防污公约附则 I 第 9 条规定的程序
8　预防油污的附加措施
9　从成品油运输改为原油运输的程序

第 2 部分（主管机关要求的附加资料和操作规程，如有的话。）

第 1 节　技术条件文本

本节载有经修订的清洁压载舱油船技术条件的全文。

第 2 节　清洁压载舱系统图

本节载有与清洁压载舱相关联的各系统的线路图，列明：

(1)液舱布置；
(2)货油泵、管路与阀门；
(3)压载系统(如设有时)；
(4)扫舱系统；
(5)用于供应冲洗水的舱面日用管路(如适用时)；
(6)油分计的取样点。

第 3 节　对与清洁压载舱相关联的各系统的说明

本节载有对与清洁压载舱操作要求有关的泵与管系的说明，包括货油、压载水、扫舱及污油水舱等布置的阀门位置。

第 4 节　清洁压载舱操作程序

本节载有在下述情况下阀门操作、管路清洗以及装卸清洁压载水的具体操作程序：

(1)抵达装货港之前以及在装货港；
(2)在装货港开航之前；
(3)抵达最后卸货港之前；
(4)在最后卸货港；
(5)在最后卸货港开航以后。

对于清洁压载舱的操作，如有任何附加的程序，应予写明。

本节还载有该油船安全吃水差和应力水平的有关数据。

第5节　清洁压载舱装载和排放压载水检查单

本节载有供船员在进行装载和排放压载水作业时使用的操作检查单,其中应包括对油分计的检查和校正。

第6节　装载额外压载水

本节载有73/78防污公约附则Ⅰ第13条第3款规定所许可的装载额外压载水的资料和程序。

第7节　符合73/78防污公约附则Ⅰ第9条规定的程序

本节载有在海上排放污压载水和污油水舱分离的水的资料和程序,以确保符合3/78防污公约附则Ⅰ第9条的规定。

第8节　预防油污的附加措施

本节载有处理油污清洁压载舱的资料和程序。

第9节　从成品油运输改为原油运输的程序

本节载有一艘油船从成品油运输改为原油运输的操作程序,而该船没有专用于清洁压载舱压载的泵与管系以及原油洗舱系统,并且持有两张同时有效的国际防止油污证书,一张证明其为原油油船,另一张证明其为成品油船。

附录1　关于清洁压载舱操作手册第4至8节操作程序和检查单的一般准则

1　CBT操作程序的一般准则(手册第4节)

1.1　CBT操作,要求对程序有充分的理解并通晓全部的过程。为确保不致发生污染,必须经常进行检查。这种检查包括对压载水舱、管系及阀门等的检视,以及注意到可使油类进入压载系统的渗漏可能性。因此,程序中所列关于着重安全的各项必须完全遵照执行。

1.2　卸货和处理压载水的顺序,应在有关的主要人员制定的程序表中清楚地加以说明。

该程序表应载明所有有关人员的职责,并应结合时间列明主要的事项,如:

—将必要数量的冲洗管路用水装入压载舱的程序和时间;

—卸货的顺序,列明按顺序在每一环节上所要使用的泵和管路以及计划的时间表;

—冲洗压载管和装上压载水的程序和时间:如果这是在货油未卸完前进行的,则必须特别注意程序表中所列的明细规定,以便能保持安全的分隔;

—卸货完毕后对货油舱(特别是货油管路)中残油的清除和排干的程序。

1.3　上述的卸货和处理压载水的程序表连同检查单(见手册第5节)以及其他有关资料,应陈放于货油控制室或所有有关人员易于到达的适当处所。

1.4　在CBT操作的任何阶段,如相距较远的各项作业之间需有迅速而可靠的通信联系时,则应备有足够的经认可的手提式无线电设备。

1.5　油船装货时,应考虑到与CBT操作相适应的卸货顺序的要求。

1.6　如装载的货油将在两个或两个以上的港口下卸时,应保证这种卸货能在遵循CBT程序并保持安全吃水差和应力水平的情况下进行,这一点很重要。

1.7　抵达装货港之前,可使用业经清洗的或在压载航行中一直保持清洁的泵和管路将清洁压载水减少到停泊所需的水平。

1.8　压载水可在装货之前或在已装上部分货载之后进行排放,这要根据船舶和油码头的限制要求确定。如果必须在排放压载水之前进行装货,那就只可经能与清洁压载舱及其相连管系保持分隔的管系来进行。

1.9　对清洁压载舱中的压载水，应在排放之前和排放的过程中进行检视，查看有无油迹。如在排放过程中对水的清洁性有所怀疑时，则应停止排放，并将其余部分留存于压载舱中或转驳至污油水舱，待以后排入接收设备或按 73/78 防污公约附则Ⅰ第 9 条的规定排放入海。

1.10　通常应从清洁压载舱抽水进行管路冲洗，并将其排至污油水舱。冲洗水决不应排入清洁压载舱。使压载舱获得冲洗管路用水的有效方法，取决于管系并影响油船的整个 CBT 程序。

1.11　如果油船有一与货油系统隔断的为清洗货油舱供水的泵和舱面管路，可随时用以为清洁压载舱泵装必要数量的冲洗水。在舱面管路与各舱之间，按照要求使用洗舱软管。这一方法可为大多数的油船（不是按使用固定的高能量洗舱机建造者）所采用，因为它提供了最为灵活而方便的布置。另一个办法是，如经主管机关同意运用消防系统，也可将消防泵和消防总管及水带用于这一目的。通常这种作业可以完全与货油舱的作业分开进行。在冲洗管路前驳入压载舱的水量，至少应为所要冲洗管路的容积的 10 倍。但是，多装一些也并无不利，未用于管路冲洗的余量可留在压载舱内作为离港压载水的一部分。

1.12　在没有适于由舱面驳装冲洗水供水系统的船上，则必须在货油管系仍然清洁时的操作阶段中通过该管系将冲洗水驳入压载舱。这就是说，在排放压载水时必须在压载舱内留有一定量的冲洗水，以便在装货后用以冲洗管路。同样，在载货航程将结束时须通过清洁的管路装入一定量的冲洗水，以便在卸货后用以清洗管路，因而在载货航程中部分货油管路必须是仍然保持冲洗干净的。较之 1.11 中所述的程序来说，这一程序要求有更多的控制和更仔细的计划，因此，只要可能，就要按 1.11 中所述的程序办理。

1.13　对于按 1.12 所述原则操作的从事短途运输的油船，最好是在整个载货航程中在压载舱内留有必要数量的冲洗水。在这种情况下，就只要在排放压载水时在舱内留下部分压载水，以便在随后的卸货之后用以冲洗管路。由于一艘 CBT 油船总有空余的载重吨位，这一空舱费为数不大，通常是无关紧要的。对于液舱的腐蚀影响应予考虑，并应采取必要的预防措施。

1.14　当进行管路冲洗时，冲洗水行经的路线必须是从压载舱至污油水舱。此外，在管路能够连成环形线路的油船中，可从海中或从一污油水舱中将水泵经管系再返回到污油水舱中，但是，决不能将业已流经含油管段的水转入清洁压载舱。用于冲洗管路的水，其数量至少应为所需冲洗管路的容积的 10 倍。

1.15　如从装有规定的最低限量冲洗水的压载舱进行冲洗时，则管路中的油应先已彻底排干，这一点是很重要的。通常冲洗应从离泵最远的舱开始。在管路注满水并有吸力之后，应停止泵水并将阀门关闭 30 min 或以上，让油脱离管壁。然后再以中速继续进行抽泵，并对泵在输出端的排水量加以节制。

1.16　如果能够安排环形线路，则首先应从各舱抽水清洗支管，在舱已抽空并与总管隔断时，从污油水舱通向环形线路的进口即予打开，以进行连续的闭路循环冲洗。在行将结束时，应将进口转向清洁的海水。

1.17　在载货航程行将结束时，使用一条清洁的舱面管路及有关的泵或者由在航程中一直保持清洁的货油管路给 CBT 舱装上额定数量的冲洗管路用水。在短途航程中，如果 CBT 舱具有适当的防腐蚀保护，则装货前在这些舱内所留下的冲洗管路用水可以留存在舱内。这种程序排除了在载货航程中冲洗货油管路的必要。不论哪种情况，油船在进入卸货港时其 CBT 舱中应有额定数量的冲洗管路用水。

1.18　在给任何 CBT 舱装压载水之前,应检查其中有否漏入油气,从安全的角度来考虑,这一检查也是重要的。对于含有浓度超过爆炸下限20%的油气的压载舱,决不以可能发生飞溅或自由落入的方式为之装载压载水。

1.19　在卸货期间,由用于装卸压载水的泵及管系为之服务的货舱应当先卸。在必须装压载水时,应首先使用1.14~1.16中所述的程序对该管系进行冲洗,然后给 CBT 舱压载至所需的程序。此后压载水装卸管系应保持清洁,以使需要时可再次使用。

1.20　在压载航行中,该管系应保持清洁以备排放压载水。倘若任何部分受到污染,例如曾用以清洁货油舱,则应用压载水重新予以冲洗,然后可对压载水量再做调整。

2　一般的操作检查表(手册第5节)

下列检查表一般适用于所有的 CBT 油船。但是,当为某一特定油船制定检查表时,则应补充其他相关的步骤,并适当指明所需使用的泵和阀等。

2.1　抵达装货港之前

顺序	项　　目
(1)	所有剩余的污油水是否已转驳至一个货油舱?
(2)	如打算在装货的同时排放清洁压载水,对指定用于清洁压载操作的泵与管系是否已清洗干净?
(3)	所有通向污油水舱和货油舱的阀门是否均已关闭?
(4)	是否已检视所有清洁压载舱及其内装压载水有无污染迹象?
(5)	是否已排放足量的清洁压载水以保证剩余的压载水和所要装的货油不致超过许可的载重量或吃水?(应留下足量的水以供冲洗管路之用,此水量应为所需冲洗管路的容积的10倍。)
(6)	所有通向清洁压载舱的阀门是否均已关闭?
(7)	如果预计不再排放压载水,清洁压载管路是否已经排干?

2.2　在装货前

顺序	项　　目
(1)	污油水舱内是否有足够余量供接收装货后需要清洗货油泵及管系的冲洗水之用?
(2)	如果本项适用的话,在整个管系用来装货之前是否已经排放剩余的清洁压载水并在清洁压载舱内留下了所要求的最低限量的冲洗水?
(3)	所有通向清洁压载舱的阀门是否均已关闭?
(4)	在装货完毕时,所有通向货油舱的阀门是否均已关闭?

2.3　在装货港开航之前

顺序	项　　目
(1)	是否已从清洁压载舱用足量的水冲洗所用的泵和管系并排至污油水舱?
(2)	在将剩余的清洁水泵出舷外之前,所有通向污油水舱的阀门是否均已关闭,同时对于这一排放是否曾用目视观察或者用油分计予以监测?
(3)	清洁压载舱的所有阀门是否均已关闭?

2.4 抵达最后卸货港之前

顺序	项目
(1)	所有通向污油水舱和货油舱的阀门是否均已关闭？
(2)	指定用于清洁压载操作的泵与管路是否已清洗干净？
(3)	在压载舱中是否已装入所需数量的冲洗水？
(4)	在进行必要的压载后，清洁压载舱的所有阀门是否均已关闭？

2.5 在最后卸货港

顺序	项目
(1)	供清洁压载操作用的必要的泵与管路是否已备妥？
(2)	如吃水情况许可，是否已压载至离港状态？
(3)	所有通向清洁压载舱的阀门是否均已关闭？
(4)	是否已卸货完毕？

2.6 在最后卸货港开航以后

顺序	项目
(1)	为清洁压载服务的泵与管路是否已冲洗并排至污油水舱？
(2)	清洁压载舱是否已按要求装足压载水？
(3)	污油水舱内的污油水是否已按"装于上部"的程序予以处理？

注：如果冲洗水是经由舱面管路（即非货油管路）供给的，则2.2(1)，2.3(1)和2.4(2)各项不适用。

3 装载额外压载水的一般准则（手册第6节）

3.1 在73/78防污公约附则Ⅰ第13条第7和第10款所提及的该条第3款规定的情况下，可以装载额外压载水。在由于天气恶劣而决定加装额外压载水之前，总得要先考虑其他的措施，如减速或改变航向。

3.2 如果不得不加装额外压载水，则可能时这些压载水应装于为进行例行的沉淀物控制或维修而已予清洁的舱中。应避免用不清洁的舱来装压载水。额外压载水应作为污压载水按73/78防污公约附则Ⅰ第9条的规定及手册第7节所述的程序进行排放。随后将用于排放清洁压载舱压载水的管路可能需要从这些舱中抽水重新冲洗，并排至污油水舱。

3.3 如果该船在其压载航程中行经特定区域时，不得在这种区域内将污压载水排放入海。

4 在海上排放污压载水和污油水舱中分离的水的一般准则（手册第7节）

4.1 排放污压载水

4.1.1 在海上排放污压载水时，必须对抽泵进行严格的控制，并符合73/78防污公约附则Ⅰ第9条的规定。为保证这种排放限于许可的范围之内，应遵守下列程序：

.1 在将污压载水排出舷外之前，冲洗用以排放污压载水的货油总管并将冲洗水排至污油水舱。

.2 在进行冲洗前，将该系统注满水，待有了吸力之后，停止泵水并关闭所有的阀门，以便让油脱离管壁。

.3 经30 min后，陆续以中速使泵运行，并对泵的输出端加以节流。

.4 开始排放污压载水。

.5 在个别舱中的水深降到约为舱深的20%时,减缓从该舱的排放速率。

.6 此后,减缓泵的速率,以免由于涡流或堰的作用而将浮于表面的油抽入吸口。仔细观察油分监测器读数的趋势。

.7 当个别的舱已达到就该船而言为不致引起将油带走的水平时,即停止各该舱的排放。当所有的污压载舱均已排放至这一水平时,就必须全部停止向舷外的排放。

.8 主管驾驶员必须核实污油水舱是否能够容纳剩余的污压载水。如果空余的舱容不足,则可排放污油水舱的部分内装物(见本节4.2),以提供必要舱容,但应注意保证在残油层的下部留有足够深度的水。

.9 用扫舱系统将剩余的污压载水驳入污油水舱。

.10 将泵舱舱底污水及货油扫舱系统相连的任何其他舱底污水驳入污油水舱。

.11 冲洗清扫系统(到那时该系统将是脏的)并排至污油水舱。

4.2 排放污油水舱中分离的水

4.2.1 在冲洗管路期间,残油将和水一起聚积在污油水舱中。这些残油必须使用常规的留存于船上的方法予以处理。在将污油水舱中分离的水排出之后,可将残油留在污油水舱中或驳至一货油舱中,然后在其上部装载新的货油,如果船东、租船人愿意的话,也可将其泵往岸上。如果在污油水舱中装货,则应有足够的空余舱容来接收清洁压载系统时的冲洗水,这一点很重要。

4.2.2 排放污油水舱中分离的水是油类留存船上这一方法中的一个关键性步骤。因此,确定这一操作中各个步骤的时机是重要的。在停止一台泵或关闭一个阀门时即使是稍有迟误也可能让油类逸入海中。在污油水舱中,油水分离所需的时间取决于船舶的运动和前次的装货油的种类。在顺利的条件下,几个小时可能就足够了。但在多数情况下,则需要36h或更多的时间。从污油水舱向外排放,必须在远未达到油水交界面之前就予以停止,以免将任何水包油的乳化液排出舷外。

4.2.3 在开始排放污油水舱中分离的水之前,必须使用油水界面探测器准确地测出交界面和舱顶空当的读数以确定油层的深度。

4.2.4 虽然应竭力尽可能多地排放污油水舱中的水,但是主要的目的是防止油污水排放入海。因此,必须极度小心,并对向舷外的排放保持严格的控制。

4.2.5 必须使污油水舱的内装物保持尽可能少地受到搅动,以免由于涡流或堰的作用而将油类抽入吸口,特别是当油水界面接近舱底构件的顶部时尤应如此。对泵的速率必须严加控制。应按照下述详细程序办理:

.1 用以排放污油水舱中分离的水的货油管路,须按本准则4.1.1.1~4.1.1.3的规定予以冲洗。

.2 使用一台主货油泵以低速泵污油水舱,直到水深降至约为舱深的20%为止。

.3 停止货油泵,然后测定一下油水界面和舱顶空当的读数并再次计算所余的水深。

.4 继续泵污油水舱,这次是使用扫舱系统,直至达到就该污油水舱的尺度和结构而言为不致引起排油的预定水深为止。最初泵可以中速进行,待到接近这一预定水深时即应予减缓。

.5 仔细观察油分监测器读数的趋势。

.6 倘使在达到该预定水深之前有油出现,则停止泵。

.7 倘使发生这种情况,则应让污油水舱的内装物进行尽可能长时间的进一步沉淀,然后再重复上述的各项步骤。

.8 从污油水舱进行排放,凡超过这一限度时,必须极度小心并观察油分监测器的读数。当监测器读数的趋势表明正触及油水界面时,就必须立即停止排放。

4.3 管路与泵的最后冲洗

4.3.1 在这些作业完成后,所使用的管路与泵将会含有油迹。因此,对于将用以排放压载水的管路与泵必须进行彻底冲洗,并将冲洗水排至污油水舱。如果该船当时所距最近陆地50 n mile以上并在特殊区域之后,则可将冲洗水排放入海,但应保证不超过许可的瞬间排油率和许可的排油总量。

4.3.2 作为一项最后的准备工作,将用于排放到港压载水的泵应从每个装有到港压载水的舱进行短时的吸水。

5 油类清洁压载舱油污的一般准则(手册第8节)

5.1 油类可能由于操作失当或设备故障而进入清洁压载舱。因此,应采取下列附加的预防措施:

.1 在装货航程和压载航程中,必须定期检查压载舱内有无油气,如有时,则应对该舱进行通风透气,直到能够安全进入并检查舱壁和管路是否渗漏。

.2 如在压载水中发现有油,则该压载水应视为污压载水,并应排入接收设备或在航行中按73/78防污公约附则Ⅰ第9条的规定排放入海。在排放油污压载水并清洗清洁压载舱和冲管路之后,可在这些舱中另装压载水。

.3 如在清洁压载舱中发现有油污,则应仔细查找原因并采取必要的改正措施,如修理有故障的设备、变动操作程序、更改操作须知和安排必要的培训等。清洁压载舱的任何油污连同所采取的措施的情况均应记入油类记录簿。

附录2 采用清洁压载舱办法营运的油船操作手册样本

序言

1 本手册是根据经1978年议定书修订的1973年国际防止船舶造成污染公约(73/78防污公约)附则Ⅰ第13条甲的要求编写的。

2 本手册的目的是为了满足对按照经修订的清洁压载舱油船技术条件[A.495号决议(Ⅻ)]采用清洁压载舱办法营运的油船(CBT油船)的要求,并为CBT油船提供标准的操作指南。

3 本手册载有该技术条件所要求的全部资料和操作须知。

4 本手册已由主管机关批准。未经主管机关事先同意,不得对其中任何部分进行更改或修订。

目录(内容待补入)

第1节 技术条件文本

本节载有经修订的清洁压载舱油船技术条件的全文

(补入经修订的技术条件)

第2节　清洁压载舱系统图

本节载有与清洁压载舱相关联的各系统的线路图，列明： (1)液货舱布置； (2)货油泵、管路与阀门； (3)压载系统(如设有时)； (4)扫舱系统； (5)用于供应冲洗水的舱面日用管路(如适用时)； (6)油分计的取样点。

第3节　对与清洁压载舱相关联的各系统的说明

本节载有对与清洁压载舱操作要求有关的泵与管系的说明，包括货油、压载水、扫舱及污油水舱等布置的阀门装置。

3.1　货油系统

3.1.1　共有4个中间舱和6对边舱。清洁压载水装于2号中间舱和4号中间舱，永久压载水装于第3对边舱。第8对边舱为污油水舱。

3.1.2　货油的装卸由3台各自连接有自身吸排主管的主货油泵进行。1号泵用于排放边舱污油水及中间舱货油；2号泵用于第1对和第4对边舱；3号泵用于排放右舷污油水、第2对和第5对边舱。3台泵均通过吸排管系上的跨接管进行适当连接。

3.2　扫舱系统

3.2.1　货油舱并没有单独的扫舱系统，而由取自由吸管支管的一个附属扫舱吸管组成一个喷流扫舱系统来进行。

3.2.2　喷流扫舱系统由2个连接1号和3号货油总吸管并与2号总吸管相跨接的喷射器组成。喷射物排放至污油水舱或4号中间舱。

3.2.3　设有往复式扫舱泵，其吸管直接与各污油水舱、第4中间舱相连，并与货油泵相跨接。扫舱泵的排放连至右舷污油水舱、歧管阀门舷外一侧以及各货油排放总管。

3.3　永久压载系统

3.3.1　永久压载水载于第3对边舱，其压载与排放由一个自身设有泵与管系装置的独立的系统进行。

3.4　清洁压载系统

3.4.1　2号中间舱和4号中间舱为清洁压载舱。其压载及排放由1号货油泵进行。

3.4.2　压载水将通过甲板上方1号排放总管的左舷海水吸入口以及直接灌注1号抽吸总管进行。不得对边舱同时进行压载和装载货油。

3.4.3　压载水的排放将使用1号抽吸总管并通过泵舱中的跨接管排入右舷海水吸口。不得同时进行排放压载水和装载货油作业。

3.5　操作限制

3.5.1　由于系统方面的局限，应注意下述操作局限：

.1　CBT舱的压载必须在卸下货油前排放。

.2　货油的装载必须在CBT的压载之前完成。

.3　第3对舷舱中的永久压载水可在任何时间排放或加载。

第4节　清洁压载舱操作程序

4.1　抵达装货港之前

> 本节载有在下述情况下阀门操作、管路清洗以及装卸清洁压载水的具体操作程序：
>
> (1)抵达装货港之前以及在装货港；
>
> (2)在装货港开航之前；
>
> (3)抵达最后卸货港之前；
>
> (4)在最后卸货港；
>
> (5)在最后卸货港开航以后。
>
> 对于清洁压载舱的操作，如有任何附加的程序，应予写明。本节还载有该油船安全吃水差和应力水平的有关数据。

4.1.1　管路冲洗完了并在抵达装货港之前，污油水舱、货油舱以及清洁压载舱的阀门均应关闭。这些阀门的识别编号为：

污油水舱　　——左舷 61,64,133,111

　　　　　　——右舷 54,63,108,132

货油舱　　　——所有舱室阀门

清洁压载舱　——2 号(36,37)

　　　　　　——4 号(58,67)

4.1.2　在即将排放压载水之前，应检查 CBT 压载水的表面，以确保其未受油污。

4.1.3　在装货港装货之前，应使用 1 号货油泵及其管路把清洁压载水通过右舷海水吸入口阀门排至舷外。

油分计应加以校正。本系统应处于监测压载水排放的状态。排放过程中，如对水的清洁度有怀疑，则应停止排放，剩余的水留在压载舱内。排放压载水需打开的阀门为：

主吸水管　——40,41,59,60,1104,

　　　　　　144,123

主排放管　——155,156,127,115

清洁压载舱——2 号(36,37)

　　　　　——4 号(58,67)

海水吸入口——115

4.1.4　2 号中间舱的排放在测得其舱内剩余量只有 0.5 m 时即予停止，这将确保清洁管路时能冲洗支管。

4.1.5　4 号中间舱的排放在测得其舱内剩余量只有 1.5 m 时即予停止——见本手册第 1 节第 5. 1.3 段。

4.1.6　本系统用于装货油时，应将管路内油水排入左舷污油水舱。排干后，关上所有阀门 。

4.2　在装货开航之前

4.2.1　抵达最后卸货港之前，应确保：

.1　清扫所有货油管路并尽量排干；

.2　关闭所有污油水舱和货油舱的阀门。

4.3 抵达最后卸货港之前

4.3.1 在载货航程中,须定期检查清洁压载舱内有无油气。如有时,则应对该舱进行通风透气,直至能够安全进入,同时应检查舱壁和管路是否漏气。

4.4 在最后卸货港

4.4.1 在卸货后应确保:

.1 清扫所有货油管路并尽量排干;

.2 关闭所有污油水舱和货油舱的阀门。

4.4.2 卸货后,必须以 4 号中间舱的水冲洗清洁压载系统,以 1 号货油泵冲洗相关的管路以及 2 号货油总吸管。应使水在系统内循环并使之经 2 号货油总吸管流回左舷污油水舱。冲洗应至少保持 30 min。冲洗水在任何情况下不得回到清洁压载舱。冲洗时开启的阀门为:

货油总吸管 ——1 号 40,41,59,60,104,144,123
——2 号 25,105,142,
143,111
卸货总管 ——2 号(36,37)
——4 号(58,67)
货油总排放管——156,157,217
下注管 ——214

4.4.3 在进行冲洗前,将该系统注满水,待有了吸力之后,停止抽泵并关闭所有的阀门,以便让油脱离管壁。经 30 min 后,继续以中速进行泵水,并对泵的输出端加以节流。

4.4.4 该系统注满水后,使用 1 号货油泵及其货油总吸管清洗 2 号中间舱的吸油支管,清洗水通过左舷射流泵排入左舷油污水舱。待作业进行了 3 min 后,停泵,关闭所有阀门并按前述冲洗该系统。冲洗支管时开启的阀门为:

货油总吸管——1 号 40,51,59,60,104,144,123
2 号中间舱 —— 36,37
货油总排放管 —— 155
去排流泵的排放——148,160,110,155

4.4.5 舱室压载之前,按本节 4.3.1 所列检查有无油气。

4.4.6 使用 1 号货油泵及其相关管路对舱室进行压载,压载水自左舷海水吸入口吸取,甲板上的排放通过总吸管排至各舱室。开启的阀门为:

货油总吸管——40,51,59,104,144,123
海水吸入口——126,125,124
排放总管 ——155,157
下注管 ——124
清洁压载舱——2 号(36,37)
——4 号(58,67)

4.4.7 压载舱注满后,停泵,然后将该系统内存水排至左舷污油水舱并关闭所有阀门。

4.5 在最后卸货开航以后

4.5.1 在压载航程中,污油水舱的残油必须按本手册第 7 节所述方法予以处理。

4.5.2 在压载航程中,应定期检视 CBT 压载水的表面,以确保无油污发生。

第5节 清洁压载舱装载和排放压载水检查表

> 本节载有供船员在进行装载和排放压载水作业时使用的操作检查单，其中应包括对油分计的检查和校正。

5.1 抵达装货港之前

.1 对指定用于清洁压载操作的泵与管系是否已清洗干净？

.2 所有通向油污水舱、货油舱和清洁压载舱的阀门是否均已关闭？

.3 是否已检视所有清洁压载舱及其内装物有无污染迹象？

5.2 在装货港

.1 油分计是否已经校正？

.2 压载水排完后，2号中间舱和4号中间舱内是否留有足够的水？

.3 清洁压载舱管路是否已经排干？

.4 所有清洁压载舱系统的阀门是否已经关闭？

.5 油污水舱内是否有足够的余量供其后清洁货油泵及管系的冲洗水之用？

5.3 在装货港开航之后

.1 所有货油管路是否已经清扫排干？

.2 所有油污水舱和货油舱的阀门是否已经关闭？

5.4 抵达最后卸货港之前

.1 是否检查过清洁压载舱内是否存有油气？

5.5 在最后卸货港

.1 排完货油后，所有货油管路是否已经清扫并已排干？

.2 所有污油水舱和货油舱的阀门是否已关闭？

.3 有关的泵和管路是否已经清洗并将清洗水排至左舷污油水舱？

.4 清扫完后，是否对2号中间舱和4号中间舱进行了压载？

.5 进行压载前，是否检查过压载舱内存有或不存有油气？

.6 所有清洁压载舱系统的阀门是否已经关闭？

5.6 在最后卸货港开航以后

.1 污油水舱内的污油水是否已经按"装于上部"的程序予以处理？

.2 是否定期检查过清洁压载舱，以确保压载水并无油污？

第6节 装载额外压载水

> 本节载有73/78防污公约附则Ⅰ第13条第3款规定所许可的装载额外压载水的资料和程序。

6.1 在73/78防污公约附则Ⅰ第13条第7款和第10款所提及的该条第3款规定的情况下，可以装载额外压载水。在由于天气恶劣而决定加装额外压载水之前，总要先考虑其他的措施，如减速或改变航向等。

6.2 如果不得不加装压载水，则可能时这些压载水应装于为进行例行的沉淀物控制或维修而已清洁的舱中。应避免用不清洁的舱来装压载水。额外压载水应作为污压载水按73/78防污公约附则Ⅰ第9条的规定及手册第7节所述的程序进行排放。随后将用以排放清洁压载舱压载水的管路可能需要从这些舱中抽水再次冲洗，并排至污油水舱。

6.3 如果该油船在其压载航程中行经特殊区域时，不得在这种区域内将污压载水排放入海。

第7节 符合73/78防污公约附则Ⅰ第9条规定的程序

> 本节载有在海上排放污压载水和污油水舱分离水的资料和程序，以确保符合73/78防污公约附则Ⅰ第9条的规定。

7.1 排放污压载水

7.1.1 在海上排放污压载水时，必须对泵进行严格的控制，并须符合73/78防污公约附则Ⅰ第9条的规定。为保证这种排放限在许可的范围之内，应遵守下列程序：

.1 在将污压载水排出舷外之前，冲洗用以排放污压载水的货油总管并将冲洗水排放至污油水舱。

.2 在进行冲洗之前，将该系统注满水，待有了吸力之后，停止泵水并关闭所有阀门，以便让油脱离管壁。

.3 经30 min之后，继续以中速进行泵水，并对泵的输出端加以节流。

.4 开始排放污压载水。

.5 在个别舱中的水深降至约为舱深的20%时，减缓从各该舱的排放速率。

.6 此后，减缓泵速率，避免由于涡流或堰的作用而将浮于表面的油抽入吸口。仔细观察油分监测器读数的倾向。

.7 当个别舱已达到就该舱而言不致引起将油带走的水平时，即停止该舱的排放。当所有污压载水舱均已排放至这一水平时，就必须全部停止向舷外的排放。

.8 负责驾驶员必须核实污油水舱是否能够容纳剩余的污压载水。如果剩余的舱容不足，则可排放污油水舱的部分内装物（参看本节第7.2段）以提供必要舱容。但应注意保证在残油层的下部留有足够深度的水。

.9 用扫舱系统将剩余的污压载水驳入污油水舱。

.10 将泵舱舱底污水及与货油扫舱系统相连的任何其他舱底污水驳入污油水舱。

.11 冲洗届时已经脏污的扫舱系统，并将冲洗水排至污油水舱。

7.2 排放污油水舱中的水

7.2.1 在冲洗管路期间，残油将和水一起聚积在污油水舱中，这些残油必须使用常规的留存于船上的方法予以处理。在将污油水舱中分离的水排出之后，可将残油留在污油水舱中，或驳至一货油舱中，然后在其上部装载新的货油。如果船东/租船人愿意的话。也可将其泵往岸上。如果在污油水舱中装货，则应有足够的空余舱容来接收清洗清洁压载舱系统时的冲洗水，这一点是很重要的。

7.2.2 排放污油水舱中分离的水是油类留存船上这一方法中的一个关键性步骤。因此，确定这一操作中各个步骤的时机是重要的。在停止一台泵或关闭一个阀门时，即使稍有延误也可能让油类逸入海中。在污油水舱中油水分离所需要的时间取决于船舶的运动和前次所装货油的种类。在顺利的条件下，几个小时可能已经足够。但在多数情况下，则需要36h或更多的时间。从污油水舱向外排放，必须在远未达到油水交界面之前就予以停止，以免将任何水包油的乳化液排出舷外。

7.2.3 在开始排放污油水舱中分离的水之前，必须使用油水界面探测仪准确地测出交界面和空余舱容的读数，以确定油层的深度。

7.2.4 虽然应尽可能多排放污油水舱中的水，但是主要的目的是防止污油水排放入海。因此，必须极度小心，并对向舷外的排放保持严格的控制。

7.2.5 必须使污油水舱的内装物尽可能少地受到搅动，以免由于涡流或堰的作用而将油类抽入吸口，特别是当油水界面接近舱底构件的顶部时尤应如此。对泵的速率必须严加控制。应按下述程序办理：

.1 用以排放污油水舱中分离水的货油管路，必须按本节 7.1.1.1 至 7.1.1.3 的规定予以冲洗。

.2 使用一台主货油泵以低速泵污油水舱，直至水深降至约为舱深的 20% 为止。

.3 停止货油泵，然后测定一下油水界面和空余舱容的读数并再次计算所余的水深。

.4 继续泵污油水舱，这次是使用扫舱系统，直至达到就该污油水舱的尺度和结构而言为不致引起排油的预定水深为止。最初泵可以中速进行，待到接近这一预定水深时即应予减缓。

.5 仔细观察油分监测器读数的倾向。

.6 倘使在达到该预定水深之前有油出现，则停泵。

.7 倘使发生这种情况，则应让污油水舱的内装物进行尽可能长时间的进一步沉淀，然后再重复上述的各项步骤。

.8 从污油水舱进行排放，凡超过这一限度时，必须极度小心并观察油分监测器的读数。当监测器读数的倾向表明正触及油水界面时，就必须立即停止排放。

7.3 管路与泵的最后冲洗

7.3.1 在这些作业完成后，所使用的管路与泵将含油迹。因此，对于将用于排放压载水的管路与泵必须进行彻底冲洗，并将冲洗水排至污油水舱。如果该船当时仍距最近陆地 50 n mile 以上并在特殊区域之外，则可将冲洗水排放入海，但应保证不超过许可的瞬时排油率和许可的排油总量。

7.3.2 作为一项最后的准备工作，将用于排放到港压载水的泵应从每个装有到港压载水舱进行短时的吸水。

第 8 节 预防油污的附加措施

本节载有处理油污清洁压载舱的资料和程序。

8.1 油类可能由于操作失当或设备故障而进入清洁压载舱，因此，应采取下列附加的预防措施：

.1 在装货航程和压载航程中，必须定期检查压载舱内有无油气。如有时，则应对该船进行通风透气，直到能够安全进入并检查舱壁和管路是否渗漏。

.2 如在压载水中发现有油，则该压载水应视为污压载水，并应排入接收设备或在航行中按 73/78 防污公约附则第 9 条的规定排放入海。在排放油污压载水并清洗清洁压载舱和冲洗管路之后，可在这些舱中另装压载水。

.3 如在清洁压载舱中发现有油污，则应仔细查找原因并采取必要的改正措施，如修理有故障的设备、变动操作程序、更改操作须知和安排必要的培训等。清洁压载的任何油污连同所采取的措施的情况应记入油类记录簿。

第9节 从成品油运输改为原油运输的程序

> 本节载有一艘油船从成品油运输改为原油运输的操作程序，该船设有专用于清洁压载舱的压载泵与管系以及原油洗舱系统，并且持有两张同时有效的国际防止油污证书，一张证明其为原油油船，另一张证明其为成品油船。

9.1 一艘设有清洁压载舱而从事成品油运输的油船，如果也同时设有原油运输的原油洗舱系统以及清洁压载舱用的泵与管系装置，那么，则可从事成品油运输改为从事原油运输而无须经过检验。当由以清洁压载舱的办法运输成品油而改为以原油洗舱的办法运输原油时，应执行下列程序：

.1 卸掉成品货油之后，清洁压载舱应按本手册第4节所列程序，通过独立的专用泵予以压载。

.2 在压载航程中，要定期检视 CBT 压载的表层，以保证无油污发生。

.3 抵达装货港时，CBT 压载应按本手册第4节所列程序，通过独立的专用泵与管系予以排放。如有迹象表明 CBT 压载已被油类污染，则不应再利用独立的专用压载管系而应利用与该舱相连的货油管系排放该舱的压载。

.4 排放 CBT 压载之后并在装载原油（货油）之前，用于压载清洁压载舱的独立专用管系上的所有阀门均应牢固地关闭。

.5 此时，可在所有舱室，包括原先在成品油运输中指定为清洁压载舱的舱室内装载原油。

.6 船舶此时应作为装设有原油洗舱系统的原油油船。船舶在从事原油运输时，应使用原油洗舱和设备手册。

第 A.535(13)号决议
(1983 年 11 月 17 日通过)

关于液货船紧急拖带要求的建议

大会,

忆及国际海事组织公约第 16 条第 10 款有关大会在海上安全规则方面职责的规定,

注意到散装运输石油、液化气或其他危险液体的船舶(以下简称液货船),在诸如机械完全失效之类的紧急情况下,可能需要拖带以避开危险,

认识到某些现有液货船上装有为单点系泊时使用的特殊装置,这种装置可能适用于紧急拖带,

审议了海上安全委员会在其第四十八届会议上提出的建议:

通过液货船紧急拖带要求建议,其文件见本决议附件;

建议各国政府采取适当步骤尽早实施此建议;

要求海上安全委员会不断对此建议案进行审议,特别是对可能提出的新的拖带原理进行审议,并在必要时向大会报告。

附 件

关于液货船紧急拖带要求的建议

1 目的

本建议的目的是为了便于主要为减少污染危险而进行的对新的及现有液货船的救助和紧急拖带作业。本建议承认拖带系统的组成部分协调一致的必要性,并把图 1 中所示的系统作为参考。此系统中的主要部分是拖船或拖带船、拖缆、短索、防磨链、导缆孔、拖带具连接点或被拖带船上的加固点。此系统应有利于方便地连接,并应能够在没有主动力的被拖带船上连接和解脱。此系统自拖带缆连接点至防磨链处应标准化。

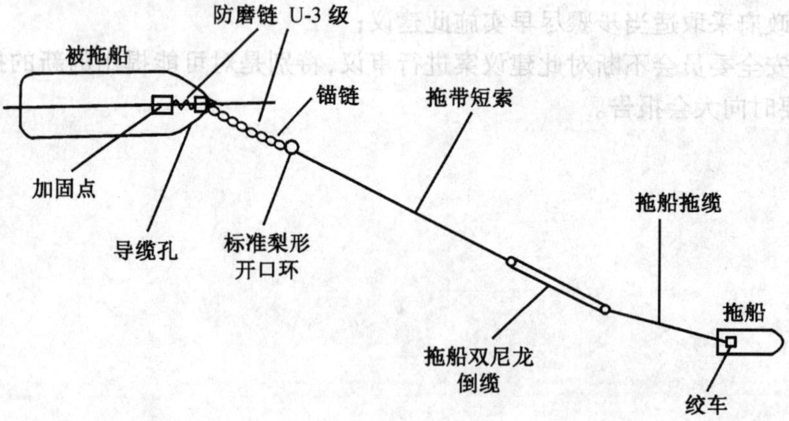

图 1 液货船船首拖带图

2 要求

2.1 适用范围

所有在本决议通过之后建造的载重吨在 50 000 t 以上的液货船均应在船首及船尾装设紧急拖带装置。所有在本决议通过之前建造的载重吨在 100 000 t 以上的液货船,应在本决议通过后的第一次坞修时,并最迟应在本决议通过后的 5 年之内,在船首及船尾装设紧急拖带点 。每一拖带点应装设一个加固点、防磨链和导缆孔。

2.2 拖带系统部件的强度

拖带系统部件(加固点、防磨链、导缆孔及支撑结构)所具有的工作强度至少应为2 000 kN(工作强度的定义是——极限强度的一半)。此强度应满足各种拖缆角,拖缆角最大限度为拖缆与船中线成 90°。

2.3 加固点和导缆孔的位置

船首和船尾的加固点和导缆孔的位置应能便于从船首或船尾的任何一舷实施拖带,并能最大限度地减少对拖带系统的应力。拖带工具的轴心应尽可能地与中线平行并在中心线两侧

1.5 m之内。加固点与导缆孔之间的距离应不少于2.7 m并不大于5 m。

2.4 加固点

拖带连接应有一个制动器或一个固定夹或其他具有等效强度的装置，其连接的容易程度应使主管机关满意。

2.5 导缆孔

.1 尺寸 导缆孔应具有足够大的开口，使防磨链、拖带短索或其他连接工具的最粗部位能够通过。最小开口应为椭圆形，水平轴线不小于600 mm，垂直轴线不小于450 mm。

.2 类型 导缆孔的构造应为，在拖带作业时能将防磨链限制在导缆孔内。

.3 几何形状 导缆孔的结构形状应能在防磨链受力时避免缠结的危险，并当防磨链与导缆孔成90°时能最大限度地减少防磨链磨损强度。导缆孔承链面的直径与链径之比应不小于7：1。导缆孔的外缘应尽可能地与舷墙平齐。导缆孔应设有内沿，以在拖带系统受力时或操作时能防止其任何部分的缠结。

.4 垂直位置 导缆孔的位置应尽可能地接近甲板，在任何情况下，其位置应使防磨链自加固点至导缆孔一段在受力时与甲板大致平行。

2.6 防磨链

.1 存放 防磨链的存放办法，应使其能迅速地与加固点连接。

.2 长度 防磨链应具有足够的长度，以确保在拖带作业时使拖带索位于导缆孔之外。一条自加固点延至导缆孔之外至少3 m处的防磨链应符合此项标准。

.3 结构 防磨链应为直径76 mm，U－3级横档环链。

.4 连接环 防磨链的一端应适合于加固点连接，另一端应装有一个标准梨形链环，其尺寸见图2。连接环应采用U－3级钢材制造。

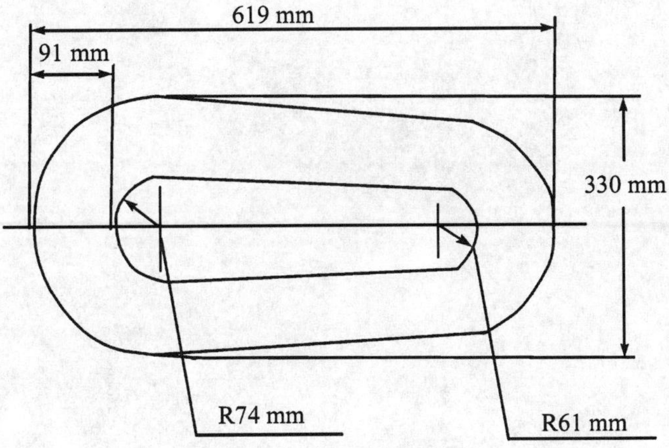

图2 标准梨形环

2.7 连接用装置

液货船应在船首和船尾装设便于利用救助船的动力从救助船接过拖缆的适当装置。

3 应向拖带船提供的资料

3.1 任何需要拖带援助的船舶均应在船上备有关于船首和船尾的紧急拖带安排的资料。这种资料的标准清单见本建议的附录。

3.2　此项资料应固定陈放在驾驶台上，或能迅速取得并立即转告拖带船的地方。

4　现有液货船

在第2段中关于本决议通过之前建造的载重吨在100 000 t及以上的液货船的要求进行审议时，主管机关应考虑到现有的装置和布置，并在合理及可行的情况下，准许其使用。尽管如此，2.6.4中的要求应保持不变。

附录　应传给拖带船的资料清单

1　可用的加固点

类型、尺寸、工作强度（极限强度的1/2，以吨计）

1.1　制动器　可用链的最大和最小尺寸

1.2　拖带固定夹　两边板间的空隙/拖带夹销钉的长度和厚度/销钉与基板间的空距/销钉后部与边板前部间的距离。

1.3　系缆桩（没有特别加固点的船舶）　桩的直径/同时使用两对系缆桩的可能性/工作强度（极限强度一半，以吨计）。

2　导缆孔

类型/内径（水平轴线和垂直轴线的尺寸）/导缆孔距加固点的距离/导缆孔位置与船中心线及甲板的关系。

3　船上备有的其他部件

3.1　备有的另一条防磨链　尺寸/级别导缆孔之外的延伸长度/开口环的尺寸。

3.2　备有的另一条拖带短索　直径/长度/强度。

3.3　其他装置　使用船舶绞车将拖缆拉上船的可能性。

第 A.567(14)号决议
(1985 年 11 月 20 日通过)

化学品船惰性气体系统规则

大会,

回顾到国际海事组织公约第 15 条第 10 款关于大会对海上安全的导则所担负的职能,

还回顾到所通过第 A.473(Ⅻ)号决议,在可能拟订适用于载运所有的易燃货物的化学品船的最终要求之前,暂时解决了适用于载运石油产品的化学品船的惰性气体系统的要求,

认识到根据工业界科学研究的结果无必要拟订此类要求,只要将第 A.473(Ⅻ)号决议的规定扩大到包括载运石油和其他液体产品即可达到目的,

注意到经修正的 1974 年国际海上人命安全公约(1974 安全公约)Ⅱ-2/60 条规定特别要求的某一大小的新油船和现有油船,包括化学品船,在载运石油产品时,在具体规定的日期安装固定式惰性气体系统,

进一步注意到经修正的 1974 年安全公约Ⅱ-2/55.5条规定的修正草案(A.566(14)号决议)在某些情况下免除了该公约Ⅱ-2/60 条规定对一些载运易燃产品的化学品船和气体运输船的惰性气体系统的要求,

经审议海上安全委员会第五十一届会议的建议案,

1 **通过**本决议附件中的关于化学品船惰性气体系统的规则并以此取代第 A.473(Ⅻ)号决议;

2 **请**各国政府为Ⅱ-2/55.5 条规定应用上述有关化学品船的规则。

附　件

化学品船惰性气体系统规则

序言

请各主管机关接受本化学品船规则所述的惰性气体系统,此类化学品船的合格证书是根据散装运输危险化学品船构造和设备规则[第 A.212(Ⅷ)号决议]和国际散装运输危险化学品船构造和设备规则[第 MSC.4(48)号决议]签发的。

本规则适用于经修正的1974年安全公约Ⅱ-2/55.5条规定的修正草案[第 A.566(14)号决议]所要求的化学品船。

规则

1　惰性气体发生器系统的设计、构造和试验应使主管机关满意。其设计和操作应始终使货舱的空气不燃,但当要求保持此类货舱为空舱并且要气体消除时可以例外。由一个或多个烧油惰性气体发生器提供的惰性气体系统可以被接受。如果能达到等效的安全标准,主管机关可以接受其他来源的惰性气体系统。

2　该系统应能:

.1　将每一空货舱中气体的含氧量降至不能助燃的水平,从而使之惰化;

.2　在港口和在海上,用于装运易燃产品并要求有惰性气体系统保护的每个货舱的所有部分应始终保持含氧量按体积不超过8%,并保持正压,但在需使该舱成为除气状态时除外;

.3　在正常操作时勿使空气进入货舱,但在使该舱成为除气状态时除外;

.4　清除空货舱内的易燃蒸气以使随后的除气作业在任何时候不会在舱内产生易燃气体。

3.1　该系统应至少能为货舱输送该船最大排量(以体积计)125%的惰性气体。主管机关可接受具有较少输送量的惰性气体系统,但由该系统保护的货舱的货物最大排量应限于惰性气体输送时的80%。

3.2　该系统应能在惰性气体总管内以要求的流量向货舱输送含氧量按体积计不超过5%的惰性气体。

4.1　应备有足量的供惰性气体发生器使用的合适燃料。

4.2　惰性气体发生器应安置于散化规则和国际散化规则规定的货舱区域之外。装有惰性气体发生器的处所,应不能直接通向起居处所、服务处所或控制站处所,但可以位于机器处所内。如果惰性气体发生器不是设置在机器处所内,则应置于一个专供其使用的舱室中,应用气密的钢质舱壁和/或甲板将该舱室与散化规则和国际散化规则规定的起居处所、服务处所和控制站处所隔开。该舱室应有足够的正压型机械通风。对位于船尾的此类舱室,应只能从货舱区域以外的开敞甲板进入。进口应设在背向货物区域的端壁上和/或上层建筑或甲板室外侧距上层建筑或甲板室面向货物区域的一端至少为船长的25%但不少于5m之处。如该舱室设于首楼中则应通过货物区域前面的舱室顶板进入。

4.3　惰性气体的管路不应通过起居处所、服务处所和控制站处所。

5.1　应备有能有效地使第3条所规定的气体量冷却并除去固体和硫燃烧产物的装置。应保证冷却水设备一直有足够的水源并不影响船上其他重要工作。此外还应备用冷却水源。

5.2　应妥装过滤器或等效装置以减少将水带进惰性气体总管。

6.1　每台惰性气体发生器应妥装两台鼓风机，当其合并使用时至少应能向需要该系统保护的货舱输送第3条所规定的气体量。主管机关可允许只装一台鼓风机，如该鼓风机能向被保护的货舱输送第3条所规定的气体总量，但船上应备有足够的鼓风机及其原动机的备件以使该鼓风机及其原动机发生任何故障时得以修复。

6.2　惰性气体系统的设计应使其施加于任一货舱的最大压力不超过对该货舱的试验压力。

6.3　如有一台以上惰性气体发生器，则应在每台发生器排出口设置合适的关闭装置。

6.4　应设有装置以便在产生的惰性气体不符合规格时，如在启动时或设备发生故障时，能将惰性气体排入大气。

6.5　当惰性气体发生器配有正排量鼓风机时，则应设有压力释放装置以防止在鼓风机排出端产生超压。

7　每一惰性气体发生器应装有两台燃油泵。主管机关可允许只装一台燃油泵，但船上应备有足够的燃油泵备件及其原动机配件以使该燃油泵及其原动机发生任何故障时即可由船员修复。

8　在惰性气体总管内应安装气体调节阀。该阀应能自动控制以便能按17.2和17.3的要求进行关闭。除非另外设有自动控制惰性气体流量的装置，否则该阀还应自动调节输往货舱的惰性气体的流量。

9.1　在惰性气体总管内至少应装两个止回装置，其中一个为水封以防止船舶正常的纵倾、横倾和运动的情况下易燃蒸气倒入惰性气体发生器和气体安全处所。它们应设置于第8条所要求的自动阀和通向任一货舱或货物管路的第一个接头之间。主管机关可允许能与水封安全等效的布置或装置。

9.2　9.1所述的装置应位于货舱区域的甲板上。

9.3　9.1所述的水封应能承受两台分隔开的泵供水，且每台应能始终保持足够的供水。

9.4　水封及其相连设施的布置应能防止易燃蒸气的倒流，并确保水封在工作情况下功能正常。

9.5　应采取措施确保水封不会冻结，并使水封的完整性不因过热而受损害。

9.6　供水环路或其他认可的装置也应接至所有有关的供水和排水管路以及所有通向气体安全处所的透气或压力传感管路。应有防止此种环路水管因真空而排空的措施。

9.7　任何水封或等效装置以及所有环路水管应能在压力与货舱试验压力相等的情况下，防止易燃蒸气倒流入惰性气体发生器。

9.8　另一个装置应为能防止蒸气或液体或两者倒流的止回阀或等效装置，并应安装在9.1所要求的水封（或等效装置）与从惰性气体总管到货舱的第一个接头之间。它应设有正压关闭装置。作为正压关闭装置的替代，可在止回阀与货舱的第一个接头之间增设一个具有这种关闭作用的阀以隔绝水封（或等效装置）。

9.9　作为防止易燃液体或蒸气可能从甲板总管漏回的附加保护措施，应设有可使9.8所述的具有正压关闭装置的阀与第 8 条所述的阀之间的管路，在其第一个阀关闭时，能安全排气的设施。

10.1　在第 9 条所要求的止回装置与货舱之间，惰性气体总管可分成两个或两个以上的支路。

10.2　惰性气体总管应安装支管通向每一专用于装运本规则要求予以惰化的易燃产品的货舱。已装或正在装但并不要求惰化的产品的每一货舱应该用下述方法与惰性气体总管隔开：

.1　卸去连通的短管、阀或其他管段，并将管端封闭；或

.2　设置两上串联的双环法兰，并提供装置探测这两个双环法兰间管内有无渗漏。

10.3　当货舱惰性气体总管隔开时，应有保护货舱免受由于温度变化而产生超压或真空影响的设施。

10.4　管系的设计应能在一切正常情况下防止管路中有货物或水的积聚。

10.5　应有适当的布置从而使惰性气体总管能与外部的惰气源连接。

11　除非在装货和压载时，从货舱中排出所有蒸气的排气布置符合散化规则和国际散化规则关于控制排气的要求，否则这种布置应符合 1974 年安全公约Ⅱ－2/59.1条的规定，并应由一个或几个桅杆排气口或若干高速排气管组成。

12　第 2 条要求的对空舱进行惰化、排气或除气的布置应使主管机关满意，并应减少碳氢化合物蒸气因舱内部构件而形成的凹处积聚，以及：

.1　如果气体出口管安装在个别货舱上面应尽可能安装在靠近惰性气体/空气进口处并应符合经修正的 1974 年安全公约Ⅱ－2/59.1.9.3或国际散化规则 8.2.2.3 的规定。此类出口管路的进口可以位于甲板平面或舱底上方不超过 1 m 处。

.2　12.1 所述的气体出口管的横断面积应至少保持，当同时向任何 3 个舱提供惰性气体时，其出口速度为 20 m/s，其出口延伸在甲板平面上方应不超过 2 m。根据第 3 条的规定，当主管机关准许一个设计系统在同时只给一个或两个货舱供气时，出口管的大小应能保持其 出口速度为 20 m/s。

.3　12.2 所述的每个气体出口应装有合适的截止装置。

13　应备有在该系统工作时连续指示其出口端惰性气体温度和压力的装置。

14.1　应装有在输送惰性气体时连续指示并永久记录下列各项的仪表：

.1　9.1 所要求的止回装置与货舱之间惰性气体总管的压力，以及

.2　惰性气体供应总管内惰性气体含氧量。

14.2　如设有货物控制室，则 14.1 所述的仪表应置于该控制室内；如未设货物控制室，则应置于负责货物作业的高级船员易于到达的位置。

14.3　此外，还应：

.1　在驾驶台设置能始终指示 14.1.1 所述压力的仪表，以及

.2　在机器控制室或机器处所内设置能指示 14.1.2 所述含氧量的仪表。

15　应配备可携式测量氧气和易燃蒸气浓度的仪器。此外，在每一货舱上还应有适当的布置以便能用这些可携式仪器来测定舱内气体的情况。

16　应备有为第 14 和 15 条所述的固定式和可携式气体浓度测量仪器的零位和刻度间距做校正的适当设备。

17.1　应设有视、听报警器以表示：

.1　5.1 所述冷却和洗涤装置的水压或流量降低；

.2　燃油供应不足；
.3　第 13 条所述的气体温度升高；
.4　惰性气体发生器的动力供应发生故障；
.5　14.1.2 所述的含氧量按体积计超过 8%；
.6　14.1 所述指示装置和第 8 条所述气体调节阀与惰性气体发生器的自动控制系统的动力供应发生故障；
.7　9.1 所述水封的水位降低；
.8　14.1 所述气体压力低于水压计的 100 mm；
.9　14.1.1 所述的气体压力的增高。

17.2　当出现 17.1.1 和 17.1.3 所述的情况并达到预定限度时，气体调节阀和惰性气体发生器的燃油供应应有自动关闭的设施。

17.3　当出现 17.1.5 所述情况时应设有气体调节阀的自动关闭装置。

17.4　关于 17.1.5，当惰性气体的含量超过以体积计的 8% 时，应立即采取行动以改善气体的质量。除非惰性气体的质量获得改善，否则应中止正在接收惰性气体的各舱的一切作业，以免将空气吸入这些货舱。9.8 所述的甲板隔离阀应予以关闭，并应将不合格的气体排入大气。

17.5　17.1.5、17.1.6 和 17.1.8 所要求的报警器应装在机器处所和货物控制室内（如设有时），且均应装在负责的船员能立即收到警报的位置。本款要求的所有其他警报器，不论是单独的还是组合的，均应使负责的船员能听到。

17.6　关于 17.1.7，应使主管机关确信始终有足够的备用水和保持该装置的完整性从而在气流停止时能自动形成水封。在停止输送惰性气体时，水封中的低水位视听报警器应该工作。

17.7　应装一个独立于 17.1.8 所要求者以外的音响报警装置或货泵自动关闭装置并在惰性气体总管的压力降至预定限度时工作。

18　船上应备有详细的指导手册，内容包括有关惰性气体系统的操作、安全和维护的要求，该职业对人体健康的危害以及货舱惰性气体系统的应用。手册还应包括一旦惰性气体系统发生故障或失效应遵循的程序的指南。

第 A. 586(14)号决议
(1985 年 11 月 20 日通过)

经修正的油船排油监控系统指南和规范

大会，

回顾了关于大会在防止和控制船舶海洋污染方面职责的国际海事组织公约第 15(j)条，

注意到经 1978 年议定书修订并在 1984 年进一步修订的 1973 年国际防止船舶造成污染公约(73/78 防污公约)附则 1 第 15(3)(a)条规则规定总吨位 150 吨及以上的油船必须装置经主管机关认可的排油监控系统，该系统应按照本组织制订的油船排油监控系统指南和规范进行设计和安装，

还注意到为执行上述规则而通过的标题为油船排油监控系统指南和规范的海第 A. 496(Ⅻ)号决议，

进一步注意到建议的关于在油船装载 C 类和 D 类油类物质的 73/78 防污染公约附则Ⅱ第 14 条规则，

忆及海上环境保护委员会通过的第 MEPC. 10(18)号决议，确认有必要完善油船排油监控系统的性能标准，并决定为此种装置制定新的指南和规范。

根据 73/78 防污公约附则Ⅰ的要求，审议了海上环境保护委员会提交的建议，

1 **通过**经修正的油船排油监控系统指南和规范，其文本载于本决议附件，该指南和规范适用于 1986 年 10 月 2 日或以后安放龙骨或处于相同建造阶段(以下简称“建造的”)的油船；

2 **请**各国政府在核准 1986 年 10 月 2 日或以后建造的油船按照 73/78 防污公约附则Ⅰ第 15(3)(a)条安装排油监控系统时，执行这些经修正的指南和规范；

3 **授权**海上环境保护委员会把本决议附件以及第 A. 393(Ⅹ)号决议附件中的油量计机型认可规范用于准备装载附则Ⅱ中 C 类和 D 类油类物质的油船上使用的油量计的试验。

附　件

经修正的油船排油监控系统指南和规范

目　　录

1　前言
1.1　目的
1.2　适用范围
1.3　要求概述
2　背景
3　定义
3.1　排油监控系统
3.2　控制部分
3.3　舷外排放控制装置
3.4　启动连锁装置
3.5　控制装置
3.6　计算装置
3.7　百万分率
4　实施要求
5　技术规范
5.1　排油监控系统
5.2　油量计
5.3　取样系统
5.4　流量指示系统
5.5　船速显示系统
5.6　舷外排放控制装置
5.7　处理器和转送装置
5.8　记录装置
5.9　数据显示
5.10　人工替代装置
5.11　导致停止排放的报警条件
5.12　报警显示器的位置
6　油量计机型和排油监控系统控制部分的认可试验规范
6.1　试验要求
6.2　认可和发证程序
7　车间性能试验要求

8　计划认可要求
9　总的安装要求
10　安装检验
11　船上性能试验和检查程序
附件:第 1 部分　油量计机型认可的测试和性能规范
　　　第 2 部分　油量计机型认可和排油监控系统控制部分的环境测试规范
　　　第 3 部分　认可文件

1　前言

1.1　目的

1.1.1　本指南和规范包括 73/78 防污公约附则 I 第 15(3)(a)条要求的油船排油监控系统的设计、安装、性能和测试要求。

1.1.2　本指南和规范的目的是:

.1　提出对 73/78 防污公约附则 I 第 15(3)(a)条提供统一的解释;

.2　帮助各国主管机关,为悬挂该国国旗的船舶装设油船排油监控系统(以上简称"监控系统")确定适当的设计、建造和操作参数;

.3　规定油量计和组成监测系统的控制部分的测试和性能要求;

.4　确定设备的计划认可要求和业已安装的设备的性能测试要求;

.5　为船上设备检验提供指导。

1.1.3　本指南和规范也适用于按照 73/78 防污公约附则 II 第 14 条规定监测装载某些 C 类和 D 类油类有毒液体物质的油量监测系统。凡本指南和规范提及的对油进行监测,都适用于这种油类有毒液体物质。

1.2　适用范围

1.2.1　这些经修订的指南和范围适用于 1986 年 10 月 2 日或以后安放龙骨或处于相同建造阶段的油船上的设备。以第 393(X)号、第 496(XII)号和第 MEPC.13(19)号决议所通过的指南和规范不适用于这些新指南和规范所适用的油船。

1.2.2　73/78 防污公约附则 I 第 1(7)条所指的 1986 年 10 月 2 日以前的"现有"油船以及第 1(6)条所指的 1986 年 10 月 2 日以前安放龙骨或处于相同建造阶段的"新"油船的设备应符合第 A.393(X)号、496(XII)号和第 MEPC.13(19)号决议所通过的指南和规范的要求或符合本指南和规范的要求。

1.3　要求概述

1.3.1　本指南和规范所述的监测系统的各个部分的认可要求概述如下:

.1　油量计机型认可应按附件第 1 部分所规定的程序进行测试;

.2　油量计和监测系统的控制部分应进行附件第 2 部分所规定的环境测试;

.3　在安装监测系统前,应将第 8 部分所规定的计划认可文件提交给主管机关;

.4　该系统的组成部分应经过第 7 节所规定的车间性能测试;及

.5　整个监测系统应该按照第 10 节制定的程序加以检验。

2　背景

2.1　73/78 防污公约附则 I 有关油船压载水和洗舱水含油量监测要求在第 15(3)(a)条中做

了规定,150 总吨及以上的油船应装设经认可的排油监测系统。这种系统应连续记录:

.1 每海里排放油的公升数;

.2 总排放油量或排出物含油量和排放量。

上述两种记录,均应记载时间和日期,记录至少应保存3年。

2.2 第15条还规定,向海中排放任何排出物时,这种系统即应运转,并应保证每当瞬时排油量超过了第9(1)(a)条所允许的限度时,能自动停止排放含油混合物。

2.3 第A.445(Ⅺ)号决议认为需要尽早安装排油监测系统,以取得操作经验。该决议还请海上环境保护委员会为新油船和现有油船拟定逐步装置监测系统的指导方针。

2.4 第A.496(Ⅻ)号决议通过了一项鼓励办法,这项办法规定根据油船的大小和船龄,决定安装系统的标准。本指南和规范的实施要求是与73/78 防污公约附则Ⅰ第1(6)条规定的新油船设备要求相符合的。

3 定义

3.1 排油监测系统

3.1.1 本指南和规范中称为监测系统的排油监控系统是一个监测从货油舱区排往海中的含油压载水或其他油污水的系统,它包括5.1.4 中所规定的各个项目。

3.2 控制部分

3.2.1 监测系统的控制部分是一个由5.1.4.7所规定的项目组成的装置,能够作为控制装置或第4 节规定的计算装置加以使用。

3.3 舷外排放控制装置

3.3.1 舷外排放控制装置是一个在报警条件下自动指示停止舷外排放并在整个报警阶段阻止排放的一种装置。这种装置的设计应能关闭舷外阀门或必要时停止有关的泵。

3.4 启动连锁装置

3.4.1 启动连锁装置,是在公约要求运用监测系统时,在这种系统完全工作之前防止打开排放阀或其他相应设备的一种装置。

3.5 控制装置

3.5.1 控制装置是一个接受下列自动信号的装置:

.1 流出物的含油量

.2 排放油量;

.3 船速(kn);

.4 日期和时间(格林尼治时间);及

.5 舷外排放控制的状况。

3.5.2 这种装置应自动记录5.8.2 所规定的数据。

3.6 计算装置

3.6.1 计算装置是一个能够接受下列自动信号的装置:

.1 流出物的含油量;及

.2 日期和时间(格林尼治时间);

另外,计算装置的设计应能接受下列人工输入资料:

.3 舷外排放设备的状况;

.4 排放流量;及

.5 船速(kn)

3.6.2 这种装置应自动记录5.8.2所规定的数据。

3.7 百万分率

3.7.1 百万分率(ppm)指每百万单位水中所含油的数量。

4 实施要求

4.1 对本指南和规则所适用的油船的具体监测系统的要求细分如下:

.1 A类监测系统

.1.1 4000载重吨及以上的油船应装设这种系统。它应使用一个控制装置,并带有一个启动连锁装置和一个舷外排放控制装置。

.2 B类监测系统

.2.1 150总吨以上4 000载重吨以下的油船应装设这种系统。它应使用一个计算装置。不需要启动连锁装置,而且舷外排放装置可以人工驱动。

5 技术规范

5.1 排油监控系统

5.1.1 监测系统应能有效地监控向海中排放的任何排出物。排放应通过第18条所允许的舷外排放口进行,并应是主管机关认为是满足油船操作要求所必需的。

5.1.2 通过不受监控系统控制的排出口从货舱区向海中排放压载污水或其他油污水是违反公约的。

5.1.3 监控系统在油船通常遇到的所有环境条件下,均有效地工作,其设计和建造应满足本指南和规范附件第二部分所规定的环境试验的规范。此外,

.1 除非对B类系统有这种许可,本系统的设计应做到不从货油舱区排出任何脏压载水或其他含油污水,但监测系统处于正常工作状态并已选择了有关的取样点时除外;

.2 本系统最好从最低数量的排放口取流出物样水,该系统的安置应做到每次仅通过一个口进行舷外排放;

.3 如计划使用一条以上的管路同时进行排放,每一排放管路都应安装一个油量计及一个流量计,这些设备应与一个共同处理装置相连接;

.4 为避免短时间高油浓度信号(脉冲)引起排油瞬间率高的报警信号,可压迫短期高油分信号,但时间最多不得超过10 s,或以间隔最长为5 s的油分计读数给出的前20 s或更短的时间内的瞬间ppm值不断计算出平均的瞬间排放率。

5.1.4 本监测系统应包括:

.1 监测排出物含油量ppm值的油量计,这种油量计应按本指南和规范附件的规定经过认可,并签发及考虑到所运载油类范围的证书;

.2 显示排入海中的排出物流量的流量计,如B类监测系统用人工方法把船速输入计算装置,应按照5.4.7所述的办法进行;

.3 船速显示装置,表明以节为单位的船速,如B类监测系统用人工方法把船速输入计算装置,应使用5.5.2所述的方法;

.4 把有代表性的排出物样水输送到油量计去的取样系统;

.5 可停止船外排放的船外排放控制装置,对B类监测系统而言,可以人工停止舷外

排放;

.6 避免任何排出物在监测系统完全工作之前向舷外排放的启动连锁装置,B 类系统为需要启动连锁装置;

.7 一个包括下述部件的控制部分:

.7.1 接收排出物含油量,流量和船速信号,并将这些数值转换成以千克为单位的每海里的排油量及总的排放油量的信息处理机;

.7.2 一个提供报警的装置以及为 A 类监测系统,提供控制舷外排放信号的装置;

.7.3 按 5.8.2 要求提供数据记录的记录装置;

.7.4 按 5.9 要求显示作业数据的数据显示器;

.7.5 在监测系统出现故障时使用的人工代替装置;及

.7.6 用于 A 类监测系统的启动连锁装置发出信号的装置,以避免在监测系统完全工作之前有排出物排放。

5.1.5 油量监测系统的每一主要部件都应有一个铭牌,以便通过这些部件的绘图号、机型号和序列编号,正确地加以识别。

5.1.6 如装设在危险区域,监测系统的电气部件应符合这个区域的有关安全要求。

5.2 油量计

5.2.1 油量计应达到本指南和规范附件第 1 部分的测试和性能规范要求并符合本节总的要求。

5.2.2 用于监测多种含油量而设计的油量计的精确度应达到其读数显示的试验样品的实际含油量在 ±10% 或 ±20% ppm 以内,读数以大者为准。即使有空气、锈、泥和沙,精确度也应保持上述限度之内。

5.2.3 当油量计动力供应(电气、压缩空气等)与仪表的设计值相差 10% 时,应能在上述限度内正常工作。

5.2.4 油量计的读数应不受油的种类的影响。如果有影响,也不需要在船上校正刻度,但可按制造厂的说明书预先校正标度。在后一种情况下,应有有效的方法来检验是否对该种油类已选定了正确的标度。读数的精确度应始终保持在 5.2.2 所规定的限度内。

5.2.5 附件第 1 部分 1.2.8 所规定的油量计反应时间不应超过 20 s。

5.2.6 必要时测量仪表可有几种刻度,以适应预定的用途。其刻度的最大范围不应小于 1 000 ppm。

5.2.7 油量计应具有一种简单的装置,使船员通过一个相当于油量计刻度一半的读数的模拟信号来检查油量计的电器和电子线路的工作情况。另外,还要有可能让合格人员在油船上校正油量计。

5.2.8 如果把油量计安装在可能会有可燃气的处所,油量计应符合这种处所的有关安全要求。油量计的任何电气设备部分都应安置在非危险区域,或经主管机关证明它可在危险环境中安全使用。任何安装在危险区域的活动部件,都应防止产生静电。

5.2.9 油量计不应装有或使用任何有危险性质的物质,除非经主管机关认可的适当办法能消除由此引起的任何危险。

5.2.10 油量计应能在海上环境中耐腐蚀。

5.2.11 油量计应用适合所试验的液体的材料制成。

5.3 取样系统

5.3.1 取样点应处于能从那些按照5.1.1的规定进行实际排放口取得有关样水的位置。安置在舷外排放管道上的取样探头和把取样头连接到油量计的管路系统应符合本节的要求。

5.3.2 管路和取样探头应用耐火、耐腐蚀和油的材料造成,要有足够的强度并得到正确的连接和支撑。

5.3.3 本系统在每个探头旁应有一个截止阀,但当探头装设在货油管路上时,取样管路上应连装两个截止阀,其中一个截止阀可以是遥控取样选择阀。

5.3.4 取样探头的安置要做到容易移开,尽可能安装在排放管垂直截面上一个可接近的位置。如探头须安装在排放管水平截面时,那就得在安装检验中确保在整个排放时间,这个水平截面上总是充满液体的。探头插入管中的深度一般为管径的1/4。

5.3.5 应有运用固定清水冲洗的装置或一种同样的办法来清洗取样探头和管系。取样探头和管系的设计,应能最大限度地减少其被油、油残余物和其他物质的堵塞。

5.3.6 由于考虑到管系的长度,管中液体的流速,应尽可能缩短排出混合物的变换和油量计读数变换之间的总反应时间,包括油量计本身的反应时间在内,在任何情况下,不能超过40s。

5.3.7 在选定与任何通向油污舱的分流点有关的探头位置时,应注意到再循环时含油水取样的需要。

5.3.8 驱动取样泵或其他任何泵的装置都应考虑到所在区域的安全要求。从危险区域到一个非危险区域穿透装置的设计应得到主管机关的认可。

5.3.9 冲洗装置在必要时可用于测试和稳定油量计及校正零点。

5.3.10 回到污水舱的样水,不许自由溅落到舱中。在有惰性系统的油船上,在通向污油舱的管路上,应装设一个有一定高度的U形密封垫。

5.3.11 如果是人工从通往油量计的进口管路收集样水,应在取样泵下游或主管机关同意的某一同等位置设一阀门。

5.4 流量显示系统

5.4.1 测量排放量的流量计,应安装在排放管路的垂直部位或排放管的任何其他适当的部位,以使流量计中总有排放的液体滞留。

5.4.2 流量计应运用适合在船上使用的工作原理,必要时,也可在大管径的管道上使用。

5.4.3 流量计应适用于正常作业时所能碰到的各种流量变化,或者可采用使用两个范围不同的流速计的办法,或在必要时,以限制作业流量范围的方法,来达到这一要求。

5.4.4 安装的流量计精确度,应为排放流出物的全部作业范围内测出的瞬间排放量的±15%,或更好。

5.4.5 流量计与排放物接触的部件应由耐腐蚀和耐油材料制成,并有足够的强度。

5.4.6 设置流速计的布置时,应考虑其安装处所的安全要求。

5.4.7 装设B类监测系统的油船,可按泵的性能以及人工输入计算装置的数据来确定流量。

5.4.8 在装设B类监测系统并按照第18(6)(d)条用重力方法把脏压载水排入海中的油船上,应有用校准曲线估计排放流量的装置以及把数据人工输入计算装置的手段。

5.5 船速显示系统

5.5.1 A类监测系统所需的自动船速信号,应从船速显示装置通过重发信号的方法获得。所使用的船速数据,可为陆上速度或者是水上速度,可依船上所装的测速设备确定。

5.5.2　在装设 B 类监测系统的油船上，可以人工方法将船速输入计算装置。这些数据可从船速仪或一个同等的设备获得。

5.6　舷外排放控制装置

5.6.1　在装设 A 类监测系统的油船上，舷外排放控制应能通过关闭所有有关的舷外排放阀或停止所有有关的泵来自动停止排放物排入海中。排放控制装置应具有故障保险的特点，所以，在报警条件下，监测系统不工作时或监测系统出故障时，可停止所有排放物的排放。

5.6.2　在装设 B 类监测系统的油船上，舷外排放控制装置可以人工驱动。

5.7　处理器和传感装置

5.7.1　控制部分的处理器应以不超过 5s 的间隔接受油量计，流量显示系统和船速显示系统的信号并应自动计算出：

.1　瞬间排油量 L/n mile；

.2　以立方米或升为单位的每次航行的总排油量。

5.7.2　在流量和船速以人工输入的 B 类监测系统里，当时的信息应保留在处理机内，以便连续计算排油量及总排放量，并按5.8.3规定的间隔进行记录。当时输入处理器的信息应该有视觉显示。

5.7.3　如果超过第9(1)(a)(Ⅳ)和(Ⅴ)条规定的限度时，处理器应发出警报，而在 A 类系统中，应向舷外排放控制装置发出指令信号，以停止排放物向海中排放。

5.7.4　处理器一般应包括一个不断发出时间和日期资料的装置，一种自动连续接收外部的时间的数据信息的装置可以代替这种装置。

5.7.5　在电源切断的情况下，处理器应能储存关于排油总量、时间和日期方面的资料。当监测装置与人工代用装置一同使用时，应能打印日期。但是如果当电源切断时监控系统能使舷外排放装置停止排放流出物，便可不要这种装置。

5.8　记录装置

5.8.1　控制部分的记录装置应包括一个数字打印机。所记录的参数应清晰地显示在打印纸上。打印时，即使从记录装置上取下，字迹仍应保持清楚，并至少能保存 3 年。

5.8.2　自动记录的数据应至少包括：

.1　瞬间排放量(L/n mile)；

.2　瞬间含油量(ppm)；

.3　总排油量(m^3 或 L)；

.4　时间和日期(格林尼治时间)；

.5　船速(kn)；

.6　排出物流量；

.7　舷外排放控制装置的状况；

.8　油类选择器的调节(如有的话)；

.9　报警条件；

.10　故障(即无流、错误等)；及

.11　补偿行动(即人工代替装置、冲洗、标准等)

所有人工输入的资料，都应在打印件上标明是人工输入的。

5.8.3　本指南和规范的 5.8.2 要求的数据，如需要，应至少包括以下内容：

.1 开始排放的时间；

.2 排放停止时间；

.3 每间隔最长不超过 10 min 记录一次(本系统处于备用状态时除外)；

.4 出现报警条件时；

.5 恢复正常时；

.6 输入数据时；

.7 计算出的排放量发生变化超过 10 L/n mile；

.8 调整零点或校准刻度时；

.9 人工发出指令时。

5.8.4 记录装置应位于负责舷外排放作业人员易于接近的位置。

5.9 数据显示

5.9.1 除打印记录外,当时的数据应有清晰的显示并至少包括下列内容：

.1 瞬间排油量(L/n mile)；

.2 油排放总量(m^3 或 L)；

.3 瞬间油量(ppm)；

.4 流量；

.5 船速;及

.6 舷外排放控制装置的现状。

5.9.2 数据显示应位于负责舷外排放作业人员容易观察到的位置。

5.10 人工替代装置

5.10.1 监测系统发生故障时,取得信息的替代措施如下：

.1 油量计或取样系统:目力观察靠近排放物的水面；

.2 流量计:泵的排放性能等；

.3 船舶速度指示装置:主机每分钟转速等；

.4 处理器:人工计算及人工记录;及

.5 舷外排放控制:人工操纵泵和阀门。

5.11 导致停止排放的报警条件

5.11.1 下列任何一个条件均应启动视听报警装置,而且监测系统能停止向海中排放：

.1 当瞬间排油率超过 60 L/n mile 时；

.2 总排油量达到前个航次货物的 1/30 000 时；

.3 系统出现操作故障;例如：

.3.1 动力故障；

.3.2 取样丢失；

.3.3 测量和记录系统的大故障;或

.3.4 当探测器的输入信号超过本系统的有效能力时。

5.12 报警显示器的位置

5.12.1 本系统的报警显示器,应安装在货物控制室(如设有)和/或能立即引起人们注意并采取行动的其他地方。

6 油量计机型和排油监控系统控制部分的认可试验规范

6.1 试验要求

6.1.1 应测试油量计确定范围的各种含油量和多种油类的能力是否达到5.2.2规定的精确度要求。将与申请认可的生产型号各个方面完全一致的油量计按照本指南和规范附件的第一部分的试验和性能规范进行机型试验。

6.1.2 同将申请认可的生产型号各个方面完全一致的监测系统的油量计和控制部分应按照本指南和规范附件的第二部分的环境试验规范进行机型测试。

6.2 认可和发证程序

6.2.1 在各个方面符合本指南和规则要求的油量计可得到主管机关的认可,安装在油船上。认可可采用机型认可证书的方式,说明这种仪器的主要技术数据以及任何必要的保证其正常工作的各种限制条件。证书应按本指南和规范附件第三部分所示的格式颁发。装设油量计的油船应始终备有这种设备机型认可证书的副本一份。

6.2.2 得到认可的油量计的机型认可证书应载明具体的应用范围,如,原油,“黑色”产品,“白色”产品,其产品或证书所列的其他应用范围。

6.2.3 其他国家可以在初次试验的基础上或在他们代表的监督下进行新的试验后,接受认可的油量计并在他们的船上使用。如果一个油量计在一国通过了试验但在另一国进行同样的试验而失败,这两个有关国家就应互相协商,以达成一个双方能接受的协议。

7 车间性能试验要求

7.1 交货之前,应在合适的试验台上对油量计和监测系统的每个控制部分进行性能试验。设备性能试验的详细计划应由制造厂制定,要考虑到设备具体设计的特点和性能。准备提交的每一个装置上均应有包括交货试验记录在内的填写好的出厂证书。

7.2 油量计的性能试验应至少包括下列各项:

.1 检查流量、压降或某个等同参数(视情况确定);

.2 检查油量计的全部报警功能;

.3 检查同本系统其他各个部件连接的所有转换功能;

.4 用适用于油量计的一种油类进行作业或用一种等效办法,检查在所有测量刻度上,某几个ppm值的读数是否正确。

7.3 监测系统控制部分的性能检查应至少包括下列各项:

.1 检查所有报警功能;

.2 当ppm、流量和速度的模拟输入信号变化时,检查信号处理器和记录设备的性能是否合乎要求;

.3 检查输入信号改变到超过第9(1)(a)(Ⅳ)和(Ⅴ)条的排放限度时是否会报警;

.4 检查当达到报警条件时,是否向舷外排放控制装置输送信号;

.5 检查当每一输入信号改变到超过系统作业限度时,是否会报警。

8 计划认可要求

8.1 在准备安装监测系统前,应及早准备好足够的文件,并将这些文件交主管机关认可。送交的文件应至少包括所有下列各项:

.1 对监测系统的说明,包括按照第4节标明适用于该油船的监测系统种类,应包括泵和管路的草图,标明来自货舱处所的脏压载水和油污水的排放出口,并符合油船货物和

压载水操作手册的操作要求,对有特种泵和管道的油船,要给予特别考虑;

.2　由制造厂提供的包括监测系统主要构件情况的设备手册;

.3　一本有关安装在油船上的整个监测系统的操作和技术手册,该手册应说明整个系统的布置和操作情况并应具体说明制造厂设备手册中未提到的一些部分;

.4　手册的操作部分应包括正常的作业程序及设备发生故障时排放油污水的程序;

.5　手册的技术部分应包括足够的能查找故障的资料(监测系统的泵和管路的布置草图及电力/电子线路图)及如何做维修记录的说明;

.6　技术安装规范特别要说明构件的位置和安装方法,保持安全和危险处所之间边界完整性的布置及取样管路的布置,包括5.3.6所提及的取样反应时间的计算;

.7　油量计机型认可证书副本及有关监测系统其他构件的技术文件;及

.8　对所安装的监测系统建议的试验及检查程序,该程序应列出安装公司在性能试验中应进行的全部检查并为检验人员在船上检验监测系统时提供指导。

9　总的安装要求

9.1　船上安装办法必须保证整个系统能令人满意地工作,并符合有关主管机关制定的所有安全条例。

9.2　所有的安装办法必须符合第8节所述的各项及计划认可的程序。

9.3　安装办法还必须达到第5节技术规范所有有关部分的要求并符合各种设备和构件的制造厂提供的所有有关的安装说明要求。

10　安装检验

10.1　证实船上有合格的可供长期使用的下列文件:

.1　油量计机型认可证书副本;

.2　主管机关或经主管机关授权的试验室的证明,证明监测系统的控制部分按照本附件第二部分的环境试验规范进行了机型试验;

.3　该系统主要构件的设备手册;

.4　经主管机关认可的操作和技术手册,其中包括对系统的技术说明,操作程序及设备发生故障时的补救办法;

.5　安装规范;及

.6　安装检验程序。

10.2　证明油量计和监测控制部分的工厂证书是否完善。

10.3　证实该系统安装是否按照8.1.6所述的经认可的技术安装规范进行的。

10.4　证实:

.1　油量计是否同其机型认可证书相符;

.2　油量计和监测系统控制部分的安装是否按照制造厂的设备规范进行的;

.3　作业排放口是否布置在泵和管路布置图所指示的位置。

10.5　证实安装工艺质量是否令人满意,特别是穿过舱壁的工艺是否达到有关认可的标准。

10.6　证实在按照本指南和规则的第11节中的认可程序进行试验时,监测系统的操作是否正常。

11　船上性能试验和检验程序

11.1　当监测系统在海上工作时8.1.8所指的性能试验应至少包括所有下列的试验:

.1 证实泵的运转正常，取样器和管路系统没有渗漏，遥控取样阀工作正常等；

.2 根据情况检查流量或压降，以证实该系统是在流量正常的情况下工作，对每一取样点均应进行多次此种试验；

.3 证实监测系统外部工作不正常时（例如无样水流，无流量计信号，电源截断）报警器能正常工作；

.4 监测系统用水操作时，人工改变模拟输入信号，检查记录的值和时间是否正确；改变模拟输入信号使其达到报警条件，证实记录是正确的；对 A 类监测系统，使其舷外排放控制部分工作，然后证实记录了工作状况；

.5 证实当瞬间排放量降至 60 L/n mile以下时，能重新恢复到正常工作条件；

.6 启动人工替代装置，并证实做了记录以及 A 类监测系统的舷外排放控制装置可以工作；

.7 关闭该系统，证实 A 类监测系统不能工作；

.8 启动该系统，按照制造厂的操作和技术手册核查零点及给油量计定位；

核查已安装和全部流量表的精度，例如将水泵输入一个根据水位变化可计算出流量的封闭系统中检查时，流量约为额定流量的50%。

附件：内容略。

环保会第 MSC.108(49)号决议
(于 2003 年 7 月 18 日通过)

经修正的油船油类排放监控系统导则和规范

海上环境保护委员会,

忆及《国际海事组织公约》提及《防止和控制海洋污染国际公约》赋予的关于海上环境保护委员会职责的第 38(a)条,

注意到经 1978 年议定书修改的《1973 年国际防止船舶造成污染公约》(《73/78 防污公约》)附则 I 第 15(3)(a)条规定 150 总吨及以上的油船必须装配经主管机关认可并符合本组织通过的油船油类排放监控系统导则和规范的油类排放监控系统,

还注意到为实施该条而制定的题为“经修正的油船油类排放监控系统导则和规范”的第 A.585(14)号大会决议,

进一步注意到关于油船装载 C 类和 D 类油类物质的《73/78 防污公约》附则 Ⅱ 第 14 条,

回顾了大会以第 A.886(21)号大会决议决定,为建立统一的程序,通过或修改 73/78 防污公约和其他 IMO 文件的实质性条文中提到的性能标准和技术规范的职能,应酌情由海上环境保护委员会或海上安全委员会行使,

在其第 49 届会议上审议了设计与设备分委会根据《73/78 防污公约》附则 I 的要求提交的建议案,

1　通过了经修正的油船油类排放监控系统导则和规范,其条文列于本决议的附件,适用于 2005 年 1 月 1 日或以后安放龙骨或处于相应建造阶段(以下简称“建造的”)的油船;

2　请各国政府在按照《73/78 防污公约》附则 I 第 15(3)(a)条认可 2005 年 1 月 1 日或以后建造的油船上安装的油类排放监控系统时实施经修正的导则和规范。

附　件

经修正的油船油类排放监控系统导则和规范

目　录

1　前言
1.1　目的
1.2　适用范围
1.3　要求概述
2　背景
3　定义
3.1　排油监控系统
3.2　控制部分
3.3　舷外排放控制
3.4　启动连锁装置
3.5　控制装置
3.6　ppm
4　实施要求
5　构造、维护保养、安全、校准和培训
6　技术规范
6.1　排油监控系统
6.2　油分计
6.3　取样系统
6.4　流率指示系统
6.5　船速指示系统
6.6　船位显示装置
6.7　舷外排放控制管理
6.8　处理器和传送装置
6.9　记录装置
6.10　数据显示
6.11　在设备发生故障时人工操作替代装置
6.12　造成停止排放的警报状况
6.13　警报指示器的位置

7　**油分计和排油监控系统控制部分型号认可规范**
7.1　试验要求
7.2　认可和发证程序
8　**工厂功能试验要求**
9　**计划认可要求**
10 **总的安装要求**
11　**安装检验**
12　**船上功能试验和检查程序**
附件
第1部分—油分计认可的试验和性能规范
第2部分—油分计和排油监控系统控制部分型号认可环境试验规范
第3部分—认可文件
附录—监控油船货舱区排放含油污水的油量计型号认可证书

1　前言

1.1　目的

1.1.1　本导则和规范包含了《73/78防污公约》附则Ⅰ第15(3)(a)条要求的油船排油监控系统的设计、安装、性能和试验要求。

1.1.2　本导则和规范的目的是：

.1　对《73/78防污公约》附则Ⅰ第15(3)(a)条作出统一解释；

.2　帮助各国主管机关确定油船排油监控系统(以下简称"监控系统")的适当设计、建造和操作参数,当此系统安装在悬挂其船旗的船舶上时；

.3　确定油分计和组成监控系统的控制部分的试验和性能要求；

.4　确定计划认可装置的要求和已安装设备的性能试验要求；

.5　为检查船上装置提供指导。

1.1.3　本导则和规范也适用于监测按照《73/78防污公约》附则Ⅱ第14条规定装载某些C类和D类油类有毒液体物质的油分监测系统。凡本导则和规范提及的油类监测,都适用这种油类有毒液体物质。

1.2　适用性

1.2.1　经修正的导则和规范适用于2005年1月1日或以后安放龙骨或处于相同建造阶段的油船上安装的设备。以第A.393(Ⅹ)号大会决议、环保会第A.496(Ⅻ)号决议、第MEPC.13(19)和第A.586(14)号大会决议通过的导则和规范不适用于新的导则和规范所适用的油船。

1.2.2　在2005年1月1日前安放龙骨或处于相同建造阶段的其他油船上安装的设备,既应符合第A.393(Ⅹ)号大会决议、环保会第A.496(Ⅻ)、第MEPC.13(19)号决议和第A.586(14)号大会决议通过的导则和规范所载的要求,又要符合新导则和规范所载的要求。

1.3　要求概述

本导则和规范中规定的监测系统各个部分的认可要求概述如下：

.1　油分计型号认可应按照附件第1部分规定的程序进行试验；

.2　油分计和监测系统的控制部分应进行附件第2部分规定的环境试验；

.3　第 8 节所规定的计划认可文件,应在安装监测系统前提交给主管机关;

.4　该系统的各组成部分应经过第 8 节所规定的工厂功能试验;以及

.5　整个监测系统应按照第 11 节规定的程序进行检验。

2　背景

2.1　《73/78 防污公约》附则 I 有关油船压载水和洗舱水含油量监测要求载于第 15(3)(a)条中,150 总吨及以上的油船应安装经认可的监测系统,并规定这种系统应连续记录:

.1　每海里排放油的立升数;和

.2　总的排放油量或排放物的含油量和排放率。

上述两种记录,均应记载时间和日期,并应至少保存三年。

2.2　第 15 条还规定,在向海中排放任何排放物时,即应启动该系统并应确保当偶尔排油量超过第 9(1)(a)条所允许的限值时能自动停止排放含油混合物。

3　定义

3.1　排油监控系统

本导则和规范中提及的如"监测系统"的排油监控系统是一种监测货油舱区排往海中的含油压载水或其他油污水的系统,它包括第 6.1.4 段中所规定的各个项目。

3.2　控制部分

监测系统的控制部分是一种由第 6.1.4.8 段所规定的项目组成的装置。

3.3　舷外排放控制

舷外排放控制是警报条件下自动启动停止舷外排放并在整个警报阶段防止排放的一种装置。这种装置可布置的能视情关闭舷外阀门或停止相关的泵。

3.4　启动连锁

启动连锁是在公约要求使用监测系统时在这种系统完全工作之前能防止打开排放阀或其他相应设备的一种装置。

3.5　控制装置

3.5.1　控制装置是一种接收下列自动信号的装置:

.1　流出物的含油量(百万分率);

.2　排放流率(m^3/h);

.3　船速(kn);

.4　船舶位置——纬度和经度;

.5　日期和时间(格林尼治平时);和

.6　舷外排放控制的状况。

3.5.2　该装置应自动记录 6.9.2 段所规定的数据。

3.6　ppm

ppm 是指水中油含量为体积单位的百万分之一。

4　实施要求

150 总吨及以上的油船应安装排油监控系统。它应使用一种控制装置并应安装一启动连锁装置和舷外排放控制装置。

5　构造、维护保养、安全、校准和培训

5.1　该仪表应设计为确保使用者接近主要控制器受到限制。除控制以外的如应急维修或临

时修理是可以接通的，但需要撕开安全封条或启动另一台显示接近设备装置。

5.2　封条应设计为只有制造厂家或其代理能够更换封条或在对设备检查或保修后重新设置系统。

5.3　排油监测设备的精确度应在《国际防止油污证书》换证检验时加以核验。为了检查，应将证明上一次核验日期的证书保留在船上。

5.4　排油监测设备单位按其用途可有几种刻度。安装在仪表上的记录装置有多种刻度，应标明使用的是哪种刻度。

5.5　建议在船上配备一种简单的工具，用来核验仪表的偏差，确定仪表读数的可重复性并能够将仪表重新调到零的位置。

5.6　船上人员培训应包括熟悉设备的操作和维修保养。

5.7　排油监测设备的日常维修和故障排除程序应在《操作和维修手册》中由生产厂家作出明确规定。所有的日常维修保养都应记录下来。

6　技术规范

6.1　排油监控系统

6.1.1　监测系统应能有效地监控通过第 18 条允许的排放口向海中排放根据主管机关的意见是符合油船动作要求的任何排出物。

6.1.2　通过不受监控系统控制的排放口从货油舱区向海中排放压载污水或其他油污水是违反公约的。

6.1.3　在油船通常遇到的各种环境条件下，监控系统均能有效地起作用，其设计和构造应满足本导则和规范附件第 2 部分规定的环境试验规范。此外，

.1　该系统应设计为不得从货油舱区排放任何压载污水或其他油类污水，除非该监测系统是处于正常运转方式并已选择相应的采样点；

.2　本系统最好最少数量地从排放口提取排出物样品，而且作出一次只能通过一个出口进行舷外排放的安排；

.3　如打算使用多条管线同时排放，则每条管线都应安装一个油分浓度计及一个流量计，这些仪表应与一个普通的处理器相连接；

.4　为避免短时间高油浓度信号（脉冲）引起瞬间高排放率警报，可抑制短时间高 ppm 信号，但时间最多不得超过 10 s，或以间隔不超过 5 s 的油分浓度计读数给出的前 20 s 或计算出的更短时间内的瞬间 ppm 值不断平均的瞬间排放率。

6.1.4　监测系统应包括：

.1　监测排出物含油 ppm 值的油分浓度计，该仪表应按本导则和规范附件的规定进行认可，并考虑到所运载的油类范围给予证明；

.2　测量被排入海中的排出物排放率的流率显示装置；

.3　显示以节为单位的船速显示装置；

.4　显示船舶位置的船舶位置显示装置——纬度和经度；

.5　把有代表性的排出物样水输送到油分浓度计的取样系统；

.6　停止舷外排放控制装置；

.7　在监测系统完全工作之前避免任何排出物向舷外排放的启动连锁装置；

.8　控制部分包括：

.8.1 接收排出物含油量、流率和船速信号的处理器,并将这些数值计算成每海里排放油的公开权及总的排油量;

.8.2 提供警报和控制舷外排放信号的装置;

.8.3 按第6.9.2段要求提供数据记录的记录装置;

.8.4 按第6.10段要求显示现时运作数据的数据显示器;

.8.5 在监测系统出现故障时使用的手动过载系统;和

.8.6 提供启动连锁信号的装置,以防止在监测系统完全工作之前有排出物排放。

6.1.5 量监测系统的每一主要部件都应装有一块名牌,以组装图纸号、机型号和系列号鉴别这些部件。

6.1.6 如装设在危险区域,监测系统的电气部件应符合根据该区域提出的有关安全要求。

6.2 油分浓度计

6.2.1 油分浓度计应满足本导则和规范附件第1部分试验和性能规范并符合本节的基本要求。

6.2.2 设计用于监测大范围含油量的油分浓度计的精确度,其读数能代表经试验的样品的实际含油量,在±10 ppm或±20%以内,读数以大者为准。即使有空气、锈、泥和沙,精确度也应保持在上述限值之内。

6.2.3 当设计的油分浓度计供电时(电力、压缩空气等),在上述限度内正常工作与仪表设计值相差10%。

6.2.4 油分浓度计的读数不受油的种类影响是比较理想的。如果受到影响不需要在船上校正仪表,但可按制造厂的说明书做预设校正变动。在后一种情况下,应采取有效的方法来检验其是否对此种油选定了正确的校正。读数的精确度应始终保持在第6.2.2段规定的限值内。

6.2.5 按附件第1部分1.2.8段的定义,仪表的反应时间应不超过20 s。

6.2.6 根据仪表的用途,可能有多种刻度。其刻度的最大范围应不小于1 000 ppm。

6.2.7 仪表应具有一种简单的装置,能使船员通过相对于油分浓度计刻度一半的读数的模拟信号来检查油分浓度计的电器和电子线路的工作情况。还应有可能让合格人员在油船上重新校正仪表。

6.2.8 如果打算将仪表安装在可能会有可燃气体的处所,则仪表应符合该处所的有关安全要求。作为仪表一部分的任何电气设备均应安装在非危险区域,否则,应经主管机关证明其在危险环境中使用是安全的。安装在危险区域的任何活动部件,都应避免静电的形成。

6.2.9 仪表不应装有或使用任何有危险性质的物质,除非经主管机关认可的适当办法能消除由此引起的任何危险。

6.2.10 仪表应能在海上环境中抗腐蚀。

6.2.11 仪表应用与被试验的液体适合的材料建造。

6.3 取样系统

6.3.1 取样点应处于能从那些按照第6.1.1段的规定用于动作性排放的排放口获取有关样品的位置。安置在舷外排放管道上的取样探头和把取样探头连接到油分浓度计的管系应符合本节的要求。

6.3.2 管线和取样探头应用耐火、耐腐蚀和油的材料制成,要有足够的强度并得到正确的连接和支撑。

6.3.3 本系统的每个探头附近应有一个停止阀门，除非当探头安装在货油管线上时，取样管线上应并联安装两个停止阀门，其中一个可以是遥控的样品选择器阀门。

6.3.4 取样探头的布置要应易于取出，尽可能安装在排放管线垂直部分易于接近的位置。如需在排放管线水平部分时，则在安装检验中应确保管道在整个排放时间都充满液体。探头插入管中的深度一般为管径的四分之一。

6.3.5 应运用固定清水冲洗装置或一种同样的办法来清洗取样探头和管系。取样探头和管系设计为能最大限度地减少油、油类残余物或其他物质的阻塞。

6.3.6 考虑到管线的长度及管中液体的流速，应尽可能缩短排出混合物的变换和油分浓度计读数变换之间的总反应时间，包括油分浓度计本身的反应时间在内，在任何情况下，不能超过40 s。

6.3.7 在选择通向污油舱分流点的探头位置时，应注意到再循环中含油水取样的需要。

6.3.8 该泵流中使用的取样泵或其他任何泵的驱动布置应考虑到所在区域的安全要求。从危险区域到非危险区域的穿过安排应为主管机关的认可的设计。

6.3.9 冲洗装置在必要时可用于试验运转和稳定油分浓度计及校正零点。

6.3.10 回到污水舱的样水，不许自由流落到舱中。在配备惰性气体系流的油船上，在通向污油舱的管线上，应设有足够高度的 U 型密封垫。

6.3.11 如果是人工从通往油分浓度计的进口管路收集样水，则应在取样泵下游或主管机关同意的某一同等位置设一阀门。

6.4 流率显示系统

6.4.1 测量排放率的流量表应安装在排放管线的垂直部位或排放管线的任何其他适当部位，以使泵中充满排放的液体。

6.4.2 流率表应运用适合在船上使用的工作原理，必要时，也能在大管径的管线上使用。

6.4.3 流率表应适用于正常作业时所能碰到的全权限流量，或者可采用两个不同极限的流速计，或在必要时，以限制作业流量极限的方法来达到这一要求。

6.4.4 安装好的流率表的精确度，应为排放流出物的全过程运作极限内瞬间排放率的10%，或更好。

6.4.5 流率表与排放物接触的部件应由足够强度的耐腐蚀和耐油材料制成。

6.4.6 设计流率表的布置时应考虑其安装处所的安全要求。

6.5 船速显示系统

6.5.1 监测系统所要求的自动船速信号，应从船速显示装置以重发信号获得。所使用的船速信息，可为相对陆地的速度或水的速度，将依据船上所装的测速设备确定。

6.6 船位显示装置

6.6.1 船位显示装置应包括全球导航卫星系统或陆地无线电导航系统或其他装置的接收器，适合于整个预计航程所有时间使用，以自动的方式建立并更新船舶位置。

6.7 舷外排放控制管理

6.7.1 舷外排放控制应能通过关闭有关的舷外排放阀门或停止所有有关的泵自动停止排放物排入海中。排放控制管理应具有故障保险的特征，所以，在警报条件下，在监测系统不工作或出现故障时，可停止所有排放物的排放。

6.8 处理器和传输装置

6.8.1　控制部分的处理器应以不超过5 s的间隔时间接收油分浓度计、流率显示系统和船速显示系统的信号,并应自动计算出下列数据:

.1　以公升/海里为单位的瞬间排油率;

.2　以立方米或公升为单位的航行期间的总排油量。

6.8.2　如果超过第9(1)(a)(iv)和(v)条规定的限值时,处理器将发出警报,并向舷外排放控制管理装置发出停止向海中排放的指令性信号。

6.8.3　处理器一般应包括一个不断发出时间和日期信息的装置。替代的装置自动和连续接收外部的时间和日期的也可被接受。

6.8.4　一旦电源发生故障,处理器应能保存有关排油总量、时间和日期的计算资料。当监测系统由人工装置操作时,应能打印出数据,但当电源发生故障时,监测系统能启动舷外排放控制装置停止排放流出物,则可不需要这种装置。

6.9　记录装置

6.9.1　控制部分的记录装置应包括一台数码打印机,如愿意,可以是电子形式的。所记录的参数应清晰地打印输出。打印纸输出应是清晰可识别的,即使从记录装置移开至少应能保存3年。通过人工操作装置人工输入的任何信息,都应能打印输出。

6.9.2　自动记录的数据应至少包括:

.1　瞬间排油量(L/n mile);

.2　瞬间含油量(ppm);

.3　排油总量(m^3或L)

.4　时间和日期(格林尼治平时)

.5　船速(kn)

.6　船舶位置——纬度和经度;

.7　排出物流率;

.8　舷外排放控制或布置的状况;

.9　油类选择器的设定(如有的话);

.10　警报条件;

.11　故障(即不流、错误等);和

.12　补救行动(即人工操作装置、冲洗、校正等)。

6.9.3　本导则和规范第6.9.2段所要求的数据应根据需要均可打印出,或储存在具有打印输出能力的电子数据库里,至少包括下列最低频率:

.1　当排放开始时;

.2　当排放停止时;

.3　不超过10 min间隔(本系统处于备用状态时除外);

.4　出现警报情况时;

.5　恢复正常时;

.6　当计算出的排放量发生变化超过10 L/n mile时;

.7　当设置零点或校正刻度时;

.8　人工控制时。

6.9.4　记录装置应位于负责舷外排放作业人员易于接近的位置。

6.10 数据显示

6.10.1 除打印输入外,当时数据应被清晰地显示并至少包括下列内容:

.1 瞬间排油量(L/n mile);

.2 排油总量(m^3 或 L)

.3 瞬间含油量(ppm);

.4 排出物流率;

.5 船速(kn);

.6 舷外排放控制或布置的状况。

6.10.2 数据显示应位于负责舷外排放作业人员易于观察到的位置。

6.11 人工替代装置

6.11.1 监测系统发生故障时,取得信息的人工替代装置如下:

.1 油分浓度计或取样系统:靠近排放物的水面目力观察;

.2 流量表:泵排放特征等;

.3 船速指示器:主机每分钟的转数等;

.4 处理器:人工计算和人工记录;以及

.5 舷外排放控制:人工操纵泵和阀门。

6.12 导致停止排放的警报条件

下列任何一种条件都能启动声光警报装置,而且监测系统能停止向海中排放:

.1 当瞬间排油量超过 30 L/n mile 时;

.2 当总排油量达到前位货物的 1/30 000① 时;

.3 当系统操作出现故障时,例如:

.3.1 动力故障;

.3.2 样品丢失;

.3.3 测量和记录系统的重要故障;或

.3.4 当任何传感器的输入信号超过本系统的有效能力时。

6.13 警报显示器的位置

本系统的警报显示器,应安装在货物控制室(如备有)和/或能立即引起人们注意并采取行动的其他地方。

7 油分浓度计和排油监控系统控制部分的型号认可试验的规范

7.1 试验要求

7.1.1 应对油分浓度计的功能进行试验,以各种不同限值含油量和油的类型确定含油量并确定其是否在第 6.2.2 段规定的精确度之内。该仪表应与将申请认可的生产型号各个方面完全一致,应按照本导则和规范附件第一部分的试验和规范进行型号试验。

7.1.2 与将申请认可的生产型号各个方面完全一致的监测系统的油分浓度计和控制部分,应按照本导则和规范附件第二部分的环境试验规范进行型号试验。

7.2 认可和发证程序

7.2.1 在各个方面都符合本导则和规范要求的油分浓度计可以得到主管机关的认可,安装在

---

① 现有船舶符合防污公约附则 I 第 9(1)(a)(5)条要求。

油船上。可采用型号认可的方式发给证书，说明这种仪表的主要技术数据以及任何保证其正常功能所必要的各种限制条件。证书应按本导则和规范附件的第三部分所示的格式颁发。油分浓度计型号认可证书的副本应始终携带在装有此设备的油船上。

7.2.2 得到认可的油分浓度计的型号认可证书应载明具体的适用范围，即原油、“黑色”产品、“白色”产品、其他产品或在证书上列明的适用范围。

7.2.3 其他国家可以在初次试验的基础上或在其代表的监督下进行新的试验后，接受经认可的油分浓度计使用于他们的船上。如果油分浓度计在一个国家通过了试验但在另一个国家没有通过同样的试验，则这两个国家应彼此协商，以便达成一份相互都可以接受的协议。

8 工厂功能试验要求

8.1 在交货之前，应在合适的试验台上对每个油分浓度计和监测系统的每个控制部分进行性能试验。考虑到设备具体设计的特点和性能，该设备性能试验的详细计划应由生产厂家制订。应在提交每一装置时一并提供包括交货试验记录在内的填写好的出厂证书。

8.2 进行油分浓度计的功能试验应至少包括以下所有内容：

.1 检查流量、压力差或等同的参数（酌情确定）；

.2 检查仪表内装的所有警报功能；

.3 检查与本系统其他各个部分相连接的所有转换警报功能；

.4 用适用于仪表的一种油类进行作业或用等效方法，检查所有测量刻度上几个 ppm 值的正确读数。

8.3 监测系统控制部分的性能检查应包括以下各项内容：

.1 检查所有警报功能；

.2 当 ppm、流率和速度模拟输入信号变化时，检查信号处理器和记录设备的正确性能；

.3 检查当输入信号因超过第 9(1)(a)(iv) 和 (v) 条的排放限值而变化时启动警报的情况；

.4 检查当达到警报条件时向舷外排放控制装置输送的信号；

.5 检查当每一输入信号因超过该系统作业限值而变化时启动警报的情况。

9 计划认可要求

应及早准备好拟安装的监测系统的足够文件，并将这些文件提交主管机关认可。提交的文件应至少包括下列所有各项：

.1 监测系统的说明，该说明应包括泵和管线布置示意图，标明货舱区域的压载污水和油污水的排放出口并符合油船货物和压载水操作手册的操作要求，对有特种泵和管线装置的油船，要给予特别考虑；

.2 由制造厂提供的包括监测系统主要构件详细情况的设备手册。

.3 建议安装在油船上的整个监测系统的操作和技术手册，该手册应包括整个监测系统的布置和操作并特别说明制造厂设备手册未涉及的该系统的部件；

.4 手册的操作部分应包括正常的作业程序和一旦设备发生故障时排放油污水的程序；

.5 手册的技术部分应包括足够的能查找故障的资料（监测系统的泵和管线的布置图及电力/电子管线图）以及如何做维修记录的说明；

.6 技术安装规范要特别说明构件的位置和安装方法，保持安全和危险处所之间边界完整性的布置，包括第 6.3.6 段所提及的取样反应时间的计算。此种安装应符合生产厂家特定的安装标准；

.7 油分浓度计型号认可证书副本及有关监测系统其他构件的技术资料；以及

.8 对所安装的监测系统建议的试验及检查程序。该程序应列明安装承包商在性能试验中应进行的全部检查并为检验人员在船上检验监测系统和确认安装反映生产厂家特定安装标准时提供指导。

10 基本安装要求

10.1 船上安装布置必须保证整个系统能令人满意地工作，并符合有关主管机关制定的所有安全规则。

10.2 每一安装布置必须符合第9节计划认可程序规定的和认可的要求。

10.3 安装布置还必须达到第6节技术规范的所有相关部分的要求，并符合各种设备和构件的生产厂家提供的安装说明书的要求。

11 安装检验

11.1 证实船上有合适格式的可供长期使用的下列文件：

.1 油分浓度计型号认可证书副本；

.2 主管机关或经主管机关授权的试验室所做的说明，确认已按照本附件第2部分所载环境试验规范对监测系统的控制部分进行了型号试验；

.3 该系统主要构件的设备手册；

.4 经主管机关认可的操作和技术手册，其中包括对系统的技术说明、操作程序和设备发生故障时的补救程序；

.5 安装规范；和

.6 安装检查程序。

11.2 核证油分浓度计和监测系统控制部分的出厂证书是否齐全。

11.3 核证该系统安装是否按照第9.1.6段所述的经认可的技术安装规范进行安装。

11.4 核证：

.1 油分浓度计是否同型号认可证书相符；

.2 油分浓度计和监测系统控制部分的安装是否按照生产厂家设备规范进行；

.3 作业排放口是否布置在泵和管线布置图所示位置。

11.5 核证安装工艺是否令人满意，尤其是穿过舱壁的工艺是否达到有关认可的标准。

11.6 核证按照本导则和规范第12节所列认可程序进行试验时监测系统操作正常。

12 船上功能试验和检查程序

当监测系统在水上操作时，第9.1.8段所提到的功能试验应至少包括所有下列试验：

.1 核实泵的正常运转、取样器和管路系统没有渗漏、遥控取样阀功能正常等；

.2 通过检查流率和压力差核证该系统在流量正常的情况下运作，应对每一个取样点分别重复这种试验；

.3 核证当监测系统发生故障时（例如无样水流出、无流量表信号、断电等），警报器的正常运作；

.4 当监测系统在水上操作时，人工改变模拟输入信号，检查记录数值和时间是否正确，改变模拟信号使其达到警报条件，核证记录是否正确，确认舷外排放控制器正在启动并验明运作情况正在被记录；

.5 核证当瞬间排放量降至 60 L/n mile 以下时,能重新恢复到正常工作状况;

.6 启动人工操作装置,并核证已做了记录以及舷外排放控制器能够运作;

.7 关闭该系统并核证舷外排放阀门会自动关闭或相关的泵已经停止和舷外排放控制器不再运作;

.8 启动该系统,并按照生产厂家的操作和技术手册核查零点和给油分浓度计设定;

.9 核查已安装的所有流量表的精确度,例如将水泵入一个根据水箱水位变化计算流量的封闭系统中,应在流量表的流率大约为额定流率的 50% 时进行检查。

附　件

本附件包含油船排油监控系统部件详细的试验和性能规范。本附件分为三部分:

第 1 部分——油分浓度计型号认可的试验和性能规范;

第 2 部分——油分浓度计型号认可和排油监控系统控制部分的环境试验规范;和

第 3 部分——认可文件

内容略。

（六）关于防止船舶污染海洋

第 A. 544(13)号决议
(1983 年 11 月 17 日通过)

经 1978 年议定书修改的 1973 年国际防止船舶造成污染公约附则Ⅱ规定的程序和布置的标准

大会，

回顾到国际海事组织公约第 16 条第 10 款关于大会在防止海洋污染规则方面职责的规定，

注意到经 1978 年议定书修改的 1973 年国际防止船舶造成污染公约(73/78 防污公约)附则Ⅱ第 5 条和第 8 条要求本组织制定向海中排放有毒液体物质的程序及安排的标准和通过预洗和通风清除货舱中的残留货物的程序的标准，以便作为本公约缔约国批准这种程序和布置的指南的共同基础，

审议了海洋环境保护委员会在其第十八次会议上提出的建议，

1 **通过**载于附件中的 73/78 防污公约附则Ⅱ要求的程序及安排的标准；

2 **要求**海洋环境保护委员会根据从试行这些标准中得到的经验和其他新情况，随时注意复审这些标准，并在 1985 年春季召开该委员会的第 21 次会议之前通过对标准的任何修正案，以便能够及时改建化学品船和培训船员，使得在 73/78 防污公约附则Ⅱ生效时能够完全符合其要求；

3 **还要求**海洋环境保护委员会在 73/78 防污公约附则Ⅱ生效之前不再通过业经修改的标准的任何修正案；

4 **决定**，根据上述经修改的标准装备的化学品船，不应受在 73/78 防污公约附则Ⅱ生效后海洋环境保护委员会可能通过的标准的进一步修正案中设备要求的约束，除非有紧急需要，并且根据第 A. 500(Ⅻ)号决议充分考虑了把这种要求应用于现有化学品船的代价和益处。

附 件

经 1978 年议定书修订的 1973 年国际防止船舶造成污染公约附则Ⅱ要求的程序和布置标准

目 录

前 言
第 1 章 总则
第 2 章 设备和构造标准
第 3 章 A 类物质的操作标准
第 4 章 B 类和 C 类物质的操作标准
第 5 章 D 类物质的操作标准
第 6 章 程序及布置手册的编写
附录 A 余量表制定方法
附录 B 化学品物理性质表
附录 C 预洗程序
附录 D 污水舱中化学品混合兼容性指南实例
附录 E 可允许排放率的确定
附录 F 通风作业的适宜性
附录 G 污水舱中混合浓度的测定方法
附录 H 按 73/78 防污公约附则Ⅱ要求操作的化学品液货船流程图
附录 I 程序及布置手册概述

前 言

1 经 1978 年议定书修订的 1973 年防止船舶造成污染国际公约附则Ⅱ(下称附则Ⅱ)对自航式或非自航式化学品液货船运输的有毒液体物质的操作排放控制做了规定。操作排放在此是指有毒液体物质的排放或因货舱及管系冲洗、未清洗货舱压载水或舱底污水等混有有毒物质水的排放。

2 除在某些规定的条件下之外,附则Ⅱ禁止向海中排放附则Ⅱ中所列的有毒液体物质。根据有毒液体物质对海洋环境所造成的危害程度,这些条件有所不同。为此目的,根据附则Ⅱ附录Ⅰ中的指南,将有毒液体物质分成 A,B,C 和 D 类。

3 附则Ⅱ的规则 5 限定了可排放 A,B,C 和 D 类物质残余的条件。本文件未转载这些条件,但引用了下列参数:可向海中排放的最大量;船速;距最近陆地的距离;最小水深;船尾流中最大物质浓度或排放前物质稀释的最大浓度。

4 对某些被称为"特殊区域"的海区定出了更严格的排放标准。

5　附则Ⅱ所要求的向海中排放有毒液体物质程序及安排标准(以下称标准),是为了适应1973年国际防止海洋污染会议第13号决议,并按照附则Ⅱ规则5和8而拟定的。此标准为73/78防污公约成员国制定批准每一化学品液货船有毒液体物质排放程序和安排的指导原则,提供了一个统一的基础。此标准将随附则Ⅱ的生效而生效。

6　拟定这些标准时,考虑到了化学品液货船的设计和操作程序。

7　标准中未重述附则Ⅱ的要求。为确保符合附则Ⅱ,附则Ⅱ和标准中的要求应一同加以考虑。

8　标准的制定是为了鼓励船东设法使扫舱的效果更好,将舱中所剩残余物减少至低于附则Ⅱ中所规定的最高限度。这样可减少附则ⅡB,C和D类有毒液体物质以及未规定物质向海中的排放量。

9　标准基于以下设想:

—附则Ⅱ排放要求和发证要求被解释为,要求各船具有获主管机关认可的程序及布置手册,其中包含本标准中所规定的内容和附则Ⅱ中的要求;

—在规定条件获得满足的情况下,每次卸货后,货舱中的残余物质应符合该船已获认可的程序及安排手册中所规定的卸货完成后货舱所剩残余量的要求;

—本标准残余物估算方法中所采用的方程式以有利的横倾、纵倾值分别为0.5°和0.2°为基础(或等效的舱底斜度);

—标准中定义的尾流稀释公式规定了在可行限度内的最高排放率,使尾流中有毒液体物质的浓度不超过附则Ⅱ所规定的限度;

—附则Ⅱ所要求的水下排放口,如符合这些标准,将把任何排出物引入船舶尾流;

—在规定条件下,舱中的残余水混合物可直接从货舱向海中排放;

—所采用的可将舱中残余物减少至上段所定可以直接从货舱向海中排放的数量的获准预洗程序或有效扫舱系统,在下列前提下将被认为是等同的:

(a)有效清扫仅用于不会固化、在运输温度下黏度低于50 mPa·s(50厘泊)的B和C类物质;以及

(b)有效扫舱系统必须能够将有关管系中以及抽吸点附近处的残余物减少到附则Ⅱ允许量的1/10;

—按此标准执行的预洗程序将满足附则Ⅱ中在特殊区域里B类物质的预洗按规则5(8)(a)以及A类物质的预洗满足5(1)和5(7)的要求,并可达到规则(8)(4)(a)所允许的规定的残余物浓度;

—为使船舶操纵者能够遵守公约要求,并使主管机关为此而制定的要求得到遵守,需要安装排出物排放记录装置;

—在按照本标准进行排放的情况下,在排放B和C类的某些物质时出现色泽,不得认为是违反了附则Ⅱ的原则。

—在按此标准通过执行通风程序除去了货物残余物的货舱里,再注入的水应被认为是清洁水,并因而不受附则Ⅱ规则5(5)和5(10)所列的排放要求的限制。

第1章 总 则

1.1 目的

此标准的目的，是提供一个统一的国际性基础，以使化学品液货船排放的程序和安排步骤满足附则Ⅱ的要求。在批准向每一艘这样的船颁发“散装运输有毒液体物质国际防污染证书”所必需的程序及操作步骤时，主管机关应以标准为基础。为此目的，各船的程序及安排，应列于已获认可的程序及布置手册之中。

1.2 范围

1.2.1 此标准适用于所有散装运载A,B,C或D类有毒液体物质的船舶。

1.2.2 制定此标准，是为了确保达到附则Ⅱ规则5和8中所规定的有毒液体物质排放标准。对A类物质，此标准提出了一个预洗程序，该程序可用来代替从某舱中排放含有A类物质的水时，对排出物浓度的监测。有B和C类物质，此标准提出了程序及布置，如此可确保每舱排放的可允许最大残余量以及尾流中物质最高允许浓度不至于被超过。对A,B,C和D类物质，此标准提出了可用来去除货舱中残余物的通风程序。

1.2.3 此标准不包括主管机关为确保船舶所获认可的程序及布置得到切实遵守而制定的措施，也不包括任何结构细节或所用的材料。

1.2.4 附则Ⅱ第13条要求运载A,B或C类有毒液体物质的化学品船应符合可被修改的散装运输危险化学品船舶构造和设备规则[①]（以下称为散化规则）。因此，对于在散化规则规定的范围内某船根据其适用证书获准运载的所有物质来说，附则Ⅱ和此标准中所要求的一切构造、材料和所装设备，都符合散化规则。

1.3 定义

1.3.1 “平均浓度”是指估计残余量除以那里的残余物和水的总体积所得的数值。

1.3.2 “残余物”是指剩存需处理掉的任何有毒液体物质。

1.3.3 “残余物/水混合物”是指因某些目的（例如洗舱、压载、舱底水）而加入水的残余物。

1.3.4 “均匀混合物”是指从舱中排放时，在任何时间浓度不会超过该舱平均浓度25%以上的残余物/水混合物。

1.3.5 “非均匀混合物”是指不均匀的残余物/水混合物。

1.3.6 “可溶”是指在冲洗水的温度下，可以任何比例与水溶合。

1.3.7 “有关管系”是指卸货用的从舱中抽吸点至排岸接头之间的管系并包括与排放管系开放连接的一切船舶管系、泵及过滤器。

1.3.8 “可固化物质”是指熔点在零摄氏度以上的任何有毒液体物质。

1.3.9 “固化物质”是指处于下列卸货温度下的可固化物质（见上述定义）：

.1 熔点在0℃～15℃之间高于熔点不足5℃；

.2 熔点在15℃以上高于熔点不足15℃；

并且，是从具有暴露于其他货物或暴露于温度低于物质熔点的海水的表面的非绝缘舱中卸下。

---

① 在附则Ⅱ生效之后，预期将修正第13条，以使某些化学品船符合海安会于1983年6月17日在其第48届会议上通过的国际散装化学品规则中的要求。

1.3.10 “高黏度物质”是指在20℃时黏度大于50 mPa·s(50厘泊)的有毒液体物质。

1.4 **等效**

1.4.1 主管机关可允许任何替代此标准所要求的程序及布置,但这类程序及布置至少和此标准所要求的同样有效。主管机关不得将其扩大到替代附则Ⅱ中所含的要求。

1.4.2 主管机关允许某程序及布置替代本标准所要求的程序及布置时,应速将该获准等效程序及布置的细节告知本组织,以便散发给73/78防污公约的缔约国。

1.5 **发证**

1.5.1 主管机关在颁发“散装运输有毒液体物质国际防止污染证书”之前,须检验并在满意后批准:

.1 为了符合附则Ⅱ和此标准而编印的程序及布置手册;

.2 为了符合此标准及本组织所建议的其他规范而配备的设备。

1.5.2 当船舶的程序及布置手册已获主管机关认可时,其他73/78防污公约缔约方应在证书颁发的基础上承认该程序及布置手册。

1.5.3 主管机关应在“散装运输有毒液体物质国际防止污染证书”中提及此手册。

1.6 **安全事宜**

此标准与有毒液体物质货舱的清洗、操作中产生的残余物或混合物处理以及泵房污水处理而涉及的海洋环境问题有关。某些操作具有潜在的危险性,但此标准未对这些操作的所有方面制定安全标准。有关潜在危险的叙述,请参阅散化规则和有关协会或组织所拟定和出版的其他文件,例如国际航运公会液货船安全指南(化学品)。某些潜在危险见下文。

1.6.1 不相溶性

在混合含有不同物质的残余物/水混合物时,相溶性应得到认真的考虑。应参阅获认可的污水相溶性指南。这种指南的一个例子见附录D。

1.6.2 静电危险

供在污水舱或在作为污水舱使用的货舱中使用的再循环混合方法或均匀化技术,应对其静电危险进行仔细考虑。

1.6.3 入舱危险

为收集数据以拟定残余量表或为其他目的需要进入货舱或污水舱的人员,其安全应得到认真的考虑。

1.6.4 反应危险

用水清洗装过某些物质的货舱可能产生不良反应。产生这类反应的物质列在附录13第Ⅶ栏中。

1.6.5 通风危险

国际航运公会指南中指出的与货舱通风有关的危险应加以考虑。

1.6.6 管系清洗危险

国际航运公会指南中所提出的与管系清洗有关的危险应加以考虑。

1.7 **应通知本组织的均化资料**

1.7.1 主管机关应将其所认可的均化设备或均化方法的细节通知本组织,以散发给73/78防污公约缔约国。

第2章 设备和构造标准

2.1 总则

2.1.1 本章包含使化学品船符合附则Ⅱ有关残余物处理要求的设备构造特点标准。

2.1.2 本章中的设备要求应与第3,4和5章中的操作要求一起理解,以确定船上需要的设备。

2.1.3 船长应确保除非使用了第6章所要求的手册中所列和排放所需的设备,否则,不得把残余物或残余物/水混合物排入海中。

2.2 泵系统

2.2.1 货泵系统应能最大限度地将货物泵出,并且最好能使货舱和泵系统中所剩的残余物不超过附则Ⅱ第5(c)、(3)(c)或(9)(c)条许可的数量。

2.2.2 货泵系统可被用来处理残余物和残余物/水混合物,但排放率应低于或降低至4.5和4.6中所定出的排放率。

2.2.3 为处理残余物和残余物/水混合物,需要控制泵的排放能力,以满足第4章的要求时,下列系统之一可加以应用:

.1 排量可调泵系统:

.1.1 其排量可通过改变泵速而调整;或

.1.2 其排量力可通过采用设于排放管系上的节流阀而调整;

.2 排量固定泵系统,其能力不超过4.5和4.6所规定的许可排放率。

2.2.4 如按2.2.3.1控制泵排量,则须设置显示流量的装置。按2.6要求配置的设备,可用于此目的。

2.3 有效扫舱系统

2.3.1 有效扫舱系统可用来为货舱中运载温度下黏度低于50 mPa·s(50厘泊)的非固化物质残余物/水混合物的直接舷外排放做准备。如果装设并用于这个目的,设备必须符合2.3.2和/或2.3.3中适用的要求。

2.3.2 B类物质在特殊区域之外向海中排放以及C类物质在特殊区域之内向海中排放时,此设备应能将卸货后抽吸点附近及有关管系中残余量减少至0.1 m^3或更少。

2.3.3 C类物质在特殊区域之外向海中排放时,此设备应能将抽吸点附近及有关管系中的残余量减少至0.3 m^3 或更少。

2.3.4 每一有效扫舱系统必须经过一次试验,试验中可用水作为需排除的液体,以确定该系统符合2.3.2或2.3.3的设计要求。抽吸点附近及有关管系(包括扫舱系统的管系)中的残余量应直接测量确定。管系中不能向抽吸点自然排空的部分,须设有排空塞或相似装置,以供直接测量残余物。如排空塞或相似装置无法装设,残余量可用计算方法确定。

2.3.5 在任何情况下,扫舱系统的设备必须是永久性的,并能在舱口关闭的情况下工作。

2.4 流出物排放口的位置

2.4.1 排放口须位于货舱结构中舭部弯曲处附近。

2.4.2 排放口的设置必须考虑能防止船舶船内用水进水口将有毒排出物质再次吸入。

2.4.3 如为取得较高的许可排放率而设置双排放口,排放口须设在船舶两舷。

2.5　**排放口尺寸**

2.5.1　排放口的设置应为，当排出物按照此规则 4.4，4.5，4.6 或 4.8 向海中排放时，将不穿过船舶的分界层。

2.5.2　当排放口与船壳成某一斜角时，上述关系应修改，用 Q_D 的组成部分代替 Q_D。它是与船壳成正交的。

2.6　**控制方法**

2.6.1　除按附则Ⅱ第 8 和 9 条的要求备有货物记录簿外，还应记录按 4.4，4.5，4.6 和 4.8 的要求进行的残余物或残余物/水混合物向海中的排放。

2.6.2　须按下列要求之一装设排出物外流记录装置：

.1　使用固定排量泵时：记录泵运行的时间；或

.2　使用可变排量泵时：记录该排量时泵运转的时间；或

.3　无论采用其他何种泵系统：应记录水下排放管通过流体的时间。

2.6.3　上述记录装置应能记录排放开始和停止的时间和/或通过排放管的流量以及具体时间（GMT 或其他标准时间）。日期可手工或自动记录。

2.6.4　如外流量记录装置出现故障，应采用手工替代方法。船长应尽快向主管机关报告这种故障，当装置完全恢复正常运转时或用完好装置替代后应再次报告。出故障的装置应尽快修复，但最迟应在 60 天内修复。

2.6.5　外流量记录装置的误差应在实际流量的 10% 之内。

2.7　**污水舱**

2.7.1　虽然附则Ⅱ不要求设置专用污水舱，但某些清洗程序可能需要污水舱，货舱可代替污水舱。

2.7.2　应备有水兼容性指南。这种指南的举例见附录 D。

2.8　**均化设备**

2.8.1　均化设备或均化方法应保证排放流出物为 1.3.4 所规定的均匀混合物。

2.9　**通风设备**

2.9.1　如用通风方法去除货舱中的残余物，则应配置符合附录 F 要求的通风设备。

第 3 章　A 类物质的操作标准

3.1　**总则**

3.1.1　本章适用于任何持证运载 A 类物质的化学品船。

3.1.2　本章所适用的化学品船应备有按此标准第 6 章制定的获认可的程序及布置手册。船长应确保按照认可的手册进行 A 类物质的排放。

3.2　**货舱中 A 类物质的预清除**

3.2.1　附则Ⅱ要求，装过 A 类物质的货舱清洗时造成的残余物/水混合物应排入接收设施，直至排出物中物质的浓度已减少到低于某一规定数值时为止。在按照附则Ⅱ规则 8（4）测量排出物质中物质浓度成为不可行时，须按照附录 C 采用预清除程序。

3.2.2　上述操作之后向海中排放洗舱水时，应遵循规则 5（1）或 5（7）的其他要求。

3.3　货舱中 A 类物质的通风排放

3.3.1　通风程序可用于清除残余货物。但是,这种程序仅适用于在 20℃ 下蒸气压力 5 × 10^3Pa (50 mbar)的物质。

3.3.2　当向某一货舱通风时,应遵循附录 F 中提出的通风排放程序。

3.3.3　货舱在通风排放时,其有关管系中的液体应排空,并通风排放至舱中看不到剩余液体时为止。如直接观测是不可能或不实际的,则应配备探测剩余液体的装置。

3.3.4　在货舱按此标准清干后,为压载或为接受下一批货物做准备而注入舱中的水应被视为清洁水,不受附件Ⅱ排放要求的限制。

3.4　清洁剂和添加剂

符合 73/78 防污公约第 2 条中"有害物质"定义的各种清洁剂应按照 73/78 防污公约加以处理。

第 4 章　B 类和 C 类物质的操作标准

4.1　总则

4.1.1　本章适用于任何特征运载 B 类和 C 类物质的化学品船。

4.1.2　排放 B 类、C 类物质残余物的化学品船须备有按此标准第 6 章制定的程序及布置手册。

船长应确保按照获认可的手册中规定的程序进行 B 类和 C 类物质的排放。

4.1.3　在本章中,对残余量做如下定义:

.1　"超量"是指对 B 类物质而言,1 m^3 以上的量(或舱容量 1/3 000,取大者);对 C 类物质而言,在特殊区域之外排放时 3 m^3 以上的量(或舱容量 1/1 000,取大者);在特殊区域之内排放时,1 m^3 的量(或舱容量的 1/3 000,取大者);

.2　"有效扫舱量"是指等于或少于所适用的 2.3.2 或 2.3.3 中所规定的残余量;

.3　"允许量"是指低于超量但高于有效扫舱量的残余量。

处理残余物可采用的方法取决于残余的量及进行处理的区域。

4.1.4　4.2,4.3,4.4,4.5 和 4.6 的要求仅在洗舱或压载时或在向海中排放部分或全部残余物时适用。

4.2　卸货与扫舱

4.2.1　从装有 B 或 C 类物质的货舱中卸货时,应最大限度地将舱中及其管系中的物质排空。

4.2.2　排空货舱时,船舶的横纵倾应确保货物流向舱中的抽吸点。最低为 0.5°的横倾和最低为 0.2°的纵倾(或舱底等效的倾斜度)可满足此项要求。

4.2.3　如达不到第 4.2.2 中要求的条件,则应假定舱中存在超量残余物,并执行 4.4 的规定。

4.3　估计剩存残余量

4.3.1　如货舱在卸完、排空并清扫完 B 类或 C 类货物之后要洗舱和压载,则应按照程序及布置手册估计剩残余量。

4.4 货舱[①]洗舱、压载和残余物处理程序

4.4.1 含有超量残余物的货舱(将在特殊区域内排放的 B 类和 C 类物质)

.1 如这种货舱将清洗或压载,按照以下的 .3 的规定,应执行附录 C 中规定的预洗程序。预洗中产生的残余物/水混合物应排至接收设施。

.2 按上述要求预洗后,为进一步清洗或压载而注入舱中的水可不考虑排放率而向海中排放,但须遵守附则Ⅱ中其他的排放要求(如:船速、船位及排放出口的位置)。

.3 如预洗程序尚未完成,压载水不应注入舱中,除非随后将压载水排至接收设施。

4.4.2 含有允许量的货舱(将在特殊区域之外排放的 B 类物质,将在特殊区域内和外排放的 C 类物质)

.1 如这种货舱将清洗或压载,按照下述 .3 的规定,应执行附录 C 中规定的预洗程序。预洗中产生的残余物/水混合物应排至接收设施,或者应转排至污水舱或专用做污水舱的货舱之中供随后向海中排放。从污水舱或专用做污水舱的货舱向海中排放残余物/水混合物的程序见 4.5,4.6。

.2 按上述要求预洗为进一步清洗或压载而注入舱中的水可不考虑排放率而向海中排放,但须遵守附件Ⅱ中其他的排放要求(如:船速、船位及排放出口的位置)。

.3 尽管有上述 .1 的要求,压载水在未进行预洗程序之前可以注入舱中,但排放管系应冲洗并排入舱中,后来处理残余物/水混合物时,这种舱应被视为污水舱。以污水舱或专用做污水舱的货舱向海中排放残余物/水混合物的程序见 4.5 和 4.6。

4.4.3 含有允许量的货舱(将在特别区域内排放的 B 类物质)

.1 如这种货舱将清洗或压载,按照下述 .3 的规定,应执行附录 C 中规定的预洗程序。预洗中产生的残余物/水混合物应排至接收设施,或者排至污水舱或专用做污水舱的货舱之中供随后在特殊区域之外向海中排放。

.2 按上述要求预洗后,为进一步清洗或压载而注入舱中的水可不考虑排放率而向海中排放,但须遵守附则Ⅱ中的其他排放要求(如:船速、船位和排放口位置)。

.3 压载水不应在应用预洗程序之前注入舱中,除非随后将压载水排至接收设施,或者在特殊区域之外向海中排放。在后一种情况下,应执行 4.4.4.2 的规定。

4.4.4 含有有效洗舱量(将在特殊区域之外排放的 B 类物质以及将在特殊区域之内和之外排放的 C 类物质)的货舱

.1 如果这种货舱要清洗或压载,则不必执行预洗程序。

.2 为清洗或压载而注入舱中的水可不考虑排放率而向海中排放,但须遵守附则Ⅱ中的其他排放要求(例如船速、船位和排放口的位置)。

4.4.5 含有有效洗舱量(将在特殊区域内排放的 B 类物质)的货舱

.1 如这种货舱将清洗或压载,按照下述 .3 的规定,应执行附录 C 中规定的预洗程序。预洗中产生的残余物/水混合物应排至接收设施,或者排至污水舱或专用做污水舱的货舱之中,供随后在特殊区域之外向海中排放。

.2 按上述要求预洗后,为进一步清洗或压载而注入舱中的水可不考虑排放率而向海

① 在规定区域排放时,4.4.1,4.4.2,4.4.3,4.4.4 和 4.4.5 的要求适用,即:4.4.2 适用于在特殊区域之外排放 B 类物质残余物/水混合物,即使货物可能在特殊区域内的港口卸下。

中排放，但须遵守附则Ⅱ中的其他排放要求（如：船速、船位和排放口的位置）。

.3 压载水不应在应用预洗程序之前注入舱中，除非随后将压载水排至接收设施，或者在特殊区域之外向海中排放。在后一种情况下，应执行4.4.4.2的规定。

4.5 从污水舱或货舱向海中排放均匀残余物/水混合物

4.5.1 符合下列条件之一或两项条件都符合的残余物/水混合物为均匀混合物：

.1 仅含有1.3.6所规定的可溶物质（附录B第Ⅶ栏指明了物质的可溶性或非可溶性）；

.2 排放时使用2.8所详述的均化设备。

4.5.2 在均匀混合物排入海中之前，应按附录G中的方法确定混合浓度 C_S。

4.5.3 残余物/水混合物可以向海中排放。但排放率不得超过下列方程式的限定：

当使用单个排出口时，

$$Q_D = \frac{Kv^{1.4}L^{1.6}}{C_S};或$$

当使用双排出口时，

$$Q_D = \frac{1.5Kv^{1.4}L^{1.6}}{C_S}。$$

式中：Q_D——残余物/水混合物排放率（m^3/h）；

v——船速（kn）；

L——船长（m）；

K——4.3×10^{-5}；

C_S——容量比率表示的物质在残余物/水混合物中的混合物浓度。

附录E中阐明了用列线图计算许可排放率的方法。

4.5.4 排放还应符合附则Ⅱ中其他的排放要求（如：船位、船速和排放出口位置）。含有B类物质的预洗污水不得在特殊区域之内向海中排放。

4.6 从污水舱或货舱向海中排放非均匀混合物

4.6.1 符合下列两项条件的残余物/水混合物为非均匀混合物：

.1 含有一种或多种非可溶性物质；而且

.2 未使用2.8所述的均化设备。

4.6.2 如非均匀混合物中含有B类物质并在特殊区域之外排放，残余物/水混合物应被当做纯物质对待，因此某些排放率不得超过：

当使用单排出口时，

$$Q_D = Kv^{1.4}L^{1.6};或$$

当使用双排出口时，

$$Q_D = 1.5Kv^{1.4}L^{1.6}$$

4.6.3 如非均匀混合物仅含有C类物质并在特殊区域之内排放，残余物/水混合物应被当做纯物质对待，因此其排放率不得超过：

当使用单排出口时，

$$Q_D = Kv^{1.4}L^{1.4};或$$

当使用双排出口时，

$$Q_D = 1.5Kv^{1.4}L^{1.6}$$

4.6.4 如非均匀混合物中仅含有C类物质并在特殊区域之外排放，残余物/水混合物被当做纯物质对待，因此其排放率不得超过：

当使用单排出口时，

$$Q_D = 10Kv^{1.4}L^{1.6}；或$$

当使用双排出口时，

$$Q_D = 15Kv^{1.4}L^{1.6}$$

4.6.5 排放还应符合附则Ⅱ中的其他排放要求（如：船位、船速、排放口位置）。

4.7 排放残余物的通风程序

4.7.1 使用通风程序排除货舱中的残余物时，应执行3.3中提出的规定。

4.8 货舱的压载和排除压载

4.8.1 货舱卸货后可以压载。

4.8.2 压载水的质量取决于舱的清洗程度并可向海中排放分为下列各类：

.1 第1类：注入未清洗货舱内的压载水。关于此类压载水的处理规定，列于4.4之中。

.2 第2类：在有效清扫或按照附录C预洗后注入货舱的压载水。关于此类压载水的处理规定，列于4.4之中。

.3 第3类：货舱经一定程度的清洗，注入压载水，使舱中压载水含原运载物的量不会超过1 ppm。这种清洁效果，在按附录C的规定进行预洗（如4.4.1，4.4.3和4.4.5适用时所定的）和随后进行全循环清洗后，一般都可获得。这种压载水可不考虑排放和排放出口位置而向海中排放，但要求船舶距离最近陆地至少12 n mile，水深至少25 m。

.4 第4类：注入经彻底清洗的货舱中的压载水。附则Ⅱ把这种压载水定为清洁压载水。这种压载水向海中排放不受附则Ⅱ任何要求的限制。

4.9 清洁剂和添加剂

符合73/78防污公约第2条中“有害物质”定义的各种清洁剂应按照73/78防污公约加以处理。

第5章 D类物质的操作标准

5.1 总则

5.1.1 排放D类物质残余物的化学品船须备有按此标准第6章制定的程序及布置手册。船长应确保按照获认可的手册所规定的程序进行D类物质的排放。

5.2 D类物质的排放

5.2.1 虽然有要把D类物质按附则Ⅱ规则5(4)以稀释后的形态排放的要求，但是D类物质还可按第4章中对C类物质规定的操作标准排放。

5.3 通风排除货舱中的D类物质

5.3.1 用通风程序排除货舱中的残余物时，3.3中的要求适用。

5.4　清洁剂和添加剂

符合73/78防污公约第2条中“有害物质”的各种清洁剂应按照73/78防污公约加以处理。

第6章　程序及布置手册的编写

6.1　每艘运载A,B,C或D类物质的化学品船都须备有本章所规定的手册。

6.2　程序及布置手册应基于此标准。手册应包括该船按散化规则和附则Ⅱ而持证运载的一切有毒液体物质。

6.3　程序及布置手册至少应包括下列资料和操作须知：

.1　对附则Ⅱ中排放要求的叙述（简介）；

.2　可运载有毒液体物质表，其中列明物质的污染类别，有关物理特性（黏度、熔点、蒸气压力、水溶性）以及可否通风排除；如果是B和C类物质，还应列明是否是可固化或高黏度物质；

.3　关于运载有毒液体物质货舱的说明；

.4　关于在船上的以及在第2章中对其有要求的一切设备的说明，包括将被用做污水舱的所有货舱的清单，一份表示泵和控制设备各自位置的泵系统管路图，并列明确保设备正常运转的方法（核对单）；

.5　此标准第3,4,5章中适用于该船的程序细节应（如果适用）包括如下指示：

.5.1　扫舱的方法和清扫系统运转时的限制条件（如最低横、纵倾等）；

.5.2　货泵、货管系和扫舱管系的排空方法；

.5.3　为执行此标准的货舱预洗方案；

.5.4　压载和排压载的程序；及

.5.5　从污水舱排放残余物/水混合物的程序。

.6　按附录A制定的残余物表，其中应列明运载B和C类物质的各个货舱在卸货和清扫后，舱中及有关管系中将剩存的残余量，以及各船根据散化规则而持证运载B,C类物质的物理特性，

.7　以4.5,4.6中有关公式为根据的诸模图或表，表明B和C类物质向海中排放的量；

.8　污水兼容性指南；及

.9　除上述之外的所有附则Ⅱ中的排放要求。

6.4　程序及布置手册的格式应与附录I后所附的概述相同。

附 录 A

余量表制定方法

1 介绍

1.1 目的

1.1.1 此附录的目的是提供化学品船货舱及有关管系余量表的制定方法。关于余量表的要求列于此标准的4.3之中。

1.1.2 余量表将构成程序及布置手册的一部分,并将使船舶操纵者能够不用进行任何复杂的计算即可估计船上剩余的残余量。此残余量表仅在货物按此标准4.2的要求卸下后,方可用来估算残余量。

1.1.3 为利用此余量表,船舶操纵者需要知道物质在运载温度下的黏度(如物质熔点在0℃之上)、物质熔点、运载温度和海水温度。

1.1.4 附则Ⅱ物质的黏度和熔点见附录B。附录B中还给出了确定在不同温度下物质黏度的诸模图。

1.2 背景

1.2.1 余量表根据确定不同构成部分残余量的方程式而制定。两个主要构成部分为:

.1 货舱中的残余物;

.2 有关管系中的残余物。

1.2.2 这些部分可进一步细分为:

.1 货舱表面上的薄膜状残余物;

.2 抽吸点附近的残余物;

.3 抽吸管中的残余物;

.4 排放管中的残余物。

1.2.3 上述某些部分的数值仅取决于舱的构造特点和货物排放安排,而其他数值取决于物质黏度和熔点。为使余量表的制定和在船上使用简单化,物质被分为两大组,即熔点在0℃以下的物质和熔点在0℃以上的物质。之后列出了残余物方程式,使其能给出各组在下列黏度范围内的残余量数值:

.1 黏度在5 mPa·s以下的物质;

.2 黏度在5和50 mPa·s之间的物质;

.3 黏度在50 mPa·s以上的物质。

1.2.4 第2节中列出残余物方程式,第3节有符号和单位制表,第4节中说明了如何使用残余物方程式制定余量表,第5节说明了船舶操纵者应如何使用余量表,第6节中列举了关于不同货物排放作业的几个成功范例。

2 残余物方程式

2.1 货舱中的残余物 $Q_{\mathrm{RES}}(\mathrm{tank})$

$$Q_{\mathrm{RES}}(\mathrm{tank}) = Q_{\mathrm{RES}}(\mathrm{surf}) + Q_{\mathrm{RES}}(\mathrm{sucpt})$$

2.1.1 货舱表面上的残余物 $Q_{\mathrm{RES}}(\mathrm{surf})$

.1 黏度小于 5 mPa·s 的物质

$$Q_{RES}(surf)=1.1\times10^{-4}A_d+1.5\times10^{-5}A_W+4.5\times10^{-4}L^{1/2}bA_d \quad \text{Eq. 1.2.1}$$

.2 黏度在 5 和 50 mPa·s 之间的物质。

$$Q_{RES}(surf)=1.8\times10^{-4}A_d+3.5\times10^{-5}A_W\times1.4\times10^{-3}L^{1/2}A_b \quad \text{Eq. 1.2.2}$$

.3 黏度大于 50 mPa·s 的物质。

$$Q_{RES}(surf)=8.5\times10^{-4}A_d+1.1\times10^{-4}A_W+4.5\times10^{-3}L^{1/2}A_b \quad \text{Eq. 1.2.3}$$

2.1.2 抽吸点附近的残余物

.1 有槽或有井时

$$Q_{RES}(sucpt)=h_s A_s+5.5\times10^{-6}(3.5a_W+8.7b_W)^3$$

.2 无槽或井时

$$Q_{RES}(sucpt)=5.5\times10^{-6}(1\,000\,h_s+3.5a_s+8.7b_s)^3$$

2.2 有关管系中的残余物 $Q_{RES}(pipe)$

$$Q_{RES}(pipe)=Q_{RES}(suc)+Q_{RES}(dis) \quad \text{Eq. 2.1}$$

2.2.1 抽吸管中的残余物 $Q_{RES}(suc)$

.1 向泵自然排空式

$$Q_{RES}(suc)=0 \quad \text{Eq. 2.2}$$

.2 向泵非自然排空式

$$Q_{RES}(suc)=V_v(suc)+V_h(suc) \quad \text{Eq. 2.3}$$

2.2.2 排卸管系中的残余物 $Q_{RES}(dis)$

.1 以至少 6 bar(6×10^6 Pa)的压力清洗过的管线

.1.1 黏度小于 5 mPa·s 的物质

$$Q_{RES}(dis)=V_v(dis)+0.1V_h(dis) \quad \text{Eq. 2.4.1}$$

.1.2 黏度在 5 和 50 mPa·s 之间的物质

$$Q_{RES}(dis)=V_v(dis)+0.2V_h(dis) \quad \text{Eq. 2.4.2}$$

.1.3 黏度大于 50 mPa·s 的物质

$$Q_{RES}(dis)=V_v(dis)+0.4V_h(dis) \quad \text{Eq. 2.4.3}$$

.2 未清洗过的管线

$$Q_{RES}(dis)=V_v(dis)+V_h(dis) \quad \text{Eq. 2.5}$$

2.3 熔点在 0℃ 以上的物质的附加量

$$Q_{RES}(add)=Q^b_{RES}(add)+Q^W_{RES}(add) \quad \text{Eq. 3.1}$$

2.3.1 $Q^b_{RES}(add)$的确定

.1 绝缘舱底

$$Q^b_{RES}(add)=0 \quad \text{Eq. 3.2}$$

.2 非绝缘舱底

$$Q^b_{RES}(add)=6.5\times10^{-5}[T_{mp}-1/2(T_C+T_{SW})]A_b \quad \text{Eq. 3.3}$$

2.3.2 $Q^b_{RES}(add)$的确定

.1 绝缘舱底

$$Q^b_{RES}(add)=0 \quad \text{Eq. 3.4}$$

.2 非绝缘舱底

$$Q^{b}_{RES}(add) = 6.5 \times 10^{-5}[T_{mp} - 1/2(T_C + T_{SW})]A_W \quad \text{Eq. 3.5}$$

3 残余物方程式中使用的符号和单位

A_b——舱底面积 （m^2）

A_b——甲板下面积 （m^2）

A_s——槽式井的横截面积 （m^2）

a_s——横向隔舱壁至抽吸点中央距离 （m）

A_W——舱壁的表面面积 （m^2）

a_W——井至横向隔舱壁的最短距离 （m）

b_S——纵向隔舱壁至抽吸点中央的距离 （m）

b_W——井至纵向隔舱壁的最短距离 （m）

h_S——舱底或底之上抽吸管的高度 （m）

L——舱长 （m）

$Q_{ES}(dis)$——排放管线中的残余量 （m^3）

$Q_{RES}(pipe)$——有关管系中的残余量 （m^3）

$Q_{RES}(suc)$——抽吸管线中的残余量 （m^3）

$Q_{RES}(sucpt)$——抽吸点附近的残余量 （m^3）

$Q_{RES}(surt)$——舱底附加残余量 （m^3）

$Q^{W}_{RES}(add)$——舱壁附加残余量 （m^3）

$Q^{b}_{RES}(add)$——舱底附加残余量 （m^3）

T_C——货物运载温度 （℃）

T_{mp}——货物熔点 （℃）

T_{SW}——海水温度 （℃）

$V_h(dis)$——水平排放管线的容量 （m^3）

$V_h(suc)$——水平抽吸管线的容量 （m^3）

$V_v(dis)$——垂直排放管线的容量 （m^3）

$V_v(suc)$——垂直抽吸管线的容量 （m^3）

注：确定 A_b，A_d，A_W 时，下列水平或垂直舱内结构应包括在内：

（ⅰ）水平结构的上表面包括在 A_b 之内；

（ⅱ）水平结构的下表面包括在 A_d 之内；

（ⅲ）所有结构的垂直表面应包括在 A_W 之内。

4 余量表的制定

4.1 总则

4.1.1 残余量方程式的用途是为了对两组物质制定余量表，即熔点在0℃以下的物质和熔点在0℃以上物质；残余量数值则按3个黏度范围在每组中列出。

4.1.2 在运用图A1中的流程图，以确保在制定余量表时使用正确的方程式。流程图中还定明了需要代入方程式中的数据。

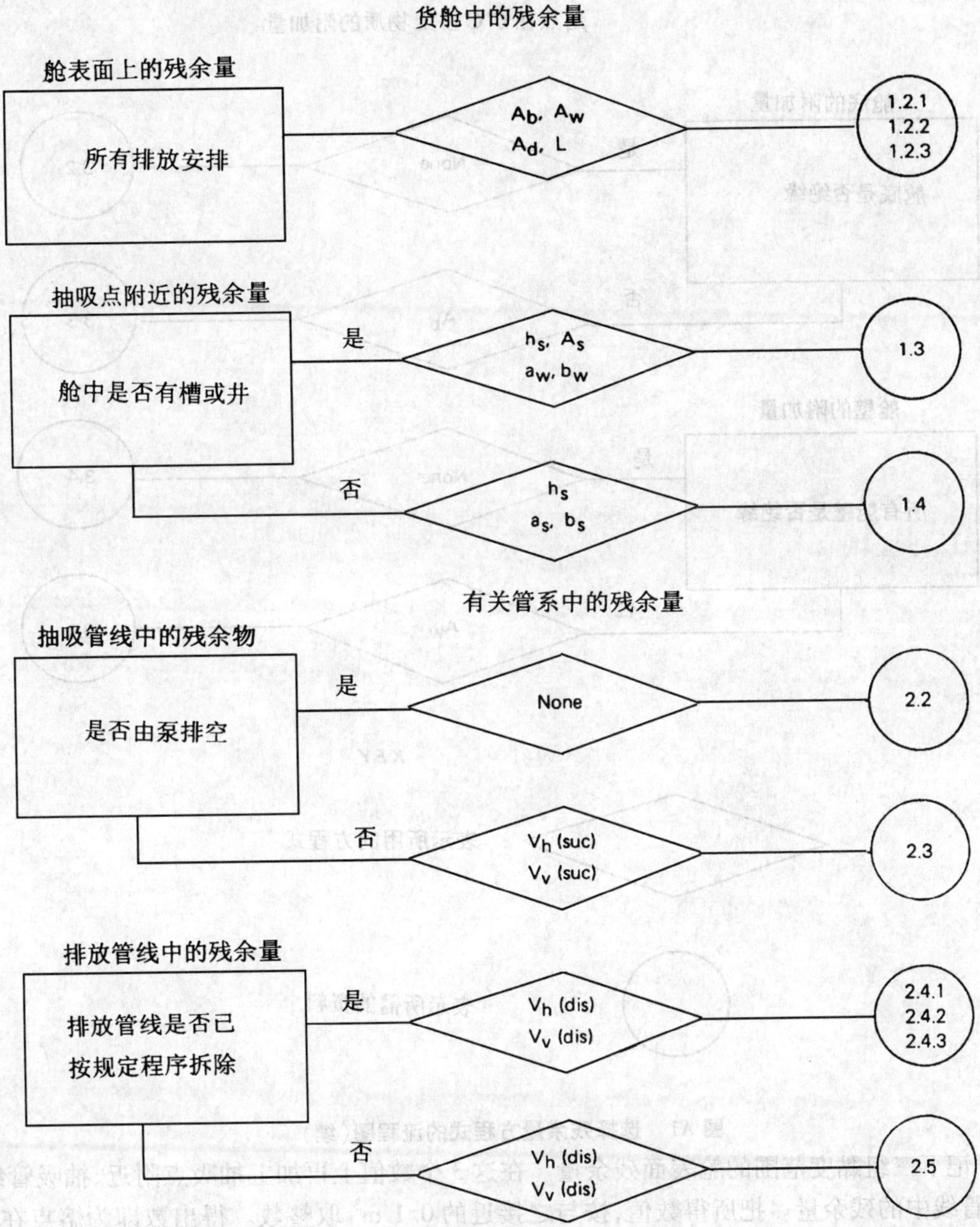

图 A1　选择残余量方程式的流程图

4.1.3　图 A2 标示出化学品船上的常用排放安排，表 A2 中列出了对这些舱制定余量表时应使用的残余量方程式。请注意仅在图 A2(c)和图 A2(f)中所示的安排可被认为能够“向泵自然排空”。

4.2　**程序**

4.2.1　从船舶布置图上和/或通过舱内测量取得流程图中所必需的参数值。所使用的计量单位应与本附录第 3 节中所规定的相符。

4.2.2　根据排放安排选用残余方程式，并计算每一部分的值。

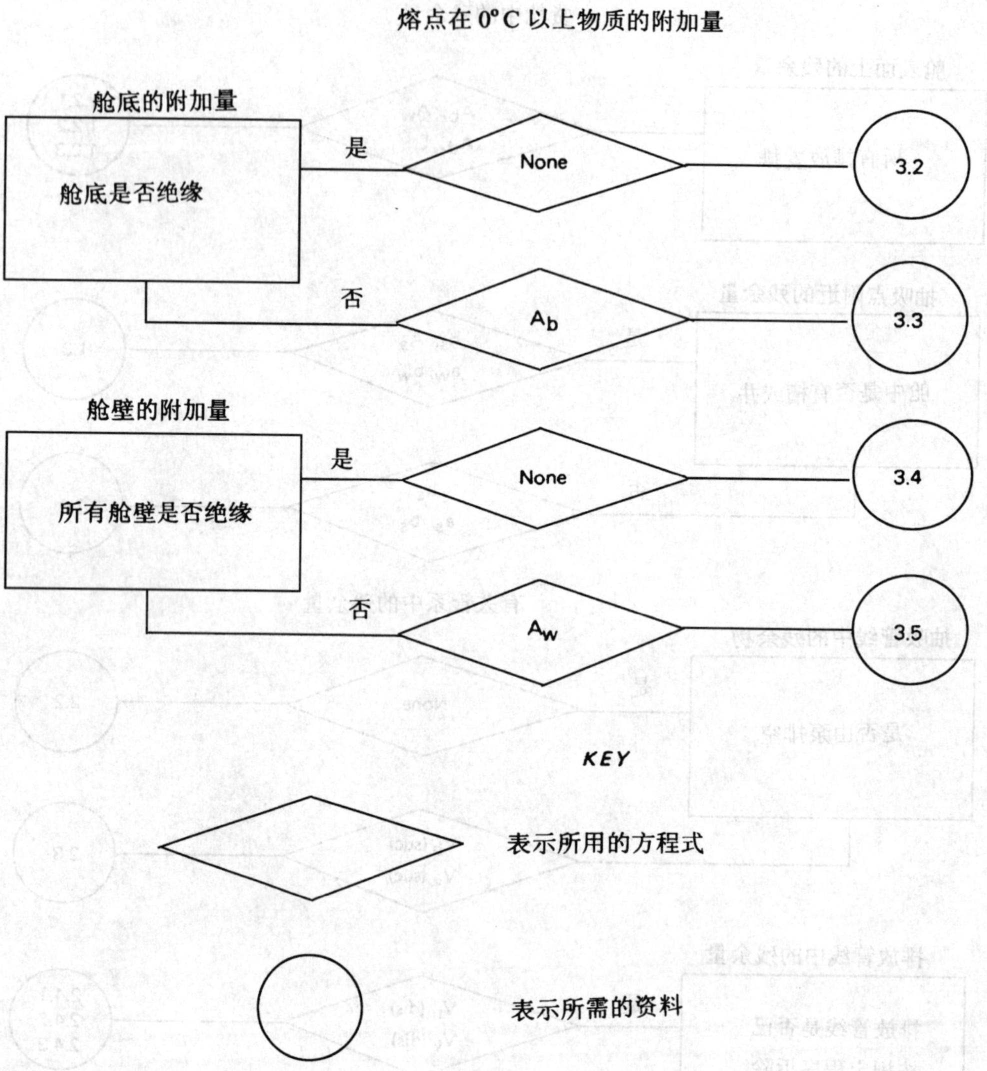

图 A1　选择残余量方程式的流程图(续)

4.2.3　记下三组黏度范围的舱表面残余量。在这 3 个数值上再加上抽吸点附近、抽吸管线中和排放管线中的残余量。把所得数值,按与之接近的 0.1 m^3 取整数。得出数即为熔点在 0℃以下物质的 3 个残余量数值。

4.2.4　在按 4.2.3 取得的数值上,再加上熔点在 0℃以上物质的附加量(即根据 Eq.3.1 而得出的量)。此即熔点在 0℃上物质的 3 个数值。

表 A1　制定余量表时所使用的残余量方程式

（见图 A2）

图	残余量方程式				
	膜状残余	抽吸点附　近	抽吸管线	排放管线	附加（mpt >0 ℃）
a	1.2.1/2/3	1.3	2.3	2.4.1/2/3 或 2.5	3.1
b	1.2.1/2/3	1.3	2.3	2.4.1/2/3 或 2.5	3.1
c	1.2.1/2/3	1.3	2.3	2.4.1/2/3 或 2.5	3.1
d	1.2.1/2/3	1.3	2.3	2.4.1/2/3 或 2.5	3.1
e	1.2.1/2/3	1.4	2.3	2.4.1/2/3 或 2.5	3.1
f	1.2.1/2/3	1.4	2.2	2.4.1/2/3 或 2.5	3.1

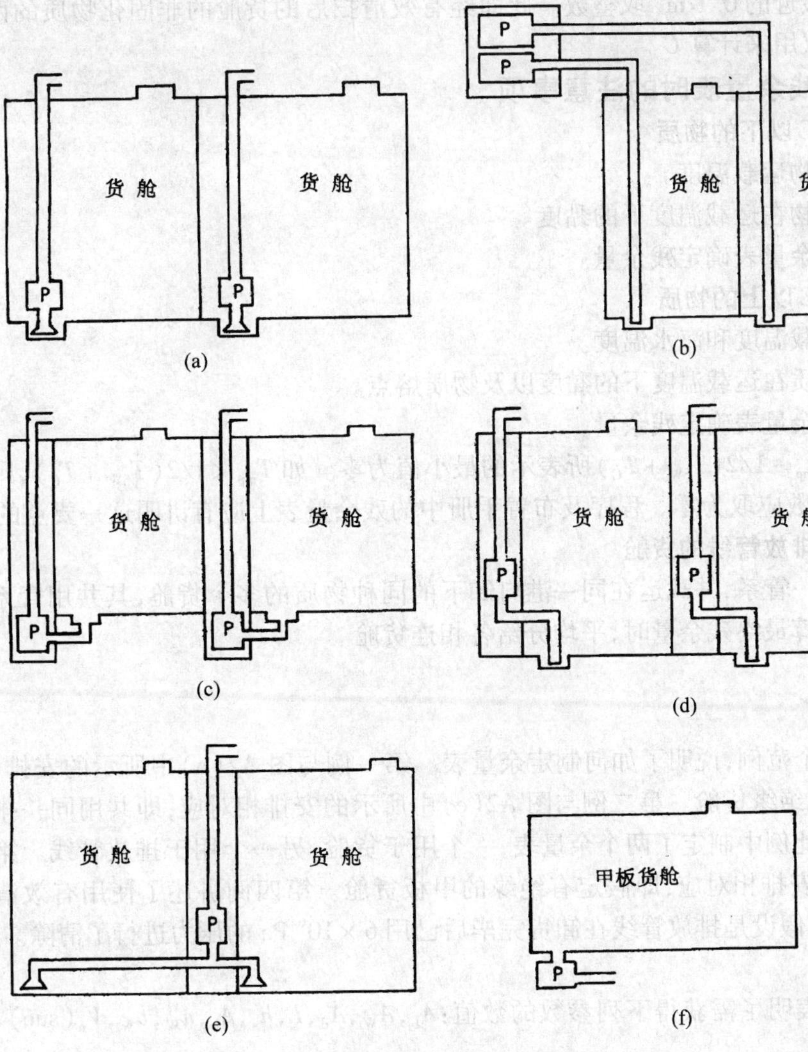

图 A2　化学品船的物质排放安排

4.3 共用同一排放管线的货舱

4.3.1 当一个舱与另外一个舱共用同一排放管线时,应制定两个单独的残余量表。一个表列明货舱和抽吸管线中的残余量,另一个表列明排放管线中的残余量。

4.3.2 程序及布置手册中应规定两个表须共同使用。每一表中的残余量值都应按与之最近的0.1 m^3 取整数。

4.4 使用有效清扫系统的货舱

4.4.1 为使用有效清扫系统的货舱制定余量表时应运用下列程序。须指出,如此制定的余量表仅可用来估算黏度在50 mPa·s以下的非固化物质的数量。

4.4.2 使用方程式Eq. 1.2.1和Eq. 1.2.2来确定0~5 mPa·s和5~50 mPa·s两种黏度范围的货舱表面残余量。

4.4.3 在这两个数值上,再加上按本标准2.3.4的规定进行实际试验而得出的残余量。将所得数值按与之最近的0.1 m^3 取整数。此即经有效清扫后的货舱的非固化物质的两个残余量数值。此数值仅用来计算 C_s。

5 船上使用残余量表时的注意事项

5.1 熔点在0℃以下的物质

5.1.1 确定货物运载温度。

5.1.2 确定货物在运载温度下的黏度。

5.1.3 运用残余量表确定残余量。

5.2 熔点在0℃以上的物质

5.2.1 确定运载温度和海水温度。

5.2.2 确定物质在运载温度下的黏度以及物质熔点。

5.2.3 运用残余量表确定残余量。

5.2.4 重要:$T_{mp}-1/2(T_{SW}+T_C)$所表示的最小值为零。如 $T_{mp}<1/2(T_{SW}+T_C)$,则 $T_{mp}-1/2(T_{SW}+T_C)$的得数应取为零。程序及布置手册中的残余量表上应有讲明这一要点的注释。

5.3 共同用一排放管线的货舱

5.3.1 共用同一管系,并载运在同一港口卸下的同种物质的多个货舱,其共用管系中存下的残余物,应在计算最终残余量时,平均分给各相连货舱。

6 范例

6.1 总则

6.1.1 下列四个范例,说明了如何制定余量表。第一例与图A2(a)中所示的安排相对应,即装有深井泵的无绝缘货舱。第二例与图A2(e)中所示的安排相对应,即共用同一排放管线的无绝缘货舱;在此例中制定了两个余量表,一个用于货舱,另一个用于排放管线。第三例与图A2(f)中所示的安排相对应,即假定有绝缘的甲板货舱。第四例讲述了使用有效清除系统的情况。前三例的假设是排放管线在卸货完毕后已用 6×10^6 Pa的压力进行了清除。

6.2 例1

6.2.1 流程图表明了需获得下列参数的数值:A_b,A_W,A_d,L,h_s,A_s,a_W,b_W,$V_n(suc)$,$V_v(suc)$,$V_h(dis)$,$V_v(dis)$。

6.2.2 可从船舶布置图中获取下列数值:

$$A_b=108\ m^2 \qquad V_h(suc)=0\ m^3$$

$A_W = 750\ m^2$　$V_v(suc) = 0\ m^3$

$A_d = 108\ m^2$　$V_h(dis) = 1.5\ m^3$

$L = 9\ m$　$V_v(dis) = 0.25\ m^3$

6.2.3　下列数值最好从货舱内实际测量中获得：

$h_s = 0.1\ m$　$a_W = 1.0\ m$

$A_s = 1.5\ m^2$　$b_W = 1.0\ m$

6.2.4　流程图表明应运用下列方程式：式(1.2.1/2/3)，(1.3)，(2.3)，(2.4.1/2/3)，(3.3)和式(3.5)。

6.2.5　之后获得下列残余量的各部分值：

$Q_{RES}(surt) = 0.17\ m^3$（黏度小于 5 mPa · s 的物质）

$= 0.50\ m^3$（黏度在 5 和 50 mPa · s 的物质）

$= 1.47\ m^3$（黏度在 50 mPa · s 以上的物质）

$Q_{RES}(sucpt) = 0.16\ m^3$

$Q_{RES}(suc) = 0\ m^3$

$Q_{RES}(dis) = 0.40\ m^3$（物质黏度小于 5 mPa · s 时）

$= 0.55\ m^3$（物质黏度在 5 和 50 mPa · s 之间时）

$= 0.85\ m^3$（物质黏度大于 50 mPa · s 时）

$Q^b_{RES}(add) = 7 \times 10^{-3}[T_{mp} - 1/2(T_C + T_{SW})]m^3$

$Q^W_{RES}(add) = 4.9 \times 10^{-2}[T_{mp} - 1/2(T_C + T_{SW})]m^3$

6.2.6　把各部分值适当相加即可得出图 A3 中所示的余量表。

6.3　例 2

6.3.1　流程图表明，需获得下列参数的数值：A_b，A_W，A_d，L，h_s，a_s，b_s，$V_h(suc)$，$V_v(suc)$，$V_h(dis)$，$V_v(dis)$。

6.3.2　可从船图中获得下列数值：

$A_b = 54\ m^2$　$V_h(suc) = 0.2\ m^3$

$A_W = 500\ m^2$　$V_v(suc) = 0.05\ m^3$

$A_d = 54\ m^2$　$V_h(dis) = 0.45\ m^3$

$L = 9\ m^2$　$V_h(dis) = 2.0\ m^3$

6.3.3　下列数值最好通过货舱内测量获得：

$a_s = 1\ m$　$h_s = 0.025\ m$　$b_s = 1\ m$

6.3.4　流程图表明应运用下列方程式：式(1.2.1/2/3)，(1.4)，(2.3)，(2.4.1/2/3)，(3.3)和(3.5)。

6.3.5　之后可得出下列残余物成分的值：

$Q_{RES}(surf) = 0.09\ m^3$（在物质黏度小于 5 mPa · s 时）

$= 0.25\ m^3$（在物质黏度在 5 和 50 mPa · s 之间时）

$= 0.83\ m^3$（在物质黏度大于 50 mPa · s 时）

$Q_{RES}(sucpt) = 0.28\ m^3$

$Q_{RES}(suc) = 0.25\ m^3$

$Q_{RES}(dis) = 0.65\ m^3$（在物质黏度小于 5 mPa · s 时）

$= 0.85\ m^3$（在物质黏度在 5 和 50 mPa · s 之间时）

$= 1.25\ m^3$（在物质黏度大于 50 mPa · s 时）

$Q_{RES}^{b}(add) = 3.5 \times 10^{-3}[T_{mp} - 1/2(T_C + T_{SW})]\ m^3$

$Q_{RES}^{W}(add) = 3.3 \times 10^{-2}[T_{mp} - 1/2(T_C + T_{SW})]\ m^3$

6.3.6　将各部分值适当相加即可得出图 A4 中所示的残余量表。

6.4　**例 3**

6.4.1　流程图表明，应获取下列参数的数值：$A_b, A_W, A_d, L, h_s, a_s, b_s, V_h(suc), V_V(suc), V_h(dis), V_v(dis)$。

6.4.2　下列数值可从船图中获得：

$A_b = 60\ m^2$　$L = 12\ m^3$

$A_W = 150\ m^2$　$V_h(dis) = 1.5\ m^3$

$A_d = 60\ m^2$　$V_v(dis) = 0\ m^3$

6.4.3　下列数值最好通过货舱内测量获得：

$h_s = 0\ m$　$b_s = 1.5\ m$　$a_s = 1.5\ m$

6.4.4　流程图表明应运用下列方程式：式 1.2.1/2/3，1.4，2.3，2.4.1/2/3，3.2 和 3.4。

6.4.5　之后可得出下列残余物成分的值：

$Q_{RES}(surf) = 0.10\ m^3$（在物质黏度小于 5 mPa · s 时）

$= 0.31\ m^3$（在物质黏度在 5 和 50 mPa · s 之间时）

$= 1.00\ m^3$（在物质黏度大于 50 mPa · s 时）

$Q_{RES}(sucpt) = 0.03\ m^3$

$Q_{RES}(suc) = 0\ m^3$

$Q_{RES}(dis) = 0.15\ m^3$（在物质黏度小于 5 mPa · s 时）

$Q_{RES}^{b}(add) = 0\ m^3$（在物质黏度在 5 和 50 mPa · s 之间时）

$Q_{RES}^{W}(add) = 0\ m^3$（在物质黏度大于 50 mPa · s 时）

$= 0.30\ m^3$

$= 0.60\ m^3$

6.4.6　将各部分值适当相加即可获得图 A5 所示的残余量表。

6.5　**例 4**

6.5.1　需获得下列参数的值：A_b, A_W, A_d, L。

6.5.2　下列数值可从船图中获得：

$A_b = 108\ m^2$　　$A_W = 750\ m^2$　　$A_d = 108\ m^2$　　$L = 9\ m$

6.5.3　之后从式（1.2.1）和式（1.2.2）中可得到下列数值：

$Q_{RES}(surf) = 0.17\ m^3$（在物质黏度小于 5 mPa · s 时）

$= 0.50\ m^3$（在物质黏度在 5 和 50 mPa · s 之间时）

6.5.4　进行实地试验以确定出有关管系中和抽吸点附近的残余量，测得数值为 $0.06\ m^3$。

6.5.5　将这些数值适当相加即可得到图 A6 中所示残余量表。

例 1

舱号：

排放管线中残余物是否包括在内？是。

残　余　量

A. 熔点在0℃以下的物质

（ⅰ）黏度小于5 mPa·s的物质：0.7 m^3

（ⅱ）黏度在5和50 mPa·s之间的物质：1.2 m^3

（ⅲ）黏度大于50 mPa·s的物质：2.5 m^3

B. 熔点在0℃以上的物质

（ⅰ）黏度小于5 mPa·s的物质：$0.7+5.6\times10^{-2}[T_{mp}-1/2(T_C+T_{SW})]m^3$

（ⅱ）黏度在5和50 mPa·s之间的物质：$1.2+5.6\times10^{-2}[T_{mp}-1/2(T_C+T_{SW})]m^3$

（ⅲ）黏度大于50 mPa·s的物质：$2.5+5.6\times10^{-2}[T_{mp}-1/2(T_C+T_{SW})]m^3$

图 A3　残余量表

例 2

舱号：

排放管线中残余物是否包括在内？否。（见表）

残　余　量

A. 熔点在0℃以下的物质

（ⅰ）黏度小于5 mPa·s的物质：0.7 m^3

（ⅱ）黏度在5和50 mPa·s之间的物质：0.8 m^3

（ⅲ）黏度大于50 mPa·s的物质：1.4 m^3

B. 熔点在0℃以上的物质

（ⅰ）黏度小于5 mPa.s的物质：$0.6+3.7\times10^{-2}[T_{mp}-1/2(T_C+T_{SW})]m^3$

（ⅱ）黏度在5和50 mPa.s之间的物质：$0.8+3.7\times10^{-2}[T_{mp}-1/2(T_C+T_{SW})]m^3$

（ⅲ）黏度大于50 mPa·s的物质：$1.4+3.7\times10^{-2}[T_{mp}-1/2(T_C+T_{SW})]m^3$

图 A4　残余量表

管线号：

本管线为下列货舱服务：

残　余　量

（ⅰ）黏度小于5 mPa·s的物质：0.7 m^3

（ⅱ）黏度在5和50 mPa·s之间的物质：0.9 m^3

（ⅲ）黏度大于50 mPa·s的物质：1.3 m^3

例 3

舱号:

排放管线中残余物是否包括在内？是。

残　余　量

A. 熔点在0℃以下的物质

（ⅰ）黏度小于5 mPa · s的物质:0.3 m^3

（ⅱ）黏度在5和50 mPa · s之间的物质:0.6 m^3

（ⅲ）黏度大于50 mPa · s的物质:1.6 m^3

B. 熔点在0℃以上的物质

（ⅰ）黏度小于5 mPa · s的物质:0.3 m^3

（ⅱ）黏度在5和50 mPa · s之间的物质:0.6 m^3

（ⅲ）黏度大于50 mPa · s的物质:1.6 m^3

图 A5　残余量表

例 4

舱号:

注:本表仅在货舱经有效清扫后使用。

排放管线中残余物是否包括在内？是。

残　余　量

（ⅰ）黏度小于5 mPa · s的非固化物质:0.2 m^3

（ⅱ）黏度在5和50 mPa · s之间的非固化物质:0.6 m^3

图 A6　残余量表

附 录 B

化学品物理性质表

说 明

1 附表中列出了船舶操纵者需要知道的物理特性,以便:

(ⅰ)估计货舱及有关管系中的残余量;

(ⅱ)执行正确的预洗程序;

(ⅲ)按所允许的排放率排放残余物。

2 使用的计算单位为国际单位。

3 在第二栏中(污染类别 A,B,C 或 D),某些类别在括号( )中给出,表明这些类别以环境危险程度为依据,但因肯定的数据不足,危险程度的有些部分是用类推法确定的。符号Ⅲ表明,物质符合 73/78 防污公约附则Ⅱ附录Ⅲ之中的标准(散装运输的其他液体物质清单)。缩写 N. E. D. 是指在拟写本附录时,没有足够的数据可用来估计环境危险和确定污染类别。污染分类是根据海洋污染科学问题联合专家组① 1984 年 1 月进行的危害评估确定的。

4 在写着"水溶性"的最后一栏中,符号的含义为:

+"物质可与水溶合"

-"物质不与水溶合"

还应参阅本标准 1. 3,该节中有水溶性的定义。

5 图 B1 表明在除 20℃之外的温度下,如何确定产品黏度。

① 海事组织/教科文组织/气象组织/原子能机构/联合国环境规划署海洋污染科学问题联合专家组。

	联合国编号	操作排放的污染类别（附件Ⅱ规则3）	在20℃时的密度（kg/m³）	溶点（℃）	在20℃下的蒸气压力（hPa）	在20℃时的黏度（mPa·s）	水溶性
物质名称	Ⅰ	Ⅱ	Ⅲ	Ⅳ	Ⅴ	Ⅵ	Ⅶ
乙　酸	1842	C	1049	+16.6	14.66	1.26	+
醋　酐	1715	C	1082	−73.1	5.33	0.90	分解
丙　酮	1090	Ⅲ	790	−95.4	246.38	0.30	+
丙酮合氰化氢	1541	A	928	−19	10.66	3.79	+
丙烯酰胺溶液（50%或以下）		D	1048	+9	25.3		+
丙烯酸	2218	D	1051	+13	8.13	1.28	+
丙烯酯	1093	B	806	−83.5	110.66	0.40	−
己二酯	2205	D	968	+1	0	7.00	−
烷基苯	2584	C	1198				+
烯丙醇	1098	B	854	−50	55.84 (21.1℃)	1.37	+
烯丙基氯	1100	B	938	−134.5	393.30	0.34	−
氢基乙氧基乙醇	1760	N.E.D.	1058	−9.5	20	39.99	+
氢基乙基乙醇胺		D	1030	−19		14.06	+
氢(28%溶液)	1005	C	900	−72.4	34.47 (28.2℃)		+
醋酸异戊酯	1104	C	867	−78.6	5.33	0.88	−
醋酸正戊酯	1104	C	876	−70.8	6.67	0.93	−
							(28℃)
正戊醇	1105	D	814	−79	3.07	3.99	−
苯　胺	1547	C	1022	−6.3	3.2	44.70	−
苯	1114	C	879	+5.5	113.3	0.69	−
苯醇		C	1042	−15.3	0.2 (25℃)	5.80	−
苯基氯	1738	B	1100	−39	4.83 (37.8℃)	0.80	−
醋酸正丁酯	1123	C	883	−77.9	13.33	0.77	−
醋酸另丁酯	1124	D	864	−99	32 (25℃)	0.70	−
丙烯酸丁酯	2348	D	860	−54	5.33	0.95	−
丁　醇	1120	D	810	−79.9	5.73	2.96	−
丁　醇	1120	(D)	808	−89	16.66	2.97	−

图 B1

附　录　C

预洗程序

标准中有几节讲到要有一预洗程序来满足附则Ⅱ中的某些要求。本附录说明，怎样根据标准中相关条款的要求，来进行这些预洗程序。

非固化物质的预洗程序

1　液货舱应采用足够水压做动力的旋转式喷头冲洗。对于A类物质，冲洗机应放置在能冲到液货舱所有舱壁的那些位置上。对于B，C两类物质，只使用一个位置。

2　在冲洗时，要不断地把污水泵出，通过有利横倾和纵倾，使洗舱水流到抽吸口，尽量把液货舱中的水量减小，到最小限度。如果达不到这个条件，冲洗程序要进行三次，每两次冲洗间隔时要对液货舱进行彻底扫舱。

3　黏度超过20 mPa·s的产品应用热水冲洗（水温至少要60℃）。

4　所使用的冲洗机的周期数不得少于表C1中所规定的数目。冲洗机的周期是指冲洗机所能回到同一方向（旋转360°）所需要的时间。在大部分情况下，一个周期需要10～20 m^3的冲洗水。

5　冲洗后，冲洗机要继续工作，直到洗净管线、泵和过滤器。

表C1　每一位置的冲洗机周期数目（非固化物质）

有关预洗程序标准的段落	双喷嘴机	三喷嘴机
3.2 （残余物浓度为0.1%或0.5%）	1	1
3.2 （残余物浓度为0.01%或0.005%）	2	2
4.4.1	1/2	1/3
4.4.2	1/2	1/3
4.4.3	1/2	1/3
4.4.5	1/2	1/3

注：有关"残余物浓度"的说明，见附则Ⅱ规则5(1)和5(7)。

固化物质的预洗程序

1　液货舱在卸货后要尽快冲洗。如果可能的话，要在冲洗前对液货舱进行加热（比如用热水管或用蒸汽）。

2　在预洗前最好能先除去舱口和人孔处的残余物。

3　液货舱应由以足够水压操作的旋转喷水头来冲洗，喷水头的位置要能确保液货舱的所有舱壁都被冲洗到。

4　在冲洗过程中，应能将污水连续泵出，并促使流出物抵达吸入点（有利横倾和纵倾），以便将液货舱内的水量减少到最低量。如果做不到的话，冲洗程序要重复三次，冲洗间隔时要进行彻底扫舱。

5　应当用热水冲洗液货舱（热水的温度至少为60℃）。

6　所使用的冲洗机的周期数目不应少于表C2中的数目。冲洗机周期是指冲洗转回到同一方向(旋转360°)所需要的时间。在大部分情况下,一个周期需要的冲洗水,水量在10~20 m^3之间。

7　冲洗后,冲洗机应继续工作,直至洗净管线、泵和过滤器。

表C2　每一位置的冲洗机周期数目(固化物质)

有关预洗程序标准的段落	双喷嘴机	三喷嘴机
3.2 (残余物浓度为0.1%或0.05%)	2	2
3.2 (残余物浓度为0.01%或0.005%)	3	3
4.4.1	1	1
4.4.2	1	1
4.4.3	1	1
4.4.5	1	1

注:有关"残余物浓度"的说明,见附则Ⅱ规则5(1)和5(7)。

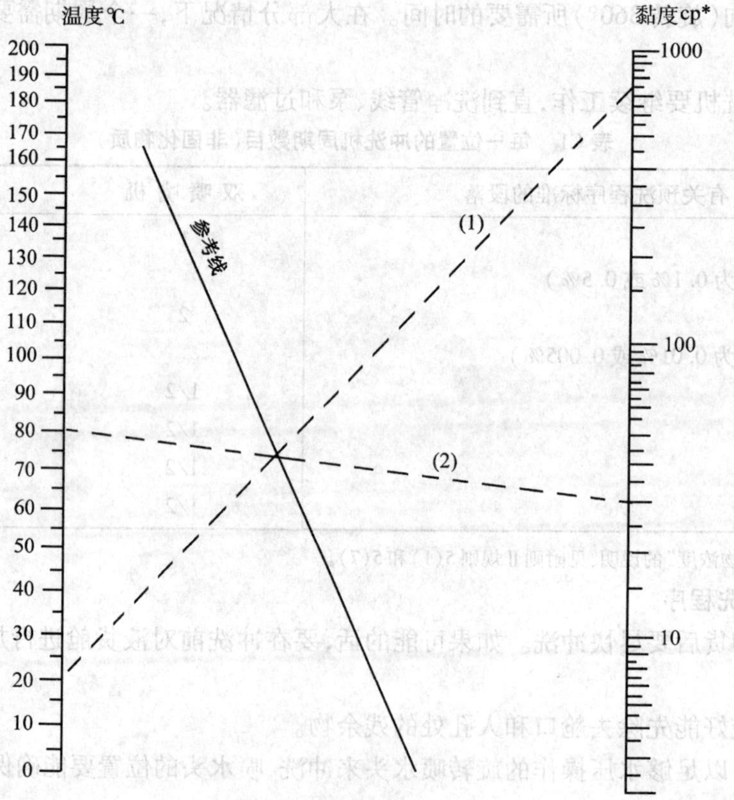

图C1　黏充的温度校正港模图

为使用此港模图，用一条直线把已知的温度和黏度值连接起来（例如，在20℃下750 cp①：线（1））。此线与基准线的交叉点是一个基准点。从已知温度处穿过基准点画一条线，与黏度标交叉。此即该温度下的黏度（例如线（2）：在80℃时黏度是30 cp）。

① 换算成国际标准单位：1 厘泊（cp）=1 毫帕斯卡秒（mPa·s）。

附　录　D

污水舱中化学品混合物兼容性指南实例

总则

本附件的目的是要提供一个确定污水舱混合物质的兼容性方法的实例。

本附录考虑了约100种据知可散装运输的物质的兼容性。未列入物质目录中的物质，应该对其兼容性作出估计，或者不与本兼容性指南中的物质相混合。

本附录未对73/78防污公约附则Ⅰ中的物质做考虑。

兼容性的标准

本实例中兼容性的标准是：

—气体的逸出，固体物质的形成，热析出和污水舱内物质的气体总压力；

—遇(海)水时，污水舱对这些物质有足够的抗腐蚀性；

—对不兼容的混合物已做谨慎的考虑。

限制

本兼容性指南有下列限制：

—污水舱的不得超过40℃；

—如果与水不能完全混合的挥发性物质(沸点低于100℃)在和需要使用热冲洗水的物质混合的话，该挥发性物质及其冷冲洗水要首先驳入污水舱；

—未列入物质目录中的物质被视为与列入物质是不兼容的，应单独从污水舱或液货舱中排出，而不与其他物质或混合物混合在一起；

—污水舱中不含有原先污水的残余物。

兼容性指南的使用

本指南中考虑的物质列入两个物质目录中。

物质目录第Ⅰ部分是按物质的化学性分组的。

物质目录第Ⅱ部分是以字母顺序并按每一物质所属化学性质分组的。

兼容性图表是按化学性分组绘制的。

从兼容性图表中可看出哪些组是兼容的，哪些组是不兼容的。

它对于由两种以上的物质组成的混合物也是适用的。因此，对于两种以上的物质，如果所有的由两种物质组成的双元素混合物都是可兼容的话，这些物质便可装在同一污水舱中。

这就说，对于四种物质，就会有下述六种这样的双元素混合物。

对于a,b,c,d这四种物质，下列双元素混合物应该被视为是兼容的：ab,ac,ad,bc,ba,cd。

根据定义，属于同一化学性质分组的物质是兼容的。

本指南的替代使用

如果化学品船所运载的物质在数目上不断增加的话，需要检查的双元素混合物的数目就会急剧增加。

“替代污水舱分组”表中列出了一种替代程序。

该表的使用办法见下文。

该表列出了 8 个替代污水舱分组。

这些分组列出哪一些多元素混合物可装在同一污水舱中。

比如说,A 栏表明,第 1 到第 8 个化学分组的所有物质、第 9 组中的一些物质、第 10 和第 13 组的所有物质可以以各种混合物的形式装在同一污水舱中。

再比如,D 栏表示出第 1,4,6,7,8,10,11,12 组中的所有物质、第 2 组中的一些物质和第 9 组中大部分物质可装在同一污水舱中。

一般说来,一个污水舱往往就足够了,但是两个污水舱便是以满足经过审议的大约 100 种物质的任何混装。

请看下面的:物质分类表(第Ⅰ部分)

物质分类表(第Ⅱ部分)

兼容性图表

污水舱替代表

物质分类表(第Ⅰ部分)

(按化学性质分类)

第1组(烷烃)

癸烷(C_{10}-烷烃)

十二烷(C_{12}-烷烃)

正己烷

异己烷

(正、异)庚烷

(正、异)辛烷

(正、异)壬烷

第2组(芳香烃)

苯

异丙基苯

对异丙基甲苯

癸基苯

二乙基苯

十二烷基苯

乙基苯

十四烷基苯

甲苯

十三烷基

(邻、间、对)二甲苯

(这些包括:"BTX"、烷基苯、烷基去垢剂)

第3组(烯烃)

癸烯(C_{10}-烯烃)

二异丁烯

十二烯(C_{12}-烯烃)

庚烯(C_7-烯烃)

正己烯

异己烯(C_6-烯烃)

壬烯(C_9-烯烃)

辛烯(C_8-烯烃)

十四烯(C_{14}-烯烃)

十一烯(C_{11}-烯烃)(这些包括:二戊烯、三聚丙烯、四聚丙烯)

第4组(醇类,一甘醇类)

戊醇(正一,异一)

(正、异、仲)丁醇

1,3-丁二醇

环己醇

(正、异)癸醇

(正、异)十二烷醇
乙醇
乙二醇
丙三醇(甘油)
(正、异)己醇
己烯乙二醇
甲醇
(正、异)壬醇
(正、异)辛醇
(正、异)丙醇
乙烯二醇
十四烷醇
十三烷醇
十一烷醇
(这些包括:乙基丁醇、乙基己醇、甲基戊醇、甲基异丁基甲醇)
第5组(缩醇类)
二甘醇
二丙基甘醇
二甘醇-乙基醚
二甘醇-丁基醚
二甘醇-甲基醚
乙氧基三甘醇
乙二醇-丁基醚
乙二醇-乙基醚
乙二醇-甲基醚
聚乙烯甘醇
聚丙烯甘醇
聚丙烯甘醇甲醚
三甘醇
三内甘醇
四甘醇
第6组(酯类)
乙酸正(异)戊基酯
乙酸正(异或另)戊基酯
苯二酸二丁基酯
苯二酸丁基 基酯
苯二酸二(异)癸基酯
苯二酸二(异)庚基酯
苯二酸二(异)壬基酯
苯二酸二(异)辛基酯
苯二酸两个十二烷基酯
乙酸乙酯
乙酸甲酯

乙酸甲基戊基酯
乙酸(正、异)丙酯
第 7 组(有机酸类)
乙酸
丁酸
甲酸
丙酸
第 8 组(酮类)
丙酮
环己酮
二异丁酮
甲基乙基酮
甲基异丁基酮
第 9 组(卤代烃)
四氯化碳*
二氯甲烷(沸点 40℃)
全氯代乙烯*
1,1,1-三氯乙烷
三氯乙烯*
第 10 组(酚类)
甲酚(邻、间、对)①
壬酚
苯酚②
第 11 组(苯乙烯类)
苯乙烯
乙烯基甲苯
第 12 组
乙酸乙烯酯
第 13 组
苯胺

① 甲酚属于 A 类污染物。
② 丁酸、四氯化碳、二氯甲烷、全氯代乙烯、三氯乙烯和酚属于 B 类污染物。

物质分类表(第Ⅱ部分)

(按字母顺序排列)

物质名称	组别	物质名称	组别
乙酸	7	二乙基苯	2
丙酮	8	二甘醇	5
烷基苯	2	二甘醇-丁基醚	5
(正、异、另)乙酸戊醋	6	二甘醇-乙基醚	5
(正、异、另)戊酯	4	二甘醇-甲基醚	5
苯胺	13	苯二酸二庚基酯	6
		二异丁烯	3
苯	2	二异丙酮	8
(正、异、另)丁醇	4	苯二酸二异癸基酯	6
乙酸(正、异、另)丁酯	4	苯二酸二异庚基酯	6
丁醇、见丁醇		苯二酸二异壬基酯	6
基二酸丁基苯基酯	6	苯二酸二异辛基酯	6
1,3-丁二醇	4	苯二酸二壬基酯	6
本酸*	7	苯二酸二辛基酯	6
“BTX”	2	二戊烯	3
		二丙基甘醇	5
四氯化碳①	9	苯二酸两个十一烷基酯	6
甲酚(邻、间对)②	10	十二烷	1
异丙基苯	2	十二烷醇	4
环已烷	1	十二烯	3
环已醇	4	十二烷醇	
对异丙基甲苯	2	十二烷基苯	2
癸烷	1	乙醇	4
(正、异)癸醇	4	乙氧基三甘醇	5
(正、异)癸烯	3	乙酸乙酯	6
癸醇、见醇癸		乙醇	
癸基苯	2	乙基苯	2
烷基去垢剂	2	乙基丁醇	4
苯二酸二丁基酯	6	乙基本乙醇	4
苯二酸二癸基酯	6	乙二醇	4

① 丁酸、四氯化碳、甲叉二氯、全氯乙烯、酚和三氯乙烯属于B类污染物。

② 甲酚属于A类污染物。

物质分类表(第Ⅱ部分)(续)

(按字母顺序排列)

物质名称	组　别	物质名称	组　别
乙二醇-丁基醚	5	(正、异)辛烷	1
乙二醇-乙基醚	5	(正、异)辛醇	4
乙二醇-甲基醚	5	(正、异)辛烯	3
		辛醇	
甲酸	7	烯烃	
丙三醇	4	全氯代乙烯①	9
		苯酚①	10
(正、异)庚烷	1	聚乙烯甘醇	5
(正、异)庚烯	3	聚丙烯甘醇	5
(正、异)己烷	1	聚丙烯甘醇甲醚	5
(正、异)己醇	4	(正、异)丙醇	
(正、异)己烯	3	丙酸	7
己醇		乙酸(正、异)丙酯	6
己烯乙二醇	4	丙醇	
		乙烯二醇	4
异……见母体名称之下		四聚丙烯	
异丙基苯,见枯烯		三聚丙烯	3
异丙基甲苯,见澈花烃			3
		苯乙烯	11
甲醇	4		
乙酸甲酯	6	全氯代乙烯	
甲醇		十四烷醇	4
乙酸甲基戊基酯	6	十三烷基	2
甲基戊醇	4	十四醇	3
二氯甲烷*	9	四甘醇	5
甲基乙基酮	8	甲苯	2
甲基异丁基酮	8	1,1,1-三氯乙烷	9
甲基异丁基甲醇	4	三氯乙烯	9
(正、异)壬烷	1	十三烷醇	4
(正、异)壬醇	4	十三烷基	2
(正、异)壬烯	3	三甘醇	5
壬醇		三丙甘醇	5
壬酚	10		

① 丁酸、四氯化碳、甲叉二氯、全氯乙烯、酚和三氯乙烯属于B类污染物。

物质分类表(第Ⅱ部分)(完)

(按字母顺序排列)

物质名称	组别	物质名称	组别
十一烷醇	4		
十一烯	3	2	
乙酸乙烯酯	12		
乙烯基甲苯	11		
(邻、间、对)二甲苯			

兼容性图表

第1组(烷烃)	1											
第2组(芳香烃)	+	2										
第3组(烯烃)	+	+	3									
第4组(醇类)	+	+	+	4								
第5组(缩醇类)	+	+	+	+	5							
第6组(酯类)	+	+	+	+	+	6						
第7组(有机酸类)	+	+	+	+	+	+	7					
第8组(酮)	+	+	+	+	+	+	+	8				
第9组(卤代烃)①	+	+	B	+	+	E	+	D	9			
第10组(酚)	+	+	+	+	+	+	+	+	+	10		
第11组(苯乙烯类)	+	A	−	+	C	+	+	+	+	+	11	
第12组(乙酸乙烯酯)	+	A	−	+	−	+	+	+	D	+	+	12
第13组(苯胺)	+	+	+	+	+	+	+	+	+	+	+	−

+ = 兼容

− = 不兼容

A:"+"是对苯、甲苯和无乙苯二甲苯而言;

"−"是对第2组的其他物质而言。

B:"−"是对四氯化碳而言;

"+"是对第9组的其他物质而言。

C:"+"是对二甘醇而言;

"−"是对第5组的其他物质而言。

D:"−"是对甲叉二氯而言;

"+"是对第9组的其他物质而言,但是,它们不得含有下列任何一种或多种物质的3%以上(总量):1,1-二氯乙烷、1,1,2-三氯乙烷、四氯乙烷、五氯乙烷。

E:"+"是对酚酸盐而言;

"−"是对酯醋盐而言,见D。

① 对甲叉二氯(沸点40℃)而言;污水舱的最大允许温度是25℃。

污水舱替代表

	A	B	C	D	E	F	G	H
第1组(烷烃) 第4组(醇类,一甘醇类) 第7组(有机酸类) 第10组(酚)	可以	可以	可以	可以	可以	可以	可以	可以
第2组(芳香烃)	可以	可以	可以	a)	a)	a)	a)	a)
第3组(烯烃)	可以	可以	不可以	不可以	不可以	不可以	不可以	不可以
第5组(缩醇类)	可以	可以	可以	不可以	不可以	b)	b)	b)
第6组(酯类)	可以	d)	可以	可以	d)	可以	可以	d)
第8组(酮)	可以	不可以	可以	可以	不可以	不可以	可以	不可以
第9组(二氯甲烷)①	不可以	可以	不可以	不可以	可以	不可以	不可以	不可以
四氯化碳	不可以	不可以	可以	可以	可以	可以	可以	可以
其他卤代烃	不可 c)	可以	可以 c)	可以 c)	可以	可以	可以 c)	可以
第11组(苯乙烯类)	不可以	不可以	不可以	可以	可以	可以	可以	可以
第12组(乙酸乙烯酯)	不可以	不可以	不可以	可以	不可以	可以	不可以	不可以
第13组(苯胺)	可以	可以	可以	不可以	不可以	不可以	可以	可以

a)"可以"是对苯、甲苯和无乙苯二甲苯而言;"不可以"是对本组的其他物质而言。

b)"可以"是对二甘醇而言;"不可以"是对本组的其他物质而言。

c)"可以"是只有当这些物质不含有下列任何物质的3%(总量)以上时,1,1,-二氯乙烷、1,1,2-三氯乙烷、四氯乙烷、五氯乙烷。

d)"可以"是对酞酸盐而言;"不可以"是对醋酸盐而言。

① 对甲叉二氯(沸点40℃)而言,污油水舱的最大允许温度是25℃。

附　录　E

可允许排放率的确定

1　“标准”一文的第4章中有一些规定B类和C类物质入海排放率的公式。

2　残余物/水混合物的允许最大排放率可用下列公式推导出来：

使用一个排放口时

$$Q_D C_S = Kv^{1.4} L^{1.6}$$

使用两个排放口时

$$Q_D C_S = 1.5Kv^{1.4} L^{1.6}$$

式中：Q_D——残余物/水混合物的排放率(m^3/h)；

C_S——残余物/水混合物中物质的综合浓度(用容积比率表示)；

v——船舶速度(kn)；

L——船舶长度(m)；

K——4.3×10^{-5}。

3　如果使用本附录中的公式或诺模图(图E1)的话，每一船舶都要配备显示残余物允许排放率的装置。图E2为一艘100 m长而且装有一个排放口的船舶图表的范例。

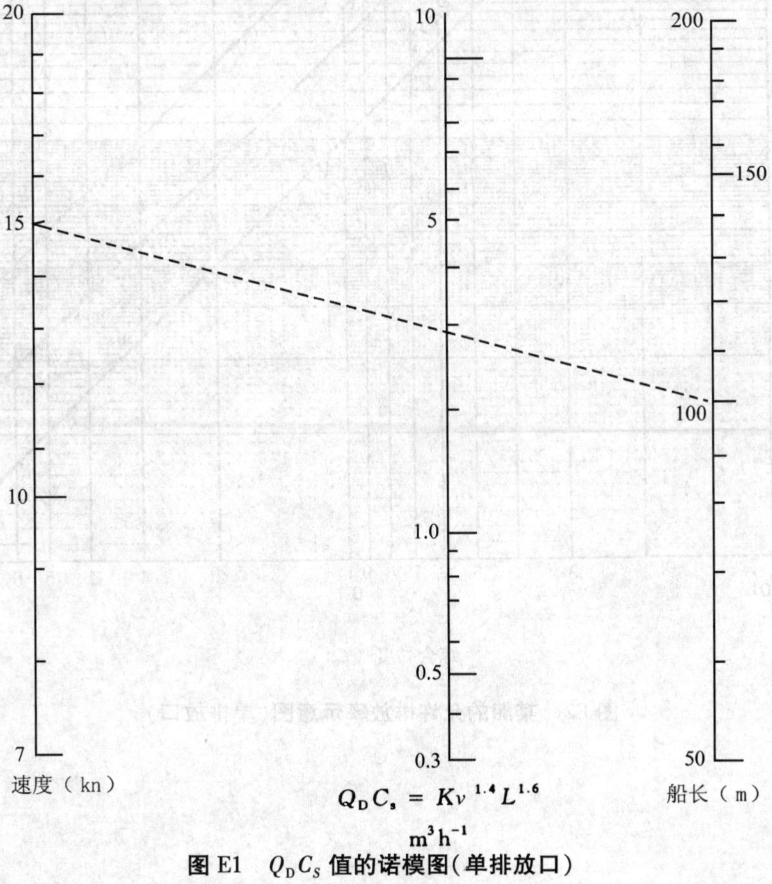

图E1　$Q_D C_S$值的诺模图(单排放口)

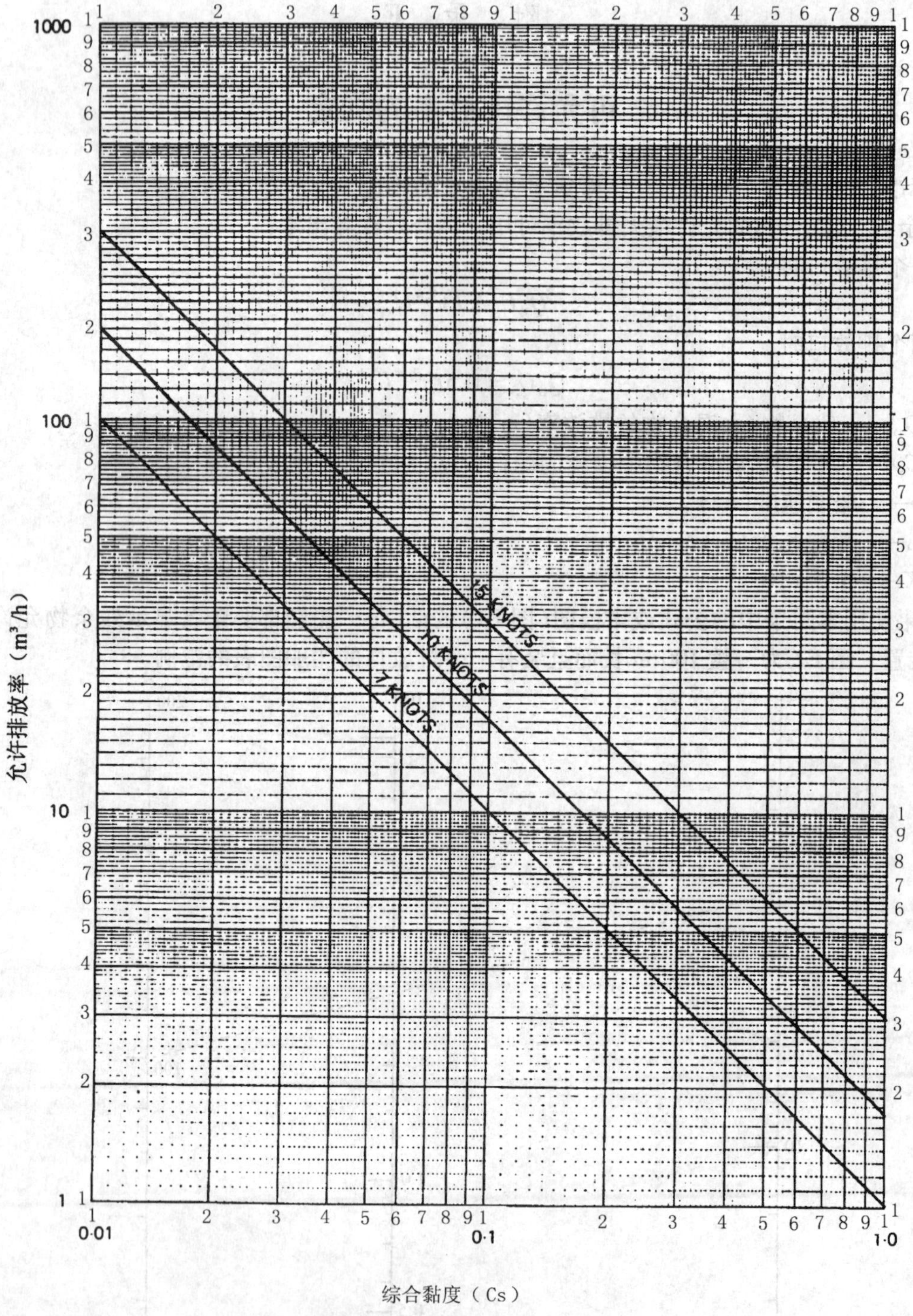

图 E2　某船的允许排放率示意图(单排放口)

附 录 F

通风作业的适宜性

1 表中列出的是从 1973 年国际防止船舶造成污染公约附则Ⅱ的附录Ⅱ中选择出来的，在 20℃ 时蒸气压力超过 5 kPa(50 mbar)的产品。就清除残余物而言，从挥发性的角度来看，这些产品是适用于通风作业的。

2 从液货舱中去除残余货物的作业应考虑到：

.1 在液货舱温度下产品的挥发性；一般说来，只有饱和蒸气压力超过 5 kPa(50 mbar)的产品才是适用于通风的；

.2 通风口的位置(它应尽可能靠近聚小槽或吸入点)；

.3 船舶的横倾和纵倾(最小横倾和纵倾有利于挥发)；

.4 液货舱内的构造，特别是舱底构造对挥发有很大妨碍；和

.5 喷气气流应达到液货舱的底部，也就是说，根据空气/蒸气混合物的密度，鼓风机风扇的直径和液货舱的高度，需要有一个最小能力。各种尺寸的液货舱的各种入口直径的最小流量见图 F1。

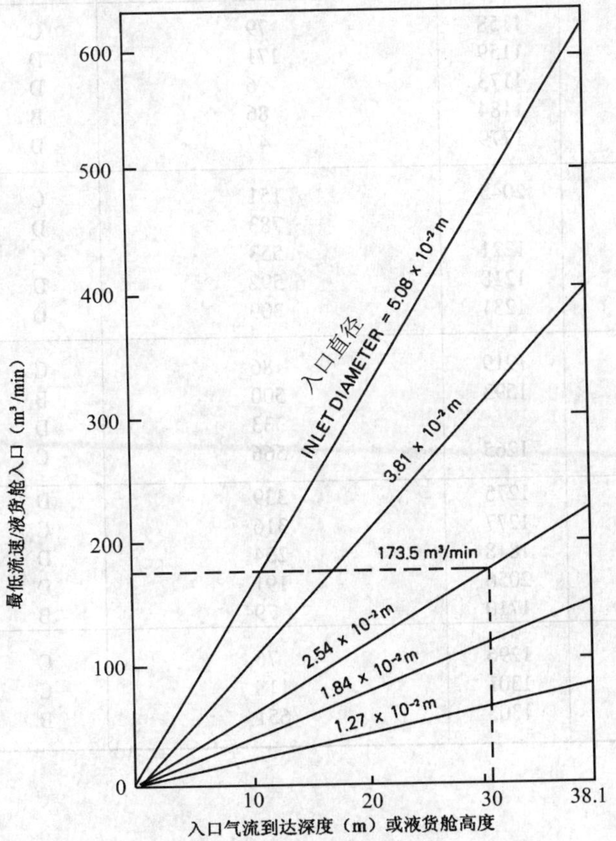

图 F1 作为舱深函数的选定入口牟最低流率

3 要注意的是,由于有毒和/或易燃蒸气的产生,通风作业具有危险性。下表中所列的物质中,有一些是会产生剧毒蒸气的。此外,有些物质的自然温度很低。在安全方面,应参看散化规则有关液货舱开口的操作要求和国际航运协会液货船安全指南(化学品)中的通风程序。

4 此外,还要记住,应遵守港口当局可能制定的有关通风问题的规则。

附则Ⅱ挥发性产品

产品	联合国编号	20℃下的蒸气压力(hPa/mbar)	类别	散化规则规定的毒性
乙醛	1089	1 000	C	
丙酮	1090	243	D	
乙酰氯(16℃)	1717	263	C	
丙烯醛	1092	280	A	
丙烯腈	1093	112	B	T
烯丙基氯	1100	447	C	T
苯	1114	99	C	T
正丁醛	1129	120	B	T
二硫化碳	1131	391	A	T
四氯化碳	1846	112	B	T
三氯甲烷	1888	210	B	T
环己烷	1145	101	C	
二乙胺	1154	250	C	T
乙醚	1155	582	D	T
二异丙胺	1158	79	C	T
二异丙醚	1159	171	D	
乙酸乙酯	1173	96	D	
二氯乙烯	1184	86	B	T
甲酸	1779	47	D	T
异丁醛	2045	151	C	T
异戊烷(21℃)		783	D	
异丙胺	1221	553	C	T
异戊间二烯	1218	592	D	
乙酸甲酯(25℃)	1231	309	D	
氯烯酸甲酯	1919	86	C	T
二氯甲烷	1593	500	B	T
戊烯—[2]		333	D	
正戊烷	1265	566	C	
丙醛	1275	339	D	T
正丙胺	1277	316	C	T
甲氯化硅	1818	254	D	
甲氯呋喃	2056	191	D	T
三氯乙烯	1710	79	B	T
三乙胺	1296	76	C	T
醋酸乙烯酯	1301	118	C	
二烯叉二氯	1303	651	B	T

附　录　G

污水舱中混合浓度的测定方法

1　前言

在从装有不止一种产品的污水舱中排放同类混合物时需要测定综合浓度（C_S），以使残余物/水混合物能按"标准"的4.5排放，本附录确立了计算 C_S 的一种程序。列简单的程序只要能得出更高的 C_S 值，也可使用。

2　C_S 的确定（在特殊区域之外排放残余物/水混合物）

2.1　使用残余物质来确定污水舱中每一物质的数量。

2.2　加上污水舱中C类物质的数量，再除以10。

2.3　加上污水舱中B类物质的数量。

2.4　加上上述2.2和2.3中得出的数目。

2.5　用2.4中得到的数字除以污水舱中剩余物/水混合物的容量即可确定 C_S。这一容量通常可从膨胀余位表中得到。

3　C_S 的确定（在特殊区域内排放残余物/水混合物）

3.1　使用残余物质来确定污水舱中每种C类物质[①]的数量。

3.2　加上这些数字。

3.3　把3.2中得到的数目除以污水舱中残余物/水混合物的容量即可得到 C_S。该容量通常是从膨胀余位表中得到的。

---

①　由于预洗的含有B类物质的污水，必须排入岸上接受设备或排到特殊区域之外的海中去。因此，污水舱中的C类物质的数量应当是不大的。

附　录　H

按73/78 MARPOL公约附则II要求操作的化学品液货船流程图

流程图 1　货舱的清洗及货舱中含有 A、B、C 和 D 类物质的洗舱水的处理（不包括通风作业）

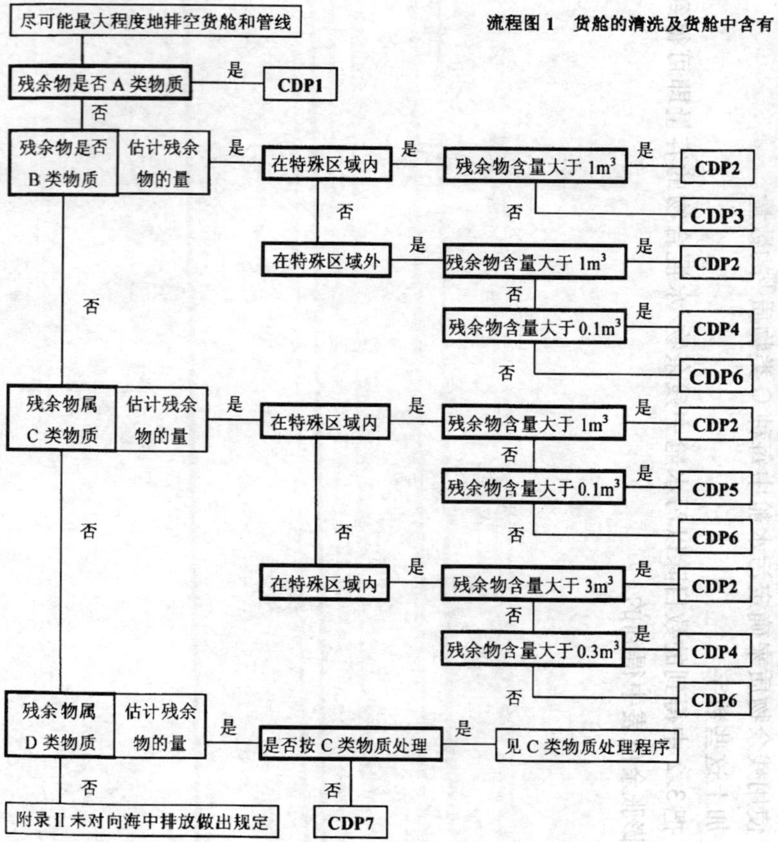

洗舱水处理作业（CDP）	程序顺序						
	1	2	3	4	5	6	7
按附录 C 进行预洗	×	×	×				
按附录 C 预洗或清洗通入液货舱的排放管道				×	×		
预洗水必须排到岸上	×	×					
预洗水应送到污水舱以便排到特殊区域内					×		
预洗水应送到污水舱以便排到特殊区域外			×	×	×		
作为替代办法可将污水排到岸上			×	×	×		
将至少相当 5%的液货舱容量的水注入货舱	×						
用水稀释舱内残余物使浓度为 10%或更少							×
按商业要求洗舱		×	×	×	×	×	
排放预洗水、管道清洗水以外的残余物和水的混合液条件：							
——船速至少为 7 kn	×	×	×	×	×	×	×
——离最近陆地 12 n mile 以外	×	×	×	×	×	×	×
——水深至少为 25 n mile	×	×	×	×	×	×	
——使用水下排放口	×	×	×	×	×	×	
作为替代办法残余物和水的混合液排到岸上	×	×	×	×	×	×	×
此后排入货舱的水可任意排放	×	×	×	×	×	×	×

注：洗舱水或来自污水舱的管道冲洗水的排放，见流程图 2。
压载水的排放，见流程图 3。
残余物的量仅指有关管系内和吸入口残余物的量。

流程图 2　来自专用污水舱或指定污水舱或含有洗舱水或污水的货舱中

含有 A、B、C 或 D 类物质的预洗水或管路冲洗水的处理（在未考虑流程图 1 的结果时，不得使用本流程图）

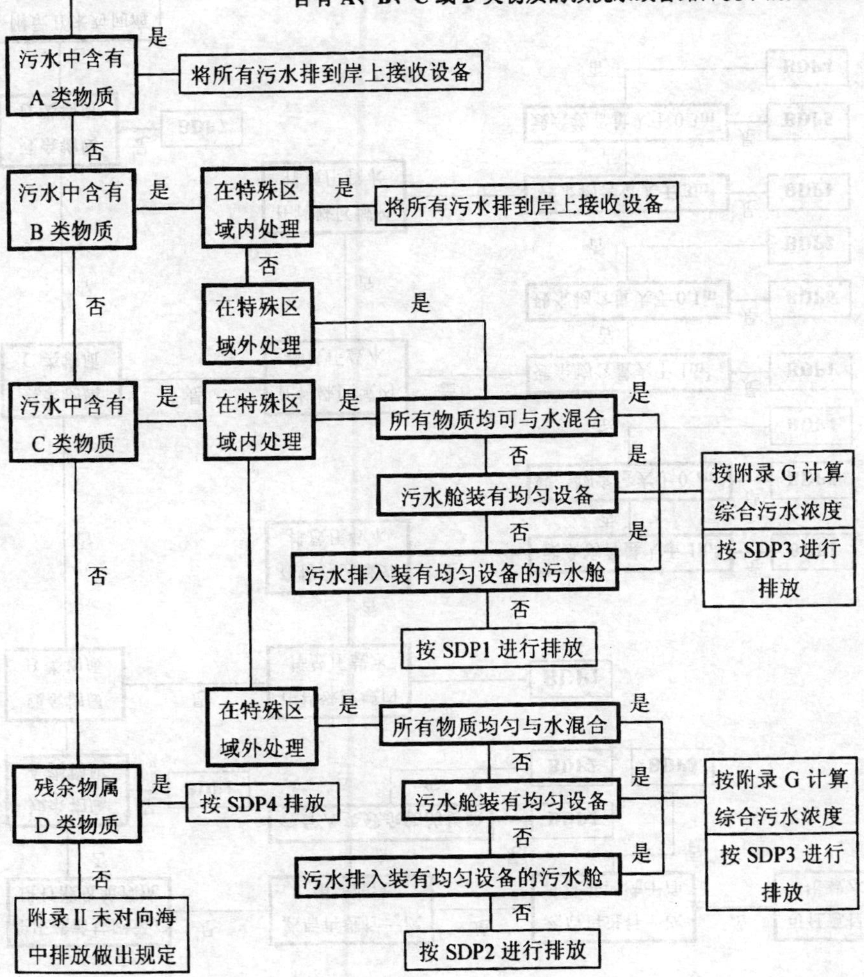

污水处理作业（SDP）	程序顺序			
	1	2	3	4
按附录 E 确定的纯物质的排放率	×	×	×	
将所得的纯物质的排放率除以综合污水浓度			×	
所得的数字表明允许排放率	×		×	
将所得的数字乘以 10，其得数表明允许排放率		×		
用水稀释污水，使舱液浓度为10%或更少，此时排放不受任何限制				×
附加排放条件：				
——船速至少为 7 kn	×	×	×	×
——离最近陆地 12 n mile 以外	×	×	×	×
——水深至少为 25 n mile	×	×	×	
——使用水下排放口	×	×	×	
——允许在水线上排放				×

流程图 3　货舱压载水的处理

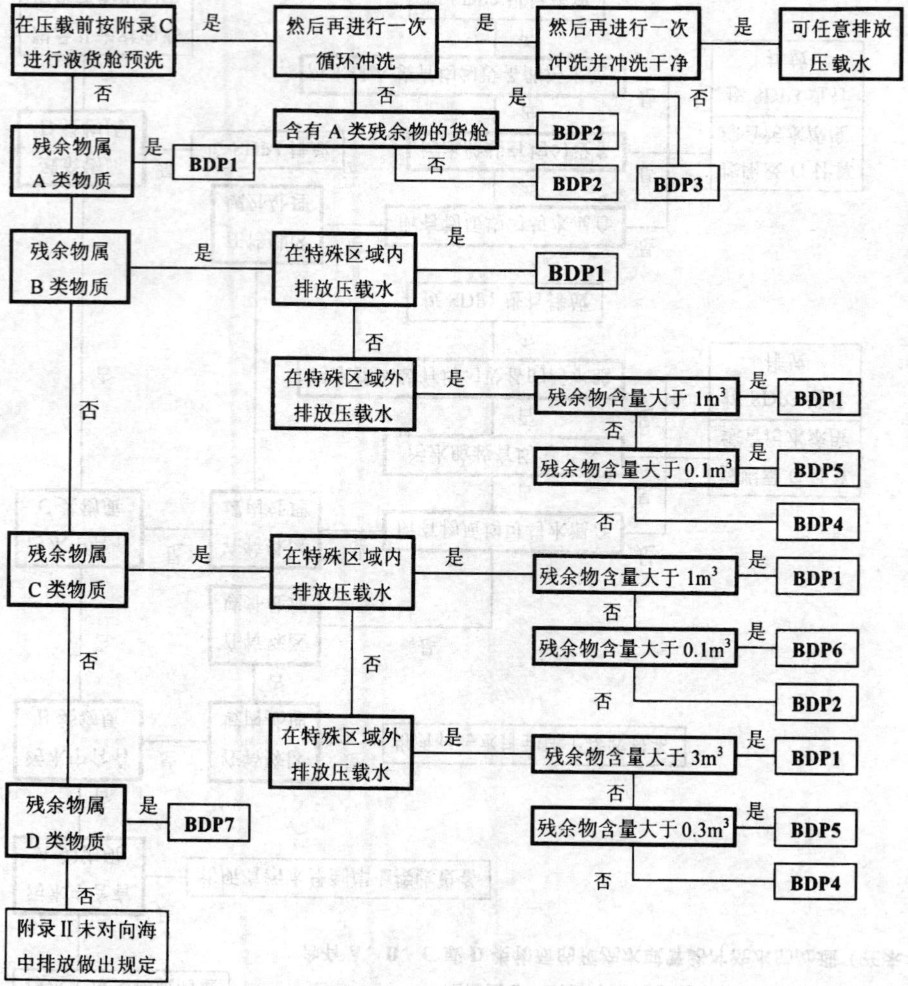

压载水处理作业（BDP）	作业程序						
	1	2	3	4	5	6	7
压载水必须排到岸上	×						
压载水可以排到特殊区域内		×	×			×	×
压载水可以排到特殊区域外		×	×	×	×	×	×
双压载水排放不受限制		×	×	×			×
压载水排放率按流程图 2 的污水排放率加以限制					×	×	
附加排放条件：							
——船速至少为 7 kn		×		×	×	×	×
——离最近陆地12 n mile 以外		×	×	×	×	×	×
——水深至少为 25m		×	×	×	×	×	
——使用水下排放口		×		×	×	×	
——允许在水线上排放			×				×

注：残余物的量仅指有关管系内和吸入口残余物的量。

附　录 I

程序和布置手册概述

第1章　前　言

1　总则

经1978年油船安全和防止污染议定书修订的1973年国际防止船舶造成污染公约(以下简称73/78防污公约)的宗旨是为了防止船舶将有害物质或含有几种有害物质的排出物排到海洋中而造成海洋环境的污染。

为了达到这一目的,73/78防污公约中有五个附则对船上作业和五大组有害物质排入海洋做了详细的规定。这五个附则是:附则Ⅰ(矿物油),附则Ⅱ(散装液体有毒物质),附则Ⅲ(包装有害物质),附则Ⅳ(污水),附则Ⅴ(垃圾)。

经主管机关认可的本手册的主要宗旨是为船上的高级船员确立有关货物装卸、液货舱清洗、污水处理、压载和减载的所有操作程序。要达到73/78防污公约附则Ⅱ的要求就必须按照这些程序办。

另外,经认可的本手册再加上船舶货物记录簿和国际防污证书,可被主管机关用于控制目的以确保化学品船完全达到附则Ⅱ的要求。

2　附则Ⅱ的主要特点

附则Ⅱ的要求适用于载运散装液体化学品的所有船舶。对海洋环境具有威胁的化学品被分为A,B,C,D四类。按这种办法列在附则Ⅱ附录Ⅱ中的A类化学品是对海洋环境具有最大威胁的化学品,而D类化学品则是威胁最小的。

附则Ⅱ禁止含有属于这些类别的化学品的任何排出物排入海洋,但是按每一类详细规定的条件进行的排放则是例外。这些条件包括下列参数:

—每个液货舱许可排入海中的化学品的最大数量;

—排放时的船速;

—排放时离最近陆地的最小距离;

—排放时海水的最小水深;

—船舶尾流中化学品的最大浓度或在排放前化学品的稀释;

—在水线以下排放的必要性。

被确定为"特殊区域"的某些海区有更严格的排放标准。附则Ⅱ规定的特殊区域是波罗的海区域[①]和黑海区域[②]。

除了上述条件之外,在附则Ⅱ中的另一重要要求是含有化学品的排出物的排放作业和某些液货舱清洗作业及通风作业必须按以国际海事组织所制定的标准为基础的那些经认可的程

---

① 注:73/78防污公约将这些区域确定如下:波罗的海区域是指波罗的海本身外加波的尼亚湾、芬兰湾和与57°44.8′N处斯卡格拉克的斯卡极角的纬线相交的波罗的海的入口。

② 黑海区域是指黑海本身外加41°N纬线处地中海与黑海的交界。

序和操作来进行。

为了能达到这个要求，本手册第2章中列有船舶设备和布置的所有详细资料，第3章中列有货物装卸、残余货物排放、液货舱清洗、污水收集、压载和减载等附则Ⅱ所要求的船载化学品的操作程序。

只要能按本手册中的程序和布置来办，船舶就一定能符合73/78防污公约附则Ⅱ的所有有关要求。

3　船长的责任

船长必须确保含有A，B，C，或D类货物质的残余货物或残余物/水混合物不被排入海中，除非这些排放完全符合本手册中的操作程序并使用了本手册所要求的这种排放所需要的设备。

如果本手册所述的流出物记录装置出现了故障，船长应把这种故障尽快报告主管机关。有故障的装置要尽快修好，但至少要在60天内修好。进行了这项工作之后，船长应将此事向主管机关报告。

第2章　关于船舶设备和装置的说明

本手册的第2章列有船舶设备和装置的所有详细资料以及能使船上的高级船员遵守第3章所列操作程序的基本参数。第2章中的资料列在下列标题下：

1　船型

2　压载水舱、压载泵和管系布置的说明

3　货物泵、管系布置和扫舱系统的说明

4　专用污水舱和用做污水舱和存储舱的货舱及其有关泵系和管系布置的说明

5　含有化学品的排出物的水下排放口的说明

6　均化设备

7　控制记录装置

8　通风系统的说明

9　液货舱冲洗装置和冲洗水加热系统的说明

本手册的这一部分内容中至少有下列资料：

1　船型

在此标题下应有以下资料：

—按国际散化规则分类的船型。

—指明船舶纵向和横向液货舱位置的总布置。

2　压载水舱压载泵系和管系布置的说明

在此标题下应有以下资料：

—标出分隔压载水舱和用做压载水舱的货舱及其每个压载水舱容积的总布置；

—压载管系装置及压载管道直径；

—分隔压载水舱的泵水能力；

—也可用做压载水舱的液货舱的泵水能力；

—压载管系与水下排水口系统的相互连接。

3　**货物泵管系布置以及扫舱系统的说明**

在此标题下应有下列资料：

—货物管系布置及管线的直径和容积；

—货泵装置及其能力；

—扫舱系统的管系布置及扫舱管线的直径和容积；

—扫舱系统的泵装置及其能力；

—每一液货舱内的货物管线和扫舱管线的吸入点的位置；

—如果装有聚水槽或井的话，槽和井的位置和容积；

—在排放时所要求的最小横倾和纵倾；

—线路排放和/或线路鼓风装置；

—线路鼓风所能得到或所要求的氮气或空气的容积。

4　**专用压载水舱和用做污水舱和存储舱的货舱及其有关泵系和管系布置的说明**

在此标题下应有下列资料：

—有哪些专用污水舱，哪些液货舱是用做污水舱或存储舱的，这些液舱的容积；

—专用和指定污水舱或存储舱的管线装置及其管线直径、与水下排放口的连接；

—污水舱的泵系布置以及与其能力相关的基本操作原理。

5　**含有化学品的排出物的水下排放口的说明**

在此标题下应有以下列资料：

—水下排放口的位置；

—单口或双口；

—机舱中用于生活目的的管道进入口的位置；

—排放口的直径；和

—指出排放口与船壳的角度或排放口处安装的挡板。

6　**均化设备**

在此标题下应有下列资料：

—污水均化设备或方法的全面说明；

—该种设备或方法的排放能力；和

—与污水管线系统的相互连接。

7　**控制记录装置**①

在本标题下应有下列资料：

—记录含有化学品排出物的排放方法；

怎样记录这种排放的起止时刻或流量和实际排放时间（格林尼治时间或其他标准时间）；

—日期的记录是手动的还是自动的；和

—记录装置发生故障时采用的替代办法。

8　**通风系统的说明**

在本标题下应有下列资料：

---

① 请注意，货物记录簿应按第3章的规定填写。

—列出船舶持证运载的物理特性20℃时蒸气压力超过5 kPa,而采用通风清洗的货物;
—通风开口的位置;
—通风系统要达到液货舱底部所需要的最小能力;
—液货舱内的结构;
—通风作业时的最小横倾和纵倾;和
—用泵、过滤器等对货物管线系统进行通风的方法。

9 **液货舱中洗装置和冲洗水加热系统的说明**

在此标题下应有下列资料:
—洗舱专用管线的布置及管线的直径;
—洗舱机的类型、能力和额定压力;
—能同时作业的洗舱机的最大数目;
—洗舱用的甲板开口的位置;
—洗舱机的数目和为保证冲洗到所有舱壁所需的位置;
—将设备加热到60℃时所需冲洗水的最大通量;和
—能同时在60℃状态下作业的洗舱机的最大数目。

第3章 与液货舱清洗、残余物/水混合物的排放、压载和减载有关的程序

1 **操作程序**

.1 根据船舶的设计、设备和装置,本章列出了确保达到附则Ⅱ要求的液货舱清洗、压载水和污水处理的作业程序。

.2 本章的第2节概述了要采取的行动顺序。本章的其他段落讲述了正确实施这些行动所必需的资料。只有按所述的顺序办,才能确保有毒液体物质的排放不对海洋环境造成威胁。

2 **液货舱清洗、处理和压载程序的分段施行方法**

.1 查明液货舱中上一次装的货物是否列入了本章的第3节中。如果没有列入,那么根据附则Ⅱ的规定,无须使用特别的洗舱和处理程序。

.2 如果液货舱中上一次装的货物是列入第3节的,应在残余物鉴定页上查找本章第4节中的那种特定货物。其页码见第3节表格的右边一栏。

.3 通过残余物鉴定页,根据4.3来查明液货舱中的残余货物。

.4 除了鉴定残余物的量之外,还要使用残余物鉴定页来选择正确的清洗、处理和压载作业所必需的资料,如:
—货物类别;
—含有其他货物的污水的兼容性;
—熔点;
—黏度;
—在水中的溶解性。

.5　查明了上述资料后，再看本章的第5节，查明：

.5.1　洗舱和处理程序；

.5.2　污水处理程序；

.5.3　液货舱的压载和减载程序。

.6　在下面补遗中列出了要符合所要求程序所必需的其他细节：

补遗A：预洗计划；和

补遗B：确定含有B类或C类货物的污水的排放率。

3　**允许载运的附则Ⅱ物质一览表**

物　质	联合国编号	防污公约分类	允许载运于	鉴定页

4　**船上残余物的鉴定**

.1　本节中的残余物鉴定页上载有关于卸货后液货舱中残留货物的数量的资料。

.2　凡是允许在船上运载、列入附则Ⅱ的货物，每一页均有它们的有关资料。

.3　利用鉴定页，以下列程序鉴定卸货后舱中残余物的数量：

.3.1　从残余物鉴定页中查找该货物。

.3.2　从液货舱布置图中确定残余物的量。

.3.3　从液货舱布置图中确定在货物温度下的黏度校正量。

.3.4　确定有无固化校正的必要。

.3.5　如有必要，使用环境温度，选适当图表以确定舱顶板的残余物量。

.3.6　使用邻近液货舱的环境温度，从适当的图表中确定舱壁上的残余物。

.3.7　使用环境温度，从适当表格中确定管线中的残余物。

.3.8　如果作用的不是直接管路定线法的话，查明附加管线的残余物。

.3.9　将下列数值相加，得出液货舱中的残余物总量：

—基本量；

—黏度校正量；

—舱顶板、舱壁、管线的固化校正量（如果有的话）；

—附加管线的固化校正量（如果有的话）。

.4　图和表是根据至少……m的船尾纵倾和向舱内吸入点至少0.5°的横倾制定的。

货物	醋酸
货物组	有机酸
20℃时的	黏度1.26 mPa
熔点	+166℃
可溶性	可溶
兼容性组	7+类别C

舱　位　图

左舷和右舷类似

残余物的量 货舱＿＿＿＿＿＿ m^3 管　线＿＿＿＿＿＿ m^3
残余物的量 货舱＿＿＿＿＿＿ m^3 管　线＿＿＿＿＿＿ m^3
等等

由下列数量构成的残余物总量：

液货舱残余物的量（见液货舱流程图）

管线残余物的量（见液货舱流程图）

固化修正（见下页）

注：如果空气温度或邻近温度（海洋或货物）低于16℃（熔点），才使用固化修正。

兼容性

含有"醋酸"的污水，不可放入含有下列货物污水的舱中

……………

N/A

……………

……………

……………

清洗和压载：

洗舱污水处理和压载的作业见第5节的流程图。

预洗

如果第3节的清洗和处理作业需要预洗的话，详细情况见附录A。

注：

(1) 使用通往总管之外的管线时，每10 m管长加上（或减去）……m^3；

(2) 如管线没清洗，或温度低于16℃的话加上下页的残余物固化修正值。

固化修正

未满货舱舱顶板上的残余物

气温,℃	1	2	3	4	5	6	7
15							
10							
5							
0							
-5							

注:如舱完全注满(......%)则舱顶板上的残余物为零。

舱壁上的残余物

F=前

A=后

P=左舷

S=右舷

相邻面的温度,℃	1 F-A-P-S	2 F-A-P-S	3 F-A-P-S	4 F-A-P-S	5 F-A-P-S	6 F-A-P-S	7 F-A-P-S
15							
10							
5							
0							
-5							

管线中的残余物

(直连于歧管)

气温,℃	1	2	3	4	5	6	7
低于16							

全部固化修正包括:

舱顶板上

舱壁上

管线中的残余物

注:如采用了非连于歧管的管路,则每10 m管长加上(或减去)......m^3。

.5　如果出于操作上的原因,上述的纵倾和横倾数值无法达到的话,应假设每个液货舱的残余物的量总是超过:

—B 类物质,1 m^3;和

—以类物质,3 m^3。

注意:对于 A 类物质,残余物的量与进一步的操作(即:洗舱、残余物处理和压载作业)是无关的,不论其量如何。

5　流程图

.1　本段陈述了洗舱污水处理和压载水装卸的程序。

.2　下列流程图列出了这些程序:

—流程图 1:洗舱、处理来自液货舱中含有 A,B,C,D 类物质的洗舱水。

—流程图 2:处理来自专用污水舱或指定用做污水舱的液货舱的含有 A,B,C,D 类物质的预洗污水或管道冲洗污水。

—流程图 3:处理来自液货舱的压载水。

.3　流程图是按固定顺序排列的。在没有考虑前面的流程图的结构之前,不应使用图 2 和图 3。

第 A.868(20)号决议
(1997 年 11 月 27 日通过)

控制和管理船舶压载水使有害水生物和病原体的转移降至最小限度指南

大会,

忆及国际海事组织公约有关大会在防止和控制船舶造成海洋污染规则和指南方面的职责的第 15(j)条,

还忆及在第 A.774(18)号决议中它认识到,船舶不加控制地排放压载水和沉积物引起了有害水生物和病原体的转移,使公众健康受到损害,财产和环境受到损坏,因此通过了防止船舶压载水和沉积物排放带入有害水生物和病原体指南;海洋环境保护委员会(环保会)和海上安全委员会(海安会)应不断检查压载水问题和该指南的应用,以便进一步制定该指南,以作为 73/78 年防污公约新附件的基础,

海事组织通过有关压载水排放的适当细则以防止非土生物的传播,并还在其环境和发展宣言中主张各国应根据其能力广泛应用预防办法,

考虑到 MEPC/Circ.228 号通函认识到现有指南不能完全解决彻底防止带入有害水生物和病原体的问题,因此敦促将重点放在使风险最小化的措施上,还强调在应用现有指南时,船舶安全是最重要者,

注意到 1992 年生物多样性公约的目标以及压载水转移和带入外界水生物物种威胁到对生物多样性的保护和可持久利用,

还注意到环境保护委员会按第 A.774(18)号决议进行的制定压载水管理规定及其有效实施指南的工作状况和船舶设计和设备小组委员会制定的海上压载水交换安全事项指南;这两个指南均在 1997 年 6 月 30 日分别作为 MEPC/Circ.329 和 MSC/Circ.806 文件分发,

意识到一些国家已采取单方面行动,通过了有法律约束力的规定供当地、地区或国家应用,以便使通过进入其港口的船舶带入有害水生物和病原体的风险降至最小限度;还意识到该问题是个世界范围内感到关切的问题,因此所需行动应基于全球适用的规则和对其作出有效实施和一致解释的指南,

审议了环保会第四十次会议有关该问题的建议,

1 **通过**本决议附件所载的控制和管理船舶压载水使有害水生物和病原体的转移降至最小限度指南;

2 **要求**各政府采取紧急行动应用本指南,包括将其分发给航运界,将本指南用做其采用的、旨在将带入有害水生物和病原体的风险降至最小限度的任何措施的基础,并将实施本指南取得的任何经验报告环保会;

3 **还要求**环保会致力于完成以 73/78 年防污公约新附件为形式的、有法律约束力的压载水管理规定及其一致和有效实施的指南,供在 2000 年审议和通过;

4　**也要求**海安会在其工作计划中列入对从各有关方面收到的信息特别是有关本决议所通过的指南的12.2的信息的评估，以便确定各种现有船型和营运的危害和潜在后果。还要求海安会审议压载水管理的任何其他有关事项和新船舶的设计目标，以便尽可能将船舶压载水和沉积物带入有害水生物和病原体的风险降到最小限度；

5　**废除**第A.774(18)号决议。

附　件

控制和管理船舶压载水使有害水生物和病原体的转移降至最小限度指南

目　录

1　序言
2　定义
3　适用范围
4　指南的目标和背景
5　信息的分发
6　培训和教育
7　船舶和港口国程序
7.1　船舶程序
7.2　港口国程序
8　记录和报告程序
8.1　船舶报告程序
8.2　港口国报告程序
9　船舶作业程序
9.1　预防做法
9.1.1　将有害水生物、病原体和沉积物的摄入降至最小限度
9.1.2　压载水沉积物的及时清除
9.1.3　避免不必要的压载水排放
9.2 压载水管理的选择办法
9.2.1　压载水交换
9.2.2　不排放或最小量地排放压载水
9.2.3　向接收装置排放
9.2.4　应急和新的技术和处理
10　港口国考虑事项
10.1　装/卸港间的高差异状况
10.2　压载水龄期
10.3　标的生物的存在
11　港口国的实施和监测
12　压载水交换的今后考虑事项
12.1　研究必要性
12.2　对压载水交换安全事项的长期评估
13　压载系统设计
附录1　压载水报告格式

附录2　海上压载水交换安全事项指南

1　序言

1.1　在几个国家中进行的研究表明许多细菌、植物和动物物种能在船舶所载的压载水和沉积物中存活，甚至几个月期间的多次航行后亦然。此后将压载水或沉积物排入到港口国水域中会造成有害水生物和病原体的确立从而可能威胁到本地的人、动物和植物的生命和海洋环境。虽然已证实其他介质对生物在地理上分开的水体间的转移负有责任，但是船上的压载水排放一直是主要者之一。

1.2　压载水排放造成危害的可能性不仅得到国际海事组织而且得到国际卫生组织的承认，后者关切的是压载水作为扩散传染病细菌介质的作用。

1.3　不要将本指南作为解决该问题的某种办法，而应将其视为在正确应用时有助于将压载水排放的相关风险降至最小限度的一种工具。随着科学技术的发展，将对本指南作出改进，以便对此种风险作出更适当的处理。在现阶段，港口国、船旗国和能帮助减轻该问题的其他方面应充分认真和注意地作出努力，尽最大可能遵守本指南。

1.4　使风险降至最小限度的适当方法的选择取决于几个因素，包括标的生物的类型、涉及的风险程度、其环境可接受性、涉及的经济和生态代价和船舶安全。

2　定义

在本指南中，下列定义适用：

主管机关是指船舶在其管辖下营运的国家政府。

本公约是指73/78年防污公约(73/78年国际防止船舶造成污染公约及其1978年议定书)。

会员国是指是国际海事组织会员的国家。

本组织是指国际海事组织。

港口国当局是指由港口国政府授权管理指南和执行有关实施国家和国际航运管理措施的标准和规则的任何官方或其他组织。

处理是指杀死、去除压载水中的有害或潜在有害的生物或使其不繁殖的工艺或机械、物理、化学或生物方法。

3　适用范围

本指南供会员国使用，可适用于所有船舶；但港口国当局应确定其适用范围。

4　指南的目标和背景

4.1　本指南是在科学和技术指导下制定的，其目标旨在帮助各国政府和有关当局、船长、营运人和所有人、港口当局和其他有关方面在保护船舶安全的同时最大限度地降低从船舶压载水和相关介质中带入有害水生物和病原体的风险。

4.2　本指南允许港口国免除船舶在其管辖区域中执行部分或全部有关规定。但欲对压载水作业作出限制的任何主管机关在制定立法和程序时，仍应遵守本指南。

4.3　为使本指南得到标准和一致的实施，要求所有的会员国政府、船舶营运人、其他适当当局和有关方均应用本指南。

5　信息的分发

5.1　鼓励主管机关保持并通过本组织交换有关本指南的信息。因此，鼓励主管机关向本组织提供：

.1 有关可能有风险的有害水生物的严重爆发和传染的信息；

.2 现行的国家法律和规则的副本；

.3 技术和研究信息；

.4 教材(如录像带和录音带)和印刷品；和

.5 替代交换区域的地点和使用条件、应急战略、具备的岸上接收设备、收费等。

5.2 在应用压载水和沉积物排放程序时，会员国应向本组织通报具体要求并向本组织提供任何正在应用的规则、标准、免除或指南的副本。供其他会员国和非政府组织参考。船舶在抵达前应得到对港口国要求的核实和详细资料。

5.3 港口国当局应尽可能广泛地分发应用于航运的压载水和沉积物的管理和处理要求的信息。不这样做可能会对要进入港口国的船舶造成不必要的迟延。

5.4 航运组织和船舶管理人员应熟知港口国当局对压载水和沉积物的管理和处理程序的要求，包括获得入境结关单所需的信息。

5.5 请各会员国向本组织提供他们对船舶的压载水和沉积物中的有害水生物和病原体的影响和控制所做的任何调查和开发研究的详细资料。

5.6 会员国应向本组织提供各种记录的详细资料，说明为何不能符合现有要求的理由，如不可抗力、恶劣天气、设备故障或没有有关港口国要求的信息等。

6 培训和教育

6.1 视情对船长和船员进行的培训应包括根据本指南中所载信息编制的应用压载水和沉积物管理和处理程序的须知，还应提供保管适当记录和日志的须知。各政府应确保海事培训组织在其教学大纲的内容中列入此种须知。

6.2 应用压载水管理的工艺和程序在目前是将带入有害水生物和病原体降至最小程度的解决办法的核心。

6.3 鼓励各政府在其发证培训要求中列入控制有害水生物和病原体造成海洋污染的知识和职责。

7 船舶和港口国程序

7.1 船舶程序

7.1.1 带有压载水的每一船舶均应配备帮助将有害水生物和病原体的转移降至最低程度的压载水管理计划。该计划的意图应是提供安全有效的压载水管理程序。

7.1.2 压载水管理计划应具体到每一船舶。

7.1.3 压载水管理计划应列入船舶的操作文件中。除其他者外，此种计划应阐述：

—本指南的有关部分；

—处理设备的认可证书；

—指明所需记录；和

—可能取样点的位置。

7.2 港口国程序

7.2.1 应配备接收和处理设备，以便对压载舱沉积物作出在环境上安全的处置。

7.2.2 将船舶压载水排入接收和/或处理设备中是一种可接受的控制措施。欲使用此种战略的港口国当局应确保设备是足够的。

8 记录和报告程序

8.1 船舶报告程序

8.1.1 在港口国当局要求使用特定的压载程序和/或处理选择时,如因天气、海况或操作不可行而不能采取此种措施,则船长应将这种实情尽早报告港口国当局,适当时,在进入其管辖海域前作出报告。

8.1.2 为便利对每一船舶的压载水管理和处理程序的管理,应指定一负责高级船员保管适当记录并确保压载水管理和/或处理程序得到记录和遵守。

8.1.3 在接收或排放压载水时,至少应记录日期、地理位置、船舱和货舱、压载水温度和卫生情况以及装/卸的压载水量。附录1中载有适当的格式。记录应提供给港口国当局。

8.1.4 压载水或沉积物取样的位置和通入点应在船舶压载水管理计划中作出说明;这样,在港口国当局的官员要求压载水或沉积物的样品时,船员能提供最大帮助。

8.2 港口国报告程序

8.2.1 与上述5.2一致,港口国当局应向船舶提供下列信息:

—其压载水管理要求的详情;

—替代交换区的位置和使用条件;

—任何其他港口国应急安排;和

—为环境安全处置压载水和相关沉积物所提供的接收设备的具体情况、位置、容量和运行的费用。

8.2.2 为帮助船舶应用下文9.1.1中规定的预防做法,港口国应向当地代理和/或船舶通告应尽量少地装取压载水的地区和情况:

—有有害生物的爆发、传染或已知种群的地区;

—当前有浮游植物花(藻花,如赤潮)的地区;

—附近的污水下水道;

—附近的疏浚作业;

—已知潮流将更混浊的地区;

—已知是潮水冲洗不好的地方。

9 船舶作业程序

9.1 预防做法

9.1.1 将有害水生物、病原体和沉积物的摄入降至最小限度

在装压载水时,应作出一切努力避免装进潜在有害的水生物、病原体和可能载有此种生物的沉积物。装压载水应最小量化,或在可行时,在诸如下列地区或情况下避免装压载水:

—在上文8.2.2的建议中被主管机关指明的地区;

—在夜间,此时底居生物可能在水柱中升起。

—在极浅的水中;或

—推进器可能搅起沉积物的地方。

9.1.2 压载水沉积物的及时清除

在可行时,应按船舶压载水管理计划在海洋中或在有控制的管理下对压载水舱进行去除沉积物的日常清洗。

9.1.3 避免不必要的压载水排放

如为便利安全货物作业有必要在同一港口中装上和排放压载水,则应注意避免不必要的排放在另一港口中上的压载水。

9.2 压载水管理的选择办法

9.2.1 压载水交换

在海洋中释放的近岸(包括港口和河口)生物和在近岸水域中释放的海洋生物,一般是不会存活的。

在海洋中交换压载水时,应计及附录2中所载的压载水交换安全事项指南。此外,还建议下列做法:

—可行时,船舶应在深水、公海或尽可能远离海岸处交换压载水。在不可能这样做的地方,特别是在距海岸200 n mile内的地区中,可能有在实施的、在区域协议内制定的要求。与上文9.1.2一致,所有压载水应被排放至失去吸力;如可能应使用扫舱泵或喷射器。

—当在公海中使用流过法将压载水泵入柜或舱中并允许水溢流时,至少三倍于压载水容积的水应被泵过压载水舱。

—在这两种形式的公海压载水交换均不可行时,港口国当局可接受在指定地区交换压载水。

—港口国认可的其他压载水交换选择办法。

9.2.2 不排放或最小量地排放压载水

在压载水交换或其他处理选择办法不可能时,可将压载水留存在柜中或舱中。在这样做不可能时,船舶应按港口国的应急战略仅排放必要的最小量压载水。

9.2.3 向接收装置排放

如果港口国提供了压载水和/或沉积物接收装置,则在适当时应予使用。

9.2.4 应急和新的技术和处理

9.2.4.1 如果适当的新的和应急处理方法和技术证明是可行的,则可取代现行选择办法或与其一起使用。此种处理办法可以包括热处理方法,过滤、包括紫外线在内的消毒和港口国可以接受的其他措施。

9.2.4.2 应将新的压载水管理技术和相关控制设备的使用和有效性的结果通知本组织供评估和适情列入本指南中。

10 港口国应考虑事项

下文是供作为港口国在实施其压载水管理方案和评定带有有害水生物和病原体的风险时的指南。

10.1 装/卸港间的高差异状况

始发港和压载水交换港间的状况可能有极大差异。例如包括将淡水压载水排放到高盐度的港口中,可能有生物能在此种极端的转移下存活;但在此种运输事例中物种确立的概率较低。

10.2 压载水龄期

压载水在围闭的压载水柜中的时间长度也可以是确定存活生物数量的一个因素,因为没有光线、营养物和氧气减少、盐度变化和其他因素。但生物在压载水中的最长存活时间是不同的,在许多情况下是未知的。100天龄期的水应视为应用本考虑事项的最低龄期。压载水和沉积物可带有存活时间远超过于此的甲藻和其他生物。

10.3 标的生物的存在

10.3.1 在若干情况下,可能能够确定在特定港口的水中是否有一个或多个标的物种出现,是否在船舶的压载水中。在此种情况下,接收港口国当局可因此采取管理措施。即使此种标的物种未出现,也应注意到船舶仍然可能装有非标的物种,此种物种如果被释放到新的水域中,可能有潜在危害。

10.3.2 鼓励港口国在其港口中进行生物基线调查并将此种调查的结果予以分发。

11 港口国的实施和监测

11.1 根据环境保护预防办法,本指南可应用于所有船舶,除非港口国在其管辖范围内做出具体免除。按上文5.2,港口国当局应向本组织通报应用本指南的情况。

11.2 会员国有权通过国家立法对压载水作出管理。但应向本组织通报任何的压载水排放限制。

11.3 在所有情况下,港口国当局应考虑压载水和沉积物的排放程序对船舶安全和岸上程序的总影响。如果符合取决于要接受会使船舶或船员受到风险的措施,则本指南将无效可言。港口国不应要求船长采取任何危及船员生命或船舶安全的行动。

11.4 压载水和沉积物管理程序必须是有效的、环境上安全的、可行的和设计成能将船舶的费用和迟延降低至最小限度。凡可能时均应以本指南为基础。

11.5 船舶的任何指令和要求均应及时提供,并应清楚简明。

11.6 在有此要求时,港口国应向到访船提供其所要求的有关压载水管理和有害水生物和病原体的潜在影响的信息。

11.7 任何实施和监测活动应以公正、一致和在该港口国的所有港口中均相同的方式进行。在有迫切理由而不能在全国采取同样程序时,应向本组织通报不同之处。

11.8 符合监测应由港口国当局进行,如,举例而言,采集和分析压载水和沉积物样品进行,以测定有害水生物和病原体的连续存活能力。

11.9 在进行符合或有效性监测的压载水取样时,港口国当局在取样时应使船舶的迟延降至最小限度。

11.10 在进行调查或符合监测的取样时,港口国当局应尽可能向船舶作出进一步进行取样的通知,以便对人员和操作资源作出规划。

11.11 对上述监测提供合理帮助一事船长负有一般责任。此种帮助可包括提供高级和一般船员,提供船舶计划、压载水管理记录和取样点位置的详情。

11.12 调查和监测的取样方法是各港口国的责任。本组织欢迎有关新的和新型的取样和/或分析方法的信息;任何有关信息均应向其提供。

11.13 港口国当局应向船长或负责高级船员说明取样目的(如监测、调查或实施)。在有此要求时,应向船舶营运人提供样品的分析结果。

11.14 在允许船舶在环境敏感地点排放其压载水前,为对压载水和沉积物作出分析,港口国当局可以先进行取样或要求样品。在发现样品中有有害水生物或病原体时,可应用港口国的应急战略。

12 压载水交换的今后考虑事项

12.1 研究必要性

压载水交换等操作措施在短期内是适当的，但确有必要做进一步调查。本指南将根据新的压载水管理选择办法的结果作出修改和调整。

12.2 对压载水交换安全事项的长期评估

认识到需要对各种船舶和作业的危害和潜在后果作出评估，有关各方面应进行详尽的研究，并提供有关下列的信息：

—海上压载水交换的经验，包括任何样品/标准程序；

—为避免海上交换压载水时可能出现的潜在危害和后果而实施的作业预防措施和程序；

—对不同船型和装载状况的实际稳心高度与经认可的纵倾和稳性手册和装载守则中规定的许可航海限度间的安全余量的评估；

—以负责但不完全谨慎的方式在海上交换压载水时，因人的因素问题而可能发生的任何危害；

—海上压载水交换前的操作程序和压载水交换时的核查事项；

—确保海上交换压载水的过程在船上得到有效监测和控制所必需的培训和管理程度；

—为防止发生可能影响海上交换压载水的紧急情况而列入任何独特程序的行动计划；和

—涉及有关安全事项的决策工作，包括船位、天气状况、机械性能、压载系统检查和保养、船员安全和可靠性。

13 压载系统的设计

制造厂、船东和船级社在设计新船或改造现有船时应计及本指南。

附　录　2

海上压载水交换安全事项指南

1　序

1.1　本文旨在提供海上压载水交换安全事项指南。可能需要在海上交换压载水的船舶有不同类型,对每一船型提供具体指南是不可行的。应提醒船东注意他们应考虑适用于其船舶的诸多变量,其中一些变量包括船型和尺寸、压载水舱构形和相关的泵送系统、营运路线和相关的天气状况、港口国要求和配员。

1.2　对有关管理计划中所载的海上压载水交换程序的有效性应从环境保护角度和结构强度和稳性的可接受性角度作出逐一评定。

1.3　在没有更具科学根据的控制措施的情况下,在深海区或公海中交换压载水在目前是限制淡水或沿海水生物物种在压载水中转移的概率的一种措施。有如下两种海上交换压载水的方法:

.1　程序法:先从压载舱泵出压载水后再装入清洁水;和/或;

.2　流过法:通过在清洁水中的泵送,同时进行压载舱的注入和排放。

2　安全注意事项

2.1　在海上交换压载水的船舶程序应适情计及下列者:

.1　避免压载水舱的压力过大和压力不足;

.2　在任何一个时间均可能产生自由液面的舱中,自由液面对稳性和晃动负荷的影响;

.3　允许的天气状况;

.4　在受旋风、台风、飓风或结冰状况的季节性影响的地区内的气象定线;

.5　保持经认可的纵倾和稳性手册规定的足够完整性;

.6　经认可的装载守则规定的剪力和弯曲力矩的允许航海强度限度;

.7　在有关时:扭力;

.8　最小/最大的前、后吃水;

.9　浪引起的船体震动;

.10　成文的装入和/或排放压载水的记录;

.11　用于可能影响海上交换压载水的各种情况(包括变坏的天气状况、泵故障、断电等)的应急程序;

.12　完成交换压载水所需时间或适当顺序,考虑到在若干船上压载水可能占货物容量的50%;和

.13　监测和控制压载水数量。

2.2　如使用流过法,因下列原因而要小心从事:

.1　空气管不是为连续压载水溢流而设计的;

.2　当前的调查表明:在从底部充注清洁水和从顶底溢流时,至少需要泵送整个舱容量的三倍数量的水才可能有效;和

.3　交换压载水时打开的若干水密和风雨密关闭装置(如人孔)应重新锁固。

2.3 应避免在结冰天气状况下在海上交换压载水。但在认为绝对必要时，应特别注意舷外排放装置、空气管、压载系统阀门及其控制装置和甲板积冰的相关危险。

2.4 某些船舶可能需要安装装载仪器来计算海上交换压载水引起的剪力和弯曲力矩并与许可的强度限度作出比较。

2.5 应对经认可的纵倾和稳性手册和装货守则规定的许可航海状况中载明的与各种船型和装载状况相关的稳性和强度的安全余量作出评估。在此方面，应特别考虑到下列要求：

.1 在任何时候均应保持不小于本组织建议者（或主管机关规定者）的稳性值；

.2 在盛行海况下的纵向应力值不超过船级社允许者；和

.3 对于半载的液舱或货舱中的晃动可能造成严重结构负荷的液舱或货舱中，海上交换压载水应在有利海况和浪涌状况下进行，使结构损坏的风险最小化。

2.6 压载水管理计划应包括不应进行压载水交换的情况一览表。这些情况可能产生于异常的危险局面、恶劣天气引起的不可抗力或人命或船舶安全受到威胁的任何其他情况。

3 船员培训和精通

3.1 压载水管理计划应包括对海上交换压载水的关键船上管理人员的指定。

3.2 从事海上交换压载水的船舶的高级船员和一般船员应在下列方面受到培训并精通下列者：

.1 船舶泵系图，它应显示压载水泵装置、相关空气和测深管的位置、所有的舱室吸入口和将其与船舶压载水泵相连的管线的位置以及在使用流过法交换压载水时，用于从舱顶放水的开口和舷外排放装置；

.2 确保测深管清洁、空气管及其止回装置处于良好状况的方法；

.3 不同换压载水交换作业所需的不同时间；

.4 如适用，使用的海上交换压载水方法所需的安全措施；和

.5 船上压载水记录、报告和日常测深记录的方法。

环保会第 MEPC.107(49)号决议
(于 2003 年 6 月 18 日通过)

经修正的《船舶机器处所舱底防污设备导则和规范》

海上环境保护委员会，

忆及《国际海事组织公约》关于本委员会的职责的第 38(a)，

注意到海上环境保护委员会在其第 33 届会议上于 1992 年 10 月 30 日通过的环保会第 MEPC. 60(33)号决议所通过的经修正的《船舶机器处所舱底防污设备导则和规范》，并请各国政府在其认为合理可行的情况下最大限度地采用和应用导则和规范，并将应用的结果通报本组织，

进一步注意到经 1978 年议定书修正的《1973 年国际防止船舶造成污染公约》(以下简称为《73/78 防污公约》)附则 I 第 16(5)条的规定在该规定中提及了上述规范，

认识到技术的发展，以及海上环境保护委员会于 1992 年通过的并于 1993 年 7 月 6 日生效的《73/78 防污公约》关于运行性排放要求的附则 I 的修正案，在其第 49 届会议上审议了船舶设计与设备分委会根据《73/87 防污公约》附则 I 的要求制定的经修正导则和规范，

1 **通过了**经修正的《船舶机器处所舱底防污设备和规范》，其正文列于本决议的附件，它将取代载于环保会第 MEPC. 60(33)号决议的建议案；

2 **请**各国政府：

(a) 实施经修正的规范并应用它们，只要是合理可行的，2005 年 1 月 1 日或以后安装在船上的所有设备均应符合这些经修正的规范的要求；和

(b) 向本组织提供关于从导则和规范应用中获取的经验的信息，特别是关于根据规范进行成功的设备试验的信息；

3 **要求**秘书处根据收到的信息保留和更新经认可的设备清单，关于每年向各国政府散发一次这样的清单；和

4 **进一步请**各国政府适当签发规范第 5.2.1 段所要求的“型号认可证书”并承认其他政府的当局所签发的此种证书与其自己签发的证书同样有效。

附 件

经修正的《船舶机器处所舱底防污设备导则和规范》

目 录

1 导言
2 背景
3 定义
4 技术规范
5 防污设备型号认可试验规范
6 安装要求
附件
第 1 部分 — 15 ppm 舱底污水分离器型号认可试验和性能规范
第 2 部分 — 15 ppm 舱底污水警报器型号认可试验和性能规范
第 3 部分 — 防污设备型号认可环境试验规范
第 4 部分 — 确定含油量的方法
第 5 部分 — 认可的证件
附录 1 — 15 ppm 舱底污水分离器型号认可证书
附录 2 — 15 ppm 舱底污水警报器型号认可证书

1 导言

1.1 总则

1.1.1 15 ppm 舱底污水分离器的规范被认为是适合用来处理燃油舱的舱底污水和压载水，因为这些是中低容量的设备，并且受到避免排放含油量超过 15 ppm 混杂物的需要所限制。

1.1.2 认识到设计处理液货船货舱中的排放物的高容量分离设备的研制和试验，提出了特殊问题，这些设备不要求按照这些规范进行试验。这种研制和试验不应受到妨碍，当主管机关认为进行研制和试验是必要时，应准备接受不同于这些规范的研制和试验。

1.1.3 应该了解到，15 ppm 舱底污水分离器能够处理机器处所舱底的含油混合物，对船上可能载运的各种油类都是有效的，能满意地处理很高密度的油类或呈现乳状的混合物。为了清洗所使用的清洁剂、乳化物、溶剂或表面活化剂可使舱底污水产生乳化。应采取适当措施减少船舶舱底存留这些物质。因有乳化舱底水的可能性，15 ppm 舱底水分离器应能将油从排出物中分离，产生含油量不超过 15 ppm 的排放物。

1.1.4 如果是相同设计但不同能力的 15 ppm 舱底水分离器，需要按照这些规范颁发证书，则主管机关可接受该幅度内两种容量的试验，代替每一尺寸的试验，除非实际操作的这两种试验是从该幅度的最低方位和最高方位进行。

培训

1.1.5 船舶人员培训应包括熟悉设备的操作和维修保养。

维修保养

1.1.6 15 ppm 舱底水分离器和 15 ppm 舱底水警报系统的日常维修保养在生产厂家相关的操作和维修保养手册中应有明确的定义。所有日常工作和维修保养均应有记录。

1.1.7 本导则和规范中所提及的规定是《73/78 防污公约》附则Ⅰ所含的规定。

1.2 目的

1.2.1 本导则和规范载有第 16 条所要求的防污设备的设计、安装、性能和试验要求。

1.2.2 本导则和规范的目的是:

.1 对第 16 条的要求提供统一解释;

.2 当此种设备将安装在悬挂该国国旗的船上时,协助主管机关确定防污设备的适当设计、建造和操作参数;

.3 定义防污设备的试验和性能要求;和

.4 对安装要求提供指导。

1.3 适用性

1.3.1 本导则和规范适用于

.1 2005 年 1 月 1 日或以后安放龙骨或处于相同建造阶段的船舶所安装的设备;和

.2 2005 年 1 月 1 日或以后安装在船上的 2005 年 1 月 1 日前安放龙骨或处于相同建造阶段的新安装的设备,只要合理可行的。

1.3.2 以 A.393(Ⅹ)号大会决议和环保会第 MEPC.60(33)号决议通过的导则和规范不适用于新导则和规范所适用的那些船舶。

1.3.3 安装在 2005 年 1 月 1 日以前安放龙骨或处于相同建造阶段的船舶上的设备应符合其中:

.1 以 A.393(Ⅹ)号大会决议通过的适用 1978 年 11 月 14 日或以后在船上安装设备的《油水分离设备和油分浓度计国际性能和试验规范建议案》;

或

.2 以环保会 MEPC.60(33)号决议通过的适用 1994 年 4 月 30 日或以后在船上安装防污设备的导则和规范;

或符合本导则和规范的要求。

1.4 要求概述

1.4.1 本导则和规范中所规定的防污设备认可要求概述如下:

.1 15 ppm 舱底水分离器应按照附件的第 1 部分要求进行型式认可试验,并做附件第 3 部分规定的环境试验;和

.2 15 ppm 舱底水分离器排放物的油分浓度计,以下指"15 ppm 舱底水警报器",应按照附件第 1 部分要求进行型式认可试验,并做附件第 3 部分规定的环境试验。

2 **背景**

2.1《73/78 防污公约》附则Ⅰ有关船舶防污设备的要求载于第 16 条之中,此条规定凡 400 总吨及以上的船舶应安装经认可的设备。

2.2 第 16(5)条规定从 15 ppm 舱底水分离器排出的排放物含油量不应超过 15 ppm。在不能

保持这一水平时,15 ppm 舱底水警报器将会启动,显示并自动停止舷外排放油类混合物。

3 定义

3.1 防污设备

就本导则和规范而言,按照第 16 条安装在船上的防污设备包括:

.1 15 ppm 舱底水分离器;

.2 15 ppm 舱底水警报器;和

.3 自动停止装置。

3.2 15 ppm 舱底水分离器

15 ppm 舱底水分离器可包括分离器、过滤器、聚结器或其他装置的任何组合,也包括设计用来产生不超过 15 ppm 排放物的单独装置。

3.3 15 ppm 舱底水警报器

第 16(5)条规定的警报装置在本导则和规范中称为“15 ppm 舱底水警报器”。

3.4 ppm

“ppm”系指水中体积单位的含油量为百万分之一。

3.5 ppm 显示

ppm 显示为 15 ppm 舱底污水警报器的数字刻度显示。

3.6 自动停止装置

自动停止装置是当排放物的含油量超过 15 ppm 时能自动停止向舷外排放油类混合物的装置。自动停止装置应包括安装在 15 ppm 舱底水分离器排放物管线出口的阀门,当排放物的含油量超过 15 ppm 时,它能自动将向舷外排放的混合物回转到船舶舱底或舱底污水舱。

4 技术规范

4.1 15 ppm 舱底水分离器

4.1.1 15 ppm 舱底水分离器应构造坚固,适合于船上使用,应注意其拟在船上安装的位置。

4.1.2 如果安装在可能产生可燃气体的处所,则应符合对该处所要求的安全条款。作为 15 ppm 舱底水分离器一部分的任何电气设备应当安装在非危险区域,或经主管机关证明可以在危险区域安全使用。装在危险区域的任何移动部件应做防止产生静电的布置。

4.1.3 15 ppm 舱底水分离器应设计为能自动工作。不过为了避免发生故障时的任何排放应作出防故障的布置。

4.1.4 15 ppm 舱底水分离器从含油的水变为油,舱底水变为乳化舱底水,或从油和/或水变为空气时,排出舷外的混合物的含油量不应超过 15 ppm。

4.1.5 该系统投入运转需给予最低限度的照管。如果设备用于机舱舱底水,系统运转没有必要调整阀门或其他设备。该设备在无人照管的正常情况下至少可以运转 24 h。

4.1.6 15 ppm 舱底水分离器的易于磨损或损坏的各个工作部件,应易于接近,以便进行维修保养。

4.2 15 ppm 舱底水警报器

4.2.1 与 15 ppm 舱底水警报器有关的规范。

4.2.2 15 ppm 舱底水警报器应能在海洋环境的条件下抗腐蚀。

4.2.3 15 ppm 舱底水警报器如安装在有可燃气体的处所,则应符合该处所的安全规则。作为 15 ppm 舱底水警报器一部分的任何电气设备,应安装在非危险区域,或应经主管机关证明在危险环境中使用是安全的。安装在危险区域的任何活动部件,应作出防止产生静电的布置。

4.2.4　除非提供主管机关接受的能消除由其引起的任何危险,否则,15 ppm 舱底水警报器不应含有或使用任何有危险性质的物质。

4.2.5　应备有 ppm 显示器。其读数应不受排出物和/或油的种类影响,附件第 1 部分第 1.2.4 段给出了具体的试验液,被认为是代表船舶机器处所舱底部可能产生的一种混合物。不需要校正船上的 15 ppm 舱底水警报器,但应允许在船上按照制造商的说明书进行试验。读数的精确度应始终保持在附件第 2 部分第 2.2.1 段所规定的限度内。

4.2.6　15 ppm 舱底水警报器的反应时间,即在为 15 ppm 舱底水报警器提供样品中的变化与表示正确反应 ppm 显示之间所需的时间,不应超过 5 s。

4.2.7　15 ppm 舱底水警报器应与电器/电子装置一起安装,该装置应由生产厂家预先设置好,当流出物超过 15 ppm 时能启动警报器。该装置即使在 15 ppm 舱底水警报器发生故障、需要预热一段时间或断电时也能自动运作。

4.2.8　建议在船上配备一种简单的工具,用来校验仪表的偏差和仪表计数的重复性并可使仪表回零。

4.2.9　15 ppm 舱底水警报器应记录日期、时间和警报状况,以及 15 ppm 舱底水警报器的工作情况。记录装置还要储存至少 18 个月的数据,并应能显示或打印官方检查所需的记录。一旦更换 15 ppm 舱底水警报器,应采取措施确保记录的数据能在船上保留 18 个月。

4.2.10　为避免随意操作 15 ppm 舱底水警报器,应包括下列项目:

.1　第 4.2.8 段基本要求之外的每次接触 15 ppm 舱底水警报器的需撕开封条;和

.2　15 ppm 舱底水警报器应建造为,每当使用清洁水来清洗或调整为零时,警报器都会被启动。

4.2.11　15 ppm 舱底水警报器的精确度应在《防止油污证书》更新检验时按照生产厂家的说明书进行核查。此外,可用另一台经过校正的 15 ppm 舱底水警报器代替。15ppm 舱底水警报器的校正证书、最后一次校正日期都应保留在船上供检查。精确度的核查只能由生产厂家或由生产厂家授权的人员进行。

5　防污设备型号认可试验规范

5.1　试验要求

对申请进行生产型号认可的防污设备,应按照本导则和规范附件第 1 部分或第 2 部分所载的试验和性能规范进行型号试验。该设备还要按照附件第 3 部分所载的环境试验规范进行型号试验。

5.2　认可和发证程序

5.2.1　在各个方面都符合本导则和规范要求的防污设备,可由主管机关认可后安装在船上。这种认可应采取发给型号认可证书的形式,核定出设备的主要细节及使用中为确保其适当性能所需的限制条件。该证书应按附件第 5 部分所示的格式签发。防污设备型号认可证书的副本应一直携带在装有该设备的船上。

5.2.2　应为 15 ppm 舱底水警报器签发型号认可证书并保留在船上。

5.2.3　经认可的防污设备,其他国家根据第一次试航或在其代表监督下实施新的试验之后,可同意安装在他们的船上。如果设备在一个国家通过了试验但在另一个国家做同样的试验不合格,则两个国家应进行协商,以便达成一个彼此都可以接受的一致意见。

6 安装要求

6.1 15 ppm 舱底水分离器

6.1.1 为便于将来在船上检查,取样点应放在尽量靠近 15 ppm 舱底水分离器出口的水流管线的垂直部位。应在停止装置的舷外出口的后面和附近备有再循环设施,使15 ppm 舱底水分离器,包括 15 ppm 舱底水警报器和自动停止装置,能在关闭舷外排放时进行试验(见图 1)。

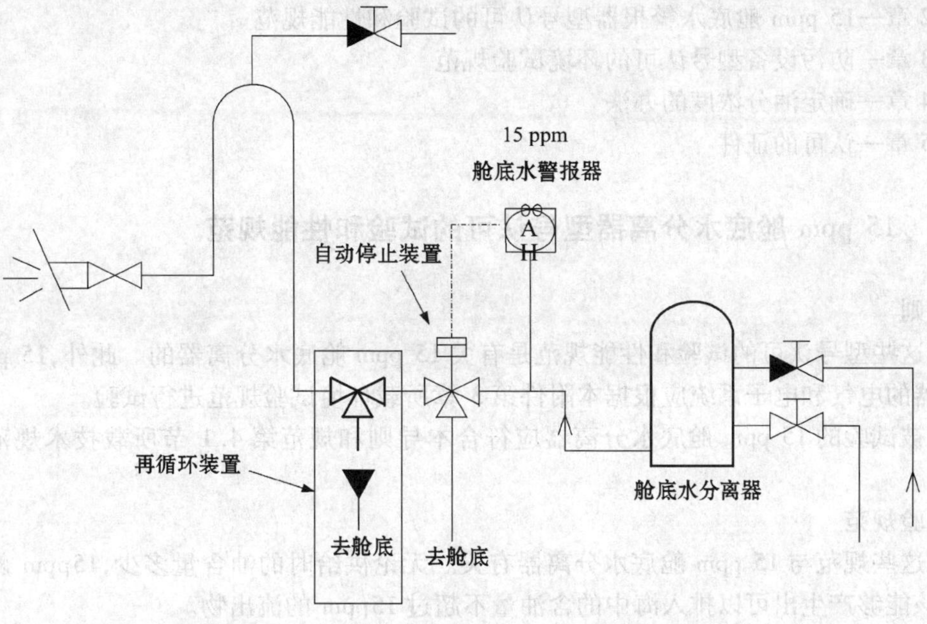

图 1

再循环设施应布置为在所有操作条件下防止油水分离器的任何旁通。

6.1.2 供给泵的容量不应超过 15 ppm 舱底水分离器的额定容量的 110%,而且泵和马达的规范将在型号认可证书上写明。

6.1.3 15 ppm 舱底水分离器应装有生产厂家或主管机关认为是必要的能对任何操作或装配进行限制的永久性附属板。

6.1.4 装有 15 ppm 舱底水分离器的船舶,应将操作和维修保养手册的副本随时携带在船上。

6.2 15 ppm 舱底水警报器

6.2.1 安装的布置应安排为 15 ppm 舱底水分离器排出的超过 15 ppm 的排出物与操作防止舷外排放的自动停止装置之间的全部反应时间(包括 15 ppm 舱底水警报器的反应时间)应尽可能缩短,并在任何情况下不得超过 20 s。

6.2.2 在从连接 15 ppm 舱底水警报器的 15 ppm 舱底水分离器排放管线取样的船上应能提取到压力和流量足够的真正有代表性的流出物样品。

6.2.3 装有 15 ppm 舱底水警报器的船舶,应始终将操作和维修保养手册的副本携带在船上。

附　件

本附件提供了详细的防污设备试验和性能规范并含有：

第 1 章—15 ppm 舱底水分离器型号认可的试验和性能规范

第 2 章—15 ppm 舱底水警报器型号认可的试验和性能规范

第 3 章—防污设备型号认可的环境试验规范

第 4 章—确定油分浓度的办法

第 5 章—认可的证件

第 1 章　15 ppm 舱底水分离器型号认可的试验和性能规范

1.1　总则

1.1.1　这些型号认可的试验和性能规范是有关 15 ppm 舱底水分离器的。此外，15 ppm 舱底水分离器的电气和电子系统应根据本附件第 3 章所载环境试验规范进行试验。

1.1.2　被试验的 15 ppm 舱底水分离器应符合本导则和规范第 4.1 节所载技术规范的相关要求。

1.2　试验规范

1.2.1　这些规范与 15 ppm 舱底水分离器有关。无论供给时的油含量多少，15ppm 舱底水分离器应该能够产生出可以排入海中的含油量不超过 15ppm 的流出物。

1.2.2　该系统实际且能处理的无论是乳化或是非乳化的排出物都将取决于：

.1　在泵出的处所关于吸入点的油/水界面的位置；

.2　所用泵的型号；

.3　管路内任何控制阀的型号和关闭程度；和

.4　该系统的总尺寸和结构。

因此，如图 2 所示，试验装置应建造为不仅包括 15 ppm 舱底水分离器，而且包括泵系、阀系、管系及配件。应设计为无论是否有整体供给泵都可对 15 ppm 舱底水分离器进行试验。

—“对于不带整体泵的 15 ppm 舱底水分离器的试验，则使用离心泵“A”(见图 2)来供给 15 ppm 舱底水分离器，阀门 4 和 6 要开着，而阀门 5 要关闭。来自离心泵“A”的流率应与通过调整离心泵排放阀的 15 ppm 舱底水分离器的设计通过量相匹配。

—如 15 ppm 舱底水分离器配备有一个整体泵，则不需要使用离心泵“A”。

—应该安装一台使水箱中的试验液 C 再循环的离心泵“B”，以确保试验液 C 在整个试验中保持在稳定状态。对试验液 A 和试验液 B 不要求再循环。

—为确保试验液与水混合均匀，应在 15 ppm 舱底水分离器之前安装本附件第 1 章1.2.5 段规定的调节管。

—如图 2 所示，应给试验装置配置其他阀门、流量表和取样点。

—管道工程应设计为液体最大流速达到 3 m/s。

1.2.3　试验应以与 15 ppm 舱底水分离器设计的全部流量相等的供给率进行。

1.2.4　试验应该用三个等级的试验液体来完成。

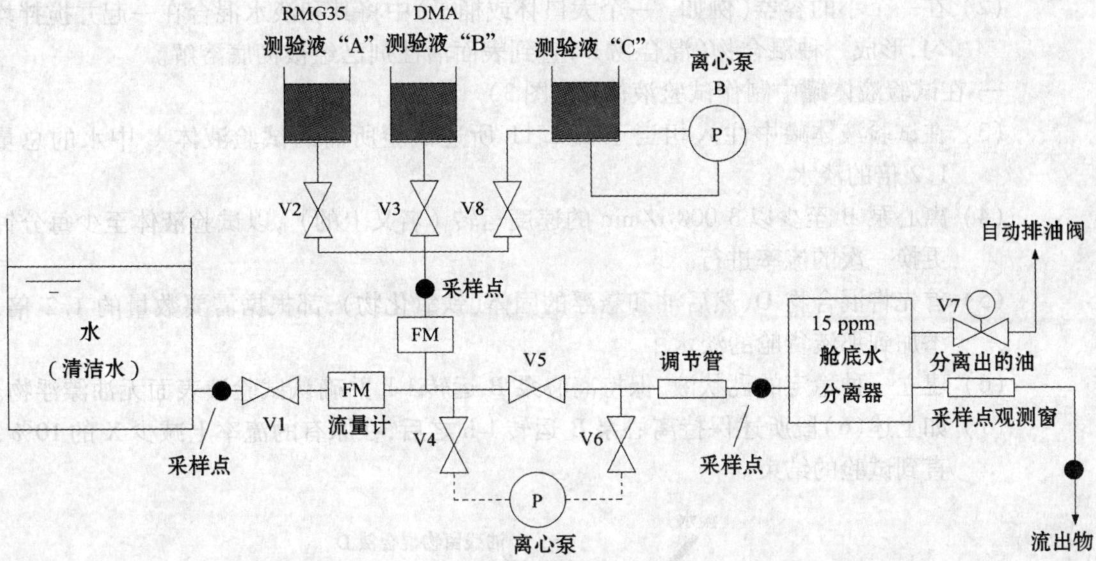

图 2　试验装置

.1　试验液体“A”是一种符合 ISO 8217 标准的船用残余燃料油，型号为 RMG 35（密度在 15℃不少于 980 kg/m³）；

.2　试验液体“B”是一种符合 ISO 8217 标准的船用流出燃料油，型号为 DMA（密度在 15℃不少于 830 kg/m³）；

.3　试验液体“C”是一种油在淡水中的乳状混合液，混合液的比率为 1 kg 的混合液含有：

— 947.8 g 的淡水；

— 25.0 g 的试验液“A”；

— 25.0 g 的试验液“B”；

— 0.5 g 的干型表面活性剂（dodecylbenzene 的硫酸基盐酸钠）；

— 1.7 g 的“氧化铁”（术语“氧化铁”用来描述黑色和 ferrosoferric 氧化物（Fe_3O_4）按规定尺寸制作分配 90% 的颗粒小于 10 个 μm，剩余物有最大的粒子为 100 μm）；

注：准备试验液体 C 的程序（见范例计算公式）①：

— 准备

（1）测出 1.2 倍于第 1.2.11 段所描述试验液体 C 试验所需表面活性剂的量；和

① 试验液体 C 的含量计算（例子：2 m³/h 舱底水分离器）

对试验液体 C 的试验操作时间按 1.2.11 段规定：2.5 h + 调节时间（0.5 h）= 3 h

试验所需的净体积：试验水的体积：2 m³ × 3 h = 6 m³

试验液体 C 的体积：试验水的 6% = 0.06 × 6 m³ = 0.36 m³

需要准备的实际体积：

需要准备的试验液体 C 的体积：试验液体 C 净体积的 1.2 倍 = 1.2 × 0.36 = 0.432 m³

试验液体 C 淡水的体积：试验液体 C（947.8 g/1 000 g）= 0.9478 × 0.432 = 0.4094 m³

试验液体 A 的重量：试验液体 C（25 g/1 000 g）= 25/1 000 × 0.432 × 1 000 = 10.8 kg

试验液体 B 的重量：试验液体 C（25 g/1 000 g）= 25/1 000 × 0.432 × 1 000 = 10.8 kg

表面活性剂的重量：试验液体 C（0.5 g/1 000 g）= 0.5/1 000 × 0.432 × 1 000 = 0.216 kg

氧化铁的重量：试验液体 C（1.7 g/1 000 g）= 1.7/1 000 × 0.432 × 1 000 × 0.734 kg

(2) 在一个小的容器(例如,一个大口杯或桶子)中将其和淡水混合在一起并搅拌均匀,形成一种混合物(混合物 D)直到表面活性剂已经被彻底溶解。

— 在试验液体罐中制作试验液体 C(图3)

(3) 在试验液体罐中注入相当于 1.2.11 所述试验所需的试验液体 C 中水的总量 1.2 倍的淡水。

(4) 离心泵 B 至少以 3 000 r/min 的速度运转(名义上的),以试验液体至少每分钟更换一次的流率进行。

(5) 首先将混合物 D,然后油和悬浮的固体(铁氧化物),都根据需要数量的 1.2 倍,添加到那液货舱的淡水中。

(6) 建立一种稳定的乳状液,保持离心泵 B 运转 1 h 并确认试验液表面无油漂浮物。

(7) 如上述(6)段所述保持离心泵 B 运转 1 h 之后,在原有的流率上减少 X 的 10%,直到试验的结束。

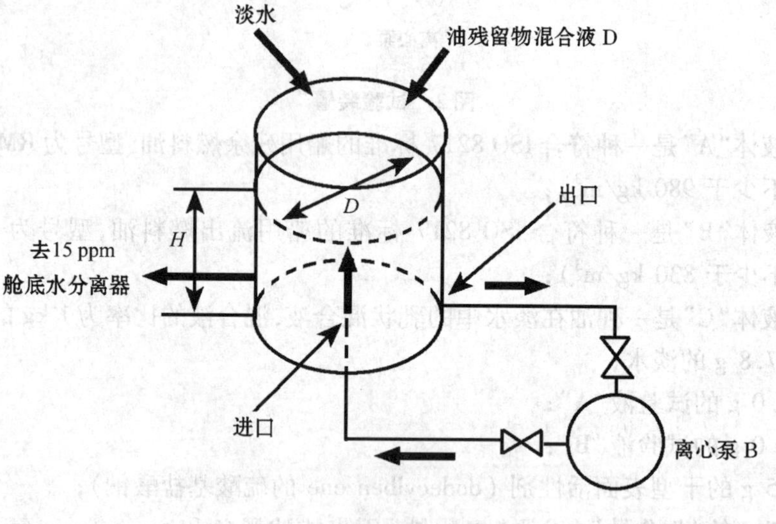

图3 试验液体"C"的水罐

注:

(1) 水罐应该是圆筒形状。水位应为:在准备试验液体"C"时,$2D \geqslant H \geqslant 0.5D$。

(2) 通向离心泵 B 的出口应该尽可能放置在与水罐一样低的位置。

(3) 通向水罐的入口应安装在水罐底部中心,这样就能使混合物向上流时获得均匀的和稳定的乳化液。

如果 15 ppm 舱底水分离器配备有加热设备,在自动排放阀开启时使有待排放的分离出来的油保留下来,应在型号认可证书被采用"限制条件"标题下批注以下说明:

"15 ppm 舱底水分离器配备有加热设备。"

1.2.5 如果 15 ppm 舱底水分离器包括一个混合供给泵,则该 15 ppm 舱底水分离器应该以其额定容量用该泵向该设备供给该所需量试验液和水进行试验。

如果 15 ppm 舱底水分离器是由船舶舱底污水泵供给,那么该装置必须通过把所需量的试验液和水的混合物注入离心泵入口的方式进行试验,该离心泵的转速不低于 1 000 r/min(见图 2 的虚线)。该泵的供给量应不低于 15 ppm 舱底水分离器在试验时所需供给压力下的额定能力的 1.1 倍。试验液/水的比例的变化是通过调整连接试验液/水的吸入管上的阀门来获得,而试验液和水的流量或供给 15 ppm 舱底水分离器试验液的含量应受到监测。如果使用离心泵,应用排放泵侧的节流阀来控制泵的过多排量。

总之,为确保均匀状态,紧靠15 ppm舱底水分离器的管线装置应该是至15 ppm舱底水分离器的流出物按在淡水中计算的雷诺数应不小于10 000,液体的流速不低于1 m/s,而且从试验液注入口到15 ppm舱底水分离器的供给管长度应不小于其直径的20倍。在15 ppm舱底水分离器入口取处附近应设置一个入口混合物的取样点和一个温度计匣并在排放管上提供出口取样点和观测窗口。

1.2.6 为了接近 isokinetic 取样点——样品以流速进入取样管——取样装置应如图4所示,如果安装有旋塞,则在提取任何样品之前至少应自由流取1 min 。取样点应在垂直流动的管线上。

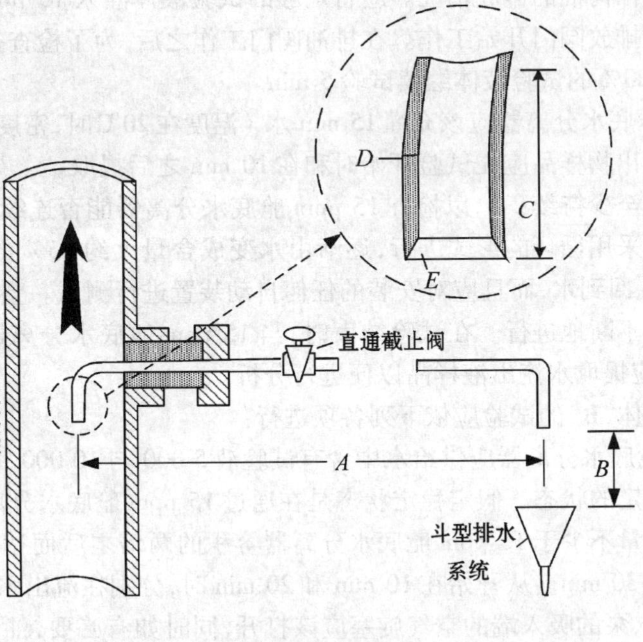

图4 取样布置草图

A—距离*A*,不大于400 mm;*B*—距离*B*,足以插入取样瓶子;*C*—规格*C*,直线长度不应小于于60 mm;*D*—规格*D*,管子厚度不应大于2 mm;*E*—细节*E*,凿成倒角(30°)

1.2.7 对于主要依靠重力的15 ppm舱底水分离器,供给系统的试验水和试验液混合物应该保持不超过40℃的温度,而且在必要时提供加热和冷却的盘管。在20℃时水的密度不应超过1 015。在其他,分离效率取决于尚未确定的温度的分离形式中,试验应代表船上正常运作温度10℃ ~40℃的流体温度范围进行或在此范围内以已知分离效率最差的温度进行。

1.2.8 在这种情况下,对于15 ppm舱底水分离器,如必须把水加热到规定的温度并保持此温度,则试验应在规定的温度下进行。

1.2.9 使用试验液体"A"的试验应进行下列各项试验:

.1 为确保15 ppm舱底水分离器在开始试验时在油的部分充满试验液并用试验液灌满供应管,15 ppm舱底水分离器应在装满水(在20℃时的密度不超过1 015)之后并在操作条件下充装纯试验液不少于5 min。

.2 应向15 ppm舱底水分离器灌注水中试验液含量在5 000与10 000 ppm之间的混

合物，直至达到稳定状态为止。假定稳定状态在为通过 15 ppm 舱底水分离器泵出的试验液体/水的混合物是不少于 15 ppm 舱底水分离器容量的 2 倍之后形成。然后试验应进行 30 min。开始后 10 ~ 20 min 在流体出口提取样品。在这一试验结束的时候，应打开泵的吸口边上的空气旋塞，如果必要的话，油和水的阀门应该慢慢地一起关闭，并在流程终止时已经在溢流排放处提供了样品（这点可从观察窗进行检查）。

.3 与 1.2.9.2 所述相同试验，包括打开空气旋塞，应使用大约 25%①的试验液体和 75% 的水的混合物进行试验。

.4 15 ppm 舱底水分离器应使用 100% 的试验液体至少充灌 5 min，在此期间内，应在观测窗查验任何油的排放情况。应将足够的试验液体灌入 15 ppm 舱底水分离器以使自动的油排放阀门开始工作。在排油阀门工作之后，为了检查排油系统的足够性，应该使用 100% 的试验液体继续试验 5 min。

.5 15 ppm 舱底水分离器应该充灌 15 min 水（温度在 20℃时，密度不大于 1 015）。分离过的水流出物样品应在试验开始时和在 10 min 之后提取。

.6 试验应该至少持续 2 h，以检查 15 ppm 舱底水分离器能否连续和自动地运转。这种试验应该采用循环的形式进行，逐渐由水变成含量大约 25% 的油类混合物试验液，每 15 min 回到水，而且应对安装的任何自动装置进行测试。整个试验顺序应按计划项目连续不断地进行。在试验结束时，当 15 ppm 舱底水分离器充装了 25% 的试验液体时，应提取水流出液样品以便进行分析。

1.2.10 用试验液体“B”的试验应依下列各项进行：

.1 15 ppm 舱底水分离器应供给水中含有试验液 5 000 与 10 000 ppm 之间的混合物，直至达到稳定的状态。假定稳定状态是在通过 15 ppm 舱底水分离器泵出的验液体/水混合物的量不少于 15 ppm 舱底水分离器容积的两倍之后而达到的状态。然后试验应该进行 30 min。从开始在 10 min 和 20 min 时，分别在流出水的出口处取样。在试验结束时，泵的吸入端的空气旋塞应该打开，同时如有必要，油阀和水阀应一起慢慢地关闭，当停止流动时，在水的排放口取样（这一点可以从观测窗加以核查）。

.2 与 1.2.10.1 所述相同的试验，包括打开空气旋塞，应用 25% 的试验液和 75% 的水的混合物进行试验。

1.2.11 用试验液体“C”的试验应依下列各项进行：

.1 15 ppm 舱底水分离器应供给 6% 的试验液“C”和 94% 的水的混合物，使试验水中乳化油含量为 3 000 ppm，直至达到稳定状态。假定稳定状态是在通过 15 ppm 舱底水分离器泵出的验液体“C”/水混合物的量不少于 15 ppm 舱底水分离器容积的两倍之后而达到的状态。

.2 然后试验应该进行 2.5 h。达到稳定状态之后，在 50 min 和 100 min 时在流出物的出口处取样。在试验结束时，泵吸入端的空气旋塞应该打开，同时如有必要，油阀和水阀应一起慢慢地关闭，当停止流动时，在水的排放口取样（这一点可以从观测窗进行核查）。

---

① 容积的百分比。

1.2.12　取样应按所示图4 进行,使所取样品能恰当地代表15 ppm 舱底水分离器流出口流出的液体。

1.2.13　按照国际标准化组织9377 -2:2000 标准取样。样品要在采集的当天,在国家当局代表在场时封好并贴上标签,应尽早作出分析安排,无论如何应在7 天之内进行分析,样品应在主管机关认可的2℃ ~6℃之间的试验室保存。

1.2.14　样品的含油量该按照本附件第4 部分进行确定。

1.2.15　当15 ppm 舱底水分离器的入口和出口已安装了精确可靠的油分浓度计时,在每一次试验期间在进入口和排放口所取的样品,如能证明仪表在相同时间的读数为 ±10% 以内,便可认为样品是足够的。

1.2.16　在说明试验的结果中,应报告下列数据试验的方法和读数:

.1　试验液“A”和“B”的性质:

— 在15℃时的密度;

— 涡流运动 (centistokes@ 100℃/40℃);

— 闪点;

— 灰;和

— 含水量;

.2　试验液“C”的性质:

— 表面活性剂的类型;

— 不能溶解的固体颗粒的百分比;和

— 表面活性剂和氧化铁质量验证;

.3　水箱的水质:

— 水在20℃时的密度;和

— 任何固体物质存在的细节;

.4　15 ppm 舱底水分离器入口处的温度;

.5　试验装置的流程图;

.6　取样装置的流程图;和

.7　在分析所有样品中使用的方法及分析结果,如果合适的话,连同油分浓度计的读数。

第2章　15 ppm 舱底水警报器型号认可试验及性能规范

2.1　总则

2.1.1　本试验和性能规范与15 ppm 舱底水警报器有关。此外, 这些系统的电气和电子部分应按照本附件第3 章所载环境试验规范进行试验。

2.1.2　测试15 ppm 舱底水警报器应符合本导则和规范第4.2 节所载的所有技术规范的相关要求。

2.2　试验规范

2.2.1　对于15 ppm 舱底水警报器,其准确度应该在 ±5 ppm 以内。15 ppm 舱底水警报器的精确度应保持在上述限度内,即使出现非油类污染物,或因电力、压缩空气等原因出现电力供应与设计值相差10% 的情况。

2.2.2 试验装置的取样布置应能在所有的操作条件下和所有的含油量的操作比例下取得具有代表性的均匀样品。样品应从通过 15 ppm 舱底水警报器的满流中取得,但如不可行,应使用第 1 章中图 4 所示的取样安排。但对此处理过程及所取得的结果的有效性应予以特别注意。

2.2.3 在不同的试验中,应检查 15 ppm 舱底水警报器的反应时间,并应注意当超过预定的界限时,警报器能否恰当地工作。

2.2.4 图 5 是用于评估 15 ppm 舱底水警报器性能的试验设备布置图。15 ppm 舱底水警报器的准确性由其读数和注入已知流量的水里与已知流量的试验液相比较来确定。定时采集的样品将在试验室里用本附件第 4 章特定的方法进行分析。试验室的分析结果将用来校正并说明取样和试验设备的变化情况,应调整水的流量,以便使全部试验液—水都经 15 ppm 舱底水警报器,间歇的定时采集样品流除外。应特别注意流要使水中保持试验液的恒定含量,连续不断地流进 15 ppm 舱底水警报器。调整计量泵以保持供应几乎呈连续不断的试验液。如果注入试验液在低浓度下中断,试验液可预先与水混合好,使其保持连续的流量。试验液注入点应该紧靠 15 ppm 舱底水警报器入口的上游,以便减少延时。

矫正试验

2.2.5 15 ppm 舱底水警报器将按照生产厂家的说明书进行矫正并对准零位刻度。然后用本附件第 1 章 1.2.4 段规定的三种试验液体“A”,“B”和“C”,在下列每百万颗粒油浓度进行试验:0,15 和满刻度时进行试验。每个浓度试验将持续 15 min。每次浓度试验之后,15 ppm 舱底水警报器应用不含油的水运转 15 min 并记下其读数。如果证明在本次试验期间有必要将 15 ppm 舱底水警报器重新调整为零或再校正刻度的话,应将此实际情况记录下来。

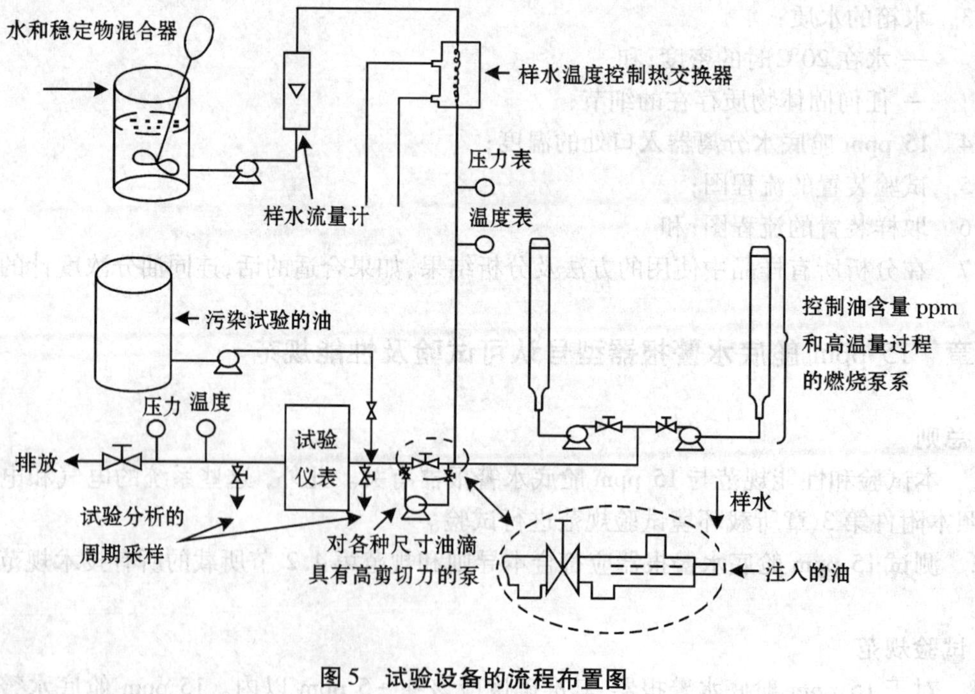

图 5 试验设备的流程布置图

污染物和颜色试验

2.2.6 应对 15 ppm 舱底水警报器进行下列各项污染物和颜色试验:

.1 15 ppm 舱底水警报器应以清洁水和 10 ppm 的验液体 B 的混合物进行运转并记下其读数；

.2 应对供水进行更换，从 10 ppm 试验液体 B 和清洁水的混合物换成 10 ppm 试验液体 B 和含有氧化铁的 10 ppm 的污水；

.3 就记录下 15 ppm 舱底水警报器读数中的任何变化。读数应在 2.2.1 段规定的精确度极限之内；

.4 应分别用 50 ppm 和 100 ppm 的氧化铁浓度重复上述.2 和.3 规定程序的试验；

.5 15 ppm 舱底水警报器应以清洁水和 10 ppm 试验液体 B 的混合物进行运转并将其读数记录下来；

.6 应对供水进行更换，从水换成非常咸的水（将 6% 普通盐溶液混合于清洁水）；

.7 应记录下 15 ppm 舱底水警报器读数中的任何变化。读数应在 2.2.1 段规定的精确度极限之内；和

.8 在混合水箱中应有足够的水以确保不少于 15 min 的有效试验。样品压力或流量试验。

2.2.7 15 ppm 舱底水警报器应以 15 ppm 试验液体 B 样品进行运转。混合物的水压或流率应调整为正常的一半、正常和正常的两倍。应注意任何影响 15 ppm 舱底水警报器 ppm 显示读数的变化并记录在证书上。此项试验可能需要对进行 15 ppm 舱底水警报器流量或压力调节器或改动设计成排入周围压力沉淀柜的 15 ppm 舱底水警报器。

停止试验

2.2.8 15 ppm 舱底水警报器应以 15 ppm 试验液体 B 样品进行运转。水和试验液体的注入泵应该停止。如无其他变化，则 15 ppm 舱底水警报器应一直开着。8 h 之后，水和试验液体注入泵应该打开并调整为提供 15 ppm 的混合物。应注意每次试验前后 15 ppm 舱底水警报器 ppm 显示读数和对 15 ppm 警报器的任何损害并将此记录在证书上。

公用设备供应变化试验

2.2.9 如果 15 ppm 舱底水警报器需要除电力之外的任何其他公用设备，则需要按其设计值的 110% 和 90% 进行试验。

矫正和零刻度偏移试验

2.2.10 15 ppm 舱底水警报器应该矫正并调至零刻度。15 ppm 试验液体 B 样品将流经 15 ppm 舱底水警报器 8 h，并注意刻度偏移的任何变化。随后，15 ppm 舱底水警报器应以无油水运转并注意零刻度偏移的任何变化并应将此记录在证书上。在试验时，应按试验时间表在 0 h，2 h，4 h，6 h 和 8 h 定时取集样品，以使验证刻度偏移的变化情况。

反应时间试验

2.2.11 对 15 ppm 舱底水警报器的反应时间是在供给 15 ppm 舱底水警报器从清洁水变为浓度超过 15 ppm 的含油水后到 15 ppm 没浓度发出警报的时间。

2.2.12 应备有相关仪表的规范和试验布置的流程图并报告下列各项数据：

.1 试验中所使用的试验液体种类和特性（参照本附件第 1 章第 1.2.4 和 1.2.16 段）；

.2 所使用污染物的详细情况，例如以供应商证书或实验室实验报告形式提供的详细情况；和

.3 定时取集的样品试验和分析的结果。

第3章　防污设备型号认可环境试验规范

3.1　总则

涉及下列电气和电子部分型号认可环境试验规范：

.1　15 ppm 舱底水分离器；和

.2　15 ppm 舱底水警报器。

上述各项，以下简称"设备"，在试验时应符合这些导则和规范第5节所载含的所有相关要求。

3.2　试验规范

3.2.1　试验要求

以标准生产结构的电气和电子设备部分应按本规范的规定在生产者本国主管机关或主管当局认可的试验室进行环境试验。环境试验文件的副本连同型号认可申请应由生产厂家按本附件第5章第2节规定的相同格式提交给主管机关。

3.2.2　试验规范细节

设备应能满意地运作以完成下列每项环境试验：

.1　振动试验：

.1.1　应求得在下列振频和加速振幅时的共振：

.1.1.1　从2 Hz到13.2 Hz，以 ±1 mm 的振幅；和

.1.1.2　从13.2 Hz～80 Hz，以 ±0.7 g 的加速振幅。

这项研究应在足够低的允许探测共振的比率上在三种水平上各做一次；

.1.2　该设备应在每个主要共振频率的水平上振动2 h；

.1.3　如果没有共振频率，该设备应以30 Hz ±0.7 g 的加速振幅的每一水平上振动2 h；

.1.4　在完成本段.1.2或.1.3段所述试验之后，应再一次求得共振的结果，而且在共振方式上没有重大改变。

.2　温度试验：

.2.1　设备应安装在受环境控制的围闭处所，包括机器处所，进行不少于2 h的温度试验；

.2.1.1　0℃的低温试验；和

.2.1.2　55℃的高温试验。

在提及的每次试验结束时，设备应开着，而且在试验条件下其功能应该是正常的。

.3　湿气试验：

设备应在相对湿度90%温度55℃的空气中关闭2 h。在这段时间结束时应该开动设备并能满意地运转1 h。

.4　倾斜试验：

设备应能从正常运作位置倾斜至22.5°角的任何水平上面满意地运转。

.5　电气和电子设备的可靠度：

设备的电气和电子部件应是生产厂家质量保证的部件并适合于预定用途。

第 4 章　确定含油量的方法

适用范围

国际标准 ISO 9377－2:2000“水的质量—碳化氢油目录的确定—第 2 部分:使用溶剂萃取方法和气体层析法”规定取样方法和使用溶剂萃取和气体层析法确定水中碳化氢油目录。这种方法应用来确定本导则和规范中所列含油量的要求。

第 5 章　认可的文件

5.1　防污设备型号认可证书

5.1.1　符合本附件第 1 章和第 2 章规定的所有试验要求应按下列 5.1.2 段规定的格式由主管机关签发的型号认可证书来表示。主管机关可以根据单独的试验情况或根据由另一主管机关监督下进行的试验情况签发型号认可证书。

5.1.2　型号认可证书应按本附件附录 1 和附录 2 中所示格式。证书应表明防污设备的种类和型号,并标明设备组装图纸,适当日期。每份图纸应记上型号规格或等同的鉴别细节。证书应包括全部性能试验记录。如果一份型号认可证书是由某主管机关根据另一主管机关以前签发的证书签发,则该证书应写明进行防污设备试验的主管机关,并应附上原始试验结果的副本。

5.2　环境试验记录的格式

5.2.1　符合本导则和规范所规定的环境试验,如果适用,应在实验室签发的环境试验记录上标明。记录应至少包括下列细节:

.1　标明设备的种类和图纸号及适当日期;和

.2　对设备进行试验的报告,包括试验结果。

5.2.2　环境试验记录应得到主管机关或生产厂家的签署意见,以确认该实验室是经认可的,可以进行此种试验。该记录还应由实验室负责人签字并注明日期。

附　录

主管机关名称
15 ppm 船底水分离器型号认可证书

兹证明下列 15 ppm 舱底水分离器已按国际海事组织环保会第 MEPC. 107(49)号决议所载导则和规范附件第 1 部分的要求进行检查和试验。这一份证书仅对下列 15 ppm 舱底水分离器有效。

15 ppm 舱底水分离器提供者……………………………………………………

设计种类和型号……………………………………………………………………

并包括：

*15 ppm 舱底水分离器制造

规格/组装图编号…………………………　日期…………………………

*聚结器制造

规格/组装编号……………………………………………………………………

*其他方法制造的过滤器

规格/组装图号……………………………………………………………………

*其他装置……………………………………………………………………………

规格/组装图号……………………………………………………………………

控制设备制造者

规格/组装图号……………………………………………………………………

供给泵能力……………………m^3/h 马达额定功率…………kW…………

系统的最大通过能力……………………………m^3/h.

如果未安装整体供给泵，则应说明为确保系统的最大通过能力不会超过所建议的方法是……………………………………………………………………………………

本证书的副本应该随时携带在装有分离器的船上。

限制条件为……………………………………………………………………………

试验验日期和结果附在附录中。

公章　　　　　　　　　签署……………………………

主管机关…………………………

日期:…………年………月………日

附　录

余量表制定方法
按国际海事组织环保会第 MEPC. 107(49)号决议
所载导则和规范附件第 1 部分的要求，
对 15 ppm 舱底水分离器进行测试的
数据和试验结果

15 ppm 舱底水分离器提供者……………………………………………………………………

试验位置……………………………………………………………………………………

分析样品的方法…………………………………………………………………………

……………………………………………………………………………………………

……………………………………………………………………………………………

……………………………………………………………………………………………

样品分析者…………………………………………………………………………………

15 ppm 舱底水分离器的电气和电子部分的环境试验已按国际海事组织环保会第 MEPC. 107(49)号决议所载导则和规范附件第 3 部分的要求进行。设备功能在环境试验记录所规定的每次试验完成时都能令人满意。

……………………………………………………………………………………………

……………………………………………………………………………………………

……………………………………………………………………………………………

试验液“A”

密度	在 15℃时
黏度	Centistokes 在 100℃时
闪点	℃
灰尘含量	%
在试验开始时的含水量	%

试验液“B”:

密度	在 15℃时
黏度	Centistokes 在 40℃时
闪点	℃
灰尘含量	%
在试验开始的含水量	%

试验液“C”:

表面活性剂—现场记录证据①

氧化铁—现场记录证据**

① 证书或实验室分析。

试验水

在 20℃的密度

存在固体物质

试验温度

周围	℃
试验液体"A"	℃
试验液体"B"	℃
试验液体"C"	℃
试验水	℃

所附的试验装置的流程图

所附的取样装置的流程图

试验结果（以 ppm 为单位）及试验程序

试验液 A

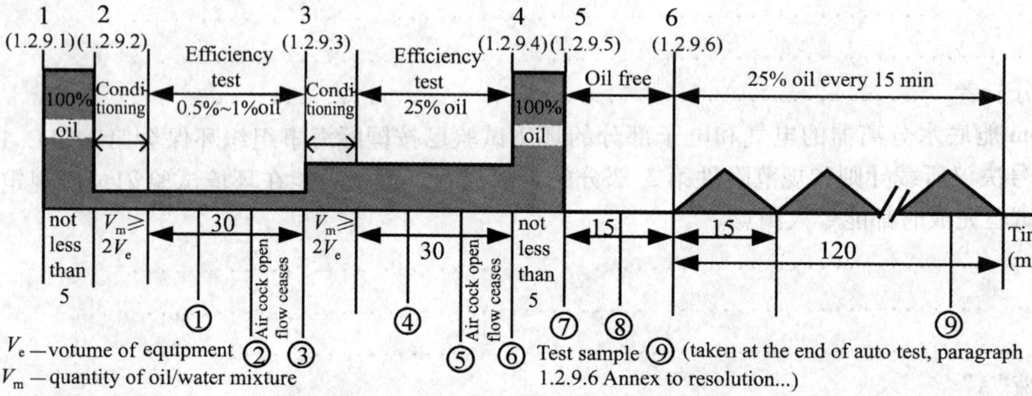

	1	2	3	4	5	6	7	8	9
Influent									
Effluent									

试验液 B

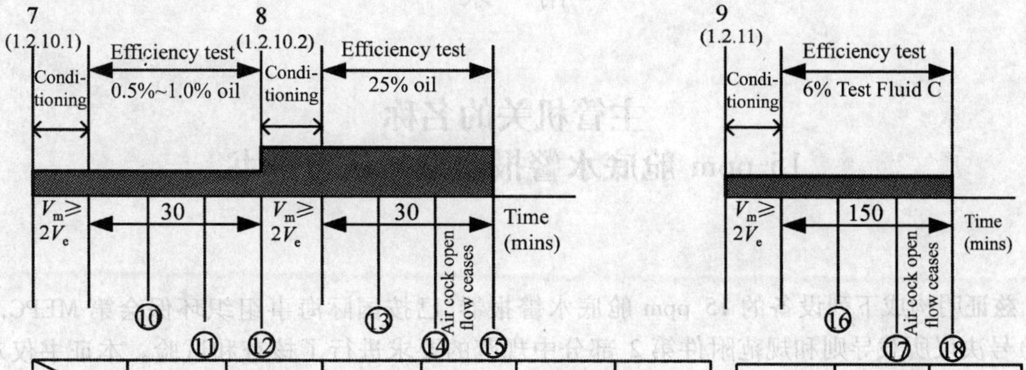

	10	11	12	13	14	15
Influent						
Effluent						

16	17	18

提及的步骤 1－9　　　　　　　　①—⑱取样点

签署………………………日期……………………公章

（在记录的每页上都应有公章或等同的证明及认可的日期）

附　录

主管机关的名称
15 ppm 舱底水警报器型号认可证书

兹证明构成下列设备的 15 ppm 舱底水警报器,已按国际海事组织环保会第 MEPC. 107(49)号决议所载导则和规范附件第 2 部分中规范的要求进行了核查和试验。本证书仅对下述 15 ppm 舱底水警报器有效。

15 ppm 舱底水警报器提供者……………………………………………………

种类和模型设计……………………………………………………………………

并包括:

15 ppm 舱底水警报器分析装置按规范/……………………………………号组装图
于……………………日期由……………………………………………………生产

15 ppm 舱底水警报器电子部分按规范/……………………………………号组装图
于……………………………日期由………………………………………………生产

＊样品供给泵按规范/………………………………………………………………号组装图
于……………………………日期由………………………………………………生产

＊取样调节装置按规范/……………………………………………………………号组装图
于……………………………日期由………………………………………………生产

该 15 ppm 舱底水警报器按规则第 16(5)条是可以使用的。

此证书的副本应随时携带在安装有 15 ppm 舱底水警报器的船上。

试验数据和试验结果作为附录附上。

公章　　　　　　　　　　　　签署:……………………

主管机关…………………

日期:……年……月……日

附　录

按国际海事组织环保会第 MEPC. 107(49)号决议所载导则和规范附件第 2 部分的要求,对 15 ppm 舱底水警报器进行测试的数据和试验结果

15 ppm 舱底水警报器提供者……………………………………………………………………

试验位置…………………………………………………………………………………………

样品分析的方法…………………………………………………………………………………

样品分析者………………………………………………………………………………………

15 ppm 舱底水警报器的电气和电子部分的环境试验已按国际海事组织环保会第 MEPC. 107(49)号决议所载导则和规范附件第 3 部分的要求进行。设备功能在环境试验记录所规定的每次试验完成时都能令人满意。

……………………………………………………………………………………………………

……………………………………………………………………………………………………

……………………………………………………………………………………………………

……………………………………………………………………………………………………

矫正试验和反应时间

试验液体	A		B		C	
	实测数	抓样	实测数	抓样	实测数	抓样
0 ppm						
15 ppm						
满尺度(ppm)						
水温	℃		℃		℃	
重置零	是/否		是/否		是/否	
重校	是/否		是/否		是/否	
反应时间	s		s		s	

污染物及颜色试验

非油微粒子物质

仪表 ppm 读数的变化,由非油微粒子物质

污染物和很咸的水而变化

		含油量仪表读数
清洁水和 10 ppm 试验液体"B"		ppm
很咸的水		ppm
氧化铁	10 ppm	ppm
氧化铁	50 ppm	ppm
氧化铁	100 ppm	ppm

样品压力或流量试验

正常值50%的15 ppm 舱底水警报器读数的变化 ....ppm

正常值的200% 的15 ppm 舱底水警报器读数的变化 ....ppm

如果有需要应陈述此种试验的偏差。

关闭试验

关闭之前15 ppm 舱底水警报器的读数............................ppm

启动之后15 ppm 舱底水警报器的读数

(最少干燥时间8 h)..ppm

对15 ppm 舱底水警报器的损坏如下：

....

....

....

动力供应变化试验

110% 电压影响..

90% 电压影响..

110% 风压影响..

90% 风压影响..

110% 水压影响..

90% 水压影响..

其他的意见

....

....

....

矫正和零偏移试验

矫正偏移..ppm

零偏移..ppm

签字..............日期............公章

(公章或等同识别标记和认可的日期将置于试验记录的所有页上)

第 MEPC. 124(53)号决议
(2005 年 7 月 22 日通过)

压载水置换导则(G6)

海上环境保护委员会,

忆及国际海事组织有关海上环境保护委员会在防止和控制船舶造成海洋污染国际公约方面职责的第 38(a)条,

还忆及 2004 年 2 月召开的国际船舶压载水管理大会通过了《2004 年控制和管理船舶压载水和沉积物国际公约》(《压载水管理公约》)及其四个大会决议,

注意到《压载水管理公约》第 A－2 条要求只能通过按照本公约附件中规定的压载水管理进行压载水排放,

进一步注意到《压载水管理公约》附件中的第 B－4 条解决了进行压载水置换的条件,同时考虑到本组织制定的导则,

还注意到国际船舶压载水管理大会第 1 号决议邀请本组织作为一项紧急事项,制定这些导则,

审议了压载水工作组制定的有关压载水置换导则草案和散装液体和气体分委会第 9 次会议提出的建议,

1　**通过**压载水置换导则,列于本决议的附件中;

2　**请**成员国政府尽快适用本导则,或当公约开始适用;和

3　**同意**不断审议本导则。

附　件

压载水置换导则(G6)

1　序言

1.1　本导则的目的是向船东和经营人提供关于制定船舶实施压载水置换具体程序的一般性指导。在可能的情况下,船东和经营人针对不同的气候、货物和稳性情况,制定适合的压载水置换程序时,应寻求船级社或合格海事检察官的协助。压载水管理过程和程序的应用对防止、减少和最终消除有害水生物和病原体载入的解决方法具有关键性的作用。压载水置换和较好的压载水管理方法的并用有助于实现这个解决方案。

1.2　压载水置换带来了一些影响船舶及其船员的安全方面的问题。本导则旨在对海上进行压载水置换提供安全和操作方面的指导。

1.3　考虑到要求进行海上压载水置换的船舶种类各不相同,无法对每种船舶类型提供具体的指导。提醒船东应考虑其船舶的许多不定因素。这些不定因素包括船舶的型号和尺寸、压载舱的构造及其附带的水泵系统、航行线路和天气情况、港口国的要求和人员配备。

适用

1.4　本导则适用于所有与压载水置换有关的各方,包括船东和经营人,设计者,船级社和船舶建造者。对本导则中提出的问题的操作程序和指导原则应在船舶压载水管理计划中有所体现。

2　定义

2.1　《控制和管理船舶压载水和沉积物国际公约》(本公约)中的定义适用本导则,并且:

　　.1　"压载舱"-指任何用于装载压载水的舱室或空间。

3　职责

3.1　船东和经营人在进行压载水置换之前,应确保已充分考虑到与压载水置换方法或船上使用方法有关的所有安全方面的事项,并且船上有经过适当培训的人员。应对安全方面的事项、适合的置换方法和船员培训进行定期检查。

3.2　压载水管理计划将包括船上进行海上压载水置换控制的关键人员的责任。此类人员应完全熟悉有关压载水置换的安全方面的事项,尤其是其船上采用的置换方法及相关的安全方面的事项。

3.3　根据本公约第 B-4.4 条,如果船长认定,因为恶劣的天气、船舶设计、应力、设备故障或在船舶不要求符合第 B-4.1 和 B-4.2 条的其他任何特殊情况下,实施压载水置换将威胁船舶的安全或稳性及其船员和乘客的安全。

　　.1　当船舶因上述原因不能进行压载水置换时,应将这些原因载入压载水记录册中。

　　.2　有关港口或沿岸国可能要求压载水的排放应符合其规定的程序,考虑到附加措施(包括紧急情况下)的导则(G13)。

4　压载水置换要求

4.1　在深海区或公海进行压载水置换可以减少将有害水生物和病原体载入船舶压载水的可

能性。

4.2　本公约第 D-1 条要求：

.1　根据本条进行压载水置换的船舶应到达95%体积压载水的置换率；和

.2　对于使用泵吸法进行压载水排放的船舶，注入排出量超过每个压载水舱3倍容量的水泵应被视为满足第1款的标准。也可以接受少于3倍容量的水泵，只要船舶能够证明可以满足95%体积压载水的置换率。

4.3　本组织评估和接受的压载水置换方法有三种。这三种方法是注入顶出法、溢流法和稀释法。溢流法和稀释法被认为是泵吸法。

4.4　三种方法如下所述：

注入顶出法——将用于承载压载水的压载舱先清空，在重新注入替代压载水的过程，以此到达95%体积压载水的置换率。

溢流法——将替代压载水泵入用于承载压载水的压载舱的过程，同时让水流溢出或做其他安排。

稀释法——将替代的压载水从用于承载压载水的压载舱的顶部注入舱中，同时从舱底以相同的流速排放压载水，并在置换过程中保持舱内一定的水量。

5　与压载水置换相关的安全措施

5.1　本组织已接受了用于海上进行压载水置换的三种方法。在某一特定船舶上使用一种或几种方法时，应考虑与每种方法相关的安全方面的问题。

5.2　在为某一特定船舶首次指定压载水置换方法时，应进行评估，包括：

.1　允许航海条件中包含的稳性和力量的最大安全系数，某一特定类型船舶经批准的平衡和稳性手册及装载手册中做出了详细规定，还应考虑到装载条件和可预见的压载水置换方法或将要采用的方法；

.2　压载水泵吸和管排系统应考虑到压载水泵的数量和工作能力，压载舱的大小和布置；和

.3　压载舱排放口和溢流装置的可用性和工作能力，对于溢流方法而言压载舱溢流口的可用性和工作能力，防止压载舱室的压力不足和过度压力。

5.3　应特别考虑以下方面：

.1　随时都维持稳性，并不得低于本组织的建议值或主管机关的要求值；

.2　纵向应力，扭转应力值，如适用不得超过关于普遍海上条件的允许值；

.3　在压载舱中进行置换时，在装盛部分压载水的舱室中因水的搅动可能造成明显的结构的负担，在条件状况较好的海上和膨胀的条件下，减低对结构造成损坏的风险；

.4　在进行压载水置换时的水波引起的船壳振动；

.5　因海洋和天气状况，压载水置换方法可用性的限制；

.6　船首和船尾的吃水和平衡，对驾驶台的可视度、击拍、螺旋桨浸水和最小船首吃水给予特别的说明；和

.7　船长和船员额外的工作量。

5.4　已对某种特定的船舶和置换方法或将要采用的方法进行了评估，应针对已明确的置换方法和压载水管理计划中的船舶类型，对船舶提供适当的程序、建议和信息。压载水管理计划中的程序、建议和信息可以包括但不限于以下方面：

.1 避免压载舱的过度压力和压力不足；

.2 随时可能松懈的稳性的自由表面效应和压载舱的搅动负担；

.3 根据经批准的平衡和稳性手册保持充分的完整的稳性；

.4 根据经批准的装载手册，可允许的剪力和弯曲力矩的航海力量限制；

.5 扭转力量；

.6 船首和船尾的吃水和平衡，驾驶台的可视度、击拍、螺旋桨浸水和最小船首吃水给予特别的说明；

.7 在进行压载水置换时的水波引起的船壳振动；

.8 必须再次确保在进行压载水置换时可能需要打开的水密和隔离天气的密闭装置（如出入孔）；

.9 最大的泵吸/流量——确保压载舱承受的压力不会大于为其设计的数值；

.10 压载水的内部转换；

.11 可接受的天气状况；

.12 受季节飓风、台风、暴风或重冰冻状况影响地区的气候走向情况；

.13 装载压载水和/或排放压载水和/或压载水内部转换的书面文件记录；

.14 针对影响压载水海上置换情况的紧急程序，包括恶劣的气候状况、泵吸法的失误和断电；

.15 每一压载舱完成压载水置换的时间及随后适当的结果；

.16 对压载水操作持续的监控，监控应包括泵、压载舱的水位、绳索和泵的压力、稳性和压力；

.17 就不适合进行压载水置换的情况列出清单，这些情况可能由具有特殊本质的关键状况或天气带来的不可抗拒力造成，也可以是设备故障或失误，或是任何可能对人身安全或船舶安全造成威胁的情况；

.18 应避免在冰冻的气候状况下进行压载水置换，然而，如果确有必要，应特别注意船上排放装置冻结带来的危险，空气管道、压载水系统阀及其控制装置以及船甲板上的结冰；和

.19 人身安全，包括要求晚上在甲板上工作的人员注意采取预防措施，在压载水溢出甲板，因恶劣的天气而结冰的情况下。这些可能造成人员因为甲板表面湿滑而滑倒和跌伤的危险。当水溢出甲板，人员与压载水有直接接触，这与职业健康和安全有关。

5.5 在进行压载水置换的过程中，可能会在某些时候，在过渡期间，出现不能完全符合或难以维持以下标准的情况：

.1 驾驶台能见度标准（《安全公约》第V章第22条）；

.2 螺旋桨的浸水；和

.3 船首吃水的最低值。

5.6 因为对于大多数船舶而言，可以接受的压载水置换顺序的选择有限，因可能出现暂时不符合而放弃那些顺序是不实际的。可以接受那些顺序的实际替代方法是在压载水管理计划中做出合适的标注以提醒船舶的船长。该标注可向船长告知暂时不符合的特性，并可建议采取额外的计划和在使用此种顺序时应采取的充分的防预措施。

5.7 在计划包括顺序的压载水置换操作时，在可能出现不能符合螺旋桨浸水、船首吃水最低

值和/或平衡和驾驶台可视度标准的情况下，船长应评估：

.1 在操作过程中不能符合标准的时间和次数；

.2 对船舶航行和操控能力的影响；和

.3 完成操作的时间。

5.8 只有在预计到以下情况时，才能做出继续操作的决定：

.1 船舶将在公海；

.2 交通流量将较低；

.3 将保持一个加强的航行监视，包括在需要的情况下，额外留心，与驾驶台保持充分的沟通；

.4 在过渡阶段船舶的操控性不会受到吃水和平衡和/或螺旋桨浸水的不当影响；

.5 气候和海面状况总体适宜并不会变坏。

5.9 油船上被隔离的压载水和干净的压载水可以由水泵在海上水平面以下进行排放，如果压载水的排放是按照《控制和管理船舶压载水和沉积物国际公约》第 D－1.1 条的规定进行的，只要在排放前，通过观察或其他方式迅速察看了压载水表面，以确保压载水没有受到油污染。

6 船员培训和熟知训练

6.1 对船长和船员的适当培训应包括对该导则所含信息中与压载水置换相关的安全问题的指示。船舶压载水管理计划中应提供这些指示，并包括完成所要求的记录。

6.2 在海上进行压载水置换操作的船上高级和普通船员都应受到培训并适当熟知以下：

.1 船舶压载水的泵吸和管排装置，有关的空气和声响管道的位置，所有隔间和舱室的抽吸管道和连接其与船舶压载水泵的管道的位置，以及在使用溢流法的情况下，从舱室顶部排放水流的开口及其船上排放装置的位置；

.2 确保声响管道清楚的方法和空气管道及其单向装置是否运转正常的方法；

.3 进行各种压载水置换操作所要求的不同时间，包括完成每一压载舱的时间；

.4 在使用中的在海上进行压载水置换的方法，在可行时附有所要求的安全预防措施的特别说明；和

.5 持续监控压载水置换操作的需要。

7 关于压载水置换的今后考虑

7.1 可以根据压载水置换方法的可能技术进步和新的压载水管理方法，对该导则进行修正和更新。

环保会第 MEPC.127(53)号决议
(2005 年 7 月 22 日通过)

关于压载水管理和制订压载水管理计划的导则(G4)

海上环境保护委员会，

忆及《国际海事组织公约》关于防止和控制海上污染的国际公约授予海上环境保护委员会的职能的第 38 (a) 条，

还忆及在 2004 年 2 月召开的压载水管理国际会议上通过的《2004 年国际船舶压载水和沉积物控制和管理公约》(压载水管理公约)连同四项会议决议，

注意到《压载水管理公约》第 A－2 条要求只能按照公约附则的规定通过压载水管理进行压载水排放，

进一步注意到《压载水管理公约》附则的第 B－1 条规定，每艘船舶须在船上备有并实施主管机关在考虑到本组织制订的导则的情况下核准的压载水管理计划，

还注意到压载水管理国际会议通过的第 1 号决议请本组织把制订本导则作为紧急事项，

审议了由压载水工作组拟定的压载水管理和制订压载水管理计划的导则草案和散装液体和气体分委会在其第九次会议上拟定的建议案，

1 **通过**压载水管理和制订压载水管理计划的导则，内容列于本决议的附件；

2 **请**各国政府尽快或在公约对其适用之时适用本导则；和

3 **同意**不断审议本导则。

附　件

对于制订压载水管理和压载水管理计划的导则草案(G4)

1　导言

1.1　压载水主要是用来对于控制船舶纵倾、横倾、吃水、稳性或应力。但压载水可能含有水生的有机物或病菌,如果引入海上,包括河口,或淡水航道,可能对环境、人类健康、财产或资源造成危害,削弱生物的多样化或干涉对这种区域的其他合法使用。

1.2　选择适当压载水管理方法应该考虑确保使用符合本公约的压载水管理实践,不会对任何国家的保护环境、人类健康、财产资源和船舶的安全较大的危害。

1.3　这些导则的目标是帮助各国政府、适当的当局、船长、经营人和所有人和港口当局以及其他利益方,在运用《国际船舶压载水和沉积物控制和管理公约》(以下简称"公约")保护船舶安全的同时,防止、减小并最后消除从船舶压载水和相关沉积物引入有害水生有机物和病菌的风险。

1.4　本导则有两部分组成:

A 部分—"压载水管理导则",含有对压载水管理的一般原则的指南;

和

B 部分—"制订压载水管理计划的导则",含有对公约第 B－1 条要求的压载水管理计划的结构和内容的指南。

2　定义

2.1　就本导则而言,定义适用于公约中的定义。

2.2　压载水舱系指用于运载压载水的任何液舱、舱室或处所。

3　适用范围

3.1　本导则适用于所有船舶和船旗国、港口国、沿岸国的主管机关、船舶所有人、船舶经营人涉及压载水管理的船上人员、船舶设计者、船舶建造者、船级社以及其他的利益方。

第 A 部分　压载水管理导则

1　船舶操作程序

1.1　预防性实践做法

避免不必要的排放压载水

1.1.1　如果有必要在同一港口打入和排放压载水便于安全货物装卸,则应注意避免没必要排放在另一港口打入的压载水。

1.1.2　处理过的压载水于未经处理的压载水混合在一起已不再符合公约附件的第 D-1 和 D-2 条的要求。

减少打上有害的水生有机物体、病菌和沉积物

1.1.3　在装载压载水的时候,应尽每各种努力避免装上有潜在的有害水生有机物、病菌和可能含有这种有机物的沉积物。应减少压载水的打入,如果可行的话,避免在下列区域和情况下打入压载水,例如:

.1　在按第 2.2.2 款规定由港口提出忠告由港口国确定的区域;

.2　在黑夜,有机物可能顺着水柱起来;

.3　在很浅的水域;

.4　在螺旋桨可能搅起沉积物的地方;或

.5　正在疏浚或最近刚刚完成疏浚的地方。

1.2　压载水管理选项

1.2.1　压载水更换

1.2.1.1　应该按照公约第 B-4 条和按照压载水更换导则进行压载水更换。

1.2.1.2　航行计划应考虑何时能按照公约第 B-4 条完成压载水更换。

1.2.1.3　由于部分更换可能刺激有机物再生,如果有足够时间完成更换,压载水只应从符合第 D-1 条的标准任何一舱开始,而且船舶与陆地的距离和最小水深符合第 B-4 条规定的标准。在时间允许的情况下应尽量将整个舱换完以达到第 D-1 条规定的标准,如果任何舱不能完全达到第 D-1 条规定的标准,则不应开始该舱的更换。

1.2.1.4　如果因为第 B-4.4 条的原因,不能进行压载水更换,即如果由于恶劣天气、船舶设计或应力、设备故障或任何其他特殊情况,船长有理由决定这种更换会威胁船舶的安全或稳性、其船员或其旅客,则不能进行压载水更换的详细理由将记入压载水记录簿。

1.2.1.5　港口国可指定压载水更换区,并考虑有关指定压载水更换区的导则。指定的区域应该只供那些打算在该国港口排放的压载水舱使用,而且按照公约的第 B-4.1 条不能进行更换。

1.2.2　压载水管理系统

1.2.2.1　为符合第 B-3 条而安装的压载水管理系统应按照第 D-3 条得到认可。该系统应按照系统设计标准和厂商的操作和维修说明书进行操作。使用这样的系统应该在船上的压载水管理计划中详细说明。系统的所有失灵或故障都应记录在压载水记录簿中。

1.2.3　排放到压载水接受设施

1.2.3.1　如果是利用港口国提供的载水接受设施,则适用于第 B-3.6 条。

1.2.4　原型压载水处理技术

1.2.4.1　原型压载水处理技术应该按照第 D－4 条在主管机关认可的计划内使用。

1.3　沉积物管理

1.3.1　第 B－5 条要求所有船舶应按照压载水管理计划清除并处理压载水舱的沉积物。

1.3.2　在提取压载水时应采取所有切实可行的措施避免沉积物积聚，然而，认识到的沉积物将会提取到船上并将会落在液舱表面。当沉积物积聚时，应考虑冲刷舱底和其他适当区域的表面，即符合第 B－4.1.1 和 B－4.1.2 条所述的最小深度和距离的区域。

1.3.3　应对压载舱中沉积物的量进行日常的监测。

1.3.4　按照压载水管理计划和一经发现压载舱中有沉积物，应该及时清除。清除的频率和时间取决于沉积物的多少、船舶运输方式、有无接收设施、船上人员的工作负荷和安全考虑等因素。

1.3.5　清除压载舱中的沉积物最好应是在港内、在修理设施或在干船坞有人控制的情况下进行。最好应将清除的沉积物排放到接收设施里，如果可用、合理的和可行的话。

1.3.6　如果沉积物是从船上压载舱中清除并由该船在海上处置，则只能在远离陆地 200 n mile 以外和水深超过 200 m 的区域进行这种处置。

1.3.7　第 B－5 条要求 2009 年或以后建造的船舶应该在不降低安全或营运效率的情况下，设计和建造着眼于将提取沉积物和不合需要的夹带物减小到最低程度，便于沉积物的清除和提供用于清除和取样的安全通道，并考虑船舶沉积物控制导则（G12）。对于在 2009 年以前建造的船舶，这也要适用到切实可行的程度。

1.4　附加措施

1.4.1　按第 C－1 条，适用于附加措施的船舶，应在船舶航行计划中加以考虑。为符合任何附加措施所采取的行动应记入压载水记录簿。

1.5　免除

1.5.1　第 A－4 条规定，一个或多个缔约方可给予特定情况下的船舶免除第 B－3 或 C－1 条的要求。申请和给予这种免除应按照导则完成风险评估（G7）。

1.5.2　获得上述第 1.5.1 款提到的免除的船舶应将免除记入压载水记录簿。

2　记录的程序

2.1　对于船舶的程序

2.1.1　为便于主管压载水管理和每艘船上的处理程序，要按照第 B－1 条要求，指定一名高级船员负责保证维护适当的记录并保证压载水管理和/或处理程序得到遵守和记录。

2.1.2　在进行任何压载水操作时，将详细情况记在压载水记录簿上，连同按照第 B－3 或 C－1 条给予的任何免除。

2.1.3　如港口国需要有关船压载水操作的资料、有关的文件，考虑到公约的信息要求，应该向港口国提供。

2.2　对于港口国的程序

2.2.1　港口国应该提供船舶他们关于压载水管理需求的详细资料包括：

.1　按公约第 B－4.2 条规定指定用于压载水更换区域的位置和范围；

.2　按公约第 C－1 条确定的任何附加措施；

.3　有关压载水提取和万一发生在紧急情况，任何其他的港口应急安排的警示；和

.4 按公约第5条和规则第B-3.6条,倘若为了环境上安全处理压载水和/或沉积物,接受设施的可用性、位置和容量。

2.2.2 为帮助船舶在运用A部分1.1节所述的警示性实践做法,公约的规则第C-2条要求港口国尽力通知船员,该区域由于已知的状况,船舶不应该提取压载水。应给出类似的告示,减少在该区域提取压载水,例如:

.1 带有爆发性、传染性的区域或已知人群带有害有机物和病菌的区域;

.2 带有浮游植物花(海藻花,例如赤潮)的区域;

.3 污水处口附近;

.4 已被潮流搅混的区域;

.5 已被潮汐冲刷差的区域;

.6 在疏浚作业区附近;和

.7 在敏感海域或海口附近。

3 培训和教育

3.1 规则第B-6条要求高级船员和普通船员应熟悉他们在服务的具体船上压载水管理的义务。船舶所有人、管理人、经营人和其他涉及压载水管理培训的高级船员和普通船员应该考虑下列各项内容:

3.2 对船长和普通船员的适当培训应包括对公约要求、压载水和沉积物管理程序和压载水记录簿的指示,特别是要考虑按照本导则所含有关船舶安全和维护记录事项方面的资料。

3.3 压载水管理计划应该包括对压载水管理实践、船上使用的系统和程序进行培训和教育。

B部分 制订压载水管理计划的导则

1 导言

1.1 已经制订的本导则是用来帮助拟定船舶压载水管理计划(以下简称"计划")。该计划必须按照公约的规则第B-1条的规定经主管机关批准。

1.2 这部分包括三节:

.1 一般性规定:这部分规定这一主题的目标和的普通一般性概述并向读者介绍将要拟定的导则和计划的基本观念。这部分还含计划的更新和使用指南。

.2 强制性规定:这部分规定了确保满足公约附件第B-1条规定的指南。

.3 非强制性规定:这部分规定了将关于其他的信息纳入计划的指南。这些信息虽然不是公约规则第B-1条所要求的,但发现在船舶访问的港口对地方当局可能有用,或可能对船长提供额外的帮助。

1.3 压载水管理计划的格式见附录1。

2 一般性规定

2.1 导则的概念

2.1.1 本导则是打算为个别船舶准备计划提供一个基础。船舶种类很广,要求为每一类船舶所需的计划提供特定的导则是不切实际的。对于有效的并符合公约附件规则第B-1条规定的计划,必须小心谨慎地针对打算适用的具体船舶进行研究。使用正确,导则将保证可能使用到具体船舶的所有适当问题在制订计划中都会得到考虑。

2.1.2 可能需要考虑的问题包括但是不只限于:船舶的类型和大小,运载的压载容积,压载舱的总容量,压载泵容量,船舶和船员安全问题,航程类型和长度,船舶典型的操作需求和船上使用的压载水管理技术。

2.2 计划的概念

2.2.1 该计划是船上必备的并为从事具体船舶压载水管理系统安全操作人员提供指导。有效的计划能确保以结构性、合乎逻辑的和安全的方式采取必要的行动。

2.2.2 为完成计划的目的,必须是:

.1 现实的、实际可行的和容易使用的;

.2 被船上和岸上从事压载水管理的人员所理解;

.3 按照需要进行评估、复审和更新;和

.4 与船舶的操作性压载要求相一致。

2.2.3 公约附件的规则第 B-1 条所想象的计划是一个简单的文件。应该避免纳入广泛的船舶及其结构等背景资料,这些资料在别处一般都能得到。如果这种资料是相关的,它应该是保持在附件中,或应提及在现有文件或手册的位置。

2.2.4 该计划是由船上从事具体船舶压载水管理人员使用的文件。因此,计划必须使用船员的工作语言。船员或工作语言发生变化,需要用新的语言发行计划。

2.2.5 计划应该是在本公约缔约国授权的官员检查时即可得到。

2.3 免除

2.3.1 规则第 A-4 条允许可以给予船舶免除规则第 B-3 条或第 C-1 条的规定。

2.3.2 免除的详细资料应该与计划一并保存。

2.3.3 给予的任何免除记入压载水记录簿。

2.4 附加措施

2.4.1 在规则第 C-1 附加措施中,公约给予个别缔约方或其他缔约方共同引入除了 B 部分那些措施以外措施的权利。这种附加措施应在实施日期前至少 6 个月通知本组织。

2.4.2 计划应伴随按本组织通知的与船舶运输相关最近的附加措施清单。计划应该含有详细资料和有关为符合规则第 C-1 条而采取的行动和在任何紧急或流行情况下必须采取任何附加措施的忠告。

2.5 计划的修改

2.5.1 计划的正规复审应由船舶所有人、经营人或船长进行,以确保所含信息是精确的和更新过的。反馈系统应能允许快速捕获改变的信息和将它编入计划。

2.5.2 对计划的改变需要得到主管机关的认可。

3 强制性规定

3.1 这一节提供了公约附件规则第 B-1 条的七个强制性的个别导则。此外,它提供了对管理压载水和沉积物船员有帮助的信息。

3.2 公约附件的规则第 B-1 条规定,应根据每一艘船舶的具体情况确定并至少应包括:

.1 按公约要求,对船舶和船员压载水管理相关的安全程序细节;

.2 详细叙述为实施公约所要求的压载水管理条例需要采取的行动;

.3 海上和岸上沉积物处理程序的细节;

.4 包括涉及排放到海上的船上压载水管理与被排放水域的国家当局的协调程序;

.5 指定船上负责确保计划得到正确实施的高级船员；

.6 含有公约规定的船舶报告要求；和

.7 以船舶的工作语言书写。如果使用的语言不是英语、法语或西班牙语，则应提供这些语言之一的译文。

3.3 压载水管理计划应对将遵守的压载水处理程序进行指导，包括：

.1 压载水提取；

.2 使用压载水管理系统的步骤程序和次序；和

.3 任何操作性或安全性限制，包括与使用压载水管理系统相关的那些限制。这也将在船员回答缔约国授权的检查官的质询时有所帮助。

3.4 使用压载水管理系统的安全问题，应该根据适用情况包括有关下列事项的指南：

.1 保持稳性一直达到不小于本组织所建议的（或主管机关所要求的）值；

.2 经核准的纵向应力和，如可适用，扭转应力要保持在允许的值内；

.3 压载水的传送或更换，通过在部分灌装的舱中的液面晃动能生成大的结构性负荷的。如果这些作业包括部分灌装的舱，则应考虑在有利的海况和涌况中进行作业，这样能减少对结构的损害；

.4 在进行压载水更换时波浪引起船壳振动；

.5 首尾吃水和纵倾，具体参考驾驶台能见度、撞击声和最小首吃水情况；

.6 可能对船员有任何潜在危害和职业性健康有影响，也将连同将要采取的任何预防措施加以识别；和

.7 舱室超压的可能影响。

3.5 如果船舶能完成小于个泵出容积的更换容积至少95%，则指出这种已按规则第D-1.2条规定的压载水更换程序得到批准的文件，应在计划中规定。

3.6 计划还应该包括沉积物的处理程序和具体情况：

.1 在海上清除或减少沉积物和在清洗压载舱时清除沉积物；

.2 如果需要进入压载舱清除沉积物，应考虑的安全事项；和

.3 关于使用港口沉积物接收设施的情况。

3.7 计划应该清楚地识别负责压载水管理的高级船员并列出他的/她的职责应该包括：

.1 保证遵守计划中的压载水管理程序；

.2 保证压载水记录簿和任何其他必要的文件得到维护；和

.3 协助缔约国授权的检查官进行任何必要的取样。

3.8 本计划应包含有关依据本公约规定的压载水记录簿，包括给予免除的详细情况的记录要求的指南。

3.9 除上述外，计划还包括下列各项：

.1 应备有前言，向船员解释压载水管理和保持记录的必要性。前言还应包括一项声明，"本计划必须按照经授权的当局要求保持到检查时可用"。

.2 船细节至少包括：

.1 船名、船旗、注册的港口、总吨位、IMO编号[①]、长度（垂线间长）、梁、国际呼号、最

① 按照第A.600(15)号决议，IMO船舶识别号机制。

深压载吃水(正常和恶劣的天气);

.2 船舶压载水容量总数,按立方米和其他的单位计算,如果可适用于该船的话;

.3 简单叙述船上使用的压载水管理的主要方法;和

.4 负责实施计划的高级船员的辨认(等级)。

.3 有关船上使用的压载水管理系统信息,包括:

.1 压载舱布置;

.2 压载能量计划;

.3 压载水管系和泵系,包括空气管和测深管的布置;

.4 压载水泵的能量;

.5 船上使用的压载水管理系统,参照船上的操作和维护手册;

.6 安装的压载水处理系统;和

.7 船舶的平面图和剖面图,或压载装置的草图。

.4 有关压载水取样点的信息,包括:

.1 标明取样位置和到达管线和压载水舱通路点的清单或草图,以使船员帮助缔约国授权官员能够获得样品。

.2 本节应弄清楚压载水取样对于经授权的检查官是首要事情,除非明确要求外,并在授权的检查官监督之下,一般都不喜欢让船员自己取样。

.3 授权的检查官应被告知进入封闭处所时应遵守的各种安全程序。

.5 对船员培训和熟悉情况的对定,包括:

.1 关于压载水管理的一般性要求;

.2 有关压载水管理条例的培训和信息;

.3 压载水更换;

.4 压载水处理系统;

.5 一般性安全考虑;

.6 压载水记录簿和记录的维护;

.7 安装压载水处理系统的操作和的维护;

.8 与船上使用的具体系统和程序相关的安全问题,对船员/旅客的安全或人身健康/或船舶的安全有影响;

.9 进舱清除沉积物的预防措施;

.10 沉积物的安全处理和包装程序;和

.11 沉积物的堆积。

4 非强制性资料

4.1 除了公约条款和规则的规定外,所有人/经营人可能将额外的资料作为附录纳入计划,例如:提供额外的图表和图纸,船舶设备和参考材料。不同于公约的国内或地区性的要求也可以记录供参考。

4.2 非强制性资料还可以包括制造手册(或是节选或是全部)或提及该手册和其他的有关材料在船上的位置。

附 录

压载水管理计划的标准格式

序言

压载水管理计划应包含公约的规则第 B－1 条所要求的信息。

对于准备计划的指南,将包括下列各项信息。计划应根据每艘船的具体情况确定。

导论

在每一计划的开头,应该包括反映下列各条文意图的措词。

1 本计划是按照 2004 年控制和管理船舶压载水和沉积物国际公约(公约)的规则第 B－1 条及相关导则要求写成的。

2 计划的目的是按照压载水管理和制订压载水管理计划导则(环保会第 MEPCXX(YY)号决议(导则)),达到控制和管理船舶压载水和沉积物的要求。它为计划和管理船舶压载水和沉积物并叙述将要遵循的安全程序提供标准的操作指南。

3 该计划业经主管机关的批准,未经主管机关事先批准不得对其任何部分作出改变或修改。

4 该计划可能被经授权的当局要求检查。

注意:计划应以船员的工作语言写成,如果文本不是英语、法语或西班牙语,则计划应包括这些语言之一的译文。

船舶细节

至少应包括下列各项详细信息:

船名;

船旗;

注册的港口;

总吨位;

IMO 编号①;

长度(垂线间长);

梁;

国际呼号;

最深压载吃水(正常和恶劣的天气);

船舶压载水总容量按立方米和可适用于船舶的其他单位计算;

简要叙述船上使用的压载水管理系统主要部分;和

指定的压载水管理高级船员的识别(级别)。

索引

各部分的索引应该包括参考计划的内容。

目的

应含有向船员解释压载水管理的必要性和保持精确记录的重要性的简介。

---

① 按照第 A.600(15) 号决议,IMO 船舶识别号机制。

压载系统的平面图(图纸)

压载系统的平面图和图纸,例如:

1) 压载舱布置;

2) 压载能量计划;

3) 压载水管系和泵系,包括空气管和测深管的布置;

4) 压载水泵的能量;

5) 船上使用的压载水管理系统,参照船上的操作和维护手册;

6) 安装的压载水处理系统;和

7) 船舶的平面图和剖面图,或压载装置的草图。

压载系统的叙述

压载水系统的叙述

压载水取样点

标明取样位置和到达管线和压载水舱通路点的清单和/或草图。

注意到压载水取样对于经授权的检查官是首要事情,除非明确要求外,并在授权的检查官监督之下,一般都不喜欢让船员自己取样。

压载水管理系统的操作

详细叙述船上使用的压载水管理系统操作情况。

有关一般性压载水管理预防条例的资料。

对船舶和船员的安全程序

使用压载水管理系统特定安全问题的详细资料。

操作性或安全限制

特殊的操作性或安全限制的详细情况包括与对船舶和船员有影响的管理系统相关的限制,包括参照安全进入压载舱的程序。

船上使用压载水管理和沉积物控制方法的叙述

船上使用的压载水管理和沉积物控制方法包括按步骤的操作程序。

对于沉积物的处理程序

对于在海上和岸上处理沉积物的程序。

沟通的方法

对在海岸国水域排放压载水的协调程序的详细资料。

压载水管理高级船员的义务

概述指定的压载水管理高级船员的义务。

记录的要求

公约要求保存记录的详细资料。

船员培训和熟悉情况

有关船员培训和熟悉情况的资料。

免除

按第 A－4 条给予船舶任何免除的详细资料。

认可当局

认可当局的详细资料和图章。

MSC(54)报告

经修订的在船舶机器处所内处理油类废弃物系统指南,包括综合舱底水处理系统(IBTS)的指导性说明

1　《经 1978 年议定书修订的 1973 年国际防止船舶造成污染公约》(73/78 防污公约)附则 I 包括与残油和机舱舱底油污水的储存、处理和处置设备相关的条例和统一解释。

2　为便于主管机关开展船舶机器处所内处理油类废弃物系统的工作,海上环境保护委员会一直保持着对相关技术的评审以满足公约要求。

3　《船舶机器处所内处理油类废弃物系统指南》(见 MEPC/Circ. 235 附录)的制订旨在为主管机关、船东以及船厂在考虑获得 1992 年 1 月 1 日或之后安放龙骨的船舶或已营运船舶(如合适)舱底油污水和残油处理的有效系统时提供指导。

4　上述指南已按目前公约的规定进行了评审和修订,见本通函附件。

5　为进一步防止来自船舶机器处所的油污染,海上环境保护委员会认为机器处所内产生的舱底油污水的减少是有效的,并批准了综合舱底水处理系统(IBTS)的概念。该概念包括减少舱底油污水数量以及全面处理舱底油污水和残油(油渣)的方法。

6　环保会第 54 届会议认识到必要宣传 IBTS 概念,并制订了有关 IBTS 的指导性说明,其文本载于本指南附录中。

附　件

经修订的在船舶机器处所内处理油类废弃物系统指南，包括综合舱底水处理系统（IBTS）的指导性说明

1 《73/78 防污公约》附则 I 包括与残油和机舱舱底油污水的储存、处理和处置设备相关的条例和统一解释。

2　为达到公约要求，在对相关技术不断评审的过程中，海上环境保护委员会已经收集了足够的信息，这些信息对机舱内舱底油污水和残油处理系统装置的设计、认可和检验很有价值。但是，这些信息并不构成公约条款或相关解释。

3　海上环境保护委员会认为这些信息对主管机关、船东以及船厂很有价值，因此决定应以海上环境保护委员会通函的格式传播这些信息。

4　本指南中的信息应作为获得新船和营运船舶（如适用和合理）舱底油污水和残油处理的有效系统的指导。信息应与适用于具体船舶的特定条件和情况、船东和船厂的实际情况、船级社规范以及主管机关要求等一起考虑。

5　对指南目的的定义

5.1　油类废弃物指残油（油渣）和舱底油污水

5.2　残油（油渣）指：

.1　分离的油渣，指从燃油和润滑油净化产生的油渣；

.2　泄油和漏油，指机器处所泄漏产生的油；

.3　废油，指因变质或受到污染而无法用于机器的废润滑油、液压油或其他基于碳氢化合物的液体。

5.3　污油柜指

.1　分离的油渣柜；

.2　泄油和溢油柜；

.3　废油柜。

5.4　舱底水贮存柜指舱底油污水柜。

5.5　本指南中述及的条款指 73/78 防污公约附则 I 中的条款。

5.6　油渣焚烧炉指用于焚烧船上产生的油渣的系统。

油渣焚烧炉可以是

—配有适当油渣处理系统的主蒸汽锅炉和辅蒸汽锅炉；

—配有适当油渣处理系统的热流体系统加热器；

—配有适当油渣处理系统的用于焚烧油渣的焚烧炉；或

—配有适当油渣处理系统的惰性气体系统。

6　油类废弃物的收集和储存

6.1　根据第 17 条的规定，必须配备一个或多个污油柜。

6.2　舱底水贮存柜用于在日常产生的舱底水排到岸上或通过 15 ppm 设备排入水中前收集这些舱底水。虽然并不强制要求配备舱底水贮存柜，但该贮存柜能使船舶在靠港期间、在特别区域和沿海水域营运期间以及在 15 ppm 设备维护期间安全作业。

6.3　当使用快速分离洗洁剂清洗时，舱底水贮存柜还能提供舱底油污水净化的附加安全保护。

7　废油柜的布置

7.1　布置上述用途的油柜时，应满足船舶预定业务的要求。

7.2　污油柜可分开单独布置，也可合并在一起（如合适），这取决于船舶尺度和业务。

7.3　注意到在较小的液舱中需要布置净化和加热装置且最好布置在液舱顶部的处所容积减小的要求，应考虑安排独立液舱收集分离的油渣的优点。

7.4　如果布置了舱底水储存柜，该柜应与其他油渣收集柜分开。

7.5　如果船舶工作时采用在 15℃时相对密度大于 0.94 的残余燃油，则这些船上应配备一只容量足够的舱底水储存柜，该储存柜设有加热装置以在通过 15 ppm 设备将柜内污水排入海中之前预热油类混合物。

8　废油柜尺寸

8.1　考虑到船舶的预定业务类型，机舱内产生的各种油类废弃物的收集柜应有充足的容积。下列信息将提供这方面的指导，但是适用于特定船舶贸易类型以及港口停留时间的所有其他方面也应附加考虑。

8.2　残油（油渣）柜的建议容积见第 17 条的解释。

8.3　如除第 17 条规定外，还安装有一个废油柜，则该柜应有足够的容积以接收来自机舱内由于变质、污染或维护工作而产生的废润滑油或其他油类和基于碳氢化合物的液体。从15 ppm 设备排出的油也可排放至该柜。对航行时要求润滑油完全改变的主机和辅机，柜的容积应为每 1 000 kW 发动机额定功率有 1.5 m^3。

8.4　如安装了泄溢油柜，则除第 17 条的规定外，还可在机舱内不同位置安装该柜。从15 ppm 设备排放的油也可排放至该柜。建议容积应如下：

主机额定功率（kW）	容积（m^3）
10 000 及以下	$20 \times D \times P/10^6$
10 000 以上	$D \times (0.2 + 7 \times (P - 10\ 000)/10^6)$

式中，D = 天数；与第 17 条解释中使用的航程所需时间相同。

P = 主机额定功率（kW）。

8.5　如果安装了舱底水储存柜，则其容积应确保船舶便于在港口沿海海域和特别海域营运，而无需将去油水排出船外。还应考虑到作业时无需频繁使用 15 ppm 设备的好处。舱底水储存柜的容积应符合如下要求：

主机功率（kW）	容积（m^3）
1 000 及以下	1.5
1 000 以上至 20 000	$1.5 + (P - 1\ 000)/1\ 500$
20 000 以上	$14.2 + 0.2\ (P - 20\ 000)/1\ 500$

其中，P = 主机功率（kW）。

9　轮机处所的泵、管路和排放系统

9.1　对采用重燃油的推进系统，下列指南适用于含有舱底油污水、经分离的油渣、泄油溢油和废油的处理和储存装置构件的推进系统管系。

9.2　应能对从 15 ppm 设备排出的流液进行再循环处理，然后储存到舱底或储存舱内。

9.3　如果安装了一台整体泵，其排放不得超过 15 ppm 设备。

9.4　15 ppm 设备的排放管系应与泵送系统和压载水系统完全隔离，但 9.2 中所述的再循环管系除外。

9.5　将油类废弃物至标准排出接管的船舶排放管道应与燃油分离。

9.6　为此，分离的污水和燃油净化装置的废水应排入一个特别的柜内，以最大限度地减少废水流入经分离的油渣柜。该特别柜应位于双层底之上，以便于在不需要舱底水泵的情况下就可以顺利排出。如果污水和燃油净化装置的废水不排入该特别柜内，而流入经分离的油渣柜内，则该油渣柜应位于双层底之上，以便于上述的排放。

9.7　除第 19 条要求的标准排放接头外，通往油渣柜以及由油渣柜引出的管路不得有直接排放到舷外的接头。

10　经分离的油渣系统

10.1　经分离油渣柜及其管道

经分离油渣柜及其管道以及泵系应按下列要求设计：

10.1.1　柜的大小

见第 8 款。

10.1.2　柜及柜加热系统的设计

柜及柜加热系统的设计应经主管机关的认可。

10.1.3　液舱加热系统

用于已分离油渣的液舱应配备液舱加热系统。加热管的布置从加热入口看，应从加热入口开始沿边界布置，然后足够高地穿过整个底部区域以避免被液舱中的沉淀物完全覆盖。

柜加热系统的设计应确保能将油渣加热至 60℃。

油渣柜至泵之间的吸入管应有热保护。

10.1.4　重燃油净化器与油渣柜之间的管路

如可能，油渣柜应位于重燃油净化器以下；如无法做到，则油渣柜应安装在靠近重燃油净化器的位置，以使通向油渣柜的排放管能保持最大的坡度。只要可能，管路就应该采用直管，或采用大半径的弯管。

10.1.5　布置浸入的泵或吸入管开口时，应使油渣至吸入口的距离尽可能短，或者油渣舱安装设计时，应使其有一定的坡度，以便油渣能沿着坡度流入吸入管口。

布置的各开口应尽可能相互远离，以确保油渣能自由流入管内。

10.1.6　泵和压力管路

泵应能适用于泵送高黏度的油渣，如“自吸式容积式泵”，要能防止干运行的装置。应有至少 4 巴的压头，泵送率应根据下式确定：

$$Q = V/t\ (\mathrm{m^3/h})$$

式中，V 为油渣柜的容积，按第 17 条的说明方法计算；t 取 4 h，但泵吸功率不得小于 2.0 $\mathrm{m^3/h}$。

对主机功率小于等于 15 000 kW 的船舶，泵的大地线的吸头不得大于 3.0 m，主机功率大于 15 000 kW 的船舶,为 3.5 m。

10.1.7 油渣柜的设计便于清洗

进出孔的布置应确保柜内所有位置都能清洗到,其中一个出入孔应位于柜顶以便于使用移动式泵。

10.1.8 蒸汽洗舱管

柜顶应安装一个用于清洁的蒸汽洗舱管。

11 船上油渣焚烧系统实例

11.1 通则

除配置油渣柜外,另一个处理残油(油渣)的方法就是采用油渣焚烧炉装置。

11.2 油渣焚烧炉

一台油渣焚烧炉包括:

—蒸汽锅炉、热流体系统或焚烧炉加热器;

—燃油燃烧器;

—油渣处理系统;以及

—已分离油渣柜。

11.3 油渣处理系统

油渣处理系统包括:

—残油与燃油混合柜(混合柜);

—油渣预热系统;

—过滤器;以及

—均化系统。

11.4 混合柜

除分离油渣柜外,还应配置混合柜。混合柜应安装泄放装置。为提高燃烧性和热值,应安装燃油输送接管。

11.5 均化系统

均化系统应确保将混合柜内的所有混合油转化成均质的可燃混合油。该系统应在混合柜充分泄水之后再开始工作。应安装一个能连续监控和指示油渣水含量的装置。

附　录

综合舱底水处理系统(IBTS)的指导性说明

1　引言

1.1　油污水系指由于船舶机舱日常运行,从设备和管系泄漏出的油水或维修时泄漏出的油水。这些逸流出的油水通常呈混合状态,并汇集在液舱顶或舱底井中。

1.2　对油污水的处理应符合公约要求。操作此类处理设备,包括舱底水过滤设备及其维护,增加了轮机员很多的工作量。

1.3　随着环保会第 MEPC.107(49)通过了修订的《船舶机舱舱底水防污设备指南和规范》,舱底水过滤设备的功率得到了很大的提高。但是,经改进的设备仍采用原先的油污水处理程序,并且轮机员的工作量基本没有什么变化。同时,船舶产生的油污水量亦未有降低。

1.4　为改进船舶机舱防油污能力并降低轮机员的工作量,应采取减少船舶机舱产生的油污水量。

1.5　环保会第 54 届会议注意到,以 IBTS 理念(包括最大限度地减少油污水量以及对油污水和残油(油渣)进行处理)进行的设计是防止船舶机舱产生油污的强有力的方法。

1.6　环保会第 54 届会议认识到需要宣传 IBTS 理念,同意在经修订的指南附录中纳入 IBTS 指导性说明,适用船舶机舱油污水处理系统。

1.7　指南目的地旨在向船东和船厂提供那些有助于船舶设计时纳入 IBTS 理念的信息。

2　综合舱底水处理系统原理

IBTS 系指通过独立处理泄漏的油污水装置,最大限度地减少船舶机舱产生的油污水量的一种系统。该系统同时还提供油污水残油(油渣)综合处理方法。

3　指导性说明的定义

3.1　清洁排水指出自海水、淡水和蒸汽设备的不含油污的排出水。

3.2　泄油指油设备的泄油。

3.3　舱底油污水指因机舱管系意外泄漏或维修产生的,并汇集在舱底井或液舱顶内的可能含油污的水。

3.4　残油(油渣):参见附录 1 的 5.2,包括含油排水。

3.5　第一回路水柜指舱底油污水分离预处理装置。

4　IBTS 概述

4.1　排放的收集

4.1.1　泄油通过固定排放装置流入储存在油渣柜内。

4.1.2　清洁泄水通过固定排放装置流入清洁泄水柜内。

4.1.3　泄油和清洁泄水应分开收集,以避免清洁泄水受到油污。

4.2　舱底油污水的预处理

为避免将过量污油输送到污油过滤设备,第一回路水柜先对舱底油污水进行油污水预分离。高浓度的油污水输入油渣柜,低浓度油污水储存在舱底水柜。

4.3　舱底油污水排放

根据公约第16条规定，舱底水柜内的油污水通过污油过滤设备后向舷外排放。

4.4　清洁水排放

清洁水可不通过舱底油污水系统或污油系统，而直接通过排放装置排放到舷外。

4.5　残油(油渣)排放

4.5.1　油渣柜内的残油(油渣)输入废油柜内。

4.5.2　通过对废油柜的加热，将残油(油渣)内的水分蒸发。

4.5.3　通过油渣燃烧炉燃烧残油(油渣)，或通过标准岸上接管将其输入到接收装置内。

4.5.4　燃油系统的泄油可作为再生燃油，供锅炉使用。

5 IBTS 的一些附加装置

除公约要求的装置外，IBTS 中还应包括下列装置：

5.1　泄油系统

5.1.1　在用油设备(如柴油机、燃烧器、泵、加热器、冷却器、过滤器和舱柜)下应有滴盘或深度足够的围板用于承接溢油。

5.1.2　在用水设备(泵、加热器、冷却器、过滤器、舱柜、冷凝器和锅炉)下应有滴盘或深度足够的围板用于承接溢水。

5.1.3　分别排入油渣柜和清洁泄水柜的独立溢油和溢水排放装置。

5.2　油分离预处理装置

设有格栅的污水初次处理舱，它能用顶部油排放设施通过重力从舱底油污水中分离出油作为舱底油污水的初次分离。参见图1所示的污水初次处理舱。

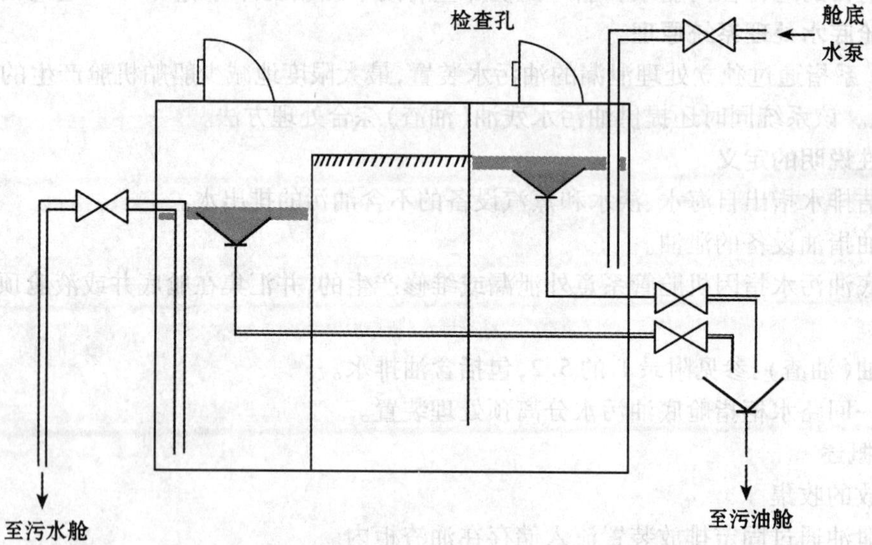

图1　污水初次处理舱样本

5.3　储存柜

5.3.1　清洁泄水柜：清洁泄水储存柜。

5.3.2　舱底油污水柜：舱底油污水柜储存柜。

5.3.3 废油柜:用于燃烧的油渣储存柜。

5.4 清洁泄水排放装置

引至舷外的清洁泄水排放装置应独立于油污水系统。

5.5 污油过滤设备专用泵

最好使用专用的泵将预处理舱底水从舱底水储存柜泵送至污油过滤设备,以避免预处理舱底水与未经处理的油污水相互混合。

5.6 加热装置

5.6.1 第一回路水柜的加热装置应便于污油分离。

5.6.2 废油柜加热装置应将水分蒸发并便于燃烧。

6 IBTS 实例

图 2 为典型的 IBTS 流程图。

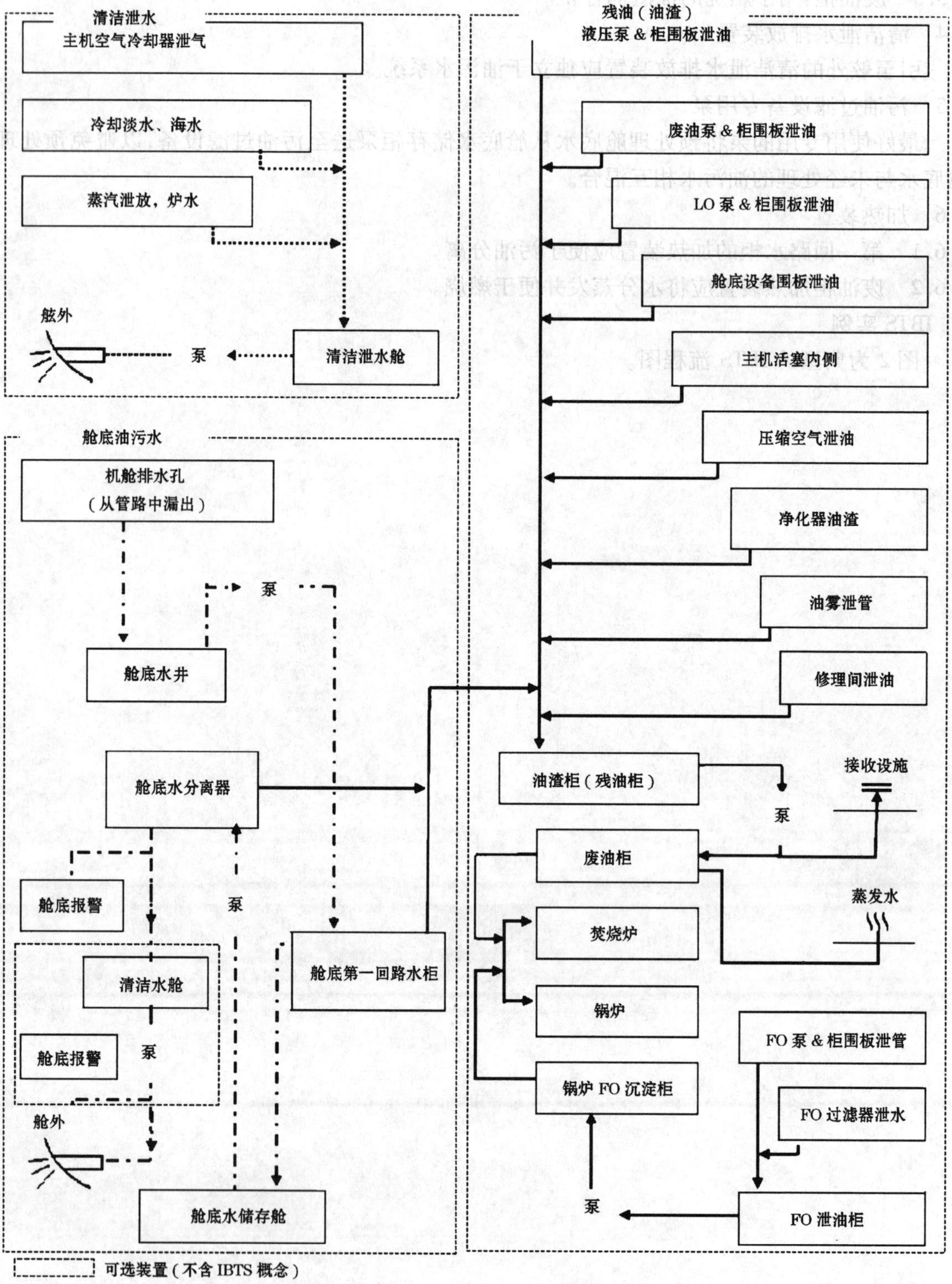

图 2　综合舱底水处理系统（IBTS）示意图

(七)关于消防救生

第 A.951(23)号决议
(2003 年 12 月 5 日通过)

经改进的船舶便携式灭火器指南

大会,

忆及《国际海事组织公约》有关大会在海上安全规则和指南方面的职责的第 15(j)条,

还忆及它在第 A.602(15)号决议中通过了《经修订的船舶便携式灭火器指南》,以便对经修正的《1974 年国际海上人命安全(SOLAS)公约》第Ⅱ-2 章和《1977 年托雷莫利诺斯国际渔船安全公约》第Ⅴ章作出补充,

认识到,鉴于《1974 年 SOLAS 公约》第Ⅱ-2 章的修正案和上述《1977 托雷莫利诺斯公约的 1993 年托雷莫利诺斯议定书》的通过,需要根据在应用"经修订的指南"方面获得的经验对该"经修订的指南"作出进一步的改进,

审议了海上安全委员会第七十五次会议的建议,

1 **通过**"经改进的船舶便携式灭火器指南",其条文载于本决议附件中;

2 **建议**各有关政府将附件中的"经改进的指南"与上述国际文件的有关要求一起应用;

3 **授权**海上安全委员会对"经改进的指南"不断作出检查和修正或作出必要的扩充;

4 **废除**第 A.602(15)号决议。

附　件

经改进的船舶便携式灭火器指南

1　适用范围

制定本指南的目的是要对经修正的《1974 年国际海上人命安全公约》、《国际火灾安全系统规则》(《FSS 规则》)和《1977 年托雷莫利诺斯国际渔船安全公约的 1993 年托雷莫利诺斯议定书》的船舶便携式灭火器[①]的有关要求作出补充。本指南供主管机关使用,帮助他们确定适当的设计和构造参数。本指南属建议性质。其内容以现行的做法为基础,不排除使用下文指明者以外的设计和材料。

2　定义

2.1　灭火器是一种装有灭火剂并可通过内压作用将灭火剂喷射到火中的装置。这种压力或可是储存压力,或可通过释放气瓶的气体获得。

2.2　便携式灭火器系指一种设计成用手提携和操作、在工作状态下总重量不超过 23 kg 的灭火器。

2.3　灭火剂系指装在灭火器内为灭火而排放的物质。

2.4　灭火器装填量系指装在灭火器中的灭火剂的质量或体积。水或泡沫灭火器的装填量一般用体积(升)表示,其他种类灭火器的装填量用质量(公斤)表示。

3　分类

3.1　灭火器按其所含灭火剂的种类进行分类。目前灭火器的种类及其建议的用途如下:

灭火剂	建议用于下列物质的火灾
水,含添加剂的水	木材、纸张、纺织品及类似材料
泡沫	木材、纸张、纺织品和易燃液体
干粉/干化学品(标准/B、C 类)	易燃液体、电气设备、易燃气体
干粉/干化学品(多用型或通用型/A、B、C 类)	木材、纸张、纺织品、易燃液体、电气设备和易燃气体
干粉/ 干化学品(金属)	易燃金属
二氧化碳	易燃液体和电气设备
用于 F 或 K 类的湿化学品	烹调油脂、脂肪或油类火灾
清洁介质*	

3.2　附录中有说明每一种灭火器的一般特性的表格。

4　构造

4.1　灭火器构造应设计和制造成能简单和迅速操作及便于使用。

4.2　灭火器应按照经认可的国家或国际标准[②]制造,包括对壳体和承受内部压力的任何其他部件进行以下测试的要求:

.1　对于工作压力不超过 2.5 MPa 的灭火器,用 5.5 MPa 的压力或正常工作压力的

---

① 本指南条文中出现的"便携式灭火器"一词均应视为系指"船舶便携式灭火器"。

② 参见国际标准化组织的建议,特别是出版物 ISO7165:1999:消防—便携式灭火器—性能和构造。

2.7 倍的压力测试;或

.2 对于工作压力超过 2.5 MPa 的灭火器,按经认可的灭火器标准进行测试。

4.3 在设计元件、选择用料和确定最大装料比和密度时,应考虑到灭火器在船上可能遇到的温度极限和经认可的标准中规定的操作温度范围。

4.4 应仔细选择外露部件及相邻不同金属的构造材料,以便能在海洋环境中正常工作。

5 火灾类别

5.1 火灾一般分为 A、B、C、D 和 F(或 K)类。根据燃烧材料的性质确定火灾的类别,目前有下列两种标准:

国际标准化组织(ISO 标准 3941)*	国家防火协会(NFPA10)
A 类:一般为有机性质的固体材料的失火,燃烧时通常形成灼热的余烬。	A 类:普通易燃物质(如木材、布、纸张、橡胶和多种塑料)的失火。
B 类:液体或可液化固体的失火。	B 类:易燃液体、油类、脂类、焦油类、油基漆、喷漆及易燃气体的失火。
C 类:气体失火。	C 类:应使用非导电灭火剂的带电电气设备的失火。(当电气设备不带电时,使用 A 类或 B 类火灾的灭火器是安全的。)
D 类:金属失火。	D 类:易燃金属(如镁、钛、锆、钠、锂及钾)的失火。
F 类:烹调油的失火	K 类:烹调油脂、脂肪和油类的失火。

* 欧洲标准化委员会(CEN 标准 EN2)严格遵守 ISO 标准 3941。

6 试验规范

6.1 构造、性能和灭火试验规范应使主管机关满意,并充分考虑到已有的国际标准①。

7 评定是否符合《FSS 规则》第 4 章和《1977 年托雷莫利诺斯公约的 1993 年托雷莫利诺斯议定书》第 V/20 和 V/38 条的标准

7.1 《FSS 规则》第 4 章要求灭火器的灭火能力至少等同于 A 类火灾等级为 2A 的 9 L 液体灭火器的灭火能力;根据主管机关的要求,它们可以是水或泡沫。这种等同可以由按国际、国内或其他被承认的标准*测定的火灾试验等级来表明。

7.2 灭火器的大小和型号应取决于所保护处所的潜在火灾危害并避免多种型号。还应注意确保在小处所内释放出的灭火剂数量不危及人员。

8 灭火器的标志

8.1 每一灭火器应清楚地标出下列最少信息:

.1 制造厂的名称;

.2 灭火器适用的火灾类型和等级;

.3 灭火剂的类型和数量;

.4 认可细节;

.5 使用和充填须知(建议操作须知除有以可能的使用者懂得的语文书写的说明外还有图解);

.6 制造年份;

① 参见国际标准化组织的建议,特别是出版物 ISO 7165:1999:消防—便携式灭火器—性能和构造。

.7 灭火器正常工作的温度范围;和

.8 压力试验。

9 定期检查和保养

9.1 应按照制造厂的须知对灭火器进行定期检查;保养间隔期不得超过1年。

9.1.1 每隔5年应对船上同年制造的每种类型的至少一个灭火器进行试验喷射。

9.1.2 应每隔不超过10年按经认可的标准或制造厂的须知对所有灭火器及助喷剂瓶进行液压试验(作为消防训练的组成部分)。

9.1.3 保养和检查仅应只由具有可证实的适任能力的人员或在其监督下根据9.1.3表中的检查指导进行。

9.2 应保留检查记录。记录中应写明检查日期、进行的保养类型和是否进行了压力试验。

9.3 灭火器应配有释放的视觉指示。

9.4 制造厂应提供灭火器充填须知并应将该须知留在船上备用。

表9.1.3 检查指导

年度检查	
安全夹和指示装置	检查灭火器是否被用过
压力指示装置	如果装有的话，检查压力是否在限度内。检查压力指示装置和释放阀上的防尘罩是否还在
外部检查	检查是否有可能影响灭火器安全操作的腐蚀、伤痕或破损
重量	称灭火器的重量，检查其与充满的灭火器的相对重量
软管和喷嘴	检查软管和喷嘴是否有堵塞和损坏
操作须知	检查操作须知是否妥备并清晰可读
充填时的检查	
水和泡沫充填剂	如要再次使用，则将充填剂注入清洁容器并检查其是否适合继续使用。检查任何充填剂容器
干粉充填剂	检查粉剂是否可继续使用。确保它是自由流动的并且没有结块或异物迹象
气瓶	检查是否有破损和腐蚀
5年和10年间隔期的检查	
排放试验后的检查	
空气通道和操作机械	用吹气的方式证明透气孔和盖上的透气装置的通道未堵塞。视情检查软管、喷嘴滤网、排放管和通气阀。检查操作和排放控制。进行必要的清洁和润滑
操作机械	检查安全销是否能拔除，杠杆是否有损坏
气瓶	检查是否有损坏或腐蚀。称气瓶重量以确定其在规定的限度内
圆环垫圈和喷管隔膜	检查圆环并更换软管隔膜(如装有)
水和泡沫容器	检查内部。检查是否有腐蚀和内衬老化。检查各容器是否有泄漏或损坏
干粉容器	检查容器和检查内部是否有腐蚀和内衬老化

表 9.1.3　检查指导(完)

充填后的检查	
水和泡沫	按制造厂的须知更换充填剂
重新组装	根据制造厂的须知重新组装
保养标签	填写标签的填写项目,包括总重
灭火器安放	检查安放托架或支座
报告	填写灭火器保养状况报告

附　录

	灭火器类型				
	水	泡沫	干粉	二氧化碳	清洁介质
所用灭火剂	水，溶液中可能含有盐	含有发泡物质的水溶液	化学干粉	加压二氧化碳	
灭火器的助喷充填剂（指明的储存压力或者气瓶）	二氧化碳或其他加压惰性气体或压缩空气（储存压力或单独的气瓶）	二氧化碳或其他加压惰性气体或压缩空气（储存压力或单独的气瓶）	二氧化碳或其他惰性气体或干燥空气（储存压力或单独的气瓶）		
灭火器的排放手段	打开阀门。加压气体的作用（打开气瓶）	打开阀门。加压气体的作用（打开气瓶）	打开阀门。加压气体的作用（打开气瓶）	打开灭火器容器的阀门	
排放的灭火剂的构成物质：	水，溶液中可能含有盐	包有用过气体的泡沫	化学干粉和二氧化碳或其他气体	二氧化碳	
排放的灭火剂使火熄灭的原理：	冷却燃烧物。水的蒸发和由此产生的局部气体（水/蒸汽）使燃烧产物与周围空气隔绝	形成的泡沫层使燃烧产物与周围空气隔绝，并对A类火灾冷却	通过中断组织化学反应来制止燃烧过程。燃烧物与周围空气的某种隔绝	形成的局部惰性气体（二氧化碳）使燃烧物与周围空气隔绝。二氧化碳的窒息和冷却作用	
排放的灭火剂的电阻	很低　很低	不同	很高。某些在高热下，有些粉可能导电	很高	

<table>
<tr><td rowspan="2"></td><td colspan="5">灭火器类型</td></tr>
<tr><td>水</td><td>泡沫</td><td>干粉</td><td>二氧化碳</td><td>清洁介质</td></tr>
<tr><td rowspan="2">工作特性和局限性</td><td colspan="2">灭火器的射流或喷雾应对准火的基部</td><td rowspan="2">风对干粉混合物有影响;因此在开敞或通风处所中使用可能降低其有效性</td><td rowspan="2">风对气体有影响;因此在开敞或通风处所中效果有限</td><td rowspan="2"></td></tr>
<tr><td></td><td>只有当全部燃烧面均被泡沫覆盖时才能熄灭</td></tr>
<tr><td rowspan="2">缺点和危险</td><td colspan="2">不得在有电气危害的地方使用</td><td rowspan="2">产生的干粉混合物可能有窒息作用并能损坏视力。干粉会损坏电气接点</td><td rowspan="2">二氧化碳可能有窒息作用</td><td rowspan="2"></td></tr>
<tr><td></td><td></td></tr>
<tr><td rowspan="4">保养</td><td colspan="2">有铜和铜合金外壳的灭火器,不得用腐蚀性或磨损性物质抛光,因为这样会减小壁的厚度。应避免使用此种灭火器,但如使用,则最好在外部涂漆。</td><td>某些类型的干粉受潮会变质;因此应避免在潮湿处充填灭火器</td><td></td><td rowspan="4"></td></tr>
<tr><td>充填剂在约0℃时会冻结(被化学处理成为不冻结的充填剂除外)</td><td rowspan="3">充填剂在约5℃时会冻结。高温(大约40℃或更高)会使充填剂变质。因此,不得将灭火器装在温度过高或过低处。</td><td colspan="2" rowspan="2">在有二氧化碳容器时应避免将灭火器装在太热的地方,因为容器内的二氧化碳的内压会升至很高值</td></tr>
<tr><td rowspan="2">避免将灭火器放置在太热的地方,因为瓶内的二氧化碳的内压会升得很高</td></tr>
<tr><td colspan="2"></td></tr>
</table>

第 A.952(23)号决议
(2003 年 12 月 5 日通过)

船上防火控制图的图像符号

大会，

忆及《国际海事组织公约》有关大会在海上安全规则和指南方面的职责的第 15(j)条，

记及经修正的《1974 年国际海上人命安全公约》第Ⅱ-2/15.2.4 条要求永久展示用于指导船舶高级船员的防火控制图，并要求将两套火灾控制图或载有该图的小册子永久存放在甲板室外带有永久标志的水密盒中，以帮助岸侧消防人员，

认识到在船舶火灾控制图中使用国际符号会大大增加其对船员和岸上消防队的有用性，

还忆及题为"防火控制图的图像符号"的第 A.654(16)号决议，

注意到 ISO 在 IMO 的密切合作下制定了 ISO17631：2002 号标准—船舶和船舶技术—船上防火图、救生设备和逃生通道，该标准提供了与第 A.654(16)号决议中的符号大致相符的防火符号，

特别注意到 MSC/Circ.1050 请各缔约国政府提请造船商、船东、船舶经营人、船长、岸上消防人员和涉及准备和使用船上火灾控制图的其他各方注意 ISO17631:2002 号标准，以便在制定或使用《SOLAS 公约》第Ⅱ-2/15.2.4 条规定的船上火灾控制图时自愿使用，直至修订第 A.645(16)号决定的工作取得成果，

审议了海上安全委员会第七十七次会议的建议，

1 **通过**本决议附件中所载的"船上火灾控制图的图像符号"；

2 **敦促**各政府提请造船商、船东、船舶经营人、船长、岸上消防人员和涉及制定和使用船上防火控制图的其他各方注意上述图像符号，以鼓励在制定《SOLAS 公约》第Ⅱ-2/15.2.4 条对在 2004 年 1 月 1 日或以后建造的船舶规定的船上防火控制图时予以使用；

3 **请**各政府提请造船商、船东、船舶经营人和船长注意 ISO17631:2002 号标准，以便他们在制定船上防火控制图时可使用其中所载的额外指导；

4 **同意** 2004 年 1 月 1 日前建造的船舶可继续携带使用第 A.654(16)号决议中所载图像符号的防火控制图；

5 **要求**海上安全委员会对本决议作出不断检查并作必要修正。

附 件

（2003 年 12 月 5 日通过）

船上防火控制图的图像符号[①]

结构防火的图像符号

编号	图像符号	系指	使用说明
1.1		A 级分隔	
1.2		B 级分隔	
1.3		主垂直区	
1.4	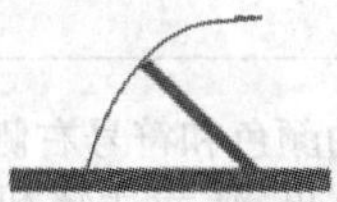	A 级铰链防火门	符号应在门位上并应显示门的实际方向。对于水密门，应在符号右侧加上 WT。对于半水密门，应在符号右侧加上 SWT。
1.5	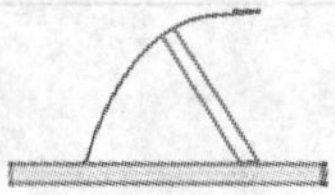	B 级铰链防火门	符号应在门位上并应显示门的实际方向。对于水密门，应在符号右侧加上 WT。对于半水密门，应在符号右侧加上 SWT。
1.6		A 级铰链式自关闭防火门	符号应在门位上并应显示门的实际方向。对于水密门，应在符号右侧加上 WT。对于半水密门，应在符号右侧加上 SWT。

① 符号图例和说明应是任何防火控制图的组成部分并应载有图中所用图像符号的一览表和适当说明，可以列入额外的特别信息，如固定式灭火系统中使用的灭火剂类型。

编号	图像符号	系指	使用说明
1.7		B 级铰链式自关闭防火门	符号应在门位上并应显示门的实际方向。对于水密门,应在符号右侧加上 WT。对于半水密门,应在符号右侧加上 SWT。
1.8		A 级滑动防火门	符号应在门位上并应显示门的实际方向。对于水密门,应在符号右侧加上 WT。对于半水密门,应在符号右侧加上 SWT。
1.9	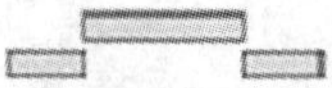	B 级滑动防火门	符号应在门位上并应显示门的实际方向。对于水密门,应在符号右侧加上 WT。对于半水密门,应在符号右侧加上 SWT。
1.10	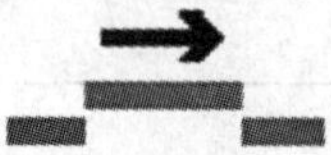	A 级自关闭滑动防火门	符号应在门位上并应显示门的实际方向。对于水密门,应在符号右侧加上 WT。对于半水密门,应在符号右侧加上 SWT。
1.11		B 级自关闭滑动防火门	符号应在门位上并应显示门的实际方向。对于水密门,应在符号右侧加上 WT。对于半水密门,应在符号右侧加上 SWT。
1.12	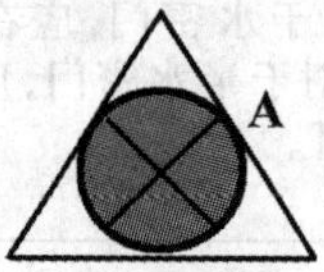	通风遥控或关闭	圆圈的颜色和符号右侧的字母代表:A =蓝色,代表居住和工作处所;M =绿色,代表机器处所;C = 黄色,代表货物处所。
1.13		天窗遥控	
1.14	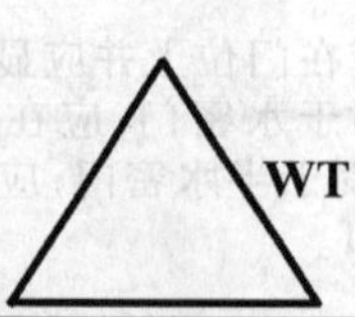	水密门防火门的遥控	在符号右侧加上 WT 表示水密门的遥控或在符号右侧加上 FD 表示防火门的遥控
1.15	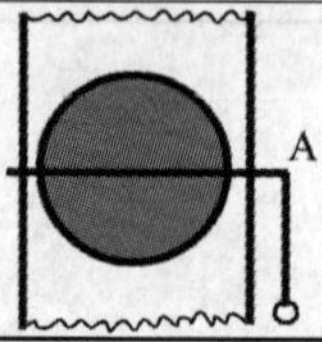	防火挡板	圆圈的颜色和符号右侧的字母代表:A =蓝色,代表居住和工作处所;M =绿色,代表机器处所;C = 黄色,代表货物处所。在符号底部可显示挡板的识别号。

编号	图像符号	系指	使用说明
1.16		通风入口或出口的关闭装置	圆圈的颜色和符号右侧的字母代表：A = 蓝色，代表居住和工作处所；M = 绿色，代表机器处所；C = 黄色，代表货物处所。在符号底部可显示挡板的识别号。
1.17	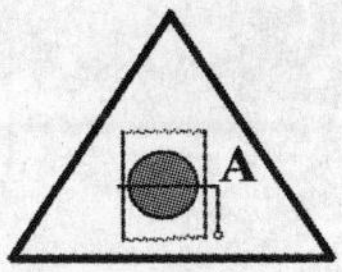	防火挡板的遥控	圆圈的颜色和符号右侧的字母代表：A = 蓝色，代表居住和工作处所；M = 绿色，代表机器处所；C = 黄色，代表货物处所。在符号底部可显示挡板的识别号。
1.18	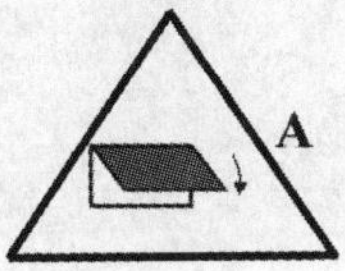	通风入口或出口的关闭装置的遥控	圆圈的颜色和符号右侧的字母代表：A = 蓝色，代表居住和工作处所；M = 绿色，代表机器处所；C = 黄色，代表货物处所。在符号底部可显示挡板的识别号。

防火设备图像符号

编号	图像符号	系指	使用说明
2.1	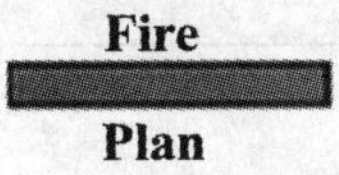	防火设备或结构防火图	
2.2	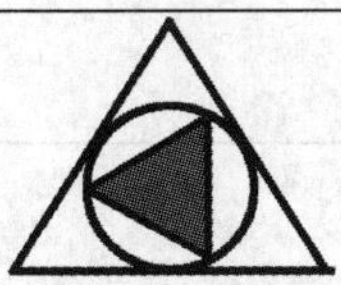	消防泵的遥控	
2.3	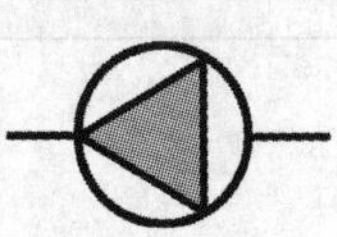	消防泵	类型、每时间单位提供的水量和压头应在符号右侧或图解中指明。
2.4	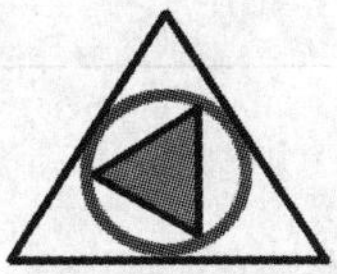	紧急消防泵或由紧急电源供电的消防泵的遥控	

编号	图像符号	系指	使用说明
2.5	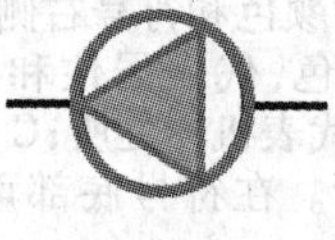	紧急消防泵	类型、每时间单位提供的水量和压头应在符号右侧或图解中指明。
2.6	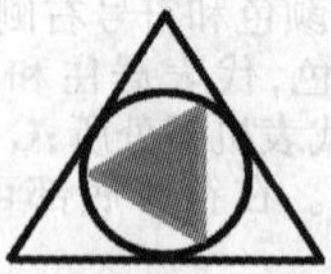	燃油泵遥控关闭	
2.7	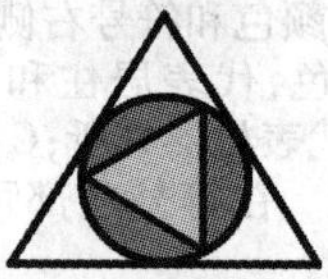	润滑油泵遥控关闭	
2.8	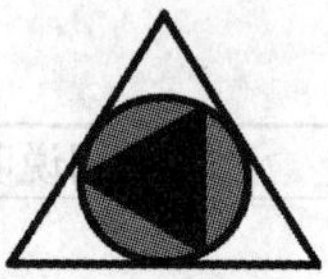	舱底水泵的遥控	
2.9		紧急舱底水泵的遥控	
2.10		燃油阀的遥控	
2.11		润滑油阀的遥控	
2.12		消防泵阀的遥控	

编号	图像符号	系指	使用说明
2.13	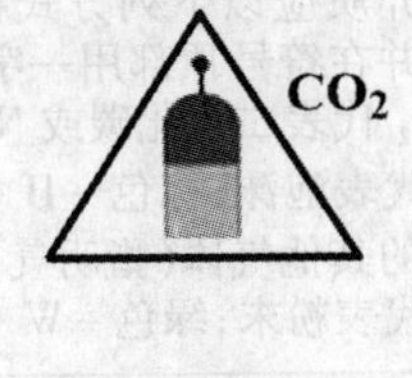	遥控释放站	在符号底部标出被保护的处所。灭火介质应以下列方式在符号下部作色标并在符号右侧用一字母指示：灰色 – CO_2 代表二氧化碳或 N 代表氮；棕色 – H 代表 CO_2或 N 以外的其他气体（应指明气体类型）；白色 – P 代表粉剂；绿色 – W 代表水。
2.14	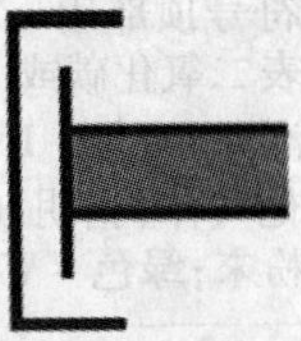	国际岸接头	
2.15		消火栓	
2.16		消防总管隔离阀	在符号右侧注明阀门的基准号
2.17		喷水器隔离阀	在符号右侧注明阀门的基准号。该符号也可用于等效的水灭火系统。应在图例中注明自动干管喷水器系统的阀门。
2.18	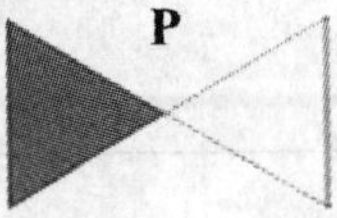	粉末隔离阀	在符号右侧注明阀门的基准编号。
2.19		泡沫隔离阀	在符号右侧注明阀门的基准编号。

编号	图像符号	系指	使用说明
2.20		固定式灭火装置	灭火介质应以下列方式在符号中部作色标并在符号顶部用一字母指示：灰色－CO_2 代表二氧化碳或 N 代表氮；黄色－F 代表泡沫；棕色－H 代表 CO_2 或 N 以外的其他气体（指明气体类型）；白色－P 代表粉末；绿色－W 代表水。
2.21	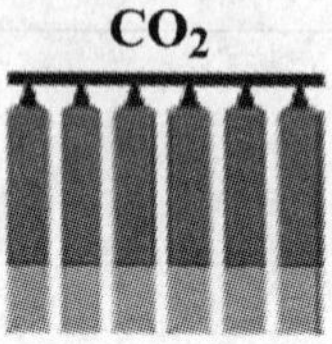	固定式灭火器组	灭火介质以下列方式在符号下部作色标并在符号顶部用一字母指示：灰色－CO_2 代表二氧化碳或 N 代表氮；黄色－F 代表泡沫；棕色－H 代表 CO_2 或 N 以外的其他气体（指明气体类型）；白色－P 代表粉末；绿色－W 代表水。
2.22		放在保护区中的固定式灭火瓶	灭火介质应以下列方式在符号中部作色标并在符号顶部用一字母指示：灰色－CO_2 代表二氧化碳或 N 代表氮；黄色－F 代表泡沫；棕色－H 代表 CO_2 或 N 以外的其他气体（指明气体类型）；白色－P 代表粉末；绿色－W 代表水。
2.23	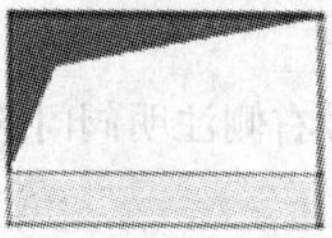	高膨胀泡沫供应管（出口）	如必要，在符号底部注明保护处所。
2.24	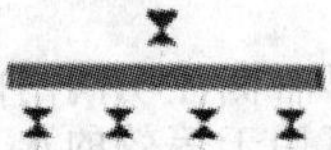	水喷洒系统阀门	如必要，在符号底部注明保护处所。
2.25		惰性气体装置	
2.26		监视器	灭火介质应以下列方式在符号中部作色标并在符号右侧用一字母指示：黄色－F 代表泡沫；白色－P 代表粉末；绿色－W 代表水。

编号	图像符号	系指	使用说明
2.27	 W	消防软管和喷嘴	在符号右侧注明软管长度；在仅使用一种软管时，该信息可载于图例中。灭火介质应以下列方式在符号下部作出色标并在符号右侧用一字母指示：黄色－F 代表泡沫；白色－P 代表粉末；绿色－W 代表水。
2.28	 F 6 L	灭火器	在符号右侧注明灭火介质的类型（CO_2 代表二氧化碳；F 代表泡沫；H 代表 CO_2 以外的其他气体（注明气体类型）；P 代表粉末；W 代表水）和容量（千克用于气体和粉末，升用于水和泡沫）。以下列方式在符号下部对介质作出色标：灰色代表二氧化碳；黄色代表泡沫；棕色代表 CO_2 以外的其他气体；白色代表粉末；绿色代表水。
2.29	 F 50 L	轮式灭火器	在符号右侧注明灭火介质的类型（CO_2 代表二氧化碳；F 代表泡沫；H 代表 CO_2 以外的其他气体（注明气体类型）；P 代表粉末；W 代表水）和容量（千克用于气体和粉末，升用于水和泡沫）。以下列方式在符号下部对介质作出色标：灰色代表二氧化碳；黄色代表泡沫；棕色代表 CO_2 以外的其他气体；白色代表粉末；绿色代表水。
2.30	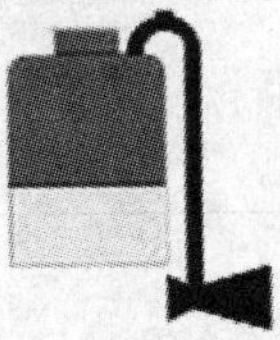	便携式泡沫喷射装置或有关的备用罐	
2.31		消防箱	在符号的右侧注明消防箱的编号。在图例中应注明每一消防箱的主要内容物。
2.32	F 	灭火系统保护的处所或处所组	
2.33		水雾喷射器	

编号	图像符号	系指	使用说明
2.34		紧急电源（发电机）	
2.35		紧急电源（电池）	
2.36		紧急配电板	
2.37	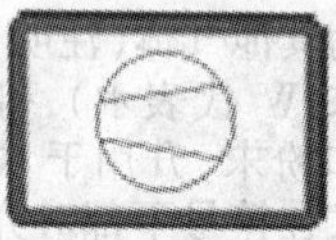	呼吸装置的空气压缩器	
2.38		火灾探测和警报系统的控制板	
2.39	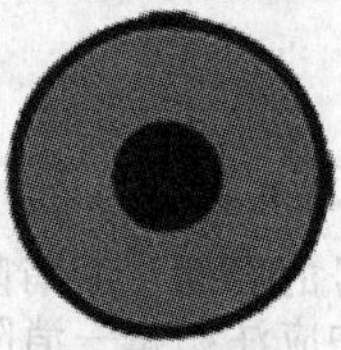	总警报器的按钮/开关	
2.40		手动呼叫点	该符号的使用是选择性的，由主管当局自行决定。
2.41		由烟探测器监视的处所或处所组	应注明处所。

编号	图像符号	系指	使用说明
2.42	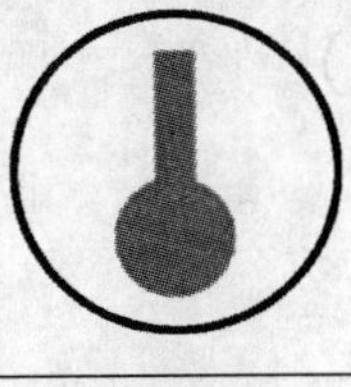	由热探测器监视的处所或处所组	应注明处所。
2.43		由火焰探测器监视的处所或处所组	应注明处所。
2.44	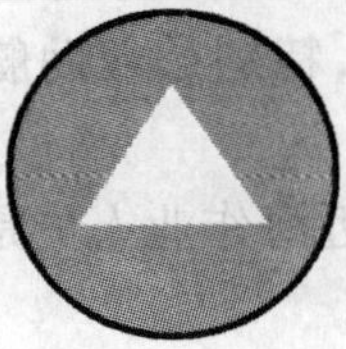	由气体探测器监视的处所	

逃生通道和逃生装置的图像符号

编号	图像符号	系指	使用说明
3.1		主逃生路线	
3.2		次逃生路线	
3.3		紧急逃生呼吸装置(EEBD)	在符号右侧注明存放的 EEBD 的数量。

第 A.656(16)号决议
(1989 年 10 月 19 日通过)

快速救助艇指南

大会,

忆及国际海事组织公约关于大会在海上安全规则和指南方面的职责的第 15(j)条,

注意到当前快速救助艇的广泛使用,特别是在用于救助目的近海活动中,

忆及 1974 年国际海上人命安全公约第Ⅲ章关于救生设备,特别是救助艇的 1983 年修正案的目的,

认为在某些情况下快速救助艇对于救助,特别是救助参与近海作业人员是有价值的,

因此认识到有必要制定快速救助艇指南,

审议了海上安全委员会在其第五十七届大会上提出的建议案,

1 **通过**快速救助艇指南,其案文载于本决议附件中;

2 **请**各有关政府:

(a)采取适当步骤尽早实施快速救助艇指南;

(b)将对此采取的措施通知本组织。

附　件

快速救助艇指南

1　一般要求

1.1　除本指南规定者外，所有快速救助艇均应符合经修正的1974年国际海上人命安全公约第Ⅲ章第41.1条至第41.6.7条（首尾两条在内）、自第41.6.9条至第41.6.12条（首尾两条在内）、第41.7.3条、第41.7.6条、第41.7.7条和第41.9条的要求。

1.2　快速救助艇可以是刚性或充气结构，或刚性/充气混合结构，并且应：

.1　具备适合预定用途的长度；

.2　至少乘载5名坐下和1名躺着的人员。

1.3　刚性和充气混合结构的快速救助艇，应符合本指南中合适的要求，使主管机关感到满意。

1.4　快速救助艇应能自动扶正或能由其船员容易地扶正。

1.5　除具有足够舷弧的快速救助艇外，快速救助艇应设有延伸不少于15%该艇长度的艇首盖，并应为自动舀水型或能迅速排除积水。

1.6　快速救助艇应能至少运动4 h，在乘载至少3名有适当资格的船员时，在平静水中航速应至少达20 kn，而在满载全部额定乘员和属具时，航速应至少达8 kn。

1.7　快速救助艇应在海浪中具有充分的机动性和操纵性，使其能从水中拯救人员、集结救生筏，并能以至少2 kn的航速拖带船舶所载的满载全部额定乘员和属具或等量物的最大救生筏。

1.8　快速救助艇应装设与航速、尺度和排水量相称的一个或多个舷内发动机或一个或多个舷外发动机。该艇应由远离舵叶、喷水口和舷外发动机的舵轮操纵，并应装备一种经认可的应急操舵装置。虽有安全公约第Ⅲ章第41.6.1条的要求，快速救助艇可以装设具有经认可的燃油系统的汽油驱动舷外发动机，但应采取特殊的预防措施，使燃油箱免受爆炸的影响。

1.9　快速救助艇上的每舷内或舷外发动机均应能在该艇倾覆时自动停车或使用舵手应急释放开关停车。当该艇扶正时，每一舷内或舷外发动机均应能重新启动，如装有舵手应急释放开关，则应予以复位。

1.10　燃油和润滑油系统的设计应使推进系统的燃油或润滑油在艇倾覆时的损失不大于250 mL。

1.11　拖带装置应永久配备在快速救助艇上，并应具有按照上述1.7要求集结或拖带救生筏的足够强度。

1.12　快速救助艇应装备小件属具的风雨密储存设备。

1.13　如快速救助艇装载在船上，则应配备符合安全公约第Ⅲ章第41.7.6条要求的释放装置或其等效装置。

2　快速救助艇属具

2.1　除带钩艇篙应不加固定以供撑开快速救助艇外，各项快速艇属具应采用绑扎、储存在柜内或舱室内、储存在托架内或类似的支架内或其他适宜的方式，固定在救助艇内。属具的系绑方式应不致妨碍任何降低和收回作业。一切快速救助艇属具应尽可能小巧轻便，并应包装合适而紧凑。

2.2 每艘快速救助艇通常的属具应包括：

.1 足够数量的可浮桨或水划桨，以供在平静海面划桨前进，每支桨应配齐桨架、桨叉或等效装置，桨架或桨叉应以短绳或链条系于艇上；

.2 可浮水瓢1只；

.3 内装有涂有发光剂或具有适当照明装置的有效罗经的罗经柜1具；

.4 海锚1个，配有足够强度的锚索，其长度不少于10 m；

.5 足够长度和强度的首缆1根，附连在符合安全公约第Ⅲ章第41.7.7条要求的释放装置上，置于快速救助艇的前端；

.6 长度不少于50 m的可浮索1根，具有足够拖带本条之1.7要求的救生筏的强度；

.7 适用摩尔斯通信的防水手电筒1只，连同备用电池1副及备用灯泡1只，装在防水容器内；

.8 哨笛或等效的音响号具1只；

.9 急救药包1套，置于使用后可盖紧的防水箱内；

.10 系有长度不小于30 m浮索的可浮救生环2个；

.11 探照灯1具，可在黑夜对距离180 m处宽度为18 m的浅色物体有效照明总共达6 h，并至少能连续使用不少于3 h；

.12 除非快速救助艇上安装有一个雷达应答器，否则要安装一个有效的雷达反射器；

.13 符合安全公约第Ⅲ章第34条要求的保温用具，其数量足以供快速救助艇10%额定乘员使用或2件，取其大者。

2.3 除第2.2所要求的属具外，每艘刚性快速救助艇通常的属具应包括：

.1 艇篙1只；

.2 水桶1只；

.3 小刀或小斧1把。

2.4 除2.2款所要求的属具外，每艘刚性/充气式和每艘充气式快速救助艇通常的属具应包括：

.1 可浮安全小刀1把；

.2 海绵2块；

.3 有效的手动充气器或充气泵1具；

.4 装在适当容器内的修补破洞的工具1套；

.5 安全艇篙1支。

2.5 如可能，快速救助艇应备有一个易于操作的单点悬吊装置或等效装置。

2.6 降放和升吊快速救助艇的钩子和紧固装置按满载负荷极限强度计算其设计安全系数应为6。

3 刚性、充气和刚性/充气混合型快速救助艇的附加要求

3.1 安全公约第Ⅲ章第41.1.3条和第41.1.5条的要求不适用于刚性、充气和刚性/充气混合式快速救助艇。

3.2 刚性、充气和刚性/充气混合式快速救助艇在结构上要做到，当用短索或起吊钩将其悬吊时：

.1 其强度和刚性应足以使其在载足全部额定乘员和属具的情况下能降落和回收；

.2 其强度应足以使其在环境温度为 20 ±3℃，不使用任何安全阀的情况下，经受其全部额定乘员及属具质量 4 倍的负荷；

.3 其强度应足以使其在环境温度为 -30℃，使用所有安全阀的情况下，经受其全部额定乘员及属具质量 1.1 倍的负荷。

3.3 刚性、充气和刚性/充气混合式快速救助艇的构造，应能使其经受暴露于下列环境：

.1 在海上存放在船舶开敞甲板上；

.2 在一切情况下漂浮 30 天。

3.4 除符合安全公约第Ⅲ章第 41.9 条的要求外，刚性、充气和刚性/充气混合式快速救助艇应标明其系列号、制造厂名或商标和建造日期。

3.5 刚性、充气和刚性/充气混合式快速救助艇的浮力应或由一个至少有五个约为等体积的独立浮力舱的浮力管；或由两个均不得超过 60% 总体积的独立浮力管提供。浮力管在布置上应做到，在艇上人员坐在正常位置、快速救助艇的整个周边都是正干舷时，如任一浮力舱受损，完好的浮力舱能支撑每人质量为 75 kg 的快速救助艇的额定人数。

3.6 形成刚性、充气和刚性/充气混合式快速救助艇边界的浮力管在充气后应为每个快速救助艇额定乘员提供不少于 0.17 m^3 的浮力容积。

3.7 每个浮力室应设有一个供人力充气用的止回阀和放气设备。还应设有一个安全阀，但主管机关认为此阀为不必要者除外。

3.8 在刚性、充气和刚性/充气混合式快速救助艇的艇底下面和艇外侧易受损处，应加设主管机关满意的防擦板条。

3.9 凡装有艇尾板者，该艇喜板伸入舱中的长度不应超过快速救助艇总长的 20%。

3.10 应设有合适的加强片以便索牢艇首缆和艇尾缆以及快速救助艇内外的半链环状救生索。

3.11 充气式快速救助艇均应随时保持满充气状态。

4 培训

应由经正式授权的机构对快速救助艇的所有舵手和船员提供在各种条件和情况下，以及在倾覆后扶正情况下进行救助、操作、操纵和驾驶的全面培训。

第 A.657(16)号决议
(1989 年 10 月 19 日通过)

救生艇筏操作规程

大会，

忆及国际海事组织公约关于大会在有关海上安全的规则和指南方面的职责的第 15(j)条，

注意到经修订的 1974 年国际海上人命安全公约有关逃生规程和救生筏紧急操作规程的第Ⅲ-38.5.1.22 条和第Ⅲ-38.5.1.23 条，有关在救生艇中携带逃生手册的第Ⅲ-41.8.4 条和有关要求在培训手册中说明在逃生时如何最好使用救生艇筏设施的第Ⅲ-51.15 条，

审议了海上安全委员会在其第五十七届会议上提出的建议，

1 **通过**本决议附件 1 中的救生筏逃生规程；

2 **还通过**本决议附件 2 中的救生艇逃生规程或手册的目录；

3 **请**经修订的 1974 年国际海上人命安全公约的缔约国政府在每个救生筏的通常配备和培训手册中加入本决议附件 1 中的救生筏逃生规程，在每一救生艇和培训手册中加入以本决议附件 2 中的目录为基础编写的救生艇逃生规程；

4 **废除**第 A.181(Ⅵ)和第 A.216(Ⅶ)号决议。

附 件 1

救生筏逃生规程

第 A 部分 救生筏紧急操作规程

登上救生筏时的紧急操作规程，应以易读的方式书写在水密的材料上，张贴在登上救生筏的每一个人都能看到的地方。规程除使用该国的正式语言外，还应使用本组织的某一正式语言。

1 切断系船索，驶离船舶。

2 寻找和捞起水中的幸存者。

3 确保在驶离船舶时，放下海锚。

4 关闭入口。

5 阅读救生规程。

第 B 部分 救生筏逃生规程

1 明确救生筏的负责人。

2 设定瞭望哨。

3 打开设备的包装。

4 分发防晕船药和呕吐袋。

5 擦干救生筏地板，进行充气（如果需要的话）。

6 进行急救（如果需要的话）。

7 驶往其他救生筏，把救生筏系在一起，在救生筏间分配幸存者和设备。

8 分配值班和任务。

9 检查救生筏的操作是否正确，有无损坏并做必要修理（如有 CO_2 进入救生筏内，应进行通风）。

10 检查天篷灯标是否正常，如有可能，在白天就节省电力。

11 调整天篷的开口，用以遮挡风雨或给救生筏通风。

12 准备并使用包括无线电设备在内的探测设备。

13 收集任何有用的漂浮物。

14 防热、防寒、防湿。

15 确定食物和水的定量。

16 采取措施，保持士气。

17 作出卫生安排，使救生筏适合于居住。

18 维护救生筏，包括给浮力管和天篷支撑充气。

19 正确使用现有的逃生设备。

20　准备下列事项的操作：

.1　救助单位的到达；

.2　被拖带；

.3　直升机救援；和

.4　登陆和上滩。

注：1　视特定情况决定执行上述规程的顺序。

2　按主管机关要求，可以不加补充地使用上述规程，也可对其加以补充。

附 件 2

救生艇逃生规程或手册的目录

目 录

1 救生艇负责人在救生艇驶离船舶后须立即组织下列工作：

.1 寻找和捞起水中的幸存者；

.2 调度救生筏；

.3 把救生艇筏系在一起，在救生艇筏之间分配幸存者和设备；

.4 放下海锚；和

.5 视情装设防风雨遮盖或折叠式天篷。

2 设置瞭望哨。

3 分发防晕船药和呕吐袋。

4 进行急救（如果需要的话）。

5 安排值班和任务。

6 准备并使用包括无线电设备在内的探测设备。

7 收集任何有用的漂浮物。

8 防热、防寒和防湿。

9 确定食物和水的定量。

10 采取措施，保持士气。

11 作出卫生安排，使救生艇适于居住。

12 防备突然出现的不利气象。

13 正确使用逃生设备。

14 准备下列事项的操作：

.1 救援单位的到达；

.2 被拖带；

.3 直升机救援；和

.4 登陆和上滩。

注：应按主管机关要求，以上述目录编写救生艇逃生手册。

第 A.756(18)号决议
(1993 年 11 月 4 日通过)

关于与 SOLAS 公约第Ⅱ－2/20和 41－2 条要求的防火控制图和小册子一起提供的资料指南

大会,

忆及国际海事组织公约关于大会在海上安全方面的规则和指南的职责的第 15(j)条,

注意到海上安全委员会以第 MSC.24(60)号决议通过了 1974 年国际海上人命安全公约(SOLAS 公约)第Ⅱ－2章关于现有客船要采取的防火措施的修正案,其中要求第Ⅱ－2/20 条所述防火控制图和小册子应提供有关防火、探火和灭火的资料,

还注意到海上安全委员会以第 MSC.27(61)号决议通过了有关新客船的类似修正案,

参考了海上安全委员会在其第六十届会议上所作出的下述决定:关于在防火控制图和小册子内要包括的有关防火、探火和灭火的资料的指南应在有关的海上安全公约规定生效前制定,

审议了海上安全委员会在其第六十一届会议上所提出的建议,

1　**通过**载于决议附件中的关于与 SOLAS 公约第Ⅱ－2/20 和第 41－2条要求的防火控制图和小册子一起提供的资料 SOLAS 公约指南;

2　**请**各国政府在实施由第 MSC.24(60)号决议通过的对 SOLAS 公约第Ⅱ－2章的修正案时,应用上述指南。

附 件

关于与 SOLAS 公约第Ⅱ -2/20和 41 -2条要求的防火控制图和小册子一起提供的资料指南

第Ⅱ -2/20条第 4 款和第41 -2条第 1.1 款要求按其目前安全标准在承运多于 36 位乘客的船上的防火控制图中提供若干资料。

除遵照 SOLAS 公约第Ⅱ -2/20.1条外，在承运多于 36 位旅客的所有船上的防火控制图中应提供下述规定的资料并应在所有时间均具备此资料：

1 船舶龙骨铺设日期和 SOLAS 公约和修正案的应用。防火安全构造的原方法（Ⅰ，Ⅱ，Ⅲ或带有或不带洒水器等）（视情确定）。

2 如有，请各国政府应用那些补充防火安全措施。

3 总之对船舶改变了其防火安全的任何改建的日期和说明。

4 如果对在 1994 年 10 月 1 日前进行的改建未备有上述 3 中所要求的资料，则至少应说明船舶目前使用的方法（Ⅰ，Ⅱ，Ⅲ或 SOLAS 公约及其修正案）。当在船舶的不同地方使用多于一种或综合几种方法时，则应予说明。

在 1994 年 10 月 1 日或以后建造的承运多于 36 位乘客的船舶上，建议防火控制图中的符号要按照海事组织第 A.654(16)号决议“防火控制图的图形符号”。

第 A.760(18)号决议
(1993 年 11 月 4 日通过)

救生设备及装置的相关符号

大会,

忆及国际海事组织公约关于大会在海上安全的规则和指南方面的职责的第 15(j)条,

考虑到经修正的 1974 年国际海上人命安全公约(1974 年安全公约)第Ⅲ/9.2 条规定,在救生艇筏及其降放控制处所或它们的附近应有张贴或标志,并应使用与本组织建议书相符的符号,

认识到在船上为此种目的而确定国际符号的紧迫必要性,

还认识到需要其他一些统一的符号来表示应急设备以及集合点和登乘站的位置,

审议了海上安全委员会第六十二届会议提出的建议案,

1 **通过**本决议附件 1 中的按照 1974 年安全公约第Ⅲ/9.2.3 条应使用的符号;

2 **还通过**本决议附件 2 中的表示应急设备、集合点和登乘站位置的建议符号;

3 **敦请**各国政府确保,如适宜时,在客船内通往不同方向的每一点上,在通往集合站的最安全的路线上用做符号的方法予以指示并标出脱险路线等,使用的符号应与本决议附件 2 所载相一致;

4 **还敦请**各国政府确保,如适宜,用做符号方法指示从集合站通往登乘站的路线并标志出该路线等,使用的符号应与本决议附件 2 所载相一致。

5 **要求**海上安全委员会不时对本决议进行审阅,并在必要时对其进行修正;

6 **废除**第 A.603(15)号决议。

附 件 1

按照经修正的1974年安全公约第Ⅲ/9.2.3条应使用的符号

参考号①	项 目	符 号②
1	系紧安全带	 94044a
2	关紧舱盖	 94044b
3	启动发动机	 94044c
4	降放入水	
4.1	救生艇	 94045a

① 编号仅供参照用,并不表示使用顺序,因使用顺序视船上所备的救生艇筏及降放设备的类型确定。
② 所有符号应为蓝底白色。

附　件　1

按照经修正的1974年安全公约第Ⅲ/9.2.3条应使用的符号(续)

参考号	项　目	符　号
4.2	救生筏	 94045b
4.3	救助艇	 94045c
5	脱开吊索	 94045d
6	开始喷水	 94046a

附 件 1

按照经修正的 1974 年安全公约第Ⅲ/9.2.3 条应使用的符号（完）

参考号	项 目	符 号
7	开始供应空气	
8	脱开固定索	

附 件 2

表示应急设备、集合和登乘站位置的建议符号

如适宜，同表示方向的符号（见参照号 22）共用，可以使用绿底白色箭头。

参考号	项 目	符 号①
1	救生艇	
2	救助艇	
3	救生筏	

① 所有符号应为绿底白色。标志、字母和号码的大小应令船旗国主管当局满意。

附 件 2

表示应急设备、集合和登乘站位置的建议符号(续)

参考号	项 目	符 号
4	吊艇架降放的救生筏	 94048a
5	登乘梯	 94048b
6	逃生滑梯	 94048c
7	救生圈	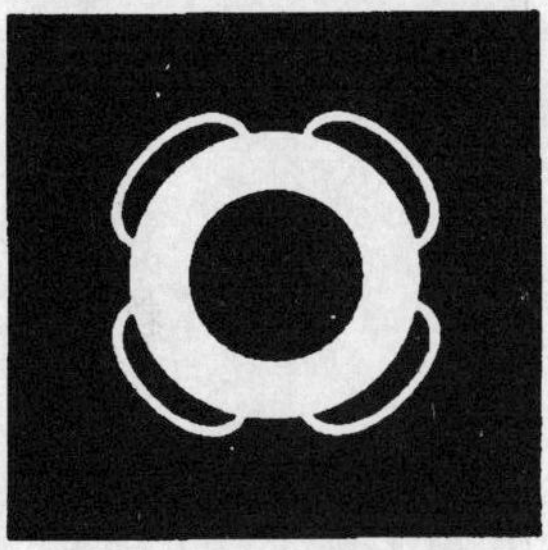 94048d

附 件 2

表示应急设备、集合和登乘站位置的建议符号(续)

参考号	项 目	符 号
8	带绳救生圈	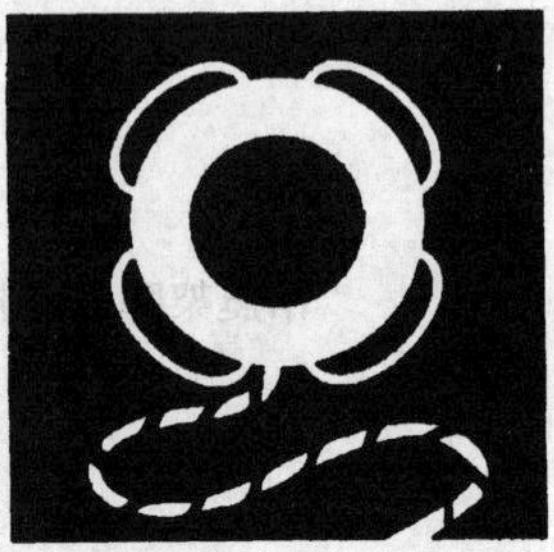
9	带灯救生圈	
10	带灯和发烟信号的救生圈	
11	救生衣	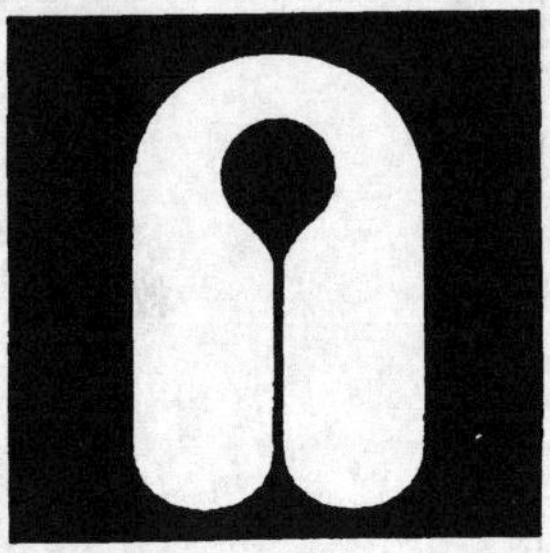

附　件　2

表示应急设备、集合和登乘站位置的建议符号（续）

参考号	项　目	符　号
12	儿童救生衣	 94053a
13	救生服	 94053b
14	救生艇筏 手提式无线电	 94053c
15	无线电应急示位标	 94053d

附 件 2

表示应急设备、集合和登乘站位置的建议符号(续)

参考号	项 目	符 号
16	雷达应答器	
17	救生艇筏遇险烟火信号	
18	火箭降落伞信号	
19	抛绳设备	

附 件 2

表示应急设备、集合和登乘站位置的建议符号(续)

参考号	项 目	符 号
20	集合点	
* 集合点的编号应放在符号的右边。		
21	登乘站	
* 使用与该站救生艇筏相符的符号。 + 站编号应放在符号的右边。		
22	方向指示 (与任何符号共用)	
* 在箭头的左边加上适当的符号(即从 1 至 21 的符号)。 + 箭头指向设备或站的方向。		

附 件 2

表示应急设备、集合和登乘站位置的建议符号(完)

参考号	项 目	符 号
23	紧急出口指示符号	* 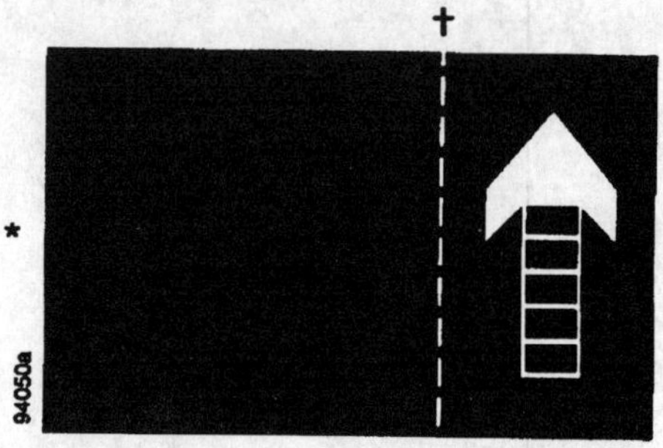
24	出口	
25	紧急出口	* 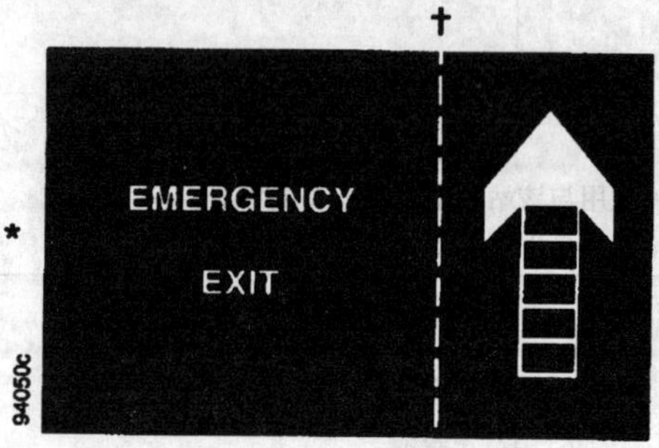

* 箭头指向设备或站方向。

+ 虚线表明整个符号可为一个完整符号,或由两部分组成的符号(一个为标志,另一个为编号)。当与一个方向指示(箭头)共用时,它可为符号中的一部分或单独的一部分。虚线不必表示出。

四、应急准备

第 A.535(13)号决议
(1983 年 11 月 17 日通过)

关于液货船紧急拖带要求的建议

大会，

忆及国际海事组织公约第 16 条第 10 款有关大会在海上安全规则方面职责的规定，

注意到散装运输石油、液化气或其他危险液体的船舶(以下简称液货船)，在诸如机械完全失效之类的紧急情况下，可能需要拖带以避开危险，

认识到某些现有液货船上装有为单点系泊时使用的特殊装置，这种装置可能适用于紧急拖带，

审议了海上安全委员会在其第四十八届会议上提出的建议：

通过液货船紧急拖带要求建议，其文件见本决议附件；

建议各国政府采取适当步骤尽早实施此建议；

要求海上安全委员会不断对此建议案进行审议，特别是对可能提出的新的拖带原理进行审议，并在必要时向大会报告。

附　件

关于液货船紧急拖带要求的建议

1　目的

本建议的目的是为了便于主要为减少污染危险而进行的对新的及现有液货船的救助和紧急拖带作业。本建议承认拖带系统的组成部分协调一致的必要性,并把图 1 中所示的系统作为参考。此系统中的主要部分是拖船或拖带船、拖缆、短索、防磨链、导缆孔、拖带具连接点或被拖带船上的加固点。此系统应有利于方便地连接,并应能够在没有主动力的被拖带船上连接和解脱。此系统自拖带缆连接点至防磨链处应标准化。

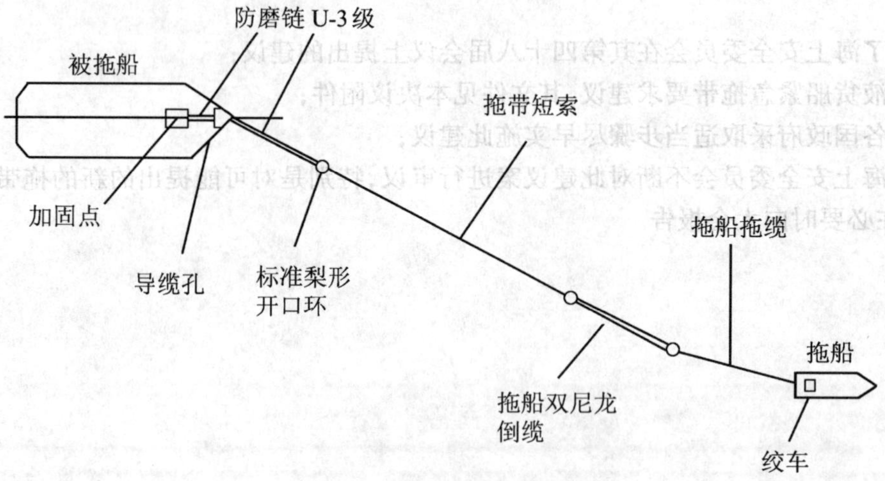

图 1　液货船船首拖带图

2　要求

2.1　适用范围

所有在本决议通过之后建造的载重吨在 50 000 t 以上的液货船均应在船首及船尾装设紧急拖带装置。所有在本决议通过之前建造的载重吨在 100 000 t 以上的液货船,应在本决议通过后的第一次坞修时,并最迟应在本决议通过后的 5 年之内,在船首及船尾装设紧急拖带点。每一拖带点应装设一个加固点、防磨链和导缆孔。

2.2　拖带系统部件的强度

拖带系统部件(加固点、防磨链、导缆孔及支撑结构)所具有的工作强度至少应为2 000 kN(工作强度的定义是——极限强度的一半)。此强度应满足各种拖缆角,拖缆角最大限度为拖缆与船中线成 90°。

2.3 加固点和导缆孔的位置

船首和船尾的加固点和导缆孔的位置应能便于从船首或船尾的任何一舷实施拖带,并能最大限度地减少对拖带系统的应力。拖带工具的轴心应尽可能地与中线平行并在中心线两侧1.5 m之内。加固点与导缆孔之间的距离应不小于2.7 m并不大于5 m。

2.4 加固点

拖带连接应有一个制动器或一个固定夹或其他具有等效强度的装置,其连接的容易程度应使主管机关满意。

2.5 导缆孔

.1 尺寸 导缆孔应具有足够大的开口,使防磨链、拖带短索或其他连接工具的最粗部位能够通过。最小开口应为椭圆形,水平轴线不小于600 mm,垂直轴线不小于450 mm。

.2 类型 导缆孔的构造应为,在拖带作业时能将防磨链限制在导缆孔内。

.3 几何形状 导缆孔的结构形状应能在防磨链受力时避免缠结的危险,并当防磨链与导缆孔成90°时能最大限度地减少防磨链磨损强度。导缆孔承链面的直径与链径之比应不小于7: 1。导缆孔的外缘应尽可能地与舷墙平齐。导缆孔应设有内沿,以在拖带系统受力时或操作时能防止其任何部分的缠结。

.4 垂直位置 导缆孔的位置应尽可能地接近甲板,在任何情况下,其位置应使防磨链自加固点至导缆孔一段在受力时与甲板大致平行。

2.6 防磨链

.1 存放 防磨链的存放办法,应使其能迅速地与加固点连接。

.2 长度 防磨链应具有足够的长度,以确保在拖带作业时使拖带索位于导缆孔之外。一条自加固点延至导缆孔之外至少3 m处的防磨链应符合此项标准。

.3 结构 防磨链应为直径76 mm,U-3级横档环链。

.4 连接环 防磨链的一端应适合于加固点连接,另一端应装有一个标准梨形链环,其尺寸见图2。连接环应采用U-3级钢材制造。

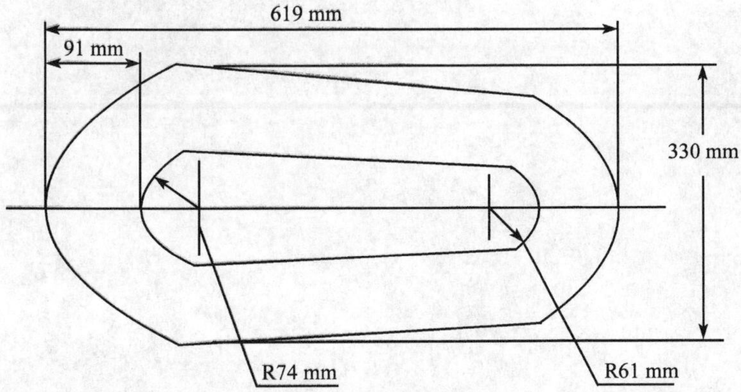

图2 标准梨形环

2.7 连接用装置

液货船应在船首和船尾装设便于利用救助船的动力从救助船接过拖缆的适当装置。

3　应向拖带船提供的资料

3.1　任何需要拖带援助的船舶均应在船上备有关于船首和船尾的紧急拖带安排的资料。这种资料的标准清单见本建议的附录。

3.2　此项资料应固定陈放在驾驶台上,或能迅速取得并立即转告拖带船的地方。

4　现有液货船

在第2段中关于本决议通过之前建造的载重吨在100 000 t及以上的液货船的要求进行审议时,主管机关应考虑到现有的装置和布置,并在合理及可行的情况下,准许其使用。尽管如此,2.6.4中的要求应保持不变。

附录　应传给拖带船的资料清单

1　可用的加固点

类型、尺寸、工作强度(极限强度的1/2,以吨计)

1.1　制动器　可用链的最大和最小尺寸

1.2　拖带固定夹　两边板间的空隙/拖带夹销钉的长度和厚度/销钉与基板间的空距/销钉后部与边板前部间的距离。

1.3　系缆桩(没有特别加固点的船舶)　桩的直径/同时使用两对系缆桩的可能性/工作强度(极限强度一半,以吨计)。

2　导缆孔

类型/内径(水平轴线和垂直轴线的尺寸)/导缆孔距加固点的距离/导缆孔位置与船中心线及甲板的关系。

3　船上备有的其他部件

3.1　备有的另一条防磨链　尺寸/级别导缆孔之外的延伸长度/开口环的尺寸。

3.2　备有的另一条拖带短索　直径/长度/强度。

3.3　其他装置　使用船舶绞车将拖缆拉上船的可能性。

第 A.852(20)号决议
(1997 年 11 月 27 日通过)

船上紧急情况应急计划综合系统构成指南

大会,

忆及国际海事组织公约有关大会在海上安全和防止和控制船舶造成海洋污染的规则和指南方面的职责的第 15(j)条,

还忆及 1974 年国际海上人命安全公约(安全公约)缔约国政府 1994 年国际会议通过了该公约有关采用除其他者外关于船舶安全营运管理的新的第Ⅸ章的修正案,使遵守国际船舶安全营运和防污管理规则(国际安全管理(安管)规则)成为强制性要求,

注意到,根据经修正的 1974 年安全公约和经修正的经 1978 年议定书修订的 1973 年国际防止船舶造成污染公约的规定,需有应付不同类型的紧急情况的船上应急计划,对船上的各种不同和不一致的应急计划在紧急情况下可能起反作用一事感到关切,

认识到许多船舶正在使用综合和有效的应急计划,如船上油污应急计划(SOPEP),

意识到在审议通过影响船上作业的规则和建议时需要考虑的人的因素问题,

希望帮助尚未这样做的船东、船舶营运人和其他有关方面将有关应急计划的规定变为一致的应急体制,

审议了海上安全委员会在其第六十七届会议上和海洋环境保护委员会在其第三十九次会议上作出的建议,

1 **通过**本决议附件中所载的船上紧急情况应急规划综合系统结构指南;

2 **请**各政府为了一致性而将上述结构接受为符合对制定本组织通过的各文件要求的船上应急计划的规定;

3 **请**各政府在制定有关国家立法时参考本指南;

4 **要求**海上安全委员会和海洋环境保护委员会对本指南作出不断检查并根据取得的经验对其作出必要修正。

附　件

船上紧急情况应急计划综合系统构成指南

目　录

序言
1　综述
2　船上紧急情况应急计划综合系统
2.1　范围
2.2　结构
2.3　系统概念
3　系统单元
3.1　一般原则
3.2　各单元详情
3.2.1　单元Ⅰ:概述
3.2.2　单元Ⅱ:规定
3.2.3　单元Ⅲ:规划、准备和培训
3.2.4　单元Ⅳ:反应行动
3.2.5　单元Ⅴ:报告程序
3.2.6　单元Ⅵ:附件
4　某一经选择的紧急情况的程序的示范格式
附录1　按ISM规则要求在公司的各安全管理体系中列入船上应急计划综合系统
附录2　船上应急计划综合系统的单元结构
附录3　单元Ⅳ——反应行动(1)
附录4　单元Ⅳ——反应行动(2)

序言

由国际海事组织(海事组织)海上安全委员会(海安会)制定的本指南载有帮助制定船上紧急情况应急规划综合系统的指导。它旨在用于制订和使用船上应急计划综合系统的单元结构。

不一致的船上应急计划数量极大,因此有必要制定一种综合系统使应急计划的结构一致化。

在经修正的安全公约第Ⅸ章中所述的安管规则第8章、在1995年11月的安全公约会议上通过的安全公约第Ⅲ章24-4条和73/78年防污公约附件Ⅰ第26条中对船上应急准备作出了规定。

为实施安全公约和防污公约的条款,必须有船上程序和须知。本指南提供了制定公司和船上人员对紧急情况作出有效反应的程序的框架。

就此而言,本指南的主要目标是:

—帮助各公司通过使用综合系统的结构将条款的要求变为行动；

—将有关船上紧急情况综合在此种系统中；

—帮助制定一致的应急计划，以改进船上人员对其的接受和其在紧急情况下的正确使用。

—鼓励各政府为一致化而将综合系统的结构接受为符合对制定各海事组织文件要求的船上应急计划的规定并在制定有关国家立法时参考本指南。

1 综述

1.1 安管规则对公司管理部门在船舶安全和防污组织工作中必须计及的各要素作出了规定，从而确立了船舶安全管理和营运的国际标准。由于紧急情况和货物溢出无法通过设计或正常操作程序加以完全控制，因此应急准备和防污应是公司的船舶安全管理的组成部分。为此目的，安管规则要求每一公司制定、实施和保持安全管理制度（安管制度）。

1.2 在此种安管制度中，要求有对潜在船上紧急情况作出说明和反应的程序。

1.3 如果根据完全和详细的逐案考虑来制定可能发生的诸多不同类型的紧急情况的反应行动的准备，则会造成大量重复。

1.4 为避免重复，船上应急计划必须根据紧急情况和船舶类型对“初步行动”和涉及“后续反应”的主要反应工作加以区别。

1.5 两层次的行动路线为单元式方法提供了基础，它可以避免不必要的重复。

1.6 建议将船上应急计划的统一和综合系统作为国际安全管理（安管）规则的一个部分来处理，构成公司各安全管理制度（安管制度）的一个基本部分。

1.7 附录1载有此种有不同单元的船上应急计划的统一和综合系统结构如何能纳入各安全管理制度中的示例。

2 船上紧急情况应急计划综合系统

2.1 范围

2.1.1 船上应急计划综合系统（此后称为“系统”）应为诸多按不同潜在紧急情况制定的独立应急计划（此后称为“本计划”）提供一种具有统一和单元式设计结构的框架。

2.2 结构

2.2.1 该系统的结构包括下列6个单元，其标题为：

—单元Ⅰ：概述

—单元Ⅱ：规定

—单元Ⅲ：计划、准备和培训

—单元Ⅳ：反应行动

—单元Ⅴ：报告程序

—单元Ⅵ：附件。

附录2中载有此种单元的安排示例。

2.2.2 每一单元应载有简明资料，以提供指导和通过在应急反应期间的各种行动和决定来确保适当和有关的因素和问题均被计及。

2.3 系统概念

2.3.1 本系统旨在作为一种工具，将诸多不同计划综合成一个统一和单元结构的框架。公司可能制定的诸多所需计划的广泛范围会造成这些计划某些成分的重叠（如报告）。使用2.2.1中所述的本系统单元式结构能避免此种重叠。

2.3.2 虽然在任何紧急情况中采取的初步行动将取决于事故的性质和程度,但是有些立即行动总是应该采取的,即所谓“初步行动”(见附录4)。因此,在计划中对“初步行动”和视可变因素(如船货、船型等)确定的“后续反应”作出区别,将有助于帮助船上人员处理无法预料到的紧急情况,确保以优先顺序采取必要行动。

2.3.3 “后续反应”是实施适用于紧急情况的程序。

3 系统单元

3.1 一般原则

3.1.1 作为本系统制定工作的起点,附录3对各系统单元中可能列入的信息种类提供了指导和迅速的概念。

3.1.2 最重要的是,应以便利用户的方式来制定本系统。这将提高船上人员对其的接受。

3.1.3 为使本系统和相关计划发挥效用,必须按各公司和船舶的情况予以制订,制订时必须计及船型、结构、货物、设备、配员和航线方面的不同之处。

3.2 各单元详情

3.2.1 单元Ⅰ:概述

3.2.1.1 本系统应载有题为“前言”的单元。

3.2.1.2 该单元的内容应提供指导和主题事项的概观。

3.2.1.3 下列者为前言条文的示例:

前言

1 本系统旨在使船上人员能对海上紧急情况作出有效反应。

2 本系统的主要目标是就在发生或可能发生紧急情况时应采取的步骤向船上人员提供指导。参与制订本计划的人员的经验也是同样有益的。

3 本计划的目的是将用于船上各种紧急情况的各项应急计划综合起来;避免制定不同、不一致和无结构的计划,因为它们会妨碍船上人员对其接受和在紧急情况下对其的正确使用。因此,本系统和综合计划在布局和内容方面应有一致的结构和格式。

4 本系统的目标是确保对各种大小和性质的紧急情况作出最及时和适当的反应,排除情况严重升级的任何威胁。此外本系统提供了能防止重要步骤被疏忽的结构。

5 本系统和相关计划应视为是动态的,在实施后应予检查并通过经验想法和反馈作出改进。

6 应记住因船上人员的不同语言或文化而可能造成联络困难。本系统及其相关计划是供船长、高级船员和船上其他有关人员在船上使用的文件,它必须以船员的工作语言写成。如有造成船员工作语言的改变的任何人员改变,则需使用新的语言颁发本计划。本单元应提供此种信息。

7 将本系统视为以实用方式来实施国际安全管理(ISM)规则第8章或其他海事组织文件①

3.2.2 单元Ⅱ:规定

3.2.2.1 本单元应载有如何根据各公司和船上人员的改进建议制定本系统的资料和说明。

3.2.2.2 船上的应急防止、准备和反应活动的主要目标应是制定一种高效和有效系统将对人命、海洋环境和财产的风险减至最低限度并不断地致力于改进。

3.2.2.3 为实现此目标,在公司及其船舶间需有协调和一致的安全程序。因此,本单元应要

① 参见1974年安全公约第Ⅲ章24-4条和73/78年防污公约附件Ⅰ26条。

求公司的岸上和船上应急计划和反应是一致并有适当关联的。

3.2.2.4　安全涉及“由上向下”和“由下向上”作出岸上和船上的所有人员，包括管理部门在内，均应积极制定和实施安全程序和做法的承诺。

3.2.2.5　应致力于在根据使用本系统时发生的故障和险情来评定应急程序时有以改善对事故的船上防止、准备和反应为目标的畅所欲言的交流。本单元应考虑到此种交流，为实施具有适当反馈和计划修订程序的错误减少战略提供信息。

3.2.2.6　总而言之，本单元应向本系统的使用者通报本计划至少应符合的最重要的要求。在本单元中应阐述下列主要成分：

—报告紧急情况时应遵守的程序；

—对潜在的船上紧急情况作出识别、陈述和反应的程序；

—保持本系统和相关计划的方案/活动。

3.2.3　单元Ⅲ：计划、准备和培训

3.2.3.1　本单元应对船上人员的应急培训和教育作出规定，以便培养对紧急情况下应采取的行动的总认识和理解。

3.2.3.2　本系统和计划，如使用人员不熟悉它们，则无价值可言。因此，单元Ⅲ应提供实用信息使船上每一关键人员都能事先知道其任务和责任，以及根据计划的规定应向谁作出报告。

3.2.3.3　对紧急或海上危险情况作出成功的管理取决于船上人员、公司和外部应急协调当局迅速在正确位置调动足够资源的能力。

3.2.3.4　计划、准备和培训方案的一个重要目标应是提高对安全和环境问题的认识。

3.2.3.5　培训和教育应定期举行，特别是对调动到新岗位上的船上人员。

3.2.3.6　应保持在岸上和船上进行的紧急演习和操练的记录，以供核查。演习和操练应作为确定文件所载程序的有效性和查明系统的改进之处的一种工具予以评估。

3.2.3.7　在制订演习和操练计划时，应对涉及在重大事故中可能参与的所有方面的全规模演习和限于船舶和/或公司的操练作出区别。

3.2.3.8　反馈对于根据从先前操练或实际紧急情况中吸取的教训来改善应急反应计划和应急程序是必要的并提供了继续改善的途径。反馈应确保公司和船舶能对船上紧急情况做好了反应准备（见附录1中的总结性流程图）。

3.2.3.9　总之，本单元至少应提供有关已制定的程序、方案或活的信息，以便：

—使船上人员熟知本系统和计划的规定；

—对转到新岗位上的船上人员进行有关本系统和计划的培训和教育；

—制定演习和训练的时间表，使船上人员能够应付潜在的船上紧急情况；

—对船上人员和公司的行动作出有效协调，计入并注意到外部应急协调当局能够提供的援助；

—制定行之有效的反馈系统。

3.2.4　单元Ⅳ：反应行动

本单元应就船舶在航行、靠泊、系泊、锚泊、港口和干坞中时的紧急情况向船上人员提供指导。

3.2.4.1　在紧急情况下，欲取得保持人员、船舶、海洋环境和货物的最好的行动途径，需要认真考虑和事先规划。因此，应制定在发生事故时保护人员、稳定局面、最大程度地减少环境损害的船上程序的标准。

3.2.4.2 在此方面,应查阅本组织已制定的指南①,其中载有提供起点和帮助人员制订各船舶的计划的信息。

3.2.4.3 本系统中列入的各种计划应是简述的与日常作业使用者不同的程序的简单文件。使用正常作业程序能处理极为困难的问题,但紧急情况,不论船舶是在海上还是港口中,使这些问题超出了这些程序的正常能力。

3.2.4.4 为使各计划得到船和岸上机构遵守并减少对在紧急情况下由谁对哪一行动负责一事的可能混淆,各计划应明确行动应由船上人员还是岸上人员采取。

3.2.4.5 为将这些细节作出考虑,"反应行动"单元应载有船上紧急情况的主要类别。

3.2.4.6 潜在的紧急情况应在计划中指明,包括但不限于下列主要紧急类别:

.1 失火;

.2 船舶损坏;

.3 污染;

.4 威胁船舶及其旅客和船员安全的非法行为;

.5 人员事故;

.6 货物相关事故;

.7 向船提供的紧急援助。

为了在对进一步的船上紧急情况作出识别、陈述和反应方面给予公司必要的灵活性,在主要类别中应列有更具体的紧急类型。

3.2.4.7 多数船上紧急情况可在上述主要类别内作出分类。

如可将"船舶损害"这个主要类别分成细目,以包括可能需要不同的反应的其他的船上紧急情况,如:

—碰撞

—搁浅;

—严重天气损害;

—船体/结构断裂,等等。

应制定详尽的反应行动以启动必要步骤来限制紧急情况的后果,举例而言,碰撞或搁浅后的损坏的升级。

3.2.4.8 在所有情况下,应对保护人命、海洋环境和财产的行动并按此顺序给予优先。这意味着在制定后续反应程序时应充分计及对所有船舶——不论船型和所载货物——均为共同的"初步行动"。

3.2.4.9 后续反应行动的规划应包括各船舶和所载货物的相关信息并提供建议和资料来帮助船上人员。此种信息的示例如下:

.1 有关下列者的信息:

—船上人数;

—所载货物(如危险品等)。

---

① 参阅制定船上油污应急计划指南(见 MEPC.54(32)号决议)。还参阅本组织正在审议的制定船上海洋污染应急计划指南(见 BCH24/WP.8 号文件)。

.2 启动外部反应的步骤：

—援救协调；

—浮力、强度和稳性计算；

—雇用救助人/营救拖带；

—驳运能力；

—外部清除资源。

.3 船舶漂移特点。

.4 一般信息：

—与国家和港口当局的合作；

—公共关系。

3.2.4.10 虽然船上人员应熟知计划，但是易于查阅是编制和使用有效计划的一个重要成分。必须考虑到能在紧张状况下快速和方便地得到必要信息。

附录3和附录4载有紧急情况下的“初步行动”的优先顺序及其与“后续反应”的关联的详图。

3.2.4.11 总之，本单元应对负责制订本系统的人员提供应在应急计划中列入哪些内容的指导，即：

—反应工作的协调：

—对可能的事故前景的整个范围的反应程序，包括保护人命、海洋环境和财产的方法；

—以职务或姓名指明负责所有反应行动的人员；

—供与外部反应专家立即联系使用的通信战略；

—有关具备的反应设备及其位置的信息；

—船上的报告和通信程序。

在第12页上载有实施应急计划的7个步骤的流程图。

3.2.5 单元Ⅴ：报告程序

涉及紧急情况或海洋污染事故的船舶必须与适当的船方联络点和沿海国或港口联络点进行通信。因此，本系统必须对向有关方作出初步报告的程序作出适当的详细的规定。本单元应计及下列者：

3.2.5.1 应尽一切努力确保用于报告紧急情况的下列信息是本系统的组成部分并得到定期更新：

—船方联络点；

—沿海国联络点；

—港口联络点。

3.2.5.2 在处于危险的船舶与应急控制中心、公司主要办公室和国家当局（搜救中心、联络点）之间建立和保持迅速可靠的24 h通信线路是重要的。

3.2.5.3 管理船上反应作业的人员和岸上援助单位应彼此不断地通报情况。

3.2.5.4 对电话、电传和传真号码等详细资料应做日常更新，以计及人员变化。还应对通信的最好方式提供明确指导。

3.2.5.5　在此方面应参照本组织的指南①和对必要的下列报告活动提供足够指导的其他国家具体计划：

.1　报告时间；

.2　报告方法；

.3　联络人员；

.4　报告内容。

3.2.6　单元Ⅵ：附件

3.2.6.1　除对紧急情况作出功成反应所需的信息外，还可规定能提高船上人员查到并遵守本计划的执行性质的第5部分的其他要求。

4　某一经选择的紧急情况的程序的示范格式

以下载有3.2.4中所载的某一经选择的紧急情况的程序的示范格式。

① 还参阅制定船上油污应急计划指南（见MEPC.54(3)号决议）和船舶报告制度和船舶报告要求的一般原则，包括报告危险品、有害物质和/或海洋污染物的指南（见第A.648(16)号决议）。

应急计划实施流程图

本流程图简述了实施应急计划的步骤或方法。它指示的是步骤或要达到的目标而不是要遵守的具体程序。根据经验，可规定一个实施本计划的七步骤方法，从而产生一个有用和有效的综合应急反应计划。

步骤 1

评估可能造成不同紧急情况的风险和危害

（应指明可能的事故及其发生概率并必须阐述其后果以确定规划的优先项目）

步骤 2

指明规定的反应任务

（本步骤要求对紧急情况下必须采取的行动做出透彻的界定）

步骤 3

指明船上应急反应的参加者及其职责、资源和通信战略

（船上紧急反应的参加者范围有限，重要的是应早日指明）

步骤 4

做出必要修改，以改进现有计划并将其综合在本系统中

（将所有现有计划综合成一个计划需要查明重复活动和复杂界面的问题）

步骤 5

制定最后计划，做出岸上和船上计划的识别

（一旦对综合计划达成协议，即应将其制成文件以便根据在步骤 6 和 7 下获得的经验随时予以更新）

步骤 6

对应急反应参加者进行有关综合系统和计划方面的教育，确保所有应急反应人员都得到培训

步骤 7

制定定期试验、检查和更新本计划的程序

（应急反应人员定期对计划做出试验。然后更正计划和培训方案中的任何缺陷）

单元 Ⅳ

反应行动

失火 | 船舶损坏 | 污染 | 威胁 _____ 的非法行为 | 人员事故 | 货物相关事故 | 对他船的紧急援助

紧急类别：失火

文件号：______
颁发日期：______

第1页（共4页）
修订日期：_______

1.目的和范围

下列程序规定了在船上失火时应采取的行动/活动方式和措施，本程序是一种指导，在任何情况下均不限制船长的决定。

2.责任

船长负责失火应急处理的组织工作是先决条件，负责提供和立即使用所装备的灭火系统和安全设备，但应将各种任务分配给适当的合格人员。

3.要采取的措施

"初步行动"

3.1 首先发现失火的人采取的行动

* 启动最近的失火警报
* }
* } 有待公司制定
* }

3.2 值班航行高级船员采取的措施

* 启动总警报
* 呼叫船长
* }
* }
* }
* } 有待公司制定
* }

单元Ⅳ：反应行动

紧急类别：失火

文件号：_______　　　　第2页（共4项）

颁发日期：_______　　　　修订日期：_______

3.3 船长的措施

* 开始有组织的灭火活动
* 备妥灭火系统——固定和便携式
* }
* }
* }
* } 有待遇公司制定
* }
* }
* }
* }

*分析情况；考虑措施的优先性 → 单元Ⅵ

*开始 / 继续灭火措施

*监测灭火措施的进展

*收集额外信息

*做好传输遇险呼叫 / 情况报告的准备（使用制定的标准格式）→ 单元Ⅴ

*做好记录信息

后续行动

*做好燃油 / 压载水舱作业的准备（如必要）

*要求外部反应（如必要）→ 单元Ⅴ

*核查弃船的必要性

*请旅客下船（如必要）

单元Ⅵ

附件

*图、图标

*货物信息

* _______

* _______

单元Ⅴ

报告

程序

单元 Ⅳ 反应行动

紧急类别：失火

文件号：_______
颁发日期：_______

第3页（共4项）
修订日期：_______

3.4 船长的措施（继续）

* *评定船舶（结构）/ 货物损坏 → 单元Ⅵ 附件
* *核查船舶的适航性、浮力、稳性、纵倾、横倾等 → 单元Ⅵ 附件
* *监视天气预报
* *核查防止失火引起的货物相关危害或其他危害的措施（海洋污染的溢出、逸出气体、货物系固、溢油等） → 单元Ⅵ 附件

单元Ⅵ
附件
*图、图标
*货物信息
* _______
* _______

单元Ⅴ
执行程序

紧急类别污染
如 SOPEP

* *开始收集证据
* *在失火位置进行防火值班
* *恢复正常的船舶日常工作 / 营运
* *恢复用过的灭火设备
* *发送最后报告 → 单元Ⅴ

结束

单元Ⅳ：反应行动

紧急类别：失火

文件号：________ 　　　　第4页（共4项）
颁发日期：________ 　　　　修订日期：________

4 在港口中船上失火时的额外措施

*通知港口/岸上消防队 → 单元Ⅴ 报告程序
*向港口/岸上消防队提供防火控制图
*通知代理/船东 → 单元Ⅴ 报告程序

*备妥国际通岸连接装置
*核查船员/旅客/客人的适任能力 → 单元Ⅵ 附件
*向就近消防队报告有害/危险货物

5 不符报告

船长/高级船员和负责灭火措施的船员发现的所有不符/缺陷均应尽早收集、记录和发送给公司/指定人员或其他推荐人员 → 单元Ⅱ 规定

单元Ⅴ

报告程序

紧急类别:失火

1　船长应报告详细情况,使用具有的最快电信传递向所有有关方通报火灾的紧急情况和即时已采取的行动。

2　在失火时,建议采用下列报告程序

2.1　用无线电通信向附近船舶报警

2.2　如果船舶在港口中或其附近:查阅下列者以求援助

* 沿海国联络点一览表
* 港口国联络点一览表

2.3　通知在紧急情况下应征求其意见的所有有关船方联络点(参看船方联络点一览表)

附　录　1

按ISM规则要求在公司的各安全管理体系中列入船上应急计划综合系统

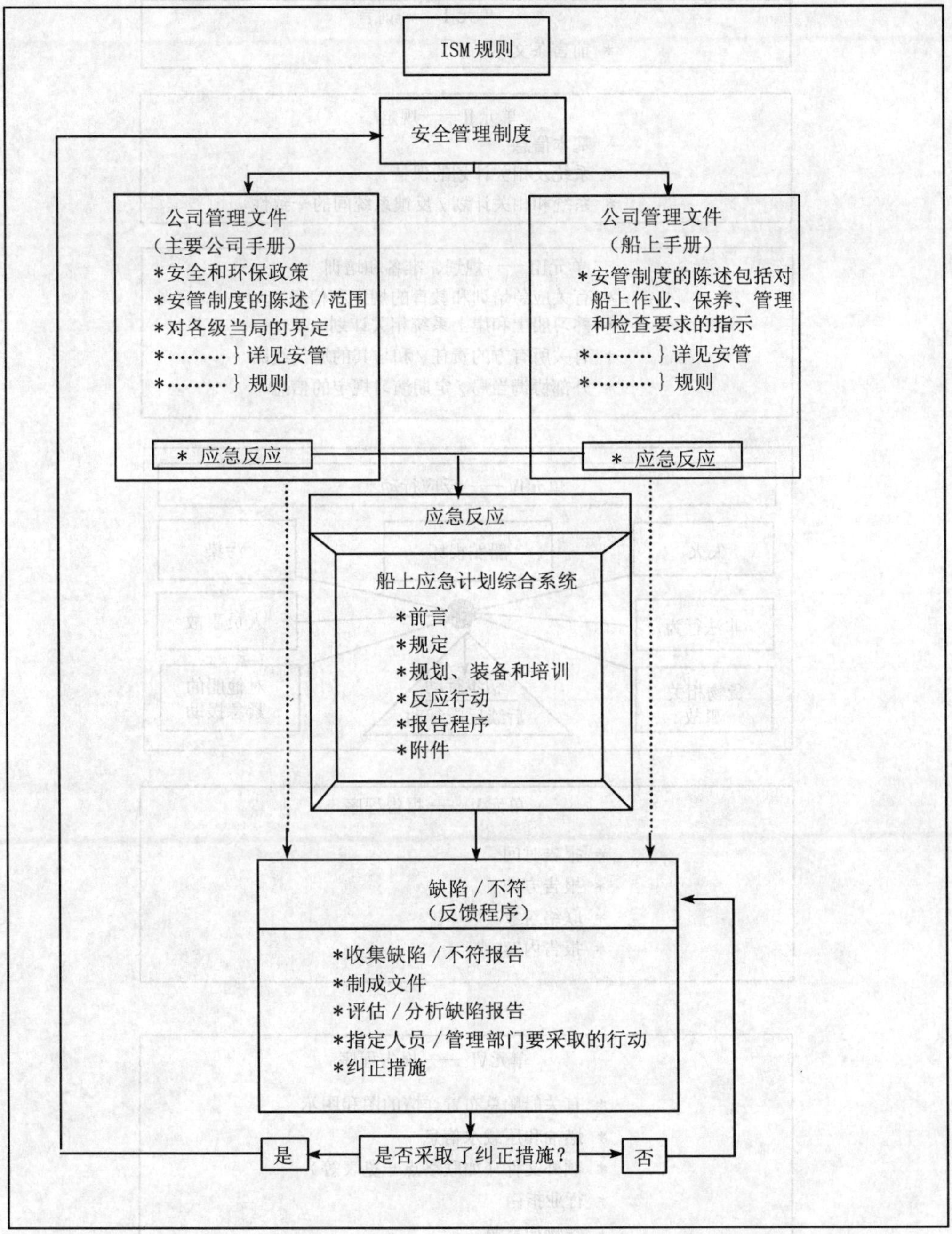

附　录　2

船上应急计划综合系统的单元结构

单元Ⅰ——前言

* 前言条文

单元Ⅱ——规定

* 基本信息
* 系统及相关计划的保持
* 系统和相关计划／反馈系统间的一致性

单元Ⅲ——规划、准备和培训

* 有关应急培训和教育的规定和信息
* 熟习船上和岸上系统相关计划
* 有关所有方的责任／和与其的通信线路
* 外部协调当局／定期演习规定的信息

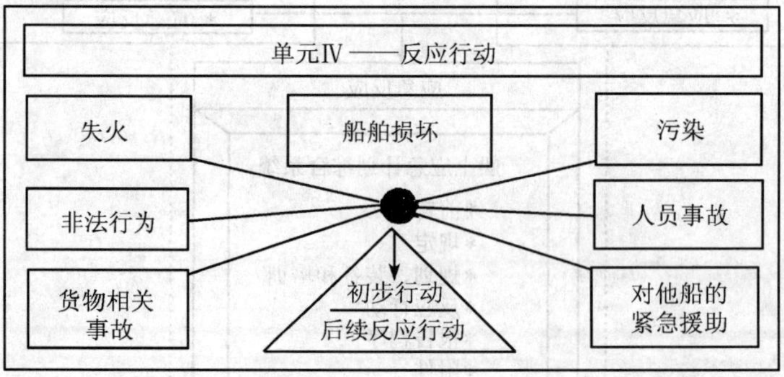

单元Ⅴ——报告程序

* 报告时间
* 报告方法
* 联络对象
* 报告内容

单元Ⅵ——报告程序

* 有关船舶总布置详情的图和图示
* 燃油和压载水信息
* 额外文件（如联络点一览表等）
* 行业指南
* 货物信息等

附 录 3

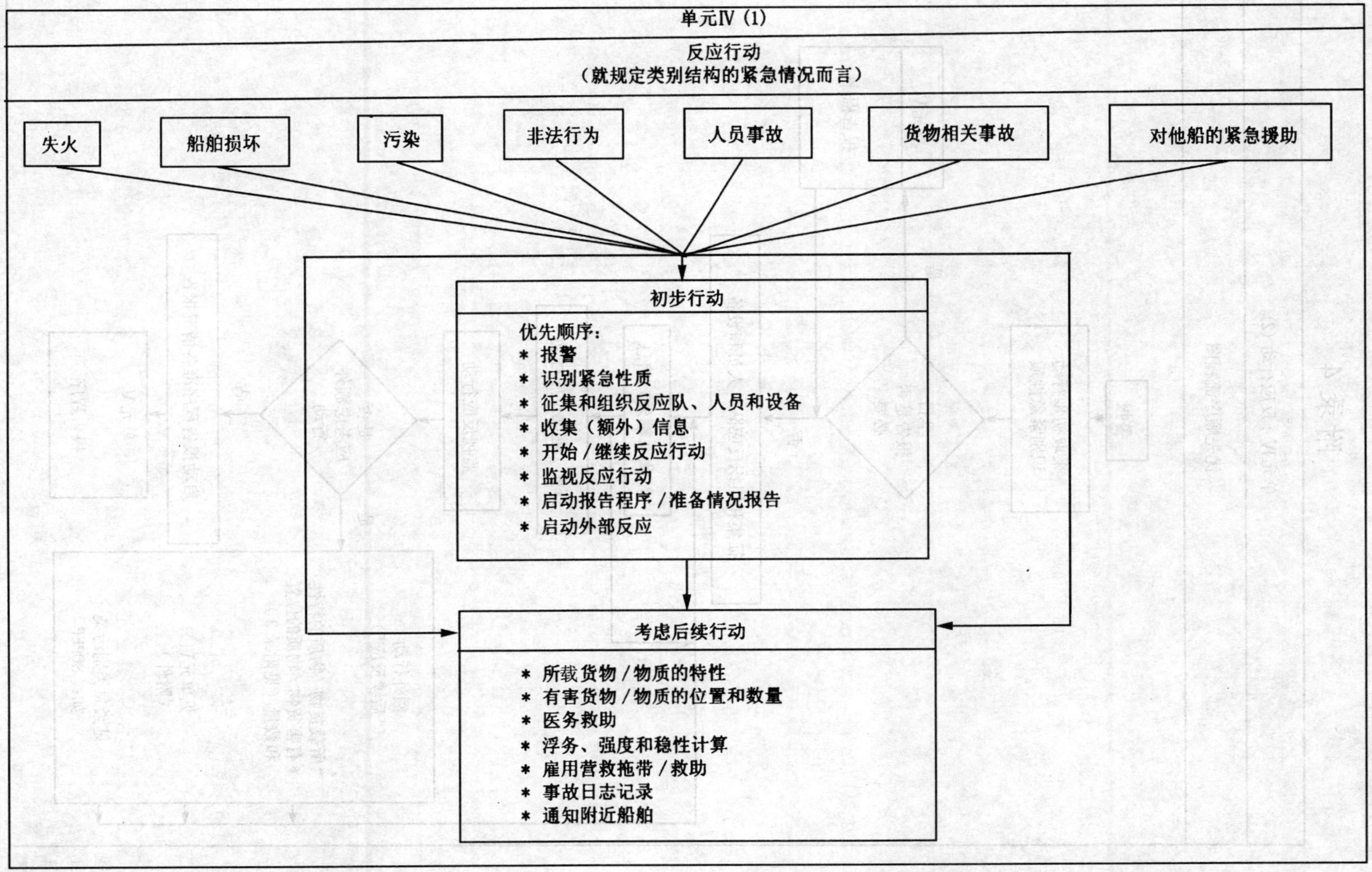

单元Ⅳ (1)
反应行动
（就规定类别结构的紧急情况而言）
失火
船舶损坏
污染
非法行为
人员事故
货物相关事故
对他船的紧急援助
初步行动
优先顺序：
* 报警
* 识别紧急性质
* 征集和组织反应队、人员和设备
* 收集（额外）信息
* 开始 / 继续反应行动
* 监视反应行动
* 启动报告程序 / 准备情况报告
* 启动外部反应
考虑后续行动
* 所载货物 / 物质的特性
* 有害货物 / 物质的位置和数量
* 医务救助
* 浮务、强度和稳性计算
* 雇用营救拖带 / 救助
* 事故日志记录
* 通知附近船舶

附录 4

单元Ⅳ：反应行动 (2)

优先顺序流程图

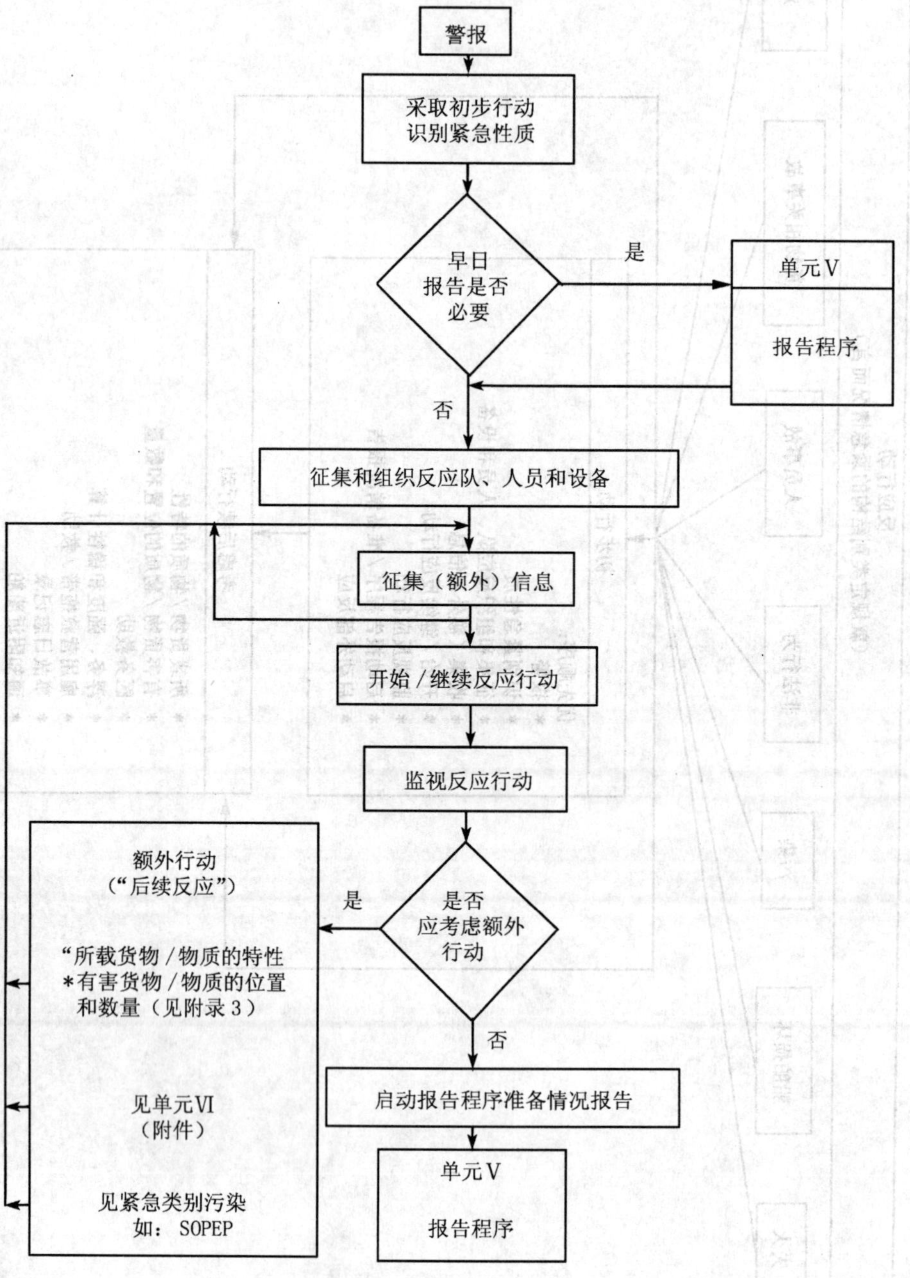

第 A.864(20)号决议
(1997 年 11 月 27 日通过)

关于进入船上封闭处所的建议书

大会,

忆及国际海事组织公约有关制定海上安全规则和指南的大会职能的第 15(j)条,

关注由于人员进入船上缺氧、有毒或易燃空气的处所而导致的死亡的持续发生,

意识到国际劳工组织、各国政府和私有部门在这方面所做的工作,

注意到海上安全委员会在其第五十九届会议上批准了固体散货安全实用规则有关进入货物处所、液货舱、泵舱、燃料舱、隔离空舱、箱型龙骨、压载舱和类似封闭处所的建议书的附录 F,

进一步注意到海上安全委员会在其第六十六届会议上所做的以本决议所附建议书代替上述附录 F 的决定,

审议了海上安全委员会在其六十六届会议上所制定的建议书:

1 **通过**列于本决议附件中的关于进入船上封闭处所的建议书;

2 **请**各国政府使船东、船舶经营人和船员注意该建议书,敦促他们视需要在所有船上应用该建议书;

3 **要求**海上安全委员会不断对该建议书进行审查并视必要进行对其修正。

附　件

关于进入船上封闭处所的建议书

序言

本建议书的目标是鼓励采用旨在防止船上人员由于进入缺氧、易燃和/或有毒气体的封闭处所而造成伤亡的安全程序。

对发生伤亡情况进行的调查表明，大多数船上事故是由于对采取预防措施的必要性没有足够的了解或无视这些必要性，而不是由于缺乏指导。

下述实用建议书适用于各类船舶并为海员提供指导。应该指出，在封闭处所可能不常进入的船上，例如在某些客船或小型杂货船上，危险性可能不太明显，因此，也就需要更加提高警惕。

建议书旨在补充目前航运业特定业务、船舶或种类的现有国内法律或条例、已被接受的标准或具体程序。

将一些建议适用于某些特别情况可能不可行。在此种情况下，应不遗余力地遵守建议书的主旨，并应将注意力置于可能发生的危险上。

1　引言

任何封闭处所内的气体都可能缺氧和/或含有易燃和/或有毒气体或蒸气。这种不安全气体也可能出现在以前是安全的处所。不安全的气体也可能在靠近已知是危险处所的处所中存在。

2　定义

2.1　封闭处所是指具有下述任一特点的处所：

.1　入口和出口的开口有限；

.2　不利的自然通风；和

.3　不是用于工人连续占用，

并且包括但不限于货舱、双层底、燃料舱、压载水舱、泵舱、压缩机舱、隔离空舱、空舱、箱型龙骨、内部隔离处所、机器曲轴箱和污水舱。

2.2　合格人员是指具有足够理论知识和实践经验能够对处所内现有或随后产生的危险气体的可能性作出有根据的评估的人员。

2.3　负责人是指有权准许他人进入封闭处所，并充分了解应遵守的程序的人员。

3　危险评估

3.1　为确保安全，合格人员应在考虑到船舱先前载运的货物、处所的通风、处所的涂层和其他有关因素的情况下，对将要进入的处所的潜在危险作出初步的评估。合格人员的初步评估应确定存在缺氧、易燃或有毒空气的可能性。

3.2　应在初评估的基础上决定测试处所的空气和进入处所所需遵守的程序。这些程序将取决于初步评估是否表明：

.1　对进入处所人员的健康或生命只存在最小限度的危险；

.2　不会立即对健康或生命造成危险，但在处所工作期间可能会有危险；和

.3 已经确定对健康或生命具有危险。

3.3 如果初步评估指出了对健康或生命具有最低危险或在处所工作期间有出现危险的可能性,应视情采取4,5,6,7中的预防措施。

3.4 如果初步评估确定对健康或生命具有危险,若要进入该处所,还应采取第8节所规定的额外预防措施。

4 进入许可

4.1 未经船长或指定负责人许可并且未采取为具体船舶规定的适当安全措施,不得打开或进入封闭处所。

4.2 进入封闭处所应有计划,并建议采用进入许可制度,其中可能包括使用核对清单。进入封闭处所许可证,应由船长或指定负责人发放,并在进入之前由进入封闭处所的人员填写。附件中提供了进入封闭处所许可证的样本。

5 一般预防措施

5.1 船长或负责人应确保以下情况以确定进入封闭处所是安全的:

.1 潜在的危险在评估中已经确定并且已尽可能予以隔离或使其变为安全;

.2 通过自然或机械手段使处所彻底通风排除任何有毒或易燃气体,并确保整个处所拥有足够的氧气;

.3 为查明可接受的氧气和易燃或有毒蒸气的程度,处所的空气已用标有准确刻度的仪器适当地测试;

.4 处所已确保可供进入并有适当照明;

.5 已对在进入期间供所有各方使用的适当联络系统达成一致并进行试用;

.6 在处所内有人期间指派一名照应人员在处所入口处值守;

.7 已在处所入口处放置抢救和苏醒设备随时可供使用,并且已商定救助安排;

.8 进入人员已配备进入和随后完成任务所需的适当着装和设备;和

.9 已发给准许进入的许可证。

.6和第.7中的预防措施可能不适用于本节中所述的每一情况。批准进入的人员应确定是否有必要在处所入口处安排照应人员和救助设备。

5.2 只有经过训练的人员才应分派给进入、担任照应人员或救助队员的职责。船员应定期进行救助和急救操练。

5.3 进入处所使用的一切有关设备应处于良好的工作状况并应在使用前加以检查。

6 空气测试

6.1 应由经专门训练使用该仪器的人员使用标有准确刻度的仪器对处所的空气进行适当的测试。制造厂家的使用说明应得到严格遵守。空气测试应在人员进入处所之前进行,并在人员进入后按固定的时间间隔继续直至所有工作完成。应视适当在必要的许多不同层级上对处所进行测试,从而得到处所中空气的有代表性的抽样。

6.2 为进入起见,应得到下述稳定的读数:

.1 氧气含量表显示氧气占21%的体积;和

.2 如初步评估已确定有易燃气体或蒸气的可能性,敏感度恰当的易燃气体指示表的读数不超过可燃低限的1%。

如果不能满足上述这些条件,应对处所进行补充通风并且在适当的时间间隔后再对处所进行空气测试。为得到准确的读数,任何气体测试须在停止对封闭处所通风后进行。

6.3 如初步评估确定有存在有毒气体和蒸气的可能性,应使用固定或手提式气体或蒸气探测仪进行适当的测试。探测仪上的读数应低于已被接受的国内或国际标准中的有毒气体或蒸气的职业性接触限制。应该指出,可燃性测试并非为有毒性测试提供合适的方法,反之亦然。

6.4 应该强调,可能会有局部空间存在有毒或易燃气体或者缺氧,并且即使是在对封闭处所进行了令人满意的测试,结果适于进入的情况下,也应对这种局部空间存有戒心。

7 进入期间的预防措施

7.1 当处所内有人时,应经常测试处所中的空气,并且一旦处所内的条件有所恶化,应指示进入的人员离开处所。

7.2 当处所内有人和在暂时休息期间,应继续保持通风。在休息结束再次进入之前,应对处所内再次进行测试。万一通风系统失灵,处所内所有人员应立即离开。

7.3 万一出现紧急情况,在救助人员尚未到达和尚未对情况作出评估确保进入处所进行救助作业的人员的安全之前,照应的船员无论如何都不得进入处所内。

8 如果已知或怀疑处所内空气危险时进入处所的额外预防措施

8.1 如果怀疑或知道封闭处所内的空气危险,只有在别无其他可行的选择时才能进入处所。只有在进行进一步测试、绝对必要的操作、出于船上人员安全或船舶本身安全时,才应进入处所。进入处所人员的数量应为完成工作要求的最低数。

8.2 应携带合适的呼吸器例如空气管或自给式呼吸器,而且只有在使用呼吸器方面经过训练的人员才准许进入封闭处所。由于空气过滤呼吸器不能提供封闭处所以外的清洁空气,因此不应使用这种呼吸器。

8.3 还应视情采取第5节中的预防措施。

8.4 应系配救助安全带,且除非不可行,还应使用救生索。

8.5 应穿着适当的防护服,特别是在存在有毒物质或化学品可能接触进入人员皮肤或眼睛的危险的情况下。

8.6 在7.3中有关紧急救助的建议在这种情况下尤其必要。

9 特别类型货物的危险性

9.1 包装危险品

9.1.1 任何装有危险品的处所内的空气都可能对任何进入其内人员的健康或生命构成危险。这些危险可能包括取代氧气的可燃、有毒或腐蚀性的气体或蒸气,包装上的残余物和溢出的物质。同样的危险性在靠近货物处所的一些处所内也可能存在。有关各种特定物质危险性的资料收录在国际危规、载运危险货物船舶应急程序(危货船舶应急程序)和材料安全数据表(材料安全表)中。如有证据证明或怀疑发生了危险物质泄漏,则应采取第8节中规定的预防措施。

9.1.2 被指定处理溢漏情况或清除有缺陷或被损坏的包装的有关人员应受过适当的训练并且穿戴适当的呼吸器和防护服。

9.2 液体散货

液货船以专业性国际安全指南的形式向从事石油、化学品和液化气散装运输船舶的经营人和船员提供了广泛的建议。

9.3　固体散货

在载运固体散货的船上，货物处所及其相邻处所可能会产生危险性气体。危险可能包括易燃性、有毒性、耗氧和自热，这些危险性应在航运单证中列明。补充信息应参阅固体散货安全实用规则。

9.4　耗氧货物和物质

此类货物的主要危险是耗氧，这是由于货物固有的状态造成的，例如，金属和矿砂的自热、氧化，或植物油、动物脂肪、谷物和其他有机物及其残余物的分解。已知下面所列物质能够引起氧气耗竭。但是此表并非详尽无遗。其他以植物或动物为本的物质，或易燃、自燃物质和金属含量高的物质，也都可能导致耗氧：

.1　谷物、谷物产品和谷物加工产生的残余物（如麦皮、碎谷物、碎麦芽或玉米粉）、啤酒花、麦芽外皮和用过的麦芽；

.2　油子和油子产品及残余物（如油子压榨机、油子胚、油渣饼和油渣粉）；

.3　干椰子仁；

.4　木材，如包装的木料、圆木、原木、纸浆原材、支柱（矿井支柱和其他支撑木）、木屑、木材刨花、纸浆颗粒和锯末；

.5　黄麻、大麻、亚麻、剑麻、木棉、棉花和其他植物纤维（如北非草/西班牙草、干草、稻草、菩萨草）、空袋子、棉花废料、动物纤维、动物和植物纺织品、毛绒废料和破布；

.6　鱼粉和鱼废物；

.7　鸟粪；

.8　硫化物矿石和精矿；

.9　炭、煤和煤制成品；

.10　直接还原法提炼的铁（直接还原铁）；

.11　干冰；

.12　金属废料和金属屑、铁屑、钢和其他切屑、镗屑、钻粉、刨花、填料和切割屑；和

.13　废金属。

9.5　熏蒸

当对船舶进行熏蒸时，应遵循船上安全使用杀虫剂建议书[①]中的具体建议。邻接熏蒸过处所的处所应视为已做熏蒸。

10　结论

不遵循这些简单的程序可以导致人员在进入封闭处所时发生意外事故。遵循如上概述的原则将成为评估这些封闭处所危险性和采取必要预防措施的可靠基础。

---

① 参阅本组织海上安全委员会以第 MSC/Circ.612 号通函核准的船上安全使用杀虫剂建议书，后经第 MSC/Circ.689 和 MSC/Circ.746 号通函修正。

附　录

进入封闭处所许可证的样本

本许可证关系到进入任何封闭处所并应由船长或负责高级船员和进入封闭处所人员或经授权的小组负责人共同填写。

概况

封闭处所的位置/名称..

进入原因..

本许可证有效期　　从..................时　日期..................

至..................时　日期..................

（见注1）

第一部分——进入前的准备

（同船长或指定负责人核查）

	是	否
·处所是否已彻底通风？	□	□
·处所是否已通过关闭或断开所有连接管路或阀门和电源/电源使用处所被隔离？	□	□
·处所是否进行过必要的清洁？	□	□
·处所是否测试过并表明可安全进入？（见备注2）	□	□

·在进入前空气测试的读数：

—氧气..................%体积（21%）　　测试人

—碳水化合物..................…%LFL（低于1%）

—有毒气体..................ppm（具体气体和PEL）　　时间..........

（见备注3）

	是	否
·是否已安排在人员进入处所内工作时和中间工休后对船舱经常做空气检查？	□	□
·是否在人员进入处所工作和中间工作期间在处所安排了持续通风？	□	□
·是否有充分入口和照明？	□	□
·是否在处所入口放置了可供立即使用的救助和苏醒设备？	□	□
·是否已指派了负责人在处所入口处一直照应？	□	□
·是否已把拟定的进入计划通知了值班高级船员（驾驶室、机舱、货物控制室）？	□	□
·是否已对各有关方面之间的通信系统进行过测试并对紧急信号达成一致？	□	□
·是否已制定应急和撤离程序并已为所有与进入封闭处所有关的人员理解？	□	□
·是否所有的设备都处于良好的工作状态？并是否在进入前检查过？	□	□
·人员穿戴和设备配备是否正确？	□	□

第二部分——进入前的核查

（由进入人员或授权的小组负责人核查）	是	否
·我已获得船长或指定负责人关于进入封闭处所的指令或许可	□	□
·本许可证的第一部分已令人满意地由船长或指定负责人完成	□	□
·我已同意并了解通信程序	□	□
·我已同意报告间隔为________min	□	□
·应急和撤离程序已获同意和理解	□	□
·我明白在万一出现通风故障或空气测试的结果与同意的安全标准有出入时必须立即离开该处所	□	□

第三部分——呼吸器和其他设备

（由船长或指定负责人和进入处所人员共同核查）	是	否
·进入封闭处所人员对所使用的呼吸器均熟悉	□	□
·已对呼吸器做过如下测试：		
—供氧的规格和容量	________	
—低压声音报警器	________	
—面具——处于正压状态且不漏气	________	
·对通信工具已进行测试并对紧急信号达成一致	□	□
·所有进入人员都已配备了救生带及在可行时配带了救生索	□	□

第一、二、三部分进行完毕时，由下述人员签字：

船长或指定负责人__________ 日期__________ 时间__________

监督进入的负责人__________ 日期__________ 时间__________

进入封闭处所人员或

经授权的小组负责人__________ 日期__________ 时间__________

第四部分——人员的进入

（由监督进入的负责人完成）

姓名	进入时间	出来时间

第五部分——工作的完成

（由监督进入的负责人完成）

· 工作完成 日期__________ 时间__________

· 确保的进入处所 日期__________ 时间__________

· 已适当地通知值班高级船员 日期__________ 时间__________

第四和五部分进行完毕时，由下述人员签字：

监督进入的负责人__________ 日期__________ 时间__________

如果处所通风停止或核查清单中所注明的任何条件作出更改，则本许可证无效。

备注：

1 本许可证应清楚说明其最长有效期。

2 为了能得到封闭处所具有代表性的横断面的空气，应从不同层次并且通过尽可能多的开口取样。在对进入前的空气进行测试 10 min 前，应停止对处所通风。

3 对具体有毒污染物例如苯或硫化氢进行的测试，应根据该处所内先前的物质的性质进行。

止 步
你通过训练了吗？
未获进入封闭处所许可证，决不可进入任何封闭处所。
封闭处所能使人毙命！
不要无视或忘记------
你可能会是这个结局。

第 A.867(20)号决议
(1997 年 11 月 27 日通过)

防止海上偷运或运输移民不安全做法

大会,

忆及国际海事组织公约有关大会在海上安全规则和指南方面的职责的第 15(j)条,

还忆及在 1993 年通过的有关防止和制止船舶偷运外国人不安全做法、加强海上人命安全的第 A.773(18)号决议,

关切地注意到据报道涉及用于偷运或运输移民的不合格船舶的事故造成了大量的丧生,

还注意到便利委员会在其第二十五次会议上作出了请海上安全委员会考虑采取适当措施解决秘书长在第 FAL25/7/1 号文件中表示的关切的建议,

考虑到联合国防止犯罪和罪犯待遇委员会目前在此方面进行的工作,

认识到国际海洋法中所载的有关权利和责任,

意识到海上偷运或运输移民引起了严重生命危险,

认为各政府应作为最优先事项合作采取一切必要行动来防止和制止海上偷运或运输移民的任何不安全做法,

1 **请**各政府为了海上人命安全进行合作,更努力地制止和防止海上偷运或运输移民的不安全做法,确保对此种不安全做法采取有效和及时行动;

2 **还请**各政府视情制定协议和程序,促进在使用有效和高效措施来防止和制止海上偷运或运输移民的不安全做法方面的合作;

3 **还请**各政府合作确保尽可能收集据信从事海上偷运或运输移民的不安全做法的船舶的资料并将其分发给本组织和可能受到此种不安全做法影响的所有政府;

4 **鼓励**各政府应用有关海上人命安全的国际文件的规定;

5 **要求**各政府采取国际文件要求的行动扣留所有不安全船舶,包括用于海上偷运或运输移民者,立即向其船旗国政府作出报告,并向本组织提供他们注意到的涉及有关海上偷运或运输移民的不安全做法的所有事故的有关资料;

6 **责成**适当海事组织机构在必要时从海上人命安全角度审议海上偷运或运输移民问题和制定此种做法的报告制度;

7 **要求**秘书长确保海事组织参加旨在防止海上偷运或运输移民的任何公约或其他文件草案的制定工作,并向大会第二十一次会议此问题的进展报告;

8 **要求**秘书长提请联合国和其他有关国际组织注意到本决定并在适当时注意到本组织在该事项上的工作结果以供参考或采取适当行动,并建议缔结防止海上偷运或运输移民的国际公约。

第 A.871(20)号决议
(1997 年 11 月 27 日通过)

关于寻求成功解决偷渡者事件责任分配指南

大会,

审议了经修正的 1965 年便利国际海上运输公约的总目标,特别是其第Ⅲ条,

关切地注意到有关偷渡者事件的数量、扰乱海上运输的后续可能性、此种事件对船舶安全操作可能具有的影响和偷渡者面临的包括丧失生命在内的巨大危险,

忆及试图确定一个国际上可接受的处理偷渡者的机制的 1957 年关于国际偷渡者公约仍未生效,

同意就本决议而言,偷渡者被定义为未经船东、船长或任何其他负责人员同意隐藏在船上或随后装载于船上的货物中并于船舶离开港口后在船上被查出而且船长向适当当局报告为偷渡者的人,

考虑到一些偷渡者可能是政治避难寻求者和难民,这使得他们有权按照国际文件和国家立法规定的有关程序办理,

了解到在缺乏处理偷渡者的国际同意的程序的情况下,船长和航运公司、船东及船舶经营人在将偷渡者从船上卸转有关当局照管时面临的巨大困难,

意识到会员国政府在遣返之前为进行审查而接受偷渡者和然后允许有关船舶开航时的困难,

认识到制定供所有有关当局和人员遵循以使归还或遣返偷渡者能达到可接受的和人道的方式的有关程序的实用和全面的指南的必要性,

同意此种指南的存在丝毫不得被认为是宽恕或鼓励偷渡和其他非法移民的做法,并且不得削弱反对走私外国人或拐卖人口的另一问题的努力,

相信目前解决偷渡者事件的最好办法是通过所有有关当局和人员的密切合作,

进一步相信通过此种合作,在正常情况下,偷渡者应尽快地被从有关船舶上移送,并归还给国籍国/公民身份国或登船港,或愿意接受他们的任何其他国家,

认识到在对船舶及其船员的操作安全给予充分考虑的情况下,所有有关各方均应对偷渡事件作出人道的处理,

促请国家当局、港口当局、船东和船长采取一切合理措施防止偷渡者得到上船途径,

审议了便利委员会在其第二十五次会议上提出的建议案,

1 **通过**载于本决议附件中的关于寻求成功解决偷渡者事件责任分配的指南;

2 **促请**各国政府在其国家政策和做法中实施所附指南中建议的程序;

3 **还促请**各国政府根据所附指南中所载的责任分配以与其他有关各方合作的精神处理偷渡者事件;

4 **请**航运公司、船东和船舶经营人承担所附指南中所载的有关责任并指导其船长和船员履行

在偷渡者事件中分别应承担的责任；

5 **请**各国政府与行业合作制定全面的战略，以防止未来的偷渡者得到上船的途径；

6 **要求**便利委员会根据各国政府和行业提供的信息继续监测所附指南的效果，对其保持审查，并采取包括制定在发展过程中可能认为必要的有关约束性文件之类的进一步行动；

7 **废除**第 FAL.2/Circ.43 号通函。

附　件

关于寻求成功解决偷渡者事件责任分配指南

1　当船舶停靠在港口时，船长、船东[①]、港口当局、国家主管机关和包括安全机关在内的其他机构均有责任进行合作防止非法进入船舶。但是，无论港口和船舶日常安全工作如何有效，偷渡者仍有机会得到上船途径，或者隐藏在货物中，或者以偷偷摸摸的方式上船。

2　就本指南而言，偷渡者被定义为未经船东、船长或任何其他负责人员同意隐藏在船上或随后装载于船上的货物中并于船舶离开港口后在船上被查出而且船长向适当当局报告为偷渡者的人。

3　解决偷渡者事件是困难的，因为在可能有关的若干国家（上船国、下船国、船旗国、偷渡者未必真实的、声称的或真正的国籍国/公民身份国和遣返期间的中转国）的每一个国家中的国家立法不同。

4　但是，有一些基本原则是可以共同采用的。这些原则如下：

.1　承认无要求的文件到达或进入一个国家的偷渡者一般是非法入境者。作出处理此种情况的决定是此种到达或进入发生时的国家的特权。

.2　对偷渡的政治避难寻求者应按国际文件[②]中所载的国际保护原则和有关国家的立法对待。

.3　船东及其现场代表船长以及港口当局和国家主管机关在处理偷渡者事件中应尽可能进行合作。

.4　船东及其现场代表船长以及港口当局和国家主管机关应在适当的位置作出安全安排，此种安排将尽可能防止蓄谋的偷渡者上船，或者，如果此举未果，将在船舶到达港口前查出他们。如国家法律许可，国家当局应考虑起诉偷渡者侵害或损坏航运公司的财产，或者货物。

.5　所有各方均应明白，进行充分的搜查可能尽量减少不得不处理的偷渡者事件的风险，还可能挽救例如可能藏在随后被封闭和/或进行化学处理的地方的偷渡者的生命。

.6　各国应给予被返还的偷渡者该国完全的国籍/公民地位或居住权。

.7　在进行事件最终处置前，偷渡者最初登船的港口国通常应接受该偷渡者的返还，以便进行审查。

.8　应尽力避免不得不无限期地将偷渡者扣留于船上的局面。关于此事，各国应与船东合作，安排偷渡者返还某个适当的国家。

.9　所有有关各方均应人道地处理偷渡者事件。必须一直充分考虑船舶的操作安全和偷渡者的安康。

5　作为处理该问题的第一步，需要确定和同意有关各方的各种责任、权利和义务的框架，建议进行下列责任分配：

---

① 包括代表船东的任何人或任何方面。

② 参阅 1951 年 7 月 28 日联合国难民地位公约和 1967 年 1 月 31 日联合国难民地位议定书的规定。

.1 船长

.1.1 尽力立即确定偷渡者登船的港口;

.1.2 尽力确定身份,包括偷渡者的国籍/公民身份;

.1.3 按照本指南所附的标准文件中规定的信息,准备包括偷渡者所有情况的说明,提交给有关当局;

.1.4 向其船东和登船港口、下一个停靠港以及船旗国有关当局通报偷渡者的存在及其任何有关细节;

.1.5 不得为寻求将偷渡者在任何国家卸放下船而改变原定航行,除非已作出了遣返安排并有足够的文件和下船许可,或者除非情有可原的安全或同情的理由;

.1.6 按照下一个停靠港有关当局的要求,确保将偷渡者交给他们;

.1.7 采取适当措施确保偷渡者的保安、通常的健康、福利和安全、直至下船;

.2 船东或经营人

.2.1 确保已向下船港、下一个停靠港和船旗国通报偷渡者的存在和关于偷渡者的任何有关情况;

.2.2 遵守下船港主管国家当局作出的任何移交指导;

.3 发现偷渡者后第一个预定停靠港所在国家(下船港)

.3.1 按照该国的国家法律接受偷渡者以进行审查,并且,如主管国家当局认为他便利问题的解决,允许船东及其指定的代表和胜任或委派的保赔俱乐部联络人员与偷渡者接触;

.3.2 考虑允许下船,并视必要和按国家法律提供可能由船东或代理出钱的安全住处,如果:

.3.2.1 开航时第.3.1项下的问题尚未解决,或

.3.2.2 国家当局确信安排已经作出并且将通过其他办法(可能由船东或代理出钱)实现早日返还或遣返偷渡者,或

.3.3.3 在船上滞留将会危及船舶的安全操作;

.3.3 视必要协助确认偷渡者的身份和确定他或她的国籍/公民身份;

.3.4 视必要协助确定偷渡者证件的有效性和真实性;

.3.5 与船东及其委派的代表合作,向登船港、国籍/公民身份国或可向其作出合法指导的一些其他国家提供移交偷渡者的指导;

.3.6 与船东及其委派的代表合作,与船长/船东或其指派的代表一 道,讨论遣返或移交安排,在将拘留开支的水平保持最低的同时,尽可能让他们了解这个情况;

.3.7 当船东在旨在防止运输偷渡者的措施方面与管理当局的合作令这些当局满意时,考虑减少可能适用的其他费用;

.3.8 如有必要,在偷渡者无身份证和/或旅行证件的情况下,发给证明登船和抵达情况的证件,以使偷渡者能通过任何运输方式返回其原籍国、登船港所在国,或可向其作出合法指导的任何其他国家;

.3.9 向移交偷渡者的运输经营人移交证件;

.3.10 在指示拘留和发出移交指导时,根据法律若是与保持对偷渡者的管理、与其对偷渡者的职责和义务一致以及与对公共资金的开支一致时,即应适当考虑船东或代理的

利益和关系。

.4 偷渡者登船的最初港口所在国家(即偷渡者首次登船的国家)

.4.1 接受任何有国籍/公民身份或居住权的任何返还的偷渡者;

.4.2 如果接受国主管当局对登船港的确定认为满意,在正常情况下,接受偷渡者回来以进行审查;

.4.3 如果开航之前在船上或拟装载的货物中发现偷渡者,当国家法规允许时,逮捕和拘留偷渡者;将蓄谋的偷渡者提交地方当局起诉和/或当适当时,提交移民当局审查和进行可能的移交:不向船东征收涉及拘留或移交开支的任何费用,并且不加以任何处罚;

.4.4 如果船舶仍在偷渡者登船港所在国家的领水内,或者在同一国家的另一港口(同时,未曾在另一国的港口停靠),当国家法规允许时,逮捕和拘留偷渡者,不向船东征收涉及拘留或移交开支的任何费用,并且不加以任何处罚。

.5 偷渡者明确的或声称的国籍国/公民身份国

.5.1 尽一切努力协助确认偷渡者的身份和国籍/公民身份,并在一旦确定偷渡者持有声称的国籍/公民身份时,发给偷渡者相应证件;

.5.2 如国籍/公民身份得到确定,接受偷渡者。

.6 船旗国

.6.1 如实际可行,愿意协助船长/船东或下船港的有关当局确认偷渡者和确定他或她的国籍/公民身份;

.6.2 准备向有关当局作出说明,以协助在最早的可利用机会中将偷渡者从船上移交;

.6.3 准备协助船长/船东或下船港当局作出移交或遣返偷渡者的安排。

.7 遣返期间的任何中转国

按照正常签证要求,允许根据下船港所在国家的移交指示或指导旅行的偷渡者通过其港口和机场进行中转。

附 件

偷渡者详情

船舶详情

船舶名称:

海事组织编号:

船旗:

公司:

公司地址:

下一个港口代理:

代理地址:

无线电呼叫信号:

海事卫星编号:

船籍港:

船长姓名:

偷渡者照片

偷渡者详情

船上发现日期/时间:

登船地点:

登船国家:

在登船国逗留时间:

登船日期/时间:

拟前往目的港:

拟前往最终目的地(如不同):

陈述的登船理由:

姓:

名:

称呼用名:

宗教:

性别:

出生日期:

出生地点:

出生国籍:

身份证类别:

护照号码:

签发时间:

签发地点:

应急护照号码:

签发时间:

签发地点:

失效日期:

签发单位:

家庭地址:

故乡:

居住国:

职业:

雇主:[名称和地址]

在登船国的地址:

身高(cm):

体重(kg):

肤色:

眼睛颜色:

头发颜色:

头/脸型:

印迹/特征:[例如疤痕、文身等]

失效日期：

签发单位：

身份卡号码：

签发时间：

签发地点：

失效日期：

签发单位：

海员证号码：

签发时间：

签发地点：

失效日期：

签发单位：

第一语言：

说　读　写

其他语言：

说　读　写

婚姻状况：

配偶姓名：

配偶国籍：

配偶地址：

父母姓名：

父母国籍：

父母地址：

其他详情

登船方法，包括涉及的其他人员（例如船员、港口工人等），以及他们是隐藏在货物/集装箱中还是躲藏在船里：

偷渡者携带的物品清单：

偷渡者登船时是否得到协助，或是否得到任何船员协助？如是这样，是否为此种协助付了钱？

其他信息（例如同事、社区领导人如市长、部落首领、世界其他地方联络人的姓名和地址）：

偷渡者所做的说明：

船长所做的说明（包括对偷渡者提供的信息的可信性的任何看法）：

面谈（一次或多次）日期：

偷渡者签字　　　　船长签字

日期：　　　　日期：

A.949(23)决议
(2003年12月5日通过)

为需要帮助的船舶提供避难处所指南

大会,

忆及国际海事组织公约第15(j)条关于大会在海上安全以及防止和控制船舶造成海洋污染规则和指南方面的职能,

还忆及经修正的1974年国际海上人命安全公约第V/33条规定船长前往援助海上遇险人员的义务和程序,

进一步忆及经修正的1979年国际海上搜救公约确定一个救助海上遇险人员的综合系统,但其中并未涉及船舶需要援助事宜,

意识到船舶海上航行时可能需要人命安全和海洋环境保护方面的援助,

认识到向需要援助船舶的船长和/或救助人员提供指导的重要性和必要性,

还认识到有必要平衡需要帮助的船舶寻求避难处所的权利和沿海国保护其海岸线的权利,

进一步认识到设立一个帮助沿海国确定需要援助船舶的避难处所,并对此类避难处所的请求做出有效回应的共同框架将大大加强海上安全和海洋环境的保护,

审议了海上安全委员会在其76届和77届会议上提交的建议案,海上环境保护委员会在其48届会议上提交的建议案,法律委员会在其87届会议上提交的建议案,以及航行安全分委会在其49次会议上提交的建议案,

1 **通过**《为需要帮助的船舶提供避难处所指南》,其文本载于本决议的附件;

2 **提请**各国政府在确定需要帮助的船舶发出避难处所请求并做出回应时考虑本指南;

3 **要求**海上安全委员会、海上环境保护委员会以及法律委员会对附件中的指南保持审议并在适当时予以修正;和

4 **要求**法律委员会作为一项优先事宜从其自身视角审议该指南,包括提供覆盖沿海国开支和/或补偿问题的财政担保,并采取认为适当的行动。

附　件

为需要帮助的船舶提供避难处所指南

1　总则

1.1 至 1.7　引言

1.8 至 1.11　背景

1.12 至 1.17　本指南目的

1.18 至 20　定义

2　需要避难处所的船舶船长和/或救助人员应采取的行动指南

2.1　情景评估

2.2　危险识别和相关风险评估

2.3　所需措施的确定

2.4　联系沿海国当局

2.5 至 2.6　职责的建立以及与所有有关方的通信

2.7 至 2.8　响应行动

2.9　报告程序

3　沿海国预期行动指南

3.4 至 3.8　避难处所评估

3.9　特定事件评估

3.10 至 3.11　专家分析

3.12 至 3.14　使用避难处所的决策过程

附录 1　适用的国际公约

附录 2　与提供避难处所相关的风险评估指南

1　总则

引言

提供避难处所的目的

1.1　如果涉及人命安全,应遵守国际搜救公约的规定。如果船舶需要帮助但不涉及人命安全问题,则应遵守本指南。

1.2　“避难处所”并非纯粹的理论或学说议题,而是解决如下实际问题的方案:当船舶发现其深处困境或需要援助时,该采取什么措施而不对相关人员的人命安全产生风险?是应将船舶带至沿海遮蔽区域或港内,还是相反,将其带至海上?

1.3　如果船舶发生事故,防止破损或污染持续恶化的最佳方法是减轻其货物和燃料,并修复破损。此类操作最好在避难处所内进行。

1.4　然而，将此类船舶带入沿海避难处所可能会从经济上和从环境角度危及该沿海国，且地方当局和居民可能会强烈反对该行动。

1.5　由于主要担心对环境造成潜在破坏，沿海国可能不太愿意接受受损或无航行能力的船舶进入其管辖海域，但实际上，在公海条件下很难有效且令人满意地对海上事故进行处理。

1.6　在某些情况下，受损船舶被迫滞留公海的时间越长，船舶状况恶化或者海况、天气或环境状况发生变化的风险就越大，并因此产生更大的潜在危险。

1.7　因此，同意船舶进入避难处所涉及仅基于个例所作的政治决定，并适当考虑当事船舶和环境对于船舶进入避难处所所带来的益处以及当该船靠近海岸时对环境造成的风险之间的平衡。

背景

1.8　有时，可通过货物过驳装卸作业或其他操作达到防止或最大限度减轻受损或污染的目的。为此，将船舶带至避难处所通常是有利的。

1.9　此类船舶进入避难处所也有利于限制受到损坏或污染威胁的海岸线的范围，但所选的特定区域可能受到更为严重的威胁。还必须考虑将当事船舶拖至进行过驳作业或修理工作相对容易的港口或码头的可能性。因此，在确定避难处所的选择和使用时，应予仔细考虑。

1.10　避难处所的使用会遭到当地的反对，并涉及政治决定。各沿海国应认识到，基于海难状况清晰说明而进行适当争论的技术案例将对可能进行的任何谈判很有价值。

1.11　从国际层面，附录1中所列的公约（可能经修正）构成沿海国和船舶在可预见的情况下采取行动时所依据的法律。

本指南目的

1.12　本指南旨在向各成员国、船长、公司①（特别是与国际安全管理规则及其程序相关的公司）以及救助人员提供一个框架以使其能做出有效回应，同时，在任何特定情况下，相关船长和航运公司所作的努力以及政府有关当局所作的努力相互补充。特别是已做出努力达成一个共同框架以评估需要援助船舶的状况。

1.13　本指南并不涉及海上人员救助的操作事宜，因为导致对避难处所事宜检查的实际困难与救助以外的问题有关。两种情况会发生：

—根据船长评估，船舶需要援助，但尚未达到要求船上人员撤离的遇险状况（将要沉没、火情蔓延等）；或

—船上人员已获救，为处理船舶状况而留守船上或已派驻船上的人员可能除外。

1.14　然而，在不断发展的情况下，如船上人员发现自身处于遇险状况时，按国际海上搜救公约、国际空中和海上搜救手册及其相关文件中适用救助作业的规则优先于本指南（及其相应程序）。

1.15　在任何情况下，应向主管海上救助协调中心通报可能发展为搜救事件的任何情况。

1.16　即使国际海上搜救公约中定义的“救助”作业并非如此，在使用本指南时，必须时刻关注人员安全，特别应注意以下两个方面：

—船舶是否对周围人员的生命（救助船船员、港口工人、沿海居民等）构成风险（爆炸，严重污染等）；

① 见国际安全管理规则中的定义。

—人员是否自愿留守(船长等)或登船(消防员和其他专家、海上救助或拖船公司人员等)以企图克服船舶遇到的困难。

1.17　本指南并不涉及因同意或拒绝船舶进入避难处所而产生的破损责任和补偿事宜。

定义

1.18　需要帮助的船舶系指处于可能造成船舶损失或对环境或航行造成危害状况(要求船上人员救助的情况除外)的船舶。

1.19　避难处所系指需要帮助的船舶可采取行动使其能稳定船舶状况并降低对航行的危害、保护人命和环境的处所。

1.20　MAS 系指 A.950(23)决议中定义的负责接收事故报告并在发生事故时作为船长和沿海国当局之间联络点的海上援助服务机构。

2　需要避难处所的船舶船长和/或救助人员应采取的行动指南

情景评估

2.1　必要时,船长应在公司和/或救助人员的协助下,确定本船需要援助的原因。(参见附录2第1段。)

危险识别和相关风险评估

2.2　在进行上述2.1所述的评估后,必要时,船长应在公司和/或救助人员的协助下,评估下列假设情景中潜在海难的后果,同时考虑到在其控制下的海难评估因素以及船上的货物和燃料:

—如果船舶保持位置不变;

—如果船舶继续航行;

—如果船舶抵达避难处所;或

—如果船舶带至海上。

所需措施的确定

2.3　需要服务所处的内在危险,船长和/或救助人员应确定其要求沿海国提供的帮助。(参见附录2第3段。)

联系沿海国当局

2.4　为传送上述2.1至2.3所述的船舶资料,船长和/或救助人员应与沿海国取得联系。无论如何,都必须向沿海国传送现行国际公约要求的船舶资料。这种联系应通过 A.950(23)决议所述的沿海国海上援助服务机构进行。

职责的建立以及与所有有关方的通信

2.5　船长和/或救助人员应通知海上援助服务机构拟采取的行动以及实施的时间段。

2.6　海上援助服务机构应通知船长和/或救助人员所能提供使用的设施以帮助或允许船舶进入避难处所(如要求)。

响应行动

2.7　如需要,经沿海国事先同意后,相关船长和航运公司应采取任何必要的响应行动,诸如签署救助或拖船协议,或提供任何用于处理船舶状况的其他服务。

2.8　船长、公司以及船舶救助人员(如适用)应遵守3.12至3.14中所述的沿海国决策过程中产生的实际要求。

报告程序

2.9 报告程序应符合国际安全管理规则或 A.852(20)决议《船上紧急情况应急计划整体系统构成指南》中相应的船舶安全管理系统制定的程序。

3 沿海国预期行动指南

3.1 根据国际法,沿海国可要求船长或船公司在规定时间范围内采取适当行动以停止危害威胁。在发生故障或紧急情况时,沿海国可行使其权利,对威胁采取适当的响应行动。

3.2 因此,即使没有发生破损和/或污染,沿海国建立程序针对这些事宜也是十分重要的。

3.3 沿海国应特别建立一个海上援助服务机构(MAS)。①

避难处所评估

一般评估和预备措施

3.4 建议各沿海国尽力建立符合本指南的程序,通过该程序接收并在要求帮助时采取行动,并在适当时授权使用合适的避难处所。

3.5 海事当局(以及如必要时港口当局)应就允许需要帮助的船舶进入避难处所的利弊,对每一避难处所进行客观分析,同时考虑附录2第2段中所列的分析因素。

3.6 上述分析应采用应急计划的格式,并在发生事故时,为下列分析做准备。

3.7 海事当局、港口当局、负责沿岸安全的当局以及所有有关的政府当局应确保存在相应的信息分享系统,并应建立相应的通信和警报程序(联系人、电话号码等的确定)。

3.8 上述各有关当局应计划对情况进行联合评估的形式。

特定事件评定

分析因素

3.9 分析应包括以下各点:

—相关船舶的适航性,特别是浮力、稳性、推进装置和动力装置的可用性以及进坞能力等;

—货物、物料、燃料,特别是危险货物的性质和状况;

—至避难处所的距离和预计航行时间;

—船长是否仍在船上;

—船上其他船员和/或救助人员及其他人员的数量,以及人为因素的评定,包括疲劳;

—相关国家的司法当局要求需要帮助的船舶采取行动;

—相关船舶是否投保;

—如果船舶已投保,确定保险商以及可承担的责任限制;

—船长和船公司同意沿海国/救助人员提出的将船舶航行至或带至避难处所的建议;

—提供所需的财政担保;

—已由船长或船公司签订的商业救助合同;

—有关船长和/或救助人员的意图信息;

—在相关沿海国指定1个公司代表;

—附录2中确定的风险评估因素;和

—已采取的任何措施。

① 除非其邻国做好必要安排建立联合服务机构。

专家分析

3.10　如时间允许并合适时，由沿海国指定的检查组应登船收集评估数据。该检查组应由那些具有与实际情况相关的专业知识的人员组成。

3.11　分析应包括如船舶仍停留在海上的风险与船舶将对避难处所及其环境构成的风险之间的比较。此类比较应覆盖以下各点：

—保障海上人命安全；

—人员在避难处所的安全，以及避难处所的工业和城市环境（失火或爆炸的风险、毒性风险等）；

—污染的风险；

—如避难处所是港口，对港口作业（航道、船坞、设备、其他装置）破坏的风险；

—如避难处所的请求遭到拒绝，对后果进行评估，包括对邻国可能造成的影响；和

—分析时应充分注意保护需要帮助的船舶船体、机械设备和货物。

最终分析完成后，海事当局应确保已对其他相关当局作了相应通告。

使用避难处所的决策过程

3.12　当要求允许进入避难处所时，沿海国并无义务准许其进入，但沿海国应权衡所有因素和风险，并在合理可行的情况下提供庇护。

3.13　根据上述评估结果，沿海国应结合实际要求（如必要），决定允许或拒绝要求帮助的船舶进入避难处所。

3.14　沿海国的行动并不妨碍公司或其代表采取措施以安排需要帮助的船舶航行至避难处所。通常，如果避难处所是港口，港口方将要求提供一个有利于港口的担保，以保证支付与其作业有关的所有费用，诸如：保障作业的措施、港务费、引航费、拖带费、系泊作业以及其他费用等。

附　录　1

适用的国际公约

从国际方面,下列现行公约和议定书构成沿海国和船舶在可预见的情况下采取行动时所依据的法律①:

—《联合国海洋法公约》(UNCLOS),特别是其中第221条;②

—经修正的《1969年国际公海发生油污事故的干预公约》(干预公约):

—《1973年与除油类以外其他物质导致公海污染的干预有关的议定书》;

—经修正的《1974国际海上人命安全公约》,特别是其中第V章:

—《1989年国际救助公约》(救助公约);③

—《1990年国际油污防备、反应和合作公约》(OPRC公约);

—《经1978年议定书修订的1973年国际防止船舶造成污染公约》(MARPOL 73/78):

—《经修正的1979年国际海上搜救公约》(SAR 1979):

—《1972年防止倾倒废弃物和其他物质造成海洋污染公约》;

—《1971年与海上载运核材料的民事责任有关的公约》;

—《1976年海事索赔责任限制公约(LLMC)》:

—《1969年国际油污损害民事责任公约(CLC)》:

—《1992年国际油污损害民事责任公约(CLC)》:

—《1992年建立国际油污损害赔偿基金的国际公约(FUND)》。

---

① 注意到目前尚无对一个国家向需要帮助的船舶提供避难处所规定国际要求。

② "1.根据国际习惯法和传统法,本部分所述的任何方面均不应损害各国在领海以外采取和强制采取与实际或可能发生的损坏相称的措施之权利,以在一旦发生可能会造成重大危害后果的海上事故或与该事故有关的行动后,保护其海岸线或相关利益(包括渔业)免受污染或污染的威胁。

2.就本条而言,'海上事故'系指船舶碰撞、搁浅或其他航行事故,或船上或外部对船舶或货物造成的重大损坏或面临重大损坏威胁的其他事件。"

③ 根据《1989年国际救助公约》第11条规定,在审议避难处所的请求时,该公约缔约国必须考虑救助人员、其他利益方和公共当局之间合作的需求,以确保有效和成功地实施救助作业。救助公约第11条规定:"在对诸如允许遇难船舶进港或向救助人员提供便利等有关救助作业的事项做出规定或决定时,缔约国应考虑救助人员、其他利益方和公共当局之间合作的需求,以确保为拯救处于危险中的生命或财产及为防止对总体环境造成损害而进行的救助作业得以有效和成功的实施。"

附　录　2

与提供避难处所相关的风险评估指南

当进行3.4至3.8所述的分析时,除3.9中所述的因素外,还应考虑下列各项:

1　**事件确定,诸如:**

—失火;

—爆炸;

—船舶损坏,包括机械和/或结构故障;

—碰撞;

—污染;

—船舶稳性受损;

—搁浅。

2　**对确定的事件进行风险评估,并考虑:**

.1　环境和社会因素,诸如:

—船上人员安全;

—对公众安全的威胁;

至居住区的最近距离是多少?

—船舶造成的污染;

—指定的环境区域;

避难处所及其入口是否位于敏感区域,例如会受到可能的污染影响的高生态价值区域?

从保护环境的角度考虑,周围是否有避难处所的更好选择?

—敏感聚居地和物种;

—渔业

在会受到进入其中的需要帮助的船舶危及的通行区域或避难处所或附近的入口是否有近海和捕鱼或贝类捕捉行动?

—经济/工业设施

至工业区的最近距离是多少?

—文化资源和旅游业;

—可获得的设备

是否有进行所需作业或提供必要帮助的专业船舶和航空器及其他必要设备?

是否有传输设施,例如泵、软管、驳船和浮箱?

是否有接收有害危险货物的设施?

是否有修理设施,例如船厂、车间、吊车?

.2 自然条件,诸如:

区域中的盛行风。

避难处所是否能安全抵御大风大浪?

潮汐和潮流。

—天气和海况

当地气象统计和避难处所无法作业或无法进入的天数。

—测深资料

避难处所及其入口的最小和最大水深。

允许进入船舶的最大吃水。海底状况资料,即硬底、软底和沙底,关于问题船舶在避难港或其入口搁浅的可能性。

—季节影响,包括冰

—航行特点

如果避难处所为非遮蔽区域,救助和过驳作业能否安全进行?

是否有足够的船舶操纵空间,即便没有推进装置?

船舶的尺度限制(例如船长、船宽和吃水)是什么?

船舶搁浅的风险,其可能阻碍航道、入口或船舶航行。

避难处所的锚泊和系泊设施的描述。

—作业条件,特别在港口时

引航是否强制性以及是否有引航员?

是否有拖船?说明其数量和功率。

是否有任何限制?如有,是否允许船舶进入避难处所,例如,有毒气体溢出、爆炸危险等。

在被允许进入避难处所前,船舶是否得到沿海国接受的银行担保或其他财务担保?

.3 应急计划,诸如:

—主管海上援助服务机构

—当局和响应者的作用和职责,消防能力

—响应设备需求和可用性

—响应方法,是否在密集区域内含有任何污染的可能性?

—国际合作,区域内是否有灾难援救计划?

—撤离设施

.4 有关人员安全和污染、失火、有毒和爆炸风险的不同情景的可预见后果(包括媒体)。

3 应急响应和后续行动,诸如:

—驳运;

—抗污;

—拖带;

—装载;

—救助;

—存储。

A.920(22)决议
(2001 年 11 月 29 日通过)

审议海上获救人员的救护程序和安全措施

大会，

忆及国际海事组织公约第 1 条和第 15(j)条关于本组织的宗旨和本大会在海上安全规则和指南方面职能的规定，以及 1965 年国际便利海上运输公约的总目的，

期望船舶在到达安全地点之前的任何时间，无论其是在航行途中或锚泊，确保船上包括小艇人员的生命安全，

忆及联合国海洋法公约，特别是第 98 条有关提供援助的义务的规定，

还忆及经修正的 1974 年国际海上人命安全公约有关下列义务的规定：

—船长应快速对海上遇险人员进行援助；和

—缔约国政府应确保其沿海附近的海岸监视设施和海上遇险人员的救助设施，

进一步忆及经修正的 1979 年国际海上搜寻与救助公约有关援助海上遇险人员的规定，而无论其国籍、身份或被发现人员的状况如何，

又进一步忆及经修正的 1965 年国际便利海上运输公约有关为了海上安全，尤其是需从事应急作业的船舶，便利到港和离港的规定，

还进一步忆及 1989 年国际救助公约规定的有关船长有义务向任何在海上处于生命危险的人员提供援助的义务和为了确保成功救助处于危险中的生命，必须在有关各方和公共管理当局之间进行合作的义务，

最后忆及：

(a)A.773(18)决议关于防止和抑制与船舶走私有关的不安全操作，增强海上人命安全的规定；

(b)A.871(20)决议关于对偷渡事件寻求妥善解决的责任分配指南的规定；

(c)A.867(20)决议关于反对与海上运送或运输移民有关的不安全操作的规定；和

(d)海安会 896 号通函(Rev.1)关于反对与海上运送或运输移民有关的不安全操作的临时措施，

确认上述国际公约没有规定的事项应继续按通常的国际法的规定和原则进行处理，

注意到秘书长为了以一种有效和协调的方式解决问题达成一致而提出的动议和本决议中提出的问题涉及联合国专门作用和程序，

认识到除已经议定的以外，本组织还需要考虑国际措施在改进海上安全和减少船上人员生命危险，特别在救助作业方面是否必要，

1 **要求**海上安全委员会、法律委员会和便利运输委员会按照理事会的指示，在优先的基础上审议上述国际公约和在其范围内的其他 IMO 文件，以鉴别现有的差距、矛盾、不明确、含糊或其他不妥之处，按该审议采取适当的行动，以便：

—给予遇险事故中幸存者的援助而无论其国籍或身份或其被发现时的状况如何；

—打捞海上遇险人员的船舶能把幸存者送到安全地点；和

—在船上的幸存者不论其国籍或身份，包括无证移民、收容所的寻找者、难民和偷渡者，按 IMO 有关文件的规定和有关国际协议以及海上一贯的人道主义传统予以对待；

2 **还要求**上述委员会，在采取如 1 所要求的行动时，考虑到有关的向海上遇险人员提供援助责任的一般国际法的规定和原则，并且鉴别这些规定和原则的汇编和累进发展的可能性；

3 **进一步要求**上述委员会，在采取如 1 和 2 所要求的行动时，考虑到其他国际组织，包括行业组织关于海上遇险人员的搜寻和救助，包括那些可能是无证移民或偷渡者，并在必要时与之协商；

4 **进一步要求**秘书长采取如前第 10 段中所述的动议，并在适当的时候通知 IMO 专门的发展机构；

5 **最后要求**秘书长向大会第 23 届会议递交关于在过渡期间所作进展的报告。

A.950(23)决议
(2003年12月5日通过)

海上援助服务(MAS)

大会,

忆及国际海事组织公约第15(j)条关于大会在海上安全以及防止和控制船舶造成海洋污染规则和指南方面的职能,

注意到经修正的《1974年国际海上人命安全公约(SOLAS)》第V/31、VII/6、VII/7-4和VIII/12条中关于发生危险或事故时船舶报告的规定,

还注意到《经1978年议定书修订的1973年国际防止船舶造成污染公约》第8条中关于发生事故时船舶报告的规定,

考虑到除引起已指定报告应发送至各机构的强制性报告情况外,在每一受到船舶状况影响的沿海国中使用相同的联络点还将有利于需要帮助的船舶船长,特别是有利于寻找避难处所,

还考虑到各国有权收到初始信息,并且需要帮助的船舶合法利益方应随时向这些国家通报在其沿海进行的海上救助作业情况,

进一步考虑到如果负责接收报告且与需要帮助的船舶及其船东保持联系的机构在所有国家中采用一个共同的首字母缩写代表本组织规定的最低共同责任,将有利于各沿海国,对船长也更为方便,

最后考虑到当船上发生事故时,船长评定是否需要海上援助(救助)或对船上人员进行救援的困难,以及与正确救援有关的尽快通知海上搜救协调中心(MRCC)相关船舶遇到的问题的评估,以准备相应的搜救作业以防在后阶段产生搜救作业的需求。

审议了海上安全委员会在其76届和77届会议上提出的建议案,海上环境保护委员会在其48届会议上提出的建议案,以及航行安全分委会在其49次会议上提出的建议案,

1 **建议**各沿海国建立海上援助服务(MAS)以:

(a)接收本决议附件1提及的IMO文件要求的报告、咨询和通知;

(b)如上述(a)中所述的报告披露可能导致船舶需要帮助的事故时,对船舶状况进行监控;

(c)如船舶状况要求在船舶和沿海国之间交换信息,但其不是将导致搜救作业的遇险状况时,作为船长和相关沿海国之间的联络点;

(d)如相关沿海国决定对作业的整个过程进行监控时,作为经船舶合法利益方请求由私人设施进行的海上救助作业的相关方和沿海国之间的联络点。

2 **敦促**各国政府签发国家指令,通知其MAS:

(a)将船上获得的信息传送给相关当局或机构;

(b)从相关当局或机构接收其行动指令和应向船舶传送的资料。

3 **提请**已建立 MAS 的沿海国向本组织递交其 MAS 的详细资料(即呼叫号码和呼号等),使本组织能通报这些资料,并使船长和其他有关人员或机构在必要时能与其联系;

4 **建议**各沿海国政府在建立 MAS 时,考虑本决议附件 2 中的指南;

5 **要求**海上安全委员会和海上环境保护委员会继续审议并适时修正本决议。

附 件 1

有关涉及船舶事故时 IMO 强制性报告的文件清单

1 经修正的《1974 年国际海上人命安全公约》

第Ⅴ/31 条(危险通报);

第Ⅶ/6 条和第Ⅶ/7 -4 条(涉及危险货物事故的报告);

第Ⅷ/12 条(核能船舶事故)。

2 经修正的《经 1978 年议定书修订的 1973 年国际防止船舶造成污染公约》(MARPOL 73/78)

第 8 条(涉及有害物质排放或可能排放的事故报告);

议定书 I(关于涉及有害物质排放或可能排放的事故报告的规定(第 8 条的实施))。

3《1969 年国际公海发生油污事故的干预公约(干预公约)》

第 III(a)和(f)条(咨询;通知)。

4《1990 年国际油污防备、响应和合作公约(OPRC 公约)》

第 4 和第 5 条。

5《国际船舶安全装运密封装辐射性核燃料、钚和强放射性废料规则(INF 规则)》

第 29 和第 30 段。

6 A. 851(20)决议《船舶报告系统和船舶报告要求的一般原则,包括涉及危险货物、有害物质和/或海洋污染物的事故报告指南》

附 件 2

海上援助服务(MAS)指南

引言

涉及 MAS 的船舶作业情况并非指那些要求进行人员救援的情况

会发生下列三种情况:

—船舶发生事故(例如货物灭失、意外排油等),虽未削弱其适航能力,但仍须报告;

—根据船长评定,船舶需要帮助,但未处于要求对船上人员进行救援的遇险状况(即将沉没、火势蔓延等);和

—船舶被发现处于遇险状况,船上人员已获救,但为处理船舶状况而留守船上或派驻船上的人员可能除外。

但如随着情况的发展,船上人员发现自身处于遇险状况时,应优先向 MRCC 而非 MAS 请求帮助

1 MAS 的建立

1.1 建立 MAS 并不意味着一定要设立一个新的机构。只要符合本指南的要求,主管机关可决定由一个现有机构(最好是 MRCC 或港口主管机构、海岸警卫队工作中心(如有)或其他机构)行使 MAS 的职能。

1.2 从实际角度看,安排 MRCC 行使 MAS 的职能是有利和有效的,但相关人员需经过良好培训,以使其能辨别造成船舶发现其处于遇险状况和船舶置于困境(但非国际搜救公约及其程序中定义的遇险)之间的区别。应忆及,MRCC 的概念是进行搜救作业的协调。对比之下,上述决议范围内的 MAS 仅负责接收和传送信息,并对情况进行监控。

1.3 本决议建议各沿海国均建立一个 MAS 的事实不应阻止相邻的沿海国按合适的布置组合其资源对 MAS 进行联合作业。

1.4 相反,一个沿海国应有能力建立一个以上的 MAS(如有必要时)。

2 公布 MAS 的建立和存在

2.1 要求各沿海国政府按照附录中的格式向 IMO 通报其 MAS 的存在和详细资料(呼叫号码和呼号等)。

2.2 IMO 秘书处将定期以通函的方式公布收集的资料。

2.3 提请发布航海信息的国家机构公布此类资料。

3 MAS 的职责

3.1 根据上述决议,MAS 的职能如下:

.1 发生涉及船舶的事故时,接收相关 IMO 文件要求的报告、咨询和通报;

.2 如上述.1 中所述的报告披露可能导致船舶需要帮助的事故时,对船舶状况进行监控;

.3 如船舶状况要求在船舶和沿海国之间交换信息(可能导致搜救作业的遇险情况除外)时,作为船长和沿海国之间的联络点;

.4 如沿海国认为应对作业的过程进行监控时,作为经公司请求由私人设施进行的海上

救助作业的相关方和沿海国之间的联络点。

3.2 MAS 的建立并不需要任何政府或行政职责的重组，根据上述决议，MAS 只是一个联络点。然而，其确实需要实施程序和指令，使 MAS 能够将收到的信息传送给主管机构并要求相关机构通过 MAS 与船舶联系。

因而，国家指令应向履行 MAS 职能的机构至少说明如下：

—将船上获得的信息传送至当局或机构；和

—从当局或机构接收关于其行动的指令和应发送至船舶的资料。

然而，一旦有信息表明船舶状况随后可能要求救援作业，必须通知不履行 MAS 职能的 MRCC，使其能做出必要的应对准备。

3.3 上述决议和本指南不会妨碍一国政府赋予其对需要帮助的船舶除上述以外的 MAS 的责任。

4 MAS 的工作

4.1 MAS 应 24 h 保持工作状态。

4.2 需要帮助的船舶与 MAS 之间应能使用英语进行交流。

4.3 各自政府应授权其 MAS 互相交流关于收到的报告和涉及可能需要帮助的船舶状况的信息。

5 通信设施

对于 MAS 的通信设施的配备，可依据通函 COMSAR/Circ. 18 "MRCC 最低通信需求导则"。

附件 2 附录

向 IMO 通报海上援助服务

MAS......（国家名称和任何补充资料）

电话：+

传真：+

电传：

国际海事卫星组织 C：

MMSI：

电子邮件：

AFTN：

VHF 频道上值班：

邮政地址：

由......（名称、电话号码、传真号码、电子邮件和邮政地址）代表......政府通报。

第 A.1002(25) 号决议
(2007 年 11 月 29 日通过)

索马里海岸附近水域中的海盗行为①和持械抢劫船舶②

大会,

忆及《国际海事组织公约》有关大会在海上安全和防止和控制船舶造成海洋污染的规则和指南方面的职责的第 15(j)条,

又忆及《联合国宪章》第一条将维持国际和平及安全列入联合国的宗旨中,

还忆及《联合国海洋法公约》(UNCLOS)第一〇〇条要求:所有国家应尽最大可能进行合作,以制止在公海上和在任何国家管辖范围外的任何其他地方的海盗行为,

进一步忆及《联合国海洋法公约》第一〇五条特别规定:在公海上,或在任何国家管辖范围以外的任何其他地方,每个国家均可扣押海盗船舶或飞机,

记及《联合国海洋法公约》第一一〇条特别使军舰、军用飞机或其他经正式授权、有清晰标志并可识别为正在从事政府服务的船舶和飞机在有合理理由怀疑船舶在从事海盗行为时能登上任何此种船舶,但根据《联合国海洋法公约》第九十五和九十六条完全享有豁免权的船舶除外,

重申 1983 年 11 月 17 日通过的第 A.545(13) 号决议:"防止海盗行为和持械抢劫船舶的措施";1991 年 11 月 6 日通过的第 A.683(17)号决议:"防止和制止海盗行为和持械抢劫船舶";1993 年 11 月 4 日通过的第 A.738(18)号决议:"防止和制止海盗行为和持械抢劫船舶的措施",

记及大会以第 A.922(22)号决议通过了《调查海盗和持械抢劫船舶罪行实用规则》("规则"),该决议特别敦促各政府采取"规则"所述的行动,调查在其管辖下的地区或船舶上发生的、对船舶的所有海盗和持械抢劫行为,并向本组织通报调查和起诉这些行为的有关信息,

还记及大会通过第 A.979(24)号决议:"索马里海岸附近水域中的海盗和持械抢劫船舶行为"特别:

— 建议了一些防止船舶在索马里海岸附近水域中受到海盗和持械抢劫袭击的措施并以此提请联合国安全理事会("安理会")注意到该情况;

---

① "海盗"在《联合国海洋法公约》第一〇一条中的定义如下:下列行为中的任何行为构成海盗行为:

(a) 私人船舶或私人飞机的船员、机组成员或乘客为私人目的,对下列对象所从事的任何非法的暴力或扣留行为,或任何掠夺行为:

(i) 在公海上对另一船舶或飞机,或对另一船舶或飞机上的人或财物;

(ii) 在任何国家管辖范围以外的地方对船舶、飞机、人或财物;

(b) 明知船舶或飞机成为海盗船舶或飞机的事实,而自愿参加其活动的任何行为;

(c) 教唆或故意便利(a)或(b)项所述行为的任何行为。"

② "持械抢劫船舶"在《调查海盗和持械抢劫船舶罪行实用规则》(第 A.922(22)号决议附件 2.2 款)中的定义如下:"持械抢劫船舶"系指在一国对此种罪行的司法权内的、除'海盗'行为以外的、针对船舶或船上的人员或财产的任何暴力或扣押非法行为或任何劫掠行为,或此种行为的威胁。"或被海盗所夺取并在海盗控制下的船舶或飞机和逮捕船上或机上人员和没收船上或机上的财物。

— 要求秘书长继续监测航行在索马里海岸附近水域的船舶受到威胁的形势；视情向理事会报告事态发展和可能需要的任何进一步行动；和

— 要求理事会监测航行在索马里海岸附近水域中的船舶受到威胁的形势，采取其认为必要的任何行动，以确保航行在索马里海岸附近水域中的船员和船舶得到保护，

满意地注意到理事会和秘书长按照第 A.979(24)号决议采取的行动，

考虑到海上安全委员会核准了第 MSC/Circ.622/Rev.1 和 MSC/Circ.623/Rev.3 号通函，其中载有在防止和制止对船舶的海盗行为和持械抢劫方面给各国政府的建议和给船东和船舶经营人、船长和船员的指导，并制定了船舶在受到袭击或袭击威胁时使用的特别信号，

注意到联合国大会第六十一届会议在 2006 年 12 月 20 日通过的第 A/RES/61/222 号决议："海洋和海洋法"特别：

.1 鼓励各国开展合作，借助旨在监测、防止和应付对海事安全和保安的威胁的双边和多边文书和机制来处理此类威胁，包括海盗行为、海上持械抢劫、走私以及针对航运、海上设施和其他海事利益的恐怖主义行为；

.2 敦促各国同本组织合作，以下列方式打击海盗行为和海上持械抢劫：采取措施，包括协助进行能力建设，例如对海员、港务人员和执法人员进行培训，以防止、报告和调查这种事件，依照国际法将被指控的行为人绳之以法；制定国内法律；提供执法船只和设备，防范不实的船舶登记；和

.3 吁请各国成为《制止危及海上航行安全非法行为公约》及其《制止危及大陆架固定平台安全非法行为议定书》的缔约国，请各国考虑成为修正这些文书的 2005 年议定书的缔约国，还敦促各缔约国采取适当措施，酌情制定法律，确保这些文书的有效执行，

还非常关切地注意到，据报告在索马里海岸附近水域发生的对船舶的海盗行为和持械抢劫事件的数目不断增加；据报告，其中一些事件在距最近陆地 200 n mile 处发生，

记及此种事件可能引起的严重的人命危险和重大的航行安全风险，

尤感不安的是索马里监测组[①]在其给安理会的 2007 年 6 月 27 日的报告[②]中特别确认：与世界其他地方不同，索马里海岸附近沿海水域中发生的海盗行为和持械抢劫船舶是因没有合法的管理和当局未能采取果断行动打击罪犯而造成的，这使"海盗指挥中心"能畅通无阻地在索马里海岸的多个地方运作，

意识到航运业和船员界，因上文所述的对在索马里海岸附近水域航行的船舶袭击，继续表示有关的严重安全和保安关切，

感到关切的是此种袭击继续对向索马里迅速和有效地交付粮食援助和其他人道主义援助带来负面影响和对索马里人民的健康和福祉带来严重威胁，

赞赏地注意到国际海事组织于 2005 年 4 月 9 至 13 日在也门萨那为红海和亚丁湾区域的国家举办的分区域海盗和持械抢劫船舶研讨会和讲习班和 2006 年 1 月 14 至 18 日在阿曼马斯喀特举行的后续会议，

---

① 由安理会通过第 S/Res/1519(2003) 号决议成立；其任务由 S/Res/1558(2004)、S/Res/1587(2005)、S/Res/1630(2005)、S/Res/1676(2006)、S/Res/1724(2006)和 S/Res/1766(2007) 号决议予以更新和扩大。

② 见联合国 S/2007/436 号文件第 89 至 91 段、118 段和 119 段；索马里监测组根据安理会 S/Res/1724(2006) 号决议提交的报告。

意识到安全理事会以2002年7月22日通过的第S/Res/1425(2002)号决议规定:对索马里的禁运令禁止向索马里直接或间接提供军事活动方面的技术咨询、经济和其他援助以及培训,

注意到安理会在2007年7月23日通过的第S/Res/1766(2007)号决议决定重新成立索马里监测组,指示它与有关国际机构协调,继续调查包括财政、海事和其他方面在内的、产生收入用于违反安理会在第S/Res/733(1992)号决议确定的不准向索马里提供任何武装和军事设备的禁运令的所有活动,

还注意到安理会对在索马里海岸附近水域继续发生海盗和持械抢劫船舶的事件感到关切:

.1 为回应第A.979(24)号决议,于2006年3月15日通过安理会主席的一项声明鼓励那些在索马里海岸邻近的国际水域和空域中有海军舰艇和军用飞机的会员国随时注意那里发生的任何海盗行为;按照有关国际法采取适当的行动,保护过往商船,尤其是人道主义援助的运送,以免受海盗之害,并进一步敦促各国,尤其是该区域各国,进行合作,积极起诉海盗犯罪行为;和

.2 在2007年8月20日的S/Res/1772(2007)号决议第18执行段中鼓励那些在索马里海岸邻近的国际水域和空域中派有舰艇和军用飞机的会员国随时注意那里的海盗事件,并根据有关国际法,采取适当行动保护商业航运,尤其是人道主义援助的运送,使其免遭海盗危害,

赞赏地注意到联合国秘书长为回应理事会特别是第九十八届会议的有关请安理会主席注意到本组织的关切并提请安理会所有成员国注意到这些关切的要求而采取的行动,

认识到索马里当前局势的特点需要有特别的反应来保护使用索马里沿海的海事界的利益,

还认识到索马里沿海航线对区域和全球海上运输的战略重要性和确保它们在所有时间都安全的必要性,

进一步认识到鉴于索马里的持续局势引起了严重关切,需要立即制定适当措施,使在索马里海岸附近水域中航行的船舶免受海盗和持械抢劫袭击,

赞赏对在索马里海岸附近水域受到袭击的船舶的呼吁作出反应者或向此种船舶提供援助者作出的努力,认知一些国际组织在提高其会员的认识、向其提供指导并将该事项报告本组织方面作出的努力,

赞赏地注意到国际商会的国际海事局在向业界提供在索马里海岸附近水域发生事件的警告方面和在船舶被劫持和船上的船员被劫为人质时提供帮助方面所做的工作,

充分尊重索马里的主权、主权权利、管辖权和领土完整以及国际法(特别是《联合国海洋法公约》)的有关规定,

审议了在通过第A.979(24)号决议后理事会第九十八届会议和第二十四届特别会议和秘书长根据索马里海岸附近水域的当前局势所采取的行动,

1 **谴责**并强烈反对在任何地方发生或可能发生的任何对船舶的海盗和持械抢劫行为;

2 **呼吁**有能力帮助采取行动的所有各方,在国际法的规定的范围内确保:

.1 立即终止所有对船舶的海盗和持械抢劫行为或未遂行为;放弃任何从事此种行为的计划;和

.2 立即和无条件释放任何被劫持的船舶、其船员和船上任何其他人员和不伤害他们；

3 **强烈敦促**各政府在国际法的规定的范围内更加努力地防止和制止在任何地方发生的对船舶的海盗和持械抢劫行为，特别是，为了法治、海上人命安全和环境保护，在应对索马里海岸附近水域中发生或可能发生的行为方面与其他政府和国际组织合作；

4 **还强烈敦促**各政府迅速：

.1 酌情向获准悬挂其船旗的船舶发出关于在索马里海岸附近水域航行时为防备袭击所需采取的其中包括避航区在内的额外预防措施的具体意见和指导；

.2 酌情向获准悬挂其船旗的船舶发出关于在索马里海岸附近水域航行期间受到袭击或袭击威胁时所要采取的任何措施或行动的建议和指导；

.3 鼓励获准悬挂其船旗的船舶确保将其在索马里海岸附近水域航行时发现的未遂袭击或已发生的海盗和持械抢劫行为的信息及时发送给附近沿海国和最近最适当的救助协调中心；

.4 提供一个联络点，使获准悬挂其船旗的船舶在航行于索马里海岸附近水域时可索取意见和帮助，并报告有关该区域的其他船舶、动态或通信的任何保安方面的关切；

.5 提请秘书长注意关于获准悬挂其船旗的船舶在航行于索马里海岸附近水域时遭受未遂袭击或海盗和持械抢劫行为的信息，以便其视情采取适当行动；

.6 鼓励获准悬挂其船旗的船舶，为了保护自身和附近的其他船舶，迅速执行附近沿海国或任何国家或主管当局可能提出的任何措施或意见；

.7 酌情制订计划和程序，帮助获准悬挂其船旗的船舶的所有人、管理人和经营人迅速解决在索马里海岸附近水面发生的劫持事件；

.8 调查在索马里海岸附近对获准悬挂其船旗的船舶发生的海盗和持械抢劫船舶的行为或未遂行为，并将任何有关信息报告本组织；

.9 采取一切必要的立法、司法和执法行动，根据国家法律接收、起诉或引渡被军舰或战机或被明确标志为或可识别为正在从事政府服务的其他船舶或飞机扣押的任何海盗、嫌疑海盗和持械抢劫者；和

.10 对于世界粮食计划署为向索马里提供人道主义援助而使用的获准悬挂其船旗的船舶，在此种船舶要由军舰或战机或被明确标志为或可识别为正在从事政府服务的其他船舶或飞机护送时，计及第6.4执行段，与有关政府缔结任何必要协议；

5 **要求**各政府指示其国家救助协调中心或其他有关机构：在收到袭击报告后，迅速通过“全球航行警告业务”、“国际安全网络系统”或其他方式向正在索马里海岸附近水域航行的船舶发出相关建议和警告，以向袭击行为的附近区域的航行活动发出警告；

6 **要求**索马里的过渡联邦政府：

.1 采取在该情况下其认为必要的任何行动以防止和制止起源于索马里的海盗和持械抢劫船舶的行为，使它们无法将其海岸线用作开展此种行动的安全的避难所；

.2 采取适当行动确保被海盗和持械抢劫人员扣留的所有船舶被立即释放，使在索马里海岸附近水域中航行的船舶从此不再成为海盗或持械抢劫行为的受害者；

.3 告知安理会：为回应国际海事组织理事会的迫切要求，它同意在印度洋作业的军舰、战机或被明确标志为或可识别为正在从事政府服务的其他船舶或飞机在打击危及海上人命安全，特别是危及为世界粮食计划署运送人道主义援助到索马里或在卸下货

物后离开索马里港口的船舶的船员安全的海盗、嫌疑海盗和持械抢劫者时，进入其领海并陈述给予同意的任何附加条件；和

.4 还告知安理会它愿意计及第4.10执行段缔结任何必要协议，使军舰、战机或被明确标志为或可识别为正在从事政府服务的其他船舶或飞机能够护送世界粮食计划署雇用的向索马里运送人道主义援助或在卸货后离开索马里港口的船舶；

7 **呼吁**该区域的各国政府与本组织合作，尽早缔结和实施一区域性协议以防止、威慑和制止海盗和持械抢劫船舶的行为；

8 **呼吁**所有其他国家政府与本组织合作，按该区域中各国政府的要求，为这些工作提供帮助；

9 **进一步要求**秘书长：

.1 将本决议的副本送交联合国秘书长供审议和供采取其可能认为适当的进一步行动；

.2 继续监测对航行于索马里海岸附近水域的船舶受到威胁的形势，视情向理事会报告事态发展和可能需要的任何进一步行动；

.3 与索马里监测组建立和保持合作；和

.4 与有关政府和组织协商制定向索马里和附近沿海国提供技术援助的程序和手段，以视情提高这些国家实施本决议的能力；

10 **要求**海上安全委员会作为紧急事项，审议和更新第MSC/Circ.622/Rev.1、MSC/Circ.623/Rev.3号通函和第A.922(22)号决议并计及当前的趋势和做法；

11 **还要求**理事会继续监测关于航行在索马里海岸附近水域的船舶遭受威胁的形势，并采取其认为适当的任何行动，以确保对在索马里海岸附近水域航行的船员和船舶的保护；

12 **废除**第A.979(24)号决议。

海安会 MSC. 167(78)决议
(2004 年 5 月 20 日通过)

海上获救人员的救护指南

海上安全委员会,

忆及国际海事组织第 28(b)条关于本委员会的职能,

注意到标题为"审议海上获救人员的救护程序和安全措施"的 A. 920(22)决议,

还忆及经修正的 1974 年国际海上人命安全公约关于下列义务的规定:

—船长应驾船全速前往援助海上遇险人员;和

—政府应确保安排沿海瞭望和救助其沿岸海上遇险人员,

进一步忆及经修正的 1979 年国际海上搜救公约关于帮助海上任何遇险人员的规定,而不论其国籍或身份或被发现时的状况如何,

还注意到 1982 年联合国海洋法公约第 98 条关于提供帮助的职责规定,

进一步注意到秘书长提议让联合国相关专门机构与计划参与审议本决议提出的问题,以便就有效而一致地解决这些问题达成共识,

认识到有必要澄清现有程序,以确保向海上获救人员提供安全处所,而不论其国籍或身份或被发现时的状况如何,

在其 78 届会议上,由 MSC. 153(78)决议通过了按其第Ⅷ(b)(i)条的规定所提出并散发的 SOLAS 公约修正案,以及由 MSC. 155(78)决议通过了按其第Ⅲ(2)(a)条的规定所提出并散发的 SAR 公约修正案,

进一步认识到经 MSC. 153(78)决议通过的 SOLAS 第 V/33 条新增 1 - 1 条以及经 MSC. 155(78)决议通过的 SAR 公约附则 3. 1. 9 的目的是要确保在任何情况下都能及时提供安全处所,继而指出,向在搜救区域中所发现的幸存者提供安全处所或确保提供安全处所的责任是由负责该搜救区域的缔约国政府承担,

1 **通过**海上获救人员的救护指南,其文本载于本决议的附件;

2 **提请**各政府、搜救协调中心和船长尽快建立符合附件中指南的程序;

3 **提请**各政府让有关当局、船东、营运人和船长注意附件中的指南;

4 **要求**秘书长采取相应措施在各机构间进一步起积极作用,将进展情况(尤其是有关协助海上遇险人员提供安全处所的程序)通知海上安全委员会,以便本委员会采取其认为适当的行动;

5 **决定**保持对本决议的审议。

附　件

海上获救人员的救护指南

1　目的

1.1　本指南的目的是向政府[①]和船长提供有关人道主义义务和有关海上获救人员救护的国际法中规定的义务的指导。

1.2　船长提供帮助的义务应补充 IMO 成员国政府相应的义务，以协调和帮助解除船长向幸存者提供看护和把海上获救人员转移到安全处所的责任。本指南旨在帮助政府和船长更好地理解海洋法要求的义务，并提供与执行该指南有关的帮助和指导。

2　背景

IMO 大会 A.920(22)决议

2.1　IMO 大会在其 22 届会议上通过了审议海上获救人员的救护程序和安全措施的 A.920(22)决议。该决议要求 IMO 各机构审议所选的 IMO 公约，以确定任何分歧、矛盾、模棱两可、含糊不清或与海上获救人员救护有关的其他不适当之处。其目的是帮助确保：

.1　向遇险事件的幸存者提供援助，而不论其国籍或身份或他们被发现时的状况如何；

.2　救起海上遇险人员的船舶能把幸存者转移到安全处所；和

.3　按相关的国际协议和海上人道主义传统惯例，在船上以相关 IMO 文件规定的方式对幸存者予以救助，而不论其国籍或身份。幸存者包括非法移民、避难寻求者和难民，以及偷渡者。

2.2　根据 A.920(22)决议的要求，秘书长把海上获救人员的问题提请联合国相关专门机构和计划注意，强调联合国各机构之间协调的必要性并征求相关机构在其各自管理范围内的信息。机构之间集中于非救助问题的国家职责的努力，例如超出 IMO 能力范围的移民和避难问题，是对 IMO 努力的重要补充。

SOLAS 和搜救公约修正案

2.3　海上安全委员会(MSC)在其 78 届会议上通过了国际海上人命安全公约(SOLAS)第Ⅴ章和国际海上搜救公约(SAR 公约)附件中第 2、3 和 4 章的相关修正案。这些修正案预计于 2006 年 7 月 1 日生效。MSC 在同一届会议上通过了现行指南；这些修正案用于制定该指南。这些修正案和现行指南的目的是帮助确保遇险人员获得援助，同时尽可能减少对援助船舶造成的不便并确保搜救服务机构的不断完善。

2.4　特别要强调的是，SOLAS 公约第Ⅴ/33 条 1－1 和经修正的国际海上搜救公约附则中 3.1.9 要求把协调和合作的义务归于政府层面，以确保允许帮助海上遇险人员上船的船长最低限度地偏离其预定的航线。

2.5　MSC 在通过这些修正案时认识到，新增的 SOLAS 公约第Ⅴ/33 条 1－1 和经修正的 1979 年国际海上搜救公约附则中 3.1.9 的目的是要确保在任何情况下及时提供安全处所。向在搜

---

① 政府一词用于本指南时分别指经修正的 1974 年国际海上人命安全公约(SOLAS)的缔约国政府或指经修正的 1979 年国际海上搜救公约的缔约国。

救区域中发现的幸存者提供安全处所或确保提供安全处所的责任由负责该搜救区域的缔约国政府承担。

2.6　但是,每种事例都会涉及不同的情况。这些修正案使负有责任的政府能灵活地逐例说明每种情况,同时确保提供援助的船长在合理的时间内并在对船舶尽可能没有不利影响的情况下解除其责任。

2.7　对相关国际法的一些意见附于附录中。

3　**优先项**

3.1　当船舶援助海上遇险人员时,各有关方之间需要协调以确保通过适当考虑符合国际法的边界控制、主权和保安事宜,使所有下列优先项得到满足:

救生

所有海上遇险人员都应及时获得援助。

搜救服务保持完整和有效

海上船舶提供的及时援助是全球搜救服务的重要组成部分;因此,船长、航运公司和船旗国应享有优先权。

解除船长援助人员之后的责任

船旗国和沿岸国应及时、恰当、有效地帮助船长转移船舶在海上救起的人员。

4　**国际航空和海上搜救手册**

4.1　已经制定了三卷《国际航空和海上搜救手册》(IAMSAR 手册)。该手册用于帮助各政府满足其搜救的需要,并承担其按照 SOLAS 公约、SAR 公约和国际民航公约要求所接受的义务。各政府被鼓励发展和改进其搜救服务,与邻国合作,并把搜救服务作为全球系统的一部分。

4.2　IAMSAR 手册每一卷的编写都考虑到特定搜救系统的责任,并可作为一个独立的文件使用,或与其他指导性文件一起使用,作为全览搜救系统的一种工具。

4.3　第Ⅰ卷—组织和管理讨论了全球搜救系统的概念、国家和地区搜救系统的建立以及与邻国合作提供有效而经济的搜救服务。

4.4 第Ⅱ卷—使命协调帮助制订搜救计划和协调搜救演练的人员。

4.5 第Ⅲ卷—移动设施—配备给船舶、飞机和救助单位所用,帮助实施搜寻、救助或现场协调员的职能以及与其应急事务有关的搜救。

5　**船长**

一般指导

5.1　全世界的搜救服务都依靠海上船舶援助遇险人员。安排完全依靠专门的岸基救助单位向所有海上遇险人员提供及时援助的搜救服务是不可能的。为了提供海上人命安全,保持全球搜救服务的完整性并遵循人道主义和法律责任,船长具有必须承担的特定职责。在这方面,船长应:

.1　根据国际法的要求,理解并注意援助海上遇险人员的义务(应始终提供这种帮助,不论遇险人员的国籍或身份或被发现时的状况如何);

.2　在船舶的能力范围内,尽一切努力人道地救助幸存者并满足他们的直接需要;

.3　根据 IAMSAR 手册第 III 卷的规定,实施搜救的职责;

.4　如果负责幸存者获救区域的搜救协调中心联系不上,应尽力联系另外一个搜救协调中心,或者如果也联系不上,可以联系任何其他能提供援助的政府当局,同时应认识

到,幸存者获救区域的搜救协调中心仍负有救援的责任;

.5 应不断把幸存者的情况、需要的帮助和对幸存者所采取或制定的措施通知搜救协调中心(见6.10关于搜救协调中心可能希望获得的其他信息);

.6 力求确保不让幸存者离船到达一个更不安全的地方;和

.7 遵循负责获救人员搜救区域的政府的任何相关要求,或符合另一个沿岸响应国的相关要求,并从遵循这些要求时出现问题的当局那里寻求附加指导。

5.2 为了更有效地提高海上人命安全,船舶应加入为方便搜救操作而建立的船舶报告系统。

6 政府和搜救协调中心

职责和准备

6.1 政府应确保其各自的搜救协调中心(RCC)和国内其他有关当局具有足够的指导和职权,以履行与其他条约义务及本决议中的现行指南相一致的职责。

6.2 政府应确保其搜救协调中心和救助单位根据IAMSAR手册规定的标准和程序进行运作,同时确保在其船旗下营运的所有船舶在船上配备IAMSAR手册第Ⅲ卷。

6.3 船舶在海上救助人员之后其他不应有不当延误,财政负担或其他相关的困难;因此,沿岸国应尽快协助船舶。

6.4 一般说来,在救援船和任何沿岸国之间发生的任何搜救协调事宜,都应通过负有责任的搜救协调中心予以处理。国家可以授权给各自的搜救协调中心24 h处理这种协调事宜,或者可以委派国家其他当局迅速帮助搜救协调中心履行其职责。其他搜救协调中心应准备好独自迅速行动,或如需要,及时与其他当局联系,以便及时作出救助幸存者的决定。

6.5 每个搜救协调中心应有有效的操作计划和安排(机构或国际计划和协议,如适用),用于回应各种类型的搜救情况。这种计划和安排应覆盖在其相关搜救区域内发生的事件,如果需要,在负责获得援助区域的搜救协调中心(见6.7)或者另一个处于更佳位置处理事件的搜救协调中心接受职责之前,还应覆盖在其搜救区域之外发生的事件。这些计划和安排应包括搜救协调中心如何协调:

.1 救援作业;

.2 幸存者离船;

.3 把幸存者转移到安全处所;和

.4 其他当幸存者还在援助船上出现涉及幸存者的国籍、身份或当时的状况的非搜救问题时,尽力与其他实体(例如海关,移民局或船东或船旗国)协调;并迅速提出初始边界控制或移民问题以尽量避免可能对援助船舶造成负面影响的延误,包括在这些问题正在解决期间临时安排招待幸存者。

6.6 操作计划、联系活动和通信安排应在与航运公司和响应或离船努力需涉及的国内或国际当局一起开展救助期间或之前提供适当的协调。

6.7 如适合,联系的第一个搜救协调中心应立即着手努力将情况转到负责正在提供援助的区域的搜救协调中心。负责需要援助的搜救区域的搜救协调中心得到通知时,应马上负责协调救助努力,因为相关的职责,包括为幸存者安排安全处所,主要由负责该区域的政府承担。但是,在相关搜救协调中心或其他主管当局承担责任前,第一个搜救协调中心应负责协调该事情。

6.8 政府和相关搜救协调中心应尽力减少幸存者呆在援助船上的时间。

6.9　相关的国家当局应尽快安排幸存者离船；但船长应明白，在有些情况下，必要的合作会导致不可避免的延误。

6.10　搜救协调中心应从援助船的船长那里寻求获取下列信息：

.1　幸存者的资料，包括姓名、年龄、性别、健康和医疗状况以及任何特殊医疗需求；

.2　船长对援助船持续安全性的判断；

.3　船长已采取或准备采取的措施；

.4　援助船增加人员后的现有承受能力；

.5　援助船的下一个预计停靠港；

.6　船长希望的幸存者离船安排；

.7　在救助期间或之后援助船可能需要的任何帮助；和

.8　任何特殊因素（如盛行的天气情况，有时间要求的货物）。

6.11　救助遇险人员的船上潜在的健康和安全事宜包括船上人员缺乏足够的救生设备、水、供应品、医护和膳食，以及当船上人员有攻击或暴力现象时，船员和乘客的安全缺乏保障。在有些场合，可以建议搜救协调中心安排搜救人员或其他人员造访援助船以更好地了解船上情况，帮助满足船上的需要，或方便幸存者安全离船。

安全处所

6.12　安全处所（见 1979 年搜救公约附件 1.3.2）是一个救助行动被认为结束的地方。这也是一个幸存者的生命安全再也不受威胁的地方，幸存者的基本需求（诸如食物、遮蔽和医疗需求）可以得到满足。这地方还可以安排幸存者去下一个目的地或最终目的地。

6.13　不应仅根据幸存者一旦上船就没有直接危险这一现实就认为援助船是一个安全处所。援助船可能没有合适的设施和设备承受船上增加的人员而不危及船舶自身的安全或影响对幸存者的护理。即使船舶能够安全地提供幸存者膳食起居并可以作为临时安全处所，一旦有其他替代安排，该船就应解除该责任。

6.14　安全处所可以在陆上，或者在幸存者离船去下一个目的地之前，可以在一个救助船上或在其他可以作为安全处所的适当船舶或海上设施上。

6.15　经修正的公约指出把幸存者转送到一个安全处所时应考虑事情的特殊情况。这些情况可以包括下列因素，如援助船上的情况、现场条件、医疗需求和是否能获得交通工具或其他救助设施。事情各有各的特点，安全处所的选择需要考虑许多重要因素。

6.16　考虑了相关因素和风险之后，政府间应相互合作为幸存者提供适当的安全处所。

6.17　就从海上救起的避难寻求者和难民来说，应考虑有必要避免在那些担心受到迫害的人的生命和自由会受到威胁的区域离船。

6.18　援助船或其他船舶往往能把幸存者运送至安全处所。但是，如果船舶很难行使其职能，搜救协调中心应尽力安排使用其他合理的替代方法。

非搜救考虑

6.19　如果需要解决幸存者的状况或其他非搜救事宜，一旦幸存者已被转移至安全处所，有关当局往往可以处理这些事宜。直至那时，搜救协调中心才负责与任何国内或国际当局或涉及该事情的其他当局合作。可能要求注意的非搜救考虑问题的例子包括溢油、现场调查、打捞、作为移民或避难寻求者的幸存者、一旦被转移至安全处所的幸存者的需求或保安或法律实施事宜。除搜救协调中心之外的国家当局一般负有承担这种努力的主要责任。

6.20　诸如对获救人员的调查和状况评估的任何超出向遇险人员提供援助的操作和程序都不允许妨碍对这种援助的规定，或不允许过度延误幸存者从援助船离开的时间。

6.21　虽然与避难寻求者、难民和移民身份有关的救助之外的问题超出了 IMO 的管理权限，也超出了 SOLAS 公约和搜救公约的范围，各政府应意识到，国际组织或其他国家主管当局在这种情况下可能提供援助，可能迅速与他们取得联系，并提供其搜救协调中心可能在这方面需要的任何指示，包括如何提醒有关国内当局承担责任。国家应确保其响应机构充分承担起国家各方面的责任。

6.22　负责这些事务的当局可以要求搜救协调中心从援助船那里获得一条船或其他遇险船舶的一些信息，或获救人员一些的信息。国内有关当局也应意识到在与搜救协调中心合作方面他们需要做的事情（尤其是关于联系船舶的事情），以及应急响应获救人员上船的情况。

附　录

对相关国际法的一些意见

1　船长在海上提供援助的义务是由来已久的海上传统。这是一种由国际法所认可的义务。1982年联合国海洋法公约(UNCLOS)第98条制定的该义务提到,各国应要求悬挂其国旗的船舶的船长,只要能做到对船舶、船员或乘客没有严重危害,就应向任何处于生命危险的海上遇险人员提供援助。此外,让国家承担敦促建立、运行和维护与海上安全有关的适当有效的搜救服务的职责。

2　搜救公约把救助定义为"援救遇险人员,向其提供基本的医疗需求或其他需求,并把他们转移到安全处所的行为。"搜救服务被定义为"遇险监控、通信、协调和搜救职能的行为,包括通过利用公共和私人资源,提供医疗建议、基本医疗援助或医疗疏散。这些资源包括合作飞机、船舶和其他浮动工具及设施。"搜救服务包括安排幸存者离开援助船。搜救公约确立了国家委任其救助协调中心职责和权限的原则,即该救助协调中心是船舶、救助单位、其他搜救协调中心和其他救助协调当局的主要联系点。关于国家义务,搜救公约还讨论了有必要安排搜救服务、建立搜救协调中心、国际合作、搜救协调中心运作程序和搜救过程中使用船舶报告系统。

3　搜救公约没有对"安全处所"作定义。但是,它与搜救公约仅根据地理位置定义安全处所的意图不一致。例如,安全处所不一定是在陆上。它更应根据其特征以及它能向幸存者提供什么来确定。这个地方应被视为救助行动结束的地方。这个地方也是幸存者的生命安全不再受到威胁,且其基本需求(诸如食物、遮蔽和医疗需求)可以得到满足的地方。更进一步来说,这个地方可以安排把幸存者送往下一个目的地或最终目的地。

4　SOLAS公约第Ⅴ/33.1条规定,"处于能提供援助位置的船舶船长在接到来自任何方面的关于海上人员遇险的信号时,应以全速前往提供援助,如有可能应通知遇险人员或搜救机构本船正在前往援助中。"类似的义务在其他国际文件中有所规定。本指南的任何条款都不能以任何方式影响那些义务。为了保持搜救服务的完整性,符合这义务是非常重要的。SOLAS公约第Ⅳ条(不可抗力情况)的规定保护船长,只要由于不可抗力或因船长负有搭载失事船舶人员或其他人员的义务而登上船的人员不作为确定本公约的规定适用于该船的依据。SOLAS公约还在第Ⅴ章第7条中规定各政府安排救助服务的职责。

5　作为国际法的一般原则,一个国家的主权允许该国控制其边境,从其领土驱逐外来人员,并制定管理外来人员进入本国领土的法律。根据UNCLOS和其他国际法的规定,一个国家除了对领土和国内水域有主权外,还对领海有主权。更进一步说,如UNCLOS第21条所规定的,沿岸国可以通过有关无害通过邻海的法律和法规,来防止在其他事情中违反该沿岸国的移民法。

6　根据UNCLOS第18条的规定,无害通过的船舶可以在沿岸国领海内停留或抛锚,"但以通常航行时所附带发生的或由于不可抗力或遇难所必要的或为救助遇险或遭难的人员,船舶或飞机的目的为限"。UNCLOS没有明确指出遇险时是否有权进入港口,尽管根据国际法惯例,当船上人员的安全遭受明显的威胁时,遇险船舶一般有权进入一个港口,虽然这不是绝对的。这种威胁常常随着时间而逐渐恶化,因而有必要立刻进入港口以确保船舶和船上人员的安全。

然而,遇险船舶进入港口的权利牵涉到生态平衡和对船舶安全的直接威胁造成其进港后对港口带来的风险。这样,当船上人员的安全得到保障后,如果船舶给沿岸国带来了严重又难以接受的安全、环境、健康和保安的威胁,沿岸国可以拒绝该船进入其港口。

7　难民公约在第33.1条规定的禁止驱逐或遣返中,禁止缔约国把难民驱逐或遣返至领土边境,在那里,他或她的生命或自由可能会因其种族、宗教、国籍、特定社会集团的会员身份或政治观点的原因而受到威胁。其他相关的国际法也包括禁止把难民遣返到完全有理由相信其会遭受折磨危险的地方。

8　其他相关规定(并全部都在IMO的权限范围内)主要包括如下:

经修正的1979年国际海上搜救公约(全文)

经修正的1974年国际海上人命安全公约第V章第33条

1965年国际便利海上运输公约,特别是第6.C节,6.8至6.10的标准

1983年国际救助公约第11条

1982年联合国海洋法公约第98条

1951年联合国关于难民状况公约及其1967年议定书

2000年联合国反对跨国组织犯罪公约及其议定书

反对陆上、海上和空中走私移民的议定书

防止、禁止和惩罚非法人口买卖,尤其是买卖妇女和儿童的议定书

A.773(18)决议通过防止和镇压与外来船舶走私有关的不安全行为来加强海上人命安全

A.871(20)决议寻求成功解决偷渡事件的责任分配指南

A.867(20)决议对抗与海上非法买卖或运输移民有关的不安全行为

IMO全球搜救计划—SAR.8/Circ.1和附录说明(海事法的无线电信号清单,卷5是一个实用的选择)

MSC/Circ.896/Rev.1对抗与海上非法买卖或运输移民有关的不安全行为的临时措施

海安会通函 MSC/Circ. 1049

(2002 年 5 月 18 日)

救生艇事故

1　海上安全委员会在其 75 届会议(2002 年 5 月 15 日至 24 日)上,**审议了**近几年来在进行救生艇演习和/或检查时发生的船员受伤,有时甚至危及生命的不能接受的大量救生艇事故的问题。

2　本委员会**注意到**多数事故是属于下列类别的:

.1　受载脱开机构失灵;

.2　受载脱开机构的操作失误;

.3　对救生艇、吊艇架和降落设备的维护不当;

.4　联络失灵;

.5　对救生艇、吊艇架、设备和相关的操纵装置不熟悉;

.6　在救生艇演习和检查时的不安全操作;和

.7　受载脱开机构以外的设计错误。

3　在对这些问题作**进一步的审议**之前,本委员会希望引起制造厂、船东、船员和船级社对人员伤亡的注意,这些伤亡可能是由于设计、制造、维护和操作救生艇、吊艇架和相关设备不够注意而引起的。

4　**请**各成员国政府:

.1　促使其海事主管机关、有关行业组织、制造厂、船东、船员和船级社注意本通函;

.2　在制定适当的 IMO 导则之前,采取必要的措施以避免更多的救生艇事故发生;

.3　确保:

.3.1　在悬挂其国旗的船舶上使用的受载脱开装置完全符合救生设备规则中 4.4.7.6.2.2 的要求;

.3.2　在船上备有所有有关救生艇、降落装置和相关设备的维护和调试的文件;

.3.3　承担救生艇、降落装置和相关设备检查、维护和调试的人员经过全面的培训,并熟悉这些职责;

.3.4　对救生艇、降落装置和相关设备的维护根据经批准制定的程序进行;

.3.5　救生艇演习根据 SOLAS 公约第Ⅲ/19.3.3 条进行,目的是确保船上人员能够在紧急情况时安全地登入并降落救生艇;

.3.6　工作安全和健康的原则也适用演习;

.3.7　承担维护和修理工作的人员具备相应的资格;

.3.8　放松短索只能在维护时使用,不能在训练时使用;

.3.9　对设计和认可救生设备时要求的所有试验严格按本组织制定的指南进行,以使设计错误在早期被发现和纠正;

.3.10　设备应易于接近进行检查和维护,除了经受原型试验外,还能证明能在苛刻的工作条件下持续工作；

.3.11 在为认可而对设备进行评定时，进行认可的当局或组织密切注意合适的工艺和最优化的可能性；和

.4 鼓励船东雇用合格人员，最好是经制造商鉴定的人员承担维护和修理工作。

5 **进一步请**各成员国政府在实施 SOLAS 公约第Ⅸ/4.3 条时，确保上述事项能通过船公司相关的安全管理体系予以采纳。

五、事故报告

第 A.849(20)号决议
(1997 年 11 月 27 日通过)

船舶事故和突发事件调查规则

大会,

忆及国际海事组织公约有关大会在海上安全和防止与控制船舶造成海洋污染的规则和指南方面的职责的第 15(j)条,

关切地注意到尽管本组织作出了最大的努力,造成人命损失、船舶灭失和海洋环境污染的事故和事件仍继续发生,

还注意到船员和旅客的安全和海洋环境的保护可通过查明船舶事故和事件的情况和原因的及时和准确的报告而得到加强,

进一步注意到联合国海洋法公约(海洋法公约)第 2 和 94 条规定的沿海国和船旗国的权利和义务,

此外还注意到 1974 年国际海上人命安全公约第Ⅰ/21 条、1966 年国际载重线公约第 23 条和 1973 年国际防止船舶造成污染公约第 12 条规定的船旗国进行事故调查和向本组织提供有关结果的责任,

考虑到根据前述公约确保要求船旗国调查所有严重和非常严重事故的必要性,

承认对船舶事故和事件的调查和适当分析可导致对事故起因的了解和产生旨在加强海上人命安全和海洋环境保护的补救措施,包括更好的培训在内,

认识到需要有一规则在国家法律允许的范围内提供船舶事故和事件调查的标准做法,其唯一目的是正确查明事故和事件的原因和潜在原因,

还认识到航运的国际性和在对船舶事故或事件有重大利害关系的政府间为确定其情况和原因进行合作的必要性,

审议了海上安全委员会第六十八届会议和海洋环境保护委员会第四十次会议的建议:

1 **通过**载于本决议附件中的船舶事故和事件调查规则;

2 **请**所有有关政府采取适当措施尽快实施该规则;

3 **要求**船旗国对所有非常严重和严重的船舶事故进行调查并向本组织提供所有有关结果;

4 **废除**第 A.173(ES.Ⅳ),A.440(Ⅺ)和A.637(16)号决议。

附件

船舶事故和突发事件调查规则

1 前言

1.1 本规则认识到，根据海事组织公约，当断定船舶事故调查可帮助确定现有规则需做何种变更或此种事故是否已对环境产生了重大有害影响时，每一船旗国有责任对其船舶发生的任何事故进行调查。本规则还考虑到，根据海洋法公约第94条的规定，船旗国应促成适当的合格人员进行或在其在场时进行某些公海事故或事件的调查。但是，本规则也认识到，如果事故发生在某一国家的领海或内水，根据海洋法公约第2条，该国有权对任何可能对生命或环境构成威胁、涉及该沿海国搜寻与救助当局或在其他方面对该沿海国造成影响的此类事故的原因进行调查。

1.2 本规则的目的在于促进船舶事故和事件安全调查的共同办法和促进在查明船舶事故的促成因素方面的国家间合作。此种共同办法和合作的结果将有助于补救行动和提高船员和旅客安全及海洋环境保护。本规则认识到，为达到这些目的需互相尊重国家规则和做法并特别强调合作。

1.3 通过采用船舶事故调查和报告此种事故的共同办法，国际海事界可以更好地了解引起和造成或促成船舶事故的因素。下列方法可促进共同做法：

.1 明确规定船舶事故调查的目的和进行调查的指导原则。

.2 规定有重大利害关系的国家间的协商和合作框架。

.3 确认如果能对正在试图帮助调查的个人在自证其罪方面和在对其生活的任何后续危险方面给予一定程度的豁免，则将促进信息的自由流动。

.4 制定一个共同的报告格式，以便利公布和分享需吸取的教训。

1.4 本规则不是为了排斥任何其他调查方式，无论是民事、刑事、行政还是其他的行动方式，而是为了制定一个船舶事故调查程序，其目的在于查明与事故有关的情况、促成因素、公布事故原因和提出适当的安全建议。船舶事故调查最好应分离并独立于任何其他调查方式。

2 目标

任何船舶事故调查的目标都是防止今后发生类似事故。调查通过收集和分析信息和作出结论，查明所调查事故的情况和确定其原因及促成因素。理想的做法是，此种调查的目的最好不是确定责任或者分摊责任。但是，调查主管当局不应不充分报告原因，因为过失或责任可从结果中推断出来。

3 适用范围

本规则适用于在国家法律允许的范围内调查一个或多个具有重大利害关系的有关国家涉及在其管辖下的某一船舶的船舶事故或事件。

4 定义

就本规则而言：

4.1 *船舶事故*是指引起下列任一情况的事件：

.1 由船舶的作业造成或与其相关的人员的死亡或重伤；或

.2 由船舶的作业造成或与其相关的人员从船舶上的失踪；或
.3 船舶的灭失、推断的灭失或弃船；或
.4 船舶严重损坏；或
.5 船舶搁浅或丧失能力，或船舶发生碰撞；或
.6 船舶作业造成或与其相关的材料损坏；或
.7 一艘或多艘船舶作业或与其相关造成的一艘或多艘船舶的损坏引起的对环境的损害。

4.2 非常严重事故是指涉及船舶全损、人命丧失或严重污染的船舶的事故。

4.3 严重事故是指尚不构成非常严重事故的事故，它涉及：
.1 造成的火灾、爆炸、搁浅、接触、恶劣气候损害、冰损、船体破裂或可疑的船体缺陷等；
.2 使得船舶不适航的结构性损坏，例如水下船体穿孔、主机停车、居住区大范围损坏等；或
.3 污染（不论数量）；和/或
.4 需要拖带或岸上帮助的故障。

4.4 海上事件是指船舶作业或与其相关造成的情况或事件，致使船舶或任何人员陷于危险，或作为其结果，船舶或结构或环境可能遭受严重损害。

4.5 原因是指导致事故或事件的行为、不为、事件、现状或原有状况或其综合。

4.6 船舶事故或事件安全调查是指公开或用相机进行的旨在防止事故的工作，包括收集和分析信息，作出结论，包含查明情况、确定原因和促成因素，并在适当时提出安全建议。

4.7 船舶事故调查官是指合格并被指定根据关于促进海上安全和海洋环境保护的国家立法所制定的程序调查事故或事件的一个或多个人员。

4.8 严重受伤是指在事故中导致人员在从受伤之日起的 7 天内有超过 72 h 无行为能力的受伤。

4.9 船舶是指水上航行中使用的任何类型的船舶。

4.10 牵头调查国是指有重大利害关系的国家间相互同意的负责调查工作的国家。

4.11 有重大利害关系的国家是指：
.1 被调查船舶的船旗国；或
.2 船舶事故在其内水或领海发生的国家；或
.3 船舶事故对该国的环境或国际法承认的该国有权行使管辖权的区域内的环境造成严重损害或严重损害威胁的国家；或
.4 船舶事故的后果对该国或其有权行使管辖权的人工岛、装置或结构造成严重损害或严重损害威胁的国家；或
.5 由于事故，其国民死亡或严重受伤的国家；或
.6 掌握对调查可能有用的重要信息国家；或
.7 出于其他一些原因，牵头调查国认为具有重大的利害关系的国家。

5 进行船舶事故调查

5.1 进行调查时，应考虑下列各项：
.1 彻底和公正的船舶事故调查是确定事故情况和原因的最有效方法；
.2 只有通过具有重大利害关系的国家间的合作才能对船舶事故作出充分的分析；

.3　应对船舶事故调查给予和所进行的确定责任或过错的刑事或其他调查相同的优先性；

.4　船舶事故调查官应能随时取得有关安全信息，包括船旗国、船东和船级社记录，不得以竞争调查之由而禁止使用信息；

.5　在无论发生于何处的船舶事故或海上事件的调查中，应有效使用所有的记录数据，包括航行数据记录仪 VDR（如装有的话），进行调查的国家应安排航行记录仪的读出装置；

.6　应向海上事故调查官提供与各自国家的政府检验员、海岸警卫官员、船舶交通服务操作员、引航员或其他海上人员进行联络的机会；

.7　调查应考虑海事组织或劳工组织出版的任何建议书或文件，特别是有关人的因素者，以及其他有关国际组织通过的任何其他建议书或文件；

.8　将调查报告在向航运界和公众公开时，最为有效。

5.2　按照9，在进行此种调查时，其他有重大利害关系的国家应被邀请派代表参加，在其过程中被接受为工作中的一方，并应与进行调查的国家具有平等地位、权利和使用证据的机会。

5.3　认识到卷入事故的任何船舶均可能继续进行其业务，船舶的延误不得多于其所绝对必需者，进行调查的国家应尽快开始调查，不得无理由地延误船舶。其他有重大利害关系的国家可通过相互协议立即或在稍后阶段加入调查。

6　调查事故和事件的责任

6.1　鼓励船旗国确保对发生于其船舶的所有事故进行调查。所有严重和非常严重事故都应予调查。

6.2　如船舶事故或事件发生在一国的领海内，鉴于认识到该国对其公民的义务和海洋法公约规定的领海的法定地位，认识到船旗国负有的责任，船旗国和沿海国应尽力合作并相互议定应由哪一个国家担当牵头调查国。

6.3　船舶事故或事件发生于公海上，船旗国应对其任何船舶的事故进行调查。如果事故是涉及另一船旗国的船舶的碰撞，则该两国应根据本规则相互协商和同意哪个国家为牵头调查国并根据本规则确定最好的合作方法。根据9.1，如果另一国由于船员、旅客或其他人员的国籍或事故位置的原因是有重大利害关系的国家，则该一国或多国应被邀请参加调查。

6.4　通过充分参与另一有重大利害关系的国家进行的调查，该船旗国应视为履行了其海洋法公约第94条第7款规定的义务。

6.5　调查应在事故发生后尽实际可能快地开始。有重大利害关系的国家应通过相互协议被允许在调查的任何阶段参加另一有重大利害关系的国家进行的调查。

7　牵头调查国的责任

牵头调查国应负责：

.1　与有重大利害关系的国家联系制定调查事故的共同战略；

.2　提供负责和协调调查的调查员；

.3　根据调查国的法律确定调查参数并确保调查尊重那些法律；

.4　担当采访记录和调查中收集的其他证据的保管人；

.5　准备调查报告，并收集和反映有重大利害关系的国家的意见；

.6　当适用时，与进行其他调查的其他机构协调；

.7 提供合理的后勤支持;和

.8 与非调查组成员的机构、组织和个人联络。

8 协商

8.1 尽管船长或船东负有将船舶发生的任何事故通知船旗国主管当局的义务,但如事故或事件发生于另一国的内水或领海,该沿海国仍应尽少延误地将情况和该沿海国建议的何种行动(如有的话)通知一个或多个船旗国。

8.2 事故之后,调查国应通过驻该国的领事馆或与 MSC/Circ. 781/MEPC. 6/Circ. 2 中所列的有关主管当局联系的方式通知其他有重大利害关系的国家。该国和其他有重大利害关系的国家应尽早就确定调查和确定合作细节进行协商。

8.3 任何规定均不损害任何国家按照其本国立法对发生在其管辖范围内的船舶事故进行单独调查的权利。最好是,如果多于一个国家要单独进行调查,则本规则建议的程序应得到遵守,并且那些国家应协调此种调查的时间,以避免在对见证人和使用证据的要求上发生冲突。

9 合作

9.1 如两个或多个国家同意合作并同意船舶事故调查程序,进行调查的国家应邀请其他有重大利害关系的国家派代表参加该调查,并且根据本规则的目的,允许此种代表:

.1 询问见证人;

.2 阅看和检查证据并复印文件;

.3 提供证人或其他证据;

.4 提出有关证据的文件,对最后报告提出意见并使他们的看法在最后报告中得到恰当反映;和

.5 得到关于调查的记录副本、供述和最后报告。

9.2 鼓励各国确保为船舶事故中的所有有重大利害关系的国家对调查的最大参与。

9.3 涉及船舶事故的船舶的船旗国应帮助在促进向调查提供船员方面提供并鼓励船员与进行调查的国家合作。

10 记录的公开

10.1 调查无论发生于何处的事故或事件的国家不得将在进行调查期间获得的下列记录用于非事故调查的目的,除非该国适当的司法当局认定,公布它的好处超出对调查或任何未来调查的任何可能的国内和国际负面影响,并且提供此信息的国家授权其进行公布:

.1 调查当局在调查过程中从人员那里取得的所有供述;

.2 参与船舶营运的人员之间的所有通信;

.3 与事故或事件有关的人员的健康或私人信息;

.4 进行调查过程中表示的意见。

10.2 只有当这些记录与事故或事件的分析有关时,方应列入最后报告或其附录。与最后报告无关和未列入其中的部分不应公开。

11 人员和物质资源

政府应采取一切必要措施确保其拥有使其能够进行事故调查的足够手段、有适当合格的人员和物质资源。

12 公布和向海事组织提交船舶事故报告

12.1 牵头调查国应向所有有重大利害关系的国家送交一份最后报告草案副本,请其尽快对

报告提出重要和具体的意见。如果牵头国在 30 天或相互同意的某一期限内收到意见,则应要么修改最后报告草案将意见的主要内容纳入其中,要么将意见附于最后报告。如果牵头调查国在相互同意的某一期限届满后未收到任何意见,则其应按照适当要求将最后报告送交本组织,并将该报告加以公布。

12.2 通过充分参与将向海事组织报告的另一个有重大利害关系的国家进行的调查,船旗国应被视为履行了海事组织的公约规定的义务。

12.3 船舶事故情况和原因报告或报告的有关部分应尽可能快地完成并提供给公众和航运界,以便通过提高对引起船舶事故的综合因素的了解增进海上人命安全和海洋环境保护。

12.4 如有重大利害关系的国家不同意上述 12.1 所述的报告的全部或一部,它可向本组织提交其自己的报告。

12.5 调查国在确定需要采取紧急安全行动时可向适当主管当局提出临时建议。

13 重新调查

当与任何事故的有关的新证据被提出时,应对其进行充分评估并提交给其他有重大利害关系的国家以供适当地输入。如果具有可能实质上改变对发生的船舶事故的情况的判断和可能实质上改变有关其原因的结论或任何相应建议的新证据,各国应考虑其结论。

14 报告内容

14.1 为了便利事故调查信息的流通,每个报告均应符合下述 14.2 中所列的基本格式。

14.2 凡可能时,报告均应列入:

.1 概括事故基本事实和说明是否因此发生任何死亡、受伤或污染的概述;

.2 船旗国、船东、经理、公司和船级社的身份;

.3 任何有关船舶的尺寸和轮机的细节,以及船员、工作程序和诸如在船上服务的时间等其他有关事项的叙述;

.4 事故情况的详细叙述;

.5 使报告得出逻辑性结论或结果的分析和意见,查明促成事故的所有因素;

.6 分析和评论促成因素包括机械和人力因素,并符合海事组织数据库的要求的一节或数节;和

.7 如适当,旨在防止类似事故的建议。

15 主管机关之间的联系

为便利本规则的实施,各国应将可就事故调查合作事项进行联系的其政府内的负责主管当局通知本组织。

附　录

帮助调查员实施本规则的指南

前言

本节的内容应视为帮助调查官在调查中进行合作的指南。调查官应记住海事组织船舶事故和事件报告制度所要求的信息。

为遵守本规则,参与的调查官必以调查地的法制要求为指导。特别是,合作的调查官必须以诸如下列的问题受国家法律要求为指导:

—向有关各方提供正式调查通知;

—登船和取得文件;

—安排与见证人的面谈;

—面谈中法律顾问或其他第三方的参加。

1　所有情况下通常要求的信息

1.1　*船舶细节*

船名、海事组织编号、国籍、登记港、呼号

如适当,船东和经营人名称和地址,再者,如是外国船舶,代理名称和地址

船舶类型

租船人名称和地址,以及租赁类型

载重量,净吨位和总吨位,以及主要尺度

推进方式;轮机细节

建造时间、地点和厂家

任何有关结构特性

所载燃油量,以及燃油舱位置

无线电(类型、厂家)

雷达(数量、类型、厂家)

陀螺罗经(厂家、类型)

自动操舵仪(厂家、类型)

自动定位设备(厂家、类型)(GPS,Decca 等)

救生设备(检验/失效日期)

1.2　*需出示的文件*

(说明:可能与调查相关的任何文件均应出示。如可能,应保留原始文件,否则,按照本规则 9.1.2,应复制经证实和注明日期的复印件。若干此类文件应载有本指南 1.1 中要求的细节。)

船舶登记

现行法定证书

ISM 规则证件

船级社或检验当局证书
正式航海日志
船员名单
船员资格(亦见本指南1.4)
甲板航海日志
港口日志、航海日志摘要和货物航海日志
轮机运转记录簿
机舱日志
数据记录器打印物
航向记录器
回声测深仪图表
油类记录簿
测深记录簿
夜航命令簿
船长/轮机长常规命令
公司常规命令/营运手册
公司安全手册
罗经误差记录簿或记录
雷达日志
计划的维护表
维修需求记录
协议条款
酒吧记录、日常采购、航行收据等
药物和酒类测试记录
旅客名单表
无线电日志
船舶报告记录
航次计划
海图和海图修正记录
设备/机器制造厂操作/保养手册
与询查有关的任何其他文件

1.3 航行细节

航行开始港和航行结束港,附日期
货物详情
上一个港口和离港日期
吃水(船首、船尾和船中)和任何横倾
发生事故时的驶往港口
航行期间可能对该事件或异常情况有重大关系的任何事件,无论其看起来是否与该事件有关

船舶布局平面，包括装货处所、污油水舱、燃料舱/燃油滑油舱（国际防止油污证书示意图）

货物、燃料、淡水和压载水及其消耗详情

1.4 事件中有关人员的细节

姓名

年龄

受伤详情

事故描述

指导活动的人员

船上急救或其他行动

在船上的身份

合格证书/许可证：

级别；

发证日期；

颁发国家/当局；

持有的其他合格证书

在有关船上逗留时间

在类似船上的履历

在其他类型船上的履历

目前身份的履历

其他职务的履历

当日和此前各日值班小时数

事故前 96 h 内睡眠小时数

船上或个人可能影响睡眠的任何其他因素

是否是吸烟者，如是，数量

通常的饮酒习惯

事故前或此前 24 h 内酒消耗量

是否服用处方药物

摄入的任何非处方药物

药物和酒测试记录

1.5 海况，气候和潮的细节

风向和风力

海流和涌的方向和状况

空气情况和能见度

潮况和潮高

记及当地条件、潮流和其他水流的方向和强度

1.6 事件细节

事件类型

事件日期、时间和地点

事件和导致该事件及该事件后续事项的详情

特别就故障而言,有关设备的性能详情

驾驶台上的人员

机舱中的人员

船长和轮机长大概在哪里

操舵方式(自动或手动)

所有有关船舶和如适用时岸上文件的摘要,包括正式航海日志、驾驶台航海日志、航海日志草本和机舱日志记入的详情、数据记录印出物、电脑印出物、航向和机器速度记录器、雷达日志等

船舶与电台、搜救中心和控制中心等之间进行联系的详情,如能得到,附录音带的文字记录

任何受伤/死亡详情

供分析用的航行数据记录仪(如装有)信息

1.7 事件后帮助

如要求帮助,何种方式和以何种方法进行

如提出给予或给予了帮助,谁和以何性质,以及是否有效和胜任

如提出给予帮助而被拒绝,拒绝理由

1.8 证实文件的真实性

应要求船长证实所有文件的真实并在文件的所有复印件上签字证明其是真实副本,还证实有关日期和时间的真实性。

1.9 机舱命令

在碰撞或搁浅是调查主题以及涉及轮机运动的所有情况下,应向船长或值班高级船员和了解情况具有发言资格的其他人员询问向机舱发出的命令是否得到迅速执行。如对此事有任何怀疑,调查官应在其报告中提及。

1.10 外部信息来源

调查官应考虑独立确凿的外部信息来源,例如雷达或船舶交通系统的录音、岸上雷达和无线电监测系统、海上救助协调中心、验尸官和医疗记录。

2 具体案件所要求的补充信息

2.1 火灾/爆炸

(调查官应注意海事组织火灾事故记录)

船舶如何意识到火灾?

个人如何意识到火灾?

火灾从何处开始?

火灾如何开始(如知道)?

采取了什么紧急措施?

消防设备状况,附检验/检查日期

可得到的灭火器:

附近可得到的类型;

船上可得到的类型;

使用的类型
可得到/使用的消防软管
可得到/使用的泵
可立即得到水吗?
该处所的通风管关闭了吗?
火灾中和火灾周围的物质属何性质?
火灾周围的舱壁的阻燃规格
由(a)烟,(b)热,(c)烟雾造成的限制
自由的通道
取得消防设备的通道
船员的准备——防火集合和训练的频度、持续时间、内容和位置
岸上消防队的反应

2.2 碰撞

(调查官应注意海事组织破损卡和完整稳性报告格式。)

一般情况

当地或其他特殊航行规则
操纵障碍(如有的话),例如第三艘船、浅水或窄水、灯塔、浮筒等
影响能见度和可听度的环境,例如太阳状况、岸上光的闪耀、风的强度、船上噪声和是否有任何门或窗可能阻碍瞭望和/或可听度
对地运动作图
相互作用的可能性
其他船舶的船名、海事组织编号、国籍和其他详情

对于每艘船

最初获悉其他船舶出现时的时间、位置、航向和航速(及用以确定的方法)
此后至本船碰撞时的所有航向和航速改变的详情
他船方位、距离和船首方向,如是目力观测,观测的时间和随后的变化
他船方位和距离,如是雷达观测,观测的时间和随后的方位变化
如果他船被测定,是用何方法测定的(自动标绘、反射标绘仪,等等),以及标绘的副本(如有的话)
核查设备性能
航向记录器
船上安装和使用的灯光/白昼信号,以及所见到的其他船上的此类物质
船舶发出的声响信号包括雾号和时间,以及所听到的其他船舶发出的此类信号和时间
如果在甚高频无线电第16频道或其他频率上进行守听值守,发出、收到或无意中听到的任何信号
船上装有的雷达数、事故发生时的使用数,以及使用的每台雷达的测距,手动还是自动操舵
核查操舵的正确性
瞭望详情

各船首先接触的部分和此时船舶之间的角度
损坏的性质和程度
遵守在碰撞后将船名和国籍给予他船并停候的法定要求

2.3 搁浅

航行计划详情,或航行规划证据
上一个精确位置以及是如何得到的
通过天文观测或地面观测、全球定位系统、无线电或其他方式或用测深线、随后的定位或定位置线的机会,以及如果不进行,为什么不进行海图基准面,对比世界测地系统基准面
随后所经历的气候和潮流或其他海流
任何磁性货物、电干扰或局部磁场干扰对罗经的影响
使用中的雷达数、分别使用的测距,以及雷达性能监测和记录证据
所保留的海图、航路指南和有关的航行通告,如果修正到最新状态,以及如果其所载的任何警告得到遵守
所进行的测深,何时和以何种方式
所进行的液舱测深,何时和以何种方式
搁浅前船舶吃水,以及是如何确定的
搁浅位置,以及是如何确定的
搁浅前任何机器或操舵故障的原因和性质
锚的准备状况、其使用和效果
损坏的性质和程度(说明:还可能要求作为沉没事件的信息)

2.4 沉没

(调查官应注意海事组织破损卡和完整稳性报告格式。)
离开上个港口时的吃水和干舷和物料与燃油消耗引起的变化
与区域相适的干舷和日期
装载程序、船体应力
自检验以来所进行的任何船体改装的详情,以及此种改装由谁批准
船舶状况、对适航性的可能影响
稳性数据以及何时确定的
影响稳性的因素,例如结构改变,货物和压载的性质、重量、分布和位移,液舱中的自由液面或船上有自由水面的水的自由液面
水密舱壁分隔区
舱口、天窗、舱窗和其他开口的位置和水密完整性
泵的数量和能力及其效果;吸口位置
水首次进船原因和性质
导致沉没的其他情况
防止沉没采取的措施
船舶沉没的位置以及如何确定的
提供和使用的救生设备,以及在其使用中所经历的任何困难

2.5 由事件造成的污染

（调查官应注意海事组织关于报告50 t或以上的液体事故性溢出和报告调查涉及包装形式危险品或海洋污染物事件的信息的要求。）

污染物类别

联合国编号/海事组织的危险类别（如适用）

包装类别（如适用）

船上数量

损失数量

积载和系固方法

积载于何处和每一舱室/集装箱中的数量

破裂的液舱/处所

易遭破裂的液舱/处所

防止进一步损失采取的行动

减少污染采取的行动

使用的消油剂/中和剂（如用了的话）

使用的限制性围油栏（如用了的话）

3 实物证据的取得

3.1 可能会有能得到实物证据的情况，并且这种证据将需要科学检查。一些例子为油、油漆/锈皮、设备和机器组件、结构组件。

3.2 在移走之前，应先在现场拍摄此种证据。然后，在将样品放入适当的干净容器、玻璃瓶、塑料袋、听头容器等之前，应在清晰的背景上对其拍照，容器应予密封并清楚地予以标示，注明内容、船名、取证位置、日期和调查员姓名。对于设备和机器组件，应得到有关证书的复印件。

3.3 如在碰撞事件中为鉴别之目的提取油漆样品，可能时，还应得到船舶油漆桶中的油漆样品。

3.4 应寻求使用正确容器的建议。例如，塑料袋适合于油漆样品，但不适合于可能需要对材料进行催化剂试验的防火调查，在此种情况下，宜使用密封的铁罐。

4 航行数据记录仪

如可从航行数据记录仪（VDR）中得到信息，而进行事故或严重事件调查的国家没有适当的VDR读出设施时，它应在计及下述事项的情况下，寻求和使用另一国家的设施：

.1 读出设施能力；

.2 获得设施的及时性；和

.3 读出设施位置。

5 其他信息来源

调查官应注意其他政府机构，例如海关、卫生检疫和国家当局可能拥有有关船员名单、船舶一般情况、物料清单（包括船上酒类）、船舶证书等的有用信息。港口当局和独立检验员也可能持有对调查有用的信息。

人员活动资料表

调查：
姓名：
资格：
地址：
电话：
经理：
电话：
参加该船：
途中时间：

级别：
培训／课目：
传真：
传真：
参加地点：

前 96 h 活动表（D–X 事故日）

天	00	01	02	03	04	05	06	07	08	09	10	11	12	13	14	15	16	17	18	19	20	21	22	23
D-4																								
D-3																								
D-2																								
D-1																								
D-X																								

（X，事故时间；F，膳食；W，值班；M，维护工作；S，睡眠；C，货物值班；R，娱乐包括上岸时间；A，含酒精饮料）

健康：
个人事项：

第 A.851(20)号决议
(1997 年 11 月 27 日通过)

包括涉及危险品、有害物质和/或海洋污染物事故报告指南在内的船舶报告制度和船舶报告要求的一般原则

大会,

忆及国际海事组织公约有关大会在海上安全和防止和控制船舶造成海洋污染的规则和指南方面的职责的第 15(j)条,

还忆及 1979 年国际海上搜救会议有关需有国际上同意的船舶报告制度格式和程序的决议 3,

鉴于现行的国家船舶报告制度可能使用不同的程序和报告格式,

认识到此种不同的程序和报告格式可能对从一个区域航行到使用不同报告制度的另一个区域的船舶的船长造成混淆,

确信如果船舶报告制度和报告要求尽可能符合有关的一般原则,如果报告是按某种标准格式和程序作出,则可能避免此种混淆,

忆及由第 A.648(16)号决议通过的包括涉及危险品、有害物质和/或海洋污染物事故报告指南在内的船舶报告制度和船舶报告要求的一般原则,

注意到 1969 年国际油污事故公海干预公约和 1973 年非油类物质造成海洋污染公海干预议定书的当事国在发生经合理预计会造成严重有害后果的海上事故后,在公海上采取必要措施来防止、减轻或消除因油类和非油类物质造成海洋污染或污染威胁而对其海岸线或相关利益的形成严重和紧迫危险,

还注意到援助船或救助船船长向沿海国报告事故和采取的行动的详情的必要性,

又注意到涉及船舶及机械或设备损坏、失灵或故障的事故可对海岸线或相关利益造成严重污染威胁,

审议了海上安全委员会在其第六十七届会议海洋环境保护委员会在其第三十九次会议上作出的建议,

1 **通过**本决议附件中所载的包括涉及危险品、有害物质和/或海洋污染物事故的报告指南在内的船舶报告制度和船舶报告要求的一般原则;

2 **敦促**各政府确保船舶报告制度和报告要求尽可能符合本决议附件中规定的一般原则;

3 **还敦促**各政府使指定的有关当局及船东和船舶注意到该报告格式和程序;

4 **建议**各政府和 73/78 年防污公约当事国按其 I 号决议书第 V 条(2)款实施该指南;

5 **废除**第 A.648(16)号决议。

附　件

包括涉及危险品、有害物质和/或海洋污染物事故报告指南在内的船舶报告制度和船舶报告要求的一般原则

1　一般原则

1.1　船舶报告制度和报告要求是用于通过无线电报告提供、收集或交换信息。该信息被用于提供多种目的的资料，包括搜救、船舶交通管理、气象预报和防止海洋污染。船舶报告制度和报告要求应尽可能符合下列原则：

.1　报告反应载有实现该制度所必要的信息；

.2　报告应简单并使用标准国际船舶报告格式和程序；在可能有语言困难时，使用的语言应包括英语并在可能时使用标准船舶航海词汇或国际信号规则；在本附件附录中载有应使用的标准报告格式和程序；

.3　应将报告限制在最小数量；

.4　对传送报告不应收费；

.5　有关安全和污染的报告应及时作出，但作出非紧急报告的时间和地点应有足够灵活性，以避免干扰重要的航海任务；

.6　从该制度得到的信息，为遇险、安全和防污之目的，在有此要求时，应提供给其他制度；

.7　基本信息（船舶特征、船上设施和设备等）应予立即报告，保留在该制度中并在报告的基本信息发生变化时由船舶予以更新；

.8　对该制度的目的应作出明确规定；

.9　建立船舶报告制度的政府应将要满足的要求和遵循的程序的全部细节通知海员。船型和运用区域、提交报告的时间和地理位置、负责该制度运作的岸上机构和提供的服务的详细情况应予清楚说明，划出该制度的边界并提供其他必要信息的小海图应提供给海员；

.10　船舶报告制度的建立和运作应计及：

.10.1　国际和国家的责任和要求；

.10.2　对船舶营运人和负责当局造成的费用；

.10.3　航行危害；

.10.4　现有和提议的安全设备；

.10.5　与有关方面进行及早和连续商议的必要，包括有足够时间进行试用、熟悉和评定，以确保满意的运作并对该制度作出必要修改；

.11　各政府应确保负责该制度运作的岸上机构配有经适当培训的人员；

.12　各政府应考虑船舶报告制度与其他制度间的互相关系；

.13　船舶报告制度最好应使用一个单一的无线电工作频率；在必须额外频率时，应将频率限制在该系统有效运作所需的最小数目；

.14 该制度向船舶提供的信息应限于对该制度的适当运作和安全所必需者；

.15 船舶报告制度和要求应规定船舶有关其船体、机械、设备或配员的缺陷或不足或有关可对航行有不利影响的其他局限的特别报告和有关实际或可能的海洋污染的特别报告；

.16 各政府应指示其负责船舶报告制度运作的岸上机构确保有关实际或可能的污染的任何报告被及时转发给被指定接收和处理此种报告的官员或机构，确保此种官员和机构及时将这些报告转发给有关船舶的船旗国和可能受影响的任何其他国家；

.17 受到或可能受到污染事故影响并可能要求得到与事故有关的信息的国家应考虑到船长的处境，对提供额外信息的请求作出限制；和

.18 本附件的附录不适用于经修正的1974年安全公约第V/2条中所述的危险电文；传输此种电文的目前做法应保持不变。

2 涉及危险品事故的报告指南

2.1 本指南和附录中的指南旨在使沿海国和其他有关方面在发生涉及包装危险品在海中灭失或可能灭失的任何事故时得到及时通知。

2.2 报告发给最近的沿海国。当船舶在建立了船舶报告制度的区域之内或其附近时，报告应发给该制度的指定岸台。

3 涉及有害物质和/或海洋污染物事故的报告指南

3.1 本指南和附录中的指南旨在使沿海国和其他有关方面及时收到有关引起海洋环境的污染或污染威胁的任何事故和援助和救助措施的信息，以便采取适当行动。

3.2 应按73/78年防污公约Ⅰ号议定书第Ⅴ(1)条向最近的沿海国作出报告。

3.3 每当船舶进行或被要求进行援助救助在经修正的73/78年防污公约Ⅰ号议定书第Ⅱ条1(a)或(b)款所述事故中受影响的船舶的作业时，前者船舶的船长应及时报告已经或计划采取的行动的详情。应将事态发展不断通知沿海国。

3.4 在因船舶或其设备受损而可能发出排放时，应作出报告。

附　录

1　程序

报告应按下列方式发出：

航行计划(SP)：在驶离制度内某一港口之前或尽可能接近该时间。

船位报告(PK)：当确保制度运作所必需时。

偏航报告(DR)：当船位与先前报告预计者有重大改变时，在改变报告的航线时，或在船长决定的时间。

最后报告(FR)：在抵达目的地时和在驶离制度覆盖区域时。

危险品报告(DG)：在涉及包装危险品，包括集装箱、活动罐柜、公路和铁路车辆和船载驳船中的危险品落海灭失的事故时。

有害物质报告(HS)：当发生涉及油类(73/78 年防污公约附件Ⅰ)或散装有毒液体物质(73/78 年防污公约附件Ⅱ)排放或可能排放的事故时。

海洋污染物报告(MP)：在国际危险品规则中指定为海洋污染物(73/78 年防污公约附件Ⅲ)的包装有害物质，包括集装箱、活动罐柜、公路和铁路车辆和船载驳船中的此种有害物质落海灭失或可能落海灭失时。

任何其他报告：应按一般原则第 9 段中通知的制度程序作出任何其他报告。

2　标准报告格式和程序

2.1　船舶报告格式中不适用的部分应从报告中删去。

2.2　在可能有语言困难时，使用的语言应包括英文并在可能时使用标准船舶航海词汇，或者也可使用国际信号规则发出详细信息。在使用国际信号规则时，在字母符号后应插入适当标志。

2.3　对于航线信息，应按下文 C 中所示，提供每一转向点的纬度和经度以及转向点间的预定航迹类型，如“RL”(恒向线)、“GC”(大圆)或“沿海”；或者，在沿海航行时，用下文 B 中的一个 6 位数字组表示的经过重要地点的预计日期和时间。

电　报	电　话	功　能	要求的信息
制度名称 (如:AMVER/AUSREP/MAREP/ECAREG/JASREP) 用全称	制度名称 (如:AMVER/AUSREP/MAREP/ECAREG/JASREP) 用全称	系统识别符	船舶报告制度或最近的海岸无线电台
SP PR DR FR DG HS MP 用全称		报告类型	报告类型： 航行计划 船位报告 偏航报告 最后报告 危险品报告 有害物质报告 海洋污染物报告 任何其他报告
A	船舶 (alpha)	船舶	船名、呼号或船台识别和船旗
B	时间 (bravo)	事件的日期和时间	一个6位数组,提供月份的日期(前2位数字)、小时和分钟(最后4位数字)。如果不是国际标准时,则言明所用时区
C	船位 (charlie)	船位	提供纬度(以带有下标N(北)或S(南)的度和分表示)的一个4位数组和提供经度(以带有下标E(东)或W(西)的度和分表示)的一个5位数组
D	船位 (delta)	船位	真方位(前3位数)和距作出明确认别的陆标(言明陆标)的距离(言明距离)
F	航速 (foxtrot)	航速(以节和节的十分数表示)	一个3位数组

电　报	电　话	功　能	要求的信息
E	航向 (echo)	真航向	一个3位数组
G	离港 (golf)	驶离港	最后挂靠港的名称
H	进入 (hotel)	进入制度的日期、时间和位置	进入时间(按(B)中方式表示)和进入位置(按(C)或(D)中方式表示)
I	目的地和预计抵达时间 (india)	目的地和预计抵达时间	港口名称和(按(B)中方式表示的)日期时间组
J	引航员 (juliet)	引航员	言明在船上的是深海还是当地引航员
K	退出 (kilo)	退出制度或到达船舶目的地的日期、时间和位置	退出时间(按(B)中方式表示)和退出位置(按(C)或(D)中方式表示)
L	航线 (line)	航线信息	预定航线
M	无线电通信 (mike)	无线电通信	言明电台全称/保护频率
N	下次报告 (November)	下次报告的时间	日期时间组(按(B)中方式表示)
O	吃水 (oscar)	当前最大静态吃水(m)	提供米和厘米的4位数组
P	货物 (papa)	船上货物	货物及可能危害人员或环境的任何危险品、有害物质和气体的简报(见详细报告要求)
Q	缺陷、损坏、不足、局限性 (quebec)	缺陷、损坏、不足、其他局限性	缺陷、损坏、不足或其他局限性的简报 (见详细报告要求)

电　报	电　话	功　能	要求的信息
R	污染、落海灭失的危险品(romeo)	对污染/落海灭失的危险品的陈述	污染类型(油类、化学品等)或落海灭失的危险品的简报;船位(按(C)或(D)中方式表示)(见详细报告要求)
S	天气 (sierra)	天气状况	盛行的天气和海深状况的简报
T	代理 (tango)	船舶代表和/或船东	船舶代表或船东或两者的姓名和资料的简报以供作为资料(见详细报告要求)
U	尺寸和船型 (uniform)	船舶的尺寸和类型	船长、船宽、吨位和船型等所需详情
V	医务 (victor)	医务人员	医生、医助、护士、未经医务培训的人员
W	人员 (whiskey)	船上总人数	言明人数
X	备注 (X-ray)	杂项	任何其他信息——视情包括事故、事故涉及船舶、援助或救助船舶的简报(见详细报告要求)
Y	转发 (yankee)	将报告转发另一制度,(如:照抄英文)的请求	报告内容
Z	报告结束 (zulu)	报告结束	不需要任何进一步信息

3　详细报告要求指南

3.1　*危险品报告(DG)*

3.1.1　初步报告应载有标准报告格式的A,B,C(或D),M,Q,R,S,T,U,X;R的详细内容如下:

R　1　货物的正确技术名称。
　　2　联合国编号。
　　3　海事组织危害类别。
　　4　(知道时)货物厂家名称,或收货人或发货人名称。
　　5　包装类型,包括识别标志、说明活动罐柜或罐车,或车辆或集装箱,或其他运输单元是否载有包装品,包括正式注册商标和单元的指定编号。
　　6　货物的估计和可能状况。

7 灭失的货物是漂浮还是沉没。

8 灭失是否在继续。

9 灭失原因。

3.1.2 如果船舶处于包装危险品有进一步落海灭失的危险的状况，则应报告标准报告格式的P和Q项；P项的详情如下：

P 1 货物的正确技术名称。

2 联合国编号。

3 海事组织危害类别。

4 在知道时，货物厂家名称，或收货人或发货人名称。

5 包装类型，包括识别标志、说明活动罐柜或罐车，或车辆或集装箱，或其他运输单元是否载有包装品，包括正式注册商标和单元的指定编号。

6 货物的估计和可能状况。

3.1.3 不能立即得到的信息应列入补充电文中。

3.2 *有害物质报告(HS)*

3.2.1 在实际排放时，初步HS报告应载有标准报告格式中的A,B,C(D),E,F,L,M,N,Q,R,S,T,U,X。在可能排放时(见3.4)，还包括P项。P,Q,R,T,X项的详情如下：

P 1 船上的油的类型或有毒液体物质的技术名称。

2 联合国编号。

3 对于液体物质：污染类别(A,B,C或D)。

4 如适当，在知道时，物质厂家名称，或收货人或发货人名称。

5 数量。

Q 1 船舶有关状况。

2 转驳货物、压载水、燃料的能力。

R 1 排放到海中的油的类型或有毒液体物质的正确技术名称。

2 联合国编号。

3 对于液体物质：污染类别(A,B,C或D)。

4 如适当，在知道时，物质厂家名称，或收货人或发货人名称。

5 物质的估计数量。

6 灭失的物质是漂浮还是沉没。

7 灭失是否在继续。

8 灭失原因。

9 对排放或灭失物质的运动估计。如知道，则提供流况。

10 如可能，作出表面面积的估计。

T 1 船东和船舶代表(船舶承租人、管理人或经营人代表)的姓名、地址、用户电报和电话号码。

X 1 对排放正在采取的行动和船舶运动。

2 被要求的或由他人提供的援助或救助工作。

3 援助或救助船船长应报告已经或计划采取的行动的资料。

3.2.2 在初期报告中传输了上述信息后，应尽早在补充报告中报告尽可能多的与事故有关的保护海洋环境所必要的信息。该信息应包括 P,Q,R,S 和调项。

3.2.3 进行或被要求进行援助或救助作业的任何船舶的船长在可行时应报告标准报告格式的 A,B,C(或 D),E,F,L,M,N,P,Q,R,S,T,U,X 项。船长还应将事态发展向沿海国作出不断通报。

3.3 海洋污染物报告(MP)

3.3.1 在实际排放时,初步 MP 报告应载有标准报告格式的 A,B,C 或(D),M,Q,R,S,T,U,X 项。在可能排放时(见 3.4),还应包括 P 项。P,Q,R,T 和 X 项的详情如下:

P 1 货物的正确技术名称。
  2 联合国编号。
  3 海事组织危害类别。
  4 在知道时,货物厂家名称,或收货人或发货人名称。
  5 包装类型,包括识别标志、说明活动罐柜或罐车,或车辆或集装箱,或其他运输单元是否载有包装品,包括正式注册商标和单元的指定编号。
  6 货物的估计和可能状况。

Q 1 船舶有关状况。
  2 转驳货物、压载水、燃料的能力。

R 1 货物的正确技术名称。
  2 联合国编号。
  3 海事组织危害类别。
  4 在知道时,货物厂家名称,或收货人或发货人名称。
  5 包装类型,包括识别标志、说明活动罐柜或罐车,或车辆或集装箱,或其他运输单元是否载有包装品,包括正式注册商标和单元的指定编号。
  6 货物的估计和可能状况。
  7 灭失的货物是漂浮还是沉没。
  8 灭失是否在继续。
  9 灭失原因。

T 1 船东和船舶代表(船舶承租人、管理人或经营人代表)的姓名、地址、用户电报和电话号码。

X 1 对排放正在采取的行动和船舶运动。
  2 被要求进行或由他人提供的援助或救助工作。
  3 援助或救助船船长应报告已经或计划采取的行动的详情。

3.3.2 在初期报告中传输了上述信息后,应尽早在补充报告中报告尽可能多的与事故有关的保护海洋环境所必要的信息。该信息应包括 P,Q,R,S,X 项。

3.3.3 进行或被要求进行援助或救助作业的任何船舶的船长在可行时应报告标准报告格式的 A,B,C(或 D),M,P,Q,S,T,U,X 项。船长应将事态发展向沿海国作出不断通报。

3.4 排放可能性

3.4.1 在船舶或其设备的损坏造成可能排放时,应作出报告。在判断是否有此种可能性和是否应作出报告时,除其他者外,应计及下列因素:

.1 船舶、机械或设备损坏、失灵或故障的性质;和

.2 海况和风况以及在发生事故时,事故发生地所在区域的交通密度。

3.4.2 人们认识到对涉及产生报告责任的可能排放的各种事故作出精确定义是不可能的。但,作为一般指南,在下列情况下船长应作出报告:

.1 影响船舶安全的损坏、失灵或故障;此种事故的例子有:碰撞、搁浅、失火、爆炸、结构损伤、浸水、货移;和

.2 影响航行安全的机械或设备失灵或故障;此种事故的例子有:舵机、推进装置、发电系统、必要船载导航设备的失灵或故障。

第 A.884(21)号决议
(1999 年 11 月 25 日通过)

船舶事故和事件调查规则
(第 A.849(20)号决议修正案)

大会,

忆及国际海事组织公约有关大会在海上安全和防止与控制船舶造成海洋污染的规则和指南方面的职责的第 15(j)条,

还忆及第 A849(20)号决议,大会以其通过了船舶事故和事件调查规则,

考虑到在船舶事故和事件中,人员因素系统调查的实用性建议将有助于有效地分析和促进预防措施的鉴别和实施,

认识到视情制定和使用在船舶事故和事件中调查人员因素的实用性指南的必要性,

审议了海上安全委员会第七十一届会议和海上环境保护委员会第四十三次会议的建议案,

1 **通过**船舶事故和事件调查规则修正案,纳入船舶事故和事件中人员因素调查指南,如本决议附件中所载;

2 **请**各国政府在国家法律允许的范围内尽快实施该指南,以便改进事故调查和报告的质量和完整性;

3 **要求**海上安全委员会和海上环境保护委员会对本指南保持审查并视必要加以修正。

附　件

船舶事故和事件调查规则

（第A.849(20)号决议修正案）

1　现有附录重新编号为附件1。

2　增加新附件2如下：

“附　件　2

船舶事故和事件中人员因素调查指南

目　录

1　引言—本指南的目的
2　调查程序和技术
2.1　系统方法
2.2　总则
.1　调查时间
.2　事故现场
.3　见证信息
.4　背景信息
.5　调查顺序
.6　实况调查
.7　进行面谈
.8　选择接受面谈者
.8.1　现场（离事件最近者）
.8.2　远离事故现场者
2.3　调查官将涉及的话题
.1　人员因素
.2　船上组织
.3　工作和生活条件
.4　船舶因素
.5　岸上管理
.6　外部影响和环境
2.4　分析
.1　实况调查和分析
2.5　安全行动
3　报告程序

4　调查官资格和培训

附录1　海事组织/劳工组织关于调查人员因素的程序

附录2　人员因素调查范围

附录3　定义—通用人员要素术语

附录4　与船舶事故和事件中人员因素调查有关的联合国海洋法会议/劳工组织/海事组织要求和建议书选择书目

1　引言—本指南的目的

1.1　本指南的目的在于为系统调查船舶事故和事件中的人员因素提供实用性建议和允许制定有效的分析和预防行动。长远目的是预防今后发生类似事故和事件。

1.2　船舶在高度动态的环境中营运;船上人员所遵守的倒班工作制的固定安排常因到港、在港工作和离港而被搅扰。这种生活方式使得在工作地点的生活时间延长,造成一种几乎肯定会增加人员犯错误危险的独特工作生活形式。

1.3　历史地看,国际海事界曾以技术为主的方法处理海事安全。传统的智慧是应用工程和技术性的解决办法,去促进安全和将船舶事故和事件的后果减至最低程度。因此,安全标准主要是针对船舶设计和设备要求。尽管进行了这些技术改革,重大船舶事故和事件仍然不断发生。

1.4　对过去三十多年发生的船舶事故和事件的分析,促使国际海事界和各有关安全机构,从注重船舶设计和设备的技术要求的方法,演变为在整个海运业内寻求承认并更加充分地注重人员因素在海事安全中的作用的方法。这些综合分析已经表明,考虑到人员对海运事业各个方面的参与,包括设计、制造、管理、操作和维护,几乎所有的船舶事故和事件均涉及人员因素。

1.5　海事界试图解决人员因素促成船舶事故和事件的一个办法,曾经是强调船员的适当培训和发证。但是,现在变得日益明显,培训只是人员因素的一个方面。促成船舶事故和事件还有其他因素,必须了解、调查和解决这些因素。下列各项是与海运业有关的这些因素的例子:交流、胜任、文化、经验、疲劳、健康、对情况的了解、压力和工作条件。

1.6　促成船舶事故和事件的人员因素可以广义地定义为,对于某一特定系统的正常运作或某一特定任务的成功完成产生不利影响的故意或非故意行为或不为。因此,理解人员因素需要研究和分析设备的设计、操作人员与设备间的相互作用,以及船员和管理人员所遵循的程序。

1.7　现已认识到,迫切需要一个帮助事故调查员鉴别促成船舶事故和事件的具体的人员因素指南,还需要提供在调查期间用于系统收集和分析人员因素信息的技术和程序的实际信息。本指南试图满足这些需要。指南列出了调查员应考虑的题目清单,以及记录和报告调查结果的程序。

1.8　本指南应使所有与海运业有关者日益了解人员因素在船舶事故和事件中所起的作用。此种了解应导致航运界采取前置措施,而此类措施反过来应产生挽救生命、船舶、货物和保护海洋环境、改进海运人员生活以及更加有效和更加安全的航运业务的结果。

1.9　本指南在国家法律允许的范围内适用于船舶事故或事件的调查,无论由于事故或事件涉及的某一船舶是处于具有重大利害关系的一个国家还是多个国家的管辖之下或管辖之内。

2 调查程序和技术

2.1　系统方法

2.1.1　下列是人员因素调查中使用的一个程序:它提供了一个分步的系统方法。该程序是若

干业已制定的人员因素框架的综合和改编。该程序可应用于任何类型的船舶事故或事件,并包括下列步骤:

.1 收集事件的资料;

.2 确定事件的顺序;

.3 鉴别不安全行为或决定和不安全条件,然后对每一不安全行为或决定:

.4 鉴别错误类型或违反;

.5 鉴别潜在因素;和

.6 鉴别潜在安全问题,并制定安全行动。

本程序详细内容见附录1。

2.1.2 步骤.1的系统方法对于保证关键性信息不会被忽略或失去并且能够进行全面分析是至关重要的。

2.1.3 步骤.2涉及对步骤.1中收集的资料进行组织,以确定事件和情况的顺序。

2.1.4 在步骤.3中,利用所收集和组织的信息着手鉴别事件发生因素,即不安全行为、决定或条件。一旦不安全行为、决定或条件被鉴别出,下一步便是确定该特定行动、决定或条件的形成。

2.1.5 进行步骤.4是为了对每一种被鉴别出的不安全行为或决定中所涉及的错误或违反进行分类。

2.1.6 在步骤.5中,焦点在于发现不安全行为、决定或条件后面的潜在因素。本程序的基本原理在于这样一个概念:每个潜在因素可能有一个或多个相关的不安全行为、决定或条件。对本程序的每一步骤进行复查可能表明什么地方需要进一步调查。

2.1.7 最后,步骤.6要求根据所鉴别的潜在因素,鉴别潜在的安全问题和提议安全行动。

2.2 总则

事件的发生可导致严重的伤害、疾病、损害或环境影响,有时候则所有四者兼而有之。船舶事故或事件安全调查的目的在于,通过鉴别和推荐弥补行动,预测此类似事件重新发生。对于所有在可信性结果方面具有高潜在性的小事件均应进行全面调查。研究表明,事件的发生可能具有许多成因,并且潜在原因常常远离事件地点。对此种原因的适当鉴别需要及时和有条理的调查,深入到直接证据之外并寻找可能造成其他未来事件的潜在条件。因此,事件调查应被视为不仅是鉴别直接原因,而且还是鉴别从政策制定直至实施的整个经营管理失误的一种方法。有鉴于此,调查应尽量广泛,以符合这些绝对标准。

2.2.1 调查时间

调查应在事件发生后尽快进行。证据的质量,特别是依靠人员回忆的准确性的证据的质量,可能会随着时间推移而迅速降低,并且延迟的调查通常也不如迅速进行的调查那样有说服力。迅速的调查也是所有有关各方保持承诺的良好证明。

2.2.2 事故现场

如可能,事件现场应保持不变,直至调查队对其完成检查。如不可能这样做,例如在发生严重结构性损坏后需要进行基本和快速修理,现场应以拍照、录制音像、绘制草图或其他可采用的有关方法加以记录,旨在保留关键性证据和以后重现有关情况的可能性。其中,特别重要的是录制现场各人的位置、设备的状况和位置、监督指令、工作许可和记录图表。损坏或失灵的构件应保存于安全的地方,等候调查队的到来,他们可能需要对某些关键性物件进行详细的科学检查。应对此类关键性物件加以仔细标记。

2.2.3 见证信息

一旦某一事件直接后果中的情况得到稳定并且对人员、设备和环境的威胁得到消除,每个有关人员均应将其回忆的情况加以记录,以帮助其保持对事件的记忆。如果当地主管当局接管调查的责任,有关的组织/公司应指定一个联络点,以同主管当局进行联络并协助他们汇总其所需的信息。必要时,应提供法律协助。

2.2.4 背景信息

在察看事件现场前,应取得适当的背景信息。此类信息可包括但不必限于:

—有关操作类型的程序;

—对所调查的特定工作所给的指导/简介的记录;

—位置图;

—有关的指挥结构和人员;

—基地/总部所发出的与工作有关的信息、指示等;

—船舶细节和图表;和

—可能有助于调查员了解事故过程的任何其他有关信息。

2.2.5 调查顺序

2.2.5.1 进行调查时,实况调查的方法包括但不必限于下列活动:

—检查位置:

—收集或记录实物证据;

—考虑文化和语言的不同,询问见证人(现场的和外部的);

—复查文件、程序和记录;

—进行特别研究(按要求):

—鉴别冲突性证据;

—鉴别丢失的信息;和

—记录补充因素和可能的潜在原因。

2.2.5.2 在实况调查之后,典型的船舶事故或事件调查包括对事实进行分析、作出结论和提出安全建议。

2.2.6 实况调查

2.2.6.1 这一阶段的调查目标是收集尽可能多的可帮助了解事件及其周围事项的事实。调查的范畴可分为五个方面:

—人员;

—环境;

—设备;

—程序;和

—组织。

2.2.6.2 可以鉴别这几方面的每一方面的情况、行为或不为,它们可能是促成事件或后续的受伤、损害或灭失的因素。

2.2.6.3 在每项调查的初始阶段,调查员应旨在收集和记录确定原因时可能有用的所有事实。调查员应了解过早作出结论的危险,那样做不能保持开放的头脑和全面地考虑可能性。

基于这一点，建议将调查过程本身的实况调查阶段与对收集到的导致结论和建议的事实的彻底分析分开，并且采用一种有条有理的方法，以保证分析的效果。分析可能非常有助于鉴别丢失的证据或者可能未被发现的不同查询线索。

2.2.6.4　为在头脑中保持全面的查询，调查对照表在初期可能非常有用，但其不能包括调查的所有可能方面，也不能追踪返回基本原因因素的所有单个情况。当使用对照表时，应明确地了解其局限性。

2.2.6.5　调查的初始阶段通常集中于与事件密切相关的情况和活动，并且在这一阶段往往只能鉴别主要原因，亦称“自行破坏”。但是，引起这些原因的条件或情况，亦称“潜在破坏”，也应调查。

2.2.6.6　调查期间需考虑的一个因素是最近的变化。在许多情况中发现，事件发生前的一些变化，与业已出现的其他原因因素相结合，起着引发事件的作用。应对人员、组织、程序、过程和设备的变化，特别是应对控制和指令的传递以及对需要了解者传播有关变化的信息的情况进行调查。

2.2.6.7　工作周期和工作压力的作用可对事件发生前的个人表现发生影响。与个人行为有关的社会和家庭压力的影响（所谓失误促生条件）不应被忽视。

2.2.6.8　信息应尽可能予以核实。不同见证人所做的说明可能会相互冲突，并且可能需要进一步的辅助证据。为保证所有事实均被发现，应提出“谁？什么？什么时候？什么地方？为什么？和怎么样？”等广泛的问题。

2.2.7　进行面谈

2.2.7.1　面谈开始时应介绍面谈方、调查和面谈目的以及面谈中得到的情况和材料今后可能做何用途。在调查中，调查员应以国家法律有关是否需要法律咨询员或其他第三方在场的要求为指导。

2.2.7.2　应与人员进行单独面谈和逐步深入地询问事件周围的事项，叙述他们本身的行为和其他人的行为。面谈员应考虑到接受面谈者的文化和语言情况。

2.2.7.3　不论以前所做的书面说明如何，见证人的说明的价值可能会受面谈员风格的很大影响；其主要任务是听取见证人讲述的情况而不是去影响他/她。

2.2.7.4　如果调查是一个队组的努力，应多加注意不使见证人因面谈员太多而感到害怕。经验表明，由两个面谈员进行面谈效果较好，并且，如适当，见证人可由一个独立的“朋友”陪同。

2.2.7.5　应该记住，调查队常常被看成具有检举作用，如果接受面谈者认为他们可能使其本人或共同受到牵连时，则可能不乐意自由地交谈。调查员不宜以豁免换取证据，但应试图说服接受面谈者相信调查目的和需要坦诚。

2.2.7.6　除需要耐心和理解外，成功的面谈还需要存在一种“不责怪”的气氛；这种气氛可使见证人感到舒适，从而受到鼓励道出真相。面谈员或者更确切地说调查队的作用不是分摊责任，其作用是查明事实和查明事件发生的原因。

2.2.7.7　在面谈结束时，应归纳讨论的情况，以保证不存在误解。可对面谈作出书面记录并与见证人进行讨论，以便澄清任何异常情况。如国家法律允许，可向接受面谈者提供书面记录副本。

2.2.8　选择接受面谈者

在船舶事故发生后，当确定对谁进行面谈时，应考虑已有的船舶事故和事件调查程序。制定面谈方案时应将对安全的关注置于首位。

目的应一直是,尽快使调查队抵达事件现场并与最密切有关者面谈;从海运意义上讲,首先当然总是船舶。当由于外部因素,例如事件的地理位置或政治考虑,不可能这样做时,可指派当地代表进行临时调查。从调查管理的观点出发,以至少进行一些岸上的个人面谈开始这一过程应是可能的。

在世界上的一些地方,可能还不能够与港口或引航主管当局直接交谈。如属此种情况,应尽一切努力至少获得有关的引航员所述情况的一份副本。如碰撞是在封闭水域中发生,岸基电子监测设备操作员的证据可能特别有用。

选谁面谈没有“严格的”规则,下列情况仅作为例子:

2.2.8.1　现场(离事件最近者)

从船舶管理层包括船长和轮机长开始面谈的过程通常是可取的,他们能有代表性地提供事件的概况。

—事件发生时在事件现场的直接见证人,无论其在组织中的级别/地位如何。

—事件发生时在事件现场但来自组织之外的直接见证人,例如靠泊员或系缆员,或来访的人员如代理或合同人。

—事件发生时在场但不在事件位置的直接见证人,例如船舶驾驶桥楼上的见证下面主甲板上的系缆事件的船舶职员。

—事件发生时在场但不在事件位置且来自组织之外的直接见证人,例如驾驶桥楼上的见证下面主甲板上的系缆事件的引航员。

—与事件本案无关但与事件的直接后果有关的人员,例如从事损害控制、船上消防或医疗急救人员。

—拖船、系缆艇或引航快艇的船员。

—搜寻与救助人员包括直升机机组人员。

—岸上消防人员。

—突堤/码头职员。

—紧邻地区的其他船舶。

—船舶交通服务(船交服务)或监测系统的操作人员。

2.2.8.2　远离事件现场者

—根据安管规则指定的人员。

—岸上的船舶经营人。

—岸上的技术监督人。

—岸上的公司总经理。

—(与事件有关的)专家/咨询员。

—港口国检查官员。

—船旗国检查官员。

—管理当局。

—船级社代表。

—安全委员会成员,包括船员代表。

—设计人员,船厂、制造厂和修理厂人员。

2.3 调查员将涉及的话题

下列图表表示与人员行为和执行任务的潜在性有直接或间接影响的若干因素。图表中标题的解释如下：

2.3.1 人员因素

—能力、技能、知识（培训和经验的结果）
—个性（心理状态、情绪状况）
—身体状况（体检合格性、吸毒和嗜酒与否、疲劳情况）
—事故/事件前的活动
—事故/事件发生时分配的任务
—事故/事件发生时的实际表现
—态度

2.3.2 船上组织

—任务和责任分工
—船员的构成（国籍/胜任能力）
—配员水平
—工作负荷/任务复杂性
—工作时数/休息时数
—程序和常规命令
—联系（内部的和外部的）
—船上管理和监督
—船上培训和训练的组织
—协同工作（包括资源管理）
—计划（航次、货物、维护）

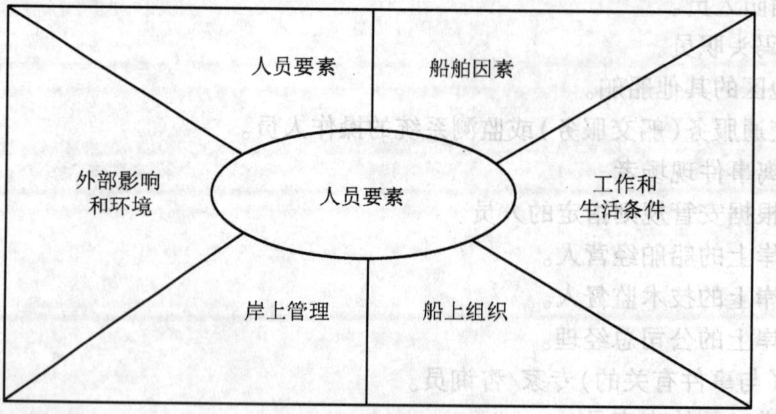

2.3.3 工作和生活条件

—自动化水平
—工作、生活和娱乐区域及设备的工效学设计
—生活条件的充足性
—娱乐机会
—食品的充足性

—船舶运动、振动、热和噪声程度

2.3.4 船舶因素

—设计

—维护状况

—设备(可得到性、可靠性)

—货物特征,包括系固、处置和照料

—证书

2.3.5 岸上管理

—聘用政策

—安全政策和原理(文化、态度和信任)

—对安全的管理承诺

—休假期的安排

—综合管理政策

—港口安排

—合同安排

—合同和/或行业安排和协议

—职责分配

—船—岸通信

2.3.6 外部影响和环境

—天气和海况

—港口和转移条件(船交服务、引航,等等)

—交通密度

—冰况

—代表船东和船员的组织

—规则、检验和检查(国际、国家、港口、船级社,等等)

2.4 分析

一旦收集到事实材料,便需对其加以分析,以帮助确定事件中事项的顺序,并对调查中发现的安全缺陷作出结论。分析是使用逻辑和道理在真实信息和结论之间建立联系的一项严谨的活动。

分析的第一步是复审真实信息,以分清什么是有关的和什么是无关的,并确保信息的完备。这个过程可指导调查员了解还需进行什么补充调查。

在正常的调查实践中,通常是以逻辑推断和合理假设来补充不能解决的信息空白的。对于此种推断和假设应加以鉴别,而对于该确定措施应提供说明。

尽管作出最大的努力,分析仍不一定能得出明确的结论。在此种情况下,应提出最具有可能的各种假设。

2.4.1 实况调查和分析

在进行实况调查和分析之后,应尽可能对事件、其背景、发生时间和导致其发生的事项予以描述。

描述应包括此类实际事项:

—天气状况；
—涉及的操作；
—使用的设备、其能力、性能及任何故障；
—关键人员的位置及其在事故发生前夕的行动；
—有关的规则和指示；
—失控的危险源；
—可能促使事件发生的职员、程序、设备或过程的变更；
—防止事件的何种安全设备到位或不到位；
—对事件的反应(急救、关闭、消防、撤离、搜寻和救助)；
—缓解事件影响和受伤人员情况,特别是如接着发生残伤或死亡时,采取的医疗处置行动；
—损害控制,包括进行救捞；
—事件的所有后果概述(受伤害、灭失、损坏或环境损害)；和
—船舶总体状况。

还应可能鉴别现行和潜在因素,例如：
—操作性偏离；
—船体结构损坏的设计因素；
—资源和设备的缺陷；
—资源和设备使用不当；
—有关人员技能水平及其应用；
—生理因素(例如疲劳、紧张、饮酒、非法吸毒、处方药物)；
—现场防护措施为何不够或不起作用；
—安全方案的作用；
—有关规则和指令的效果问题；
—管理问题；和
—联系问题。

2.5 安全行动

2.5.1 船舶安全调查的最终目的是提高海上安全和保护海洋环境。就本指南而言,这一目的是通过系统的船舶事故和事件调查以鉴别安全缺陷,而后建议或促使海事系统加以改变,以便纠正这些缺陷的方式来达到。

2.5.2 在清晰地列出事件的有关事实,然后逻辑地分析那些事实,以作出包括有关人员因素的合理的结论的报告中,要求的安全行动可能不证自明地出现在读者面前。

2.5.3 建议的安全行动,无论以何种形式提出,均应明确地确定需要做什么、谁或什么组织负责促成改变,以及如可能时,完成这种改变的紧迫性。

3 报告程序

3.1 为便利事故调查信息的流通,每一报告均应符合本决议第14节中所列的基本格式。

3.2 报告应按确定的程序提交给海事组织。

3.3 报告中具有既定权利的人员和/或组织应有机会,在报告定稿前对报告或其有关部分作出评论。

3.4　最终报告应分发给各有关方面并最好予以公布。

4　**调查官资格和培训**

4.1　船舶事故或事件发生前,多种促成因素可在各个事项中起重要作用。因此,由谁负责调查和分析人员因素的问题便显得很重要。熟练的船舶事故和事件调查员一般应是最适宜进行人员因素调查中几乎所有最特别事项的人员。

4.2　调查官应具有船舶事故调查的适当经验和受过这方面的正式培训。正式培训应包括鉴别船舶事故和事件中的人员因素的特定培训。

4.3　在有些情况下,人员因素专家在调查中可能具有重大价值。"

附　录　1

海事组织/劳工组织关于调查人员因素的程序

下列是用于人员因素调查的一个程序，它提供了一个分步的系统方法。该程序是若干人员因素框架——SHEL（Hawkins，1987）和 Reason 的事故起因和通用错误模拟系统（错误模拟系统）框架（1990）以及 Rasmussen 的错误分类学（1987）——的综合和改编。

该程序对两种情况，即事故和事件，均适用。该程序包括下列步骤：

1　收集事件资料；

2　确定事件顺序；

3　鉴别不安全行动或决定和不安全条件；

然后对每一不安全行为或决定：

4　鉴别错误类型或违反；

5　鉴别潜在因素；和

6　鉴别潜在的安全问题，并制订安全行动计划。

步骤 3 至 5 对于调查很有用，因为它们有助于鉴别潜在不安全条件。步骤 6，鉴别潜在的安全问题，是以什么因素被确定为潜在因素为广泛基础。有时候，不安全条件可能是自然事件产生的结果；在那种情况下，调查员可从步骤 3 跳至步骤 6。在其他情况下，不安全行为或决定可能是本再由不可靠的决定所确定的不安全条件所产生的结果；在此种情况下，调查员应从步骤 3 进行至步骤 6。

步骤 1——收集事件资料

人员因素调查程序的第一步是收集与工作有关的信息，涉及事件中的人员、任务、设备和环境条件。本步骤的系统方法对于保证能够进行全面分析和满足收集、组织和保持有关事件的数据库的逻辑要求至关重要。

对于在组成要素之间有无相互作用的复杂的系统，在调查中，关键的信息常有被忽视或丢失的危险。

使用 SHEL 模式作为调查员工作场所资料收集的一种组织工具，有助于避免后阶段的问题，因为：

.1　它计及所有重要的工作系统的要素；

.2　它促进对这些工作系统要素之间的相互关系的考虑；和

.3　它注重将所有外围要素与中心人件要素相联系的影响人员表现的因素。

该程序起初旨在回答“什么、谁和什么时候”之类的较为简单的问题，后来则进至“怎么样和为什么”之类的较为复杂的问题。收集到的多数资料变成由多个行为和情况组成的事件和情形的总和。它们之中的一些因素，作为不安全行为和不安全条件，将令人关注。SHEL 模式具有四个组成部分：

人件——L

硬件——H

软件——S

环境——E。

SHEL模式通常使用图表进行描述,不仅表示四个组成部分,而且表示人件和所有其他组成部分之间的关系或界面。图1试图描述这样一个事实:界面相配或不相配与信息组本身的特征一样重要。不相配可以是人为错误的缘由,鉴别不相配则可以是鉴别整个系统中的安全缺陷。图2也描述该模式可如何适用于当多种人件、硬件、软件和环境要素存在时的复杂系统。

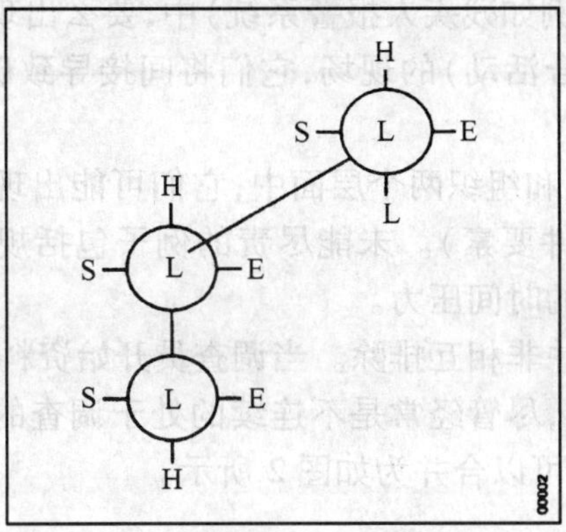

图1 SHEL模式(根据HAWKINS,1987改制)

人件(中心组成部分)

该系统中最宝贵和最灵活的组成部分是置于模式中心的人员要素:人件。每一个人都有他或她自身的能力和局限,无论是身体的、生理的、心理的,还是心理社会的。这个组成部分可适用于涉及运作或支持运作的任何人。考虑之中的人与其他四个要素中的每一个要素都直接地相互作用。每一个人和每一个相互作用或界面,构成人员表现调查的潜在范围。

人件(外围的)

外围人件是指该系统的人员与人员间的相互作用,包括诸如管理、监督、船员相互作用和交流的因素。

硬件

硬件是指运输系统的设备部分。它包括工作站、显示器、控制器、底座等的设计。

软件

软件是指该系统的非形体部分,包括组织政策、程序、手册、检查表编排、海图、地图、公告,以及日益增加的计算机程序。

环境

环境包括内部和外部环境气氛、温度、能见度、振动、噪声和其他因素,它们构成人员在其中工作的条件。有时候,该系统在其中运作的广泛的政治和经济限制也包括于该要素中。管理气氛由于影响联络、决策、控制和协调,属于环境的一部分。

步骤2——确定事件顺序

随着调查员进入处理“怎么样和为什么”的问题,有必要联系在程序的步骤1中鉴别的资料。使用了产生框架的Reason(1990)事故起因模式,可供调查员作为确定事件顺序的指南。Reason模式进一步便利组织使用SHEL模式所收集的工作系统资料和改进对该资料关于人员表现的影响的理解。事件顺序是通过安排有关的事项和围绕五个产生要素之一的环境的信息而确定的。这五个要素即决策人、航线管理、先决条件、生产行动和保护。

各产生要素本身基本上是以短暂的过程来调整的。这个短暂侧面是一个重要的组织因素,因为可以导致事故或事件发生的事项或环境不一定需要在时间上接近,也不一定需要在位置上与事件现场接近。通过确定资料的顺序,Reason (1990)的现行因素相对于答应因素的概念被采用了。

行为因素是导致事件发生的最后事项或环境。它们的影响经常是直接的,因为它们要么直接出现在系统的保护设备(例如残疾人报警系统)中,要么出现在生产活动(例如工作系统的人件、软件和硬件要素的综合活动)的现场,它们将间接导致破坏该系统的保护设备(例如使用错误的程序)。

潜在因素可能存在于人员和组织两个层面中;它们可能出现在特定工作系统所具有的条件中(参阅本模式中的前提条件要素)。未能尽责的例子包括规则不充分、程序不充分、培训不充分、工作负荷大和不适当的时间压力。

实际上,步骤 1 和 2 可能并非相互排除。当调查员开始资料收集的步骤时,很自然会试图将信息置于事件顺序的过程中,尽管经常是不连续的处于调查的初步阶段。为便利这种并存的活动, SHEL 和 Reason 模式可以合并为如图 2 所示。

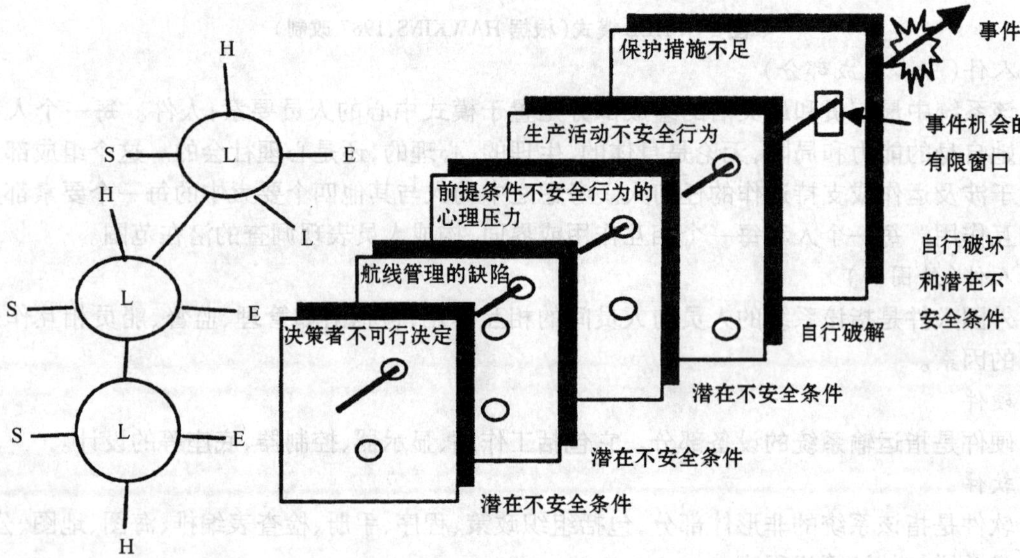

图 2

在一次调查(例如事项和情况)中收集的资料,可以根据 Reason 模式,使用经修改的 SHEL 模式的多种组成成分,组成围绕一个事件样板的框架(在这种情况下,是事件的概述),原因因素,即不安全行为/决定和条件,从而被鉴别出来。

步骤 3 ~ 5——概述

步骤 3 ~ 5 的基础是错误模拟系统框架。该框架提供了下述“通道”:从鉴别不安全行为/决定(步骤 3),至鉴别什么是错误行动或决定(步骤 4),以及最后至其在行为过程的范围内的位置步骤 5 中的特定表现水平范围内的失误方式)。图 3 中所示的错误模拟系统框架在探索事件的假设再现中特别有用。

步骤3——鉴别不安全行为/决定和条件

在本程序的步骤3中,使用SHEL和Reason框架收集和组织的信息用于着手鉴别原因因素,即不安全行为/决定和条件。不安全行为定义为在有害或潜在的不安全条件存在的情况下发生的错误或违反。没有引起明显的相应行动但是对于安全具有负面影响的决定也应看做不安全行为。如上所述,不安全条件或危害是指具有导致不幸事故的潜在性的事项或情况。可能会有几个行为、决定和/或条件是潜在的不安全候选者,从而有必要对事件的事实进行反复评估。SHEL和Reason合成方法参阅图2,可对此种反复评估提供有用的基础。

不安全行为、决定或条件一旦鉴别,下一步便是确定该特定行为或条件的起因。进一步的调查和/或分析可能会发现开头鉴别出的原因因素之前的其他不安全行为/决定或条件。

如前指出,通过本程序的步骤1和2,可能鉴别出几个不安全行为和决定。促成事件发生的最后一个不安全行为往往为事件的再现提供一个方便的起点。该最后行为或决定与其他的不同,因为它可被看做是引起事件的决定性行为或决定,即最后的行为或决定使得事故或事件成为不可避免——初始事件的主要原因。尽管它通常是一种自行破坏,但最后一个不安全行为或决定可能隐藏在潜在的不安全之中,例如导致系统失误的有缺陷设计决定。

步骤4——鉴别错误或违反类型

程序的这个部分是以对每一不安全行为/决定提出"最终使得事情不安全的行为或决定怎么不正确或错误?"的简单问题开始的。

鉴别错误或违反的类型及两个分步骤见图3。

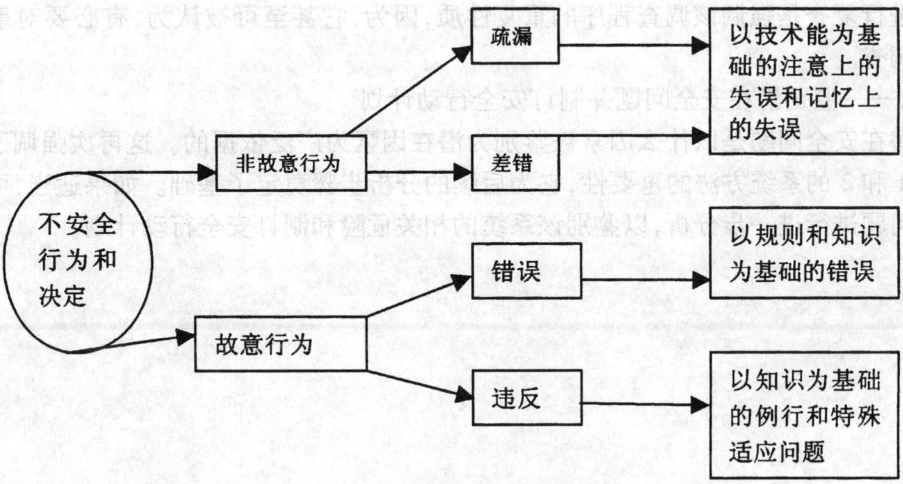

图3 错误模拟系统框架

（根据Reason1990改制）

错误模拟系统框架便于将发生失误时的错误/违反与个人的表现水平相联系。

(1)非故意或故意行为

首先,有必要确定错误或违反是非故意的还是故意的行为。"这个人故意要这样做吗?"如果对这个问题的回答是否定的,那么这是个非故意行为。非故意行为是非事先计划的行为。

它们是执行中的错误。

如果对“这个人故意要这样做吗?”的问题的回答是肯定的,那么这个行为是故意的。故意行为是按照计划进行但不正确的行为。它们是计划中的错误。

(2)错误类型或违反

步骤2是在记住有关意图的决定的情况下,选择最能说明失误的错误类型或违反。有四个潜在的错误/违反类型,即流后、含着、智深、后及。流后是一种非故意行为,其失误与注意力有关。它是执行中的错误。含着也是一种非故意行为,其失误与记忆有关。它也是执行中的错误。智深是一种故意行为,但是并无违反规则或计划的故意决定。它是计划中的错误。后者是一种计划的错误,发生时违反规则或计划的故意决定已经作出。例行的违反每天都在发生,因为人们经常地修改或不严格遵守工作程序;这常常是由于工作方法设计或规定得不好所致;相反,特殊的违反却往往是一次性地破坏工作惯例,例如在执行一项任务时,故意忽视安全规则。即使如此,其意图还不是作出恶意行为,而只是为了进行工作。

步骤5——鉴别潜在因素

当调查员试图揭示发生的错误/违反和导致其发生的行为之间的关系时,对于实际上发生了什么而言,将步骤4和5中所含的活动分别列出,可能是有些武断。用最简单的话来说,行为包括决定和行动或活动。在步骤3中,鉴别了行动或决定(即不安全行为或决定)。在步骤4中,揭示了就那个行动或决定而言错误何在。在步骤5中,重点在于揭示单个或成组人员行为或决定后面的潜在原因。为此,确定在工作系统中是否有何可能便利表达假定的失误方式(因此,有了错误/违反和不安全行为)的因素是重要的。这些因素被称为潜在因素。它们可通过检查在步骤1和2中使用SHEL或Reason框架收集和组织的工作系统信息而发现。对这些资料进行复查是强调该调查程序的重复性质,因为,它甚至可被认为,有必要对事件进行进一步的调查。

步骤6——鉴别潜在安全问题并制订安全行动计划

鉴别潜在安全问题是以什么因素被鉴别为潜在因素为广泛依据的。这再次强调了应用该程序步骤1和2的系统方法的重要性,它为后续的分析步骤奠定了基础。如果适当,可以对潜在的安全问题进行进一步分析,以鉴别该系统的相关危险和制订安全行动计划。

附 录 2

人员因素调查范围

下列问题旨在帮助调查员调查人员因素。熟练的提问可帮助调查员排除无关的调查线索，而集中于具有更大潜在意义的领域。

提问的顺序和方法将取决于与谁进行面谈及其描述人员行为和人员印象的意愿和能力。可能还需要通过对其他人进行面谈，以便对从某一个人那里得到的相同方面的信息进行证实、交叉核实和补充。

本调查范围可用于制订面谈计划。下列问题并不意味着是详尽无遗的，或者可用作检查表，一些问题也可能与某一特定事故的调查无关。随着新的人员因素问题的出现，调查员将需探索新的调查范围。

船上问题

1 安全政策

.1 公司有书面安全政策吗？

.2 公司有指定人员处理船上安全事务吗？

.3 公司代表上次何时到访船舶，或你上一次何时与公司进行联系？

.4 你上一次何时进行培训？培训了什么以及培训是如何提供的？

.5 上一次应急训练（例如防火、弃船、人员落水、污染反应等）是何时进行的以及在训练中你做了什么？

.6 是否提供适当的人员保护设备以及你是否使用了？

.7 你是否知道在事故之前的时期里船上是否发生任何人员事故？

2 事件前的活动

.1 （如事故发生时船舶正离港）一般而言，船舶在港时，你是如何度过你的时间的？

.2 （如事故发生时船舶正靠近港口或正在海上）船舶自上一次港口或码头作业以来，航行了多久？

.3 紧接去值班或报到上班前，你在做什么以及做了多久？娱乐活动？体育锻炼？睡觉？阅读？看电视？吃东西？书面工作？在去船上途中？

.4 事故前大约 4 h…min，1 h…min，30 min…s 时，你具体在做什么？

.5 事故发生时，船舶涉及什么样的演变？在该演变过程中，你的作用是什么？

.6 紧接事故之前，你在想什么？

.7 在事故前的任何时间里，你是否发现任何人有疲劳或不能履行职责的迹象？

3 事故时的职责

.1 事故发生时你在船上什么地方？

.2 当时分配给你什么具体工作或职责？由谁分配的？你清楚你的任务吗？你是否接到什么矛盾的命令？

.3　你以前(在涉及事故的具体船舶上)经常做这项工作吗？

4　**事故时的实际行为**

.1　事故时你的准确位置在哪儿？

.2　事故时你正在履行什么具体职责？

.3　报到上班以来，你是否在什么时间有不能集中(集中注意力/集中思想)于你正在试图履行的职责上的情况？

5　**培训/教育/证书/专业经历**

.1　你分配到本船多久了？你是否要求延长或缩短你的任职时间？

.2　你担任这个船员职务多久了？你在本船上担任过其他什么船员职务吗？

.3　你持有表示你现有资格的证书多久了？

.4　你在分配到本船之前，在其他船上工作过吗？如工作过，你担任过什么船员职务？

.5　你在单个航次中，在海上的最长时间是多少？在本航程中，你在海上逗留了多久？你最长的单个航程是多少？

6　**身体状况**

.1　紧接事故前的 24 h 的任何时间里，你是否生病或不适？如是，你有何症状？你是否发烧、呕吐、头晕，或有其他反应？此外，你是否告诉过别人？你认为原因何在？

.2　事故前你何时最后一次用餐？你吃了什么？吃够了吗？

.3　在船上时，你定期锻炼吗？(事故前)你何时进行最后一次锻炼？锻炼多长时间？

7　**心理、情绪、精神状况和雇用情况**

.1　在船上时，你上一次感到兴高采烈或欢欣鼓舞是在什么时间？是什么情况使你产生此种情绪？

.2　在船上时，你上一次感到悲伤或压抑或情绪低落是在什么时间？为什么？你对别人说过吗？

.3　你最近被迫做过任何困难的个人决定吗？你最近思想上有何财务或家庭担忧吗？

.4　你最近因工作情况受过批评吗？被谁批评？批评有理吗？

.5　(事故前)在航行中你不得不处理的最紧张情况是什么？这种情况是在什么时候发生的？它是怎么解决的？

.6　所有船员的合同安排是什么样的？

.7　过去(12)个月中，是否有过任何抱怨或劳工行动？

8　**工作负荷/任务的复杂性**

.1　船上组织工作是什么样的？

.2　船上组织工作有效吗？

.3　你在船上组织工作中处于什么地位(即你为谁工作、向谁报告或给谁分配职责)？

.4　你的工作性质是什么？需要久坐的？要求体力的？

.5　事故中有人因工作负荷过重而受到损伤吗？

9　**工作时间/休息时间/娱乐方式**

.1　你的正常当班时间表是什么样的？

.2　你是上白天班还是做值班员？

.3　你在事故前那一天和事故前那一周的当班时间表是什么样的？

.4　事故发生时你是在加班吗？
.5　事故发生时你当班多久，或者清醒地进行其他工作多久？
.6　你上一次是什么时间睡觉的？睡了多久？你上一次睡觉期间经常醒吗？醒后精神恢复了吗？如没有，怎样才能使你睡觉期间更安稳？
.7　在船上时你通常如何度过工余时间？玩牌？阅读？听音乐？看电视？其他？
.8　当你能休息时，你上一次是在什么时候延长工余时间的？

10　与其他船员和上级/下级的关系

.1　船员中你认为谁是朋友？
.2　你是否觉得与船员中的什么人相处不愉快？
.3　你是否与船员中的什么人因语言障碍而在交流上有困难？
.4　最近有什么新船员参加船上工作吗？你是否有机会与他们认识？
.5　你最近是否与另外的船员有任何争论？
.6　在紧急情况中，你信任你的船员同伴给你帮助吗？
.7　是否有其他船员主动提出代替你值班或履行职责，以让你得到一些额外休息？
.8　（当事故发生时）在报到上班前你与另外的船员交谈的最后话题是什么？
.9　自事故以来你与任何其他船员交谈过吗？如谈过，你们交谈的话题是什么？在接受面谈前你与任何其他人谈及过事故的事吗？

11　生活条件和船上环境

.1　你认为在船上你个人的区域舒适吗？如不舒适，你希望如何改进？
.2　事故前，你是否由于恶劣气候、噪声程度、热/冷、船舶运动等的结果而有任何休息困难？

12　配员水平

你认为配员水平对于船舶营运是否充分？

13　船长的常规命令

.1　船长是否有给所有船员的书面常规命令？
.2　船长/轮机长是给值班人员书面还是口头常规命令？
.3　命令与公司安全政策有冲突吗？

14　设备自动化/可靠性程度

.1　你认为该系统可靠吗？
.2　该系统以前有过故障吗？
.3　故障是由船员还是由岸上工人修理的？

15　船舶设计、运动/货物特征

你是否发现在本航次中船舶设计、运动或货物特征有何异常？

岸上管理问题

16　工作和休息时间安排

公司的工作时间表和休息政策是什么样的？

17　定员水平

为你的船队确定的定员水平如何？

18 值班做法

.1 你是否要求船长值班？

.2 你是否让船长自行决定值班做法？

19 职责分配

你是否让船长处理此事？

20 岸—船—岸支持和通信

你如何支持船长？

21 管理政策

公司是否有书面安全政策？

22 航次计划和靠港安排

船长如何计划航次？

23 娱乐设施

船上各有福利/娱乐服务和设施吗？

24 合同和/或行业安排和协议

.1 所有船员的合同协议是什么样的？

.2 过去(12)个月中是否有过任何抱怨或劳工行动？

25 国家/国际要求

管理人员和船长是否符合适用的国际公约和船旗国规则的要求和建议？

附 录 3

定义——通用人员要素术语

人为错误:单个或一组人员对可接受或可取做法的偏离,这种偏离可能引起不可接受或不可取的结果。

人体机能降低

情绪性:可能影响个人执行所要求任务的正常能力的不安或烦恼的生理状态。

惊恐:降低执行所要求任务的能力的突然性难忍的害怕。

焦虑:对未来的不确定性所具有的担心和忧虑状态,他可能降低将精力正常集中于所要求任务的能力。

个人问题:郁积于情绪并降低执行所要求任务的能力的问题。例如包括身体残疾,家人死亡或生病,婚姻和其他关系问题,健康事项,财务问题,生气,或与船上伙伴交往不佳。

脑力损伤:被降低了的脑力能力,它可以降低或妨碍个人执行所要求脑力方面任务的正常能力。

饮酒:降低个人执行所要求任务的能力的含酒精饮料的消费。例如包括上班时或上班前不久饮用,它可以妨碍个人的能力,上班时醉酒,引起上班时表现拙劣的工余饮酒,以及引起脑力能力永久性降低的长时期过量饮酒。

用药:影响个人执行所要求任务的能力的药物或麻醉剂的使用。合法和非法药物的使用可对脑力和体力能力产生许多不同影响,包括特别困倦、虚假的胜任感和幻觉感。使用者的脑力能力还可以因不断需要得到更多的药物而被扰乱。此外,个人可能不了解合法药物的副作用,并可能在上班时使用它们,或者忘记报告使用了它们。

疏忽:不专心、未注意或考虑;忽视。例如包括未监测显示器;未保持正常瞭望;忘记履行所分配的职责。疏忽还可能出自其他原因,诸如个人问题、疲劳、服药、厌倦或听觉问题。

受伤:造成脑力或体力能力下降的身体的形体损伤。例如包括头部受伤,其他诸如手指破断或严重烧伤之类的受伤,其疼痛造成心神烦乱和脑力受损。

精神疾病:精神错乱或捉摸不定的行为,消沉,幻觉,无法解释的或其他异常的无法解释的行为方式。

形体疾病:产生脑力或体力能力降低但通常不认为是精神疾病的疾病。例如包括:伴随感冒和流感的一般能力缺乏,由于高烧引起的幻觉,偏头痛,晕船和甚至严重消化不良,以及中毒。

积极性下降:缺乏表现好的意愿或愿望,导致影响个人对所要求任务的正常执行。

故意过失行为:故意采取不正确行动或故意未采取正确行动。例如包括玩忽职守,拒遵指令,破坏、偷盗或无视程序。

疲劳:由于体力、脑力或情绪性耗费而降低体力和/或脑力能力,它可能会损伤几乎所有体力能力,包括:力量、速度、反应时间、协调、决策或平衡。

士气低落:个人或队组的积极性问题,表现为完成所分配任务的意愿、信心或纪律性减弱。

例如，原因可包括船员之间的人际矛盾、高级船员处理人际关系技能差、缺乏强有力的配合或船上安全教养，当班时间过长。

缺乏自律：个人控制本人行为的能力不足。例如包括脾气失控或行为违反职业规矩。

视力问题：由于特殊的身体残疾而产生的视敏度降低。原因可包括眼睛受伤造成全部或部分失明；不带处方规定的眼镜或隐形眼镜；适应黑暗能力不足。

过量工作负荷：因人员在规定时间内必须完成的所有脑力和体力任务总量引起的体力或脑力能力的下降造成的工作表现下降。

海洋环境

有害自然环境：自然环境使得完成所要求任务比平常更困难的情况。例如包括风暴，大浪，浅水，严重礁堵，强流或强潮，冰，礁，水下残骸，严重涡流，船舶交通，风，雾，薄雾，雨，冻雨雪，霾，尘埃，航空垃圾。

人员因素设计不佳：造成执行船上任务困难增加的船舶、其附属系统、其环境控制装置、工程或其人员—机器界面的不佳设计。人员因素工程设计不佳的例如包括照明不足；噪声过大；振动过大；取暖、冷却或通风系统不足；甲板梯、楼梯、舱壁或工作面危险；用于恶劣气候或简化工作方式操作的设备不足；限制装置、防护装置或按手栏杆不足；船舶动力方面的工作台定位差；船体适航性不佳；控制器容易发生事故性启动；控制标记难辨或模糊；显示器或显示标志难辨或模糊；控制器和显示器的布局、尺寸和颜色不当；操纵或维护通道设计不当；安全设计不当。

操作不当：个人或队组使船上环境变差，造成完成一些所要求任务更加困难的情况。例如包括船舶操纵（例如加速、改变航向、不规则操纵）对船舶动态的影响，当人员从事一项任务时妨碍从事另外一项任务的人员，造成平衡和控制的困难；或积载货物时妨碍通过或转移。维护不当：未能保持船舶或其设备的任何部分在规定的寿命或操作期间内处于其设计的运作状况，从而使船上环境降级并使完成一些所要求任务更加困难。维护不当影响完成所要求任务的例如：由于缺乏管理上的承诺，造成用于正常维护的更换部件和工具不足。

安全监督

技术知识不足：由于经验和/或培训不足，不具备所要求的人员船上工作的一般知识。例如包括航行、船艺、推进系统、货物处理、通信和气候。

情况交流/了解不够：由于经验不足、缺乏联系、协调和/或培训，不了解船舶、其系统或其环境现状。例如包括对于船位、航向或航速缺乏了解和对于船上现行维护状况缺乏了解。

缺乏联系或协调：未使用所有现有信息来源确定现状。这可能是由于个人缺乏主动性或是其他人员缺乏主动性和/或合作的结果。联系/协调不佳的例如包括：驾驶台高级船员之间联系不佳，与引航员联系不佳，以及甲板—机舱协调不佳。

船舶操作知识不足：因经验不足、不了解规则、程序知识不足、培训不充分和/或不了解作用/任务/责任而引起的知识缺乏。个人可能缺乏知识的方面的例如：航行、船艺、推进系统、货物处理、通信和气候。

规则/标准知识不足：由于经验和/或培训不足，所要求的规则的知识或理解缺乏。可能的规则的例如：公司政策和标准，国家和国际规则，其他港口国海事规则，当地管辖权规则，船上规则，慎航通告，海图标志或标记。

船舶程序知识不足：由于经验和/或培训不足，不了解船上和公司政策所要求的你本人所在船舶的操作的足够知识。例如包括应急程序、维护程序、管理程序和安全系统程序方面。

不了解作用/任务责任：对于个人的具体工作要求不充分了解。例如包括对指挥责任、通信责任、安全责任、维护责任和应急责任缺乏了解。

语言技能不足：缺乏进行联系和履行职责所要求的必要基本语言技能。这包括说、读和理解主要语言和/或其他充分理解船上命令、指示、程序、标记、警告和规则所要求语言的能力完全或部分不足。

管理

未能维护纪律：未能保证人员服从授权、规则和程序。例如包括：宽容不合格或不合适的人员，不执行规则和程序，容忍不服从行动。

指令失误：发出指令中的错误。指令错误的例子包括：未发出恰当的指令，未适时发出恰当的指令，或与其他指令顺序不符，指令不正确，指令冲突。

监督不当：对于在某人监督下的人员的活动监督不当。不完善监督的例如包括：未查核工作是否及时和正确地进行，未提供适当资源供监督人员处理需其注意的问题，对人员不是一视同仁。

协调或联系不当：船上和岸上处理争议、问题和任务时均未进行联系和协调。例子包括：驾驶台高级船员之间联系不佳，与引航员联系不佳，与国内办公室联系不佳，甲板—机舱之间协调不佳。

物质资源管理不善：执行任务所需的物质资源即工具、设备、供应品、设施、食品、水、燃料等管理不善。物质资源管理不善的例子包括：物质资源缺乏，物质资源不足，物质资源不合适，物质资源储存不恰当，需要时物质资源难以得到。

配员不足：未能保证所要求的船上所有任务均能适当地得到执行，同时也未能保证有足够的具有适当技术水平、体力和脑力能力、经验、证书和爱好的人员适当地执行这些任务。

可利用的人力不足：未指派或未能保证获得足够的具有适当技术水平的人员到船上工作或去承担船上某一特定任务，以保证安全和有效操作。

工作计划差：规定的工作或任务要求不合理、无效率、不可能、过量或不实际可行。例子包括：过量的值守时间或次数，要求一个人同时监测不协调地分开的多台显示器，要求置身危险材料之中而又没有适当的保护器具。

规则、政策、程序或做法不当：规则、政策、程序或做法方面存在的任何问题。例如：标准、规则、政策、程序或做法可能是冲突、不准确、不充分、缺乏足够细节或过时的。

正确规则、政策、程序或做法应用不当：在不恰当的时间或不适当的情况中应用标准、规则、政策、程序或做法。

脑力行为：

对情况缺乏了解：可能导致对未来情况产生错误假设的对现况的不正确理解，或根据不正确的看法得出的理解；这些理解会导致可能极大地增加船舶风险的复合性错误。例如包括尚未确定来船航行方向便作出假设，不正确地解释船上报警（例如在公海期间燃油系统的海水污染）。

缺乏概念：当个人未恰当理解问题或情况时存在的现象。例如包括读错刻度计，听错指令，理解错混乱不清的无线电文，实际上是原油气味时误认为是主机油，没有注意到右舷纵倾，过多估算到达码头的距离。

不正确认识：对一旦发现的特殊情况或问题的错误判断。当可能发现存在的问题或情况时，鉴别则是不正确的。例如包括将类似船上其他的声音误判为声响警报，误认驾驶台上的可视显示警报器。

不正确鉴别：一旦发现问题或危害存在时，对问题或危害的鉴别则是不正确的。显示板上的警报可能被鉴别为对船舶的一种特别危害（例如燃油压力低），但是人员可能对该警报解释错误，从而不正确地鉴别该问题。

附　录　4

与船舶事故和事件中人员因素调查有关的联合国海洋法会议/劳工组织/海事组织要求和建议书选择书目

1　联合国海洋法公约第 94 条,船旗国的责任(内容略,在《国际海事条约汇编》一书中可查阅,以下同)。

2　国际劳工组织公约和建议书

1976 年商船公约(147 号)第 2 条

1970 年防止海员伤亡公约(134 号)和第 2 条,第 3 条

1970 年防止海员伤亡建议书(142 号)第 3 条为船东和海员传播信息

3　国际海事组织公约

SOLAS 1974 议定书,第Ⅰ/21 条

1966 年载重线公约第 23 条

MARPOL 73/78 公约第 8 条,第 12 条

4　国际海事组织大会决议

A.849(20)船舶事故和突发事件调查规则(将成为国际海事组织的规则)

A.850(20)本组织关于人的因素的看法、原则和目标

5　国际海事组织海上安全委员会通函

MSC/Circ.621 疲劳因素导致的事故调查指南

MSC/Circ.827 和 MEPC/Circ.333 协调报告程序——SOLAS74 Ⅰ/21 条和 MARPOL 73/78 第 8 条和第 12 条要求的报告

第 A.898(21)号决议
(1999 年 11 月 25 日通过)

关于海事索赔的船东责任指南

大会,

忆及国际海事组织公约关于大会在有关海上安全的规则和指南方面的职责的 15 (j)条和与此相关的防止和控制船舶污染海洋的法律,

认识到对于许多海事索赔案件,船东通常享有合理的责任限制,

相信这种合理的责任限制必须是以船东所采取的措施为对等条件,实际上提供了有效的保险保证金将确保满足了合理的索赔,

考虑到因此而需要提供一个在海事索赔方面的船东责任的最低的国际标准,

进一步考虑到这些指南体现了本组织的阻止非标准船舶和缺乏保险船舶营运的目的,

影响到,如果船东不具有有效的保险保证金,不能够获得适当的索赔,

确信建议性指南尽可能建立在良好的实践框架,以满足所有船东采取措施,确保在以下的突发事件影响到船舶使索赔收到足够的补偿,

请考虑本建议提交法律委员会第八十次会议,

1 **采纳**本决议附录中制定的关于海事索赔的船东责任指南;

2 **请求**各成员国政府敦促船东执行本指南;

3 **要求**法律委员会保持对指南进行必要的修订。

附　录

关于海事索赔的船东责任指南

1　定义

1.1　就本指南而言：

.1　货物索赔是指海上装运货物滞期、损害、损失方面的索赔；

.2　保险是指可推断的和不可推断的保险，例如通常由 P&I 俱乐部的国际集团成员提供的组合式赔偿保险，其他有效的保险形式（包括自保）和提供相当于保证金同等条件的担保；

.3　保险人是指为船东提供保险的任何一个人；

.4　限制公约是指 1976 年海事索赔责任限制国际公约，包括已进入生效的任一修正案；

.5　相关的索赔是指涉及限制公约第 2 条所认可的货物索赔；

.6　船东是指对船舶操作负有责任的船舶的所有人或任何其他组织或个人

.7　总吨是指依据 1969 年国际船舶吨位丈量公约附件 1 吨位丈量规则计算取得。

2　应用范围

2.1　敦促 300 总吨 以上船舶的船东实行这些指南。也鼓励 300 总吨以下船舶的船东实行这些指南。

2.2　本指南不适用于军事船舶、军事辅助船和国家征用的其他船舶。

3　船东的责任

3.1　船东应为他的船舶安排保险，包括实施这些指南。

3.2　在船舶发生相关的索赔事件时，船东还应采取适当的与其船舶操作相关联的措施。

4　保险担保的范围

4.1　船东应保证承担限制公约第 6，7 条限定的与相关的索赔事件有关的责任。如果按照限制公约规定的最低责任限制给予船东免除的权利，则保险仅需要承担责任达到最低限制。

4.2　为了满足上一段的要求，保险仅需要承担责任：

.1　船东的责任已建立在法定基础上；和

.2　船东已实施了所有的在保险合同中所约定的条件。

5　证书

5.1　船东应保证在他的船上存有一份由保险人签发的证书。保险人在更多的方面提供相关的索赔担保时，证书确定主要责任保险人的身份是充分的。

5.2　至少，证书应包括：

.1　船名；

.2　船舶的 IMO 编号；

.3　保险人姓名；

.4　保险商的地址；

.5　担保人或联合担保人的姓名（如知道）；和；

.6　关于保险人担保的风险，按这些指南制定出推荐标准的保险事务的证明文件。

海安会通函 MSC/Circ.1059
环保会通函 MEPO/Circ.401
(2002 年 12 月 16 日)

对观察到的 ISM 规则重大不合格项的处理程序

1　海上安全委员会在其 76 届会议(2002 年 12 月 2 日至 13 日)上和海上环境保护委员会住其 48 届会议(2002 年 10 月 7 日至 11 日)上认识到上述程序的必要性,批准了对观察到的 ISM 规则重大不合格项的处理程序(见附件),旨在协助船旗国和港口国解决在船舶或船公司安全管理体系方面观察到的不合格项。

2　提请各成员国政府应用附件中的程序并使有关各方注意到这些程序。

附　件

对观察到的ISM规则重大不合格项的处理程序

1　主管机关以及代表主管机关的认可组织应确保对ISM规则审核中提出的尚未纠正的重大不合格项目有充分认识。如果主管机关或认可组织认为已采取了有效的纠正措施,则重大不合格项目可降为不合格项目。对船舶提出的重大不合格应在船舶开航之前予以降级。应就完成必要的纠正措施商定不超过3个月的计划。如主管机关允许重大不合格降为不合格,则应按商定的纠正措施计划所规定的时间至少进行一次附加审核,验证所采取措施的有效性。

2　如果港口国要求,主管机关应向港口国主管机关提供关于船舶出示的符合证明之当前有效性的现有相关资料。

3　如果ISM认证过程涉及一个以上主管机关和/或认可组织,则导致撤销符合证明或安全管理证书的任何重大不合格,或已允许降为不合格并已妥为采取纠正措施的任何重大不合格项目,所涉及的主管机关和/或认可组织应将所采取的措施通报其他主管机关和/或认可组织。

4　不得向已被撤销符合证明的公司再签发临时符合证明。另外,只有在完成了初次审核或与初次审核程度和范围相当的附加审核之后才能签发新的符合证明。新的符合证明的期满日应与已撤销的证明相同。

5　如果由于重大不合格而撤销符合证明并因而撤销相关的安全管理证书,则只有在符合证明被恢复并在船上进行与初次审核范围相当的代表性抽样审核之后,才能签发新的安全管理证书。

6　对于安全管理证书仍有效但公司符合证明已撤销的船舶,确定撤销该证明的主管机关或港口国应确保该船在重新签发符合证明之前不得营运。可采取的相关措施包括扣留、吊销营运许可证或为确保符合ISM规则的其他必要措施。

7　对于被撤销了安全管理证书的船舶,确定撤销该证书的主管机关或港口国应确保该船在重新签发该证书之前不得营运。可采取的相关措施包括扣留、吊销营运许可证或为确保符合ISM规则的其他必要措施。

8　对由于重大不合格而撤销了安全管理证书的船舶,不得签发临时安全管理证书。此外,只有在船上完成了初次审核或与初次审核程度和范围相当的附加审核之后才能签发新的安全管理证书。另外,根据针对船上所实施安全管理体系提出的重大不合格之性质,在签发安全管理证书之前可能还需通过与年度审核范围相当的一次审核来验证符合证明的有效性。新的安全管理证书的期满日应与已撤销的证书相同。

六、船舶和设备维护

第 A.798(19)号决议
(1995 年 11 月 23 日通过)

专用海水压载舱防锈系统的选择、使用和保养指南

大会，

忆及国际海事组织公约有关大会在海上安全规则和指南方面的职责的第 15(j)条，

还忆及在有关固体散装货船安全的第A.713(19)号决议中，规定了为增进固体散货船安全而应采取的临时措施，

又忆及在有关散货船和油船检验期间的强化检查方案指南的第 A.713(19)号决议中规定了改进散货船和油船的安全和防污的详细检查要求，除其他者，还阐明了涂层状况和检验要求的相互依赖关系，

认识到得到正确使用和保养的散货船和油船专用海水压载舱中的防锈系统对增进船舶安全的重要性，因为此种液舱更易于锈蚀，

还认识到海上安全委员会在其第六十三届会议上核准了 1974 年国际海上人命安全公约(安全公约)的修正案草案，增加了供列入定于在 1998 年生效的该套提议的修正案中的、要求在新的散货船和油船专用海水压载舱中安装防锈系统的新的第Ⅱ－1/14－1 条，

审议了海上安全委员会第六十三届会议上作出的建议，

1 **通过**本决议附件中所载的专用海水压载舱防锈系统的选择、使用和保养指南；

2 **请**各政府尽早将该指南应用于新的散货船和油船而不要等待 1974 年安全公约的有关修正案的生效。

附　件

专用海水压载舱防锈系统的选择、使用和保养指南

1　综述

1.1　本指南旨在推荐选择、使用和保养专用海水压载舱防锈系统的一般标准。它适用于新的油船和散货船。

1.2　本指南不是要取代任何具体涂层系统的技术事项。此种事项由产品和工作规范处理，而此种规范则由船舶所有人、厂家和船厂自行决定和负责。

1.3　所有人应选择和保持某种将确保对专用海水压载舱具有适当程度的防锈作用的系统。

1.4　涂料厂家应提供产品质量和它能满足所有人要求的能力的证据。

1.5　船厂和/或其分包商应提供其在使用涂料方面的经验的明确证据。涂料标准、工作规范、检查、保养和修理标准应由船厂和/或其分包商，所有人和厂家经与主管机关或主管机关认可的组织磋商，在船舶建造前议定。

2　定义

2.1　*阳极*是指直流电通过其进入电解质的电极。

2.2　*压载水舱*是指用于水压载的液舱，包括隔离压载水舱、双层底压载处所和首尖舱。

2.3　*阴极防腐法*是指通过安装供耗损用的阳极在电化海水腐蚀电池中与钢接触来保持钢表面不受锈蚀的一种方法。

2.4　*露点*是指空气中水分饱和的温度。

2.5　*干膜厚度*是指标称干膜厚度。

2.6　*硬涂料*是指在其固化过程中发生化学变化、通常用于新建造物的涂层或可用于保养目的的不变化的空气干燥涂料。硬涂料可以是无机的或有机的。

2.7　*低爆限*是指低爆炸限度。

2.8　*浅色*是指易与锈区别的涂料颜色。

2.9　*底涂层*是指船厂中使用的第一个涂层(有别于出厂涂层)。

2.10　*工厂底涂层*是指涂在钢板上的预制稀薄底涂层，往往在自动装置上适用。

2.11　*溶剂*是指能完全溶解某种特定黏合剂的挥发液体。

2.12　*稀释剂*是指不一定溶解黏合剂但能减少黏合液黏度的挥发液体，如为减少油漆的黏度以便均匀喷涂。

2.13　TLV 是指阈限值。

3　涂料

3.1　综述

3.1.1　用于新建造物的涂料的寿命可受到几方面的影响，包括涂料的选择、使用和保养方案。

3.1.2　使用硬涂料是现代技术中最常见的做法。只有认真遵守厂家产品技术资料文件和工作规范才能实现硬涂的有效性。

3.1.3　建议使用颜色有反差的多道涂层的多涂层处理。最后一道涂层最好是浅色，以方便营

运期间的检查。

3.1.4　在设计阶段采取措施能改进涂料性能,如降低粗糙度、使用压延型材和确保结构构形能使带着工具的人易于通往并便于液舱的清洗、排泄和干燥。

3.1.5　当涂料由阴极防腐法加以补充时,该涂料必须与阴极防腐系统兼容。

3.2　涂料选择

3.2.1　有关各方应根据营运状况和规划的保养考虑涂料选择。

3.2.2　除其他者外,应考虑下列事项:

.1　液舱与加热表面的相对位置;

.2　加/减压装卸作业的频度;

.3　所需表面状况;

.4　所需表面洁度和干燥度;和

.5　补充性的阴极防腐法(如有)。

3.2.3　涂料厂家对其产品应备有成文的令人满意的性能记录和技术资料文件。厂家还应能够提供适当的技术帮助。

3.2.4　对于没有令人满意的性能记录的产品,涂料选择应由有关按经认可的标准进行的试验的适当资料作为证据,以证实它们适合于营运状况(如浸没试验,加速热盐喷洒试验和黏着试验)。

3.2.5　用于日光照射的甲板之下或用于构成加热货物处所边界的舱壁上的涂料,应能耐受不断的或重复的加热而不脆裂。

3.2.6　应充分考虑高固体含量的硬涂料的边缘覆盖特性可能较差。

3.3　表面准备

3.3.1　以适当方法进行的表面准备应符合涂料厂家的规范和建议。表面准备和上涂料的实际顺序取决于选择的标准。

3.3.2　钢表面的准备应使选择的涂料以所需干膜厚度达到均匀分布并除去锐边缘、磨平焊道、除去溅出焊料和任何其他表面沾染物达到适当黏结度。

3.3.3　清洗至接近白金属的工作或可在即将上工厂底层涂料前在来料(板材或型材)上进行或可在造好液舱后但尚未上底层涂料前进行。

3.3.4　如在建好液舱后使用喷砂清洗技术,则进行喷砂清洗的状况应能防止冷凝。就此而言,在下列情况下不推荐喷砂清洗:

.1　相对湿度超过85%;或

.2　钢表面温度超过露点不足3℃;或

.3　存在钢表面是湿的或有水迹或在上底层涂料前发生冷凝的任何可能性。

3.3.5　在喷砂作业完成后应使用真空吸除、压缩空气和刷子彻底清除喷砂磨料和粉尘。喷砂磨料应是干燥的,没有灰尘、油、脂或氯化物,并应适合于达到厂家规定的洁度和分布标准。

3.4　表面准备的核查

应在表面准备结束后、上底层涂料前按厂家规范核查钢表面洁度和粗糙度分布。

3.5　上涂料

3.5.1　上涂料应是经周密规划的活动,应是造船厂建造计划的组成部分,应在有控制的状况下进行,以避免与船厂的其他作业发生冲突。

3.5.2　涂料,包括底层和中间层涂料,应上在准备好的表面上并按3.3和3.4的规定得到核查。

3.5.3　应按照厂家的建议,在有控制的湿度和表面温度状况下进行喷涂。如工作规范有此要求,应使用刷子或滚筒对焊接处、边缘和不易通入的地方上额外的条状涂层。

3.5.4　在工厂底层涂料有损坏处,可按厂家规范进行修补。

3.5.5　每一涂层应具有涂料规范规定的最大/最小厚度。可采用80/20的做法,即80%的所有厚度测量值应大于或等于标称干膜厚度,其余的20%低于80%的干膜厚度。

3.5.6　应注意避免厚度的过分增力。过分的厚度会引起严重后果,如溶剂和稀释剂被留存、膜开裂、气袋等。上涂料期间应核查湿涂料厚度。

3.5.7　在上下一道涂层前,每一涂层应按涂料厂家的建议得到适当固化。中间层涂料不得被污物、脂类、粉尘、盐、过喷涂等沾染。工作规范中应有厂家提供的干燥至再次喷涂的时间。

3.5.8　稀释剂应限于厂家建议的种类和数量。

3.6　通风

适当通风对于涂料的适当固化是必要的。应按涂料厂家的建议在整个上涂料过程中和上涂料完成后的一段时间里保持通风。

3.7　涂料试验

3.7.1　应避免破坏性试验。

3.7.2　干膜厚度试验,应使用适当的厚度计量表,不仅在上涂料工作结束时而且在上完每层涂料后进行。

3.8　检查

3.8.1　对表面准备和上涂料工作的检查,应由船舶所有人和船厂根据厂家的建议议定。应以议定格式报告所有上述检查的明确证据。此种报告应由包括主管机关或主管机关认可的组织在内的所有有关方面自行决定。

3.8.2　应予监督的活动,除其他者外,为:

.1　工作条件,如照明、通道、脚手架等;

.2　环境状况,如温度和湿度;

.3　除去锐利边缘;

.4　喷砂清洗/机械清洗;

.5　喷砂清洗后的清理;

.6　遮挡经喷涂的表面,使其不受喷砂作业影响;

.7　喷涂设备;

.8　每一涂料与温度和湿度相关的固化时间;

.9　每一涂层的厚度;

.10　特定稀释剂的使用和数量;

.11　涂料的连续性;

.12　涂料和磨料的贮藏;

.13　在上下一道涂料前对喷涂过的表面的清洗;

.14　被喷涂过的物品的装卸/贮藏/运输;和

.15　被损坏时:涂层修理。

3.8.3 标示出任何缺陷区域,如针眼、气泡、空穴等,并进行修理。再次核查此种修理,看有无任何未上涂料的区域。

3.9 安全措施

3.9.1 多数油漆类含有易燃溶剂,若干油漆类含有能损伤皮肤或在吞服或吸入时能损害健康的物质。应按有关安全规则采取措施减少健康风险及失火和爆炸风险,确保达到安全工作条件。

3.9.2 健康风险可包括:

.1 气体或蒸气,即干燥期间的溶剂挥发或加热被喷涂过的物品时形成的气体或蒸气,它们可能超过许可的暴露限度;

.2 油漆中的液体,即溶剂或黏合剂,它们如作为喷洒飞沫被吞入或吸入或与皮肤接触,则可能是有毒的;

.3 加热被喷涂过的物品(如火焰切割或焊接油漆过的钢材)时形成的烟气、粉末或粉尘,或在打磨作业时形成的粉末中出现的某种物质,或在喷雾中的此种物质。

3.9.3 应按主管机关的规则采取措施减少健康风险、失火和爆炸风险及其他安全风险。

4 阴极防腐法

4.1 使用供损耗用的阳极的阴极防腐法可与涂料一起使用,以防止或减少喷涂局部缺陷引起的点腐蚀。

4.2 应对阳极的尺寸、重量和分布作出设计,使其具有与工作期限相称的适当寿命,阳极的分布、类型、重量和尺寸应在有关文件中注明,供保养使用。

4.3 在确定了阳极的数目和尺寸后,应使其在整个结构上均匀分布,对可能积水的水平表面给予某些侧重。特别是,它们应被安装在很少完全干燥的液舱的底板附近。

4.4 液舱空着时,阴极防腐法是无效果的,在填注液舱后需要一些时间(一天或更长)才能起作用。

4.5 对下列事项应予考虑:

.1 液舱的尺寸和形状及要保护的区域;

.2 上了涂料和未上涂料的表面范围和位置;

.3 加/减压载作业的频度,包括液舱中装有货物的时间的百分比和充注程度;和

.4 水的电阻率温度等。

4.6 在老的阳极被完全消耗前应及早更换新阳极,更换期限应根据营运经验确定。

5 替代办法

可以使用替代防腐系统,但其防腐程度应与硬涂料所达到者相同。

6 保养

6.1 防腐系统的保养应列入船舶的总保养方案中。主管机关或主管机关认可的组织应按照散货船和油船检验期间的强化检查方案指南(第 A.744(18)号决议)核查在船舶寿命期内防腐系统的有效性。

6.2 维护防腐系统的最有效方法,是修理营运检查期间发现的任何缺陷(如局部锈蚀,加强材边缘处的局部锐变等)。应按厂家规范对所有缺陷表面重新上涂料。

6.3 应使用与建造使用者兼容的某种硬涂料。所有人和从事重上涂料作业的厂家应对此种兼容性作出核查。

6.4　如果无法达到对使用原涂料所要求的条件，则可考虑使用对较低表面处理质量、湿度和温度条件更容忍的涂料，但其使用和保养应按厂家规范进行。

6.5　当涂料由阴极防蚀保护法加以补充时，保养方案应包括消耗阳极的更换和对阴极支架周围涂料的检查。

第 A.889(21)号决议
(1999 年 11 月 25 日通过)

引航员登离装置

大会，

回顾国际海事组织公约第 15(j)有关大会在涉及海上安全的规则和指南方面的职责，

注意到经修正的 1974 年国际海上人命安全公约(SOLAS)第Ⅴ/17 条的规定，

审议了海上安全委员会在其第 70 届会议上提出的建议，

1 **通过**引航员转移装置的建议(见本决议附件)；

2 **请**各国政府提醒所有有关方面注意到该建议；

3 **请**各国政府确保引航员软梯和引航员机械升降器及其布置、使用和维护不低于本决议附件的标准；

4 **废止** A.275(Ⅷ),A.426(Ⅺ)和 A.667(16)决议。

附　件

关于引航员登离装置的建议

1　通则

鼓励船舶设计者在设计的早期阶段考虑引航员转移装置的全面布置。设备的设计和制造者也应受到类似的鼓励，特别注意 2.1.1，2.3.1 和 3.3 的规定。

2　引航员软梯

2.1　位置和结构

2.1.1　系固点、卸扣和系绳应至少具有 2.2 所述的边绳的强度。

2.1.2　引航员软梯的踏板应符合下列要求：

.1　如果是硬木制成的，应为一块无结整木；

.2　如果是非硬木制成的，应具有主管机关满意的等效的强度、刚度和耐久性；

.3　最下 4 级踏板可用具有足够的强度和刚度的橡胶制成，也可用主管机关满意的其他材料制成；

.4　应具有有效的防滑表面；

.5　两边绳间距应不小于400 mm，踏板宽度 115 mm，厚度 25 mm，不计入任何防滑材料或凹槽；

.6　各踏板的间距应不小于 300 mm 或大于 380 mm；且

.7　踏板应水平固定。

2.1.3　引航员软梯不应有超过两块更换的踏板是用于建造该梯时不同的方法系固的。若有这样的踏板，则应在合理可行的条件下尽快更换成用于建造该梯时相同的方法系固的踏板。若更换踏板是采用在踏板边缘开凹槽并与边绳进行固定的，该凹槽应开在踏板的长边。

2.1.4　超过 5 块踏板的引航员软梯应设长度至少为 1.8 m 的横杆并按一定间距分布，该间距应使引航员软梯不致扭转。

2.2　绳索

2.2.1　引航员软梯的边绳应由每边两根裸露的绳索组成，其直径不小于 18 mm，在最高一级踏板以下连续无接头。

2.2.2　边绳应用马尼拉麻或其他同等强度、耐用性和握持力的材料制成，此种材料应经防光照老化的处理，并应使主管机关满意。

3　用于连接引航员软梯的舷梯

3.1　更适合于特殊类型船舶的装置可被接受，只要能提供同等的安全性。

3.2　舷梯应有足够的长度，确保其倾斜度不超过 55°。

3.3　舷梯的下端平台在使用时应处于水平位置。

3.4　如设有中间平台，应能自动保持水平，舷梯的梯面和踏板应设计为在使用时能提供合适和安全的立足处的样式。

3.5　舷梯和平台两边均应装有支柱和坚固的扶手，但如使用扶手索，则应拉紧并适当地系牢。在栏杆或扶手索与舷梯斜梁间的垂直空间应进行可靠的防护。

3.6　引航员软梯应紧密地连接到舷梯的下部平台。引航员软梯的上端应在该下部平台以上延续至少2 m。

3.7　如在下部平台装有从引航员软梯出入平台的地板门，孔的口径不得小于750 mm × 750 mm。在此情况下，下部平台的后部也应按上述3.5的要求装有栏杆，而引航员软梯应延伸至下部平台以上直至扶手的高度。

3.8　舷梯及按照本建议安装和使用的任何悬挂布置或附带设备应使主管机关满意。

4　引航员机械升降器

4.1　位置和维护

4.1.1　在控制位置站立的操作者应能不间断地观察到升降器在最高和最低工作位置之间的升降。

4.1.2　船上应备有1份经主管机关批准的制造厂维护手册，包括维修日志。升降器应保持良好的工作状态并按手册的指导得到维护。

4.1.3　应由负责的高级船员将升降器的维护及修理记录载入维修日志。

4.2　升降器的构造

4.2.1　升降器的工作负荷应为升降梯或升降平台的重量、在最低位置时绞车索的重量和升降器的最大设计可载人员重量之和，每人的重量按150 kg计算。升降器的最大允许载客人数应清晰地、永久地标于升降器上。

4.2.2　每一升降器均应如此构造：当在4.2.1规定的工作负荷下工作时，每一部件在考虑到所用的材料、结构形式和工作状况后具有足够的安全系数：

.1　当引航员升降器经受其全部工作负荷时，其平均升降速度应在15 ~ 21 m/min之间；

.2　当载有其2.2倍工作负荷时，引航员升降器应能升、降和停。

4.2.3　在选择构造材料时，应注意升降器的工作条件。

4.2.4　与升降器梯干部分有关的电气设备工作电压应不高于25 V。

4.2.5　升降器应包括下列主要部分：

.1　1部机械动力绞车；

.2　2根分开的绞车索；

.3　由两部分组成的1架梯子或平台：

.3.1　用于运送任何人上下的硬质的上半部分；

.3.2　一个柔性的下半部分，由一段引航员软梯构成。它使得任何人能从引航员交通船上攀至梯子的硬质的上半部分；反之亦然。

4.3　机械动力绞车

4.3.1　绞车的动力源应是电力、液力或气动的。如用气动系统，应单独供气，并有适当的装置来控制它的质量。如船舶装有易燃货物，动力源应不会对船舶造成危害。所有系统在其所安装的船舶可能遇到的振动、潮湿和温度变化的条件下均应有效地工作。

4.3.2　绞车应包括一个刹车装置或其他有同等效果的装置（如适当制作的蜗杆传动），能在失去动力时支持住工作载荷。刹车或其他装置应能在使用手动装置时支持住工作负荷。

4.3.3　用于手动操作的摇柄应能在啮合时使动力自动断开。

4.3.4　应提供保证绞车索均匀地绕在绞车滚筒上的装置。

4.4 控制器

4.4.1 升降器应装有自动安全装置,以便在梯子不能停住时断开电源,避免绞车索或升降器的任何其他部分过载。如升降器使用气体动力,可省去安全断开装置,但风力电动机的最大扭矩不会使绞车索或升降器的任何其他部分过载。

4.4.2 所有升降器的控制器都应包括一只应急制动开关来切断电源,并应在乘载人员易于够到的地方另外再装一只应急制动开关。

4.4.3 升降器控制器应清晰地、永久地标志出"升"、"停"和"降"。这些控制器的工作方式应与升降器的工作方式一致,并应能在松开控制器时自动回到"停"的位置。

4.4.4 便携式升降器应装有连锁装置以防止当升降器安装不正确时工作。

4.5 吊索

4.5.1 应使用两根独立的吊索,该吊索应由足够强度的并在含盐气体中耐锈的柔软钢丝绳制成。

4.5.2 吊索应牢固地连接在绞车滚筒和梯子上。此连接应能经受相当于实际载荷2.2倍的试验载荷。两根吊索应保持足够的距离以减少梯子扭转的可能。

4.5.3 吊索应有足够的长度,以便能适应在服务中可能遇到的不同的干舷条件,并应在升降器降至最低位置时,至少在绞车滚筒上保持3圈。

4.5.4 当一根吊索断掉时,吊索的布置应使梯子或升降器平台保持水平。

4.5.5 吊索的最小安全系数应取6。把吊索固定在绞车上的装置,应能在吊索放完后仍能支持2.2倍的工作负荷。

4.6 梯子或平台部分

4.6.1 梯子的刚性部分长度应不短于2.5 m,并应装有设备使其在升高或降低时,所载人员能处于安全状态。该部分应具有下述要求:

.1 应按4.6.2的要求,提供安全和易于进出平台的足够数量的踏板;

.2 应提供在所有情况下,包括在极端温度条件下能够使用的扶手处,同时要有不滑的踏板;

.3 在下端不少于1.80 m处有撑挡,撑挡的端部应设有滚轴,使其在上下船整个使用期间在船边上能自由滚动。

.4 应提供有适当衬垫的一个有效护圈,并应安装在不妨碍所载人员活动的地方,以作为身体的支撑。

.5 在所载人员、操作者和负责监督所载人员登离船的高级船员之间应有适当的联络工具。

4.6.2 按照升降平台设计的升降器应有一个平台:

.1 不计入地板门,其面积应至少为750 mm×750 mm,并为防滑表面。

.2 不计入地板门的面积,每平方米(或其分数)地板面积限制1人。

.3 如设有地板门,其尺寸应至少为750 mm×750 mm,使引航员软梯能穿过此门后延续,并安装于平台以上达到扶手的高度。

.4 平台表面以上应设至少1 m高的护栏。在地板和护栏之间至少应有2根中间栏杆。栏杆应离平台边缘至少50 mm。栏杆上每一道门均应有插销,以保持门紧紧关闭。

4.6.3　在4.6.1提及的刚性部分以下，应有一段由8块踏板组成的柔性梯子，其结构应符合第2节的要求，但不需配备撑挡，在其端部应设有适当的装具使其固定在刚性梯上。

4.6.4　该柔性梯子的边绳应符合2.2的要求。每根绳应连续，在最高一级踏板以下无接头。

4.6.5　柔性梯子的踏板和刚性梯的踏板应处于同一条垂直线上，踏板的宽度相同，垂向等间距，尽实际可能紧靠船舷。两部分梯子的栏杆应尽可能对齐。

4.6.6　如在升降位置装有护舷材，应将护舷材切割得足以使升降器尽量靠近船舷。

4.7　升降器的操作

4.7.1　升降器的安装、试验和使用应由船上一名负责此事的高级船员监督。从事安装、操作升降器的任何人都应按批准过的手册中包括的安装和操作程序进行培训，设备在使用前应经过试验。

4.7.2　舷外的升降器、控制器和人员上下船的位置应有足够的灯光照明。一个装有自亮灯的救生圈和一根撇缆应处于备用状态。

4.7.3　符合第2节规定的一具引航员软梯应安装在升降器附近并能立即投入使用，使得在升降器运行至任何位置时均可以使用该梯。引航员软梯的长度应能从进入船舶点达到海面。

4.7.4　升降器在船边下降位置应标示出来。

4.7.5　便携式升降器应有一个受到足够保护的存放处所。在很冷的气候条件下，为了避免结冰造成的危险，便携式升降器应在使用前安装。

4.7.6　引航员升降器的安装和操作应成为船上日常训练的内容。

4.8　试验

4.8.1　每一新的升降器应经过2.2倍工作负荷的超载试验。在试验中，载荷应下降不少于5 m的距离，并使用刹车制动升降器滚筒。如绞车未安装刹车，而依靠如4.3.2所述的等效装置来支持失去动力时的载荷，载荷的下降应在允许的最大速度下进行，并模拟失去动力以显示升降器能停止并支持该载荷。

4.8.2　在船上安装好后，应进行超载10%的操作试验，并使主管机关满意。

4.8.3　升降器在工作条件下的后续检验应在船舶安全设备证书的年检或中间检验及换证检验时进行。

5　到甲板的通路

应提供安全、方便和无障碍的通道，确保登离船人员往来于引航员软梯或舷梯的上端和船舶甲板之间。此种通道应由被栏杆围护的平台组成。具体要求如下：

.1　当在栏杆和舷墙上开有门时，应设有足够的扶手；

.2　当设有舷墙梯时，此梯应稳固以防止翻转；在船舶每舷的登离船位置应各安装两个扶手支柱，相隔不应小于0.7 m，不大于0.8 m；每个支柱的下端或接近下端处以及较高处应牢固地连接在船舶结构上，其直径应不大于32 mm且其高度应超过舷墙顶部不少于1.2 m；扶手支柱或栏杆不应装设在舷墙梯上。

MSC/Circ. 1093

(2003年6月17日)

救生艇、降落装置和承载释放装置定期检修和维护指南

1 海上安全委员会在其六十二届会议上(1993年5月24日至28日)批准了MSC/Circ. 614的《救生艇承载释放装置的检查和维护指南》。

2 认识到自从MSC 62该指南批准以来所获的经验,以及执行经增补和完善的指南可以降低救生艇意外事故的发生,海上安全委员会在七十七届会议上(2003年5月28日至6月6日),批准了救生艇、降落装置和承载释放装置定期检修和维护指南(见附件)。该指南也可用于救生艇、救助艇和快速救助艇及其降落装置和承载释放装置的定期检修和维护。

3 要求成员国政府尽快使所附指南生效,并提请船东、船舶营运人、船员、验船师、制造商和所有其他与救生艇、救生筏、救助艇和快速救助艇及其降落装置和承载释放装置的检查和维护有关的各方,注意该指南。

4 本通函替代MSC/Circ. 614。

附 件

救生艇、降落装置和承载释放装置定期检修和维护指南

总则

1 本指南的目的是要对救生艇、降落装置和承载释放装置的定期检修和维护建立统一、安全和有案可稽的执行程序。

2 本指南与 ISM 规则对救生艇装置定期检修和维护的应用有关。因此，本指南应根据该规则反映在为船舶制定的程序中。

3 本指南也可用于救生筏、救助艇和快速救助艇及其降落装置和释放装置。

4 有关本指南所含一些程序的具体用法指导见附录。

SOLAS 条款

5 本指南与下列所含内容的要求有关：

.1 SOLAS 第Ⅲ/20 条—使用准备状态、维护保养和检查；和

.2 SOLAS 第Ⅲ/36 条—船上维护保养须知。

职责

6 公司[①]根据 SOLAS 第Ⅲ/20 条的规定，负责船上检修和维护，并在检修和维护期间，公司还负责建立和实施涉及所有活动的健康、安全和环境（HSE）程序。

7 执行检修和维护的人员负责执行按 9 中规定的系统所授权的工作。

8 上述人员还负责确保有关工作符合 HSSE 须知和程序。

9 如果对机构履行其职能的能力感到满意，主管机关可以授权该机构履行按本指南授予的制造商的职能。前提是制造商没能提供服务。

授权

10 如果本指南要求对检修人员发证，根据对确立的培训和授权方法，这种证书应由制造商签发。

资格标准

11 每周检查和月度检查，以及制造商定义的常规维护，应根据制造商提供的须知要求，在船舶高级驾驶员的直接监督下进行的。

12 所有其他检查、检修和修理应由制造商代表进行，或由制造商为完成该项工作而给予培训和发证的人员进行。

报告和记录

13 所有报告和检查表都应由执行检查和维护工作的人员正确填写并签字，还应由公司代表签字。

---

① 就本指南而言，“公司”系指 SOLAS 公约第Ⅸ/1.2 条的定义。

14　检查、检修、修理和维护记录应随时更新并在船上归档。

15　当修理、彻底检修和年度检修完成后，制造商代表应签发确认救生艇装置仍旧适用的声明。

附　录

维护和检修的特殊程序

1　**总则**

1.1　任何检查、检修和修理都应根据制造商制定的检查和修理方法进行。

1.2　制造商的一整套维护手册和有关文件，都应存放在船上，以供对救生艇和有关设备进行检查、维护、调试和重新安装等各种作业时使用。这些设备如吊艇架和释放装置。

1.3　制造商的检查和检修方法应至少包括下列几项。

2　**彻底检验**

2.1　由于每周、月度检查表中所列的项目也作为彻底检验的第一部分项目，这些项目的检查，应在制造商代表或由制造商为完成工作而予以培训和发证的人员在场的情况下，由船员进行。

2.2　由船员进行的检查和常规维护记录，以及降落装置和设备适用证书都应备齐。

2.3　部件修理和更换应根据制造商的要求和标准进行。

救生艇

2.4　对下列项目应进行令人满意的状况和操作检验和核查：

.1　救生艇结构包括固定和疏松设备的状况；

.2　机器和推进系统；

.3　洒水系统（如安装）；

.4　供气系统（如安装）；

.5　操纵系统；

.6　供电系统；和

.7　排水系统。

释放装置

2.5　对下列项目应进行令人满意的状况和操作检验：

.1　为启动释放装置而对设备进行操作；

.2　齿隙过大（公差）；

.3　静水力连锁系统（如安装）；

.4　控制和释放钢缆；和

.5　钩子固定。

注：

①　释放装置的安装和维护是保持救生艇安全操作和艇内人员安全的重要工作。因此，对该设备的所有检查和维护工作都应十分小心地进行。

②　当钩子负载时不得对释放装置进行维护或调试。

③　如要进行维护或调试，可以悬挂短绳进行。但短绳平时不得悬挂在那里。例如，当救生艇承载时以及在训练期间。

2.6　有载释放功能的操作试验：

.1　把救生艇部分放进水里时，救生艇的重量实际上在吊艇索上，如果安装静水力连锁系统，则该系统不得启动；

.2　操作承载释放机械装置；和

.3　重新安装承载释放机械装置。

2.7　卸载释放功能操作试验：

.1　把救生艇完全放入水中；

.2　操作卸载释放装置；

.3　重新安装承载释放装置；和

.4　把救生艇放回原来的位子并做好操作准备。

注：

在提升之前，检查一下释放装置是否已完全准确地回复到位。救生艇最终返回原处时，艇上应无人。

吊艇架

2.8　对下列项目应进行令人满意的状况和操作检验：

.1　吊艇架结构，尤其是关于侵蚀、未校准、变形和齿隙过大；

.2　钢缆和滑车的可能损坏，如拧绞和侵蚀；

.3　钢缆、滑车和活动部位的润滑情况；

.4　限制开关的功能；

.5　储能系统；和

.6　水压系统。

绞车

2.9　对下列项目应进行令人满意的状况和操作检验：

.1　打开和检查制动装置；

.2　更换刹车板(如有必要)；

.3　遥控系统；和

.4　供电系统。

3　动力绞盘制动试验

3.1　如要进行人工操作救生艇降落试验，最好使救生艇空载。当救生艇达到最高降落速度时并在其落水之前，应突然使用制动器。

3.2　如要进行五个年度救生艇降落操作试验，应使救生艇的载荷相当于绞车最大工作载荷的1.1倍。当救生艇达到最高降落速度时并在其落水之前，应突然使用制动器。

3.3　这些试验结束后，应对刹车板和结构应力部件进行重新检查。

注：

在救生艇载荷试验中，应注意确保不会因自由液面的作用或重心的提高而对救生艇的稳性产生不利影响。

4　对承载释放装置的检查

对承载释放装置的检查包括：

.1　拆卸脱钩装置；

.2 检查公差和设计要求；

.3 装配完成后调试释放装置系统

.4 按上述要求并根据 SOLAS 第Ⅲ/20.11.2.3 条的规定进行承载操作试验；和

.5 对重要部件是否有裂纹或其他问题进行检查。

注：

无损检查(NDE)技术可适用，如染色渗透液。

海安会通函 MSC/Circ.1047
(2002 年 5 月 28 日)

船员每月检查船上救生服和抗暴露服指南

1　海上安全委员会在其 75 届会议(2002 年 5 月 15 日至 24 日)上,认识到 SOLAS 公约第Ⅲ/20.7 条要求使用 SOLAS 公约第Ⅲ/36.1 条要求的检查表每月检查救生设备,以确保救生设备在营运中保持完好状态,批准的《船员每月检查船上救生服和抗暴露服指南》见附件。

2　请各成员国政府促使所有有关方面结合 SOLAS 公约第Ⅲ/20.7 和 36.1 条的相关要求注意所附的指南。

附　件

船员每月检查船上救生服和抗暴露服指南

在按SOLAS公约第Ⅲ/20.7条要求进行救生服和抗暴露服的检查时，建议按下列程序进行：

1　检查存放袋的关闭装置和存放袋的一般情况，服装应易于取出。确认穿着说明字迹清楚可读。确认该服装的类型和尺寸与存放袋外部标明的一致。

2　将服装置于清洁、平整的平面上。确认服装里外都是干燥的。外观检查是否有破损。对于裂口、裂缝或破洞，应由适当的修理站①根据制造商的说明书进行修理。

3　检查拉链，通过上下拉动检查其操作的方便性。使用制造商建议的润滑剂，润滑拉链的正面、背面以及滑动连锁。如拉链不能使用，则应将该服装撤下作报废处理，或送回制造厂或适当的修理站。

4　检查气胀式头部支撑件和/或浮力环（如设有）是否损坏并确保连接妥当。检查充气软管是否退化。应至少每季度对头部支撑件和/或浮力环进行充气并试漏（该试验不适用于连体气胀式救生衣）。漏洞应由适当的修理站根据制造商的说明书进行修理。

5　检查反光带的状况和黏性。必要时予以更换。

6　检查口哨，并检查灯和电池是否过期（如设有）。

7　将服装放回存放袋时，拉练应置于完全打开的状态。

8　应利用每次月度检查的机会让船员试穿救生服或抗暴露服。

---

① “适当的修理站”指经服装制造厂授权和/或主管机关接受的修理站。